Manifest der Demokratischen Zivilisation

Dritter Band

Soziologie der Freiheit

Abdullah Öcalan
Manifest der demokratischen Zivilisation

Dritter Band

Soziologie der Freiheit

Bibliografische Information der Deutschen Bibliothek
Die Deutsche Bibliothek verzeichnet diese Publikation in der Deutschen Nationalbibliografie; detaillierte bibliografische Daten sind im Internet über http://dnb.de abrufbar.

Soziologie der Freiheit
Manifest der demokratischen Zivilisation, Band III
ISBN 978-3-89771-077-1 (PB)
ISBN 978-3-89771-461-8 (HC)

Aus dem Türkischen: Reimar Heider und Mehmet Salih Akın
Vorwort aus dem Englischen: Lars Stubbe
Titelmotiv: Pepûle von Ercan Altuntaş, Öl und Naturfarben auf Papier, 90 × 48 cm

Erscheint in der International Initiative Edition
Internationale Initiative »Freiheit für Abdullah Öcalan – Frieden in Kurdistan« (Hg.) – Postfach 100511, 50445 Köln
www.freeocalan.org

www.unrast-verlag.de – kontakt@unrast-verlag.de
Mitglied in der assoziation Linker Verlage (aLiVe)

Originaltitel: Özgürlük Sosyolojisi
Erstveröffentlichung 2009 bei Mezopotamien Verlag, Neuss

2. Auflage Dezember 2021
Umschlag und Satz: Internationale Initiative
Druck: Multiprint, Kostinbrod

Inhalt

Vorwort

von John Holloway[1]

Es ist eine große Ehre, gebeten zu werden, dieses Vorwort zu schreiben. Ich mache das mit Stolz, wegen des Autors und wegen der Bewegung, die er repräsentiert. Ich mache es, um meine Solidarität mit seinem Kampf gegen eine furchtbare Haft und meine Unterstützung der Kämpfe der Menschen in Kurdistan auszudrücken, die versuchen, inmitten der fürchterlichsten Gewalt, eine andere Welt, eine andere Lebensweise zu erschaffen. Ich mache es, um gegen die Brutalität des türkischen Staats und aller anderen mitschuldigen Staaten zu protestieren.

Das Buch wurde von Abdullah Öcalan im Gefängnis geschrieben. Durch NATO-Kräfte 1999 illegal in Kenia verhaftet, ist er seitdem auf der Gefängnisinsel Imrali inhaftiert. Unter Verstoß gegen die in der Genfer Konvention geregelten Grundrechte wurde er sehr lange in Isolationshaft gehalten und regelmäßig bestraft, indem ihm seine Bücher und sein Schreibwerkzeug weggenommen wurden. Trotzdem ist es ihm gelungen, fünf Bände zu schreiben, in denen er seine politischen Ideen erklärt, Bände, die zu seiner Verteidigung vor dem Europäischen Gerichtshof für Menschenrechte präsentiert wurden. Das vorliegende Buch ist der dritte Band, 2008 im Gefängnis verfasst und hier zum ersten Mal zeitgleich auf Deutsch und Englisch veröffentlicht. Während der ganzen Jahre seiner Inhaftierung stellten Öcalans Ideen eine wesentliche Quelle der Inspiration für die Kämpfe der kurdischen Bewegung dar, die eine andere Lebensweise, eine andere, von ihnen »demokratische Moderne« genannte, Form gesellschaftlicher Organisation erschaffen, deren Zentrum in Rojava, im nordöstlichen Syrien, liegt.

Wenn man für eine so überragende Figur wie Öcalan das Vorwort für ein Buch schreibt, besteht die Gefahr, ihn zum Heiligen zu machen, einfach zu sagen, »wie großartig!«, und damit zur Herausbildung eines Personenkultes beizutragen, der zweifelsohne in der Bewegung selbst vorhanden ist. Dies ist eindeutig nicht das, was Öcalan selbst will. An verschiedenen Stellen seines

1 Ich danke allen, die eine vorherige Version dieses Vorworts kommentiert haben: Azize Azlan, Edith González, Panagiotis Doulos, Lars Stubbe, Vittorio Sergi, Sagrario Anta Martínez, Havin Guneser, Andrej Grubacic.

Textes verdeutlicht er, dass dies Teil eines Dialogs ist und dass er Reaktionen auf seine Ideen sucht.

Als ich das Buch zu lesen begann, war mir klar, dass ich meine Unterstützung zum Ausdruck bringen wollte, aber ich war mir überhaupt nicht sicher, dass das Buch selbst mich überzeugen würde. Diese ursprüngliche Haltung änderte sich allmählich und wandelte sich zu einer ganz anderen Lektüre, in der die Kraft des Arguments mich absorbierte. Ich sage »allmählich«, weil es mich, der ich aus Europa und Lateinamerika komme, einige Zeit kostete, mich an einen anderen Referenzrahmen zu gewöhnen und auf eine Auseinandersetzung einzulassen, die sich nicht um eine Welt »da drüben«, sondern in kritischer und entscheidender Form um meine Welt, unsere Welt dreht: um unsere Welt und die Möglichkeiten, die uns noch zur Verfügung stehen, die Notbremse dieses Zugs der Zerstörung zu ziehen und etwas Anderes zu erschaffen.

Öcalans Buch ist ein wichtiger Beitrag zum Dialog der Hoffnung. Ein Dialog, der auf der ganzen Welt geführt wird, manchmal durch sprachgewandte und gut organisierte Stimmen, wie die der Zapatistas im Südosten Mexikos, häufig jedoch durch Widerstandsgruppen, die sich gegen die Plünderungen durch Bergbauunternehmen oder Stadtplaner*innen wehren oder Frauen, die gegen männliche Gewalt kämpfen. Manchmal wird der Dialog auch einfach durch Student*innen geführt, die von ihren Büchern aufschauen und denken: »Es muss einen Weg hier heraus geben, es muss eine Möglichkeit geben, eine andere Welt zu erschaffen«. So wie die Dunkelheit um uns herum zunimmt, so wie der Autoritarismus und der Militarismus uns näher an den Abgrund drücken, beteiligen sich Millionen und Abermillionen Stimmen an dem Dialog der Verzweiflung-und-Hoffnung: es muss einen Weg hier heraus geben, es muss einen Weg voran geben.

Für Öcalan liegt die Hoffnung in der Wiederherstellung der Funktion »der moralischen und politischen Gesellschaft auf der Grundlage der Freiheit« (S. 208). Dies ist die revolutionäre Aufgabe: »Die Aufgabe von Revolutionären kann nicht die Erschaffung irgendeines von ihnen entworfenen Gesellschaftsmodells sein. Nur gemessen an ihrem Beitrag zur Weiterentwicklung der moralischen und politischen Gesellschaft kann man von ihrer richtigen Aufgabe sprechen.« (S. 193). Diese moralische und politische Gesellschaft existiert als unterdrückte Grundlage in allen Gesellschaften: »[Es] wird ersichtlich, dass das System der demokratischen Zivilisation im Wesentlichen als moralische und politische Totalität der gesellschaftlichen Natur als das andere Gesicht der offiziellen Zivilisationsgeschichte stets existierte und sich fortsetzte. Trotz der gesamten Unterdrückung und Ausbeutung durch das offizielle Weltsystem konnte diese andere Seite der Gesellschaft nie vernichtet werden. Ihre Vernichtung wäre ohnehin unmöglich. Genauso wie der Kapitalismus ohne die nicht-kapitalistische Gesellschaft nicht überleben könnte, könnte auch die Zivilisation als offizielles Weltsystem ohne das System der demokratischen Zivilisation ihre Existenz nicht fortsetzen.« (S. 197 f.).

Die moralische und politische Gesellschaft, so wie ich sie verstehe, ist der Kitt des Alltagslebens: das gewöhnlich unspektakuläre Kommen und Gehen der Menschen, das Vertrauen, die Freundschaften, die Lieben, das Teilen des Essens, das Vorbereiten des Essens, das Waschen der Teller und der Wäsche, das Tratschen, das Teilen und Formgeben moralischer Ideen – alle diese Aktivitäten, die uns gemein sind, jene Aktivitäten, die unsere Leben zusammenhalten und Gemeinden konstituieren und wieder aufbauen. Aber in den letzten 5000 Jahren, seit Beginn des sumerischen Reichs, wurde die moralische und politische Gesellschaft durch die offizielle Zivilisation, die auf Macht, Monopol, Patriarchat, Kapital und Städten gegründete Zivilisation, unterdrückt und blockiert. Jedoch ist es dieser Zivilisation der Macht niemals gelungen, sich von dem moralischen und politischen Unterbau zu befreien, so sehr sie dies auch immer für sich in Anspruch nehmen mag. »Der Naturzustand der Gesellschaft ohne Kapital- und Machtmonopole ist die moralische und politische Gesellschaft. Jegliche menschliche Gesellschaft hat von ihrer Entstehung bis zu ihrem Schwinden diese Eigenschaft aufzuweisen. Die Schablonen der sklavenhalterischen, feudalen, kapitalistischen und sozialistischen Gesellschaften ähneln Kleidungen, die man der gesellschaftlichen Natur überzustülpen versucht; sie drücken nicht die Wirklichkeit aus. Es kann solche Behauptungen geben, aber es gibt keine solchen Gesellschaften. Da Gesellschaften, deren eigentlicher Zustand ein moralischer und politischer ist, in der gesamten Geschichte von Kapital- und Machtmonopolen stets bedrängt, ausgebeutet und kolonialisiert wurden, fanden sie nicht die Gelegenheit, sich gänzlich zu entfalten.« (S. 206). Die Zivilisation der Macht wird also wie eine Rüstung der moralischen und politischen-Gesellschaft übergeworfen, deren Entwicklung dadurch verdeckt, eingeengt und blockiert wird und die jetzt zunehmend soziozidal wird, und droht, die Gesellschaft vollständig zu zerstören. Die Geschichte der moralischen und politischen Gesellschaft (oder demokratische Zivilisation) ist eine Geschichte des Widerstands, der Rebellion und des Kampfes um das Leben: »Die Geschichte der demokratischen Zivilisation ist größtenteils die

Geschichte des Widerstands und Aufstands von Stämmen und Aşirets für Freiheit, Demokratie und Gleichheit gegen alle Angriffe der Zivilisation und ihres Beharrens auf dem moralisch-politischen Gesellschaftsleben.« (S. 240f.).

Diese Vorstellung ist voller Schönheit. Die Revolution wird »selbstverständlich«. Selbstverständlich brauchen wir eine Revolution, selbstverständlich müssen wir sie machen. Aber selbstverständlich, nichts ist normaler, nichts offensichtlicher! Die Revolution ist in die Erfahrung und Kreativität unseres alltäglichen Lebens eingewebt. Wir sind es, die Tag ein, Tag aus, die moralische und politische Gesellschaft, die Substanz unseres alltäglichen Umgangs, erschaffen und erneut erschaffen. Wir sind es, die jeden Tag den Hürden gegenüberstehen, die den Zugang zu dieser Kreativität verhindern: der Umstand, dass wir zur Arbeit gehen müssen oder uns auf Prüfungen vorbereiten müssen oder daran gehindert werden, Zugang zu den Mitteln zu haben, mit denen wir unsere Kreativität realisieren können. Wir sind uns alle der Macht-Zivilisation (Kapitalismus, Patriarchat, wie immer wir es nennen wollen), die unseren Pfad blockiert, bewusst, aber gleichzeitig sind wir in einer anderen Gesellschaftlichkeit verwurzelt, die unseren Leben Bedeutung und Orientierung gibt: eine moralische und politische Gesellschaftlichkeit, die Widerstand leistet und rebelliert, die beständig gegen ihre Unterdrückung durch die offizielle Zivilisation drängt.

Der Widerstand und die Rebellion wechseln beständig die Muster, verweigern sich hier, verweigern sich da, drängen hier, drängen da gegen die von der Zivilisation der Macht ausgehenden beständigen Angriffe. Die Selbstverständlichkeit des Widerstands und der Rebellion verändert sich in dem Maße, in dem sich die Angriffe gegen uns verändern und unsere eigenen Sensibilitäten uns in verschiedene Richtungen führen. Öcalan zeigt eine außergewöhnliche Sensibilität für die sich verändernden Muster des Kampfs. Dies ist von Bedeutung, denn obgleich er in Isolationshaft gefangen ist, findet seine Argumentation in vielfacher Form in den gegenwärtigen Debatten ein starkes Echo. Die Soziologie der Freiheit ist keineswegs nur ein für den kurdischen Kampf bedeutsames Buch, sondern es handelt sich um einen wichtigen Beitrag zu gegenwärtigen Debatten über Kapitalismus, Patriarchat, Ökologie und Staat. Für Öcalan ist die Zivilisation der Macht in der Versklavung der Frauen und der Bezwingung der Natur begründet (und war dies seit den Zeiten des sumerischen Reichs) und fand im Staat seine Organisationsform. Folglich und selbstverständlich sind und müssen Frauenkämpfe gegen das Patriarchat und die vielen Kämpfe zur Veränderung des Verhältnisses zwischen den Menschen und anderen Lebensformen (und tatsächlich das Verständnis des Lebens selbst) im Zentrum jeder Revolution stehen, die die moralische und politische Gesellschaft erretten will. Folglich und selbstverständlich ist der Kampf in seiner Organisationsform und seinen Zielen ein anti-staatlicher Kampf: seine Organisationsform gründet in der Versammlung und sein Ziel ist nicht die Erschaffung eines kurdischen Staates (ausdrücklich nicht), sondern die Befreiung Kurdistans und der Welt vom Staat, vom Staat als Organisationsform der Unterdrückung. Die Tragweite von Öcalans Werk ist tief greifend und aufregend. Es hat eine enorme Wirkung auf die kurdische Bewegung, die sich in den Organisationsformen und der führenden Rolle, die Frauen im Kampf einnehmen, widerspiegelt. Und darüber hinaus findet sein Werk in den gegenwärtigen Kämpfen und Debatten in der ganzen Welt ein außergewöhnliches Echo.

Dieses Echo wahrzunehmen bedeutet, in die Debatte mit dem Autor hineingezogen zu werden. Im Verlauf der Lektüre des Textes bewegen wir uns durch Phasen der Zustimmung, des Enthusiasmus, des Zweifels, des Widerspruchs, vielleicht gar der Verärgerung – wie es uns bei jedem guten, provokanten Autor geht, wie es uns bei Bookchin (von dem Öcalan stark beeinflusst ist und dessen Ökologie der Freiheit[2] für den Titel dieses Buches Modell stand), Graeber, Negri, Federici oder vielen anderen gehen würde. Eine Autorin zu respektieren, heißt sie zu kritisieren. Öcalan unkritisch zu lesen, nur, weil er das Symbol einer großen Bewegung ist, hieße seiner Gefängnistür nur ein weiteres Schloss hinzuzufügen, hieße ihn einzubalsamieren, noch bevor er gestorben ist. Selbst wenn wir wissen, dass dieses Vorwort und andere Texte vielleicht niemals an seinen Wachen vorbei zu ihm gelangen mögen, müssen wir uns mit dem, was er sagt, auseinandersetzen. Gerade aufgrund der großen Bewunderung, die ich für jemanden hege, der sein Leben der Veränderung der Welt gewidmet hat und einen solchen Einfluss auf eine großartige Bewegung der Veränderung, die unter den furchtbarsten Bedingungen stattfindet, hat, genau aus diesem Grund fühle ich mich in die Debatte hineingezogen, zu sagen: »Großartig, aber vielleicht …«.

Meine eigenen Zweifel drehen sich um die Fragen der Historizität-Negativität, Geld und Markt, Arbeiterklasse und Nation. Die beständigen Verweise auf die sumerische Zivilisation, auf Babylon und Assyrien, auf die zoroastrische Tradition, haben sicherlich meine Gedankenwelt in unerforschte Gebiete ausgeweitet. Gleichzeitig haben sie jedoch das Gefühl

2 Murray Bookchin, *Die Ökologie der Freiheit: wir brauchen keine Hierarchien*, aus d. Amerikan. übers. u. überarb. von Karl-Ludwig Schibel (Weinheim: Beltz, 1985).

vermittelt, dass die Gefahr besteht, die Dringlichkeit unserer Situation aus dem Blick zu verlieren. Vielleicht gibt es eine umfassendere Tendenz (man denke an Bookchin oder an David Graebers *Schulden: die ersten 5000 Jahre*[3]), von der Analyse des Kapitalismus zu einer sehr viel langfristigeren Perspektive zu wechseln, den Kapitalismus zum Beispiel nur als neueste Phase der Entwicklung des Patriarchats zu sehen. Sicherlich hat Öcalan recht, wenn er unsere Aufmerksamkeit auf die Kontinuitäten der Herrschaft lenken will, aber vielleicht muss sich unser unmittelbares Interesse um die besondere Form der Herrschaft drehen, die uns auf unsere Zerstörung hin zutreibt. Vielleicht müssen wir sagen, ja, aber die offizielle-Macht-Zivilisation, die die Welt heute beherrscht, trägt einen Namen: Kapitalismus. Der Kapitalismus hat seine eigene Dynamik, Zerbrechlichkeit und Schwächen, die sich von denen der sumerischen Zivilisation ziemlich unterscheiden und unendlich zerstörerischer sind. Den Begriff Kapitalismus verstehe ich nicht als Wirtschaftssystem, sondern als ein System der Herrschaft-und-des-Widerstands, dessen wesentlicher Bestandteil die Unterordnung der Frau und die Ausbeutung der Natur ist, das aber eine ganz eigene Zerbrechlichkeit besitzt, die auf seiner Abhängigkeit von uns gründet, das heißt auf der Verwandlung unserer Aktivität in abstrakte, wertproduzierende Arbeit. Diese besondere Abhängigkeit-Zerbrechlichkeit muss für die Entwicklung einer jeglichen Soziologie der Freiheit eine zentrale Stellung einnehmen.

Der Ansatz der langen geschichtlichen Betrachtungsweisen kann uns auf eine paradoxe Weise zu einer historischen Idealisierung des Widerstands, unseres Widerstands, führen. Die moralische und politische Gesellschaft, die Öcalan als Zentrum unseres Widerstands und unserer Hoffnung ansieht, kann nicht außerhalb des Herrschaftssystems stehen: sie ist unvermeidlich durchdrungen von der Macht-Zivilisation (Kapital), die sie beherrscht. Öcalan gehört einmal mehr zum Zentrum der Debatte, denn auch hier, in Lateinamerika, besteht eine Tendenz, die Gemeinschaft und insbesondere die indigene Gemeinschaft als außerhalb des Systems befindliche Quelle der Hoffnung zu idealisieren. Dies kann leicht zu einer Romantisierung, aber auch zu einer gefährlichen Dichotomie zwischen innen und außen führen und erinnert in gewisser Weise an ein ganz anderes Buch, nämlich Marcuses *Der eindimensionale Mensch*[4]. Die Hoffnung wird folglich auf das Außen projiziert: die moralische und politische Gesellschaft,

3 David Graeber, *Schulden. Die ersten 5000 Jahre* (Stuttgart: Klett-Cotta, 2012).

4 Herbert Marcuse, *Der eindimensionale Mensch. Studien zur Ideologie der fortgeschrittenen Industriegesellschaft* (Neuwied: Luchterhand, 1970).

die indigene Gemeinschaft, die Marginalisierten in der Gesellschaft. Und dieses Außen wird dann einem Innen gegenübergestellt, das als vollständig in das System integriert aufgefasst wird. In Öcalans Umgang mit dem Begriff der Arbeiterklasse wird dies sehr deutlich: »Genauso wie Sklav*innen und Leibeigene als verlängerte Arme ihrer Herr*innen existieren, stellen auch kompromisslerische (d. h. Lohn-, J.H.) Arbeiter*innen stets verlängerte Arme der Bosse dar.« (S. 243 f.). Dieselbe Dichotomie des Innen-Außen lässt sich auch dort finden, wo die gerechtfertigten Angriffe auf den Eurozentrismus in eine Zurückweisung Europas (und tatsächlich auch den nördlichen Teil Nordamerikas) als möglichen Orten der Rebellion abgleiten. Im schlimmsten Fall führt umgekehrt dieselbe Dichotomie zu einer Exotisierung der Hoffnung: für Menschen des »Nordens« liegt die Hoffnung im »globalen Süden«, in Kurdistan oder Lateinamerika, Orte, die in aufregender und komfortabler Weise weit entfernt sind.

Ein anderer Ansatz besteht darin, zu sagen, dass jede Herrschaft uns sowohl kollektiv als auch individuell zerreißt. Es besteht keine klare Unterscheidung zwischen den Integrierten und den Ausgeschlossenen. Wir sind alle unterworfen, aber es gibt immer einen Überschuss, ein Überfließen, eine Unangepasstheit, eine Rebellion, eine Würde. Das Gewöhnlichsein liegt in diesem Überschuss. Von daher rührt die Tiefe des zapatistischen Zitats: »Wir sind ziemlich gewöhnliche Frauen und Männer, Kinder und alte Leute, das heißt, Rebellen, Unangepasste, Unpassende, Träumer«. Dieses tägliche Überfließen, dieser tägliche Überschuss ist von grundlegender Bedeutung für die Selbstverständlichkeit der Revolution. Diese rebellische Würde, dieser Drang hin zu einer Welt der Würde, ist mehr oder weniger latent, mehr oder weniger kraftvoll, immer gegenwärtig. Im Allgemeinen gilt zumindest potenziell, dass je schärfer die Repression, desto kraftvoller die Rebellion: auf diese Weise führt Marx seine Vorstellung des revolutionären Wesens der Arbeiterklasse ein. Als Arbeiter*innen sind wir ausgebeutet und revoltieren deshalb gegen unsere Ausbeutung. Als Sklav*innen sind wir unterdrückt und rebellieren deshalb gegen unsere Versklavung, egal ob diese Revolte nun latent oder offen, potenziell oder wirklich ist. Wir sind niemals bloß eine Verlängerung der Bosse. Es ist nicht so, dass einige Menschen voller Würde sind und andere nicht: vielmehr ist es so, dass die Würde der Kampf gegen ihre eigene Negation ist, stärker in einigen als in anderen, latent in allen.

Wenn die Herrschaft uns auseinanderreißt, dann muss dies auch für die moralische und politische Gesellschaft wahr sein. Öcalans Vorstellung einer moralischen und politischen Gesellschaft, die als Grundlage oder sozialer

Zusammenhalt in jeder gesellschaftlichen Ordnung, wie »zivilisiert« auch immer, gegenwärtig ist, ist ein Ding voller Schönheit. Aber die Geschichte der moralischen und politischen Gesellschaft ist eine Geschichte des Widerstands, wie er hervorhebt. Sie ist nicht unschuldig, sie befindet sich nicht außerhalb der herrschenden Zivilisation, die ihr Feind ist, doch sie ist unvermeidlicherweise von ihr durchdrungen. Geld ist die offensichtlichste und wirkmächtigste Form der Durchdringung des Kapitals in unsere Alltagsleben. Die moralische und politische Gesellschaft existiert als machtvolle, wunderbare Kraft. Jedoch existiert sie nicht positiv: sie existiert negativ, in der Form des Negiertseins und deshalb als Kampf gegen ihre eigene Negation.

Dasselbe trifft auf die Freiheit zu. Wir haben das Ziel noch nicht erreicht, wir wissen nicht, was Freiheit wäre. Freiheit existiert als Widerstand, als Kampf gegen ihre eigene Negation und jenseits davon, als Sehnsucht, als unser Flügelschlagen und unser Wunsch zu fliegen, es aber noch nicht zu können. Der Versuch, Öcalans Buch in die Grundlage für eine positive Soziologie der Freiheit zu verwandeln, hieße in die falsche Richtung zu gehen. Es ist vielmehr eine Provokation, die aufgegriffen und weiter vorangetrieben werden muss.

Die Vorstellung, dass uns die Herrschaft individuell und kollektiv auseinanderreißt, ist auch für Öcalans Konzeption der Nation, die einen bedeutenden Teil seiner Ausführungen darstellt, von Bedeutung. Er unterscheidet sehr genau zwischen zwei Begriffen der Nation – dem Staats-Nationalismus, der zum Faschismus tendiert, und der demokratischen Nation: »Der alternative zweite Weg der Nationenbildung erfolgt dadurch, dass gleiche oder ähnliche Sprach- und Kulturgruppen innerhalb der moralischen und politischen Gesellschaft auf der Grundlage der demokratischen Politik in eine demokratische Gesellschaft verwandelt werden. Alle Stämme, Aşirets, Volksstämme und sogar Familien beteiligen sich dabei als politische Gesellschaftseinheiten an der Nationenbildung.« (S. 242). Diese Art der Nation, so sagt er, ist »Gegengift zu Kapital- und Machtmonopolen« (S. 243). Das von Öcalan vertretene Konzept der demokratischen Nation unterscheidet sich sehr von dem Staats-Nationalismus, der auf der ganzen Welt an Kraft gewinnt: Es ist ein Konzept, das den Kampf aller Völker gegen Staat-Kapital-Macht vorantreibt ohne in irgendeiner Weise eine Überlegenheit des kurdischen Volks einzuklagen. Und dennoch ist mir die Vorstellung eines Volks oder einer Nation als Gruppierung mit einer historischen Kontinuität oder Identität unangenehm. Ich mag in derselben Region wie meine Vorfahren von vor dreihundert Jahren geboren sein oder auch nicht, ich mag dieselbe

Sprache sprechen oder auch nicht, aber ich bin ziemlich sicher, dass meine Alltagserfahrung sich sehr von der ihrigen unterscheidet und wahrscheinlich der Erfahrung von Menschen, die heutzutage auf der anderen Seite der Welt leben, sehr viel ähnlicher ist. Die Vorstellung eines unverwechselbaren, ausgedehnten und generationenübergreifenden Flusses gesellschaftlicher Erfahrungen, die jeglichem Begriff der Nation zugrunde liegt, mag in bäuerlich geprägten Gesellschaften eine begrenzte Validität haben, ist aber sicher für die Mehrheit der menschlichen Bevölkerung, dic in Städten lebt, sehr viel weniger relevant. Und dennoch bleibt die Vorstellung der Nation, die Vorstellung, dass wir irgendeine nationale Identität haben, weiterhin eine machtvolle Fiktion, die Millionen Menschen tötet. Die Gefahr, die Nation als Einheit zu denken, besteht darin, dass es Spaltungen innerhalb der »Nation«, wie etwa Spaltungen zwischen Ausbeutenden und Ausgebeuteten, übertüncht. Ungeachtet der Unterschiede der von Öcalan untersuchten zwei Vorstellungen von der Nation, besteht auch die Gefahr, dass eine in die andere abgleitet. Der Kampf der Staaten (hauptsächlich der türkische, der syrische, der russische, der irakische Staat und die USA), die gegen die kurdische Bewegung kämpfen, dreht sich wahrscheinlich nicht so sehr um die Zerstörung des kurdischen Nationalismus, als vielmehr um dessen Staatswerdung, dreht sich darum, den Drang zur Autonomie in eine Forderung nach Anerkennung als »autonomer« Staat oder Provinz, vergleichbar der existierenden kurdischen Region des Irak oder einer Ausdehnung derselben, umzuwandeln. Vielleicht ist es besser, sich die Kämpfe für eine andere Welt notwendigerweise nicht nur als anti-staatlich, sondern als anti-national vorzustellen.

Ich habe eine ähnliche Sorge mit Bezug auf Öcalans Vorstellung vom Markt. Ganz anders als Marx, der die Quelle der kapitalistischen Zerstörung in dem Umstand verortet, dass menschlicher Reichtum in Form von Waren produziert wird, die auf dem Markt verkauft werden sollen, weshalb Verhältnisse zwischen Menschen durch Geld vermittelt sind, argumentiert Öcalan, dass die demokratische Zivilisation »nicht gegen den Markt [ist]; im Gegenteil, aufgrund der freien Atmosphäre, die sie bietet, stellt sie eine wahre freie Marktwirtschaft dar. Sie leugnet nicht die kreativ kompetitive Rolle des Marktes. Wogegen man ist, sind die spekulativen Gewinnmethoden.« (S. 245). Es ist wichtig hervorzuheben, dass die Art von Markt, an die Öcalan denkt, ganz sicher nicht die Finanzmärkte der Wall Street sind. Sie ist einem Basar viel ähnlicher, auf dem Produkte zur Befriedigung grundlegender Bedürfnisse ausgetauscht werden und der von der Gemeinschaft kontrolliert wird. In diesem Sinne handelt es sich um ein Konzept, das den Praktiken vieler gemeinwohlorientierter Bewegungen oder gar der großen Explosion des Tauschhandels während des Krisenaufstands[5] von 2001/2002 in Argentinien ähnelt. Trotzdem ist es schwer zu verstehen, wie Markt und Geld voneinander getrennt werden können und wie das Geld von den »spekulativen Gewinnmethoden« getrennt werden kann. Geld zerstört und trennt: Es ist der große Feind der moralischen und politischen Gesellschaft.

Ihr großartiges Vorwort zum vorherigen Band von Öcalans Manifest (ein mit Als Frau aus Südasien Öcalan lesen untertiteltes Vorwort, das einen ganz anderen Ansatz als den hier vorgestellten wählt) hat Radha D'Souza mit folgenden Worten eröffnet: »Beim Schreiben dieses Vorworts kann ich mich nicht des Gefühls erwehren, um wie viel aufregender meine Auseinandersetzung mit Öcalans Text sein würde, wenn ich ihm von Angesicht zu Angesicht gegenübersitzen und mit ihm bei einigen Tassen Tee, wie es im Osten bei sozialen Zusammenkünften üblich ist, die in diesem Band angesprochenen Themen diskutieren könnte.« Liebend gern würde ich dabeisitzen und an derselben Diskussion teilnehmen, mit Abdullah Öcalan, mit Radha D'Souza und mit David Graeber, der ein hervorragendes Vorwort für den ersten Band geschrieben hat. Mit all den Millionen Menschen, die von diesem und den anderen von Öcalan verfassten Bänden inspiriert sind. Es gäbe so viel zu diskutieren, so vielen Differenzen Ausdruck zu verleihen, so viel zu lernen, so viele Stimmen in misstönender Harmonie. Eine Konversation zwischen Genoss*innen, die denselben Hass auf den Kapitalismus, dieselbe Sehnsucht nach einer auf gegenseitiger Anerkennung der menschlichen Würden gegründeten Gesellschaft teilen.

Die Realität ist selbstverständlich sehr viel brutaler. Abdullah Öcalan ist unter entsetzlichen Bedingungen inhaftiert, während ich komfortabel in meinem professoralen Stuhl sitze. Wir können uns nicht treffen, um gemeinsam Tee zu trinken. Was wir tun können und was ich möchte, dass wir es tun, ist, seine Ideen ernst zu nehmen, über sie nachzudenken, sie zu diskutieren, mit ihnen nicht übereinzustimmen und mit ihnen übereinzustimmen, sie in Seminare und Universitäten und Versammlungen und Diskussionsgruppen einzubringen. Wir sind alle Teilnehmer*innen desselben Dialogs der Hoffnung-und-Verzweiflung, alle vereint in der Entschlossenheit, dass wir die »Zivilisation«, den Kapitalismus, der uns zerstört, brechen werden.

---

5 i.O. *crisis-uprising*; Holloway verwendet diese Neuschöpfung, weil die beiden Momente in dem argentinischen Aufstand von 2001/2002 nicht wirklich voneinander zu trennen sind; Anm. d. Ü.

Vorbemerkung

Dieser dritte Band der Hauptverteidigung, die ich für mein Verfahren am Europäischen Gerichtshof für Menschenrechte (EGMR) bezüglich des Urteils zur Wiederaufnahme des Verfahrens[6] angefertigt habe, stellt eine Fortsetzung und Ergänzung der ersten beiden Bände des Manifests der demokratischen Zivilisation dar. In diesen ging es darum, Macht und kapitalistische Moderne allgemein darzustellen. Darauf aufbauend wird hier die Macht als die ›Zwangsinstrumente‹ beschrieben, die auf menschlicher Anstrengung basieren und im Kern mit der Absicht konstruiert wurden, Mehrprodukt und Mehrwert abzupressen. Die Machapparate, die in vielfältigen Formen umfassend errichtet wurden, sind letztlich Repressionsmechanismen, die über der menschlichen Arbeit errichtet wurden. In der als ›kapitalistisches System‹ begrifflich gefassten Ära der Moderne sieht sich die Gesellschaft diesen Mechanismen in ihrer am weitesten entwickelten Form gegenüber. Das kapitalistische System in seiner aktuellen Ausprägung – auch als Globalisierung bezeichnet – stellt innerhalb des Modells, das wir entwickeln wollen, eine besondere Phase des allgemeinen globalen Systemkonflikts zwischen Macht und Demokratie dar.

Nun mag man sich fragen, was der EGMR als supranationales Gericht, das Individuen nur als Bürger*innen ein Klagerecht einräumt, in seiner institutionellen Eigenschaft wohl mit dieser Art von Verteidigung einer Person namens Abdullah Öcalan zu tun hat. Es gibt durchaus einen Zusammenhang, und zwar einen ganz bemerkenswerten. Wichtiger noch: Ohne eine Analyse der eurozentristischen Zivilisation lässt sich das ideologische, politische und juristische System, das als Europas *soft power* beschrieben wird, nicht analysieren. Diese können wir erst dann kompetenter interpretieren, wenn das eurozentristische Zivilisationssystem analysiert ist. Wir müssen uns ständig vor Augen halten, dass das europäische Zivilisationssystem zum kompetentesten ›Welt-Zivilisations-System‹ aller Zeiten geworden ist. Diese Zivilisation bringt als eine ihrer wichtigsten Dimensionen die individuelle Staatsbürgerschaft mit sich. Individuum, Individualismus und Staatsbürgerschaft sind in der Gesellschaft von größerer Bedeutung als jemals zuvor in der Geschichte. Wir sehen uns mit einem

6 Der Gerichtshof hatte in seinem Urteil von 2005 die Türkei angewiesen, das Öcalan-Verfahren wiederaufzunehmen, da das ursprüngliche Verfahren nicht den Grundsätzen eines fairen Gerichtsverfahrens entsprochen, also gegen Artikel 6 der Europäischen Menschenrechtskonvention verstoßen hatte. Die Türkei drückte sich um die Umsetzung dieses Urteils und erfand dafür eine beispiellose Prozedur, die tatsächlich auch nicht zu einer Neuverhandlung führte. Gegen diese Prozedur richtete sich Öcalans erneute Beschwerde. Das gesamte fünfbändige *Manifest der demokratischen Zivilisation* stellt seine Eingabe in diesem Verfahren dar.

Zeitalter konfrontiert, in dem in maximaler Weise die Gesellschaft mit dem Individuum und das Individuum mit der ›symbolischen Gesellschaft‹ verschmolzen ist: die kapitalistische Moderne.

In einer Zeit, in der eine Befreiung aus der Realität dieses Zeitalters sehr schwierig – aber nicht unmöglich – ist, verfiel ich in einen ›großen Zweifel‹ bezüglich meiner Identität, die als Staatsbürger der Türkei (Mitglied der Republik Türkei) aufgebaut wurde. Es ist nicht zu leugnen, dass mich dies vor das härteste Gerichts- und Strafsystem der Geschichte gebracht hat. Die Republik Türkei, die die Europäische Menschenrechtskonvention (EMRK) unterzeichnet hat, weigerte sich, das Wiederaufnahmeurteil des Europäischen Gerichtshofs für Menschenrechte (EGMR) umzusetzen. Das Ministerkomitee des Europarats, das für die Überwachung der Vollstreckung von Urteilen zuständig ist, entschied jedoch, dass die von der türkischen Justiz ergriffenen Maßnahmen den Anforderungen des Urteils des EGMR entsprachen. Diese Entscheidung des Ministerkomitees war nicht nur eine Rechtsverletzung, sie war skandalös. Mehrere kleine Staaten hatten während dieses Vorgangs im Ministerkomitee selbst zugegeben, dass sie diesem Beschluss auf Druck größerer und mächtigerer Länder wie den USA zugestimmt hatten. Dies war ein Verstoß, der klar mit ihrem Anspruch einer Politik der soft power kollidiert. Daher bin ich seit nunmehr zehn Jahren in der Position einer ›Person, die nicht verurteilt werden kann‹. In dieser Lage als ›Person, die kein faires Verfahren bekommen kann‹, befinde ich mich weiterhin im Ein-Personen-Gefängnis Bursa-İmralı – einem Inselgefängnis im Marmarameer, in dem traditionellerweise zu hohen Strafen Verurteilte dem Tod überlassen werden.

Ich habe nie bezweifelt, dass die Ereignisse der Phase, die mit meiner Ankunft in Europa begann und mit meiner Verbringung nach İmralı endete, in Zusammenarbeit mit den USA und der EU geplant und umgesetzt wurden. Ebenso habe ich nie bezweifelt, dass die der Republik Türkei zugeteilte Rolle die des Gefängniswärters ist. Da dies die nackte Wahrheit ist, warum geht man dann derart verschlungene Wege? Manche mögen vielleicht mein Urteil als zu harsch empfinden. Als überzeugender Beleg dafür, dass diese Mächte mich verschleppten, dient vielleicht die Sonderanweisung der NATO, wegen der am 2. Februar 1999 sämtliche europäische Flughäfen für die Maschine, in der ich mich befand, Landeverbot erteilten. Die Zeitungen berichteten seinerzeit darüber[7]. Außerdem hat der Vertreter des damaligen

7 Beispielsweise berichtete die BBC am 3. Februar http://news.bbc.co.uk/2/hi/europe/269533.stm, und am 5. Februar http://news.bbc.co.uk/2/hi/europe/273570.stm .

US-Präsidenten Bill Clinton[8], offen erklärt, dass ich entführt und nach Kenia gebracht wurde, wo ich unter üblicher Aufsicht gehalten wurde (alle mir gehörenden Briefe und Kassetten wurden am Flughafen beschlagnahmt), bis ich an die Türkei übergeben wurde; und dass all dies in Zusammenarbeit mit den USA geschah. Der unvorstellbare Verrat der griechischen Behörden (insbesondere des Außenministers, des Nationalen Nachrichtendienstes, der Spitzenbeamten der griechischen Botschaft in Nairobi, des besonders beauftragten Major Kalenteridis und des Premierministers Simitis selbst) sind offensichtliche Tatsachen, auf die einzugehen ich unnötig finde.

Wenn es also mein Recht war, im Sinne des Individualrechts von der europäischen Rechtsprechung zu profitieren; warum haben diese Mächte dann auf all diese geheimen, obskuren und betrügerischen Mittel zurückgegriffen? Welche Art von Deals gab es? Wer und im Gegenzug wofür war an diesen Deals beteiligt? Unter der Herrschaft Europas und der USA hat die Geschichte schreckliche Kolonialkriege und die Hexenverbrennungen, konfessionelle und nationale Kriege, Klassenkonflikte und ideologische Kämpfe erlebt. Vielleicht ist meine Erfahrung in diesem blutgetränkten Porträt der Geschichte nur ein einzelner Tropfen im Ozean. Sie ist jedoch von Bedeutung und bedarf der Klärung.

Zunächst muss ich festhalten, dass ich die Abstraktion des Individuums von seiner gesellschaftlichen Identität ablehne. Das Recht auf ›Individualbeschwerde‹, auf dem so beharrlich bestanden wird, hat definitiv nicht die Bedeutung, die ihm zugemessen wird. Das Konzept eines von seiner gesellschaftlichen Identität isolierten Individuums, ist nichts als eine Spitzfindigkeit der eurozentrischen offiziellen Epistemologie, die als ach so ›wissenschaftlich‹ gilt. Außerdem pfeifen es die Spatzen von den Dächern, dass ich im Namen der Kurdinnen und Kurden, des tragischsten Volkes der Welt, und nicht als Individuum Abdullah Öcalan vor Gericht stehe.

Schon diese kurze Aufzählung von Tatsachen gibt ausreichend Aufschluss über die Tragweite meines Prozesses. Egal wie stark das System der Zentralzivilisation[9] unter der Führung der hegemonialen Mächte USA und

---

8 Gemeint ist mit hoher Wahrscheinlichkeit der Sonderberater Antony Blinken, der am 31. Januar 2002 im türkischen Fernsehen bestätigte, dass der Befehl zur Verschleppung Öcalans von Bill Clinton gegeben wurde. Blinken selbst koordinierte die Operation im Nationalen Sicherheitsrat. Der Autor erwähnt hier einen »General Galtieri«, vermutlich handelt es sich um eine Verwechslung.

9 Während der Autor in den beiden bisherigen Bänden den Begriff ›Hauptstrom-Zivilisation‹ verwendete, schwenkt er hier auf den von David Wilkinson geprägten Begriff der Zentralzivilisation (*Central Civilization*) um. Siehe auch Öcalan: *Zivilisation und Wahrheit,* Münster 2019, Fußnote 42 auf S. 121 und Abbildung auf S. 259.

EU auch sein mag, man kann mich offenbar nicht einfach so um die Ecke bringen. Es ist nicht wegzuleugnen, dass alle Mächte des Systems bei meiner Verhaftung und Verurteilung eine aktive Rolle gespielt haben. Gegen dieses große, abgekartete Spiel ist mein gesamtes Volk aufgestanden und hat sich gewehrt. Es hat gegen die Verschwörung protestiert, Hunderte sind als Märtyrer gefallen, Tausende wurden verhaftet. Mein Volk hat den Zusammenhang zwischen der eigenen historischen Tragödie und meinem Prozess sehr gut verstanden und sich hinter mich gestellt, im Wissen, dass der Weg zu seiner Befreiung über das Ende dieser Tragödie führt. Die ehrenvolle Aufgabe, dies zu erklären, fiel hingegen mir zu.

Natürlich kann ich den Gegenstand dieses Verfahrens nicht aufklären, ohne meine gesellschaftliche Identität, die unser Volk verkörpert, in all ihren Aspekten zu beleuchten. Dieses ist vielleicht wie kein anderes der Unterdrückung und Ausbeutung durch das System der Zentralzivilisation ausgesetzt, das auf einer mindestens fünftausendjährigen Geschichte beruht. In diesen Tatsachen liegen die Kriterien verborgen, die mir den Umfang meiner Verteidigung diktieren. Ich muss an dieser Stelle einen Ausdruck wiederholen, den ich schon oft gebraucht habe: Es gibt Momente, da sich Geschichte in einer Person ereignet und eine Person Geschichte macht! Es lässt sich nicht leugnen, dass ich an dieser Ehre ein wenig Anteil hatte, auch wenn dies mit großen Schmerzen verbunden ist. Weil ich anders als andere eine Rolle jenseits der des ›Opfers des Schicksals‹ spielen wollte, wurden hinter meinem Rücken diese Intrigen gesponnen; das weiß ich. Deshalb habe ich meinen Prozess[10] mit der Parole ›Die Freiheit wird siegen‹ überschrieben.

In Tragödien auf der Bühne genügt es, aus dem sich ständig wiederholenden Schicksal im Sinne der Freiheit auszubrechen, um jegliches Leid erträglich zu machen. In meinem Prozess, diesem Drama unter dem Titel ›Wirklichkeit‹, in dem ich und meine Freundinnen und Freunde auftreten, die für die gleiche Sache kämpfen, wird das Schicksal eine neue Rolle bekommen: die des Besiegten.

Somit wird verständlich, warum ich diesen Band meiner Verteidigung ›Soziologie der Freiheit‹ nenne. Aber jeder Schritt in die Freiheit kann nur ein Versuch sein. Daher wäre auch ›Versuch über die Soziologie der Freiheit‹ ein passender Titel gewesen.

Zweifellos zeigt die zentrale, hegemoniale, europäische Zivilisation nur eine Seite der Medaille. Diese Zivilisation repräsentiert eher die

---

10 Der Autor spielt hier mit der zweifachen Bedeutung des Wortes *dava* im Türkischen. Es bedeutet sowohl Prozess als auch Sache, Anliegen.

Machtapparate, die auf dem Mehrwert basieren. Die andere Seite jedoch ist das demokratische Antlitz der Zivilisation. Die Ideen, die diesem Werke zugrunde liegen, beruhen auf dem Erbe der demokratischen Zivilisation. Vom Prozess des Sokrates bis zu meinem Verfahren, fühle ich mich leidenschaftlich dem Vermächtnis all jener unzähligen Kämpferinnen und Kämpfer, nicht nur unserer eigenen, verpflichtet, die für ihre Ideale und Moral, für ihre Völker und Kommunen gekämpft haben. Ich hoffe, dass ich zu ihrem Erbe beitragen kann, auch wenn es nur ein einzelner Tropfen im Ozean sein mag. Diese Mahnmale der Menschlichkeit bilden die wichtigsten Bausteine für meine Verteidigung. Ihr wahres historisches Fundament wiederum besteht in der fünftausend Jahre alten östlichen Weisheit und der Tradition der demokratischen Haltung. Ohne diesen Hintergrund zu berücksichtigen, lässt sich weder die Universalgeschichte der Menschheit schreiben, noch eine sinnvolle Einschätzung der Gegenwart vornehmen.

Meiner Verteidigung liegt die Idee zugrunde, dass Geschichte und Gesellschaft im System der demokratischen Zivilisation freier voranschreiten können und dass ein Leben, das auf den richtigen Fundamenten ruht, besser und schöner gelebt werden kann.

Einige Bemerkungen zu meiner Schreibtechnik werden erhellend und entschuldigend wirken. Unter den Bedingungen meiner Einzelhaft wird mir nur jeweils ein Buch, eine Zeitschrift und eine Zeitung in der Zelle gestattet. Es war nicht möglich, Notizen zu machen und mit Zitaten zu arbeiten. Meine vorrangige Methode war, mir alles, was wichtig erschien, zu merken und es in meine Persönlichkeit zu integrieren. Ich habe mich nicht sklavisch an jedes Verbot gehalten. Meine Antwort auf diese Verbote war, das Gedächtnis, den Wissensspeicher des Universums, zu sortieren und Gedanken von entscheidender Wichtigkeit Vorrang einzuräumen.

Die größte Schwäche dieser Methode ist jedoch, dass das menschliche Gedächtnis den Makel trägt, vergessen zu können. Keine Notizen machen zu können, war daher hinderlich. Als ich mich daran machte, diesen Band zu schreiben, wurde mir obendrein verboten, einen Stift in der Zelle zu haben. Nachdem am zehnten Tag der ›Bunkerstrafe‹ dieses Verbot schließlich wieder aufgehoben wurde, begann ich sofort zu schreiben. Denn es verzögerte sich alles, ich konnte mein Wort nicht halten. Meine Antwort auf das Stiftverbot war, noch mehr über mein Gesamtkonzept nachzudenken.

Die noch folgenden beiden Bände sind als eine Art konkreter Anwendung meiner Hauptideen konzipiert und sollen die Titel *Zivilisationskrise im Nahen Osten und die Lösung der demokratischen Zivilisation* und *Die kurdische*

Frage und die Lösung der demokratischen Nation tragen. Für beide Bände, die jeder Intellektuelle mit einer gewissen Vorbereitung niederschreiben könnte, werde ich vermutlich längere Zeit benötigen[11]. Doch im brodelnden Nahen Osten[12] und in Kurdistan, das zu seinem Herzen geworden ist, die Aktualitäten im Lichte einer Analyse der ›historischen Gesellschaft[13]‹ zu diskutieren, ist aufregend und erfordert ein hohes Maß an Verantwortung. Vergangenheit, Gegenwart und Zukunft haben sich geradezu zu einem neuen Gordischen Knoten verbunden. Diesen mit einem anti-alexandrischen Schlag zu durchtrennen (wie einst Alexander, doch mit minimalem körperlichen Einsatz, sodass die Bedeutung der entscheidende Aspekt der Kraftanstrengung ist), ist die heiligste und wichtigste aller Aufgaben.

---

11 Tatsächlich konnte der abschließende fünfte Band, das umfangreichste Buch des Autors, erst anderthalb Jahre nach diesem dritten Band fertiggestellt werden. Da die Behörden sich lange weigerten, das Manuskript überhaupt an den EGMR weiterzuleiten, konnte das 576 Seiten umfassende Buch erst drei Jahre nach dem dritten Band im Sommer 2012 erscheinen.

12 Der türkische Begriff *Ortadoğu* (wörtlich: Mittlerer Osten), das englische Middle East und das deutsche ›Naher Osten‹ bezeichnen trotz der im Deutschen abweichenden Namensgebung in etwa dasselbe Gebiet. Gemeint ist das Gebiet zwischen Anatolien, der arabischen Halbinsel, Ägypten und dem Iran. In den vorigen Bänden wurde Ortadoğu jedoch durchgängig mit ›Mittlerer Osten‹ übersetzt.

13 Der Begriff, im Türkischen ungewöhnlich mit Bindestrich geschrieben, verweist auf Immanuel Wallersteins *Der historische Kapitalismus*. Im Vorwort umreißt er seine Mission folgendermaßen: »Was mir dringend erscheint – eine Aufgabe, der in gewissem Sinne meine gesamte neuere Forschung gewidmet ist – ist, den Kapitalismus als historisches System zu betrachten: in seiner gesamten Geschichte und in seiner konkreten einzigartigen Realität.« Immanuel Wallerstein, *Der historische Kapitalismus*, Berlin: Argument Verlag, 1984, S. 7.

Einführung

Die Wissensstruktur des kapitalistischen Weltsystems[14] befindet sich mindestens ebenso sehr in einer Krise wie die Apparate von Macht, Produktion und Akkumulation. Da es in der Natur der Wissensstrukturen liegt, dass sie einer freien Diskussion eher zugänglich sind, bieten sich umfangreiche Möglichkeiten zur Diskussion über die Krise, in der die Wissenschaft sich befindet. Die Rolle des Wissens innerhalb von Gesellschafts- und Machtstrukturen ist heute bedeutender als zu jedem anderen Zeitpunkt in der Geschichte. In den Wissens- und Informationsapparaten des gesellschaftlichen Lebens findet eine historische Revolution statt. Revolutionäre Prozesse als Krisen spielen im Wesentlichen auch eine Rolle bei der Suche nach Wahrheitsregimen. Nicht nur auf den Feldern von Akkumulation, Produktion und Macht, sondern auch im Bereich des Wissens beobachten wir heftige Kämpfe um Hegemonie. Keine Produktions-, Akkumulations- oder Machtstruktur kann sich auf Dauer behaupten, wenn sie nicht im Bereich des Wissens Legitimität erringt.

Es wird erkannt und offen diskutiert, dass die bis vor Kurzem herrschenden positiven Wissenschaftsdisziplinen keineswegs so anti-metaphysisch und anti-religiös ausgerichtet sind, wie sie dargestellt werden, sondern dass sie vielmehr eine ebenso starke metaphysische und religiöse Dimension besitzen wie Metaphysik und Religion selbst. Den siegreichen Naturwissenschaften, die der klassischen griechischen Gesellschaft und dem Europa der Aufklärung zugeschrieben werden, wurden die bedeutendsten Schläge von innen heraus versetzt. Ein Denken, das von einer ständigen, linear-progressiven Entwicklung ausgeht, bildet den größten Schwachpunkt dieser positiven Wissenschaften. Denn eine solche Struktur und ein solcher Zweck des Universums lässt sich nicht feststellen. Sowohl die subatomare Welt als auch das kosmologische Universum lassen sich nicht aus dem Dualismus von Beobachter und Beobachtetem befreien. Denn auch das menschliche Bewusstsein ist Teil dieses Vorgangs. Es lässt sich nicht vorhersagen, wie das Bewusstsein eine darüber hinausreichende Rolle einnehmen kann. Sein

14 Der Autor folgt meist Frank und Gills' Bezeichnung ›Weltsystem‹ (*world system)* und nicht dem von Wallerstein bevorzugten ›Welt-System‹ (*world-system)*. Wallerstein geht von mehreren Welt-Systemen aus, die jeweils eine Welt für sich bilden. Oft wird diese Unterscheidung im Deutschen nicht gemacht, auch Wallersteins Hauptwerk heißt im Deutschen *Das moderne Weltsystem*. Wallersteins Begründung: »My ›world-system‹ is not a system ›in the world‹ or ›of the world.‹ It is a system ›that is a world.‹ Hence the hyphen, since ›world‹ is not an attribute of the system. Rather the two words together constitute a single concept.« Immanuel Wallerstein, »World system versus world-systems: a critique« in: T*he World System: Five Hundred Years or Five Thousand?*, hg. von André Gunder Frank und Barry K. Gills (Routledge, 1994).

unbegrenztes Potenzial zur Differenzierung selbst demonstriert den Bedarf an neuen Interpretationen.

Die Soziologie, eine eurozentrische Wissensstruktur, reicht eigentlich nicht weiter als die Behauptung von Anhänger*innen der positiven Wissenschaften, die Gesellschaft sei als Phänomen ähnlich denen der Physik, Chemie und Biologie zu betrachten und mit identischen Herangehensweisen zu erklären. Die Kühnheit, die menschliche Gesellschaft mit ihrer ganz anderen Natur zu einem Objekt zu machen, führte keineswegs zur angenommenen Aufklärung, sondern zu einer noch oberflächlicheren Götzenanbetung. Dass die zur Lieferung von Wissensstrukturen für die Nationalstaaten herangezogenen philosophischen Ausführungen der deutschen Ideologen, die politische Ökonomie der englischen Ideologen und die Soziologie der französischen Philosophen Instrumente zur Legitimierung der Apparate zur Akkumulation von Macht und Kapital waren, ist in den heutigen Diskussionen über die Wissenschaft hinreichend geklärt worden. Die deutsche Philosophie, die englische politische Ökonomie und die französische Soziologie konnten letztlich nicht umhin, die Grundlage für den entstehenden Nationalstaats-Nationalismus zu schaffen. Wir können mit Fug und Recht behaupten, dass eine derartige Soziologie im Großen und Ganzen Wissensstruktur des eurozentrischen kapitalistischen Weltsystems ist.

Doch dies auszusprechen löst noch nicht das Problem. Auch dass der als entgegengesetzte Weltanschauung entstandene Marx-Engels-Sozialismus bzw. dessen Soziologie nur eine sehr grobe (vulgäre) Interpretation der Gesellschaft darstellt, hat sich ausreichend gezeigt. An den Strömungen, Bewegungen und Staaten des Realsozialismus, der Sozialdemokratie und der nationalen Befreiung können wir erkennen, dass auch diese Soziologie, obgleich sie ihre Gegnerschaft behauptete, nicht umhin konnte, dem Kapitalismus noch mehr zu dienen als selbst seine offizielle Ideologie, der Liberalismus. Dass die genannten Strömungen und Bewegungen, trotz ihrer höchst edlen kämpferischen Traditionen, sogar im Namen der unterdrückten Klassen und Nationen in diese Lage geraten sind, hängt eng mit ihren Wissensstrukturen zusammen. Die Wissensstrukturen, auf die sie sich gestützt haben, mit all ihren guten und schlechten Seiten, haben insgesamt Ergebnisse hervorgebracht, die zu ihren Absichten im Widerspruch standen. Hätte es in ihren grundlegenden Paradigmen und Strukturen nicht eine Kette von ernsthaften Fehlern und Mängeln gegeben, wäre es nicht so leicht zu diesen Resultaten gekommen.

Extrem relativistische Theorien, die sich als eine weitere oppositionelle Strömung aufdrängen, waren nicht nur unfähig, sich aus den Wissensstrukturen des kapitalistischen Weltsystems zu befreien, sondern dienten – vielleicht wegen ihrer extremen Individualität – dem kapitalistischen Individualismus letztlich am allermeisten. Darunter fallen auch anarchistische Haltungen. Den Kapitalismus zu kritisieren, die starke Gegnerschaft zum Kapitalismus in einen Diskurs zu gießen, ist – wie oft gesehen – ein effektiver Weg, ihm zu dienen. Auch hierbei spielen die paradigmatische Sichtweise und die Fehler und Mängel in den Wissensstrukturen die Hauptrolle.

Weder hängen die physikalischen Wissenschaften (einschließlich Chemie und Biologie) lediglich wie behauptet mit der physikalischen Natur zusammen, noch betreffen die als Geistes- oder Humanwissenschaften bezeichneten Wissenschaften wie Literatur, Geschichte, Philosophie, politische Ökonomie und Soziologie lediglich die gesellschaftliche Natur. Ein breiterer Begriff der Sozialwissenschaft als Schnittpunkt beider Wissenschaftsbereiche ist zu begrüßen, denn jegliche Wissenschaft muss sozial sein.[15]

Doch auch durch eine Einigung über die Definition der Sozialwissenschaft wird das Problem nicht gelöst. Viel wichtiger ist, was wir als Bezugspunkt nehmen oder, anders ausgedrückt, auf welcher Einheit die Analyse der Gesellschaft basieren soll. Zu sagen: »Die Grundeinheit ist die gesellschaftliche Natur im Ganzen«, ist für die Sozialwissenschaft nicht besonders sinnvoll. Für eine sinnvolle theoretische Herangehensweise müssen wir zunächst wählen, welche Beziehungen innerhalb der zahllosen gesellschaftlichen Verhältnisse von entscheidender Wichtigkeit sind. Die zu wählende gesellschaftliche Einheit ist in dem Maße sinnvoll, wie sie das Allgemeine erklärt.

Wir wissen, dass zum gesellschaftlichen Bereich verschiedene Modelle entwickelt wurden. Diejenigen Herangehensweisen, welche die bekannte und am häufigsten verwendete Einheit, den Staat im Allgemeinen und den Nationalstaat im Besonderen, zugrunde legen, stützen sich mehr auf die bürgerliche Perspektive der Mittelklasse. In diesem Modell werden Geschichte und Gesellschaft im Umfeld der Probleme von Aufbau, Zerstörung und Teilung von Staaten untersucht. Diese Tendenz, eines der oberflächlichsten Modelle der Annäherung an die historische Gesellschaft, spielt lediglich

15 Unter anderem mit dem Konzept einer einzigen ›Sozialwissenschaft‹ bezieht sich der Autor hier auf Immanuel Wallerstein: *Die Sozialwissenschaften öffnen: Ein Bericht der Gulbenkian Kommisssion zur Neustrukturierung der Sozialwissenschaften*, Frankfurt 1996, und Immanuel Wallerstein: *Die Sozialwissenschaft »kaputtdenken«. Die Grenzen der Paradigmen des 19. Jahrhunderts*, Weinheim 1995.

die Rolle des offiziellen Bildungsverständnisses der Staaten. Ihr eigentlicher Zweck ist die Rolle als den Staat legitimierende Ideologie. Statt aufzuklären, dient sie dazu, die komplizierten Probleme von Geschichte und Gesellschaft zu verschleiern. Daher ist dies der am meisten diskreditierte soziologische Ansatz.

Die Marxist*innen wählen Klasse und Ökonomie als Grundeinheit der Soziologie und wollen damit eigene alternative Modelle gegen den Ansatz formulieren, der sich auf die Einheit ›Staat‹ als Bezugspunkt stützt. Die Wahl der Arbeiterklasse und der kapitalistischen Ökonomie als grundlegendes Modell für gesellschaftliche Untersuchungen trägt zwar dazu bei, Geschichte und Gesellschaft in Hinblick auf Wirtschafts- und Klassenstruktur und deren Bedeutung zu erklären, birgt jedoch mehrere nennenswerte Mängel. Dass dieser Ansatz den Staat und andere Institutionen des Überbaus als Produkt und einfache Widerspiegelung der Basis betrachtet, führt zum Abrutschen in den als Ökonomismus bezeichneten Reduktionismus. Der ökonomische Reduktionismus, genau wie der Staatsreduktionismus, kann den Fehler, die Realität der historischen Gesellschaft und ihre hochkomplexen Beziehungen zu verschleiern, nicht überwinden. Besonders die Mängel in der Analyse von Macht und Staat führen dazu, dass die unterdrückten werktätigen Klassen, in deren Namen der Marxismus zu handeln beansprucht, keine ausreichende ideologische und politische Ausstattung erlangen. Der eng begrenzte ökonomische Kampf und die Vorstellung von Zerschlagung und Aufbau von Macht und Staat in Form eines opportunistisches Staatsverschwörertums dienen dem Kapitalismus mindestens ebenso sehr wie dessen ureigenste Ideologie, der Liberalismus. Die Zustände in China und Russland beleuchten dies sehr gut.

Wir treffen auch auf Denkansätze, die Geschichte und Gesellschaft immer lediglich als die Machthaber und Regierungsgewalt interpretieren wollen. Doch solche Ansätze sind genauso mangelhaft wie diejenigen, die das Staatsmodell wählen. Zwar ist die Macht eine umfassendere Untersuchungseinheit, doch auch dieser Ansatz ist alleine unfähig, die gesellschaftliche Natur zu erklären. Weil es sich um einen höchst wichtigen Untersuchungsgegenstand handelt, besitzen Forschungen zur gesellschaftlichen Macht Aspekte, die zum Verständnis von Geschichte und Gesellschaft Erhellendes beitragen können. Doch ein Reduktionismus in Bezug auf Macht trägt dieselben Mängel, die wir bei jedem reduktionistischen Denkansatz beobachten.

Ein Ansatz, der uns ebenfalls häufig begegnet, ist die Untersuchung der Gesellschaft als Ansammlung von endlos vielen partikularen Beziehungen ohne jegliche Regel. Derartige extrem relativistische Ansätze, die wir fast als deskriptive literarische Modelle bezeichnen können, führen nur dazu, dass wir uns im gesellschaftlichen Wald verirren. Extrem universalistische Modelle und Ansätze hingegen, die wie deren Gegenteil erscheinen, aber im Kern die gleiche Rolle spielen, versuchen, die Gesellschaft in physikalischer Schlichtheit mit ein paar Gesetzen zu erklären. Dies dürfte derjenige Ansatz sein, der angesichts der reichen Vielfalt der Gesellschaft am meisten zur Erblindung beiträgt. Das positivistische Verständnis von Gesellschaft verdient es, als das gröbste Modell bezeichnet zu werden, das sowohl extremen Relativismus als auch extremen Universalismus beinhaltet.

Der Liberalismus als offizielle Ideologie der bürgerlichen Mittelklasse präsentiert sich in Form einer eklektischen Auswahl aus all diesen Modellen. So etabliert er sich als System, indem er vorgibt, richtige Aspekte jedes Modells zu vertreten. Im Kern vermischt er die mangelhaftesten Aspekte aller Modelle mit ein paar Wahrheiten und präsentiert der Gesellschaft so ständig eine höchst gefährliche Form des Eklektizismus als Untersuchungsmodell. Als offizielle Auffassung kolonialisiert und besetzt er das kollektive Gedächtnis der Gesellschaft und verfestigt so seine ideologische Hegemonie.

Meine erste große Gefängnisschrift *Gilgameschs Erben – Vom sumerischen Priesterstaat zur demokratischen Zivilisation* musste ich vorlegen, ohne viel an einem Modell arbeiten zu können, ja sogar ohne das zu bemerken. Diese Eingabe hatte ich ohne die Möglichkeit zu umfangreichen Recherchen eilig angefertigt. Ich hatte auch gar nicht den Anspruch, ein Modell zu entwickeln. Ich hatte in einem improvisierten Stil meine Vorstellungen über die gesellschaftliche Realität niedergeschrieben. Später hatte ich Gelegenheit, die Modelle einiger bedeutender Soziologen, allen voran Murray Bookchin, Immanuel Wallerstein und Fernand Braudel, zu untersuchen. Außerdem besaß ich ein Grundverständnis von Friedrich Nietzsche, Michel Foucault und einigen anderen Philosophen. Am wichtigsten von ihnen war André Gunder Frank, der die Ansichten einer Reihe von Denker*innen in einem Werk namens *The World System: Five Hundred Years or Five Thousand?*[16] zusammengestellt und herausgegeben hat. Das Werk dieses Denkers, dessen Namen ich vorher noch nie gehört hatte, erkannte ich schon bald als die anspruchsvollste Verteidigung meiner Ansichten. Dass in der letzten Zeit

16 Mitherausgeber ist Barry K. Gills. Zu den weiteren Autor*innen zählen Immanuel Wallerstein, Samir Amin, David Wilkinson und Janet Abu-Lughod. Eine deutsche Ausgabe existiert nicht.

mehrere Denker in ihren Untersuchungen ähnliche Ansichten vertraten, brachte mich dazu, mehr über mein eigenes Modell nachzudenken.

Meine Verteidigung trug im Kern ohnehin deutliche Spuren sowohl von Immanuel Wallersteins Analyse des kapitalistischen Welt-Systems als auch von Fernand Braudels Analysen der geschichtlichen Zeitebenen und besonders der ›*longue durée*‹, die die Totalität der Geschichte in den Blick nehmen. Seit Langem hatte ich versucht, die Niederlage des Realsozialismus mit ähnlichen Ansätzen zu erklären; Braudels Analysen leisteten mir dazu einen Beitrag. Mir fiel es nicht schwer, die Kommentare Nietzsches und Michel Foucaults zu Moderne und Macht zu begreifen, ich fand sie auch recht nah an meinen eigenen Vorstellungen. Einen Namen kann ich nicht übergehen: Gordon Childes Werk *Stufen der Kultur: Von der Urzeit zur Antike*, das er auf der Grundlage von Ausgrabungen in Mesopotamien verfasst hatte, erweiterte maßgeblich meinen Horizont. Ich arbeitete viele philosophische Werke durch, als wären sie Berichte, und musste eine Auswahl treffen, ohne den Anspruch zu haben, eine eigene ›Modelleinheit‹ zu entwickeln. Es soll nicht das Missverständnis entstehen, ich präsentierte in dieser großen Verteidigung die weiterentwickelte Analysemethode als ein Modell. Mein ganzes Problem war, eine Einheit für eine integrative und entscheidende historisch-gesellschaftlichen Analyse auszuwählen. Obwohl alle bestehenden Modelle viele richtige Aspekte beinhalten, auf die ich kurz eingehen werde, besitzen sie auch alle Fehler und Mängel, die ich nicht in Kauf nehmen will. In allen konnte ich vergleichbare Defizite feststellen.

Selbst André Gunder Franks Werk *The World System*, das das Modell beschreibt, welchem ich mich am weitesten angenähert hatte, schien mir einen sehr ernsten Mangel zu beinhalten. Die sumerische Gesellschaft, auf die unser Weltsystem aufbaut, war offenbar die erste, die eine Akkumulation von Kapital organisierte. Ich finde auch den Ansatz sehr richtig, dass das Weltsystem von der sumerischen Gesellschaft bis heute als Hauptstrom-Zivilisation eine kumulative Akkumulation darstellt. Ich stimme darüberhinaus zu, dass die Akkumulation eine historische Kontinuität in der Form Hegemonie und Konkurrenz, Zentrum und Peripherie sowie Zu- und Abnahme aufweist. Auch die Dimensionen, in denen die Akkumulation erfolgt, nämlich die drei Säulen Wirtschaft, Politik und Ideologie/Moral, sind verständlich. In die gleiche Richtung gehen die Wichtigkeit der Akkumulationsweise im Gegensatz zur Produktionsweise und die Ansicht, dass hegemoniale Übergänge bedeutendere Resultate zeitigen als Übergänge von einer Produktionsweise zur anderen. Ich teile Franks zutreffende

Kritik an Wallerstein, der in seiner Analyse des eurozentrischen kapitalistischen Welt-Systems den Kapitalismus als das einzige System präsentiert, das sich weltweit verwirklicht habe. Eine Einzigartigkeit der europäischen Zivilisation zu behaupten, halte ich für übertrieben. Weil sie solch eine abseitige Zivilisation darstellt, hätte man sie sogar als marginal betrachten können.[17] Genauso liegt Frank näher an der Wahrheit, wenn er die Begriffe für die grundlegenden Gesellschaftsformationen wie Sozialismus, Kapitalismus, Feudalismus und Sklaverei als ideologische Realitäten betrachtet. Auch seine Aussage, dass diese Begriffe weniger dazu dienen, die gesellschaftliche Realität zu erklären, sondern sie eher verschleiern, ist nicht von der Hand zu weisen und es wert, weiter diskutiert zu werden. Die Suche nach ›Einheit in der Vielfalt‹ hätte zu einer Lösung beitragen können, ist aber unzulänglich. Trotzdem leistet er offenbar einen äußerst reichen Beitrag zur Analyse der historischen Gesellschaft. Ich muss seine Analysen als eine Systemanalyse für ein besseres und schöneres gesellschaftliches Leben würdigen, mit nur geringen Fehlern. Der fundamentale Mangel ist jedoch, dass sie das Risiko in sich tragen, einen geschlossenen Kreislauf zu präsentieren, der scheinbar nicht überwunden werden kann. Er geht an die hegemonialen Machtsysteme heran, als ob sie schicksalhaft seien; besser gesagt: Er zeigt den Ausweg nicht dialektisch auf.

Immanuel Wallerstein basiert seine Analyse des kapitalistischen Welt-Systems auf einen fünfhunderjährigen Zeitabschnitt, was unzureichend ist. Offenbar wären seine Analysen noch viel produktiver, wenn er sie auf eine fünftausendjährige Basis stellte. Bei einer Reihe von Denker*innen, die in der Anthologie *The World System* veröffentlicht wurden, haben wir Ansätze davon gesehen. Wallersteins Vorteil dagegen liegt darin, dass er eine stärkere Analyse des Auswegs aus dem Welt-System vorlegen kann. Seine Ansätze leisten dazu einen wichtigen Beitrag.

Fernand Braudels Analyse des Kapitalismus genauso wie die historischen Zeitebenen (›kurze, mittlere und lange Dauer‹), in denen er sein holistisches Gesellschaftsverständnis präsentiert, sind wirklich geeignet, den Horizont zu erweitern. Besonders seine Feststellung, dass der Kapitalismus

---

17 Wallerstein selbst beschrieb Europa in Reaktion auf die Kritik Franks, er argumentiere eurozentrisch, als »historische Abweichung«, einen »Unfall« und eine »Krankheit«: »Far from being Eurocentric, my analysis ›exoticizes‹ Europe. Europe is historically aberrant. In some ways this was a historical accident, not entirely Europe's fault. But, in any case, it is nothing about which Europe should boast. Perhaps Europe and the world will one day be cured of this terrible malady with which Europe (and through Europe the world) has been afflicted.« in: Frank und Gills, *The World System.*

marktfeindlich[18] ist, und seine Betonung, dass Machtmonopole und wirtschaftliche Monopole ähnliche Akkumulationseigenschaften aufweisen, sind höchst bedeutsam. Einer meiner Lieblingssätze ist: »Macht sondert stets Kapital ab.«[19] Auch die Feststellung »Auch Macht lässt sich wie Geld ansammeln«[20], ist für verständige Geister sehr lehrreich. Entscheidend und sehr aufschlussreich ist auch, dass sowohl Wallerstein als auch Braudel einen Aspekt des Misserfolgs der sozialistischen Revolutionen darin sehen, dass es ihnen nicht gelang, die kapitalistische Moderne zu überwinden. Doch stimme ich auch zu, dass beide berühmten Denker in Hinblick auf den ›ökonomischen Reduktionismus‹ – von dem beide selbst reden – hinterfragt werden müssen.

Nochmals muss ich festhalten, dass mein sozialwissenschaftlicher Ansatz, obwohl er in geringem Maße von den genannten, wichtigen Denkern beeinflusst ist und Ähnlichkeiten zu den Ansichten vieler anderer Denker*innen besitzt, die hier unerwähnt bleiben, spezifische eigene Dimensionen beinhaltet. Ich denke, dass ich die genannten Punkte in meiner zweiten großen Gefängnisschrift, *Jenseits von Staat, Macht und Gewalt*, weiter vertiefen und systematisieren konnte. Die Grundlage für diese Überzeugung: Meiner Meinung nach konnten sich die bestehenden Epistemologien nicht davon befreien, ein Teil des Machtapparates zu sein. Dies geschieht gegen ihren Willen. Karl Marx, ein Denker mit höchst wissenschaftlichem Ansatz, war ganz zweifellos die Person, die das wahre Wesen des Kapitals am besten erkannt hat. Doch diese höchst bedeutsame Eigenschaft reichte nicht aus, um ihn von der kapitalistischen Moderne loszureißen. Die Wissensstrukturen, auf die sich Marx stützte, und sein Leben waren auf tausenderlei Weise mit der Moderne verbunden. Dies sage ich nicht als Vorwurf, sondern um seine Realität verständlich zu machen. Ähnliche Probleme gelten auch für Lenin und Mao. Auch das System, das sie sich vorstellten (angefangen mit den Wissensstrukturen und dem Verständnis von modernem Leben),

18 Die Marktfeindlichkeit des Kapitalismus wird ausführlich in Band II: *Die kapitalistische Zivilisation* diskutiert. Braudels Begriff des *anti-marché* wurde in der deutschen Ausgabe seiner *Sozialgeschichte des 15.–18. Jahrhunderts* sowohl mit Gegen-Markt als auch mit Gegenmarkt wiedergegeben.

19 Das genaue Zitat lautet: »Imperialismus und Kolonialismus sind so alt wie die Welt, wobei jede deutlich ausgeprägte Herrschaft den Kapitalismus absondert, wie ich hoffentlich überzeugend dargelegt habe.« Braudel: *Sozialgeschichte des 15.–18. Jahrhunderts*, München 1986, Band 3: *Aufbruch zur Weltwirtschaft*, S. 325.

20 Das genaue Zitat lautet: »Der Erfolg hängt davon ab, daß man die Chancen einer bestimmten Epoche nutzt, er beruht auf Wiederholung und Akkumulation. Die Macht sammelt sich ebenso an wie das Geld.« Braudel: *Sozialgeschichte des 15.–18. Jahrhunderts*, München 1986, Band 3: *Aufbruch zur Weltwirtschaft*, S. 50.

war in vielen Prämissen von der kapitalistischen Moderne abhängig. Zum Beispiel dachten sie, dass sie riesige Phänomene wie Industrialismus und Nationalstaat mit sozialistischen Inhalten erobern könnten. Dabei waren und sind diese grundlegenden Formen der Moderne äußerlich und inhaltlich auf die Kapitalakkumulation fokussiert. Wer sie zur Grundlage machte, würde zwangsläufig Kapitalismus hervorbringen – trotz aller Feindseligkeit ihm gegenüber. Meine Kritik am Realsozialismus war an all diesen Punkten sehr klar geworden. Doch sie würde nicht ausreichen. Was sollte ich an die Stelle des Kritisierten setzen? Das war die wichtige Frage. Und über diese Frage dachte ich ständig nach.

Mir erscheint es sehr notwendig und problemlösend – obwohl anscheinend sehr simpel –, die Option der demokratischen Zivilisation unter ebendiesem Namen als systematischen Modellansatz zu präsentieren, bis es eine neue Benennung gibt, die passender zu sein scheint. Vor allem schlägt diese Option für das zentrale, globale Zivilisationssystem ein alternatives System vor. Die demokratische Zivilisation ist nicht nur eine Utopie für Gegenwart und Zukunft; sie erscheint auch höchst notwendig und erhellend für eine konkretere Interpretation der historischen Gesellschaft.

Es liegt in der gesellschaftlichen Natur, dass zu allen Zeiten und an allen Orten, wo Kapitalakkumulation und die Machtapparate existierten, zu denen sie führte, dagegen Widerstand stattfand und Alternativen gefunden wurden. Niemals und nirgends ließen es die Gesellschaften an Widerstand und Alternativen gegen die Kapitalakkumulation und die Machtapparate fehlen. Die Gründe dafür, dass sie meistens unterlagen, waren nicht die Abwesenheit von Widerstand und Alternativen, sondern müssen in anderen Umständen gesucht werden.

Solange wir die unfassbaren Geschichten der Ansammlungen von Kapital und Macht nicht genau verstehen, haben wir Schwierigkeiten, den Sinn des Begriffs der demokratischen Zivilisation zu erfassen. Die Wissensstrukturen schwankten dabei stets zwischen zwei Arten von Fehlern: Entweder wurden sie von den Wissen-Macht-Strukturen vollständig absorbiert oder sie konnten als sektiererische Konfessionen ohne die Möglichkeit, wissenschaftliche und politische Optionen sowie moralische Haltungen unabhängig zu wählen, nicht vermeiden, stumpf zu bleiben oder abgestumpft zu werden. Zweifellos müssen wir uns hierbei stets die Rolle der Gewalt und der verführerischen Kraft des Kapitals vergegenwärtigen. Ohne diese beiden bemerkenswerten Fehlentwicklungen von Wissensstrukturen zu verurteilen, lässt sich die Option der demokratischen Zivilisation nicht aufzeigen.

Hinterfragen müssen wir nicht die Existenz der demokratischen Zivilisation, sondern die Wissen-Macht-Strukturen und das verwirrte Sektierertum, die beide nicht in der Lage sind, erstere zu erkennen. Diese Tatsachen, die wir nicht nur mit den Fehlern und Mängeln der Erzählungen der historischen Gesellschaft erklären können, lassen sich nur durch eine grundlegende Revolution in den Sozialwissenschaften transformieren.

Die Macht- und Staatsgebilde, die auf der fünftausendjährigen Akkumulation von Kapital basieren, wussten aus täglicher Erfahrung sehr genau, dass sie ihre Regime nicht würden fortführen können, ohne in gewaltigem Ausmaß ideologische und Wissensstrukturen zu organisieren. Solange die Sozialwissenschaften die Beobachtung, dass diese Gebilde die beiden anderen Drillinge der hegemonialen Machtapparate – Mehrprodukt, Mehrwert und die Legitimationswerkzeuge – ständig akkumulieren, nicht als grundlegendes Element betrachten, können die Sozialwissenschaften nicht zu sinnvollen Wahrheitsregimen werden; das müssen wir wissen. Solange wir nicht verstehen, dass die Strukturen von Mythologie, Religion, Philosophie und positiver Wissenschaft engstens mit der Geschichte der Akkumulation von Kapital und Macht verschränkt sind und ständig ihre gemeinsamen Interessen im Blick haben, ist eine Revolution in den Sozialwissenschaften nicht möglich.

Der zweite wichtige Punkt, den der Begriff der demokratischen Zivilisation beinhaltet, ist die sehr breite Grundlage für eine Revolution in den Sozialwissenschaften, die er anbietet. Ich stelle folgende These auf: Die Behauptung, alle ›Barbaren‹ der Geschichte, die nomadischen Volksstämme, das Lumpenproletariat, die Stämme, Kommunen, die häretischen Konfessionen, die Hexen, die Arbeitslosen und Armen seien stets ohne sinnvolle Bewegungen und Systeme gewesen und dies sei ihr Schicksal, bedeutet ganz klar, mythologische, religiöse, philosophische und wissenschaftliche Strukturen zu produzieren und Apparate zur Akkumulation von Wissen aufzubauen, die den Interessen derjenigen dienen, die Kapital und Macht akkumulieren. Die Geschichte besteht nicht nur aus der Vorherrschaft von Kapital und Macht. Gleichzeitig gab es, in Verschränkung und ständiger Interessensgemeinschaft mit diesen Herrschaftsformen, auch die vorherrschenden Wissensmechanismen (mythologisch, religiös, philosophisch und wissenschaftlich). Wesentlicher Grund für die Erfolglosigkeit zahlreicher führender oppositioneller sozialwissenschaftlicher Strukturen, allen voran der marxistischen Sozialwissenschaften, war, dass sie die wissenschaftlichen Revolutionen, die sich auf die Geschichte der Akkumulation von Kapital und Macht stützten, zu ihrer Grundlage machten und es ihnen nicht gelang, ein alternatives Zivilisationssystem zu entwickeln. Zweifellos wurden viele genannte Aspekte umfassend kritisiert, doch der nächste Schritt, sie in den Rahmen einer die gesamte Geschichte umfassenden Erzählung einzubetten, wurde versäumt. Es wurde kein Weltsystem-Verständnis etabliert, die entsprechenden Erzählungen kamen nicht einmal über fragmentierte Versuche hinaus.

Der dritte wichtige Punkt am System der demokratischen Zivilisation ist, dass diese Zivilisation die Kraft besaß, ab der landwirtschaftlichen Revolution städtische und industrielle Elemente zu entwickeln, ohne den Akkumulationen von Kapital, Macht und Staat, die auf der Herausbildung einer Mittelklasse beruhen und in der Gesellschaft stets die Rolle von Krebszellen spielen, eine Chance zu geben. Es heißt also »ja« zu Stadt und Industrie, aber »nein« zu den Krebszellen darin. Wenn wir uns die heutigen, gigantischen Netzwerke von Stadt-Industrie-Macht und Kommunikation anschauen und in diesem Zusammenhang die Tatsache betrachten, dass die furchtbare Umweltzerstörung, die Situation der Frau und das Niveau von Armut und Arbeitslosigkeit katastrophale Dimensionen angenommen haben, so wird deutlich, dass der Begriff des krebsartigen Wachstums in gesellschaftlichen Strukturen keineswegs unangemessen ist. Heutige führende Sozialwissenschaftler wie Immanuel Wallerstein genauso wie die zu allen Zeiten vorhandenen ›Barbaren‹ (den Begriff der Barbarei werden wir weiter unten diskutieren und neu bestimmen), die Mitglieder häretischer Konfessionen, aufständische Bäuerinnen, Utopisten, Anarchist*innen, zuletzt die Feministinnen und die immer lauter werdenden Umweltbewegungen können für die Abwehr der drohenden Gefahr des Krebswachstums im gesellschaftlichen Gewebe eine ganzheitliche Bedeutung erlangen. Keine Gesellschaft kann die gegenwärtigen Akkumulationen von Stadt, Mittelklasse, Kapital, Macht, Staat und Kommunikationsmitteln lange aushalten. Wenn auch die in einen eisernen Käfig gezwängte Gesellschaft es nicht schafft, so laut zu schreien, dass etwas dabei herauskommt, so zeigen doch die täglichen S.O.S.-Signale aus der Ökologie deutlich, dass den Problemen, die eine krisenhafte und chaotische Dimension erreicht haben, das bestehende System der Zentralzivilisation zugrunde liegt. Wir denken, dass der Ausweg aus diesem Chaos nur durch einen Ansatz gelingen wird, der tief in den historisch-gesellschaftlichen Ressourcen verwurzelt ist und die Gegenwart als den jetzigen Zustand dieser Ressourcen analysiert, und wir behaupten, dass auch die Zukunft in diesem Sinne nur durch das ›Zentrale Weltsystem der Demokratischen Zivilisation‹ gewährleistet werden kann.

Dieser Band wird sich auf die Verdeutlichung dieser These in verschiedenen Dimensionen konzentrieren. Dass ich die Geschichte in ihren universalen Dimensionen zu verstehen versuche, liegt zweifellos an meinem prinzipiellen Glauben, dass lokale Geschichten ohne eine Universalgeschichte bedeutungslos sind. Zweifellos lässt sich selbst die Geschichte der unscheinbarsten Gesellschaften im Lichte der Universalgeschichte betrachten. Außerdem halte ich es auch für ein wertvolles Prinzip, dass die Gegenwart Geschichte und die Geschichte jetzt ist. Ich muss jedoch diesen beiden wichtigen historischen Prinzipien, die ich hiermit erneut unterstreiche, einen Aspekt hinzufügen: Die lokale Gegenwart wiederholt die Geschichte nicht nur als Wiederaufführung einer Tradition. Sie spielt vielmehr eine wichtige Rolle bei der historischen Akkumulation, indem sie die eigenen spezifischen Besonderheiten hinzufügt. Die Geschichte besteht nicht nur aus einer Wiederholung; sie wiederholt sich, indem sie die Beiträge eines jeden Ortes und jedes Zeitabschnitts akkumuliert.

Ich bezweifle nicht, dass mein Ansatz auf Verständnis trifft, wenn man die Veränderungen nicht nur in meinen vorausgehenden Schriften, sondern allgemein in allen meinen schriftlichen und mündlichen Einschätzungen vor dem Hintergrund dieser Prinzipien betrachtet. Offensichtlich lassen sich meine Ansichten nicht als dröge Wiederholung oder radikales Renegatentum interpretieren. Wer zu beobachten weiß, sieht klar, dass Entwicklung Unterschiedlichkeit ist und dass die Veränderung durch Diversifikation ein maßgebliches Prinzip des Universums ist. Wenn aus Eins Zwei wird, so findet nicht nur eine simple quantitative Akkumulation statt; gleichzeitig realisiert sich Zwei immer als Unterschiedlichkeit gegenüber Eins.

Nach der Vorbemerkung und dieser Einführung werden wir im nächsten Teil ›einige methodische Probleme‹ diskutieren. Wir werden betonen, dass die extreme Zerstückelung der Wissenschaften eine Krise der Wissenschaft an sich darstellt und diese mit der Krise des Systems zusammenhängt. Wir werden auch auf die Bedeutung eines ganzheitlichen Ansatzes für die Wissenschaft eingehen.

Als weiteres Thema der Methode werden wir die verschiedenen Naturen, besonders die Verschiedenheit der gesellschaftlichen Natur betonen. Wir werden erklären, warum die Rückkehr zur (ersten) Natur gleichzeitig radikale Ansätze erfordert und dies in Zusammenhang mit der Frauenfrage behandeln.

Die Trennung von Subjekt und Objekt werden wir mit Vorsicht behandeln, die Probleme, die durch sie ausgelöst werden, und die Wege, um sie zu beseitigen, diskutieren. Wir werden den Zusammenhang mit dem System der Kapitalakkumulation aufzeigen und die Notwendigkeit betonen, es zu überwinden.

Wichtig ist auch, bei methodischen Dualismen wie Universalismus–Relativismus, Zirkularität–Linearität und Globalismus–Lokalismus offen für Neues zu sein. Darüber hinaus ist auch eine Neuinterpretation der dialektischen Methode notwendig.

Eine Klarheit der methodischen Begriffe kann die Darstellung weiterer Themen erleichtern. Aus diesem Grund erschien es notwendig, die Ausführungen zur Methode diesem Band in einem eigenen Teil voranzustellen.

Der zweite Teil trägt die Überschrift ›Die Frage der Freiheit‹. Der enge Zusammenhang zwischen dem System der demokratischen Zivilisation und der Freiheit macht die Klärung dieses Themas bedeutsam. Der herrschsüchtige Charakter des Systems der Zentralzivilisation hebt gleichzeitig den freiheitlichen Charakter der demokratischen Zivilisation hervor. In diesem Teil wird die enge Verbindung zwischen Gleichheit und Freiheit analysiert werden. Noch wichtiger: wir werden uns damit befassen, den wahren Begriff der Gleichheit auf der Grundlage der Beachtung von Unterschiedlichkeiten zu interpretieren. Wenn wir berücksichtigen, dass Begriffe von Freiheit und Gleichheit, die außerhalb des Zusammenhangs mit den Systemen analysiert werden, in den Sozialwissenschaften zu bedeutenden Problemen führen, wird ihre Neuinterpretation im Lichte unserer Hauptthese erhellend wirken.

Thema des dritten Teils ist die Kritik der Vernunft der menschlichen Spezies. Beim Versuch der Definition der gesellschaftlichen Vernunft werden wir auch versuchen, ihre Funktionen in theoretischer und praktischer Hinsicht sowie in den Dimensionen analytisch und emotional aufzuklären. Wohin kann der Gebrauch der Vernunft durch Weltsysteme führen? Gibt es Grenzen der Vernunft als Werkzeug der Problemlösung? Wie können wir Immanuel Kant aktualisieren? Derartige Fragen können bereits davor warnen, dass Vernunft als Werkzeug zur Problemlösung durchaus zu ernsten Problemen führen kann.

Im vierten Teil werden wir die ›Entstehung und Entwicklung der gesellschaftlichen Frage‹ untersuchen. Wir werden versuchen, den Auslöser dieser Problematik, das System der Zentralzivilisation, in verschiedenen historischen Zeitabschnitten zu beobachten. Die folgende weitere Verästelung der gesellschaftlichen Probleme hängt mit dem Kern dieses Systems zusammen. Daher sind die Akkumulationsapparate von Kapital und Macht selbst das Problem. Wir werden gewissermaßen die Geschichte des Problems skizzieren.

Im fünften Teil schlagen wir das System der demokratischen Zivilisation als Instrument der Problemlösung vor. Was bedeutet eine Neukonzipierung von Geschichte als Gesellschaftsgeschichte? Hier betonen wir die untrennbare Verbindung zwischen demokratischer Gesellschaft und Geschichte.

Im sechsten Teil setzen wir das Ergebnis des vorherigen fort und versuchen, die demokratische Moderne als Alternative zur kapitalistischen Moderne zu definieren. Warum die Auffassung zweier Modernen möglich und nötig ist, werden wir im Lichte schmerzhafter Lektionen behandeln. Besonders die Gründe für die Niederlage zeitgenössischer Revolutionen betrachten wir in diesem Zusammenhang erneut.

Im siebten und achten Teil werden wir die systemische Krise des Kapitalismus und die Möglichkeiten für einen Ausweg aus der Krise zu analysieren versuchen. Wie können die Alternativen aussehen, angesichts der Tatsache, dass sich die kapitalistische Moderne als gegenwärtiger Zustand des globalen Zivilisationssystems auflöst? Wie können wir die demokratische Moderne aufbauen? Was sind die Hindernisse und welche Möglichkeiten bieten sich uns? Was sind die Aufgaben des Wiederaufbaus? Dies sind äußerst brennende Fragen, die zweifellos auch ihre Antworten bereits in sich tragen.

Der neunte Teil ist als Schlussfolgerung gedacht. In diesem Abschnitt ziehen wir aus verschiedenen Blickwinkeln eine Bilanz dieses Essays. Die Geschichte verfolgt weder eine gerade, schicksalhafte Linie, noch bewegt sie sich von selbst auf ein zu erwartendes Ziel zu. Weder ist sie allein die Quelle allen Übels, noch wird sie über kurz oder lang alles Gute darbieten. Die Gesellschaftlichkeit des Menschen kann ein gutes Leben ermöglichen. Die Gesellschaft selbst ist eine enorme Quelle von Lösungen. Wir müssen nur wissen, wie wir uns vor tödlichen Krankheiten einschließlich der Krebsarten schützen müssen. Lasst uns unsere Welt verstehen, die ein prächtiges Paradies ermöglicht. Wählen wir das gute Leben!

Erster Teil

Einige methodische Probleme

Methode im Sinne eines Weges, der ohne Umschweife zum Ziel führt, ist kein Begriff, der ursprünglich aus dem Westen stammt. Seit ältester Zeit wird nach solchen Wegen in den Weisheitslehren des Nahen Ostens gesucht. Wege, die zur Erlangung von Wissen geeignet schienen, wurden stets ausprobiert und diejenigen, die zu den besten Ergebnissen führten, als grundlegende Methoden ausgewählt. Gewöhnlich wurde dazu in den Denkschulen aus den Begriffen, über die man am meisten nachdachte, eine Logik und damit eine Methode entwickelt. Als sich das hegemoniale Zentrum des Weltzivilisationssystems in vielen Bereichen nach Europa verlagerte, entwickelte sich vielfach eine Überlegenheit, so auch im wissenschaftlichen Bereich auf der Ebene der Methodik. Dass Denker wie Francis Bacon, René Descartes oder Galileo Galilei mit bedeutenden methodischen Ansätzen im sechzehnten und siebzehnten Jahrhundert auftraten, ist eng mit dieser Verschiebung des hegemonialen Systems nach Europa verbunden.

Die Entstehung eines der wichtigsten Konzepte der wissenschaftlichen Methode, die Unterscheidung von Subjekt und Objekt, hängt mit der Herrschaft über die Natur zusammen. Als sich die kapitalistischen Monopole, die neuen Akkumulationsapparate des Kapitals und der Macht, auf die Ressourcen sowohl der physikalisch-biologischen als auch der gesellschaftlichen Natur stürzten, begriffen sie schnell, welche Vorteile diese Ressourcen für die Akkumulation bereithielten. Die Ressourcen beider Naturen zu objektivieren, leistete ständig wachsende Beiträge zur Akkumulation von Kapital und Macht. Das gedankliche Gegenstück zu dieser materiellen Entwicklung ist die Trennung von Subjekt und Objekt. Dies spiegelt sich bei Francis Bacon als Trennung von objektiv und subjektiv wider und bei René Descartes als scharfe Trennung von Seele und Körper. Bei Galileo Galilei tritt die Mathematik als Sprache der Natur und als höchstes Kriterium des Objekts auf. Nach einer langen Reise der Geschichte durch Mesopotamien hatte es bereits im antiken Griechenland Entwicklungen gegeben, die sich nun in ähnlicher Weise mit spezifischen Unterschieden im Westen Europas wiederholten. Und eigentlich hatte die sumerische Gesellschaft die Lebenserfahrung Obermesopotamiens über Jahrtausende gefiltert und nach Niedermesopotamien übertragen, spezifische Besonderheiten hinzugefügt und ihre eigene, originale Form geschaffen.

In den zentralen Zivilisationssystemen entspringt das Subjekt immer dem Kapital und der Macht. Es repräsentiert Bewusstsein, Erzählung und freien Willen. Mal ist es Person und mal Institution, aber stets existiert es. Die Gruppen dagegen, denen die Rolle des Objekts zufällt, waren stets die außerhalb der Macht stehenden Barbaren, Völker und Frauen. Diese werden wie die Natur nur dann einbezogen, wenn sie dem Subjekt als Ressource dienen sollen. Es liegt in der Natur der Sache, dass eine andere Bedeutung für sie undenkbar ist. Schöpfungsgeschichten wie die sumerische, dass der Mann als Knecht aus den Exkrementen der Götter, oder die Frau aus der Rippe des Mannes geschaffen sei, spiegeln die Dimensionen der Objektifizierung in den Tiefen der Geschichte wider. Die Übertragung dieses Ansatzes von Objekt und Subjekt in das europäische Denken war zweifellos erst nach wichtigen Transformationen möglich. Doch es lässt sich nicht leugnen, dass die Entwicklung in dieser Richtung verlief.

Dass die Unterscheidung von Subjekt und Objekt heute verblasst ist, hängt mit dem Aufstieg des Finanzkapitalismus zum führenden System zusammen. Die symbolische Hegemonie des Finanzkapitals im System der Zentralzivilisation hat alle alten Zustände von Subjekt und Objekt aufgelöst. Dass sich jede*r mal als Subjekt, mal als Objekt positioniert, hängt eng mit den neuen Formen der Akkumulation von Kapital und Macht zusammen. Nationalismus, Religionismus, Sexismus und Szientismus wachsen sowohl in der realen als auch in der virtuellen Welt lawinenartig an. Die Apparate von Kapital und Macht, die sich aus diesen Quellen speisen, halten die Gesellschaft eng umschlungen. Unter diesen Bedingungen kann sich jede Person und jede Institution jederzeit sowohl in der Position des Subjekts als auch in der des Objekts wiederfinden. Wo ideologische Apparate die Funktion der Götter in der sumerischen Gesellschaft übernehmen, wird die Transformation der Subjekt-Objekt-Unterscheidung unausweichlich. Genauso werden die neuen symbolischen Charakteristiken der Götter und ihre Herrschaft natürlich die gegenwärtige Unterscheidung überflüssig machen.

Ähnlich verlief die schrittweise Zerstückelung des Wissens und der Verlust seiner Sakralität im Verlauf der Geschichte der Zentralzivilisation. Wir können anhand der Geschichte deutlich beobachten, wie das Wissen in dem Maße zerstückelt wird, wie Kapital- und Machtapparate sich vermehren. In allen Klan- und Stammesgesellschaften ist die Wissenschaft ein Ganzes. Ihre Repräsentant*innen gelten als heilig. Der Wissenschaft wird Göttlichkeit zugesprochen; allen wird sie entsprechend ihren Wünschen und Bemühungen zugeteilt. Während in Mythologien vollständig und in Religion und Wissenschaft weitgehend derartige Ansätze verfolgt werden, lässt sich die erste Zerstückelung eher in den Naturwissenschaften und in der Wissensstruktur Westeuropas beobachten. Die neuen Organisationen des Wissens (Akademien und Universitäten), die sich zunehmend von der Gesellschaft entfernten und sich in den Dienst der Eliten von Kapital und Macht stellten, fanden sich in der Position der Lieblingsinstitutionen des neuen Staates (Leviathan) wieder. Der Prozess der Verschmelzung der Wissenschaft mit Kapital und Macht war gleichzeitig der Prozess der Entfremdung von der Gesellschaft. Die Zentren und Tempel der lösungsorientierten Wissenschaft haben sich in Zentren der Schaffung von Problemen, der Entfremdung und der ideologischen Hegemonie verwandelt. Für jede natürliche und gesellschaftliche Ressource wurde eine wissenschaftliche Disziplin entwickelt. Diese Tatsache allein genügt, um die Verflechtung der Wissenschaft mit Kapital und Macht zu beweisen. Der Bereich der Wissenschaft, der der gesamten Gesellschaft heilig ist, hat sich maximal davon entfernt, der Gesellschaft zu dienen. Jede wissenschaftliche Disziplin wurde zu einem bezahlten Beruf, ja sogar selbst zu Kapital; sie wurden hochgefährliche Komplizen der Macht. Wir wissen genau, dass die Produktion von Atomwaffen und aller möglichen Vernichtungswaffen genauso wie sämtliche Vorgänge, die drohen, die Umwelt zu zerstören, ihren Ursprung in Zentren der Wissenschaft haben. Wer in diesen Zentren arbeitet, richtet sich nicht nach der Sorge um die Wahrheit (das kollektive Gewissen der Gesellschaft), sondern hat sich entschieden, als Mentor*in für die möglichst effektive Produktion von Kapital und Macht zu fungieren.

Wenn wir heute von wissenschaftlicher Arbeit sprechen, ist die erste Frage, die in den Sinn kommt: »Wie viel Geld bringt das ein?« Dabei erwartet die Gesellschaft von der Wissenschaft, dass sie Antworten zur Lösung ihrer wesentlichen Sorgen liefert. Die Gesellschaft hat aufgrund materieller und geistiger Bedürfnisse die Wissenschaft insgesamt als eine göttliche Berufung betrachtet und sie daher akzeptiert. Der Verfall der Akademien und Universitäten hängt mit diesen Bedingungen zusammen, die auch die Ursache für die Krise der Wissenschaft darstellen. Die Geschichte des Wissens hat in Zusammenhang mit der Geschichte der Zivilisation eine Transformation durchlaufen und steckt genau wie das System insgesamt in der Krise. Der Anspruch der Wissenschaft, Mittel zur Lösung zu sein, hat aus ihr die bedeutendste Quelle von Problemen gemacht. Die Folgen sind die Zersplitterung der Wissenschaft, ihr Auseinanderfallen und Chaos.

Wir müssen die verschiedenen Naturen, also die Unterscheidung von Erster, Zweiter und Dritter Natur, genau verstehen. Die gesamte Natur außerhalb der menschlichen Gesellschaft wird als ›Erste Natur‹ bezeichnet. Der Begriff der Ersten Natur ist in sich widersprüchlich. Zunächst einmal sind endlos viele verschiedene Unterscheidungen wie belebt/unbelebt, pflanzlich/tierisch oder auch physikalisch/chemisch, im nächsten Schritt sichtbare/unsichtbare Materie oder Energie/Materie denkbar. Außerdem könnten wir für jede dieser Unterscheidungen von entsprechenden Gesellschaften sprechen. Wenn wir also die Ansätze bezüglich der Frage der Naturen näher betrachten, stellen wir fest, dass sie stark von der Unterscheidung von Subjekt und Objekt beeinflusst sind. Wir müssen hier betonen, dass diese keine triftigen Unterscheidungen darstellen oder zumindest nur bedingt getroffen werden sollten.

Die menschliche Gesellschaft als Zweite Natur stellt zweifellos eine sehr bedeutende natürliche Entwicklungsstufe dar und besitzt bestimmte Besonderheiten. Es scheint mir sinnvoller, sie nicht als eine separate Natur, sondern als eine andere Stufe der Natur zu beschreiben.

Diejenigen Charakteristika, die die gesellschaftliche Natur besonders auszeichnen, sind die Größe ihrer mentalen Kapazität, ihre Flexibilität und ihre Fähigkeit, sich selbst zu konstruieren. Zweifellos existieren auch in der Ersten Natur Geist, Flexibilität und die Fähigkeit zur Selbstkonstruktion. Doch funktionieren diese im Vergleich zur gesellschaftlichen Natur sehr langsam, starr und träge. Wichtig erscheint mir, die gesellschaftliche Natur als Ganzes theoretisch zu erfassen. Zwar räumten die ersten Soziologen diesem Thema Priorität ein, doch im Laufe der Zeit gelangten partikuläre und strukturelle Analysen in den Vordergrund – genauso, wie wir es bei der Analyse der anderen Naturen beobachten können. Darüber hinaus kann eine Unterscheidung der gesellschaftlichen Natur in Form von Basis und Überbau und Unterteilungen in Wirtschaft, Politik und Macht sowie eine Trennung von Schichten und Stufen wie urkommunistische Gesellschaft, Sklaverei, Feudalismus, Kapitalismus und Sozialismus/Kommunismus nur dann sinnvolle Ergebnisse liefern, wenn man die Diversität besonders beachtet. Keine Analyse von Schichten, Teilen oder Strukturen kann einen ganzheitlichen theoretischen Ansatz ersetzen. Wir können sagen, dass in diesem Bereich kein*e Philosoph*in oder Soziolog*in über den holistischen Ansatz von Platon und Aristoteles hinausgegangen ist. Es sind sogar die ganzheitlichen Interpretationen der Weisen und Prophet*innen mit nahöstlichen oder ganz allgemein östlichen Wurzeln lehrreicher und gesellschaftlicher als die der Philosoph*innen und Soziolog*innen der kapitalistischen Moderne; sie stellen als fortschrittlicherer und weiter entwickelter Ansatz einen Wert dar. Wir müssen besonders betonen, dass die größte Verantwortung für den fehlenden Einfluss des ganzheitlichen theoretischen Ansatzes bei den Apparaten der Kapital- und Machtakkumulation liegt.

Es besteht dringender Bedarf für einen neuen, tief theoretischen methodischen Ansatz zur Untersuchung der menschlichen Gesellschaft. Besonders müssen wir begreifen, dass soziologische Methoden, die im Zahlengewirr ersticken, die Wirklichkeit nicht enthüllen, sondern vielmehr verschleiern. Wenn ich sage, dass die bestehende Soziologie die Wirklichkeit stärker verschleiert als die Mythologien, sollten wir das nicht als Übertreibung betrachten. Der Sinn, zu dem wir durch das Fühlen der Wirklichkeit in der Mythologie gelangen, ist menschlicher und näher an der Wahrheit als der Sinn in den Soziologien der kapitalistischen Moderne.

Die Gesellschaftswissenschaft ist zweifellos wichtig, aber es fällt schwer, ihren gegenwärtigen Zustand als Wissenschaft zu bezeichnen. Die kursierenden soziologischen Diskurse drücken über die Legitimierung der offiziellen Moderne hinaus kaum einen Sinn aus. In dieser Frage brauchen wir eine radikale wissenschaftliche Revolution und einen methodischen Aufbruch.

Die Stufe, die wir Dritte Natur nennen wollen, ist nur durch diese wissenschaftliche und methodische Revolution möglich. Als Begriff bezeichnet ›Dritte Natur‹ die auf einer höheren Ebene wiederhergestellte Harmonie zwischen der Ersten und der Zweiten Natur. Eine Synthese der gesellschaftlichen Natur mit der Ersten Natur auf höherer Ebene erfordert gleichermaßen eine Revolution des theoretischen Paradigmas wie eine radikale praktische Revolution. Dabei wird insbesondere die Überwindung der gegenwärtigen Stufe des Systems der Zentralzivilisation, des kapitalistischen Weltsystems, also der kapitalistischen Moderne, entscheidend sein. Dafür müssen wir Prozesse entwickeln, um zumindest auf minimaler Ebene die demokratische Zivilisation aufzubauen. Fortschritte bei den besonders herausstechenden Merkmalen des ökologischen und feministischen Charakters der Gesellschaft zu erzielen, die Kunst der demokratischen Politik funktional zu machen und der Aufbau einer demokratischen Zivilgesellschaft sind Schritte, die wir erfolgreich durchführen müssen.

Die Dritte Natur ist kein neues Versprechen eines Paradieses oder einer Utopie; sie bedeutet, dass sich der Mensch, dessen Wissen über die Naturen sich vermehrt, seine eigene Unterschiedlichkeit bewahrt und gleichzeitig erneut Teil der großen Harmonie wird. Dies ist nicht nur eine Sehnsucht, eine Absicht und das Versprechen von Utopien, sondern die Kunst des guten und schönen Lebens, das einen aktuellen, praktischen Sinn hat. Ich rede nicht von Biologismus, ich bin mir der Gefahr dieses Ansatzes bewusst. Ich rede auch nicht von den ›gottserbärmlichen‹ Paradiesversprechen der Akkumulationsapparate von Kapital und Macht.

Ich kann ermessen, was dieser Ansatz im Kern bedeutet und welch gefährliche und zerstörerische Absichten er in sich birgt. Den Vulgärkommunismus, das Paradiesversprechen des Materialismus, halte ich ebenfalls für primitiv und nicht funktional, eine Art extremer Variante des Liberalismus. Ohnehin können wir aus unserer alltäglichen Lebenserfahrung leicht ersehen, dass jegliches Versprechen des Liberalismus höllisch stinkt.

Die Verwirklichung der Dritten Natur erfordert eine lange Zeit. Die Entstehung des demokratischen Systems als Regime der Verwirklichung einer auf Unterschiedlichkeiten beruhenden Freiheit und Gleichheit auf der Grundlage des Zusammenführens der Ersten und der Zweiten Natur auf einer höheren Ebene wird dann möglich werden, wenn es im Inneren Eigenschaften einer ökologischen und femininen Gesellschaft entwickelt hat. Die gesellschaftliche Natur des Menschen beinhaltet bereits die Dynamiken zur Verwirklichung dieser Stufe. Auf die Frage der verschiedenen Naturen sollten wir uns verstärkt konzentrieren. Dieser methodische Ansatz kann uns zu sinnvollen theoretischen und praktischen Erfebnissen führen.

Ein weiteres Problem, das in letzter Zeit bezüglich der Methode diskutiert wird, betrifft das Verhältnis von Universalität und Relativismus. Gleichermaßen bedeutsam ist die Frage nach Universalität oder Partikularität. Wir stehen vor einem methodischen Problem, das wir sorgfältig analysieren müssen. Wir können dieses Problem auch so definieren, dass die Unterscheidung von Subjekt und Objekt eine neue Stufe erreicht hat. Dass die starren Glaubenssätze der Apparate von Macht und Kapital meist als ›Gesetze‹ bezeichnet werden, liegt an den materiellen Bedingungen, die derartigen methodischen Problemen zugrunde liegen. Diesem ›legalistischen‹ Ansatz das Attribut ›Universalität‹ anzuheften, hängt eng mit seiner Verwendung als Werkzeug der Legitimation zusammen. Wir dürfen nicht vergessen, dass das Gesetz ein Produkt der Macht ist. Und vergessen wir auch nicht, dass Macht Kapital ist. Die Herrschaft der Macht nennt sich gleichzeitig ›Gesetz‹. Je universaler das Gesetz wiederum ist, desto stärker ist es und desto unmöglicher wird es, sich ihm entgegenzustellen. So beginnt auch die Konstruktion von Gott-Menschen. Derjenige, der die Macht besitzt, kann sein Diktat nicht offen aussprechen und vergöttlicht es daher. Durch dieses geniale Instrument der Legitimation plant er, seine Macht fortan leichter ausüben zu können. Derartige Bestrebungen stellen eine wesentliche Quelle sämtlicher Universalitäten dar, wenn auch nicht ihre einzige. Das müssen wir genau verstehen.

Der Relativismus wird zwar als Gegenpol dargestellt, ähnelt aber im Kern dem Universalismus. Er drückt den Zustand des korrumpierten Menschen aus, der sich vollständig von Regeln, Wegen und Methoden entfernt hat. Der Relativismus lässt eine Tür offen für extreme Ansichten wie: »Es gibt so viele Regeln und Methoden, wie es Menschen gibt.« Da dies in der Praxis nicht möglich ist, geht man letztlich zwangsläufig den Gesetzen des Universalismus in die Falle. Die eine Auffassung überschätzt die Intelligenz in der menschlichen Gesellschaft und hebt sie auf die Ebene eines ›universal gültigen Gesetzes‹, die andere unterschätzt sie und reduziert sie auf irrige Aussagen wie: »Jeder hat seine eigenen Gesetze.« Die gesellschaftliche Intelligenz lässt sich auch realistischer interpretieren. Universale Gesetze und den Relativismus nicht als gegensätzliche Pole zu interpretieren, sondern sie als zwei ineinander verschränkte Zustände der natürlichen Wirklichkeit begrifflich zu fassen, kann zu einer produktiveren Erzählung führen. Von unveränderlichen universalen Gesetzen zu sprechen, führt zur Vorstellung eines gradlinigen Fortschritts; wenn dieser im Universum einen Endpunkt hätte, müssten wir heute schon an ihm angelangt sein. Das ist ein Mangel des Progressivismus. Wenn es stimmte, dass das Universum sich ständig auf ein Ziel zubewegt, hätte es dieses in der ›vergangenen Ewigkeit‹ (*ezel*), die die Unendlichkeit enthält, längst erreichen müssen. Andererseits enthält der Relativismus den Begriff der ›endlosen Zirkularität‹; wenn dies zuträfe, hätten im bestehenden Universum Veränderung und Entwicklung nicht stattfinden oder entstehen können. Daher treffen sich im Kern die methodischen Auffassungen von universellem Fortschritt und Zirkularität, und ihnen fehlt die Kraft, die Entwicklung eines sich verändernden und ausdifferenzierenden Universums zu erklären; es sind mangelhafte Methoden. Ich glaube, dass eine richtigere Methode in einer Form bestimmt werden muss, die ›Veränderung durch Differenzierung‹ ermöglicht und den Augenblick ebenso wie die Unendlichkeit beinhaltet. Dass Fortschritt zyklisch stattfindet und dass Zirkulation Fortschritt beinhaltet, dass die Unendlichkeit im jetzigen Moment verborgen, der Gegenwart immanent ist, dass die Gesamtheit der augenblicklichen Gebilde die Unendlichkeit beinhaltet; all dies liefert für den Aufbau eines Wahrheitsregimes eine methodische Perspektive, die erhellender wirkt und verständlicher ist.

Wichtig ist auch, auf einige Punkte einzugehen, die das Thema der dialektischen Methode betreffen. Zweifellos war die Entdeckung der Dialektik eine enorme Errungenschaft. Durch genaue Beobachtung lässt sich in jedem Moment erkennen, dass das Universum dialektischen Charakter besitzt.

Das Problem hierbei ist, wie die Dialektik interpretiert werden muss. Der Unterschied in den Interpretationen der Dialektik von Hegel und Marx ist bekannt. Beide Interpretationen haben höchst unerfreuliche und zerstörerische Folgen ausgelöst. Die althegelianische Interpretation, die zum nationalistischen deutschen Staat führte, hat in der Praxis des Faschismus furchtbare Folgen hervorgebracht. Und bekanntlich haben auch Marx' Nachfolger*innen, wenn auch auf andere Weise, durch eine enge, klassenorientierte realsozialistische Praxis eine Reihe von negativen Resultaten und Zerstörungen ausgelöst. Der richtigere Ansatz ist hier, den Fehler nicht bei Marx und Hegel zu suchen, sondern bei denen, welche die Dialektik ausreichend falsch interpretiert haben. Außerdem ist es weder richtig, die dialektische Methode Hegel und Marx zuzuschreiben, noch dem Denken des antiken Griechenlands. In der Weisheit des Ostens stoßen wir oft auf dialektische Interpretationen. Zweifellos kamen im antiken Griechenland und im Europa der Aufklärung wichtige Errungenschaften hinzu.

Es ist weder richtig, die Dialektik als zerstörende Einheit der Gegensätze zu betrachten, noch die Veränderung als widerspruchsloses Werden, als Kreativität des Moments zu interpretieren. Die erste Auffassung führt stets zu einer grob vereinfachenden Tendenz, die Pole zu Feinden macht, was im Ergebnis nicht darüber hinausgeht, das Universum als regellos und stets chaotisch zu betrachten. Die zweite führt zu einer Auffassung von Entwicklung ohne Spannung, ohne Gegensätze, ohne eigene Dynamik, die stets eine äußere Kraft als Ursache benötigt; und auch dem scheinen wir unmöglich zustimmen zu können. Es ist bekannt, dass dieser Weg in die Metaphysik führt.

Also ist es von großer Bedeutung, die Dialektik von diesen beiden extremen Interpretationen zu befreien und zu reinigen. Eine nicht zerstörerische, konstruktive Dialektik ist ohnehin das, was wir in Entwicklungen beobachten. Beispielsweise trägt der Mensch vielleicht selbst auch eine dialektische Entwicklung in sich, die so alt ist wie das ungefähr ermittelte Alter des Universums. Der Mensch besteht nicht nur aus allem von den kleinsten subatomaren Partikeln bis zu den komplexesten Atomen und Molekülen, sondern er trägt auch sämtliche biologischen Zeitalter in seiner Konstitution[21]. Diese fantastische Entwicklung ist dialektisch, aber dass sich hier eine konstruktive und entwicklungsfördernde Dialektik ausdrückt, ist so offensichtlich, dass es nicht zu leugnen ist. Zweifellos beinhalten die viel diskutierten

21 Siehe Band I, S. 59–67 und Band II, S. 74, Fußnote 17.

Klassenwidersprüche (und wir können hinzufügen: Stammes-, ethnische, nationale und systemische Widersprüche) gewisse Feindschaften. Doch ist es möglich, diese Widersprüche, ohne dass es zum Massaker kommt, durch die enorm flexible gesellschaftliche Kraft der Vernunft gemäß dem Geist der Dialektik zu lösen. Überhaupt ist die Natur der Gesellschaft voller Beispiele für derartige Lösungen. Während die Ideologen die Entwicklung besser erklären wollten, gelang es ihnen vielleicht nicht, ungewollte Ergebnisse zu vermeiden. Zumindest zeigt die Tatsache, dass sie oft in eine solche Lage gerieten, dass die Interpretation der Dialektik weiterhin wichtig bleibt.

Um beim Thema Dialektik einer falschen Auffassung zuvorzukommen, müssen wir sie auch noch kurz im Vergleich zur Metaphysik kommentieren. Zweifellos war es der unproduktivste Ansatz aller Zeiten, die Quelle der Entstehung der Metaphysik außen, bei einem Schöpfer zu suchen. Die Philosophie, die Religion und der positive Szientismus, zu dem dieser Ansatz geführt hat, haben ein regelrechtes System des ›geistigen Kolonialismus‹ geschaffen. Die Natur braucht vielleicht keinen Schöpfer von außen, aber selbst wenn doch, so kann dieser Schöpfer allenfalls in ihr selbst zu finden sein. Doch wir können ruhig behaupten, dass die Metaphysik auf die Intelligenz der gesellschaftlichen Natur ›Regime des geistigen Kolonialismus‹ montiert hat, die einem Schöpfer von außen gleichen. In diesem Sinne ist es von großer Bedeutung, die Metaphysik zu kritisieren und zu überwinden.

Was ich jedoch zur Metaphysik anmerken möchte, betrifft einen anderen Aspekt von ihr. Ich spreche davon, dass der Mensch ohne Metaphysik nicht auskommt. Die Metaphysik, die ich hier meine, sind die kulturellen Schöpfungen der menschlichen Gesellschaft. Dazu gehören neben Mythologie, Religion, Philosophie und Wissenschaft alle Arten von Kunst, Politik und Produktionstechnik. Gefühle von Gutem und Schönem haben keine physischen Entsprechungen. Sie sind Bedingungen für Werte, die dem Menschen eigen sind. Besonders Moral und Kunst sind metaphysische Werte. Was hier erläutert werden muss, ist nicht der Widerspruch von Metaphysik und Dialektik, sondern die Unterscheidung zwischen guten, schönen metaphysischen Schöpfungen und schlechten, hässlichen metaphysischen Schöpfungen. Und es sind nicht die Dichotomien Religion-Atheismus und Philosophie-Wissenschaft, sondern religiöse, philosophische und wissenschaftliche Überzeugungen, Wahrheiten und Fakten, die das Leben erträglicher und attraktiver machen.

Wir dürfen nicht vergessen, dass die Natur vor dem Menschen ein Stück aufgeführt hat, das sehr groß und vielfältig ist. Darin kann der Mensch nicht dieselbe Rolle spielen wie die Natur. Der Mensch kann auf dieser Bühne höchstens sein Leben durch Stücke arrangieren, die er selbst konstruiert. Dass das Theater als Spiegel des Lebens bezeichnet wird, hat seinen Ursprung in dieser profunden Tatsache. Wichtig ist, in diesem Bühnenleben die schlechten und hässlichen Aspekte und Fehler auf ein Minimum zu reduzieren; das Wahre, Gute und Schöne hingegen zu maximieren. Wenn wir von der guten, wahren und schönen Metaphysik sprechen, meinen wir diese tiefen, charakteristischen Besonderheiten des Menschen und nicht etwa Metaphysiken, die blind, taub und gefühllos machen. Ich bin überzeugt, dass diese Klarstellungen beim Vergleich von Dialektik und Metaphysik in Bezug auf die Methode von großer Bedeutung sind.

Zweiter Teil

Die Frage der Freiheit

Ich möchte beinahe sagen, Freiheit ist das eigentliche Ziel des Universums. Dennoch habe ich mich oft gefragt, ob das Universum wirklich hinter der Freiheit her ist. Freiheit nur als eine tiefe Suche der menschlichen Gesellschaft zu formulieren, schien mir immer unvollständig, ich dachte mir, es muss definitiv einen Aspekt geben, der das Universum betrifft. Wenn ich an den Teilchen-Energie-Dualismus denke, der den Grundstein des Universums darstellt, würde ich ohne zu zögern betonen, dass Energie Freiheit ist. Ich glaube, dass das Materieteilchen ein inhaftiertes Energiepaketchen ist. Licht ist ein Energiezustand. Können wir leugnen, wie frei das Licht fließen kann? Wir müssen auch zustimmen, wenn Quanten, definiert als die kleinsten Energieteilchen, heute als Faktor gedeutet werden, der beinahe die gesamte Vielfalt erklärt. Ja, die quantenartige Bewegung ist die schöpferische Kraft der ganzen Vielfalt. Ich kann nicht anders, als mich zu fragen, ob es dies ist, was ›externe göttliche Kreativität‹ genannt wurde?

Beim Thema Freiheit nicht egoistisch zu sein und in keinen Reduktionismus zu verfallen, der die Freiheit nur auf den Menschen beschränkt, halte ich für wichtig. Wenn ein Tier sich dagegen wehrt, in einen Käfig gesperrt zu werden, können wir da etwa leugnen, dass es dies um der Freiheit Willen tut? Mit welchem Begriff als dem der Freiheit können wir den Gesang der Nachtigall im Käfig erklären, der schöner ist als jede beliebige Symphonie? Wenn wir noch einen Schritt weitergehen, lassen nicht alle Stimmen und Farben des Universums an Freiheit denken? Die Gegenwehr der Frauen, die als erste und letzte Sklavinnen die intensivste Sklaverei der menschlichen Gesellschaft erleben, mit welch anderem Begriff als dem der Suche nach Freiheit können wir sie beschreiben? Wenn ein brillanter Philosoph wie Spinoza die Freiheit als Ausweg aus der Ignoranz und als Kraft des Verstandes interpretiert, läuft das nicht auf dasselbe hinaus?

Ich möchte das Problem nicht in Unmengen von Inhalten ersticken. Auch möchte ich es nicht als mein ›Verurteiltsein zur Unfreiheit‹ von Geburt an formulieren. Außer ein paar Zeilen, die ich im Andenken an Prometheus ins Unreine geschrieben habe, habe ich nie Gedichte geschrieben, was ja eine Art Suche nach Freiheit darstellt. Auch das hat, wie ich weiß, nur bildliche Bedeutung. Doch lässt sich leugnen, dass ich leidenschaftlich nach der Bedeutung der Freiheit suche?

Beim Versuch, die gesellschaftliche Freiheit zu problematisieren, dient diese kurze Einleitung dazu, vor der Komplexität des Themas zu warnen. Die Konzentration der gesellschaftlichen Intelligenz als am weitesten entwickelte Natur zu definieren, trägt auch zur Erhellung bei der Analyse der

Freiheit bei. Bereiche, in denen sich Intelligenz konzentriert, sind sensibel für die Freiheit. Es ist richtig, dass je mehr eine Gesellschaft in sich Intelligenz, Kultur und Vernunft konzentriert, sie sich desto freiheitstauglicher gestaltet. Und zutreffend ist auch, dass je mehr sich eine Gesellschaft von Intelligenz, Vernunft und Kultur fernhält oder ferngehalten wird, sie desto mehr versklavt ist.

Wenn ich über den Stamm der Hebräer nachdenke, fallen mir immer zwei Charakteristika und Überlebensstrategien ein. Die erste ist eine besondere Beziehung zum Geldverdienen. Juden bemühten sich zu bestimmten Zeiten um finanziellen Einfluss und erlangten zeitweise eine weltweit herausragende Stellung. Dies ist die materielle Seite. Für wichtiger halte ich jedoch, dass sie die zweite, also die Kunst des Einflusses auf geistigem Gebiet noch besser meistern. Juden haben zunächst mit ihren Prophet*innen, später den Schriftgelehrten, in der kapitalistischen Moderne dann mit Philosoph*innen, Wissenschaftler*innen und Künstler*innen eine herausragende geistig-kulturelle Stellung erlangt, deren Wurzeln fast so weit zurückreichen wie die geschriebene Geschichte. Daher stelle ich die These auf, dass es keinen anderen Stamm gibt, der so reich und frei ist wie die Hebräer. Einige Beispiele zur Situation der Juden in jüngerer Zeit werden dies bestätigen. Viele einflussreiche Personen im Bereich des Finanzkapitals, das die globale Wirtschaft dominiert, haben hebräische Wurzeln, sind also jüdisch. Erwähnen wir die Namen Spinoza am Beginn der modernen Philosophie, Marx in der Soziologie, Freud in der Psychologie und Einstein in der Physik und fügen wir Hunderte Theoretiker*innen von Kunst, Wissenschaft und politischer Theorie hinzu, so bekommen wir einen ausreichenden Eindruck von der jüdischen intellektuellen Stärke. Lässt sich die herausragende Stellung der Juden in der Welt des Intellekts leugnen?

Doch es gibt auch die andere Seite der Medaille, die ›Anderen‹ der Welt. Materieller und geistiger Reichtum, Stärke und Dominanz einer Seite entsteht um den Preis der Armut und Schwäche der anderen und ihrer Verwandlung in eine Herde. Daher gilt Marx' berühmter Satz über das Proletariat, »wenn das Proletariat sich selbst befreien will, hat es keine Wahl, als die gesamte Gesellschaft zu befreien«[22], auch für die Juden, als hätte Marx

22 Wie meist zitiert der Autor hier aus dem Gedächtnis. Das Zitat lautet: » […] darum kann und muß das Proletariat sich selbst befreien. Es kann sich aber nicht selbst befreien, ohne seine eigenen Lebensbedingungen aufzuheben. Es kann seine eigenen Lebensbedingungen nicht aufheben, ohne alle unmenschlichen Lebensbedingungen der heutigen Gesellschaft, die sich in seiner Situation zusammenfassen, aufzuheben.« Karl Marx & Friedrich Engels, *Die Heilige Familie*, MEW 2, S. 38.

bei der Formulierung an sie gedacht. Wenn sich die Juden ihrer Freiheiten, also ihres Reichtums, ihrer Intelligenz und ihrer Verstandeskraft sicher sein wollen, bleibt ihnen keine Wahl, als auch die Weltgesellschaft in ähnlicher Weise zu bereichern und geistig zu stärken. Sonst können sie jederzeit von neuen Hitlern verfolgt werden. In diesem Sinne ist die Befreiung, also die Freiheit der Juden nur möglich, wenn sie mit der Befreiung der Weltgesellschaft verschränkt gedacht wird. Es sollte kein Zweifel bestehen, dass dies die nobelste Aufgabe der Juden ist, die für die Menschheit bereits sehr viel erreicht haben. Vom furchtbaren Völkermord an den Juden können wir auch lernen, dass Reichtum, der auf Armut und Unwissenheit der Anderen fußt, und geistiges Ansehen keinen wirklichen Freiheitswert besitzen. Die wirkliche Bedeutung von Freiheit liegt in der Überwindung der Spaltung zwischen »Wir« und »den Anderen« und ihrer Eigenschaft, mit allen teilbar zu sein. Wir werden später auf dieses Thema zurückkommen.

Wenn wir von der Problematik der Freiheit ausgehen, beobachten wir, dass im System der Zentralzivilisation eine zunehmend vielschichtige Sklaverei herrscht. Die Sklaverei findet in drei Dimensionen gleichermaßen statt: Zunächst wird ideologische Sklaverei konstruiert. Die Konstruktion von Furcht einflößenden und dominanten Göttern aus Mythologien ist besonders in der sumerischen Gesellschaft sehr prägnant und gut verständlich.[23] Das oberste Stockwerk der Zikkurat, dem stufenförmigen Tempelbau der sumerischen Städte, ist als Ort der das Denken beherrschenden Götter gedacht. Die mittleren Stockwerke sind die Hauptquartiere der politischen Administration der Priester. Das unterste Stockwerk dagegen ist das Stockwerk der Werktätigen in Handwerk und Landwirtschaft. Dieses Modell hat sich im Kern bis heute nicht geändert, sondern sich lediglich enorm erweitert und ausgebreitet. Diese fünftausendjährige Erzählung des Systems der Zentralzivilisation ist diejenige Konzeption von Geschichte, die der Wahrheit am nächsten kommt; noch besser gesagt: eine Realität, die empirisch beobachtet wurde. Die Zikkurat zu analysieren, bedeutet das System der Zentralzivilisation und daher das heutige kapitalistische Weltsystem auf der richtigen Grundlage zu analysieren. Die eine Seite der Medaille ist die ununterbrochene Ausweitung von Kapital und Macht durch Akkumulation, die andere Seite furchtbare Sklaverei, Hunger, Armut und Verherdung.

---

23 Eine ausführliche Darstellung findet sich in Abdullah Öcalan: *Gilgameschs Erben*, Münster: Unrast 2018, Band 1, eine kürzere in Abdullah Öcalan: *Zivilisation und Wahrheit*, Münster: Unrast 2019.

So verstehen wir besser, wie sich das Problem der Freiheit vertieft. Die Systematik der Zentralzivilisation kann sich weder entwickeln, noch ihre Existenz bewahren, ohne die Gesellschaft schrittweise ihrer Freiheit zu berauben und sie auf eine Herdengesellschaft zu reduzieren. Die Lösung innerhalb der Logik des Systems lautet, immer mehr Apparate des Kapitals und der Macht zu schaffen. Dies wiederum bedeutet weitere Verarmung und Verherdung. Dass das Problem der Freiheit sich derart ausweitete und zum fundamentalen Problem jedes Zeitalters wurde, liegt an der Dichotomie in der Natur des Systems. Ich habe nicht ohne Grund das Beispiel des jüdischen Stammes erwähnt, denn es ist höchst lehrreich. Es hat durch die Zeiten nie an Bedeutung verloren, sowohl die Freiheit als auch die Sklaverei anhand der jüdischen Geschichte zu betrachten.

Auch die traditionelle Diskussion, ob eher Geld oder eher Bewusstsein zur Freiheit verhilft, können wir im Lichte dieser Erzählung besser begreifen. Solange es die Rolle eines Instruments zur Kapitalakkumulation spielt, also die eines Räubers von Mehrprodukt und Mehrwert, wird Geld immer ein Instrument der Sklaverei sein. Dass das Geld selbst seinen Besitzer stets der Gefahr der Ermordung aussetzt, demonstriert hinreichend, dass Geld kein verlässliches Instrument für die Freiheit darstellt. Geld spielt die Rolle des Materieteilchens, des Gegenteils von Energie. Das Bewusstsein steht insofern der Freiheit stets näher. Bewusstsein über die Realität erweitert stets den Horizont der Freiheit. Aus diesem Grund wird das Bewusstsein immer als Energiefluss beschrieben.

Freiheit als die Vermehrung, Diversifikation und Differenzierung im Universum zu definieren, macht es auch einfacher, die gesellschaftliche Moral zu erklären. Vermehrung, Diversifikation und Differenzierung lassen, wenn auch vielleicht nur implizit, stets an die darin enthaltene Fähigkeit eines intelligenten Wesens denken, wählen zu können. Wissenschaftliche Forschungen haben gezeigt, dass Pflanzen eine Intelligenz besitzen, die sie zur Vielfalt hinlenkt. Die Gebilde, die eine lebendige Zelle enthält, konnten bisher noch in keinem Labor von Menschenhand hergestellt werden. Vielleicht können wir nicht wie Hegel von einer universalen Intelligenz (*Geist*[24]) sprechen. Trotzdem können wir die Rede von einem intelligenzähnlichen Wesen im Universum nicht völlig als Unsinn abtun. Die Differenzierung können wir durch keine andere Erklärung ausdrücken als durch die Existenz von Intelligenz. Dass Diversifikation und Differenzierung

24 Im Original deutsch.

immer an Freiheit denken lassen, muss wohl an den Funken von Intelligenz liegen, die ihnen zugrunde liegen. Den Menschen können wir, soweit der Stand des Wissens reicht, das intelligenteste Wesen des Universums nennen. Doch wie hat der Mensch seine Intelligenz erlangt? Ich hatte bereits den Menschen wissenschaftlich (Physik, Biologie, Psychologie und Soziologie) als Zusammenfassung der Geschichte des Universums bezeichnet[25]. Hier definieren wir den Menschen als Akkumulation der universalen Intelligenz. Dies ist auch der Grund, warum in einer Reihe von philosophischen Schulen der Mensch als ein Modell des Universums dargestellt wird.

Das Niveau von Intelligenz und Flexibilität in der menschlichen Gesellschaft stellt die wirkliche Grundlage des gesellschaftlichen Aufbaus dar. Insofern ist es auch angemessen, Freiheit als eine Kraft des gesellschaftlichen Aufbaus zu definieren. Von den ersten menschlichen Gemeinschaften an können wir dies als moralische Haltung bezeichnen. Gesellschaftliche Moral ist nur durch Freiheit möglich. Oder besser gesagt: Freiheit ist die Quelle der Moral. Die Moral können wir auch verfestigte Form, Tradition oder Regel der Freiheit nennen. Wenn die moralische Entscheidung der Freiheit entspringt, wenn wir uns den Zusammenhang von Freiheit mit Intelligenz, Bewusstsein und Vernunft vor Augen führen, wird der Begriff ›kollektives Bewusstsein (Gewissen) der Gesellschaft‹ für Moral verständlicher. Auch die Theorie der Moral als Ethik zu bezeichnen, ergibt nur in diesem Rahmen Sinn. Wir können nicht von einer Ethik sprechen, die nicht auf der Moral der Gesellschaft basiert. Zweifellos lässt sich aus moralischen Erfahrungen eine vollkommenere Moralphilosophie, also Ethik, ableiten, doch eine künstliche Ethik kann es nicht geben. Immanuel Kant hat bekanntlich viel Arbeit auf dieses Thema verwendet. Verständlich ist, dass Kant die praktische Vernunft ›Ethik‹ nennt. Auch seine Interpretation der Moral als eine freie Wahl, als eine Möglichkeit, ist eine heute immer noch gültige Ansicht.[26]

Auch der Zusammenhang von gesellschaftlicher Politik und Freiheit ist offensichtlich. Der politische Bereich ist derjenige, in dem weitsichtige Geister in höchst intensiver Weise aufeinanderprallen, sich konzentrieren

---

25 Siehe auch Erster Band, S. 59 ff.

26 »... was kann denn wohl die Freiheit des Willens sonst sein, als Autonomie, d.i. die Eigenschaft des Willens, sich selbst ein Gesetz zu sein? Der Satz aber: der Wille ist in allen Handlungen sich selbst ein Gesetz, bezeichnet nur das Prinzip, nach keiner anderen Maxime zu handeln, als die sich selbst auch als ein allgemeines Gesetz zum Gegenstande haben kann. Dies ist aber gerade die Formel des kategorischen Imperativs und das Prinzip der Sittlichkeit: also ist ein freier Wille und ein Wille unter sittlichen Gesetzen einerlei.« Immanuel Kant, *Grundlegung zur Metaphysik der Sitten*, in *Werke in zwölf Bänden*, Band 7, Frankfurt am Main 1977, S. 81. Zitiert nach zeno. org.

und nach Resultaten streben. Wir können diesen Bereich gewissermaßen auch als einen definieren, in dem sich die teilnehmenden Subjekte durch die Kunst der Politik befreien. Jede Gesellschaft, die gesellschaftliche Politik nicht fördert und ausbaut, muss wissen, dass dies als ein Mangel an Freiheit auf sie zurückfallen und sie den Preis dafür bezahlen wird. Insofern stoßen wir hier auf die Erhabenheit der Kunst der Politik. Jede Gesellschaft, die keine Politik entwickelt (Klan, Stamm, Nation, Klassen und gar Staats- und Machtapparate), ist zur Niederlage verdammt. Keine Politik entwickeln zu können, bedeutet ohnehin, das eigene Gewissen, die eigenen vitalen Interessen und die eigene Identität nicht zu kennen. Tiefer kann eine Gesellschaft nicht fallen, größer kann ihr Verlust nicht sein. Wir können nur dann davon sprechen, dass Gesellschaften Freiheit fordern, wenn sie für ihre eigenen Interessen, ihre Identität und kollektives Gewissen aufstehen, mit einem anderen Ausdruck: sich in den politischen Kampf begeben. Ohne Politik Freiheit zu fordern, ist ein katastrophaler Irrweg.

Damit das Verhältnis von Politik und Freiheit nicht verzerrt wird, müssen wir die Politik (eigentlich besser: die Politiklosigkeit) von Macht und Staat erklären und klar davon abgrenzen. Macht- und Staatsapparate mögen für ihre Angelegenheiten Strategien und Taktiken besitzen, doch machen sie keine Politik im eigentlichen Sinne. Ohnehin entstehen Macht und Staat dort, wo es gelingt, die gesellschaftliche Politik zu negieren. Wo die Politik endet, sind Macht- und Staatsstrukturen am Werk. Macht und Staat sind die Orte, wo das politische Wort und damit die Freiheit enden. Dort gibt es nur zu dirigieren, Anweisungen zu befolgen, Befehle zu erhalten und zu erteilen; es gibt Gesetze und Statuten. Jede Macht und jeder Staat ist eine erstarrte Vernunft. Diese Eigenschaften bedingen ihre Stärken, aber auch ihre Schwächen. Bereiche von Staat und Macht können also keine Bereiche sein, wo Freiheit gesucht oder gewährleistet werden kann. Hegels Feststellung, dass der Staat der wahre Bereich sei, der Freiheit gewährleistet[27], bildet die Grundlage sämtlicher Ansichten und Strukturen von Herrschaft. Ein treffendes Beispiel dafür, wohin diese Ansicht führen kann, ist der Hitlerfaschismus. Und selbst in der Auffassung des Wissenschaftlichen Sozialismus mit seinen Vordenkern Marx und Engels waren Staat und Macht als grundlegende Instrumente des sozialistischen Aufbaus vorgesehen, wodurch von ihnen unbemerkt der schlimmste Schlag gegen die Freiheit und damit gegen die Gleichheit geführt wurde. Die Liberalen mit ihrem

27 »[…] daß die Idee der Freiheit wahrhaft nur als *der Staat* ist.« Hegel: *Grundlinien der Philosophie des Rechts*, §57. »Der Staat ist die Wirklichkeit der konkreten Freiheit«, *ebd.* §260.

Credo »Je mehr Staat, desto weniger Freiheit« hatten dies besser erkannt. Dieser Erkenntnis schulden sie auch ihren Erfolg.

Staaten und Macht als Herrschaftsinstrumente stellen aufgrund ihres Wesens nichts weiter als eine andere Art der durch Zwang angeeigneten Mehrprodukte und Mehrwerte, also des Gesamtkapitals, dar. Das Kapital schafft Staat, der Staat schafft Kapital. So sehr gesellschaftliche Politik Freiheit hervorbringt, so sehr sind Macht und Staat Bereiche, in denen Freiheit verschwindet. Strukturen von Macht und Staat können vielleicht einige Personen, Gruppen oder Nationen reicher und freier machen. Doch ist dies nur um den Preis der Armut und Sklaverei anderer Gesellschaften möglich. Folge davon waren alle Arten von Zerstörungen, von Kriegen bis zu Völkermorden. Den größten Verlust im kapitalistischen Weltsystem hat die Politik erlitten. Auf der Stufe der kapitalistischen Moderne, dem Höhepunkt des Systems der Zentralzivilisation, können wir vom tatsächlichen Tod der Politik sprechen. Daher erleben wir heute einen politischen Verfall unvergleichlichen Ausmaßes. So, wie der Verfall der Moral, die einen Bereich der Freiheit darstellt, ein Phänomen der Gegenwart ist, so gilt das noch mehr für den Verfall des politischen Bereichs. Wenn wir Freiheit wollen, haben wir daher wohl keine andere Wahl, als zunächst die Moral, das kollektive Gewissen der Gesellschaft, und die Politik, die gemeinsame Vernunft, in allen ihren Aspekten durch unsere intellektuelle Kraft wieder auf die Beine und zum Funktionieren zu bringen.

Das Verhältnis von Freiheit und Demokratie ist noch komplizierter. Es wird ständig diskutiert, welche von welcher herrührt. Doch können wir getrost festhalten, dass ihr enges Verhältnis beide fördert. So, wie wir die gesellschaftliche Politik im Zusammenhang mit der Freiheit denken, können wir sie auch mit der Demokratie in Verbindung bringen. Der konkreteste Ausdruck gesellschaftlicher Politik ist die demokratische Politik. Daher können wir die demokratische Politik auch als wahre Kunst der Befreiung definieren. Ohne demokratische Politik zu betreiben, ist allgemein in der Gesellschaft, speziell in jedem Volk und jeder Gemeinschaft weder eine Politisierung noch eine Befreiung auf politischem Wege möglich. Die demokratische Politik ist die wahre Schule, in der Freiheit gelernt und gelebt wird. Je mehr die politischen Angelegenheiten demokratische Subjekte erschaffen, desto mehr politisiert und daher befreit die demokratische Politik. Wenn wir die Politisierung als Hauptform der Befreiung annehmen, müssen wir wissen, dass wir die Gesellschaft in dem Maße befreien können, wie wir sie politisieren, und in gleicher Weise die Gesellschaft weiter politisieren werden, wenn wir sie befreien. Zweifellos gibt es viele gesellschaftliche Bereiche, die Freiheit und Politik gleichermaßen befördern, darunter vor allem ideologische Quellen. Aber im Grunde sind gesellschaftliche Politik und Freiheit zwei Quellen, die einander hervorbringen und sich gegenseitig speisen.

Das Verhältnis von Gleichheit und Freiheit wird oft durcheinandergebracht. Dieses Verhältnis ist mindestens so kompliziert und problematisch wie das jeweilige Verhältnis zu Demokratie. Manchmal sehen wir, dass vollständige Gleichheit um den Preis der Freiheit hergestellt wird. Oft wird betont, beide gleichzeitig könne es nicht geben, bei einer von beiden müsse man Zugeständnisse machen. Es heißt, manchmal müsse man als Preis der Freiheit Abstriche bei der Gleichheit machen.

Um die Problemstellung richtig zu umschreiben, müssen wir den Unterschied zwischen beiden Begriffen und damit den Unterschied in der Natur beider Phänomene erklären. Gleichheit ist eher ein Begriff des Rechts. Er sieht vor, dass Personen und Gemeinschaften unabhängig von Unterschieden zwischen ihnen gleiche Rechte besitzen. Dabei ist Diversität eine grundlegende Eigenschaft des Universums genauso wie der Gesellschaft. Diversität ist ein Begriff, der sich dem Teilen gleichartiger Rechte gegenüber verschließt. Gleichheit kann nur auf der Grundlage von Unterschieden sinnvoll sein. Dass das sozialistische Verständnis von Gleichheit sich nicht durchgesetzt hat, liegt vor allem daran, dass es die Diversität nicht berücksichtigt hat. Dies war eine der wichtigsten Ursachen, die zum Ende des Realsozialismus führten. Wirkliche Gerechtigkeit kann sich nur innerhalb eines Verständnisses von Gleichheit verwirklichen, das auf Diversität basiert.

Wenn wir darauf hinweisen, dass Freiheit stark von Differenzierung abhängt, ist eine sinnvolle Verbindung von Gleichheit und Freiheit nur möglich, wenn wir Diversität mit einbeziehen. Freiheit mit Gleichheit zu vereinbaren, gehört zu den grundlegenden Zielen gesellschaftlicher Politik.

Auch die Diskussion zwischen den Verfechter*innen individueller Freiheit und kollektiver Freiheit können wir nicht außen vor lassen. Das Verhältnis dieser beiden Kategorien zu erklären, die man auch als negative und positive Freiheit zu definieren versucht, ist immer noch wichtig. Die kapitalistische

Moderne hat die individuelle (negative) Freiheit vorangetrieben, doch dies geschah um den Preis großer Schäden an der Kollektivität der Gesellschaft. Die Feststellung, dass heute die individuelle Freiheit mindestens ebenso sehr wie das Phänomen der Macht den Verfall der gesellschaftlichen Politik verursacht, ist von wesentlicher Bedeutung. Die Rolle des Individualismus bei der Zerstörung der Gesellschaft, besonders bei der Negation von Moral und Politik, aufzuklären, ist essenziell. Wenn wir sagen, dass die durch Egoismus atomisierte Gesellschaft nicht mehr die Konstitution besitzt, um gegen den Kapital- und Machtapparat zu widerstehen, können wir das Krebsrisiko des gesellschaftlichen Problems besser verstehen. Den liberalen Individualismus als wesentliche Ursache des Verfalls der gesellschaftlichen Politik und Freiheit zu benennen, kann einen Ausgangspunkt für einen sinnvollen Aufbruch darstellen. Zweifellos reden wir hier nicht von Individualität, es ist notwendig, individuell zu sein. Es geht um den ideologischen Individualismus, den Liberalismus, der idealisiert wird und die gesellschaftliche Politik und Freiheit erodiert.

Die kollektive Freiheit haben wir ohnehin diskutiert. Wir müssen unterstreichen, dass die eigentliche Freiheit neben Individualismus ebenso erfordert, dass jede Gemeinschaft (Klan, Stamm, Nation, Klasse, Berufsgruppe usw.) ihre Identität festlegt, ihre Interessen vertritt und ihre Sicherheit gewährleistet. Nur auf dieser Grundlage können wir sinnvoll von Freiheit sprechen. Nur wenn individuelle und kollektive Freiheiten auf dieser Basis harmonisiert werden, können wir von einer erfolgreichen, optimalen, freien Gesellschaftsordnung sprechen. Es hat sich in den Erfahrungen des zwanzigsten Jahrhunderts gezeigt, dass zwischen der Freiheit, die der Liberalismus im Sinne des Individualismus vorangetrieben hat, und der Freiheit, die der Realsozialismus im Namen des Kollektivismus vorangetrieben hat, eine starke Ähnlichkeit besteht, auch wenn sie als Gegensätze definiert werden. Beide sind Optionen des Liberalismus. Wenn wir uns anschauen, wie Etatismus und Privatisierung von denselben Kräften benutzt werden, wird verständlicher, was wir hier meinen.

In den Versuchen mit individualistischen (zügelloser Liberalismus) und kollektivistischen (Pharaonensozialismus) Modellen des zwanzigsten Jahrhunderts, die große Zerstörungen nach sich zogen, hat sich deutlich gezeigt, dass die demokratische Gesellschaft den fruchtbarsten Boden für eine

Harmonisierung der individuellen Freiheiten und der kollektiven Freiheiten darstellt. Wir können festhalten, dass die demokratische Gesellschaft das geeignetste gesellschaftspolitische Regime ist, um sowohl individuelle mit kollektiven Freiheiten auszubalancieren als auch ein Verständnis von Gleichheit zu fördern, das auf Unterschiedlichkeiten basiert.

Dritter Teil

Die Kraft der gesellschaftlichen Vernunft

Die Lösungsmöglichkeiten für gesellschaftliche Probleme lassen sich nicht angemessen einschätzen, wenn wir nicht das Intelligenzniveau der menschlichen Spezies im Zusammenhang mit dem ihr eigenen gesellschaftlichen Prozess begreifen. Das Intelligenzpotenzial der menschlichen Spezies zu bemessen, mag zunächst ein spekulatives Unterfangen sein; vielleicht ist eine Messung auch gar nicht möglich. Aber wenn wir das Phänomen des Krieges in der Menschheitsgeschichte betrachten, das uns heute an den Rand der vollständigen Vernichtung der Umwelt gebracht hat, so sehen wir uns einer sehr speziellen Intelligenz gegenüber. Es zeigt sich, ja es mag als bewiesen gelten, dass weder ökologische noch gesellschaftliche Zerstörung durch Klassenanalysen, ökonomische Rezepte, politische Maßnahmen oder maximale Akkumulation von Macht und Staat verhindert werden kann. Offenbar müssen wir diesem Problem viel tiefer an der Wurzel begegnen. Zweifellos wurde jahrhundertelang über die Kraft des Geistes nachgedacht. Ich kann dem nicht viel Neues hinzufügen. Ich möchte nur darauf hinweisen, dass eine bestimmte Besonderheit der Vernunft[28] wichtiger geworden ist als je zuvor. Vernunft hängt offenbar mit gesellschaftlicher Entwicklung zusammen. Dass sich ohne sie auch die Vernunft nicht entwickeln kann, lässt sich leicht durch eine Betrachtung der Geschichte feststellen. Was wir eigentlich begreifen müssen, ist, unter welchen Bedingungen das gesellschaftliche Dasein die Vernunft legitimiert. Unter keinen Bedingungen kann gesellschaftlich legitimiert werden, wie die kapitalistische Moderne, besonders die jüngste Herrschaft des globalen Finanzkapitals, durch ›symbolische Vernunft‹ immense Profite einfährt und so Umweltkatastrophen und gesellschaftliche Zerstörungen auslöst. Keine moralische, freie und politische Gesellschaft kann diesem Raubzug der ›symbolischen Vernunft‹ zustimmen. Wie und durch wen, durch welches Denken und mit welchen Instrumenten wurden also die Dämme der gesellschaftlichen Legitimation niedergerissen und in Trümmer gelegt? Wer übernimmt, angesichts der zerstörerischen Kraft der Vernunft, die Rolle aufzubauen, zu reparieren und zu kurieren? Nach welchen geistigen Leitlinien und mit welchen Instrumenten muss diese Rolle besetzt werden? Dies sind essenzielle Fragen, die unbedingt eine Antwort erfordern.

28 Der Autor benutzt die Begriffe ›Vernunft‹ (*akıl*) und ›Intelligenz‹ (*zekâ*) in diesem Teil abwechselnd und vielfach synonym, jedenfalls nicht scharf voneinander abgegrenzt. Die Übersetzung bemüht sich um begriffliche Konsistenz mit der Diskussion von analytischer und emotionaler Intelligenz in Band 1.

Ich schätze sehr, mit welcher Ernsthaftigkeit Immanuel Wallerstein die Entstehung der Ordnung untersucht, die er das kapitalistische Welt-System nennt. Auch Fernand Braudels enorm detailreiche Analyse zum Thema finde ich äußerst anregend. Samir Amins Kapitalismusanalysen, die das Thema besonders im Zusammenhang mit der Zerstörung der nahöstlich-islamischen Zivilisationen behandeln, sind teilweise sehr lehrreich. Viele weitere Denker haben das Thema sorgfältig bearbeitet. Allgemein akzeptierte Faktoren, die dazu führten, dass der Kapitalismus zum beherrschenden System wurde, sind die Schwäche der staatlichen Tradition in Europa, die Schwächung der Kirche und die Verwüstungen der islamischen Zivilisation durch Dschingis Khan und seine Mongolen. Es heißt, der Kapitalismus, der mit einem Löwen im Käfig verglichen wird, habe unter diesen Umständen ein offenes Gatter gefunden, die Gelegenheit genutzt, sich entwickelt und schließlich besonders in Westeuropa die Oberhand gewonnen; anschließend habe er sich nacheinander in ganz Europa und Nordamerika ausgebreitet und mittlerweile seinen Angriff auf die gesamte Welt erfolgreich abgeschlossen. So sei die Kraft, die vorher im Käfig gehalten wurde, zum Herrscher über die Welt geworden, während die damaligen Herrscher in den eisernen Käfig gesperrt worden seien. Metaphorisch gesprochen, sei die Gesellschaft durch den Leviathan in einen eisernen Käfig gesteckt worden. Max Weber prägt den berühmten Ausdruck, die kapitalistische Moderne habe die Gesellschaft in ein »stahlhartes Gehäuse«[29] eingezwängt. Dies ist das katastrophale gesellschaftliche Panorama, das alle berühmten Soziolog*innen zu beschreiben versuchen – wenn auch nicht ganz offen, sondern mit Schuldgefühlen, feige und im Flüsterton.

Ich persönlich betrachte das Thema von einer umfassenderen Warte aus und im Zusammenhang mit dem System der Zentralzivilisation. Ich glaube sogar, dass wir das Problem mit der Entwicklungsgeschichte der symbolisch-analytischen Vernunft in Zusammenhang bringen müssen. Im System der Zentralzivilisation hat die analytische Vernunft zweifellos einen gigantischen Sprung vorwärts gemacht. Doch alle Zivilisationsstrukturen leisten ähnliches. Ein weiterer Faktor, genauso wichtig wie die Zivilisation, ist, wie der Mensch das symbolische Denken lernte und die Fähigkeit zu analytischen Lösungen erwarb. Denn es war die analytische Intelligenz, die das Tor zur Zivilisation aufstieß.

29 Vgl. Band II, Fußnote 59, S. 148.

Alle Lebewesen, vom primitivsten bis hin zum Menschen als am höchsten entwickelter Spezies, operieren mit unfehlbaren Vernunftprinzipien. Diese Art der Vernunft, die wir auch natürliche oder emotionale Vernunft nennen können, ist instinktiv. Sie ist durch sofortige Reaktionen auf Reize charakterisiert. Das Verhältnis von Reizen und Reaktionen bei Pflanzen und Tieren ist hier sehr aufschlussreich. Pflanzen und Tiere bestreiten ihr Leben, das aus Vermehrung, Selbsterhaltung und Ernährung besteht, auf perfekt gelernte Weise mithilfe instinktiver Vernunft. Die Fehlerrate liegt nahezu bei null. Ich bin dafür, das Thema auch auf den Bereich unbelebter Existenzen auszudehnen. Wenn wir uns beispielsweise die Anziehungskraft der Erde als eine instinktive Vernunft vorstellen (ich tue das), so erlebt jedes Objekt, selbst jedes Teilchen, Anziehung und Abstoßung entsprechend seiner eigenen Kraft. Diesem Einfluss ist kaum zu entkommen. Nur mit der Kraft des Lichts ist ein Entfliehen vor dieser Kraft möglich. Philosophien, die das Universum als prinzipienlos und sinnlos betrachten, sind insofern nicht besonders befriedigend. Dass das Universum mit einer gewissen Vernunft agiert, ist eine Ansicht, mit der man sich ausführlich befassen sollte.

Das Merkwürdige an der menschlichen Intelligenz ist, dass sie die Fähigkeit besitzt, diese universale Vernunft zu verletzen. Wie im Beispiel des Lichts lässt sich diese Form der Intelligenz, die analytische Intelligenz, vielleicht sogar als Überlegenheit des Menschen interpretieren. Doch wie können wir dann den Widerspruch analysieren, in dem dieselbe Intelligenz zur viel gewichtigeren Vernunft des Universums steht, die dort ganz überwiegend vorhanden ist? Vielleicht kann die Chaostheorie ein wenig zur Aufklärung beitragen. Diese sucht ja nach Ordnung in der Ordnungslosigkeit. Ordnung ohne Chaos kann es nicht geben. Es lässt sich nicht leugnen, dass dieser Ansatz richtige Aspekte besitzt. Das Problem hierbei ist jedoch die Frage, wie lange und an was für einem Ort menschliches Leben aufrechterhalten werden kann, wenn es unter der Einwirkung eines gesellschaftlichen Chaos steht. Denn Zeit und Raum, innerhalb derer die Gesellschaft chaotische Vorgänge ertragen kann, sind begrenzt. Wenn sie zu lange andauern und den Raum (die ökologische Umwelt) extrem zerstören, kann dies leicht das Ende von Gesellschaften mit sich bringen. Viele Gesellschaften ereilte ein solches Schicksal in der Vergangenheit. Wir wissen, dass die Menschheit eine lange Zeit (achtundneunzig Prozent ihrer Existenz) als primitive Gemeinschaften in solch chaotischen Umgebungen gelebt hat. Die Zeit, die die Menschheit in der neolithischen Gesellschaft und der Ordnung der Zivilisation verbracht hat, beträgt weniger als zwei

Prozent ihrer Existenzdauer. Kurz gesagt, eine Verlängerung eines chaotischen Zeitraums bringt das Leben insgesamt vielleicht nicht an sein Ende. Doch mittlerweile ist die Gefahr eine ganz andere. Es gibt einen klaren Unterschied zwischen chaotischen Zeiten vor dem Beginn der Zivilisation und danach. Die Zivilisation mit ihrer Zerstörung der natürlichen Umwelt bringt nicht nur die menschliche Gesellschaft, sondern sämtliche Lebewesen in Gefahr. Noch schlimmer ist, dass Kapital und Macht im Innern der Gesellschaft stündlich weiter krebsartig wuchern (exteme Urbanisierung, wachsende Mittelklasse, Arbeitslosigkeit, wachsender Nationalismus und Sexismus, unaufhaltsames Bevölkerungswachstum). Wenn dieses krebsartige Wachstum so weitergeht, werden wir uns bald das vorzivilisatorische Chaos zurückwünschen. Statt zu neuen Ordnungen kann das Chaos, das mit dem Krebs kommt, durchaus auch zum Tod der Gesellschaft führen. Dies ist keine übertriebene Einschätzung. Verantwortungsbewusste Menschen und Wissenschaftler*innen bringen dies täglich drastischer zur Sprache.

Nun mag man fragen, was denn kanzerogene gesellschaftliche Entwicklungen mit der analytischen Intelligenz zu tun haben. Schauen wir uns also diese ein bisschen genauer an. Die analytische Intelligenz spielte eine führende Rolle. Am deutlichsten wird dies beim Übergang von der Zeichensprache (überwiegend körperliche Gesten) zur symbolischen Sprache. Nun ließen sich anstelle von Bewegungen des Körpers sinnvolle Verbindungen zwischen Kombinationen von Lauten, auf die man sich geeinigt hat, und den bezeichneten Phänomenen herstellen, ohne dass es einen physikalischen oder biologischen Zusammenhang gäbe. Nehmen wir ›Auge‹ als Beispiel. Die Laute des Wortes haben physisch mit dem Auge nichts zu tun, und doch werden alle, die sich über die Definition einig sind, sich ein Auge vorstellen, wenn sie ›Auge‹ hören. So begann der Aufbau der symbolischen Sprache. Die anthropologische Forschung bringt den Beginn der symbolischen Sprache mit der letzten Auswanderung von Gruppen des Homo sapiens aus Ostafrika vor ca. 50–60 000 Jahren in Verbindung und sieht eine explosionsartige Entwicklung dann im Nahen Osten. Besonders die Untersuchungen der semitischen und indoeuropäischen Sprachgruppen stützen diese These.

Die Struktur der symbolischen Sprache beeinflusste das Denken massiv. Sich der Körpersprache zu entledigen und in Worten zu denken, war vielleicht die erste der großen geistigen Revolutionen. Während diese Revolution einerseits die Loslösung der menschlichen Spezies von der Tierwelt beschleunigte, gab sie der Gruppierung von Gesellschaften um den Aufbau symbolischer Sprache herum großen Schwung. Diejenigen, die gleiche Tonsysteme benutzten, bildeten mit der Zeit Einheiten, deren Intelligenz zunahm und die sich auseinanderentwickelten. Die symbolischen Sprachen bildeten nun die Identitäten von Gesellschaften. Diese Sprache trug wesentlich zur neolithischen Revolution bei. Mit Zeichensprache wäre es schwierig gewesen, diese revolutionäre Stufe zu erreichen. Da ich schon mehrfach beschrieben habe, wie später der Übergang zur Zivilisation erfolgte, werde ich es hier nicht wiederholen. Wir sollten jedoch wissen, dass die ›Fruchtbarer Halbmond‹ genannte Südflanke des Taurus-Zagros-Gebirgssystems die Wiege dieser Entwicklung war.

All dies demonstriert die positiven Auswirkungen des symbolischen Denkens. Den Nachteil müssen wir im Beginn des Bruchs mit der Umwelt erkennen. Frühere Gesellschaften waren Gesellschaften ihrer natürlichen Umwelt. Diese Gesellschaften existierten in der Umarmung der Natur wie in einer Mutter-Kind-Beziehung. Die Kraft des symbolischen Denkens schwächte das Bedürfnis nach dieser Lebensweise, denn die neue Gesellschaft benannte die Umwelt in ihrer eigenen neuen Sprache und bereitete neuen Nutzungsformen den Weg. Dies war der neue Weg, auf dem eine große Hegemonie über die Pflanzen- und Tierwelt errichtet wurde. Vor der symbolischen Sprache ergaben sich alle Denkweisen aus der emotionalen Intelligenz. Deren wichtigste Eigenschaft war das Denken in Gefühlen als unverzichtbare Bestandteile von Aktion und Reaktion. Das war aufrichtig, ohne Lüge, fern von Hinterlist. Wir sehen nur sehr selten, dass eine Mutter die Aufrichtigkeit beiseite schiebt und sich dem Kind gegenüber lügnerisch und listig verhält. So arbeitet auch der Intellekt der Pflanzen- und Tierwelt. Bei einem Tier, das von einem Löwen gejagt wird, spiegelt sich sein Denken direkt in seinen Gefühlen wider, wenn es ihn sieht. Beide sind ohne Hinterlist. Doch in der symbolischen Sprache der Menschen finden wir unzählige listige, verlogene und unaufrichtige (gefühllose) Gedanken. Welch furchtbare Gefahr diese Denkweise mit sich brachte, welche großen Zerstörungen sie anrichten würde, sollte sich beim Übergang zur Zivilisation zeigen.

Das analytische Denken, das durch die symbolische Sprache entstand, spielt eine entscheidende Rolle bei der Akkumulation von Kapital und Macht. Dieses Denken sollte sehr geschickt darin werden, die Gesellschaft mittels Lüge, List und Unaufrichtigkeit gefangen zu nehmen und auszubeuten. Für beide Arten von Intelligenz besitzt der rechte und linke Frontallappen des menschlichen Gehirns eine wichtige Funktion. Der

Frontallappen, wo das analytische Denken stattfindet, ist der jüngste Teil des Gehirns. Alle anderen Teile des Körpers tragen Spuren der emotionalen Intelligenz. Dass der Anteil des analytischen Denkens dominant wurde, wirkte sich auf das emotionale Denken des restlichen Körpers aus. Dies prägte nach und nach den gesamten Charakter des Menschen. Wenn die Kraft dieser fantastischen Entwicklung, der analytischen Intelligenz, in positiver Weise verwendet wird, so kann sie die Welt für die menschliche Spezies in einen Ort ständiger Freudenfeste, ein Paradies verwandeln. Wenn sie jedoch negativ gebraucht wird, kann sie die Welt für die überwältigende Mehrheit und alle Lebewesen der Umwelt zur Hölle machen. Diese Art der Intelligenz ist wie die Atomenergie. Wenn sie sehr gut kontrolliert wird, kann eine Verwendung im Dienste der Gesellschaft nützlich sein. Wenn sie jedoch nicht kontrolliert wird, kann sie bekanntlich, wie beim Unfall in Tschernobyl (und noch viel furchtbarer als Kriegswaffe) katastrophale Folgen auslösen. Die analytische Intelligenz halte ich für ähnlich gefährlich wie das Risiko einer unkontrollierten Kernexplosion. Und es ist nicht nur eine Gefahr, ich bin überzeugt, dass Gesellschaft und Umwelt immer stärker einem nuklearen Bombardement ausgesetzt sind. Auch ohne die Notwendigkeit einer wirklichen Atombombe hat das globale kapitalistische System mit seinem Arsenal an Bomben der analytischen Intelligenz Gesellschaft und Umwelt bereits an den Rand der absoluten Lebensfeindlichkeit gebracht.

Zweifellos ist an symbolischer Sprache und analytischem Denken an sich nichts Negatives, sie bieten lediglich günstige Bedingungen für Negatives. Es war erst die Entwicklung der Kapital- und Machtapparate, welche die Kette der Schlechtigkeiten richtig in Gang setzte. Das System der Kapital- und Machtakkumulation, das wir mit dem Begriff Zivilisation bezeichnen, muss aufgrund des Charakters seines Wesenskerns lügnerisch, hinterlistig und frei von emotionaler Intelligenz sein. Repressions- und Ausbeutungsapparate basieren auf dem Bedürfnis anderer nach Nahrung und Sicherheit. Es liegt in der Natur der Sache, in der Natur des Lebens, dass diese Apparate und ihre Aktionen nicht ohne Reaktion bleiben können. Kapital und Macht können nur auf zwei Arten weiterbestehen: Entweder durch die weiche Kraft der Ideologie, die Legitimität garantiert, oder durch die Kraft der nackten Gewalt der Macht. Es ist eine historische Tatsache, dass die Kontrolle überwiegend auf diesen beiden Wegen ausgeübt wurde. Kapital und Macht sind Phänomene, die sich lediglich durch die Anwendung von Hinterlist, Lüge und Gewalt entwickeln lassen. Der Hauptteil des Denkens liefert gerade an diesem Punkt die geeigneten Bedingungen dafür. Wir können auch vom Einfluss von Verzerrung und Verfälschung sprechen.

Wenn wir die Geschichte der Zivilisation mit diesem Paradigma betrachten, sehen wir, dass die Konzentration von Klassen, Städten und Macht zu einer gigantischen Struktur des analytischen Denkens führt. In der Entwicklung der Zivilisation gibt es einige große Meilensteine. Die ersten Zivilisationen, die in der sumerischen und der ägyptischen Gesellschaft im vierten Jahrtausend v. Chr. entstanden, errichteten große Strukturen des analytischen Denkens, die selbst heute noch verzaubern. Sämtliche geistigen Strukturen, die im Laufe der Geschichte der Zentralzivilisation geschaffen wurden, weisen Spuren dieser beiden Zivilisationen auf. Viele Beispiele für von der Zivilisation geprägte gesellschaftliche Aktivitäten von Mathematik bis Biologie, von Schrift bis Philosophie, von Religion bis Kunst finden wir in diesen beiden Zivilisationen in der von ihnen geschaffenen originalen Form. In der graeco-römischen Phase gelang es durch weiter fortgeschrittene analytische Intelligenz in der Struktur, diesen Aufbauprozess in reicherer Form fortzuführen. Die europäische Renaissance, die Reformation und das Zeitalter der Aufklärung, die sich nach einem kurzen Aufblühen der islamischen Renaissance manifestierten, markieren den Gipfelpunkt des analytischen Denkens. Natürlich sollten wir uns auch die Beiträge der anderen Zivilisationen, vor allem der chinesischen und indischen, in all diesen geschichtlichen Abschnitten vor Augen führen.

Wir können die fünftausendjährige Zivilisation auch als die Summe der metaphysischen Schablonen betrachten, die sich aufgrund ihrer Logik von der Dialektik des Lebens gelöst haben und wie ein riesiger Tumor angeschwollen sind. Das, was in allen Strukturen – von Architektur bis Musik und Literatur, von Physik bis Soziologie, von Mythologie bis Religion, von Philosophie bis Wissenschaften – die Akkumulation von Kapital und Macht in riesigem Ausmaß widerspiegelt, interpretieren wir als Geschichte. Die Kriege, diese fürchterlichen Plünderungszüge, bilden das Fundament der Zivilisation. Die Vernunft, die auf diesem Fundament aufbaut, ist in Wirklichkeit die größte Unvernunft. Eine Funktion der ideologischen Hegemonie ist es dann auch, diese Vernunft, die verbrecherische Vernunft, die Kriegsvernunft, die Vernunft von List und Lüge, kurz: die Vernunft der Kapital- und Machtakkumulation zu verschleiern, verdreht zu präsentieren, zu sakralisieren, zu vergöttlichen. Wenn wir alle Schablonen des analytischen Denkens, Glaubensformen und Künste, die im Verbund mit der

Zivilisationsgeschichte entstanden sind, genau untersuchen, werden wir die hier kritisierten Tatsachen leicht feststellen können.

Wie das kapitalistische Monster (Hobbes' Leviathan) aus dem Käfig schlüpfte, können wir erst im Lichte dieser geschichtlichen Fakten ausreichend verstehen. Ich unterstreiche besonders, dass dieses Ungeheuer aus seinem Käfig entkommen konnte, indem es die genannten Schwächen im sechzehnten Jahrhundert ausnutzte.

Ich möchte diesen Abschnitt abschließen, indem ich die Realität der Frau im Hinblick auf dieses Thema analysiere. Zweifellos leisten die Forschungen feministischer Bewegungen bedeutende Beiträge dazu, die Realität der Frau aufzudecken. Doch ich bin überzeugt, dass diese Arbeiten zum großen Teil unter den Bedingungen der Herrschaft der männlichen Vernunft durchgeführt werden. Sie sind überaus reformistisch. Es ist aber existenziell, dieses Thema radikal, an der Wurzel anzugehen.

Die biologische Forschung beleuchtet die Stellung der Frau als Wurzel der menschlichen Spezies. Es ist nicht die Frau, die sich vom Stamm gelöst hat, sondern der Mann. Die Emotionalität der Frau rührt daher, dass sie nicht so extrem von der universalen Dialektik des Werdens abgewichen ist. Dass sie besonders in der Zeit der Zivilisation auf die unterste Stufe gestellt wurde, trug dazu bei, diese Struktur bis heute zu erhalten. Die gefühlsgeladene Vernunft der Frau wurde von der männlichen Vernunft stets als ›mangelhaft‹ und als der Frau eigener Charakter dargestellt. Die männliche Vernunft hat einige große Operationen gegen die Frau durchgeführt und tut das noch heute:

Erstens macht der Mann die Frau im Haus zur ersten Sklavin. Dieser Vorgang ist aufgeladen mit furchtbarer Einschüchterung, Repression, Vergewaltigung, Beleidigungen und Massakern. Der Frau wird die Rolle zugewiesen, so viel Nachwuchs zu produzieren, wie es für die Besitzordnung nötig ist. Das dynastische System beruht auf Nachkommenschaft. Die Frau ist darin unumschränkter Besitz. Sie ist so sehr Gut und »Ehre« ihres Besitzers, dass sie nicht einmal anderen ihr Gesicht zeigen darf.

Zweitens macht der Mann die Frau zum Sexobjekt. Überall in der Natur hängt die Sexualität mit der Vermehrung zusammen, deren Zweck die Fortführung des Lebens ist. Besonders seit der Versklavung der Frau und überwiegend während der Ära der Zivilisation erleben wir, wie beim Mann die Hauptrolle dem Sex und der Explosion eines schrägen sexuellen Begehrens zugeteilt wurde. Während bei Tieren die Paarungszeit sehr begrenzt ist (oft nur einmal im Jahr), möchte beim Menschen der Mann sie beinahe auf vierundzwanzig Stunden am Tag ausdehnen. Die Frau ist heute zu einem Objekt geworden, das ständig sexuellen Begierden und der Ausübung von Macht ausgesetzt ist. Die Trennung von Privathaushalt und Bordell ist sinnlos geworden, denn jeder Ort wird als Haushalt und Bordell, jede Frau als private und öffentliche Frau betrachtet[30].

Drittens wird die Frau zur unbezahlten, kostenlosen Arbeitskraft gemacht. Sie muss alle schweren Arbeiten erledigen. Der Lohn dafür ist, dass sie noch ein wenig ›mangelhafter‹ gemacht wird. Sie ist derart erniedrigt, dass sie sich tatsächlich gegenüber dem Mann für ›mangelhaft‹ hält und eine männliche Hand und männliche Herrschaft bereitwillig begrüßt.

Viertens wurde sie zur delikatesten Ware gemacht. Marx nennt das Geld den König der Waren[31]. Eigentlich wurde diese Rolle im Kapitalismus eher der Frau zugewiesen. Im kapitalistischen System ist die wahre Königin der Waren die Frau. Es gibt keine Beziehung der Frau, die nicht angeboten wird, keinen Bereich, wo sie nicht benutzt wird. Mit dem Unterschied, dass, obwohl jede Ware einen akzeptierten Gegenwert hat, dieser für die Frau in einer riesigen Respektlosigkeit besteht, weil die Riesenfrechheit der ›Liebe‹ bis zu Sprüchen wie »Mütterarbeit ist unbezahlbar« reicht.

Die Zivilisation hat aus der Vernunft ein Monster gemacht: Die Vernunft der tausend Hinterlisten, Lügen, des Ungeheuers des Krieges, der ideologischen Verzerrungen – kurz: eine Vernunft, die Gesellschaft und Umwelt zerstört, eine analytische Vernunft, die nur hohle Reden schwingt. Wenn der Mann, der diese Vernunft besitzt, für die Frau, ohne die er angeblich nicht leben kann, eine derartige Behandlung angemessen findet – was wird er dann Gesellschaft und Umwelt alles antun? Diese Vernunft aufzuhalten, wird nur möglich sein, wenn zunächst die von ihr zerstörte gesellschaftliche Moral und Politik ihren Platz zurückerhält. Besser gesagt: Dies muss die Grundlage für einen Neubeginn sein. Schon allein das Ausmaß, das die analytische Vernunft angenommen hat, und die Rolle, die sie bei all dem Negativen spielt, demonstrieren erneut, welch dringliche Aufgabe der Aufbau des Systems der demokratischen Zivilisation darstellt.

---

30 Der türkische Ausdruck *genelev* für Bordell bedeutet etwa »öffentliches Haus«.

31 »Als Geld wird ihm [dem Gold] seine goldene Herrlichkeit zurückgegeben. Aus dem Knecht wird es der Herr. Aus dem bloßen Handlanger wird es zum Gott der Waren.« Karl Marx: *Zur Kritik der Politischen Ökonomie* in Karl Marx/Friedrich Engels - *Werke*, (Karl) Dietz Verlag, Berlin. Band 13, 7. Auflage 1971, unveränderter Nachdruck der 1. Auflage 1961, Berlin/DDR, S. 103. »Bei allen alten Völkern erscheint das Aufhäufen von Gold und Silber ursprünglich als priesterliches und königliches Privilegium, da der Gott und König der Waren nur den Göttern und Königen zukommt.« Karl Marx: *Grundrisse der Kritik der politischen Ökonomie*, MEW 42, S. 156.

Eigentlich geht es darum, die Vernunft wertzuschätzen. Die gesellschaftliche Vernunft ist eine Tatsache. Die Gesellschaft an sich ist der Bereich, wo sich die Vernunft konzentriert. Hoffnungslosigkeit ist völlig sinnlos. Es gibt eine Stimme, die aus allem Heiligen spricht, die sagt: »Ich habe euch Vernunft gegeben, benutzt sie nicht zum Bösen, sondern zum Guten. Dann werdet ihr alles erhalten, was ihr benötigt.« Dieser Stimme sollten wir wirklich zuhören und sie verstehen. Die Stimme des Gewissens, auch als gesellschaftlicher *common sense* bezeichnet, die unverzichtbare Stimme des Gewissens, sagt dasselbe. Ebenso die Stimme, der die Kunst der Freiheit (die gesellschaftliche Politik) Gehör verschaffen will. Die demokratische Politik ist die praktische Umsetzung dessen, was diese Stimme ausdrückt. Das System der demokratischen Zivilisation ist die Theorie dieser Stimme.

In den folgenden Teilen wollen wir uns an die konkreten Ursprungsquellen dieser (aus der Zusammenarbeit von analytischer und emotionaler Intelligenz entstehenden) Stimmen begeben und die Lösungswege beleuchten, die sie uns weisen.

Vierter Teil

Die Entstehung der gesellschaftlichen Frage

In der Dialektik der Naturen werden Problemmomente als qualitatives Umschlagen quantitativer Veränderungen definiert. Während Ordnungs- und Fortschrittstheorien Momente des Wandels als sehr kurze Zeitspannen beschreiben, unterstreichen Chaostheorien, dass der chaotische Zustand das Wesentliche ausmacht und Ordnung und Fortschritt nur begrenzte Momente darstellen. Positionen, die eine Kontinuität des Fortschritts behaupten, beschäftigten die menschliche Vernunft nicht weniger als jene, die von der Kontinuität des chaotischen Zustandes ausgehen. Neben Interpretationen, dass die menschliche Vernunft, einem Spiegel ähnlich, die Wirklichkeit widerspiegeln würde, gibt es auch solche, die den Ursprung jeglicher Vernunft im Menschen selbst sehen.

Es sollte nicht allzu schwer sein, in diesen Überlegungen universalistische und relativistische Positionen zu entdecken. Um mich solchen Themen konkreter nähern zu können, musste ich mich mit der gesellschaftlichen Vernunft auseinandersetzen und sie definieren. Meine bisherigen Analysen dienten also einer Vorbereitung auf die Einführung in den Ursprung der gesellschaftlichen Frage.

Alle bedeutenden geistigen Aufbrüche erscheinen als Produkte zweier Phasen: In Phasen, in denen die Ordnung intakt bleibt, der gesellschaftliche Wohlstand für Befriedigung sorgt und keine großen Probleme vorhanden sind, spiegelt sich dieser Umstand auch in der Entwicklung der Ideen wider. Diese progressistischen, Wohlstand bescherenden Ideen, die nicht vieles problematisieren und den Menschen Vertrauen einzuflößen versuchen, reden von Beständigkeit. Sie halten Probleme für zufällig und vorübergehend. Sie handeln eher von der Ersten Natur und wollen sich nicht mit der gesellschaftlichen Natur auseinandersetzen.

Die Ideen der Phasen, in denen die Ordnung ins Stocken gerät und ein Weitermachen wie bisher unmöglich erscheint, setzen sich mit vielen Problemen auseinander. Sie beschäftigen sich eher mit der Zweiten Natur. In solchen Phasen nimmt die religiöse oder philosophische Suche nach Neuem zu. Der Ausweg aus den Problemen wird in neuen Ideen, religiösen und philosophischen Verständnissen gesucht.

Der Ideenfluss in Wohlstands- und Problemphasen, mit all ihren großen geistigen Aufbrüchen, lässt sich in allen Zivilisationen beobachten. In den Wohlstandphasen der sumerischen Gesellschaft begegnen wir einem mächtigen Aufbruch mythologischer Ideen, der alle großen Religionen, die Philosophie, Wissenschaften und Kunstschulen beeinflusste. Es gibt keine große Religion, keine Philosophie, kein Kunst- oder

Wissenschaftsverständnis, die nicht unter dem Einfluss dieser geistigen Aufbrüche der Sumerer stünden. Auch die geistigen Aufbrüche der griechischen Antike hängen mit solchen Wohlstandsphasen zusammen. Während dem Wohlstand der Sumerer die fruchtbare Landschaft Mesopotamiens zugrunde lag, kam der Wohlstand in Griechenland durch die Fruchtbarkeit auf beiden Seiten der Ägäis zustande. Während sich bei den Sumerern eine unglaublich reiche Mythologie entwickelte, hatte in Ionien philosophisches Denken Vorrang. Es kam in Wissenschaft und Kunst zu Entwicklungen von revolutionärem Ausmaß. Der große geistige Aufbruch in Europa, das eine ähnliche Wohlstandssteigerung erlebte, sollte ab dem sechzehnten Jahrhundert weltweit Einfluss erlangen.

Das Auffällige dabei ist, dass die geistigen Revolutionen in allen drei Wohlstandsphasen mit Diskussionen über die Erste Natur ihren Anfang nehmen. Immer dann, wenn der Wohlstand zurückgedrängt wird und Krisen ausbrechen, gewinnen allerdings Diskussionen über die Zweite Natur an Gewicht und neue Ideen werden zu Trägern einer Suche nach Neuem. Während einige Ideen sich mit Erinnerungen an die alte Zeit des Wohlstands und der Ordnung auf die Suche nach einem Weg zurück in die Vergangenheit begeben, beschweren sich die Neuerer über die Missstände in der bestehenden Ordnung und die Last der Krise und entwickeln utopische Ideen. Sie reden viel über neue Gesellschaftsformen. Durch diese Suchen entstehen zahlreiche Gesellschaften. Es entstehen verschiedene Gesellschaftsformen, die von religiösen und konfessionellen Gemeinschaften über neue Stämme bis hin zu Nationen reichen, wie wir ihnen im Falle Europas begegnen.

Genauso wie eine Betrachtung der Ideengeschichte uns auf gesellschaftliche Probleme aufmerksam macht, ist es bei einer Betrachtung der gegenwärtigen Gesellschaft für uns unmöglich, das gewaltige Ausmaß, das die sich vergrößernden Probleme angenommen haben, nicht bis ins Mark zu spüren.

Ich versuche, mich beim Denken nicht an eurozentrische Sozialwissenschaften zu halten. Ich bin mir sehr bewusst, dass ein von westlichen Sozialwissenschaften unabhängiges Denken äußerst notwendig ist. Einige könnten diese Herangehensweise von mir leichtsinnig finden und als eine Abweichung von den Sozialwissenschaften verurteilen. Ihrem Urteil schenke ich aber überhaupt keine Beachtung. Die eurozentrischen Sozialwissenschaften stinken wahrhaftig nach Herrschaft. Entweder sie verhelfen einem zur Herrschaft oder sie stellen einen darunter. Was wir aber brauchen, ist ein Dasein als demokratische Subjekte und eine gerechte Verteilung. Die europäischen Sozialwissenschaften sind im Wesentlichen

Liberalismus, also eine Ideologie. Sie machen aber diese Wahrheit über sich so unsichtbar, dass sie sogar die Ideen oppositioneller Kritiker zu assimilieren vermögen, indem sie eine überragende Eklektizismusfähigkeit an den Tag legen. Ich weiß, dass ich keine andere Wahl habe, als die Andersartigkeit meiner Analysefähigkeit weiterzuentwickeln, um diesem Eklektizismus nicht zum Opfer zu fallen. Allerdings ist diese Haltung nicht anti-europäisch, denn auch dies wäre eurozentrisches Denken. Ich entwickele meine Haltung davon ausgehend, dass Europa im Osten und der Osten in Europa zu finden sind, im Bewusstsein darüber, welche unserer Werte universell sind. Viele europäische Werte der Gegenwart sind eine Weiterentwicklung unserer eigenen Werte. Es ist eine allgemein bekannte Tatsache, dass viele von denen, die vorgaben, die größten Anti-Europäer zu sein, am Ende zu reaktionärsten Anhängern des europäischen Liberalismus wurden. Die Geschichte des Realsozialismus und nationaler Befreiungspraktiken ist voller solcher Beispiele.

Karl Marx und Friedrich Engels entwickelten den Wissenschaftlichen Sozialismus als eine Lösung für gesellschaftliche Probleme ihrer eigenen Zeit. Sie glaubten aufrichtig daran, dass sie das Problem richtig diagnostizierten, indem sie den Kapitalismus als ein System theoretisierten, und dass man eine Lösung finden würde, sobald es zum Aufbau des sozialistischen Systems käme – und zwar sollte der von ihnen selbst entwickelte ›Wissenschaftliche Sozialismus‹ eine Garantie dafür darstellen. Aber die Geschichte verlief anders. Auch die Utopisten vor ihnen hatten ähnliche Erwartungen gehabt. Lenin hatte sich von der Russischen Revolution andere Ergebnisse erhofft. Viele französische Revolutionäre erlebten ebenfalls eine sehr große Enttäuschung. Die Revolution fraß ihre eigenen Kinder. Die Tiefen der Geschichte sind voller solcher Beispiele. Dabei hatten die Problemlöser einen starken Glauben und agierten bewusst. Aber ihre Problemdefinitionen und Lösungsversuche wiesen Fehler und Unzulänglichkeiten auf, sodass sich große Abweichungen und entgegengesetzte Entwicklungen ergaben. Im Gegensatz zu häufigen Behauptungen lag dies weder an unzureichenden Bemühungen noch an der Unfähigkeit, den Aufstand oder den Krieg zu entfachen. All das existiert und das sogar zuhauf. Solche Faktoren zwingen mich dazu, bei der Definition und Lösung der gesellschaftlichen Probleme sehr vorsichtig vorzugehen. Wenn wir es verstehen, aus historischen Erfahrungen Lektionen zu ziehen und den großen Held*innen Respekt entgegenzubringen, sollten unsere Schritte eben diese Lektionen beinhalten und ihnen gegenüber respektvoll sein.

A Die Definition der historisch-gesellschaftlichen Frage

Ich fokussierte mich in den ersten beiden Bänden dieses Manifests im Allgemeinen auf Macht und im Besonderen auf kapitalistische Machtmonopole. Auch wenn meine Darstellung an einigen Stellen Unzulänglichkeiten aufweist, bin ich der Meinung, dass ich das System der Zentralzivilisation als Entwicklungslinie gut reflektieren konnte. Das Wichtigste war die Darstellung der grundsätzlichen Glieder der Entwicklungskette. Ich legte einerseits die Themen fest, analysierte andererseits die Machtakkumulationen, die unter anderem die kumulativen Kapitalakkumulationen beinhalten, in ihrer kettenartigen Entwicklung. Als ich diese beiden Teile verfasste, hatte ich den von André Gunder Frank herausgegebenen Sammelband *The World System: Five Hundred Years or Five Thousand?* noch nicht gelesen. Was ich gemacht hatte, war eine andere Übermittlung des Inhalts dieses Sammelbands; zusätzlich neigte ich dazu, die Lösung mit einer Systematik, also mit der demokratischen Zivilisation zu verknüpfen. Wenn ich diese Passagen jetzt noch einmal schreiben würde, würde ich sie vielleicht weiter vervollkommnen. Aber wertvoller sind sie, wenn man sie aus Respekt gegenüber ihrer Geschichte so lässt, wie sie sind.

Das Thema der gesellschaftlichen Frage ist aber ein anderes. Es hat weder die Darstellung der Geschichte der Macht und Monopole zum Gegenstand, noch diskutiert es die demokratische Lösung. Was im Folgenden versucht wird, ist eine Darstellung der gesellschaftlichen Frage in theoretischer Hinsicht sowie in seiner praktischen Erscheinung. Meines Erachtens wird dies zur Lösung des Problems beitragen. Ich meine nicht, dass ich bisher noch nie auf dieses Thema eingegangen wäre. Das Thema wurde bruchstückhaft schon häufiger behandelt, aber es wird ziemlich aufschlussreich sein, es in seiner Gänze abzuhandeln.

Die Aufgabe, die gesellschaftliche Frage zu definieren, regt zum Nachdenken an. Einige geistige Strömungen halten gesellschaftliche Armut, manche Staatenlosigkeit, andere militärische Schwäche, falsche politische Systeme, die Wirtschaft oder moralische Verdorbenheit für das Problem. Wahrscheinlich bleibt kein einziger Gesellschaftsbereich übrig, der nicht schon einmal zum Problem erklärt worden wäre. An all diesen Meinungen mag etwas dran sein, aber sie sind fern davon, den Kern des Problems zu treffen. Es erscheint mir sinnvoller, unter der gesellschaftlichen Frage eine Verletzung der grundsätzlichen Dynamik der Gesellschaft zu verstehen.

Meines Erachtens sollte man zum Hauptproblem erklären, dass die Gesellschaft ihrer Gesellschaftlichkeit beraubt wird. Der erste Aspekt hierbei ist die Existenz von Werten, die eine Gesellschaft bestimmen, ihr Dasein konzipieren und konstruieren. Ich spreche von dem Aspekt, den wir das Dasein an sich nennen. Zweitens spreche ich von Entwicklungen, die dieses Selbst, dieses Dasein, seines Selbst-Seins berauben und seine Grundlage beseitigen. Wenn diese zwei Aspekte als ineinander verwoben erlebt werden, kann man von einer großen gesellschaftlichen Frage sprechen. Zum Beispiel, wenn eine Eiszeit in der Klan-Ära alle Klans auslöscht, können wir dies nicht als eine Frage bezeichnen, da sich die Naturkatastrophe jenseits des menschlichen Willens ereignet. Um als Frage bezeichnet zu werden, muss eine Sache von Menschenhand geschaffen sein. Selbst das ökologische Problem wird erst dann als Frage definiert, nachdem es durch Menschen erzeugt worden ist. Also wird erst die Verknüpfung der grundsätzlichen gesellschaftlichen Frage mit den Kräften, die die Gesellschaft bis an ihre Grundfesten zerstören und auflösen, uns zu einer richtigen Definition führen.

Ich sehe das Kapital- und Machtmonopol an der Spitze dieser Kräfte, denn beide stellen Kräfte dar, die durch Aneignung des Mehrwerts die Grundlagen der Gesellschaft untergraben. Im Folgenden werde ich das Kapitalmonopol und das Machtmonopol zusammengenommen schlicht als Monopol bezeichnen. Auch eine Definition des unproblematischen, normalen, natürlichen Zustandes der Gesellschaft, die wir um einer genaueren Durchdringung des Themas willen vornehmen, wird die folgenden Analysen unterstützen. Wenn eine Gesellschaft ihre moralische Struktur und Politik frei gestaltet, können wir sie – unabhängig davon, in welcher gesellschaftlichen Entwicklungsstufe und Form sie sich befindet – als eine normale bzw. natürliche Gesellschaft bezeichnen. Sie ließe sich auch offene oder demokratische Gesellschaft nennen. Wie ich später genauer ausführen werde, werde ich die Lösung nicht als gänzlich liberale oder sozialistische Gesellschaft, nationalstaatliche oder Wohlstandsgesellschaft, Konsum-, Industrie- oder Dienstleistungsgesellschaft bezeichnen; denn solche Gesellschaftsdefinitionen sind größtenteils spekulativ und stellen Zuschreibungen dar, die jeglicher Entsprechung in der wirklichen Gesellschaft entbehren und höchstens als Attribute behandelt werden sollten, die sich auf die Gesellschaft beziehen.

Wir können also die Beraubung der Gesellschaft, den Raub der freien Politik und der Moral, dieser ihrer grundsätzlichen Eigenschaften als den Anfang der Frage begreifen. Und das Monopol ist die Kraft, die die Frage auslöst. Wir sollten auch die Bedeutung des Monopols definieren. Sei es privat, sei es staatlich, wenn durch Landwirtschaft, Handel und Industrie Mehrwert angehäuft wird, kann von einer Monopolbildung die Rede sein. In der Monopolgruppe stellen ›Priester + starker Mann + Scheich‹ ein hierarchisches Anfangstrio dar. Sie profitieren vom Monopol gemäß ihrer jeweiligen Stärke. Dieses Dreier-Monopol spaltete sich im Laufe der Geschichte in mannigfaltige Institutionen. Jede dieser Institutionen wiederum erlebte weitere Aufspaltungen, überlebte aber, ihren Einfluss in einer Kettenreaktion stetig vergrößernd, bis heute.

Man sollte sich den kumulativen und verketteten Charakter des historischen Flusses des Monopols stets vor Augen führen. Das System der Zentralzivilisation ist sowohl das Ergebnis als auch der Grund der kettenartigen Entwicklung des Monopols. Ich möchte diesen Aspekt mit Nachdruck betonen. Das moderne Denken zwingt uns gegenwärtig eine unheimliche Zeitverdichtung auf und erstickt alles in einem verdichteten ›Jetzt‹, obwohl das ›Jetzt‹ Geschichte und zugleich Zukunft ist. Die Moderne massakriert die Geschichte nicht ohne Grund durch das Aufzwingen dieses Denkens; denn sie kann eine Gesellschaft, die ihre Verbindung zur Tradition verloren hat, ohne Schwierigkeiten so regieren, wie sie will. Keine Geschichte hatte die Gelegenheit zu einer so intensiven, sich verkettenden und vergrößernden Selbstformierung wie die des Monopols. Während das Monopol so sich selbst mit der Geschichte verbindet, legt es großen Wert darauf, alle gesellschaftlichen Gruppen von der Geschichte zu entbinden, genauer gesagt in sich aufzulösen und zu kolonialisieren. Zu diesem Zweck schafft es mythologische, religiöse, philosophische und wissenschaftliche Strukturen. Es bemüht sich zugleich darum, die gesellschaftlichen Gruppen moralisch zu verderben und ihrer Politikfähigkeit zu berauben.

Während wir häufig von Monopolen sprechen, sollten wir nicht vergessen, dass wir diesen Begriff in ökonomischer, militärischer, politischer, ideologischer und kommerzieller Hinsicht verwenden; denn Gruppen aus diesen Bereichen werden den Mehrwert auf die eine oder andere Art unter sich aufteilen. Wie auch immer ihre Form aussehen mag und welches Ausmaß sie annehmen mag, der Kern dieser Verteilung wird gleichbleiben. Manchmal werden es jene sein, die für wirtschaftliche Rentabilität sorgen, manchmal Militärs oder andere – die politische Klasse, die ideologische

Riege oder der Händlerstand –, die entsprechend ihrer Bedeutung über die Verteilung bestimmen. Verallgemeinernde Begriffe wie Klasse und Staat können für Unklarheiten sorgen. Das Monopol fungiert als eine explizitere Ausbeutungs- und Unterdrückungsassoziation. Die dahintersteckenden Klassen- und staatlichen Strukturen sind lediglich Ableitungen, sekundäre Schöpfungen.

Bei den Monopolschöpfungen kommt an dritter Stelle nach Klassen und Staat(en) die Gründung von Städten. Die Stadt erhebt ihr Haupt als des Monopols Hauptquartier zur Unterdrückung und Ausbeutung. Die Verflechtung mit dem Tempel lässt sich auf Notwendigkeit ihrer ideologischen Legitimation zurückführen. Die Stadt betritt also vor allem als Tempel, militärisches Hauptquartier und Kern der bürgerlichen (wir können alle ausbeuterischen Gruppen im Sinne von ›städtisch‹ als bürgerlich bezeichnen) Behausungen (Paläste) die Bühne der Geschichte. Die Menschenmassen in ihrer Umgebung spielen als ein zweiter Kreis um den Kern innerhalb der Stadtmauern die Rolle von Knechten und Diener*innen. Man könnte sie auch als Sklavenklasse bezeichnen.

Die Tatsache, dass wir in der Geschichte immer wieder Burgen und Stadtmauern begegnen, stellt den eindeutigsten Beweis für die Stadtstruktur des Monopols dar. Wir haben also bereits die Faktoren festgestellt, die zur Entstehung der gesellschaftlichen Frage geführt haben: die um das Monopol entstandenen Stadt-, Klassen- und staatlichen Strukturen. Die Geschichte der Zivilisationen ist in gewisser Hinsicht die Ausdehnung dieser drei Strukturen in Raum und Zeit. Die Logik ist einfach: Je größer die Möglichkeiten werden, Mehrwert zu produzieren, desto mehr vermehren sich die Monopole, und anschließend werden weitere Stadt-, Klassen- und staatliche Strukturen aufgebaut. Diese Grundstrukturen schaffen gleichzeitig sehr strenge Traditionen. Stadtgeschichten, Staatstraditionen und Geschichten von Dynastien bilden unerschöpfliche Quellen für Erzählungen. Intelligente und redegewandte Personen sorgen als eine Art Gelehrtenarmee für die ideologische Legitimation. Kein Märchen und keine Parabel, die sie nicht ersonnen hätten: Von Götter-Konstruktionen (Stadtgötter, Kriegsgötter) über die Schöpfung von Dämonen und Geistern sowie Himmel- und Höllendarstellungen bis hin zu literarischen Epen ließen sie keinen Bereich aus, in dem sie ihrer Fantasie keinen freien Lauf gelassen hätten. Aus dem Mehrprodukt der menschlichen Arbeit geschaffene, Angst einflößende Gebäude wie Gräber, Paläste und Tempel, Theaterarenen und Stadien gleichen Machtdemonstrationen des Monopols. In ähnlich ängstigenden Kriegen ganze Völker, Stämme, Städte und Dörfer samt ihrer ganzen Bevölkerung bis auf nützliche Gefangene auszulöschen, gehört zu den Traditionen des Monopols. Ohnehin gilt dem Monopol längst alles, was einen ökonomischen Wert besitzt, als heilige Kriegsbeute.

Eine wichtige Diskussion über die Entstehung der gesellschaftlichen Frage dreht sich um die Zivilisationsart des Monopols nach der Agrarrevolution, also den drei Ableitungen (Stadt, Klasse, Staat). Mit anderen Worten: War nach der Stufe der neolithischen Gesellschaft der Übergang zur heutigen Zivilisationsstufe (den Entwicklungsstufen der Sklavenhalter-, feudalen und kapitalistischen Gesellschaften) unumgänglich? Wäre es der neolithischen Gesellschaft möglich gewesen, ohne die Urbanisierung mit Klassen und Staat, den Sprung zu einer anderen höheren Stufe zu schaffen? Wenn dem so gewesen sein sollte, warum ist ihr dann diese Entwicklung nicht gelungen? Obwohl dies rein spekulative Fragen sind, machen sie doch auf wichtige Themen aufmerksam. Da wir diese in dem Teil über die demokratische Zivilisation ausführlich diskutieren werden, können wir uns an dieser Stelle mit einer kurzen, mit der Art unserer Analyse der gesellschaftlichen Natur zusammenhängenden Antwort begnügen. Laut den vorherrschenden Zivilisationsparadigmen ereigneten sich die Entwicklungen einer Schicksalslinie entsprechend; alles musste so kommen: Alles geschah dem Schicksal entsprechend. Was geschah, war das unausweichliche Los der Menschheit. Dieses Denken ist allen metaphysischen Konzepten gemeinsam.

Die Analyse der demokratischen Zivilisation allerdings legt sowohl die Interpretation der Zivilisation und ihrer zentralen gesellschaftlichen Formen als auch hinsichtlich der Überlegungen über die Fortsetzung und Transformation der neolithischen Gesellschaft eine andere Herangehensweise an den Tag. Langer Rede kurzer Sinn: Die gesellschaftliche Realität sieht anders aus, als von den eurozentrischen Sozialwissenschaften beschrieben. Es ist möglich, realitätsnähere Interpretationen zu entwickeln. Die Gesellschaft entsteht anders, als zu erklären versucht wird. Es ist äußerst wichtig, den Unterschied zwischen den Diskursen und der Wirklichkeit zu sehen und den Zusammenhang zwischen den Diskursen und dem herrschenden System der Zentralzivilisation zu entdecken. Viele kategorische Urteile, die im Namen der Sozialwissenschaften erarbeitet und zu unbestreitbaren Tatsachen deklariert wurden, sind vorwiegend propagandistisch und dienen zur Verhüllung der Wirklichkeit. Einschließlich dessen, was im Namen des wissenschaftlichen Sozialismus erarbeitet wurde, stehen zahlreiche wissenschaftliche Schulen unter massivem Einfluss des Liberalismus. Ohne diese

Themen zumindest ein wenig zu erhellen, werden alle Antworten recht fehlerhaft bleiben.

Gesellschaftliche Fragen bei ihrem ursprünglichen Auftauchen als solche zu definieren, ermöglicht eine realistischere Beurteilung der Entwicklungsprozesse. Ihre Darstellung als Hauptstufen anstatt einer Aufteilung in Hauptkategorien wird aufschlussreicher sein, da dadurch die Frage in ihrer Totalität präsentiert wird.

a) Von Sumer bis Rom

Die erste große Problemphase des Zivilisationsmonopols lässt sich ca. 3000–500 v. Chr. verorten. Das Monopol ist eine Organisation zur Erpressung eines großen gesellschaftlichen Mehrwerts mit verschiedenen Methoden. In den sumerischen, ägyptischen und harappischen Gesellschaften wurde ab 3000 v. Chr. in der Landwirtschaft durch eine organisierte Methode, die wir als Pharaonensozialismus bezeichnen könnten, ein unheimlich großer Mehrwert erzielt. Dies stellt das Modell der ersten großen Kapitalakkumulation dar. Es war dabei eine viel höhere Produktivität erreicht worden als in der neolithischen Gesellschaft. Diese Produktivität brachte die Stadt, Klassen und den Staat hervor. Es brach zum ersten Mal ein Zeitalter der großen Ausbeutung an, die entweder durch Gewalt oder durch Handelsmonopole auf die Mehrwertakkumulation erfolgte, die bereits in der neolithischen Gesellschaft begonnen hatte. Die Ausbeutung der Untertanen, die man wie Tiere für ihre Nahrung arbeiten ließ, bildete zweifelsohne die Grundlage des Pharaonensozialismus. Kurz: So wurde das erste, ursprüngliche Glied einer bis heute reichenden Kette verschiedener Ausbeutungsformen der Peripherie durch das Zentrum geschaffen. In den uns vorliegenden historischen Dokumenten lassen sich eindeutige Hinweise auf eine solche Entwicklung in der sumerischen Gesellschaft entdecken.

Diese Produktionsweise und die Aneignung des Mehrwerts führten zweifelsohne – wie ein Dolch, der ins Herz der Gesellschaft gestoßen wurde – zu schwerwiegenden Problemen. Die Mythologien und Religionen sind voller Erzählungen über diese Probleme, denen wir in der Geschichte begegnen. Um nur ein paar Beispiele zu nennen: Das Gilgamesch-Epos, die Sintflut, die Legenden von Adam und Eva sowie Kain und Abel, das Konzept von Himmel und Hölle, die Auseinandersetzung zwischen dem Gott Enki und der Göttin Inanna, der Widerspruch zwischen Hirten und Bauern. Es ist klar, dass sich in all diesen Erzählungen eigentlich die gnadenlosen Dolchstöße des Monopols widerspiegeln, also die Aneignung des Mehrwerts durch gewaltsame Enteignungen und die Methode, Menschen wie Tiere arbeiten zulassen.

In unzähligen solchen Geschichten, die die schreckliche Plünderung und Plackerei zum Gegenstand haben, wurde natürlich eine komplizierte Sprache verwendet. Man sollte nicht vergessen, dass die ideologische Herrschaft in dieser Zeit mindestens genauso wirksam war wie die physische. Wenn die Geschichte aus der Perspektive der Unterdrückten und Geplünderten geschrieben worden wäre, bekämen wir natürlich eine ganz andere Vergangenheit zu Gesicht als jene, die uns präsentiert wird.

Alleine beim Bau der ägyptischen Pyramiden (die ja Pharaonengräber waren – wie sahen denn ihre Paläste aus?) ließ man Millionen Sklaven arbeiten. Man ließ diese Menschen, die in Massen an Orten gehalten wurden, die wie Ställe anmuten, und die schlechter als Tiere ernährt wurden, unter brutalen Peitschenhieben an der Errichtung dieser Bauten arbeiten. Während die Tier-Sklaven, als Eigentum, auf diese Weise eingesetzt wurden, führte der militärische Arm Feldzüge gegen andere Gemeinschaften durch, bei denen sie sich nicht mit der Eroberung des Landes und der Plünderung des Hab und Guts begnügten, sondern auch noch alle nicht ermordeten Mitglieder der besiegten Gemeinschaften gefangen nahmen, die ihnen nützlich erschienen. Die imposanten Burgen, Stadtmauern, Gräber, Arenen, Paläste und Tempel, deren Schönheit selbst heute noch die Menschen in Staunen versetzt, wurden mithilfe jener Gefangenen erbaut. Wenn nicht Millionen von ihnen in der durch die ersten Bewässerungskanäle weiterentwickelten Landwirtschaft eingesetzt worden wären, hätte man weder einen so großen Mehrwert erzielen noch die riesigen Steinbauten errichten können. Außerdem hätte man das paradiesische Leben derjenigen, die das Monopol beherrschten, nicht gewährleisten können.

Um diesen Prozess durch Erzählungen (Mythologie, Religion, Philosophie, verschiedene Kunst- und wissenschaftliche Schulen), die ihren Ursprung in der Zentralzivilisation haben (von der hegemonialen sumerischen Zivilisation in Mesopotamien bis zur gegenwärtigen hegemonialen US-Zivilisation), anders präsentieren zu können, wurden zahlreiche genauso imposante Überbauinstitutionen, vor allem Ideologien, geschaffen. Vor allem die analytische Intelligenz erlebte ihre produktivste Phase. Unter der Führung des Priestermonopols schuf man mannigfaltige Antworten, die von mythischen Utopien bis hin zu Himmel- und Höllenvorstellungen, und – wenn diese nicht genügten – von philosophischen Erklärungen bis hin zur Wissenschaft, zu Wissen und Weisheiten reichten, die die Naturphänomene besser erklären konnten. Um einfacher herrschen zu können, wurden die ersten Schritte in Richtung Schrift, Mathematik, Astronomie und Biologie unternommen. Als Folge unerhörter Anstrengungen, neue Medikamente zu entwickeln, die der Bequemlichkeit der Monopolschicht dienen sollten, wurde das Fundament für die Wissenschaft der Medizin gelegt. Die Suche nach dem ›Unsterblichkeitskraut‹ stellt den spannendsten Teil des Gilgamesch-Epos dar. In Steinarchitektur wurde die Bautechnik unsterblicher Bauten für Unsterbliche entwickelt. Als die Mythologie nicht mehr ausreichte, wurde die Zeit strengerer, dogmatischer Religionen eingeleitet. Um die Menschen, die zu einem schrecklichen Leben verdammt waren, zu trösten, wurden Götterbilder geschaffen, als Ebenbilder der Gottkönige. Die analytische Intelligenz schuf beim Übergang zu monotheistischen Religionen vielleicht ihr größtes Werk.

Die gesellschaftliche Frage wurde nicht nur verursacht, sondern in ihrer schrecklichsten Form geboren. Das Monopol suchte, wie ein Albtraum, jegliche materielle und geistige Kultur heim. Das sumerische Wort ›Amargi[32]‹ erlangte bereits in dieser Zeit die Bedeutung von ›Rückkehr zur Natur und heiligen Mutter‹. Die erniedrigte Menschheit sehnte sich nach ihrer eigenen Vergangenheit. Der Wunsch, möglichst bald zu sterben, um endlich in den Himmel zu gelangen, wurde in den Status einer Ideologie erhoben. Der Himmel auf Erden, der in der neolithischen Ära gelegentlich etwas Erlebbares gewesen zu sein schien, wurde nun auf das Jenseits verschoben und zum Gegenstand von Utopien gemacht. Die säkulare, weltliche Mentalität wurde von einer anderen abgelöst, die nichts als das Jenseits anzubieten hatte. Angesichts dieser schrecklichen Frage verlor die Welt ihre ganze Vielfalt an Reichtum und wurde nun nur noch als Ort der Qual imaginiert.

Gesellschaftliche Moral und Politik erlitten mit dieser Monopolfrage die ersten tödlichen Schläge. Nachdem die Bereiche der Moral und Politik, die Grundbausteine der kommunalen Gesellschaft, zerschmettert worden waren, wurde darüber die Herrschaft einer Moral (eigentlich Unmoral) und Politik (des göttlichen Staates) installiert, die elitären Gemeinschaften aus Monopolmitgliedern dienlich ist. Gesellschaftliche Moral und Politik wurden so verkümmert, bevor sie sich gänzlich entfalten konnten. An ihre Stelle traten, als göttliche Ordnung, der Wahnsinn und der Göttlichkeitsanspruch

32 *Amargi* wird gewöhnlich mit ›Freiheit‹ übersetzt. Der Zusammenhang mit der wörtlichen Bedeutung ist die Rückkehr ›zur Mutter‹ nach Sklaverei oder Schuldknechtschaft.

der Herrschenden. Der Gesellschaft wurde nur das Recht zugesprochen, sich diese Erzählungen als heiligen Glauben anzueignen.

Wie man sieht, wurde nicht nur die gesellschaftliche Frage geboren, sondern darüber hinaus die Gesellschaft dazu gebracht, aufzuhören, sie selbst zu sein, und in eine Tierfarm des Monopols verwandelt. Man brachte die Gesellschaft dazu, Knechtschaft und Sklaverei als ein natürliches Regime anzuerkennen. Die Sklaverei von Frauen, deren Wurzeln viel weiter, bis in die primitive hierarchische Ära zurückreichen, wurde zur umfassendsten Lebensfrage. Es wurden Ordnungen patriarchaler Götter konstruiert, als wollte man sich an der neolithischen matrialen Gesellschaft, der Gesellschaft der heiligen Mutter, rächen. Während die Spuren der weiblichen Göttlichkeit allmählich verschwanden, wurde das prachtvolle Zeitalter der Herrschaft männlich imaginierter Götter eingeleitet. Bereits in dieser Zeit wurden Frauen sowohl in allen Tempeln als auch in gemeinen Bordellen zur Prostitution gezwungen und in Bordellen wie in privaten Häusern eingesperrt.

Diese ertragreiche Phase, die u. a. durch Bewässerungstechnologien zustande gekommen war, mündete gegen Ende des dritten Jahrtausends v. Chr. in eine tiefe Krise. Sowohl Dürren als auch Bodenversalzung trugen dazu bei. Es ist allerdings natürlich, dass nach einer zweitausendjährigen Periode durch die Auswirkungen der gesellschaftlichen Praxis ihre eigenen Gründungsprinzipien zerfallen. Harappa war längst zerfallen und verstummt, die ägyptische Zivilisation war aufgrund ihrer tiefen inneren Widersprüche nicht mehr überlebensfähig und die Sumerer, die ehemals hegemoniale ethnische Gruppe, hatten längst Zivilisationen anderer ethnischer Herkunft Platz gemacht.

Das System der Zentralzivilisation dieser Ära unternahm zwei wichtige Versuche zur Lösung seiner hausgemachten großen Probleme: Der erste davon war die Ausbreitung nach außen. Selbst wenn der Kolonialisierungs- und Imperialismusprozess, dem wir später häufig begegnen werden, temporäre Lösungen für die Probleme bot, schuf er gleichzeitig gezwungenermaßen neue Probleme. Die Probleme wurden dabei nicht gelöst, sondern ausgeweitet und intensiviert. Die Probleme, die sich im Zentrum, in der Metropole, konzentrierten, wurden exportiert, kehrten allerdings nach einer relativen Entspannungsphase geballt zurück. Dieser Zyklus taucht in der Geschichte häufig auf, wobei sich Zentrum und Peripherie ständig abwechseln.

Meines Erachtens handelte es sich um einen Selbstexport der sumerischen Metropole (Zentrum) in drei, ja sogar – wenn man das Meer mitbedenkt

– vier Himmelsrichtungen. Das erste Produkt seiner Ausbreitung nach Westen war Ägypten. Es liegt im Bereich des Möglichen, dass sich Ägypten zunächst als Kolonie, später unabhängig entwickelte. Es ist ziemlich unwahrscheinlich, dass eine Zivilisation wie die ägyptische sich ohne Unterstützung von außen in einer solch abgeschiedenen Landschaft entwickelte. Die sumerische Ausbreitung nach Osten schuf an der Sindh-Küste Harappa. Der gleiche Aspekt gilt auch für Harappa. Ohne Unterstützung von außen wäre die Entstehung Harappas in der Wüste ein Wunder gewesen. Auch die Genese des ersten Königreiches in China im sechzehnten Jahrhundert v. Chr. auf ähnliche Weise zu erklären wäre plausibler. Der Zivilisationspraxis wohnte das Zentrum-Peripherie-Verhältnis von Anbeginn an inne. Ein weiterer wichtiger Ausbreitungsraum im Osten war die benachbarte Elam-Zivilisation mit ihrer Hauptstadt Sus im heutigen Iran. Die Ausbreitung nach Norden erfolgte über die arischen Hurriter, die zu den authentischen Einwohner*innen Obermesopotamiens gehörten und einen wesentlichen Beitrag zur neolithischen Revolution leisteten, sowie über Babylon und Aššur, die nicht weit vom Zentrum entfernt lagen.

Die Hurriter leisteten gegen die ständigen Kolonialisierungversuche durch die ursprünglichen Kräfte der Zentralzivilisation, die Sumerer, Akkader (ethnische Gruppe semitischer Herkunft), Babylonier und Assyrer, vielleicht den ersten und größten Widerstand der Geschichte. Dieser Prozess lässt sich auch auf den sumerischen Tafeln verfolgen. Selbst im Gilgamesch-Epos wird eindeutig erzählt, dass der erste Feldzug in die nördlichen Wälder durchgeführt wurde. Der gegenwärtig ins Chaos gestürzte Irak (Uruk) zeigt ohnehin auf eindrucksvolle Weise, dass diese Tradition nach wie vor existiert. Die Widersprüche zwischen den Kurden hurritischer Abstammung und den Arabern semitischer Abstammung lassen vielleicht ihre uralten Eigenschaften zur Sprache kommen. Das Einzige, was sich geändert hat, sind das Zentrum und die Peripherie, der Hegemon und die Techniken.

Da die Hurriter die ursprünglichen Stämme des fruchtbaren Halbmonds waren und die Agrarrevolution in ihrer ganzen Tiefe miterlebten, besaßen sie das Potenzial, sowohl Widerstand zu leisten als auch ihre eigene Zivilisation zu entwickeln. Es existieren zahlreiche archäologische Funde, die belegen, dass die Hurriter im vierten Jahrtausend v. Chr. ohne Unterstützung des sumerischen Zentrums ihre ersten Stadtzentren gegründet haben. Insbesondere die Megalithen in der Gegend von Urfa aus der Zeit vor der neolithischen Revolution (Göbekli Tepe, 10 000–8000 v. Chr.) sind von besonders großer archäologischer Bedeutung, da sie die Ursprünge der Zivilisation in dieser

Region aufzeigen. Ich schätze, dass die Sumerer in Untermesopotamien die ersten Siedlerkolonien hurritischer Herkunft waren. Vor diesem Hintergrund lassen sich die Reichsgründungen durch die hurritischstämmigen Hethiter sowie durch die Mitanni ab den 1600er Jahren v. Chr. in Zentral- und Südostanatolien nachvollziehen. Es ist ebenfalls möglich, dass sich in diesem Raum auch andere Zivilisationen entwickelten. Die Analyse der Relikte in Göbekli Tepe könnte zu anderen Meinungen bezüglich der Zivilisationen führen. Die Ausbreitung der Sumerer über das Meer (Persischer Golf) führte zur Gründung von Zivilisationskolonien im heutigen Oman, Jemen und sogar in Äthiopien. In Oman wurde die Existenz einer Stadt festgestellt, die zumindest so groß war wie Harappa.

Der zweite Versuch zur Überwindung der Krise wurde von den Babyloniern und Assyrern unternommen. Die Babylonier, indem sie die Industrie und die Wissenschaft weiterentwickelten, und die Assyrer, indem sie das Handelsmonopol etablierten, versuchten die sumerische Zivilisation von ihren schwerwiegenden Problemen zu befreien und setzten ihre Bemühungen um deren Ausbreitung ununterbrochen fort. Babylon war, was Wissenschaft und Industrie angeht, das wahre London, Paris, Amsterdam und Venedig jener Ära. In der Ära seines Aufstiegs genoss es sogar einen tausendfach größeren Ruhm als das heutige New York. Es war nicht ohne Grund, dass selbst Alexander der Große seinen letzten Atemzug in Babylon tat, obgleich es seinen Glanz längst verloren hatte. Vielleicht war auch Saddam Hussein das jüngste der tragischen Opfer der leidenschaftlichen Liebe zu Babylon, von denen es Tausende gibt, für deren Aufzählung das ganze Buch nicht ausreichen würde. Wenn ich mich darum bemühe, Aššurs Handelsmonopol zu verstehen, fallen mir sofort die venezianischen, holländischen und englischen Handelsmonopole ein. Die assyrischen Handelsmonopole gehörten neben den phönizischen vielleicht zu den offensivsten und kreativsten Unternehmen der Geschichte. Es ist unumstritten, dass sie Handelsnetzwerke (*karum* genannte Handelsagenturen, also Orte des Profits (*kâr*)) gründeten, die von Zentralasien (es wird berichtet, dass man ihnen sogar in China begegnet sei) bis nach Westanatolien, von der arabischen Halbinsel bis an die Schwarzmeerküste reichten. Es gilt als gesichert, dass die Assyrer das erste große Handelsimperium der Geschichte gründeten. Diese Handelsmacht, die sich in drei verschiedenen Perioden 2000–1600, 1600–1300 und 1300–600 v. Chr. zeigte, stellte in dieser Hinsicht etwas Neues dar. Aber auch der Handel trug über eine begrenzte Ausbreitung und Intensivierung der sumerischen Zentralzivilisation hinaus nicht zur Lösung der Frage bei. Zudem geht das Handelsmonopol stets eine Partnerschaft mit dem aus ›Priester + Militär + Regent‹ bestehenden Hauptmonopol ein. Die Konflikte zwischen ihnen gehen nicht über Auseinandersetzungen um höhere Profitanteile hinaus. Man sollte aber die Bedeutung der Tatsache, dass Aššur – als eines der stärksten Glieder in der Zivilisationskette – fast tausendfünfhundert Jahre lang die tragende Säule der sumerischen Zivilisation darstellte, nicht unterschätzen.

Harappa, Oman, die Hethiter, Mitanni und Ägypten lösten sich einfach von innen heraus auf, da sie nicht den gleichen Erfolg verzeichnen konnten. Es lässt sich nicht leugnen, dass Assyrer bei der Kontinuität der Zentralzivilisation die Hauptrolle spielten, indem sie durch ihre Handelsbeziehungen mit den Phöniziern, Medern-Persern und späten Hethitern auf die griechische Zivilisation Einfluss nahmen. Handelsmonopole lösten keine Probleme, ermöglichten der Zivilisation allerdings eine Weiterentwicklung und eine längere Fortexistenz, indem sie zahlreiche zukunftsweisende Produkte (einschließlich Ideen und Glauben) überall verbreiteten. Sonst hätte sie das gleiche Schicksal ereilt wie Harappa. Die Geschichte hätte vielleicht ein paar tausendjährige Wiederholungen erlebt. Trotzdem darf man nicht vergessen, dass Handelsmonopole die grausamsten Kapitalakkumulationsmonopole waren, deren politische Vertreter vor den brutalsten Praktiken nicht zurückschreckten, wie wir es am Beispiel von aus menschlichen Häuptern errichteten Burgen und Stadtmauern sehen. Außerdem ist es allgemein bekannt, dass Handelsmonopole mit dem geringsten Arbeitseinsatz die größten Gewinne erzielen, indem sie sich Preisunterschiede und unterschiedliche Warenproduktionskosten zunutze machen.

Wir reden hier nicht von einem Warenaustausch in kleinem Ausmaß, der nicht profitorientiert, sondern am Konsum ausgerichtet ist. Man sollte sich stets vor Augen halten, dass wir vom monopolistischen Handel sprechen, dessen Ziel ausschließlich der Profit ist. Harappas Niedergang ist mit großer Wahrscheinlichkeit darauf zurückzuführen, dass es sich nicht nach außen öffnen und seinen Handel ausdehnen konnte. Es ist allgemein bekannt, dass auch das Neue Ägyptische Reich (ca. 1550–1070 v. Chr.), das sich nicht erfolgreich nach außen öffnen und kein Handelsmonopol aufbauen konnte, durch innere Kämpfe und äußere Angriffe zugrunde ging. Wenn es sich so weit wie die Sumerer hätte ausbreiten können, sähe unsere Welt heute vielleicht anders aus. China dagegen spürte kein Expansionsbedürfnis. Vielleicht entwickelte es sich in ausreichendem Ausmaß. Der erste große

Sprung der Zentralzivilisation konnte eine neue Stufe erreichen, indem sie ihre hausgemachten schweren Probleme weltweit verbreitete.

Einige Denker gehen davon aus, dass die anatolischen, mesopotamischen und ägyptischen Zivilisationen sich in der Zeit 1600–1200 v. Chr. ineinander verflochten und dadurch ihren hegemonialen Charakter erlangten. Auch wenn wir nicht von einem goldenen Zeitalter sprechen können, machten Urbanisierung, Handel und Aristokratie in dieser Zeit doch eindeutig einen großen Sprung vorwärts. Offensichtlich trug die Verbreitung des Problems zur häufigen Verlagerung der Zentralhegemonie und zur Langlebigkeit des Systems bei. Der berühmte ägyptisch-hethitische Friedensvertrag von Kadesch (1259 v. Chr.) spiegelt diese Realität jener Zeit wider.

Die Krise, die die Zentralzivilisation zwischen 1200 und 800 v. Chr. durchmachte, konnte erst abgemildert werden, als die Eisentechnik die Bronze (3000–1000 v. Chr.) ablöste. Entwicklungen in Produktions- und Kriegstechniken machen immer den Unterschied ihrer jeweiligen Ära aus. Das Bestimmende ist zweifellos die gesellschaftliche Entwicklung, aber diese ist immer mit der technologischen Entwicklung eng verbunden. Das hegemoniale Zentrum verließ erstmals Mesopotamien und machte die ersten Schritte gen Westen, Richtung Europa. Die Verschiebung fand während dieser Übergangsphase auf dem Landweg über das medisch-persische Reich (ca. 600–330 v. Chr.) und auf dem Seeweg über die Phönizier (1200–330 v. Chr.) statt. Auch die Urartäer (850–600 v. Chr.) spielten eine ähnliche Rolle. Zwar konnte man durch die Eisentechnik und die Ausbreitung und Absicherung der Handelswege die Gesellschaftskrise nicht gänzlich überwinden, aber abmildern und so die Zivilisation fortsetzen. Das medisch-persische Reich auf dem Landweg und die Phönizier im Mittelmeer leiteten wichtige Handelsoffensiven ein. Die Griechen waren lange eine Kolonie dieser beiden Zivilisationen. Obwohl die westzentrische Geschichte die Originalität der griechisch-ionischen Zivilisation betont, zeigen realistische Forschungen, dass sie eigentlich alles von diesen beiden Zivilisationen übernahm. Wenn wir den medisch-persischen und den phönizischen Einflüssen auch noch die von Ägypten, Babylon und Kreta hinzufügen, begreifen wir, dass die berühmte griechische Zivilisation unleugbar importiert war.

Man darf die griechisch-ionische Synthese zweifellos nicht unterschätzen; es ist aber offensichtlich, dass sie nicht ursprünglich ist. Zudem ist keine Zivilisation ursprünglich. Alle Zivilisationen beruhen auf einer Übernahme der Werte der neolithischen Gesellschaft entweder durch gewaltsame Aneignung oder durch ein Handelsmonopol, aber meistens durch den gleichzeitigen Einsatz dieser beiden Methoden. Indem diese Werte verändert und angepasst wurden, könnten neue Synthesen entstanden sein. Aber wie Gordon Childe betont, lassen sich die technischen Erfindungen der neolithischen Gesellschaft zwischen 6000 und 4000 v. Chr. im Taurus-Zagros-Bogen nur mit den europäischen Erfindungen nach dem sechzehnten Jahrhundert vergleichen. Die Zentralzivilisation wurde mit dem Aufstieg der Stadt Uruk ab dem vierten Jahrtausend v. Chr. auf der Grundlage dieser Technologie aufgebaut. In der Auseinandersetzung zwischen der Göttin Inanna und dem Gott Enki ging es hauptsächlich um die (um Frauen herum organisierte neolithische Technologie) ME (ME bedeutet technische Erfindung), die Enki von Inanna stahl. Hier wird der Zusammenhang zwischen der Zivilisation und der Beherrschung der Technologie unterstrichen. Alleine dieses Beispiel zeigt, wie lehrreich die sumerische Mythologie ist. Die Sprache jener Zeit wurde ohnehin nicht so verwendet wie die heutige, da sie sehr mythologiegeladen war.

Die griechisch-ionische Zivilisation (600–300 v. Chr.), die auf beiden Seiten der Ägäis entstand, ist zweifellos ein wichtiges Glied der historischen Kette. Sie stellt einen großen Sprung in der gesellschaftlichen Entwicklung dar. Sie leistete sowohl im Bereich der Mentalität als auch im technisch-praktischen Bereich einen großen Beitrag. Was den Seetransport betrifft, entwickelte sie im Wesentlichen das phönizische Erbe weiter. Sie errichtete zahlreiche Kolonien an den Küsten Europas. Die Griechen entwickelten die Schrifttechnik weiter, die über die Phönizier zu ihnen gelangt war, und leisteten einen wichtigen Beitrag zur Entstehung des heutigen Alphabets. Sie erzielten in allen damals bekannten Wissenschaften revolutionäre Fortschritte. In der Philosophie fand eine regelrechte Revolution statt. Mit den olympischen Göttern setzten sie dem Zeitalter der sumerischen Götter ein Ende. In den Werken Homers erreichte die Erzähltradition des Gilgamesch-Epos ihren Höhepunkt. In Theater, Architektur und Musik wurden ähnlich revolutionäre Fortschritte erzielt. Es wurden prächtige Städte errichtet. Die Neuerungen in der Bautechnik von Tempeln, Palästen, Stadien, Theater- und Ratsgebäuden haben nach wie vor nicht an Wert verloren. Auch die in Produktion und Handel erzielten Fortschritte sind nicht zu unterschätzen. Ihre Fortschritte im Bereich der Industrie waren ebenfalls von Bedeutung. Im politischen Bereich praktizierten sie eine beispielhafte Demokratie, die in die Geschichte einging. Sie bewiesen die Überlegenheit der Demokratie gegenüber anderen Regierungsformen, auch wenn dies im Rahmen der Zivilisation geschah.

Aber diese Feststellungen ändern nichts daran, dass die griechisch-ionische Zivilisation ein Glied in der Zivilisationskette war, die mit den Sumerern ihren Anfang genommen hatte, sondern bestätigen dies nur.

Wenn man in Bezug auf unser Thema die Rolle der griechischen Zivilisation bei der Lösung, genauer gesagt bei der Entwicklung der gesellschaftlichen Frage unter die Lupe nimmt, lässt sich zweifelsohne feststellen, dass sie sich von anderen Zivilisationen nicht wesentlich unterschied. Alle von ihr eingeleiteten Entwicklungen, allen voran die attische Demokratie, zeigen, dass die griechisch-ionische Zivilisation die Probleme der Zentralzivilisation nicht lösen konnte, sondern sie noch vergrößerte. Wenn wir diese Probleme aufzählen wollen:

Die Knechtschaft von Frauen wurde unglaublich ausgedehnt. Frauen wurden nicht nur dazu verdammt, Kinder zu bekommen und dem Mann unter schwierigsten Bedingungen sklavisch zu dienen, sondern ihnen war gleichzeitig die Teilnahme an Politik, Sport, Wissenschaft und Regierung verwehrt. Sie wurden in allen schweren Produktionsarbeiten beschäftigt. Platon vertrat die Meinung, dass das Zusammenleben mit einer Frau der Vornehmheit des Mannes schaden würde. Homosexuelle Beziehungen verbreiteten sich u. a. aus diesem Grund. Neben der der Frauen vermehrten sich auch andere Arten der Sklaverei lawinenartig. Zum ersten Mal in der Geschichte entstanden große Massen arbeitsloser Sklaven. Das Söldnertum wurde erfunden. Es wurden nicht nur Waren, sondern auch Sklaven exportiert. Dementsprechend entstand eine parasitäre Herrenklasse. Das Konzept der Aristokratie wurde geschaffen. Der gesellschaftliche Bereich füllte sich mit parasitären Elementen. Die gesellschaftlichen Gruppen, die der Bourgeoisie am nächsten kommen, sind ein Produkt der griechischen Zivilisation. Kurz gesagt wurden im gesellschaftlichen Bereich einerseits neue Probleme geschaffen, andererseits die alten Probleme vergrößert.

Die Stadtentwicklung nahm prächtige Züge an und die Stadt erlangte eine organische Struktur. Aber der Preis, den man für diese Fortschritte zahlte, war eine Verschärfung der gesellschaftlichen Frage. Es war nahezu so, als hätte man die Strukturen der Zikkurat und die der Pyramide in ihre Bestandteile zerlegt und in riesigen Dimensionen wieder neu erschaffen. In der ersten Phase bestand die Stadt aus dem Tempel selbst und seinen Erweiterungsbauten. In der zweiten Phase wurde sie durch die Zitadelle und die sie umgebenden inneren und äußeren Wehrmauern erweitert. In der dritten Phase wurden diese Trennungen abgeschafft und die Stadt erschloss neue Bereiche und erlangte räumlichen Reichtum und Pracht. Es handelte sich dabei um eine Entwicklung, die sich parallel zur Expansion des Monopols vollzog. Die Probleme wurden dadurch nicht gelöst, sondern vergrößert. Die Größe der Sklavenarmee vervielfachte sich. Es entstanden auch noch arbeitslose Sklaven. Zum ersten Mal in der Geschichte befanden sich Menschen in einer gänzlich überflüssigen Position. Es könnte kein größeres gesellschaftliches Problem geben. Ein System, das Arbeitslose produziert, ist das grausamste.

Auch die Macht- und Staatsapparate erlebten eine ähnliche Ausdehnung. Die Macht dehnte ihre Besetzung von den oberen auf die unteren Stockwerke aus. Der Staat erstickte die Politik immer mehr und beherrschte dadurch die Gesellschaft immer umfassender. Die staatliche Bürokratie entstand. Die Militärklasse festigte ihre Privilegien. Im Allgemeinen vergrößerte sich die Autorität der im gesellschaftlichen Gefüge über Frauen, Kinder und Jugendliche, Sklav*innen, Bäuer*innen und Handwerker*innen errichteten Macht. Dass die attische Demokratie den Politikverfall angesichts des Staates ganz offensichtlich machte, bildete ihre kläglichste Seite. Die gesellschaftliche Demokratietradition tat im attischen Beispiel sozusagen durch die Hand der Aristokraten ihren letzten Atemzug. Das ist wohl die bedeutendste Lektion, die wir aus der attischen Demokratie ziehen sollten.

Das römische Zivilisationsmonopol (750 v. Chr.–500 n. Chr.) ist eine Zivilisation, die im Rahmen ihrer inneren Einheit mit der griechisch-ionischen Tradition, deren Fortsetzung es darstellte, beurteilt werden sollte. Es handelt sich um ein Beispiel, das von der einen Halbinsel auf die andere übertragen wurde. Der wichtigste Aspekt, der an dieser Stelle betont werden sollte, ist: Wenn die Griechen die Kindheits- und Jugendphasen dieser Zivilisation darstellten, war Rom ihre Reife- und Altersphase. Zum ersten Mal gelang den Römern eine Assimilation und Synthese der östlichen Werte, die ihnen Überlegenheit gegenüber dem Osten verschaffte. Der Erfolg Roms war, dass es einen Teil Europas um den Preis gnadenloser Besetzungen und Kolonisierungen der Zivilisation einverleibte. Ansonsten stellt Rom in jeglicher Hinsicht eine überdimensionale Vergrößerung der griechischen Zivilisation dar. Es erlangte in Hinblick auf die Stadt, Klassen und Macht riesige Dimensionen. Vom Königreich ausgehend wurde eine aristokratische Republik gegründet, die wiederum ins größte und territorial umfangreichste Imperium der Geschichte mündete. Der römische Lebensstil wurde überall nachgeahmt. Die römische Aristokratie war, genauso wie die gegenwärtige Moderne (Bourgeoisie), die entscheidende Kraft ihrer Zeit.

Die parasitäre Aristokratie und das Lumpenproletariat standen symbolisch für Roms heftige Probleme.

Die römische Ära war die Zeit, in der die gesellschaftliche Frage ihren Höhepunkt erreichte. Daran ist nichts verwunderlich. Zwischen dem sich kumulativ vergrößernden Monopol der Zentralzivilisation und der Vergrößerung der von ihm verursachten strukturellen Probleme besteht ein unmittelbarer Zusammenhang. Dass das Christentum, das eine Armenpartei darstellte, – trotz grausamer Bestrafungen (kreuzigen, Löwen zum Fraß vorwerfen, totale Vernichtung wie die Karthagos usw.) – die Gesellschaft von innen heraus eroberte und gleichzeitig Barbarenstämme von außen auf Rom stürmten, führte zu einer Explosion der Probleme. Es war im Wesentlichen ein Ausbruch des Freiheitsgeistes. Es ist offensichtlich, dass Römer die wahren Barbaren waren und dass die riesigen Probleme, die Rom im Inneren wie im Äußeren angehäuft hatte, seinen Untergang herbeiführten. Roms Untergang war mehr als nur der der Stadt Rom mit ihrer Macht und Aristokratie. Es war gleichzeitig der Untergang des Weltsystems mit der aus Zentrum und Peripherie, Konkurrenz und Hegemonie, Auf- und Abstieg bestehenden charakteristischen Struktur der Zivilisation, die mit der Stadt Uruk entstanden war. Eine der barbarischsten Ären des gesellschaftsfeindlichen Systems mit den von ihm verursachten Problemen ging durch innere und äußere Widerstände zu Ende.

b) Von Rom bis Amsterdam

Die zweite große Phase der gesellschaftlichen Frage lässt sich in der Zeit zwischen dem Untergang Roms und dem Aufstieg Amsterdams verorten: Diese Ära, ca. 500–1500 n. Chr., ist durch die abrahamitischen Religionen, die als Lösungsbotschaften auftauchten, geprägt. Man sollte den abrahamitischen Religionen besondere Beachtung schenken, da sie die gesellschaftliche Frage noch vertieften, obwohl sie eigentlich als Antworten gedacht waren.

Wenn ich mich auf eine Analyse der gesellschaftlichen Botschaft der abrahamitischen Religionen konzentriere, sehe ich die Bedeutung dieser Botschaft darin, dass sich die problematische materielle Struktur des Systems der Zentralzivilisation in problematische geistige Strukturen verwandelte. Mit anderen Worten, es spiegelten sich die Probleme der materiellen Kultur in Problemen der geistigen Kultur wider. In den heiligen Schriften wird ausdrücklich erwähnt, dass Abraham vor der Tyrannei Nimrods, Babylons Vertreter in Urfa, also vor den von ihm verursachten Problemen flüchtete bzw. auswanderte. Es wird sogar als ein göttliches Wunder dargestellt, dass er dem Feuertod auf dem Scheiterhaufen entkommen konnte. Als Grund dafür wird angeführt, dass er auf der Suche nach einem neuen Gott gewesen sei. Die Gottessuche kann auch als Suche nach einem neuen Herrschaftsmodell gedeutet werden. Diese Erzählung zeigt noch viele weitere Eigenschaften der hochproblematischen Struktur jener Zeit auf. Man schätzt, dass Abrahams Hidschra sich um das achtzehnte Jahrhundert v. Chr. ereignete. Abraham verließ die mesopotamische Zivilisation in Richtung der ägyptischen. Der Weg zwischen den beiden Zivilisationen stand also offen. Vielleicht war Abraham auf der Suche nach einem Refugium und neuen Verbündeten. Sein Leben in Kanaan (im heutigen Palästina und Israel) bestätigt diese These. Er verließ mit seiner Familie einen kleinen Stamm und bildete in Kanaan einen neuen. Sein Enkel Josef wurde als Sklave nach Ägypten verkauft. Dank seiner Fertigkeiten avancierte Josef am ägyptischen Hof zum Hauptverwalter und Stellvertreter des Pharaos. Bei seinem Aufstieg spielten die Frauen am Hof eine wichtige Rolle. In der hebräischen Geschichte spielten Frauen immer wichtige Rollen.

Auch in Ägypten formierte sich ein hebräischer Stamm, der allerdings in Halb-Sklaverei lebte. Die Stammesmitglieder litten sehr darunter. An die Stelle Nimrods war nun hier der Pharao getreten. Sie wollten auch ihn loswerden. Dieses Mal wurde der Exodus von Moses angeführt. Man schrieb ca. das Jahr 1300 v. Chr. In der Heiligen Schrift wird der Aufbruch, der dem Abrahams ähnelt, voller Wunder dargestellt. Die Hebräer kehrten nach Kanaan zurück. Im Vergleich zu Ägypten war Kanaan wie ein ›gelobtes Paradies‹. Der Gott, nach welchem sie am Berg Sinai suchten, sprach den Stamm direkt an, als er die Zehn Gebote erteilte. Die Zehn Gebote stellten eigentlich die Organisationsgrundsätze und das politische Programm des Stammes dar, die er aus langer Erfahrung gewonnen hatte. Es ging vor allem darum, dass der Stamm den Religionen Nimrods und des Pharaos endgültig den Rücken kehrte und seine eigene ethnische Religion (Weltanschauung und Programm) begründete. Die Heilige Schrift als Stimme Gottes erzählt ausführlich, was alles darauf folgt. Wir haben es nun nicht mehr mit mythologischen Geschichten wie bei den Sumerern und Ägyptern zu tun, sondern mit religiösen Regeln, die zu absoluten Wahrheiten (Orthodoxie) erklärt wurden.

Dieser Umstand stellt eine große Revolution in der Geschichte der Religionen, die große geistige Revolution jener Ära, dar. Forschungen zeigen, dass die hebräische Tradition eine der Hauptquellen des nahöstlichen Gedächtnisses bildet. Meines Erachtens verwandelten die Hebräer die sumerischen und ägyptischen Mythologien in einen religionsförmigen Diskurs (Rhetorik). Im Laufe der Geschichte entwickelten sie die Bibel ständig weiter, indem sie diesen Diskurs durch Erzählungen aus zoroastrischen, babylonischen (vor allem während des Exils ab 597 v. Chr.), phönizischen, hurritischen und griechischen Quellen ergänzten. Man darf nicht vergessen, dass die Bibel erstmals im siebenten Jahrhundert v. Chr. zusammengestellt wurde. Aus früherer Zeit existieren keine schriftlichen Quellen.

Einen Aspekt möchte ich mit Nachdruck betonen: Im Laufe der Geschichte häuften Juden nicht nur Kapital und Geld an, sondern auf beeindruckendste Weise auch Ideologie, Wissen und Wissenschaft. Sie konnten ihre zahlenmäßige Unterlegenheit mithilfe dieser beiden strategischen Akkumulationen im Weltmaßstab in Stärke verwandeln. Angehörige der jüdischen Ethnie (anfangs als Stamm, gegenwärtig als Nation) konnten sich dank dieser beiden Akkumulationen nicht nur gegenwärtig, sondern auch zu verschiedenen Zeiten in der Geschichte in der Nähe der Macht und in strategischen Machtpositionen behaupten und bisweilen einen hohen Lebensstandard erhalten. Allerdings stehen auch die Katastrophen, die ihnen widerfuhren, und ihre verheerenden Probleme in einem engen Zusammenhang mit dieser Tatsache. Wenn wir es bei der Analyse der Geschichte und der Gegenwart zu unserer Methode machen, dass Kapital und Wissen Stärke und Macht bedeuten, Macht wiederum ein Kapital- und Wissensmonopol ist, kann uns ein eindeutigeres und realistischeres Verständnis der gesellschaftlichen Frage gelingen. Da wir der Frage, inwiefern die abrahamitischen Religionen zu einer Lösung der riesigen historisch-gesellschaftlichen Probleme fähig sind, im Kapitel ›Das System der demokratischen Zivilisation denken‹ nachgehen werden, begnüge ich mich an dieser Stelle mit der Feststellung, dass sie noch kompliziertere historisch-gesellschaftliche Probleme verursachen.

Im Alten Testament kommen nach Moses Propheten, Propheten-Könige, Richter, Könige und Schriftgelehrte. Man könnte weitere Kapitel über Intellektuelle, Wissenschaftler und Schriftsteller hinzufügen. Anscheinend werden alle Weisheiten, die ihren Ursprung in den sumerischen und ägyptischen Mythologien haben, als Prophetie bezeichnet. Das Alte Testament deutet die Geschichte auf diese Weise. Die Hauptaufgabe der Propheten war es, eine Lösung des unvergleichlichen gesellschaftlichen Problems anzubieten. Wenn man berücksichtigt, dass Mehrprodukt und Kapitalakkumulation durch Zwangsarbeit auf der Grundlage der Versklavung und durch militärische Methoden zustandekommen, kann man auch die Ursachen der riesigen Problemakkumulation besser begreifen. Prophetentum ist nichts anderes als der Widerhall dieser Wirklichkeit in den Teilen der Gesellschaft, die einem schwerwiegenden Problem ausgesetzt sind. Die institutionelle Qualität des Prophetentums auf diese Weise zu begreifen, wird unsere Geschichtsinterpretationen verständlicher machen.

Wir sehen, dass ungefähr 300 Jahre nach Moses' Tod, um 1000 v. Chr., aus seinem ideologischen und politischen Programm heraus unter der Führung von Saul und den Propheten, David und Salomo ein kleiner Staat entstanden ist. Die Lösung, die sie nach zahlreichen Kämpfen für ihr großes gesellschaftliches Problem fanden, bestand nur in einem eigenen Macht- und Staatsapparat. Dieser Staat war offensichtlich nicht so demokratisch wie der Staat der Athener. Wiederum war dieser Staat eindeutig schwächer und von der Lösung noch weiter entfernt als die ägyptischen und babylonisch-assyrischen Staatstraditionen, unter denen der hebräische Stamm gelebt hatte. Warum hält man dann in der abrahamitischen Tradition so sehr am Staat fest? Weil er eine Erfindung der Propheten ist, weil er seinen Mitgliedern als ›gelobtes Paradies‹ die Region Kanaan verheißt.

Es ist allgemein bekannt, dass der erste jüdische Staat nach ähnlichen Machtkämpfen und Besetzungen (die Kämpfe zwischen Davids und Salomos Söhnen und Enkeln, die assyrischen Bedrohungen und schließlich die assyrische Besetzung) in kurzer Zeit unterging. In vielerlei Hinsicht ähnelte er bereits dem Staat Israel, der dreitausend Jahre später am gleichen Ort gegründet werden sollte. Man sollte aber trotzdem dieser von Propheten konstruierten Realität eine große Bedeutung beimessen. Eben diese Realität übte im Laufe der Geschichte – insbesondere mithilfe des ideologischen und monetären Kapitals – einen großen Einfluss auf die Mächte der Zentralzivilisation aus.

Sich auf Jesus beziehend wurde die zweite wichtige abrahamitische Religion gegründet. Sie war eine Botschaft, die sich um die Lösung der durch die Zerstörungen der römischen Besatzungsmacht verursachten geballten Probleme bemühte. Der Beiname Jesu war Messias bzw. Erlöser. Diese Strömung, mit der auch unsere Zeitrechnung beginnt, kann durchaus als die erste ökumenische (universale) Partei der römischen Lumpenproletarier und Armen bezeichnet werden. Aber sie besaß nicht den militanten Charakter der mosaischen Bewegung. Es lässt sich feststellen, dass sie aus der Unterschicht des hebräischen Stammes heraus entstand und ein Produkt der objektiven Verhältnisse war, in denen die Stammesorganisation ihre Fähigkeit zur Lösungsfindung eingebüßt und die Herausbildung von

Klassen und die Urbanisierung zu einem großen Verfall der kommunalen Werte geführt hatten. Ihren Universalismus und Klassencharakter verdankte sie diesen Verhältnissen. Im östlichen Mittelmeerraum beschleunigten sich in jener Zeit die Auflösungsprozesse ähnlicher Stämme und Klans. Die griechischen, assyrisch-babylonischen und schließlich römischen Kolonisierungsbewegungen verdammten Massen von Arbeitslosen und Armen, die die Verbindung zu ihren Stämmen verloren hatten, zum Hunger. Gleichzeitig intensivierte sich die Suche sowohl nach neuen Herren als auch Erlösern. Die Jesus-Bewegung war offenbar ein kollektiver Ausdruck dieser Suche. Jesus selbst sprach ohnehin von einer ›frohen Botschaft‹, die er bringe. Das Alte Testament wurde durch das Neue Testament ergänzt. Die Zivilisationskulturen und -sprachen der Zeit waren assyrisch-aramäisch, babylonisch-chaldäisch, hellenisch-griechisch und jüdisch-hebräisch. Römisch-Latein etablierte sich gerade erst. Es heißt, Jesus habe Aramäisch gesprochen. Alt-Griechisch hatte sich in der hellenistischen Ära in der Region sehr verbreitet. Aramäisch war aber seit tausend Jahren die Handels- und Kultursprache der Region. Griechisch sollte diese Rolle erst später übernehmen. Und Hebräisch war die Sprache der heiligen Texte. Latein stellte hingegen die neue Amtssprache dar.

Von Arabisch, das unter Wüstenstämmen verbreitet war und erst durch die Urbanisierung auf der arabischen Halbinsel zu einer Zivilisationssprache werden sollte, war noch keine Spur. Die arabische Sprache sollte die Region erst mit der islamischen Revolution erobern. Während man persischen Dialekten begegnete, kamen diese nur im Taurus-Zagros-Gebirgssystem und im Zentrum der persisch-sassanidischen Zivilisation zu voller Entfaltung. Es gab zahlreiche Kulturen und Sprachen, die sich unter dem Einfluss der Zentralzivilisation auflösten und ausstarben – allen voran Sumerisch und Koptisch (Ägypten). Armenisch wurde erst ab dem fünften Jahrhundert zunehmend zu einer einflussreichen Sprache in der Region.

Die Konkurrenz zweier hegemonialer Mächte in der Region, die sich als westlich bzw. östlich definierten, war in vollem Gange: Das Römische Reich mit seinem Zentrum in Italien und das Sassanidenreich mit seinem Zentrum im Iran-Kaukasus. Die mesopotamozentrische Zivilisation, die sich nach dreitausend Jahren erstmals nach außerhalb der Region verlagert hatte, setzte ihr Erbe fort, welches diese beiden hegemonialen Zivilisationen miteinander teilten. Zwischen ihnen wüteten Kriege, in denen es im Grunde genommen um das Erbe der Zivilisation ging. Zu dieser Zeit ereignete sich vielleicht der kontinuierlichste und intensivste Kampf der Geschichte um

Hegemonie. Die Angriffe Alexanders des Großen und die darauf folgende Situation könnten als die erste Runde in diesem Kampf interpretiert werden. Auch wenn sich das Zivilisationszentrum erst viel später in den Westen verlagern sollte, waren offensichtlich die ersten Entwicklungen in diese Richtung eingeleitet.

Es ist zu sehen, dass weder die griechische Philosophie im Römischen Reich noch die zoroastrische Lehre (eine weltlichere und moralischere Lehre) im Sassanidenreich die durch die beiden Zivilisationsmonopole verursachten Probleme lösen konnten. Der Krieg zwischen diesen beiden Zivilisationsmonopolen spiegelt eigentlich diese Ausweglosigkeit wider. Aufgrund der begrenzten Möglichkeiten, Mehrwert zu produzieren und abzuschöpfen, wird Krieg zwischen den in ihrer Zahl und Qualität wachsenden Monopolen zur beliebtesten Akkumulationsmethode. Kriege stellen in der Zivilisationsgeschichte im Grunde genommen Mittel zur Kapital- und Machtakkumulation dar. Sie haben nichts mit den legendären Helden in den Erzählungen zu tun, die die propagandistische Seite des Ganzen bilden. Kriege einschließlich der gegenwärtigen lassen sich in letzter Instanz am zutreffendsten als Mittel beschreiben, die dazu dienen, Kapital und Macht in andere Hände zu übergeben. Aus diesem Grund müssen wir uns stets vor Augen halten, dass sie sich im Zentrum der grundsätzlichen Produktivkräfte und Produktionsverhältnisse befinden und dort ihre Rolle spielen. Verteidigungskriege dagegen zielen darauf ab, das eigene Land, die anderen Produktivkräfte und Produktionsverhältnisse, die Freiheit, also die Identität der Gesellschaft und dafür ihre moralische und politische Struktur und – wenn vorhanden – ihre Demokratie zu verteidigen. Dieser Tatsache verdanken sie ihre Legitimität.

Häufig werden Monopolkriege als Motor der Zivilisationsgeschichte betrachtet. In der Hinsicht, dass sie zu vollkommeneren technologischen und organisationell-aktionistischen Erneuerungen führen, ist diese Feststellung richtig. Man darf aber nicht vergessen, dass Kriege im Wesentlichen die widergesellschaftlichsten, ja sogar die widernatürlichsten Phänomene sind, weil sie über reine Brutalität hinausgehen. Trotzdem haben sie ihren Ursprung in der Gesellschaft, da sie als Mittel der Monopolbildung fungieren. Um die Gesellschaft ihrer Gesellschaftlichkeit zu berauben, brauchen sie ihre Ressourcen auf.

»Wenn dich einer auf die *linke Wange* schlägt, dann halte ihm auch die andere hin.« Diese Worte, die Jesus zugeschrieben werden, drücken zweifellos die damalige Sehnsucht nach Frieden aus. Man merkte, dass Frieden genauso sehr Produktion bedeutet, wie Krieg Produktionsverluste. Da es bekannt war, dass die weit verbreitete Arbeitslosigkeit und Armut auf die nicht enden wollenden Kriege zurückzuführen waren, drückte der Frieden der Jesus-Bewegung seinen Stempel auf. Die Bewegung sollte dreihundert Jahre lang diesen Charakter bewahren und überall dort auftauchen, wohin auch immer die Römer und die Sassaniden ihren Fuß setzten, und sogar in China und Indien Widerhall finden. Man sollte auch die manichäische Bewegung erwähnen, die in der gleichen Ära entstand und einen ähnlichen Charakter aufwies, deren Zentrum aber eher im Sassanidenreich lag. Ihr Prophet Mani ging selbst nach Rom und sagte den Römern: »Ich kann Frieden mit den Sassaniden ermöglichen.« Wenn die manichäische Bewegung von despotischen sassanidischen Herrschern nicht unterdrückt worden wäre, hätte diese Lehre, die eine Mischung aus Christentum und Zoroastrismus war und tief greifende Qualitäten aufwies, vielleicht eine neue Renaissance im Nahen Osten herbeiführen können.

Das Christentum (genauer gesagt: eine seiner Konfessionen), während der Errichtung Konstantinopels (Istanbul) zur Staatsreligion erhoben, wurde ab diesem Zeitpunkt (325 n. Chr.) zusehends zur Staatsreligion sowohl des Ost- als auch des Weströmischen Reiches. Unser Thema ist aber nicht die Geschichte des Christentums. Was das Christentums mit unserem Thema zu tun hat, ist sein Verhältnis zur gesellschaftlichen Frage und zu den Machtmonopolen. Genauso wie die ursprüngliche Moses-Bewegung in einen Staat mündete, mündete auch seine zweite Version, die christliche Bewegung bzw. ihre Mehrheitsströmung in die Macht und den Staat. Diese Bewegung war nicht nur die offizielle Ideologie von Byzanz, auch in Rom selbst war sie im elften Jahrhundert zu einem mächtigen Staat geworden. Mehr noch, sie war die Summe zahlreicher viel weiter verbreiteter und mächtigerer Machtapparate, die ihren Ursprung in der Gesellschaft hatten. Der Staat bildete vielleicht ihren symbolischsten und offiziellsten Ausdruck.

Die innerchristlichen Konflikte, die Auseinandersetzungen zwischen Katholiken und Orthodoxen und anderen bekannten Konfessionsbildungen, sind in Bezug auf unser Thema nur in der Hinsicht bedeutungsvoll, dass sie auf den äußerst problematischen Charakter des Christentums hinweisen. Dass es anfangs eine Friedensreligion zu sein beabsichtigte, allerdings zu einer so kriegerischen wurde, dass man in seinem Namen Menschen bei lebendigem Leib verbrannte, beweist, wie sehr es durch die Zentralzivilisation geprägt wurde. Wie sollte man sonst erklären, dass es zu mehr Kriegen führte als die Kriegsideologien mythologischen Ursprungs?

Das Christentum kam nicht darum herum, durch seine Rolle bei den Kreuzzügen im Osten gegen den Islam und bei den früheren Kriegen gegen die Stammesreligionen und Hexen, später bei den Konfessionskriegen innerhalb des Christentums, bei den kolonialistischen Kriegen in Amerika, Afrika, Australien und Ostasien seinem ursprünglichen Ziel gänzlich zu widersprechen. Die Assyrer, Armenier, Chaldäer und anatolischen Hellenen, d.h. die ersten Völker, die das Christentum annahmen, fielen dem Bündnis der Religion, von der sie die Lösung ihrer gesellschaftlichen Probleme erhofften, mit der Zentralzivilisation zum Opfer. Das Christentum, das sie als eine Art Nationalismus interpretierten, konfrontierte sie zusehends mit den Machtmonopolen anderer Völker. Während das westliche Christentum sich in eine Macht verwandelte und dabei seine Kernbotschaft verlor, wurde das östliche und anatolische Christentum von Kräften unterdrückt, die die Masken der ersten Version der abrahamitischen Tradition, des Judentums, und ihrer dritten Version, des Islam, trugen, und wiederum von einer Art Nationalismus (arabisch, türkisch, kurdisch) im großen Stil liquidiert. Hier haben wir mit besonders ofensichtlichen Beispielen der Ausweitung der gesellschaftlichen Frage zu tun.

An dieser Stelle möchte ich meine These nochmals wiederholen: Die abrahamitische Tradition, einschließlich des Christentums, vertritt die geistige Kultur der Zentralzivilisation, die ihre materielle Kultur widerspiegelt. Genauer, sie hat die Lösung des schwerwiegenden gesellschaftlichen Problems zum Ziel, welches durch diese materielle Kultur, also durch das Monopol verursacht wurde – genauso wie der Realsozialismus (Wissenschaftlicher Sozialismus) die Lösung des durch den Kapitalismus verursachten Problems zum Ziel hat. Da aber beide wissenschaftliche und Lebensschablonen verwenden, die über die des jeweiligen Zeitalters nicht hinausweisen, können sie nicht umhin, zu einer neuen Version der Zentralzivilisation zu werden, also entweder zu einem ihrer Hegemonen oder zu einer abhängigen, schwachen Kraft darin. Und diejenigen, die in ihrer Sache radikal und bis zum Ende aufrichtig bleiben, können zwar ein bedeutendes Erbe hinterlassen, kommen aber nicht umhin, liquidiert zu werden. Aus diesem Grund ähnelt für mich die abrahamitische Tradition der Sozialdemokratie unseres Zeitalters. Genauso wie die Sozialdemokratie nicht mehr sein konnte als Verbandsmaterial für die von der kapitalistischen Zivilisation verursachten Wunden, beschränkten sich auch die abrahamitischen Religionen, die in einem längeren historischen Prozess eine universalere Rolle spielten, auf einige wenige Reformen, die sie als Lösungen für die schmerzhaften, Hunger und Arbeitslosigkeit erzeugenden Probleme der Zentralzivilisation anboten. Schließlich kamen auch sie nicht darum herum, selbst zu einem Problem zu werden. Man sollte die Linie der abrahamitischen Tradition als ideologisch-politisches Programm sehr gut analysieren. Diese Analyse ist von großer Wichtigkeit, wenn man das kapitalistische Weltsystem in Gänze verstehen will. Diese Analysebemühungen sind einerseits von großem Wert, um Wallersteins Welt-System mit dem fünftausendjährigen Zivilisationssystem in Zusammenhang zu setzen, und andererseits, um zu begreifen, wie der Realsozialismus von innen heraus zusammenbrach.

Wenn wir die dritte wichtige Version der abrahamitischen Tradition, den Islam, analysieren, verstehen wir ihren Wesenskern besser. Der Islam ist als eine ideologisch-politische Linie vollkommener. Wenn ich mich auf die Realität des Propheten Mohammed fokussiere, interpretiere ich ihn immer als den letzten Vertreter der sumerischen Priester, die die ersten göttlichen Begriffe konstruierten. Hinter den sumerischen Priestern, die aus mythologischen Begriffen Götter konstruierten, steckten die am weitesten entwickelten religiös-mythologischen Traditionen jener Zeit. Man sollte sich dessen bewusst sein, dass auch Mohammed das religiöse, mythologische und sogar philosophische und wissenschaftliche Wissen, das zu seiner Zeit und in seinem Raum vorhanden war, wenn auch begrenzt, assimilierte. Er kannte sich neben den Stammessystemen auch anhand der Widerspiegelungen der beiden global hegemonialen Mächte, Byzanz und das Sassanidenreich, mit der Zivilisation aus. Er diagnostizierte, dass die Gesellschaft unter großen Problemen litt, die ihren Ursprung in diesen beiden Systemen hatten. Er erlebte neben der verderbenden Auswirkung des arabischen Tribalismus auch die unterdrückerische und ausbeuterische Struktur der byzantinischen und sassanidischen Machtmonopole und ihre die Gesellschaft zerlegende und vom Fortschritt abhaltende Auswirkung hautnah. Es ist also nachvollziehbar, dass er einen radikalen Ausbruch aus beiden Systemen verfolgte. Wie Jesus stand auch er den unteren Schichten näher. Er scheute sich nicht davor, Sklaven und Frauen nahezustehen. Obwohl er unter dem Einfluss der jüdischen und assyrischen Priester stand, war er Zeuge davon, dass sie für die Probleme der Gesellschaft, in der sie lebten, keine Lösung bieten konnten. Die heidnischen Religionen (die Götzenbilder in Mekka) betrachtete er dagegen als veraltete Traditionen, deren Zeit längst vorbei war. Er wurde darauf aufmerksam, dass in der abrahamitischen Tradition von einem ›letzten Propheten‹ die Rede war. Er tat unter diesen Bedingungen sein Bestes und wagte die dritte große Reform in dieser Tradition (die man auch als Revolution bezeichnen könnte).

Mohammeds Umgang mit Juden, Christen und Mandäern (Angehörige einer monotheistischen Religion) ähnelte dem von Karl Marx und Friedrich Engels mit den Utopisten. Während die letzteren mit der Entwicklung vom utopischen Sozialismus hin zum wahren Sozialismus die Spreu vom Weizen trennten, aktualisierte Mohammed die veralteten abrahamitischen Traditionen in Form einer neuen Wahrheit. Mit anderen Worten – er entwickelte eine realistischere religiöse Interpretation von ihnen. Der Koran und die Hadithe liegen vor; mit Nachdruck predigen sie nicht nur ein ideologisches und politisches Programm, sondern auch eine neue Moral. Sie haben außerdem ihre eigenen ökonomischen Grundsätze. Selbst das Kriegsrecht wurde neu bestimmt. In dem Kapitel über Wissenschaft werde ich diese Methode, die wir als prophetische Vorgehensweise bezeichnen könnten, ausführlicher analysieren. An dieser Stelle begnüge ich mich mit der Feststellung, dass es sich dabei um eine gute Tradition handelt.

Es lässt sich ohne weiteres behaupten, dass der Islam, der weiter entwickelt war als das Christentum und die ursprünglichen Ideen des Judentums, zivilisatorisch war. Bereits in der ersten Dekade nach seiner Entstehung hat es der Islam geschafft, alle alten nahöstlichen Zivilisationen zu beerben. Dem Islam ist in den 650er Jahren n. Chr. die Gründung des stärksten hegemonialen Machtsystems in der Region gelungen. Da es uns an dieser Stelle nicht darum geht, die Geschichte des Islam nachzuerzählen, werden wir ihn vielmehr weiterhin in Bezug auf die gesellschaftlichen Probleme der Region und sogar der Welt überhaupt (denn er selbst offenbart sich der ganzen Erde) erörtern.

Mohammeds Gottesbegriff stellt zweifellos eine Abstraktion der Gesellschaft auf höchstem Niveau und einen identitären Ausdruck der Gesellschaft dar. Meines Erachtens sind die islamischen Theologen sehr faul und wurden Mohammed bisher nicht gerecht. Den Reichtum der christlichen Theologie und ihrer Evolution finden wir im Islam nicht. Da ich auch dieses Thema später behandeln werde, gehe ich an dieser Stelle ebenfalls nicht näher darauf ein. Es ist nach wie vor eine wichtige Aufgabe, zu verstehen, warum Mohammed sich mit dem Gottesbegriff so intensiv befasste und ihm enorme Heiligkeit zusprach. Meines Erachtens setzte sich Mohammed vielmehr mit der gesellschaftsbezogenen Essenz Allahs auseinander, als dass er sich für eine theoretische Diskussion über seine Existenz interessieren würde. Hierin steckte er große Mühe. An eben diesen Bemühungen lag es, dass

Mohammed in Schweiß gebadet in Ohnmacht fiel, nachdem er die Verse erhalten hatte. Allah mit seinen neunundneunzig Namen beinhaltet ein umfangreicheres gesellschaftliches Programm als die am weitesten fortentwickelten gesellschaftlichen Utopien zusammen. Wir müssen die damit einhergehende Verantwortung ernst nehmen und dabei realistisch bleiben. Das Unglückliche war nicht nur die Ignoranz derer nach Mohammed, sondern auch, dass sie zusehends von Machtgier erfasst wurden.

Der Islam, als eine Revolution, ist in dieser Hinsicht wahrscheinlich die am häufigsten verratene Revolution. Der Horizont, das Programm und die Lebensweise des Propheten Mohammed wurden von allen Regierenden nach ihm, einschließlich der Kalifen, nicht einmal verstanden, geschweige denn umgesetzt, und in der Praxis verraten. Da Ali seine Bemühungen nicht zu Ende führen konnte, können wir nicht erraten, inwiefern er Mohammeds Ideen umgesetzt hätte. Die Interpretationen und Praktiken aller Konfessionen, vor allem des Sunnitentums, sind fern davon, mohammedanisch zu sein. Die dynastischen Traditionen, die mit den Umayyaden begannen, besitzen keinerlei Wert, außer dass sie noch schlimmere Machtmonopole als die alten herausbildeten. Zweifellos ist der radikale Islamismus eine Machtkrankheit, die den Islam nicht wiederbelebt, sondern ihm einen unverdienten Schaden hinzufügt. Alleine die Bezeichnung provokativer Islam wäre für diese ignoranten Islamisten angemessener. Wenn man heute noch irgendetwas vom Islam übernehmen können sollte, dann wäre dies nur unter einem anderen Namen und in einer anderen Form sinnvoll. Ich werde mich mit diesem Aspekt später noch befassen.

Das wirkliche Machtmonopol im Namen des Islam nehme ich sehr ernst, allerdings nicht als Islam, denn in diesem Machtmonopol steckt kein Islam. Es existiert nichts außer den Mächten und Staatssymbolen, die sich in direkter Linie Aššurs, Persiens, Roms und Byzanz' fortentwickelten. Das merke ich in Bezug auf den Islam als Macht an. Selbstverständlich gibt es Angelegenheiten, auf die er als geistiges Kulturelement Einfluss nimmt. An dieser Stelle möchte ich mit Nachdruck betonen, dass ich Gesellschaftsbezeichnungen, die sich auf Ideologien beziehen, falsch finde. Beispielsweise führen Bezeichnungen wie christliche, islamische oder hinduistische Gesellschaft zu zahlreichen Unzulänglichkeiten und Fehlern, da sie die Gesellschaft auf die Religion reduzieren. Diese Begriffe verschleiern die gesellschaftliche Natur und erschweren ihr Verständnis. Das Gleiche gilt ebenfalls für die Begriffe kapitalistische und sozialistische Gesellschaft. Meines Erachtens wird es von Nutzen sein, auf dieses Thema später ausführlicher einzugehen. Die Begriffe der Gesellschaft der demokratischen Zivilisation und der Gesellschaft der monopolistischen Zivilisation könnten eher Sinn ergeben, da sie das gesellschaftliche Ganze sichtbar machen.

Im Nahen Osten, wo zwischen dem fünften und dem fünfzehnten Jahrhundert überwiegend islamische Mächte herrschten, waren Systeme der Zentralzivilisation hegemonial. Auf der Grundlage des Machterbes von Byzanz und dem Sassanidenreich verbreiteten und vertieften sich die islamischen Mächte. Die Gesellschaft musste die Mächte intensiver erleben. Die Anzahl der von Mächten erfassten Völker, Dynastien und Staaten erhöhte sich. In diesem Zusammenhang haben sich die Machtkriege nicht entschleunigt, sondern weiterhin vermehrt. Der eigentliche Schwerpunkt lag auf dem militärischen Monopol, aber auch das Handelsmonopol entwickelte sich weiter. Der Islam ist vorwiegend eine Ideologie der militärischen und Handelsmonopole. Die Städte vergrößerten sich. Die Fortschritte in Landwirtschaft und Industrie waren hingegen viel bescheidener. Die Entwicklungen in der Kunst waren auch begrenzt, sodass sie nicht einmal die der Griechen übertrafen.

Das Zeitalter der islamischen Mächte und Staaten bildete die letzte hegemoniale Ära des Nahen Ostens. Mit dem Ende des fünfzehnten Jahrhunderts n. Chr. sollte sich das hegemoniale Zentrum der Zentralzivilisation über Venedig nach Westeuropa, nach Amsterdam und London, verschieben. Der Nahe Osten bildete von 10 000 bis 3000 v. Chr. das Zentrum des Neolithikums und von 3000 v. Chr. bis 1500 n. Chr. viertausendfünfhundert Jahre lang das Zentrum der Zentralzivilisation. Danach litt die Region unter den riesigen Problemen, die von der Zivilisation verursacht wurden, verkümmerte, erschöpfte sich in Selbsterneuerungsversuchen und endete sozusagen als gesellschaftliches Wrack.

Wenn wir die Rolle, die die abrahamitische Tradition im System der Zentralzivilisation spielt, im Zusammenhang mit Problemen analysieren, merken wir, dass sie die Macht nicht nur einschränken konnte, sondern steigerte. Die Staaten expandierten im Hinblick auf ihre Anzahl sowie Größe. Aus diesem Grund vermehrten sich auch die Probleme, die dem Macht- und Staatsmonopol entsprangen. Im Zusammenhang damit blieben Kriege – in zunehmendem Ausmaß – Mittel zur Monopolgründung. Man hatte noch nicht mit den Demokratie- und Republikkonzepten Bekanntschaft gemacht. Vorwiegend waren es die traditionellen dynastischen Herrschaften, die sich vermehrend fortsetzten.

Zweitens verlor die Gesellschaft gegenüber dem Staat und der Macht an Gewicht. Der Bereich der Moral und Politik schrumpfte extrem zusammen. Die Konfessionen entwickelten sich eher als eine Reaktion auf diese Entwicklung. Die männliche Herrschaft über Frauen und Jugendliche existierte in immer intensiverer Form weiter. Die älteste Sklaverei pharaonischer Art wurde zwar überwunden, aber die neuen Formen der Sklaverei (insbesondere die von Afrikanern und Slawen im Norden), derer man sich bediente, standen den alten an Intensität in nichts nach.

Auch wenn es zu einer Expansion von Städten und Handel kam, war diese nicht mehr so imposant. Diese Entwicklung konnte weder jemals das Niveau des griechisch-römischen Stadt- und Handelslebens erreichen noch auf landwirtschaftlicher und industrieller Ebene viel beitragen.

Drittens – und das war wohl die negativste Auswirkung – führten der Tribalismus und Nationalismus, die innerhalb der abrahamitischen Tradition überhandnahmen, zu riesigen Problemen, die bis hin zu Genoziden reichten.

Die Ausdrücke ›der auserwählte Knecht Gottes‹ und ›das auserwählte Volk Gottes‹ stellen den Ursprung dieses Nationalismus dar. Zunächst wurden die Hebräer zum ›auserwählten Volk Gottes‹ erklärt, danach fanden die Araber*innen sich des Titels ›das edle Volk‹ würdig. Die Turkstämme gingen im Kampf für den Islam noch einen Schritt weiter und etablierten eine tief verwurzelte islamische Identität. Die Assyrer erklärten sich als der erste Volksstamm, der das Christentum annahm, für heilig, wobei die Griechen und Armenier sich später auch nicht davor scheuten, sich zu den ersten heiligen Völkern zu zählen. Die Verbreitung des Christentums in Europa spielte eine bedeutende Rolle bei der Entstehung des Nationalismus. Das Christentum begünstigte in diesem Zusammenhang vielmehr den Nationalismus als die Ökumene (Universalismus). Auch der russische Nationalismus ist in gewisser Hinsicht das Produkt des orthodoxen Christentums.

Die abrahamitische Tradition mit diesem ihrem Einfluss auf den Tribalismus überhäufte die uralten Völker des Nahen Ostens nicht nur mit Problemen, sondern auch noch mit tragischen Katastrophen. Die christianisierten Assyrer, Armenier, Pontianer und Ionier, die zu den ältesten Volksstämmen gehören, und die islamisierten Araber*innen, Türk*innen und Kurd*innen wurden von den Machthabern nahezu dazu gebracht, ihr gesellschaftliches Dasein zu verlieren. Das Judentum spielte dabei ebenfalls eine nicht zu unterschätzende Rolle. Die Eliminierung der Armenier, Assyrer,

Ionier, Pontier und anderer nichtmuslimischer Völker und Kulturen verwandelte den Nahen Osten im Allgemeinen und Anatolien im Besonderen in eine Kulturwüste. Nachdem die Region diese Völker, die Träger der ältesten Kulturen waren, verloren hatte, wurde sie von einer großen Rückständigkeit heimgesucht. Das stellt für alle Völker in der Region einen tragischen Verlust dar. Die Eliminierung der Völker und Kulturen vergrößerte nicht nur das Problem, sondern schwächte gleichzeitig die Lösungskräfte. Das Fehlen dieser Völker und Kulturen, die bei vielen wissenschaftlichen und künstlerischen Entwicklungen die Vorreiterrolle innehatten, führte dazu, dass die Gesellschaft der Region ihr Kunst- und Wissenschaftsgedächtnis verlor.

Die amerikanischen Indigenen einschließlich der Azteken und Inka, die australischen Aborigines und die Inuit wurden im Namen des Christentums ähnlichen Tragödien ausgesetzt. Selbst wenn diese religiöser Art waren, gibt es keine Bosheit, die ein mit Macht gedüngtes, der Lüsternheit anheimgefallenes Regime nicht begehen, kein Problem oder keine Tragödie, die es nicht verursachen würde. Ich muss nochmals betonen, dass der Horizont, das Programm und das praktische Leben der unter dem Einfluss der materiellen Kultur der Zentralzivilisation stehenden abrahamitischen religiösen Tradition vielmehr darauf ausgerichtet war, diese Zivilisation abzumildern und gerechter zu gestalten, anstatt sie zu überwinden. Es ging dabei um eine Reform, um die Sicherung von Mehrwertanteilen, und das Recht, sich am Monopol zu beteiligen. Während die religiösen Eliten eine Ideologie boten, die der Macht Legitimität verschaffte, forderten sie von den Machthabern ihren Anteil. Wenn sie ihn nicht bekamen, gingen sie zum Widerstand über; wenn sie ihn bekamen, wurden sie still. Ähnliches lässt sich auch in der Geschichte der europäischen Sozialdemokratie beobachten. Wir werden ohnehin sehen, dass das eine der Nachfolger des anderen war. Zweifellos spielten sie eine große Rolle bei der Fortsetzung und Universalisierung der uralten Zivilisation. Diese Rolle hat aber das uralte gesellschaftliche Problem der Ausbeutung und Unterdrückung nicht verkleinert, sondern vergrößert und verstetigt.

c) Die europäische Zivilisation

Die hegemoniale Machtphase der aufsteigenden eurozentrischen Zivilisation bildet eine Ära, in welcher sich das gesellschaftliche Problem nochmals verschlimmerte. Für die europäische Zivilisation, die ab dem sechzehnten Jahrhundert einen weltweiten Aufstieg erlebte, hat sich die Bezeichnung ›kapitalistisch‹ durchgesetzt. Außerdem wird behauptet, sie sei einzigartig, es habe in der Geschichte nichts Derartiges gegeben. Es wird mit Nachdruck betont, sie habe zahlreiche Einzigartigkeiten (Nationalstaat, Industrie, Informatik) hervorgebracht. Aufgrund ihrer intellektuellen Hegemonie werden Behauptungen der eurozentrischen Sozialwissenschaften als positive Tatsachen dargestellt. Diese positiven Tatsachen, die als strengere und sicherere Tatsachen als religiöse Dogmen zu akzeptieren seien, sind in der Tat nichts als Dogmen einer neuen Moderne.

Es lässt sich nicht leugnen, dass die europäische Zivilisation eine Transformation hinter sich hat und eine neuartige Struktur aufweist. Aber die Zentralzivilisation machte im Laufe der Geschichte viele Transformationen durch, machte mit zahlreichen Orten und Zeiten Bekanntschaft. Sie wiederholte nicht etwa immer wieder die gleichen Formen, sondern erfuhr stets Veränderungen. Wegen des universalen Flusses musste sie sich auch auf diese Weise entwickeln. Die Behauptung einer Einzigartigkeit ist aber übertrieben. Die grundsätzlichen Eigenschaften, die von Anfang bis heute die Zentralzivilisation prägten und ihren Charakter bestimmten, sind im Wesentlichen seit fünftausend Jahren gleich geblieben. Es mag Unterschiede in Ausmaß und Technik geben. Ihre Organisation, Effizienz, Ideologie und Regierung mögen unterschiedliche Formen annehmen. Aber eine ihrer Eigenschaften besteht trotz dieser Unterschiede und in allen Formen weiter: die Hegemonie des Monopols über den Mehrwert. Sein Inhalt mag sich ändern, aber das Monopol selbst ändert sich nicht: Das Trio ›Priester + Militär + Regent‹ bleibt immer bestehen. Ihr Gewicht kann je nach Zeit und Ort variieren, aber das Monopol hat stets diese Gruppen zu berücksichtigen. Die Methoden zur Aneignung des Mehrprodukts oder -werts können variieren, aber die Aneignung an sich bleibt gleich. Der Mehrwert wird entweder durch Effizienzsteigerung in Landwirtschaft und Industrie, durch Handel oder militärische Eroberung akkumuliert. Manche dieser Methoden können überwiegen. Trotzdem bleibt die Akkumulation das Gesamtergebnis all dieser Methoden.

Wir müssen bei der Interpretation des Monopols mit großer Sorgfalt vorgehen. Es ist weder ausschließlich Kapital noch Macht. Es entsteht nicht ausschließlich im Bereich des Handels, des Militärs oder der Verwaltung. Es ist der vereinte Ausdruck all dieser Werte und Bereiche. Eigentlich ist das Monopol nicht einmal Wirtschaft. Es ist die Fähigkeit, durch die ihm zur Verfügung stehende Gewalt, Technik und Organisationen die Aneignung des Mehrwerts zu gewährleisten; es ist das Unternehmen – aber nicht das Wirtschaftsunternehmen, wie wir es kennen, sondern in letzter

Instanz eine Partnerschaft zur Kapitalakkumulation. Manchmal begegnen wir ihm als einem Machtapparat, der nicht zum Staat werden konnte, manchmal als Staat. Heutzutage verwendet es sehr häufig den Namen ›Wirtschaftsunternehmen‹. Wie ich bereits sagte, sollte man es besser nicht Wirtschafts- sondern ›Wirtschaftsaneignungsunternehmen‹ nennen. Es kann sich manchmal als Militär, häufig als Zusammenschluss von Händlern oder als Industriemonopol zeigen. Das Monopol kann viele Arme besitzen. Manchmal kann es als vereinte Wirkung vieler verschiedener Kräfte und Potentiale erscheinen. Das Ausschlaggebende ist in all diesen Fällen, dass sich der gesellschaftliche Mehrwert in den Händen des Monopols anhäuft. Das ist die seit fünftausend Jahren gleichbleibende, sich ununterbrochen fortsetzende und kumulativ vergrößernde grundsätzliche Realität des Monopols. Dass es zu verschiedenen Zeiten und an verschiedenen Orten Konkurrenz und Hegemonie, Aufs und Abs und Zentrum und Peripherie schuf, dient der Fortsetzung und dem ununterbrochenen, kettenartigen Funktionieren dieser unveränderlichen Realität.

Man sollte nicht übersehen, dass die Begriffe ›Kapitalismus‹ und ›kapitalistisches System‹ propagandistisch verwendet werden. Man kann diese Begriffe mit Inhalt füllen; aber wenn sie als eine die Wahrheit genaustens ausdrückende Systematik von Phänomenen, Ereignissen und Verhältnissen interpretiert werden, werden sie mit großer Wahrscheinlichkeit die gesellschaftliche Natur und ihre Probleme verzerren. Der Fluss des gesellschaftlichen Lebens ist ein anderer. Dass dieser Fluss eine neue Sprache und Wissenschaft erfordert, lässt sich auch an den Dimensionen der Probleme erkennen, unter denen die Gesellschaft leidet.

Wenn wir den Kapitalismus als System der Akkumulation von Kapital betrachten, so kann als erwiesen gelten, dass dies in großem Umfang zuerst in den sumerischen Stadtstaaten erfolgte. Das Kapital, wenn auch in primitiver Form, bildete mit seinen Unternehmen, Geldern, Lagern, seiner Organisation und Verwaltung das Fundament dieser kleinen Stadtstaaten. Die Stadt selbst war vielleicht das erste Kapitalunternehmen, das Monopol selbst. Die Militär-, Wissenschaftler- und Künstlerarmee, die Priester-Herrscher und die Arbeiter-Sklaven bildeten damals schon Gesellschaftsklassen. Der Tempel (die Zikkurat) war gleichzeitig Fabrik, Arbeiter-Sklavenunterkunft und Kommandozentrale der Verwalter, Militärkommandanten und Priester. Das oberste Stockwerk war selbstverständlich der Überwachungs- und Aufsichtsraum der Götter. Das alles war, ineinandergreifend, perfekt geordnet. Ich finde diese Ordnung in der Zikkurat äußerst bemerkenswert und betrachte die Zikkurat als die ›Gebärmutter‹, in welcher sich unsere Zivilisation mit all ihren staatlichen, Klassen- und Stadtstrukturen formierte. Die fünftausendjährige Erzählung der Zentralzivilisation ist nichts anderes als die Entfaltung und Verbreitung dieser Tempelrealität in Raum und Zeit.

Ein weiter perfektioniertes und authentischeres kapitalistisches Monopol bzw. Unternehmen als die Organisation in diesem Tempel kann ich mir nicht vorstellen. So wie die Keimzellen den Ursprung aller Zellen bilden, ist diese Tempelrealität die Keimzelle aller Monopolstrukturen. Die Funde aus zahlreichen archäologischen Grabungen bestätigen diese Tatsache. Das Gebäude in der zuletzt entdeckten ›Supernova‹ der Geschichte, Urfa-Göbeklitepe, zu dem die Megalithen gehören, ist mit sehr hoher Wahrscheinlichkeit der älteste bisher entdeckte Tempel (Tempel der Jäger und Sammlergemeinschaften vor dem Neolithikum, 10 000–8000 v. Chr.). Zahlreiche bekannte Archäologen vertreten jedenfalls diese These. Fast mit jeder Grabung wird durch neue Funde aufs Neue enthüllt, dass die ersten prähistorischen Akkumulationen auf diese Art und Weise begannen.

Es ist nicht zu leugnen, dass das eurozentrische Kapital die höchste Stufe, die letzte Form des Monopols darstellt. Es unterscheidet sich eindeutig von seinen Vorgängern in vielerlei Punkten, die von der Akkumulations- und Produktionsweise über die Organisations- und Regierungsstruktur und militärische Organisation bis hin zu Kunst-, Technik- und Wissenschaftsmonopolen reichen. Allerdings ist die Behauptung, es sei einzigartig, sehr übertrieben. Offen gesagt ist dies eine eurozentrische Propaganda, in anderen Worten: Es ist eine Behauptung der europäischen Tempelpriester, der neuen Klasse in moderner Aufmachung (die Universität ist nichts als das akademische Hauptquartier für Wissenschaft und Kunst). Dass diese zum neuen ›kapitalistischen System‹ mehr beigetragen haben als die christlichen Kirchen, lässt sich unschwer feststellen.

Unser Thema ist nicht die Geschichte des Aufstiegs der europäischen Zivilisation auf der Grundlage des ›kapitalistischen Systems‹. Allerdings, dass diese Zivilisation im fünften und sechsten Jahrhundert unter theologischem, kommerziellem, wissenschaftlichem, technischem und administrativem Einfluss des Christentums und im neunten und zehnten Jahrhundert (vor allem über die iberischen, italienischen und Balkanhalbinseln) unter dem des Islam ihren Aufstieg erlebte, stellt einen der bekanntesten Aspekte der jüngeren Geschichte dar. Die meisten Historiker*innen sind sich darüber einig, dass sich ab 1250 n. Chr. eine Verschiebung des Zentrums der hegemonialen Zivilisation ereignete, und der Abstieg der Zivilisationszentren im Osten vom Aufstieg derer in Europa begleitet wurde. Das dreizehnte Jahrhundert wird auch das Jahrhundert des Handels genannt. Es ist eine wohlbekannte historische Tatsache, dass unter der Führung Venedigs, Genuas und Florenz' vom elften bis Ende des fünfzehnten Jahrhunderts aus dem Osten nicht nur Waren transportiert wurden, sondern auch die Jahrtausende alte Zivilisationstradition mit ihren Ideen und Techniken, Verfahren und Methoden, kurz, all ihren wesentlichen Werten, Einzug hielten. Das Zivilisationszentrum wurde offensichtlich auf dieser Grundlage verlagert. Es stellt eine nicht zu leugnende historische Tatsache dar, dass das Christentum, sogar die griechisch-römische Zivilisation und darüber hinaus die neolithische Revolution (5000 – 4000 v. Chr.) aus dem Osten nach Europa gebracht wurden. Dadurch, dass die fünfzehn Jahrtausende alten Gesellschaftskulturen des asiatischen Kontinents, insbesondere des Nahen Ostens, nach Europa gebracht wurden, ist meines Erachtens die imposanteste Kultursynthese der letzten fünfhundert Jahre entstanden. Das fasst meine Geschichtsinterpretation in einem Satz zusammen!

Mein Anliegen ist weder die Verherrlichung des Westens noch die des Ostens. Mein Hauptziel ist bzw. meine Hauptsorge und -bemühung gelten der richtigen Interpretation der Totalität und Kontinuierlichkeit der geschichtlichen Gesellschaft und der Unterschiede in ihrer Fortsetzung.

Was in den Westen verlagert wurde, bestand zweifellos nicht nur aus grundsätzlichen Methoden und Strukturen der Zentralzivilisation. Auch die gesellschaftlichen Probleme wurden mitübernommen. Was das Christentum transportierte, habe ich oben – allerdings nur kurz – behandelt. Die materiellen Werte der östlichen Zivilisation (Handel, Produktion, Geld, Staat) waren zumindest genauso problembehaftet wie ihre geistigen (Christentum, Wissenschaft). Europa wurde in gewissem Sinne mit Problemen überhäuft. Wie tief die Übernahme der schwer verständlichen und widersprüchlichen gesellschaftlichen Natur des Ostens die noch weitgehend unverdorbene, jung gebliebene neolithische Agrargesellschaft Europas erschütterte, sollte unschwer zu erraten sein. In Europa, das vom Wettbewerb der Monopole um Anteile, einem Wettbewerb, der im Osten Jahrtausende lang zu Kriegen geführt hatte, unvorbereitet erwischt wurde (die Vorbereitungsarbeiten des Christentums reichten nicht aus), sollte dieser Umstand freilich zu viel fürchterlicheren und verheerenderen Zerstörungen führen. Die innersystemischen Konflikte, die ab dem sechzehnten Jahrhundert entflammten, trugen Spuren des Jahrtausende alten östlichen Erbes. Die seit Rom entstandenen

Konflikte tragen ebenfalls die Spuren derselben Kultur. Es wäre nicht übertrieben, zu behaupten, dass nicht nur die positiven materiellen und geistigen Werte der Zentralzivilisation, sondern auch ihre großen Widersprüche, Probleme, Konflikte und Kriege nach Europa geholt wurden. Selbst in den fürchterlichen Genoziden, die von Europäern begangen wurden, sind reichlich Spuren der östlichen Zivilisationstradition zu finden. Die assyrischen Könige rühmten sich der Burgen und Stadtmauern, die sie aus menschlichen Häuptern errichten ließen. Alle östlichen Despoten prahlen damit, wie viele Clan-, Dorf- und Stadtgesellschaften sie ausgelöscht und deren Menschen gefangen genommen haben – sogar als Heldengeschichten!

Europäische Sozialwissenschaftler*innen sind nicht ohne Grund hinter dem Osten her. Ich wertschätze diese Bemühungen, aber der daraus entstandene Orientalismus ist sehr weit davon entfernt, die Wirklichkeit zu erklären. Trotzdem muss ich betonen, dass wir ihnen, im Vergleich zu versteinerten östlichen Hirnen, Dank schulden. Auch wenn ihre Arbeiten präkolonialistische Absichten aufwiesen, wäre es richtiger, zu sagen, dass es nicht das eigentliche Ziel dieser Wissenschaftler war, sondern dass sie die Geschichte der europäischen Zivilisierung zu verstehen versuchten. Denn der einzige Weg, Europa mit all seinen Widersprüchen, Problemen und Kriegen zu verstehen, führt über eine richtige Analyse des Nahen Ostens. Ein weiteres Ziel meiner Bemühungen ist, einen bescheidenen Beitrag zu diesem Thema, d.h. Weg und Methode, zu leisten.

Die meisten Menschen im Osten halten Europäer für selbstbewusste und sehr vernünftige Menschen. Ich dagegen fand alle Europäer, denen ich bisher begegnete, sehr grünschnäblig und zu fragil, naiv und unvorbereitet, um in der östlichen Kultur zu überleben!

Ich bin der Meinung, dass die europäische neolithische Gesellschaftskultur einen großen Einfluss auf die Zivilisierung Europas nach dem sechzehnten Jahrhundert ausübte. Im sechzehnten Jahrhundert hatten bereits alle traditionellen europäischen Gesellschaften das Christentum angenommen. Aber Europa gab all den Entwicklungen in diesem Prozess, einschließlich der urbanen Revolutionen nach dem zehnten Jahrhundert, seine eigene theologische Interpretation bei. Diese Herangehensweise führte zur Renaissance, Reformation, Aufklärung und wissenschaftlich-philosophischen Revolution. Der Osten konnte angesichts der Verbreitung des Islam, der die jüngste Zivilisationstradition des Nahen Ostens darstellt, keine der neolithischen Gesellschaft ähnliche Entwicklung zeigen. Es gab zweifellos zahlreiche erfolgreiche türkische, persische und kurdische Denker*innen,

Wissenschaftler*innen und Künstler*innen; zwischen dem achten und zwölften Jahrhundert kam es zu einer begrenzten Renaissance. Aber der östliche Despotismus versteinerten Schlages schickte sich bald an, seine Herrschaft über die Gesellschaft zu etablieren, die er bis in all ihre Poren durchdrang. Das bildete einen der wesentlichsten Faktoren, die zu innerislamischen Streitigkeiten führten, wobei der Kampf um die Ergreifung der Monopole selbstverständlich den eigentlichen Grund dafür bildete. Außerdem war die auf der östlichen neolithischen Tradition beruhende Gesellschaft unter dem fünftausendjährigen despotischen Zwang des Monopols müde und erschöpft geworden und der Ignoranz und Ausweglosigkeit überlassen. Dagegen war in Europa die neolithische Tradition lebendig, frei und viel kreativer, da sie im Gegensatz zu östlichen Gesellschaften nicht einem fünftausendjährigen Despotismus ausgesetzt gewesen war. Dazu noch hatte Europa, wie ich erklärte, die positiven Aspekte der großen Erfahrung des Ostens übernommen. Diese beiden grundsätzlichen Faktoren spielen eine Schlüsselrolle beim Verständnis des historischen Aufstiegs Europas.

Diese Erläuterungen erhellen zur Genüge, dass die Analysen Immanuel Wallersteins und der seinen Positionen nahe stehenden Sozialwissenschaftler*innen über das sich ab dem sechzehnten Jahrhundert entwickelnde ›kapitalistische Welt-System‹ lösgelöst sind von ihrer historischen Grundlage und der Tatsache, dass das Kapital eine uralte Erfindung ist, oder zumindest im Hinblick auf diese Themen große Unzulänglichkeiten aufweisen. Zudem weisen auch ihre Erklärungen der sich im Dreieck Venedig-Amsterdam-London intensivierenden Kapitalakkumulation die gleichen Unzulänglichkeiten auf. Wäre ohne den Druck, den Karl V. und dessen Sohn Philipp II. im sechzehnten Jahrhundert auf Italien, Holland und England ausübten, eine so intensive Investition von Geldes/Kapitals in manufakturelle und landwirtschaftliche Produktion vorstellbar? Haben Holland-Amsterdam, die den Italien-Venedig nicht gelungenen nationalen Aufstand und Aufbau einleiteten, und England-London, die eben diese Prozesse zu einem siegreichen Ende führten, das nicht durch inneren politischen und militärischen Widerstand gegen äußeren politischen und militärischen Druck geschafft? Die Antworten auf diese beiden Fragen bestätigen Fernand Braudels Worte: »Jede deutlich ausgeprägte Herrschaft sondert den Kapitalismus ab.« Ich möchte auch darüber hinausgehen und behaupten, dass Macht und Staat an sich Monopol und Kapital sind. Wenn sie kein Kapitalmonopol wären, könnten sie auch kein Kapital sekretieren.

Ebensowenig wie man einen Ziegenbock melken kann, kann man Macht- und Staatsapparaten, die kein Monopol sind, Kapital abschöpfen.

Einerseits der Macht-Staatsdruck von außen, andererseits der staatliche Widerstand von innen waren die Faktoren, die die holländische und englische Realität schufen. Das Spanien-zentrierte Reich merkte rechtzeitig, welche Gefahr es erwartete. Nachdem es die aufsteigenden italienischen Städte unterdrückte (dem Fürsten Machiavellis sollte der Widerstand nicht gelingen), stürzte es sich mit voller Kraft auf die nationalistisch-monopolistischen Strukturen in Holland und England, um sie zu eliminieren. Dass ihm das letztlich nicht gelang sollte zu seinem eigenen Niedergang führen. Holland und England leisteten einen umfassenden und langfristigen Widerstand. Es wurde in diplomatischen, ökonomischen, militärischen, kommerziellen, wissenschaftlich-philosophischen und sogar religiösen (die protestantische Bewegung) Bereichen ein unglaublicher Widerstand geleistet. Es ist wohl bekannt, dass dieser weitreichende strategische Widerstand, der von militärischen Technologien, strategischen und taktischen Organisierungen über den Calvinismus und Anglikanismus, die radikalsten protestantischen Interpretationen des Christentums, bis hin zu der technischen Ausstattung und Organisation, die höchstmögliche wirtschaftliche Effizienz gewährleisteten, und weitsichtigen diplomatischen Aktivitäten reichte, die ein Bündnis mit den Osmanen und die Gewinnung des preußischen Staates als Bündnispartner ermöglichten, nicht nur zum Sieg, sondern auch zur Verschiebung des hegemonialen Zentrums der Zivilisation nach London und Amsterdam führte.

Gleichzeitig nahmen bekanntlich die Aktivitäten des Kapitals erheblich zu; das Geld-Kapital begann zum ersten Mal in der Geschichte eine dominante Rolle zu spielen (dass die Gold- und Silberflut einen großen Anteil daran hatte, dass Geld weltweit Führungsgewalt erlangte, ist bekannt). Einige Familien, die über Geld verfügten, (darunter bemerkenswert viele jüdischer Herkunft) akkumulierten Kapital, indem sie den Staat zu ihrem Schuldner machten. Diese Entwicklung spielte eine entscheidende Rolle bei der Organisierung der Bourgeoisie als eine Klasse. Man sollte sich vor Augen führen, dass die Arbeiterklasse ebenfalls während dieses nationalen Widerstands entstand. Ich behaupte nicht, dass alleine dieser Widerstand die Arbeiterklasse schuf, er leistete aber einen nicht zu leugnenden Beitrag zu ihrer Entstehung. Es lässt sich ebenfalls nicht leugnen, dass die Ost- und Westindien-Kompanien, die durch den Wirtschaftsboom ins Leben gerufen wurden, im Eifer dieser Entwicklungen entstanden. Welches hat Vorrang – die ökonomische Grundlage (Basis) oder die politisch-militärischen Strukturen (Überbau)? Ich halte dies nicht für eine sinnvolle Diskussion. Die nach Propaganda stinkenden Ideen der bürgerlichen politischen Ökonomie (Karl Marx' *Kapital* gehört auch dazu) verschleiern vielmehr die Wirklichkeit, als dass sie sie erklären. Es ist längst an der Zeit, sich nicht mehr von dieser Propaganda instrumentalisieren zu lassen!

Der Aufbruch im sechzehnten Jahrhundert war offensichtlich ein systemischer und hegemonialer in der Zivilisationsgeschichte. Ebenfalls eindeutig ist, dass das Zentrum sich von Venedig (neben allen italienischen Städten gehörten auch Lissabon und Antwerpen dazu) nach Amsterdam und London verlagerte und England und Holland bei der Entwicklung der ersten Nationalstaatsmodelle eine Vorreiterrolle innehatten. Dass die im Aufstieg begriffene neue Zivilisation sich von allen früheren unterschied und einen großen Wandel mit sich brachte, ist unumstritten; aber wir können uns all diese Entwicklungen nicht unabhängig von der fünftausendjährigen Zivilisationsgeschichte vorstellen. Könnte beispielsweise von der europäischen Zivilisation überhaupt die Rede sein, wenn wir die Akkader von den Sumerern, die Assyrer und Babylonier von den Akkadern, die Meder-Perser von den Assyrern, Ägypten, die Hurriter und Hethiter von der mesopotamischen Zivilisation, die griechisch-römische Zivilisation von all diesen Entwicklungen und die abrahamitischen Religionen von alledem loslösten? Könnte das Wunder von Amsterdam und London zustande kommen, wenn zwischen 1000 und 1300 n. Chr. der Transfer unter der Führung der italienischen Städte nicht stattgefunden und sich (zwischen 1300 und 1600 n. Chr.) nicht von Italien bis zur westeuropäischen Küste erstreckt hätte?

Historisch-gesellschaftliche Erläuterungen, sozialwissenschaftliche Analysen und Theorien, die der Totalität und Kontinuität des Weltzivilisationssystems nicht Rechnung tragen, kommen um große Unzulänglichkeiten und Fehler nicht herum. Während selbst die Erste Natur ganzheitlicher historischer Erklärungen bedarf, ist bei der Analyse der sich in Form kettenartig ineinandergreifender Glieder entfaltenden gesellschaftlichen Natur ein um einiges strikter ganzheitliches Vorgehen im Hinblick auf historische, philosophische und wissenschaftliche Aspekte unverzichtbar. Die Hegemonie der europäischen Sozialwissenschaften diente vielleicht zwar durch die Verleugnung dieser Tatsache der Hegemonie der Zivilisation, führte aber gleichzeitig zu einem großen Chaos innerhalb der Sozialwissenschaften. Diesbezüglich haben Kapitalanalytiker eine große Verantwortung. Der Problemhaufen vor uns zeigt eindeutig, dass ein

Großteil dieser Analysen das Kapital und das kapitalistische System vielmehr verschleiern als erklären.

Allgemein ist man sich darüber einig, dass der Entwicklungsprozess der im Laufe der Geschichte ohnehin hegemonialen, krisenhaften und zentralen Zivilisationsmonopole in ihrer europäischen Phase im fünfzehnten Jahrhundert über Venedig, im sechzehnten und siebzehnten Jahrhundert über Amsterdam (Holland) und im achtzehnten und neunzehnten Jahrhundert vorwiegend über London (England) als Zentren verlief. Die Kriege, die das französische Zivilisationsmonopol zwischen dem fünfzehnten und dem achtzehnten Jahrhundert gegen Spanien, Holland und England führte, um die Hegemonie an sich zu reißen (der Traum, zum neuen Rom zu werden), scheiterten. Deutschland, das gegen Ende des neunzehnten Jahrhunderts einen zivilisatorischen Aufstieg erlebte, wurde nach seiner Niederlage im Jahr 1945 von einem regelrechten Albtraum heimgesucht. Es lässt sich beobachten, dass die USA, die ihren zivilisatorischen Aufstieg im zwanzigsten Jahrhundert erlebten, nach 1945 ihre Überlegenheit verfestigten und gegenwärtig (seit 2000) Verfallserscheinungen zeigen. Der Versuch Sowjetrusslands, zwischen 1945 und 1990 zum hegemonialen Zentrum zu werden, war nicht wirklich vom Erfolg gekrönt. Die Behauptung, China könnte zukünftig zu neuem hegemonialen Zentrum werden, ist nach wie vor spekulativ. Eine hegemoniale Realität mit mehreren Zentren, die über zahlreiche historische Vorbilder verfügt, könnte die kommende Zeit prägen. Die USA, Europäische Union, Russische Föderation, China und Japan könnten dabei die Zentren bilden. Aber gegenwärtig lässt sich ohne Weiteres feststellen, dass die USA trotz allem die hegemoniale Supermacht sind.

Ich ging bereits kurz darauf ein, dass der englische Sozialwissenschaftler Anthony Giddens eine Einzigartigkeit der europäischen Moderne (man könnte es auch Zivilisation nennen) postuliert. Im Rahmen einer Übersicht über die Probleme, die ich unter dem Titel ›Gesellschaftliche Frage‹ behandeln werde, kann ich sagen, dass diese Behauptung einer Einzigartigkeit sehr eurozentrisch und geschichtsfremd ist. In seinen als Interpretationen der kapitalistischen Moderne zu bezeichnenden Überlegungen betrachtet Giddens den Kapitalismus als ein gänzlich europäisches System und die Industrie eher als eine europäische Revolution und stellt den Nationalstaat, die dritte Säule des Systems, als eine Ordnung/ein Experiment dar. Auch wenn ich mich wiederhole, muss ich betonen, dass wir dem Kapitalismus in allen Zivilisationen begegnen. In jeder Zivilisation gab es mehr oder minder industrielle Fortschritte und Revolutionen. Und Nationalstaaten sind als die der Stufe der Nationalgesellschaft entsprechende Form der dynastischen und Stammesstaaten zu definieren. Eine solche Kategorisierung kann dem Verständnis der gesellschaftlichen Natur dienlicher sein, wenn sie nicht zu sehr übertrieben wird.

Die gesellschaftliche Frage der europäischen Zivilisation, richtiger: der europäischen Zivilisationsphase, die sich in Form von großen Widersprüchen, Konflikten und Kriegen und sogar Genoziden darstellt, erreicht, genauso wie die Probleme in allen anderen Entwicklungsbereichen, ihren Höhepunkt. Geistige, ideologische, politische, ökonomische, militärische und demografische Probleme, die Probleme des Nationalismus und Religionismus und die ökologischen Probleme, die riesige Dimensionen erreichen, bilden den Hauptgegenstand aller Sozialwissenschaften. Europa erlebte in den letzten vier Jahrhunderten mehr Kriege als in der ganzen Geschichte. Dabei ereigneten sich alle Arten von Kriegen. Von religiösen, ethnischen, Wirtschafts- und Handelskriegen über militärische, zivile, nationale, Klassen-, ideologische, sexistische, politische, staatliche bis hin zu gesellschaftlichen, System-, Block- und Weltkriegen blieb kaum eine Kriegsart übrig, die nicht ausprobiert worden wäre. In all diesen Kriegen wurden Rekorde gebrochen – im Hinblick auf Tod, Leid und die Vernichtung materieller Werte!

Diese Wirklichkeit kann nicht das Produkt von vierhundert Jahren sein, die im historischen Lauf der Menschheit zweifellos eine kurze Zeitspanne ausmachen. Diese kurze Abhandlung zeigte, dass dem nicht so sein kann. Die richtigste und am meisten anerkennende Interpretation dieser Kriege ist wohl, dass die europäische Gesellschaft die Last der in den letzten fünfzehntausend Jahren in den neolithischen und zivilisierten Gesellschaften angehäuften Probleme tragen musste. Auch wenn die europäische Gesellschaft dabei nicht gänzlich erfolgreich war, kämpfte sie gekonnt gegen das Knäuel von Problemen, das sie von der alten Gesellschaft geerbt hatte. Ihr gelangen eine Untersuchung der Probleme mit gründlichem Verständnis und ein sinnvollerer Kampf. Zu diesem Zweck machte sie die Prozesse der Renaissance, Reformation und Aufklärung durch; sie machte imposante wissenschaftliche Entdeckungen, entwickelte philosophische Schulen, erlebte Prozesse der Entstehung demokratischer Verfassungen. Sie gründete und stürzte Königreiche, errichtete Republiken. Sie organisierte unvergleichlich effiziente Wirtschaftssysteme und verwirklichte die größte industrielle Revolution der Geschichte. Was Kunst und Mode betrifft, war sie unübertroffen. Sie errichtete grandiose Städte. Sie gründete prachtvolle Wissenschafts- und

Gesundheitszentren. Sie breitete ihr Zivilisationssystem in der ganzen Welt aus. Sie baute das umfassendste Weltsystem der Geschichte auf.

Allerdings hat Europa trotz all dieser riesigen Fortschritte die gesellschaftlichen Probleme vielmehr verkompliziert, anstatt sie zu lösen. Probleme wie Arbeitslosigkeit, militärische Auseinandersetzungen und ökologische Zerstörung beiseite, die heute weltweit zu den grundsätzlichsten gehören; dieser Umstand zeigt sich selbst in den oberflächlichsten Problemen. Die Hauptursache dafür ist, dass die Probleme ihren Ursprung in der fünftausendjährigen Zivilisation haben, dass die Zivilisation an sich ein großes Knäuel von Problemen bildet. Europas größter Erfolg war meines Erachtens, dass es riesigen Problemen der Zivilisation den Spiegel vorhalten konnte. Auch wenn das Spiegelbild verschwommen und in vielerlei Hinsicht irreführend war, wurde durch diesen Spiegel eine bessere Betrachtung der Probleme ermöglicht. Dabei sollte der große Beitrag tapferer Kämpfer*innen nicht unterschätzt werden (sosehr die Ideologien auch irreführend waren). Vor allem waren es die Held*innen der Kämpfe um Freiheit, Gleichheit und Geschwisterlichkeit, die einen bedeutenden Beitrag leisteten.

Die Feststellung des grundsätzlichen gesellschaftlichen Problems sollten wir nicht unterschätzen. Im Laufe der Geschichte führten Gesellschaften gegeneinander Krieg; man ließ sie einander bekriegen. Leider wussten diese Gesellschaften nicht, für wen sie kämpften. Sie wurden von ihren eigenen despotischen Ausbeutern nicht nur zur Arbeit gezwungen, sondern auch noch in Kriegen verheizt.

Die östlichen Weisen waren sich zweifellos der gesellschaftlichen Frage bewusst gewesen. Aus diesem Grund hatten sie große Lehren, moralische Systeme, Religionen und Konfessionen entwickelt. Lange Zeit hatten sie das Klan- und Stammesleben gegenüber dem Staat und der Zivilisation bevorzugt. Dem Großteil der östlichen Gesellschaft waren Staat und Zivilisation fremd geblieben und er hatte zwischen sich und der Zivilisation kolossale Stadtmauern und Burgen errichtet. Diese Wirklichkeiten werden in östlichen Melodien und Epen mit künstlerischer Raffinesse zur Sprache gebracht. Der östliche Mensch war der Welt der Zivilisation so sehr entfremdet und so hoffnungslos gewesen, dass er sein Heil im Jenseits gesucht hatte. Die Größe der europäischen Zivilisation lag darin, dass sie einerseits die positiven Aspekte ohne zu zögern verinnerlichte, während sie andererseits den entfremdenden Aspekten widerstand. Europa hat zwar das gesellschaftliche Problem nicht gelöst, sich ihm aber auch nicht voller Verzweiflung ergeben.

Den Problemen dieses Zweigs der Zentralzivilisation die der Gegenwart und der traditionellen chinesischen, indischen, lateinamerikanischen und sogar afrikanischen Gesellschaften hinzuzufügen, wird an ihrem Wesen nichts ändern. Einige beachtenswerte formale Probleme könnten höchstens die Erzählung verstärken. Zudem hat das gegenwärtige Weltsystem (das polyzentrische Weltsystem mit den USA als Welthegemon) die Probleme der Weltgesellschaft – genauso wie sich selbst – systematisiert und totalisiert.

Eine Zusammenfassung der historisch-gesellschaftlichen Probleme, die ich darzulegen versuchte, wird unter aktualisierten Überschriften das Thema ergänzen und konkretisieren.

B Die gesellschaftliche Frage

1. Das Problem von Macht und Staat

Ich muss nochmals betonen, dass einerseits Geschichte ›Gegenwart‹ ist, andererseits jedes Element der Gegenwart Geschichte. Der große Bruch zwischen Geschichte und Gegenwart folgt aus der Propaganda einer jeden aufsteigenden Zivilisation, durch welche sie sich zu legitimieren und sich den Schein der Ewigkeit zu geben versucht. Im wirklichen Gesellschaftsleben existieren keine solchen Brüche. Ein weiterer Aspekt, den ich betonen möchte, ist, dass die Konstruktion einer lokalen bzw. singulären Geschichte ohne ihre Universalisierung keinen Sinn ergäbe. Folglich ist das Problem von Macht und Staat, welches seit ihrer Errichtung existiert, mit sehr kleinen Differenzen auch ein gegenwärtiges. Diese Differenzen ergeben sich durch zeitliche und räumliche Veränderungen. Wenn wir den Begriffen Differenz und Transformation einen solchen Inhalt geben, wird der Wahrheitsgehalt unserer Interpretationen eindeutig größer. Man sollte sich der Nachteile bewusst sein, die die Unterschätzung von Differenzen, Transformation und Entwicklung mit sich bringt. Genauso wie eine fehlende universalgeschichtliche Perspektive verblendend wirkt, verschleiert ein Geschichtsverständnis, welches den Differenzen und der Transformation keinen Platz einräumt und die Geschichte als eine Art ewige Wiederholungskette behandelt, die Wirklichkeit. Es ist sehr wichtig, diese beiden Reduktionismen zu vermeiden.

Die erste Feststellung über Macht und Staat aus gegenwärtiger Perspektive ist, dass sie sich eine unheimliche Ausdehnung über und in der Gesellschaft verschafft haben. Bis zum sechzehnten Jahrhundert wurde Herrschaft in ihrer prächtigen und angsteinflößenden Art eher außerhalb der Gesellschaft konstruiert. Die Zivilisation wurde in verschiedenen Zeiten Zeuge von zahlreichen unterschiedlichen Herrschaftsformen. Der Staat als offizieller Ausdruck der Macht hatte seine Grenzen sorgfältig gezogen. Man hoffte: Je klarer die Grenzen zwischen dem Staat und der Gesellschaft gezogen würden, desto größer sollte ihr Nutzen sein. Selbst in Bezug auf Macht als ein innergesellschaftlicheres Phänomen waren die Grenzlinien klar erkennbar. Die Position der Frauen gegenüber den Männern, der Jungen gegenüber den Alten, der Stammesmitglieder gegenüber dem Stammesoberhaupt, der gläubigen Gemeinschaft gegenüber dem Vertreter der Religion bzw. der

Konfession war durch sehr klare Regeln und Sitten bestimmt. Von ihren Tonfällen bis hin zu ihren Gangarten und Sitzweisen waren die Autorität von Macht und das Herrschen und Beherrschtwerden ausführlichen Regeln unterworfen. Zweifellos ist es nachvollziehbar, dass Macht und Staat, die sich der Gesellschaft gegenüber in Unterzahl befanden, ihre Autorität auf diese Weise errichteten, um ihr Dasein spürbar zu machen. Diese Regeln fungierten als Legitimationsmittel und boten entsprechende Bildung und Dienste.

Die tiefgreifende Transformation der Autorität von Macht und Staat in der europäischen Zivilisation beruhte auf ihrem Bedürfnis, alle Poren der Gesellschaft immer schneller zu durchdringen. Es kann von zwei Hauptfaktoren die Rede sein, die bei der horizontalen und vertikalen Expansion der Macht eine Rolle spielten. Der erste davon ist die Vergrößerung der auszubeutenden Massen. Ohne eine entsprechende Vergrößerung der Verwaltung war die Ausbeutung nicht mehr realisierbar. Genauso wie eine größer werdende Herde mehr Hirten braucht, stellt auch die Aufblähung der Staatsbürokratie einen eindeutigen Beweis für dieses Phänomen dar. Die Regierung, die nach außen hin ihre Verteidigungskräfte außerordentlich verstärkt hatte, spürte zudem im Inneren die Notwendigkeit, die Gesellschaft zu unterdrücken. Kriege haben schon immer Bürokratie erzeugt. Die Armee selbst ist die größte bürokratische Organisation. Der zweite Faktor bestand in dem größer werdenden Bewusstsein und dem zunehmenden Widerstand der Gesellschaft. Einerseits die Tatsache, dass die europäische Gesellschaft die tief verwurzelte Ausbeutung nicht erlebt hatte, andererseits ihr stetiger Widerstand zwangen die Macht und den Staat dazu, sich zu vergrößern. Der Kampf der Bourgeoisie gegen die Aristokratie und der der Arbeiterklasse gegen beide führten in Europa zu einem tiefer reichenden Aufbau von Macht und Staat. Die Staatswerdung der Bourgeoisie wahrscheinlich als der ersten Mittelklasse in der Geschichte führte eine große Änderung der Position der Macht und des Staates herbei. Die Staatswerdung einer aus dem Schoß der Gesellschaft stammenden Masse und die damit zusammenhängende Machtzunahme zwangen die Bourgeoisie zu einer Organisierung innerhalb der Gesellschaft.

Die Bourgeoisie als Klasse war zu groß, um ihre Herrschaft über die Macht und den Staat äußerlich zu etablieren. Es war klar, dass diese Klasse nach ihrer Staatswerdung sich im Inneren in einem gesellschaftlichen Konflikt wiederfinden würde. Der Klassenkampf kündigte diese Wahrheit an. Liberalismus ließ als bürgerliche Ideologie nichts unversucht, um eine Lösung dieses

Problems zu finden. Was sich aber im Laufe der Zeit ereignete, waren eine Ausweitung des Staates und der Macht und eine Weiterentwicklung des bürokratischen Krebsgeschwürs. Je größer der Staat und die Macht in einer Gesellschaft sind, desto größer ist auch der Bürgerkrieg. Das grundsätzlichste Problem, das sich in der europäischen Gesellschaft entwickelte, war von Anbeginn an dieser Art. Die großen Kämpfe für Verfassung, Demokratie, Republik, Sozialismus und Anarchismus hingen eng mit der Entstehungsweise von Macht und Staat zusammen. Gegenwärtig stellen an eindeutige konstitutionelle Regeln gebundene Menschenrechte, Rechtsstaatlichkeit und Demokratie das beliebteste Gegenmittel gegen dieses Problem dar. Anstatt einer nachhaltigen Lösung wird vielmehr eine Überwindung der alten Kampfphase versucht, indem der Staat und die Gesellschaft zu einer Einigung bezüglich der Macht gezwungen werden. Das Problem von Macht und Staat wurde nicht gelöst, sondern es wurde ihm nur Nachhaltigkeit verliehen.

Wenn man das Ganze näher betrachtet, sieht man, dass mithilfe diverser Formen von Nationalismus, Sexismus, Religionismus und Szientismus Gesellschaft, Macht und Staat zunehmend ineinander verschränkt und durch die zu etablierende Vorherrschaft des Paradigmas, jeder sei sowohl Macht als auch Gesellschaft, sowohl Staat als auch Gesellschaft, das Fortbestehen des Nationalstaats gewährleistet werden soll. So wird einerseits im Inneren der Klassenkampf unterdrückt, andererseits nach außen die Verteidigungsposition stets offen gehalten. So glaubt man, die Lösung im bürgerlichen Nationalstaat gefunden zu haben. Dies ist die bedeutendste der weltweit eingesetzten Methoden zur Unterdrückung von Problemen anstatt ihrer Lösung. Die faschistische Qualität des nationalstaatlichen Daseins als maximaler Staat und Macht war am deutlichsten während des deutschen Faschismus zu sehen.

Das erste Exemplar des Nationalstaats zeigte sich im holländischen und englischen Widerstand gegen das spanische Reich. Der Nationalstaat verschaffte seiner eigenen Macht einen Legitimationsgrund, indem er die ganze Gesellschaft gegen eine äußere Macht mobilisierte. Die europäische Entwicklung hin zu nationalen Gesellschaften wies also anfangs relativ positive Züge auf. Allerdings kam dieser Nationwerdung bereits von Anbeginn an offensichtlich die Aufgabe zu, die Ausbeutung und Unterdrückung der einen Klasse durch die andere zu verschleiern. Der Nationalstaat trägt sicherlich den Stempel der Bourgeoisie. Er ist das Staatsmodell dieser Klasse. Später führten die Feldzüge Napoleons dazu, dass dieses Modell, das in Frankreich an Stärke gewonnen hatte, sich in ganz Europa ausbreitete. Die Rückständigkeit der deutschen und italienischen Bourgeoisien und die Schwierigkeiten, die sie bei ihren Bemühungen um die nationale Einheit erlebten, brachten eine nationalistischere Politik mit sich. Einerseits die äußere Besatzungsgefahr, andererseits die andauernden Widerstände der Aristokratie und der Arbeiterklasse brachten die Bourgeoisie dazu, sich an ein chauvinistisch-nationalistisches Staatsmodell zu klammern. Angesichts der Niederlage und Krise standen viele Länder, vor allem Deutschland und Italien, am Scheideweg: ›Entweder soziale Revolution oder Faschismus‹. Das faschistische Staatsmodell ging aus diesem Dilemma als Sieger hervor. Vielleicht haben Hitler, Mussolini und Konsorten verloren, aber ihr System setzte sich siegreich durch.

Der Nationalstaat lässt sich im Wesentlichen als Identifizierung der Gesellschaft mit dem Staat und des Staates mit der Gesellschaft beschreiben – was übrigens auch die Definition des Faschismus ausmacht. Natürlich kann weder der Staat zur Gesellschaft noch die Gesellschaft zum Staat werden. Nur totalitäre Ideologien können eine solche Behauptung aufstellen. Die faschistische Qualität dieser Behauptung ist allgemein bekannt. Der Faschismus als Staatsform ist stets ein Ehrengast des bürgerlichen Liberalismus. Er ist die Regierungsform in Krisenzeiten. Da die Krise strukturell ist, ist auch diese Regierungsform strukturell. Sie trägt den Namen nationalstaatliche Regierung. Sie stellt den Höhepunkt der Krise des Finanzkapitalzeitalters dar. Der Staat des kapitalistischen Monopols, das gegenwärtig auf globaler Ebene auf seinem Höhepunkt angekommen ist, ist in seiner reaktionärsten und despotischsten Phase im Allgemeinen faschistisch. Auch wenn vom Niedergang des Nationalstaats die Rede ist, wäre es naiv, zu glauben, an seiner Stelle würde eine Demokratie konstruiert werden. Vielleicht ist der Aufbau sowohl makro-globaler als auch mikro-lokaler faschistischer Formationen an der Tagesordnung. Im Nahen Osten, auf dem Balkan, in Zentralasien und Kaukasien ereignen sich beachtenswerte Entwicklungen. In Südamerika und Afrika stehen neue Erfahrungen unmittelbar bevor. Europa verfolgt die Strategie, sich durch Reformen vom nationalstaatlichen Faschismus zu entfernen. Wie es mit Russland und China weitergehen wird, ist noch ungewiss. Der Superhegemon USA steht im Austausch mit jeglicher Staatsform.

Das Problem von Macht und Staat befindet sich offensichtlich in einer seiner schlimmsten Phasen. Das Dilemma ›entweder demokratische Revolution oder Faschismus‹ ist an der Tagesordnung und seine Lösung nach wie vor lebenswichtig. Weder die regionale Organisation des Systems noch die zentrale UN-Organisation sind noch funktional. Das Finanzkapital, das in der globalsten Phase der Zivilisation seinen Höhepunkt erreichte, stellt diejenige Kapitalfraktion dar, die die Krise am meisten schürt. Das politisch-militärische Gegenstück zum Monopol des Finanzkapitals ist intensivierter Krieg gegen die Gesellschaft. Dies ist weltweit an vielen Fronten bereits Realität. Welche politischen und wirtschaftlichen Formationen aus der strukturellen Krise des Weltsystems hervorgehen werden, lässt sich nicht durch Prophezeiung, sondern durch intellektuelle, politische und moralische Bemühungen feststellen.

Im Zeitalter des Finanzkapitals, des virtuellsten Kapitalmonopols der kapitalistischen Moderne, ist die Gesellschaft einem historisch beispiellosen Zerfall ausgesetzt. Das politische und moralische Gefüge der Gesellschaft wurde zerschmettert. Was geschieht, ist ein ›Soziozid‹ – ein schwerwiegenderes gesellschaftliches Phänomen als Genozid. Die vom virtuellen Kapital beherrschten Medien fungieren als eine Waffe, die einen größeren Soziozid durchführt als im Zweiten Weltkrieg. Wie kann man die Gesellschaft gegen die Medien verteidigen, die sie mit ihren Nationalismus-, Religionismus-, Sexismus-, Szientismus- und Artismuskanonen (Sport, Serien usw.) vierundzwanzig Stunden am Tag unter Beschuss nehmen?

Die Medien sind wie eine Art zweite analytische Intelligenz in der Gesellschaft wirksam. So wie die analytische Intelligenz an sich weder gut noch böse ist, sind auch die Medien an sich ein neutrales Mittel. Wie bei jeder anderen Waffe auch, wird ihre Rolle von denjenigen bestimmt, die sie einsetzen. Die Hegemonialmächte verfügen nicht nur stets über die effektivsten Waffen im wörtlichen Sinne, sondern sie herrschen auch über die Waffe der Medien. Da sie die Medien wie eine zweite analytische Intelligenz einsetzen, gelingt ihnen die Neutralisierung der gesellschaftlichen Widerstandsfähigkeit. Mithilfe dieser Waffe wird eine virtuelle Gesellschaft konstruiert. Die virtuelle Gesellschaft stellt eine weitere Form des Soziozids dar. Auch der Nationalstaat zählt zu den Formen des Soziozids. In beiden Fällen wird die Gesellschaft ihrer Gesellschaftlichkeit beraubt und in ein Werkzeug des sie lenkenden Monopols verwandelt. Die Unterschätzung der gesellschaftlichen Natur ist äußerst gefährlich; der Raub ihrer Gesellschaftlichkeit setzt die Gesellschaft unbegrenzten Gefahren aus. Wie das Zeitalter des Finanzkapitals kann auch das des virtuellen Monopols nur mit einer Gesellschaft koexistieren, die aufgehört hat, sich selbst zu sein. Das gleichzeitige Entstehen dieser beiden Phänomene ist kein Zufall, da sie miteinander verbunden sind. Die Gesellschaft, die der Nationalstaat ihrer Gesellschaftlichkeit beraubte (damit sie sich für den Nationalstaat hält) sowie die von den Medien verführte Gesellschaft sind im wahrsten Sinne des Wortes besiegte Gesellschaften, aus deren Trümmern man andere Sachen konstruiert. Es steht außer Zweifel, dass wir eine solche gesellschaftliche Ära erleben.

Wir leben nicht nur in der problematischsten Gesellschaft, sondern auch in einer, die ihren Individuen nichts bietet. Die Gesellschaften, in denen wir leben, haben nicht nur ihr moralisches und politisches Gefüge verloren, sondern werden zudem in ihrer Existenz bedroht. Sie sind nicht nur mit einem Problem konfrontiert, sondern der Gefahr ihrer Vernichtung ausgesetzt. Wenn die Probleme sich gegenwärtig trotz der ganzen Wirkmächtigkeit der Wissenschaft vergrößern und vertiefen und in eine Art Krebs verwandeln, dann stellt der Soziozid nicht nur eine Hypothese, sondern eine reelle Gefahr dar. Die Behauptung, die Macht des Nationalstaats beschütze die Gesellschaft, schafft die allergrößte Illusion und lässt diese Gefahr Schritt für Schritt wahr werden. Die Gesellschaft ist nicht nur mit Problemen, sondern mit ihrer eigenen Vernichtung konfrontiert.

2. Das gesellschaftliche Problem von Moral und Politik

Die Nachteile, die sich durch die Aufteilung des gesellschaftlichen Problems in einzelne Probleme ergeben, sind mir bekannt. Auch wenn diese Methode, die die eurozentrische Wissenschaft entwickelte, indem sie der analytischen Intelligenz keine Grenzen setzte, einige Errungenschaften aufzuweisen hat, lässt sich nicht leugnen, dass sie die Gefahr des Totalitätsverlustes der Wahrheit in sich birgt. Ihre Nachteile stets vor Augen und mir des Risikos, das gesellschaftliche Problem in einzelne ›Probleme‹ aufzuteilen, bewusst, werde ich diese Methode weiterhin anwenden. Später im Epistemologie-Teil werde ich andere Herangehensweisen diskutieren.

Nicht ohne Grund wurden im ersten Kapitel über die gesellschaftliche Frage Macht und Staat behandelt. Der Hauptgrund dafür ist, dass sie die Hauptquelle der Probleme bilden. Die Macht- und Staatsverhältnisse und -apparate, die mit ihrer ganzen Schwere über und – seit dem sechzehnten Jahrhundert – in der Gesellschaft wirksam wurden, haben im Wesentlichen die Funktion inne, die geschwächte und ihrer Selbstverteidigungsfähigkeit beraubte Gesellschaft für die Ausbeutung durch das Monopol vorzubereiten. Diese Definition von Macht und Staat ist von großer Bedeutung. Die Behauptung, Macht und Staat seien ausschließlich die Gesamtheit der

Gewaltapparate und -verhältnisse, birgt eine ernsthafte Unzulänglichkeit in sich. Meines Erachtens ist es die wichtigste Rolle dieser Apparate, die Gesellschaft zu schwächen und ihrer Selbstverteidigungsfähigkeit zu berauben. Diese Rolle nehmen sie wahr, indem sie das ›Daseinsmittel‹ der Gesellschaft, d.h. ihr moralisches und politisches Gefüge, stetig schwächen und ihnen verunmöglichen, zu funktionieren und ihre Rolle zu spielen. Die Gesellschaft kann nicht weiterexistieren, ohne den Bereichen der Politik und Moral zur Existenz zu verhelfen.

Die grundsätzliche Rolle der Moral ist es, die Gesellschaft mit Regeln auszustatten, derer sie zum Weiterbestehen und Überleben bedarf, und ihr die Fähigkeit zu verleihen, diese umzusetzen. Eine Gesellschaft, die ihre Existenzregeln und die Fähigkeit, sie umzusetzen, eingebüßt hat, ist nichts als eine Tierherde und kann unter diesen Umständen einfach ausgenutzt und ausgebeutet werden. Die Rolle der Politik ist es, die für die Gesellschaft notwendigen moralischen Regeln zu bieten und zudem ständig die Mittel und Methoden zur Befriedigung der grundsätzlichen materiellen sowie geistigen Bedürfnisse der Gesellschaft zu diskutieren und zu entscheiden. Die Gesellschaftspolitik führt mit den auf dieser Grundlage entwickelten Diskussions- und Entscheidungsfähigkeiten zu einer lebhafteren und aufgeschlosseneren Gesellschaft und bildet den wesentlichsten Existenzbereich der Gesellschaft, der sie die Fähigkeit, sich selbst zu verwalten und ihre Angelegenheiten selbst zu lösen, verleiht. Die unpolitische Gesellschaft ist eine Gesellschaft, die einem enthaupteten Huhn ähnlich hin und her rennt, ehe ihr Tod eintritt. Der effektivste Weg, um eine Gesellschaft funktionsunfähig zu machen und zu schwächen, ist, sie der Politik (mit dem islamischen Ausdruck: der Scharia), also ihrer Gesellschaftlichkeit und der zur Befriedigung ihrer materiellen sowie geistigen Bedürfnisse notwendigen Diskussions- und Entscheidungsorgane, zu berauben. Kein anderer Weg kann für die Gesellschaft zu so großen Nachteilen führen.

Aus diesem Grund ersetzten die Macht- und Staatsapparate und -verhältnisse zunächst die gesellschaftliche Moral durch das ›Recht‹, ihre Politik durch ›Staatsverwaltung‹. Die Moral- und Politikfähigkeit der Gesellschaft, ihre beiden grundsätzlichen Daseinsstrategien, zu verhindern und sie durch das Recht und die Verwaltung der Herrschaft zu ersetzen, bilden jederzeit grundsätzliche Aufgaben von Macht und Staat. Wenn diese Aufgaben nicht erfüllt werden, können weder Kapitalakkumulation noch Ausbeutungsmonopole existieren. Jeder einzelne Moment der fünftausendjährigen Zivilisationsgeschichte ist voller Angriffe, die darauf abzielen, die

Moral- und Politikfähigkeit der Gesellschaft zu brechen und sie durch das Recht und die Verwaltung der Kapitalmonopole zu ersetzen. So sieht die nackte Zivilisationsgeschichte mit ihren wahren Beweggründen aus und eine richtige Geschichtsschreibung ist nur möglich, wenn diesen Beachtung geschenkt wird. Im Kern aller gesellschaftlichen Kämpfe in der Geschichte steckt diese Tatsache. Soll die Gesellschaft gemäß ihrer eigenen Moral und Politik leben oder lässt man sie gemäß dem Recht und der Verwaltung der ungebändigten Ausbeutungsmonopole wie eine Tierherde vegetieren? Mit den Worten, die unfassbare ›krebsartige Vergrößerung‹ des Rechts und der Verwaltung von Macht und Staat stelle die Hauptursache der Probleme dar, möchte ich eben diese Tatsache ausdrücken.

Es gilt einen weiteren Aspekt zu erhellen. Wenn die Hierarchie zum ersten Mal etabliert wird und ›Erfahrung‹ und ›Expertise‹ gesellschaftliche Bedeutung erlangen, wird von ihnen – unabhängig davon, ob man sie Staat oder Autorität nennt – ein Nutzen erwartet. Dass die Gesellschaft den Staat und die Autorität (Macht) nicht als gänzlich negativ betrachtet, rührt von diesen Erwartungen her. Die Gesellschaft erwartet von der Macht und dem Staat Erfahrung und Expertise und bildet sich ein, dadurch werde sie sich ihre Angelegenheiten erleichtern. Die Gründe, aus denen sie die Existenz des Staates erträgt, sind diese beiden Faktoren. Erfahrung hat nicht jeder. Auch Expertise kommt nicht jedem zu. Der Staat und die Autorität, die im Laufe der Geschichte diese berechtigte Erwartung ausnutzten, verwandelten allerdings die Verwaltung in einen Bereich, in dem die inkompetentesten, unerfahrensten und jeglicher Expertise fernen Personen beschäftigt werden, in dem gefaulenzt wird, anstatt das Recht umzusetzen, intrigiert wird, anstatt erfahrungsbasiert zu arbeiten. Große Degenerationen und Katastrophen hängen eng mit diesen großen Abweichungen und Verkehrungen zusammen.

Dass die Bourgeoisie, die historisch vor allem einen Ausdruck der krebsartigen Entwicklung der Mittelklasse darstellte, sich mitten in der Gesellschaft, in ihrem ›Schoß‹, positionierte, ihre egoistischsten Interessen als ›Recht‹ und ihre äußerst degenerierte Verwaltung als ›konstitutionelle Regierung‹ präsentierte und aus diesem Grund die Macht und den Staat in unzählige ›Apparate‹ und angebliche Expertisefelder aufteilend vermehrte, war eine regelrechte Katastrophe. Die Gesellschaft kam vom Regen in die Traufe.

Die grenzenlosen Diskussionen des Liberalismus, dieser Finesse der Vernunft der Bourgeoisie, über Themen wie ›Republik‹, ›Demokratie‹, ›Verfassung‹, ›Verkleinerung der Verwaltung‹, ›Einschränkung von Macht und Staat‹ verschleiern nicht nur die Wahrheit, sondern sind zudem noch Träger von gegenteiligen Inhalten. Die Fähigkeit der Bourgeoisie, die Verfassung, Republik und Demokratie zu entwickeln, die Verwaltung zu verkleinern und die Macht und den Staat einzuschränken, ist nicht einmal so groß wie die der Mittelklasse in der Antike. Denn, was diese edlen Begriffe dysfunktionalisiert, ist die materielle Beschaffenheit der Mittelklasse, ihre Existenzweise. Wie soll die Gesellschaft, die im Altertum über sich einen König oder eine Dynastie mit Ach und Krach ertragen konnte, die grenzenlos gewordenen bürgerlichen Apparate und Dynastien ertragen können? Absichtlich verwende ich den Begriff ›bürgerliche Apparate und Dynastien‹. Denn beides teilt denselben Ursprung. Die Bourgeoisie übernahm ihre ganze Verwaltungs- und Regelungskunst von ihren Vorgängern, den großen aristokratischen und monarchischen Dynastien. Sie besitzt keine Fähigkeit zur Selbstschöpfung. Die krebserregende Auswirkung der Macht- und Staatsverhältnisse sind auf die Klassennatur der Bourgeoisie zurückzuführen. Die Natur der Mittelklasse ist faschismusgeladen.

Folglich gehört es zu den grundsätzlichsten Problemen, dass die Bourgeoisie die moralischen und politischen Gefüge der Gesellschaft verkrüppelt und dysfunktionalisiert. Zweifellos lassen sich die moralischen und politischen Gefüge und Bereiche nicht gänzlich vernichten. Solange die Gesellschaft existiert, werden auch Moral und Politik existieren. Da aber Macht und Staat aufhören, Expertise- und Erfahrungsfelder zu sein, können Moral und Politik nicht mehr ihre kreative und funktionale Fähigkeit wahrnehmen. Es ist offensichtlich, dass die Macht- und Staatsapparate und -verhältnisse (Medien, Nachrichtendienste und spezialisierte Operationstruppen jeglicher Art, ideologische Lehren usw.) heute der Gesellschaft, die sie bis in ihre feinsten Poren durchdrungen haben, die Kehle abschnüren und sie in eine Lage versetzen, in der sie sich nicht mehr wiedererkennen, keine ihrer moralischen Prinzipien umsetzen, über ihre grundsätzlichsten Bedürfnisse weder politisch diskutieren noch Entscheidungen treffen (demokratische Politik) können. Dass die viel diskutierten und wahren herrschenden Mächte der Gegenwart, die ›globalen Konzerne‹, also die ewigen Monopole, den größten Kapitalboom der Geschichte in dieser Ära erzielten, hängt eng damit zusammen, dass die Gesellschaft in diese Lage versetzt wurde. Ohne den Verfall und die Zersplitterung der Gesellschaft könnte man auf virtuellem Wege, d. h. ohne jemals irgendein Produktionsmittel zu berühren, niemals aus Geld so viel mehr Geld machen. Die Gewinne der Monopole im Laufe der Geschichte und ihre gegenwärtig exorbitanten Gewinne, als wüchse Geld auf Bäumen, werden dadurch erzielt, dass Dasein und Gehirn der Gesellschaft leergefegt werden. Denn »Geld wächst nicht auf Bäumen!«

Ich muss wiederholen, dass nicht nur die grenzenlos vermehrten Macht- und Staatsapparate und -verhältnisse die Gesellschaft in diese Lage versetzen, sondern dass mithilfe der Medien, die eine zumindest genauso effektive Hauptquelle der Hegemonie darstellen, gleichzeitig die ideologische Eroberung der Gesellschaft vollzogen wird. Ohne sie durch die Ablenkung mittels Nationalismus, Religionismus, Sexismus, Szientismus und Artismus (die Industrialisierung der Kunst und insbesondere des Sports) zu verblöden, könnte weder alleine durch die Macht- und Staatsapparate und -verhältnisse ein derartiger gesellschaftlicher Verfall erzeugt werden, noch könnten die virtuellen globalen Konzerne (gemeint ist das Finanzkapital, das Geldkapital) und die historischen Monopole die Gesellschaft ihrer Gesellschaftlichkeit berauben und sie einer grenzenlosen Ausbeutung aussetzen, die einem Soziozid gleichkommt.

3. Das Mentalitätsproblem der Gesellschaft

Eine der ersten Voraussetzungen dafür, eine Gesellschaft der Ausbeutung zu öffnen, ist zweifellos, sie der Moral und Politik zu berauben. Ohne den Niedergang der gesellschaftlichen Mentalität, der Basis dieser beiden Gefüge, herbeizuführen, kann dieser Raub nicht durchgeführt werden. Aus diesem Grund konstruierten die Herrschenden und die ausbeuterischen Monopole im Laufe der Geschichte immer zuerst die ›Hegemonie über die Mentalität‹. Dass die sumerischen Priester, um in der sumerischen Gesellschaft für Produktivität zu sorgen, also um sie der Ausbeutung zu öffnen, als Erstes Tempel (Zikkurate) errichteten, ist ein eindeutiger Beweis dieser Tatsache. Es ist von großer Wichtigkeit, sich die Funktion des sumerischen Tempels als heute noch fortwirkenden historischen Ursprungs der Entstellung und Eroberung des gesellschaftlichen Verstandes vor Augen zu halten.

Ich habe mit Nachdruck betont, dass die gesellschaftliche Natur eine äußerst flexible geistige Struktur ist. Ohne vollständig zu begreifen, dass die Gesellschaft die intelligenteste Natur ist, kann man keine sinnvolle Soziologie entwickeln. Deswegen betrachteten es die Despoten, Herrschenden und Hinterlistigen als ihre oberste Aufgabe, zuerst die Intelligenz und das Denkvermögen der Gesellschaft zu schwächen und als erstes Monopol das Mentalitätsmonopol, also den Tempel, zu errichten. Dieser ursprüngliche Tempel erfüllte zwei Funktionen zugleich. Erstens war er als Mittel der geistigen Herrschaft, als hegemoniales Mittel äußerst wichtig. Zweitens stellte er ein geeignetes Mittel dar, um der Gesellschaft ihre ureigenen geistigen Werte zu entreißen.

Die ureigene Mentalität der Gesellschaft, als Begriff, bedarf eines guten Verständnisses. Als die Menschheit den ersten Stein und den ersten Stock in die Hand nahm, hatte sie eine Arbeit im Kopf. Es handelte sich dabei nicht um einen Instinkt, sondern um den Keim des analytischen Denkens. Der gesellschaftliche Fortschritt durch das Sammeln von Erfahrungen ist im Wesentlichen diese Konzentration des Denkens. Je mehr Erfahrungen eine Gesellschaft sammelt und je mehr sie folglich ihr Denken intensiviert, desto mehr gewinnt sie an Fähigkeiten und Kraft. Sie ernährt, schützt und reproduziert sich effektiver. Dieser Prozess erklärt, was gesellschaftlicher Fortschritt ist und warum ihm eine große Bedeutung zukommt. Indem die Gesellschaft sich selbst ständig zum Denken bringt, bildet sie ihre moralische Tradition, die wir auch als kollektive Intelligenz oder Gewissen bezeichnen, also ihr kollektives Denken. Die Moral ist aus diesem Grund sehr wichtig, denn sie ist der wertvollste Schatz und der Erfahrungsreichtum der Gesellschaft, der Grund ihres Weiterbestehens, das Hauptorgan ihres Überlebens und Fortschritts. Die Gesellschaft weiß sehr genau, dass sie zerfallen würde, sobald sie dies verliert. Deswegen legt sie mit der Schärfe ihrer Instinkte großen Wert auf die Moral. In den alten Klan- und Stammesgesellschaften stand auf das Nichteinhalten der moralischen Regeln entweder die Todesstrafe oder der Ausschluss aus der Gesellschaft, wodurch die Gesellschaftsmitglieder dem Tod ausgeliefert waren. Selbst dem ›Ehrenmord‹ liegen – wenn auch in sehr verzerrter Form – diese Regeln zugrunde.

Während die Moral die Tradition des kollektiven Denkens repräsentiert, erfüllt die Politik eine etwas andere Funktion. Um über aktuelle kollektive Angelegenheiten zu diskutieren und zu entscheiden, bedarf es der Denkkraft. Für die Politik ist die Produktion aktueller, kreativer Gedanken unabdingbar. Die Gesellschaft weiß wiederum sehr genau, dass man weder politisches Denken schaffen noch Politik betreiben kann, ohne sich als Quelle und Gedankenreichtum auf die Moral zu stützen. Die Politik ist ein unerlässliches Aktionsfeld für alltägliche kollektive Angelegenheiten (Gemeinwohl). Auch wenn es unterschiedliche, ja sogar konträre Meinungen gibt, muss man diskutieren, um über gesellschaftliche Angelegenheiten Entscheidungen zu treffen. Eine Gesellschaft ohne Politik ist eine, die entweder wie eine Tierherde sich an die Regeln anderer hält oder wie ein enthauptetes Huhn herumspringt. Die Denkfähigkeit ist keine Überbauinstitution, sondern das Gehirn der Gesellschaft, wobei Moral und Politik ihre Organe bilden.

Ein weiteres gesellschaftliches Organ ist selbstverständlich der Tempel als heiliger Ort. Allerdings war dieser Tempel nicht der der hegemonialen Macht (Hierarchie und Staat), sondern der heilige Ort der Gesellschaft selbst. Dieser heilige Ort der Gesellschaft selbst nimmt bei archäologischen Funden einen Ehrenplatz ein. Er ist vielleicht das einzige bedeutende Gebäude, das bis heute bestehen blieb. Das kann kein Zufall sein. Der erste heilige Ort der Gesellschaft ist der Ort, wo die ganze Vergangenheit, alle Ahnen, die Identität und das ihr Gemeinsame vertreten werden. Er ist ein Ort gemeinsamen Andenkens und Betens. Er ist ein Ort des sich an sich selbst Erinnerns und des Gedenkens, ein Zeichen dafür, dass man Zukunftsweisendes schafft, und ein wichtiger Grund des Beisammenseins. Die Gesellschaft war sich dessen bewusst, dass der Tempel eine umso größere Repräsentationsfähigkeit und Bedeutung erlangte, je auffälliger und prachtvoller er gebaut, je mehr seine Lage eines schönen Lebens würdig war. Deswegen wurde Pracht am meisten an Tempeln zur Schau gestellt. Wie es auch am sumerischen Beispiel ersichtlich wird, war der Tempel gleichzeitig das Lager von Produktionsmitteln und die Unterkunft von Werktätigen. Er war also der Ort kollektiver Arbeit. Er war nicht nur ein Gebetsraum, sondern auch ein Ort der gemeinsamen Diskussion und Entscheidung. Er war das politische Zentrum, das Handwerkerhaus, ein Ort von Erfindungen. Er war das Zentrum, an dem Architekten und Gelehrte ihre Fertigkeiten ausprobierten. Er war das erste Modell einer Akademie. Es ist kein Zufall, dass Tempel im Altertum gleichzeitig Zentren der Orakel bildeten. Diese ganzen Faktoren und noch Hunderte andere zeigen die Bedeutung von Tempeln. Diese Institution kann man ruhig als das ideologische Zentrum der gesellschaftlichen Mentalität bezeichnen.

Die Megalithen bei Urfa sind zwölftausend Jahre alt. Als dort ein Tempel errichtet wurde, hatte die landwirtschaftliche Revolution noch nicht stattgefunden. Aber es ist offensichtlich, dass für die Bearbeitung und das Aufstellen jener Megalithen die Existenz sehr fortgeschrittener Menschen und daher einer sehr fortgeschrittenen Gesellschaft voraussetzten. Wer waren sie? Wie sprachen sie? Wie ernährten sie sich? Wie pflanzten sie sich fort? Wie waren ihre Gedanken und Sitten? Wie sicherten sie ihren Unterhalt? Überhaupt keine Spur einer Antwort auf all diese Fragen. Das Einzige, was davon übrig blieb, sind die Ruinen von Megalithen und – mit großer Wahrscheinlichkeit – eines Tempels. Da einfache Bauern selbst heute noch nicht in der Lage wären, diese Steine zu bearbeiten, hinaufzubefördern und aufzustellen, dürften die Menschen, die es taten, und ihre Gesellschaft nicht rückständiger gewesen sein als die heutigen Bauern und Dorfgesellschaften. In Bezug auf solche Aspekte können wir nur Vermutungen aufstellen. Urfas Heiligkeit erreicht uns – wenn auch auf Umwegen – vielleicht wie ein Fluss, dessen Quelle in dieser Tradition liegt, die älter ist als die geschriebene Geschichte.[33] In diesem Sinne diskutiere ich nicht die Existenz und Bedeutung des gesellschaftlichen Tempels, sondern des hegemonialen Tempels.

Ägyptische Priester spielten bei der Entstehung des hegemonialen Tempels eine zumindest ebenso große Rolle wie sumerische. Indische Brahmanen standen ägyptischen Priestern in nichts nach. Die Tempel im Fernen Osten waren den sumerischen und ägyptischen ebenbürtig. Auch die südamerikanischen Tempel waren hegemonialer Art. Nicht ohne Grund wurden in diesen Tempeln junge Menschen geopfert. Die herrschenden Tempel aller Zivilisationsären waren hegemonial – wie die Kopien eines Originals. Die Hauptfunktion dieser Zentren war die Bereitstellung der Gesellschaft zur Nutzung zugunsten der Herrschenden. Während der militärische Arm des Monopols grauenvollerweise Häupter von Rümpfen trennte, um sie im Bau von Burgen und Wehrmauern zu verwenden, arbeitete auch ihr geistlicher Arm durch Eroberung der Mentalität auf dasselbe Ziel hin. Beide Tätigkeiten lieferten sich ein Kopf-an-Kopf-Rennen, um bei der Versklavung von Gemeinschaften eine Rolle zu spielen. Während das eine Schrecken erzeugte, erzeugte das andere Zustimmung. Wer kann die Kontinuität der Jahrtausende alten Zivilisationsgesellschaft in Bezug auf dieses Vorgehen negieren?

Die hegemoniale europäische Zivilisation hat in dieser Hinsicht ihre Form verändert, ihr Wesen aber gänzlich bewahrt. Dass die riesigen nationalstaatlichen Apparate über der Gesellschaft sich nicht auf diese Veränderung beschränkten, sondern die Gesellschaft, in deren innerste Poren sie eindrangen, von sich abhängig machten, ist eine Alltagsbeobachtung. Was ist es, was von Universitäten, Akademien und unter ihnen Ober-, Mittel- und Grundschulen und Kindergärten betrieben und von Kirchen, Synagogen und Moscheen ergänzt und geschärft wird, wenn nicht die Eroberung, Besetzung, Assimilierung und Kolonialisierung der Überreste des gesellschaftlichen Verstandes und ihrer moralischen und politischen Gefüge? Es ist also kein Geschwätz, wenn manche wertvollen Denker sagen, die ›Vermassung‹ der Gesellschaft sei ihre Verherdung. Zudem ist die Erinnerung daran, dass diese Kolonialisierung des Verstandes zur faschistischen Gesellschaft führt, noch

33 Zur Heiligkeit Urfas siehe auch Abdullah Öcalans Essay *Urfa – Segen und Fluch einer Stadt*, Münster 2019.

frisch. Auch dieses Blutbad der neueren Geschichte war das Ergebnis dieser Eroberung der Mentalität.

Es würde nicht schaden zu wiederholen: Wenn man mit den Ikonen des Nationalismus, Religionismus, Sexismus, Sportismus und Artismus wedelt, lassen sich die Massen zu jedem beliebigen Ziel führen. Die Eroberung des Verstandes bildet die Grundlage einer Entwicklung, die die Gesellschaft dem globalen Finanzkapital in einem Ausmaß ausliefert, wie keine Gewalt es vermöchte. Vor den sumerischen Priestern und den Tempeln, die sie erfanden, muss man nochmals salutieren! Welch große Eroberer ihr wart, sodass eure heutigen Vertreter in ihren Tempeln trotz der fünftausend Jahre, die seitdem vergangen sind, die größte Kapitalakkumulation der Geschichte vollbringen, ohne einen Finger zu krümmen! Selbst die stärksten Gottesbilder und -schatten (*zilullah*) konnten keinen solch großen Gewinn einbringen. Also stellt die stetige und kumulative Kapitalakkumulation keinen gegenstandslosen Begriff dar. Die geistigen Verdrehungen sind also keine einfachen Operationen. Dr. Hikmet Kıvılcımlı und der italienische Denker Antonio Gramsci saßen in den Gefängnissen einer Zeit, in welcher der Nationalstaat am meisten verherrlicht wurde, als sie ähnliche Definitionen der hegemonialen Eroberung entwickelten. Was sie wussten, wussten sie aus ihren eigenen Erfahrungen. Auch ich bin in letzter Instanz ein ›Gefangener‹ des globalen Kapitals. Es nicht richtig zu erkennen, wäre als Person meines Verstandes (meiner Identität) ein Verrat am ureigensten Verstand der Gesellschaft.

4. Wirtschaftliche Probleme der Gesellschaft

Immer wenn von wirtschaftlichen Problemen die Rede ist, denke ich an Ameisenstaaten. Wie kann der Mensch, ein Lebewesen mit hoch entwickelter Vernunft und Erfahrung, ungeheure wirtschaftliche Probleme haben, wie kann er sogar in eine solch peinliche Lage wie Arbeitslosigkeit geraten, während selbst ein so kleines Tier wie die Ameise keine wirtschaftlichen (schließlich ist Ernährung für jedes Lebewesen etwas Wirtschaftliches) Probleme kennt? Was könnte es in der Natur geben, das der intelligenzbegabte Mensch nicht in Arbeit verwandeln könnte? Das Problem hat weder mit der Funktionsweise der Natur noch mit der Umwelt zu tun. Der brutale Wolf des Menschen befindet sich in ihm selbst. Alle wirtschaftlichen Probleme, allen voran Arbeitslosigkeit, hängen mit der Kapitalwerdung der Gesellschaft zusammen.

Karl Marx' Kapitalanalyse ist zweifellos wertvoll. Er versucht dabei unter anderem die mit Krisenprozessen zusammenhängende Arbeitslosigkeit zu erklären. Das Bittere ist, dass die Krankheit des Positivismus auch ihn in einem schlimmen Zustand erwischt hat. Die Krankheit des Szientismus hinderte ihn an einer viel weitreichenderen historischen Gesellschaftsanalyse. Was ich versuche, ist zu zeigen, dass das Kapital keine Wirtschaft, sondern das effektivste Werkzeug dafür ist, aus der Wirtschaft eine Art Unwirtschaft zu machen. Der allererste Grund dafür ist, dass Profit und Kapital niemals Ziel des gesellschaftlichen Fortschritts waren und keinen Platz in der Gesellschaft fanden. Man kann sich eine reiche Wohlstandsgesellschaft vorstellen; Moral und Politik sind dafür offen. Allerdings, während sich die Gesellschaft mit ihren unbefriedigten Bedürfnissen in Arbeitslosigkeit dreht und windet, gehen Reichtum und Kapital über ein einfaches Verbrechen hinaus, sodass sie mit einem Soziozid in Zusammenhang stehen. Die Zivilisation selbst lässt sich als den Problemhaufen definieren, da sie auf dem Kapitalmonopol beruht.

Als Rosa Luxemburg die Existenz nicht-kapitalistischer Gesellschaften zur Voraussetzung der Kapitalakkumulation erklärte, kam sie an die Schwelle einer äußerst wichtigen Wahrheit. Wenn sie über diese Schwelle hätte treten können, hätte sie noch gesehen, dass die Kapitalakkumulation nicht nur auf die Existenz nicht-kapitalistischer Gesellschaften angewiesen ist, sondern dass sie der Gesellschaft ihre Werte entreißt, wie eine Zecke ihr Blut saugend wächst und die Arbeiter*innen, die sie daraus einen Tropfen trinken lässt, zu ihren Kompliz*innen macht. Ich möchte mit Nachdruck betonen, dass ich den Fleiß der Arbeiter*innen nicht leugne, sondern unterstreiche, dass die Entstehung des Kapitals sich nur in sehr kleinem Ausmaß auf ihre Arbeitskraft zurückführen lässt und selbst dieses kleine Ausmaß aus philosophisch-historisch-gesellschaftlicher Perspektive betrachtet seine Bedeutung verlöre. Anhand ökologischer Probleme kommt es immer mehr ans Licht, dass Industrialismus ein Mittel zum Wucher auf Kosten der Gesellschaft und Umwelt ist. Welcher Mensch mit Wissen und Verstand könnte leugnen, dass Manager*innen und Facharbeiter*innen zu privilegiertesten Gesellschaftsschichten geworden sind und die sich lawinenartig vergrößernde Arbeitslosigkeit das Gegenstück dazu bildet? Hoch entwickelte industrielle Schichten, monopolistische Handels- und Finanzschichten, also Kapitalmonopole mit ihren Aktiengesellschaften beraubten den Begriff ›Arbeiter*in‹ durch und durch seiner Bedeutung. Es ist wichtig zu sehen, dass die Arbeiter*innen auf die Rolle eines die Gesellschaft mit dem Kapitalmonopol verbindenden Riemens reduziert wurden. So wie der Realsozialismus als Staatskapitalismus ein auf ›kompromisslerischen

Arbeiter*innen‹ basierendes System darstellte, hatte auch der klassische Privatkapitalismus seine kompromisslerischen Arbeiter*innen. Diese Phänomene haben in der Gesellschaft immer nebeneinander existiert. Die restliche Gesellschaft ist die nicht-kapitalistische, von der Rosa Luxemburg spricht.

Wenn man dem Inhalt Aufmerksamkeit schenkt, merkt man, dass hier zwischen kapitalistischer und nicht-kapitalistischer Gesellschaft unterschieden wird. Bei Rosa Luxemburg geht es um zwei Gesellschaftsformen. Ich dagegen betrachte den Kapitalismus nicht als eine Gesellschaftsform, sondern als ein Netzwerk, eine Organisation, die über der Gesellschaft errichtet wird und Mehrwert erpresst, die Wirtschaft aussaugt, Arbeitslosigkeit erzeugt, mit dem Staat und der Macht zusammenwächst und sich mächtiger Mittel zur Erzeugung ideologischer Hegemonie bedient. In letzter Zeit wurde auch die Arbeiterschaft zum Teil dieser Organisation. Mit einer solchen Beschreibung des monopolistischen Netzwerkes versuche ich zahlreiche Missverständnisse aus dem Weg zu räumen. Vor allem muss ich aufdecken, dass der Begriff ›kapitalistische Gesellschaft‹ eine Falle darstellt. Dem kapitalistischen Monopol ein solches Attribut zuteil werden zu lassen, ist eine übertriebene Generosität. Das Kapital kann Netzwerke und organisationale Netze aufbauen. Man sollte gut begreifen, dass auch die Mafia ein vorzügliches Kapitalnetzwerk darstellt. Der einzige Grund, warum man das Kapitalnetzwerk nicht als Mafia bezeichnet, sind seine hegemoniale Macht in der Gesellschaft und seine Kontakte zur offiziellen Macht. Ansonsten wäre aus ihm nichts geworden als ein Netzwerk, das nicht einmal über die ethischen Regeln der Mafia verfügt.

Es ist wichtig, hinzuzufügen, dass ich mittelständische Industrielle, Händler*innen und Landwirt*innen nicht als Kapitalist*innen betrachte. Auch wenn sie vom Kapital vielseitig in die Zange genommen werden, sind sie gesellschaftliche Gruppen, die größtenteils für wirtschaftliche Bedürfnisse zu produzieren versuchen. Außerdem betrachte ich auch den kleinen Warenhandel auf dem Markt und diejenigen, die jene Waren in ihren Kleinbetrieben produzieren, nicht als Kapitalist*innen. Diverse Berufe zählen selbstverständlich nicht zu Kapitalist*innen. Alle Arbeiter*innen, die nicht zu den Kompromisslern gehören, Bäuer*innen, Schüler*innen und Studierende, Beamte, Handwerker*innen, Kinder und Frauen bilden das Rückgrat der Gesellschaft. Ich bemühe mich um eine solche Definition der nicht-kapitalistischen Gesellschaft. Darunter verstehe ich im Gegensatz zu den meisten Marxist*innen nicht eine halbfeudale Gesellschaft oder eine, in der die asiatische Produktionsweise herrscht. Ich bin davon überzeugt, dass diese Begriffe die Wahrheit verschleiern, anstatt sie aufzuzeigen. Zudem bezieht sich diese Analyse von mir nicht nur auf die Kapitalnetzwerke, die sich ab dem sechzehnten Jahrhundert in Europa zentralisiert haben, sondern auf alle Kapitalnetzwerke, die sich im Laufe der Geschichte den Mehrwert gewaltsam aneigneten (kommerzielle, politische, militärische, ideologische, landwirtschaftliche und industrielle Monopole). Es bedarf offensichtlich keiner langen Untersuchung, um zu sehen, dass das gegenwärtige Finanzkapital diese Analyse in beeindruckender Weise bestätigt.

Es spielt dabei eine Schlüsselrolle, zu sehen, dass die gesellschaftliche Natur eine Art Anti-Kapital bildet. Die Gesellschaft war sich während ihres Jahrtausende langen Marsches der äußerst verderbenden Auswirkung der Kapitalakkumulation stets bewusst. Beispielsweise scheint es so gut wie keine Religion zu geben, die den Geldverleih, eine der effektivsten Methoden der Kapitalakkumulation, nicht verurteilen würde.

Es reicht nicht aus, zu sagen, dass das Kapital gegenwärtig die sich lawinenartig vergrößernde Arbeitslosigkeit entwickelt, um billige, flexible Arbeiter*innen zu kreieren. Während dies einen Teil der Wahrheit bildet, ist das Ausschlaggebende, dass das Kapital die Gesellschaft an profitorientierte Tätigkeiten bindet. Tätigkeiten, die um des Profits und des Kapitals Willen erfolgen, decken sich überhaupt nicht mit den gesellschaftlichen Grundbedürfnissen. Wenn die Produktion, die zum Stillen des gesellschaftlichen Hungers dienen soll, keinen Profit einbringt, juckt es das Kapital gar nicht, dass die Gesellschaft an Hunger und Armut zugrunde geht – tatsächlich befinden sich heute Millionen von Menschen in diesem Zustand. Wenn ein kleiner Teil des vorhandenen Kapitals in die Landwirtschaft investiert würde, gäbe es kein Hungerproblem mehr. Aber das Kapital baut die Landwirtschaft stetig ab und ruiniert sie, was darauf zurückzuführen ist, dass durch Landwirtschaft entweder gar kein Profit oder eine sehr niedrige Profitrate erzielt werden kann. Weil er aus Geld riesige Mengen Geld machen kann, denkt kein Kapitalist an die Landwirtschaft. Ein solcher Gedanke findet im Wesen des Kapitals keinen Platz. Früher förderte der Staat als Monopol die Landwirtschaftsproduzenten reichlich, erhielt dafür Produkte oder Geld als Steuern. Die jetzigen Kapitalmärkte machen solche Aktivitäten des Staates bedeutungslos. Deswegen können Staaten, die die Landwirtschaft immer noch fördern wollen, dem Bankrott nicht entkommen. Dies bedeutet also, dass das Kapital den Hauptteil der Gesellschaft nicht aus tagespolitischen Gründen zunehmend der Arbeitslosigkeit und

Armut überlässt, sondern dieser Umstand von seinen Struktureigenschaften herrührt. Ohne eine tiefergehende Untersuchung, kann man schon durch alltägliche Beobachtungen sehr einfach begreifen, dass das gesellschaftliche Arbeitslosigkeitsproblem auch dann nicht zu lösen wäre, wenn Menschen bereit wären, für sehr wenig Geld zu arbeiten. Ich wiederhole es nochmals: Man sollte nicht vergessen, dass man die Gesellschaft von Arbeitslosigkeit und Armut nicht befreien kann, ohne die auf Mehrwert basierende Politik und das System der Profitmaximierung abzuschaffen.

Zum Beispiel: Warum herrschen Arbeitslosigkeit, Hunger und Armut in den mesopotamischen Ebenen, die im Laufe der Geschichte zahlreiche Gesellschaften ernährt haben und über fünfzehntausend Jahre der neolithischen Gesellschaft wie eine Mutter waren? Würde eine nicht profitorientierte Produktionsinitiative ins Leben gerufen, könnten diese Ebenen nach heutigen Maßstäben problemlos fünfundzwanzig Millionen Menschen ernähren. Was diese Ebenen und die dort lebenden Menschen brauchen, ist nicht die Hand des Kapitals, die sie nicht arbeiten lässt, sondern dass diese Hand (völlig unabhängig davon, ob privat oder staatlich), die den einzigen Grund für Arbeitslosigkeit, Hunger und Armut darstellt, sie in Ruhe lässt. Das Einzige, was man braucht, ist, dass richtige Arbeiterhände und die Erde zusammenkommen, dass die gesellschaftliche Moral und Politik ihre Funktion als Grundgefüge, als Organe zurückerlangen, und dass die demokratische Politik aus vollem Herzen und mit richtigen Gehirnen ihre Arbeit aufnimmt.

5. Das Industrialismusproblem der Gesellschaft

Von der industriellen Revolution, die genauso bedeutsam war wie die landwirtschaftliche, kann man behaupten, dass sie am Ende des achtzehnten und zu Beginn des neunzehnten Jahrhunderts auf der Grundlage eines Jahrtausende alten geschichtlichen Reichtums einen qualitativen Sprung vollzog und sich bis heute mit Hochs und Tiefs fortsetzt. Es lässt sich nicht voraussagen, wo, wann und wie sie anhalten oder zum Anhalten gebracht werden wird. Einerseits zählt die analytische Intelligenz zu den Eigenschaften dieser Revolution, andererseits ist sie ohnehin eines ihrer Produkte. Die industrielle Revolution stand unter der absoluten Herrschaft des Kapitals. Ohne Zweifel war es nicht das Kapital selbst, das die meisten industriellen Mittel erfand, es bemühte sich aber stets sofort darum, diese in profitbringende Mittel zu verwandeln und wenn nötig sich anzueignen. Beschleunigte und billige Produktion stellt eine große Fortschrittschance für die Gesellschaft dar. Genauso wie die Vernunft ist auch die der Gesellschaft dienende Industrie wertvoll. Das Problem liegt nicht in ihr selbst, sondern in ihrer Nutzungsweise. Die Industrie ähnelt der Atomenergie. Wenn sie zugunsten der Monopole verwendet wird, kann sie das Leben mit ökologischen Katastrophen und Kriegen bedrohen. Wie es gegenwärtig immer offener zutage tritt, beschleunigt ihre profitorientierte Nutzung die Umweltzerstörung. Die Industrie lässt die Gesellschaft sich mit hoher Geschwindigkeit auf die virtuelle Gesellschaft zubewegen. Die menschlichen Organe werden zunehmend durch Robotisierung ersetzt. Wenn es so weiter geht, wird auch der Mensch selbst überflüssig werden.

Es herrscht darüber Einigkeit, dass der gegenwärtige Zustand der Umwelt nicht nur die Gesellschaft, sondern das Leben aller Lebewesen bedroht. Man muss mit Nachdruck betonen, dass es eine regelrechte Tatsachenverdrehung darstellt, dafür alleine die Industrie verantwortlich zu machen. Die Industrie für sich alleine genommen bildet eine neutrale Möglichkeit. Eine mit der Existenz der Gesellschaft harmonierende Industrie könnte eine bestimmende Rolle bei der Verwandlung der Welt in eine Dritte Natur für den Menschen, ja sogar für alle Lebewesen spielen. Der Industrie wohnt ein solches Potential inne. Wenn sie dieses Potential entfalten sollte, wäre die Industrie für heilig zu erklären. Wenn sie allerdings vorwiegend unter die Kontrolle des Profits und des Kapitals gebracht wird, kann sie die Welt für die ganze Menschheit mit Ausnahme einer Handvoll Monopolist*innen zur Hölle machen. Die gegenwärtige Tendenz weist im Grunde genommen in diese Richtung. Zweifellos empfindet die Menschheit angesichts dieser Tendenz eine tiefe Besorgnis. Das industrielle Monopol hat wahrhafte Imperien über der Gesellschaft errichtet. Neben der Superhegemonie der USA existieren Dutzende industrielle Hegemonen. Selbst wenn man den politisch-militärischen Hegemon aufhalten könnte, ließen sich die industriellen Hegemonen schwer aufhalten, da sie sich ebenfalls globalisiert haben. Wenn ihnen ein Land als Zentrum zu eng wird, können sie sofort neue Orte, neue Länder zu ihren Zentren machen. Könnte man behaupten, dass ein US-amerikanisches Industrieimperium morgen nicht China zu seinem Zentrum wählen wird? Es lässt sich bereits heute beobachten, dass dies allmählich möglich scheint, solange dort günstigere Bedingungen vorherrschen.

Der Industrialismus erschütterte die Landwirtschaft in ihren Grundfesten. Die Landwirtschaft, primäres Element und Daseinsvoraussetzung der menschlichen Gesellschaft, erlebt angesichts der Industrie ihre Vernichtung.

Diese heilige Aktivität, die der Menschheit seit fünfzehntausend Jahren zur Existenz verholfen hat, ist heute sich selbst überlassen und steht kurz davor, sich der Herrschaft der Industrie zu ergeben. Das Eindringen der profit- und kapitalorientierten Industrie in den landwirtschaftlichen Bereich sollte, im Gegensatz zur weit verbreiteten Annahme, nicht als Entstehung von schnelleren und größeren Produktionsmöglichkeiten interpretiert werden. Wegen genetisch modifizierter Samen wird die Erde von Industriemonopolen in die Rolle einer durch künstliche Befruchtung geschwängerten Mutter versetzt. So wie mit In-vitro-Fertilisation oft keine gesunde Schwangerschaft und Mutterschaft zu erzielen ist, wird auch die Befruchtung mit genetisch modifizierten Samen nicht zu einer guten Mutterschaft der Erde führen. Die Industriemonopole bereiten sich auf diesen landwirtschaftlichen Wahnsinn vor. Die Menschheitsgeschichte wird im landwirtschaftlichen Bereich Zeuge der vielleicht größten Konterrevolution werden; vielleicht hat sie bereits begonnen. Die Erde und die Landwirtschaft sind nicht einfach irgendein Produktionsmittel und -verhältnis, sondern unzertrennliche Wesensmerkmale der Gesellschaft, mit denen nicht zu spielen ist. Die menschliche Gesellschaft wurde größtenteils über die Erde und die Landwirtschaft konstruiert. Die Gesellschaft von diesen Räumen und dieser Produktion loszureißen, ist der größte Angriff auf ihr Dasein. Die sich krebsartig vergrößernde urbane Realität stellt diese Gefahr bereits heute unverhüllt zur Schau. Die Befreiung davon scheint mit großer Wahrscheinlichkeit in einer gegensätzlichen Bewegung zu liegen: die Rückkehr von der Stadt zum Land und zur Landwirtschaft. Der Hauptslogan dieser Bewegung wird wohl heißen: ›Entweder Landwirtschaft und Erde für die Existenz oder Vernichtung‹. Der Profit und das Kapital integrieren weder die Erde in die Industrie noch stellen sie ein symbiotisches Verhältnis zwischen den beiden her, sondern sie machen sie zu Feinden, indem sie riesengroße Widersprüche zwischen ihnen anhäufen.

Die Klassen-, ethnischen, nationalen und ideologischen Widersprüche und Auseinandersetzungen in der Gesellschaft können bis hin zu Kriegen führen. Diese sind aber keine unlösbaren Widersprüche. Da sie von Menschenhand stammen, können sie auch von Menschenhand aufgelöst werden. Der Mensch kann aber den Widerspruch zwischen der Industrie als Mittel des Kapitals und der Erde und der Landwirtschaft nicht kontrollieren. Die Erde und die Landwirtschaft haben sich Millionen Jahre lang ökologisch entwickelt. Wenn sie aus den Fugen geraten sollten, können sie von Menschenhand nicht wiederhergestellt werden. So wie Menschen keine Erde produzieren können, können landwirtschaftliche Produkte und andere Lebewesen, zum Beispiel Pflanzen, zur Zeit ebenfalls nicht von Menschenhand geschaffen werden, und es ist auch nicht zu erwarten, dass dies möglich wird. Dieses Potenzial wurde durch die Entstehung des Menschen verwirklicht. Es ist weder möglich noch ergibt es Sinn, das Verwirklichte zu wiederholen.

Da dies einer grundsätzlichen philosophischen Diskussion bedarf, werde ich nicht weiter darauf eingehen. So wie die Pharaonen durch pyramidenartige Gräber ihre Zukunft nicht wirklich vorbereiten konnten, kann auch die roboterisierende Weise des Industrialismus keine lebenswerte Zukunft schaffen. Diese Weise stellt dem Menschen gegenüber eine Respektlosigkeit dar. Welchen Sinn und welche Bedeutung können Kopien und Roboter haben, während ein so perfektes Wesen wie die Natur existiert? Wir begegnen hier wieder dem Profitwahn des Kapitals. Nehmen wir an, Roboter verwirklichten die billigste Produktion. Wozu wären aber die Produkte nützlich, wenn es ihre Nutzer*innen nicht mehr gäbe? Der Industrialismus ist in dieser Hinsicht der Hauptfaktor, der die Gesellschaft zur Arbeitslosigkeit verdammt, die größte Waffe des Kapitals gegen die gesellschaftliche Produktivität. Das Kapital setzt häufig die Waffe der Industrie ein, indem es einerseits eine niedrige Anzahl von Arbeiter*innen beschäftigt, andererseits den Markt mit Preissenkungen ihren Wünschen entsprechend manipuliert. Monopolpreise machen (Überproduktions-)Krisen, die die Hauptursache der Arbeitslosigkeit bilden, unumgänglich. Schließlich fallen verrottende Waren und arbeitslose, hungernde und arme Millionen diesen Krisen zum Opfer.

Die Gesellschaft als Zweite Natur kann ihre Existenz nur in enger Verbindung zu ihrer Umwelt fortsetzen, die Produkt von günstigen Räumen und Millionen von Jahren ist. Kein Industrieerzeugnis kann die Umwelt, das perfekte Erzeugnis des Universums, ersetzen. Der Land-, Luft-, See- und Weltraumverkehr hat bereits katastrophale Dimensionen angenommen. Die mit fossilen Brennstoffen betriebene Industrie vergiftet stets das Klima und die Umwelt. Das Gegenstück zu all diesen Katastrophen bildet die zweihundertjährige Profitakkumulation. Ist diese Akkumulation all diese Zerstörungen wert? Während die Zerstörungen, die deswegen erfolgten, jene aller Kriege in der Geschichte übersteigen, wurden von keinem anderen Ereignis, sei es menschengemacht sei es naturgemacht, so hohe Verluste an Lebewesen verursacht.

Der Industrialismus als monopolistische Ideologie und Apparat ist eines der grundsätzlichsten gesellschaftlichen Probleme. Es gilt, ihn grundsätzlich infrage zu stellen. Alleine die Gefahren, die er erzeugt, stellen einen hinreichenden Grund dazu dar. Wenn dieses Monster sich weiter vergrößern und außer Kontrolle geraten sollte, könnte es zu spät werden, sodass seine Infragestellung und die dagegen zu unternehmenden Maßnahmen keinen Sinn mehr ergäben. Um zu verhindern, dass die Gesellschaft aufhört, sie selbst zu sein, und zur virtuellen Gesellschaft wird, ist es an der Zeit, dieses Monster aus den Händen der Monopole zu reißen und zunächst zu zähmen, um es danach in einen Freund der gesellschaftlichen Natur zu verwandeln. Im Kampf gegen den Industrialismus stellt die Unterscheidung zwischen der ideologischen Herangehens- und Nutzungsweise der industriellen Technologie durch den Monopolismus und die dem gesellschaftlichen Gemeinwohl entsprechende Struktur und Nutzungsweise der industriellen Technologie die wichtigste Aufgabe diesbezüglicher wissenschaftlicher Arbeiten und des ideologischen Kampfes dar. Es ist nicht zu erwarten, dass Gruppen, die auf der Grundlage des Humanismus gegen einen von gesellschaftlichen und Klassenpositionen unabhängigen Industrialismus zu kämpfen behaupten, ihr Ziel erreichen werden. Solche Gruppen kommen nicht umhin, objektiv entgegen ihr eigenes Ziel zu arbeiten und in eine Lage zu geraten, in welcher sie dem Industrialismus als Monopolismus dienen. Der Industrialismus hat einen viel stärker ideologischen, militaristischen und Klassencharakter als häufig angenommen. Als Ideologie ist er Wissenschaft und Technologie; er repräsentiert sogar die gefährlichsten Dimensionen der in diesem Sinne eingesetzten Wissenschaft und Technologie. Das Industiemonster ist nicht von alleine entstanden. Rufen wir uns in Erinnerung: Als die englische Bourgeoisie ihre imperialistische Offensive auf der Insel, in Europa und der ganzen Welt unternahm, bildete sie die Klasse, die sowohl den Industrialismus organisierte als auch von ihm am umfangreichsten und am schnellsten Gebrauch machte. Industrialismus wurde später zur gemeinsamen Waffe der Bourgeoisien aller Länder. Die im Rahmen des Trios Finanz, Handel und Industrie im neunzehnten und zwanzigsten Jahrhundert, den Jahrhunderten der Industrie, weltweit errichtete bürgerliche Hegemonie beweist diese Tatsache.

Dass die realsozialistische Bewegung nicht-kapitalistische Gesellschaften zu rückständigen erklärte und den Schulterschluss mit der Industriebourgeoisie strategisch in Erwägung zog, führte dazu, dass sie, wenn auch unabsichtlich, in totalen Widerspruch zu ihren eigenen Zielen geriet. Dieser

Umstand führte sogar dazu, dass die realsozialistische Bewegung unter den Bewegungen, die objektiv sich selbst verrieten, die tragischsten Konsequenzen erlebte – genauso wie das Christentum, das dreihundert Jahre lang eine Friedensreligion gewesen war, später ein Bündnis mit dem Staat und der Macht einging und objektiv und größtenteils auch wissentlich mit seinen eigenen Zielen in Widerspruch geriet und sie schließlich verriet. Auch das Christentum konnte in letzter Instanz der Anziehungskraft des Machtmonopols nicht widerstehen und geriet so in Widerspruch mit seinem ursprünglichen Ziel und kam nicht darum herum, eine Zivilisationsreligion zu werden. Das gleiche Schicksal ereilte den Islam bereits zu Lebzeiten des Propheten Mohammed. Schließlich erlagen beide der Macht.

Wenn heute die ganze Menschheit angesichts der Umweltzerstörung so aufschreit, als nahte der jüngste Tag, ist es unabdingbar, die Zerstörung durch den Industrialismus in ihren historisch-gesellschaftlichen und Klassendimensionen im Lichte ähnlicher Bewegungen zu begreifen, den Kampf gegen den Industrialismus als Existenzbewegung der Gesellschaft anzunehmen und ihn im Stil einer neuen heiligen religiösen Bewegung zu bekämpfen. So wie Feuer sich nicht mit Feuer bekämpfen lässt, lässt sich auch kein ökologischer Kampf führen, ohne das Leben im Industrialismussumpf infrage zu stellen und auf ihn zu verzichten. Wenn wir nicht die gleichen Tragödien wie das Christentum, der Islam und der Realsozialismus erleben wollen, müssen wir aus ihnen Lektionen ziehen und den wissenschaftlich-ideologischen und moralisch-politischen Kampf richtig angehen.

6. Das Ökologieproblem der Gesellschaft

Die Industrialismusfrage ist offensichtlich sowohl Teil der Ökologiefrage als auch ihre Hauptursache. Aus diesem Grund kann die separate Behandlung dieser Frage eine gewisse Wiederholung mit sich bringen. Allerdings geht die Bedeutung von Ökologie als eines problematischen gesellschaftlichen Themas über die des Industrialismus hinaus. Auch wenn der Begriff mit Umweltwissenschaft gleichbedeutend ist, handelt es sich dabei um eine Wissenschaft, die das enge Verhältnis zwischen gesellschaftlichem Fortschritt und der Umwelt analysiert. Umweltfragen wurden größtenteils erst nach Katastrophenalarmen auf die Tagesordnung gesetzt und in ein separates Untersuchungsfeld verwandelt, wenn auch mit heiklen Bedeutungen. Denn auch die Ökologie ist, genauso wie der Industrialismus, keine von der Gesellschaft geschaffene Frage, sondern steht als jüngstes Werk der

Zivilisationsmonopole in Form eines äußerst komplexen Problems auf der Agenda von Geschichte, Gesellschaft und der ganzen Welt.

Vielleicht war bisher keine andere Frage im Sinne der Enthüllung des wahren Gesichts der Profit- und Kapitalordnungen (organisierte Netzwerke) so wichtig und schwerwiegend wie die ökologische. Die Bilanz des Zivilisationssystems des Profits und des Kapitals (als Summe aller militärischen, wirtschaftlichen, religiösen und Handelsmonopole in der Geschichte) ist nicht nur die Auflösung der Gesellschaft in jeglicher Hinsicht (Moral- und Politiklosigkeit, Arbeitslosigkeit, Inflation, Prostitution usw.), sondern die Gefährdung der Umwelt samt dem Leben aller Lebewesen. Wie könnten wir die Gesellschaftsfeindlichkeit des Monopolismus beweisen, wenn nicht durch diese Tatsache?

Selbst wenn die menschliche Gesellschaft im Vergleich zu allen anderen Lebewesen als die höchste Natur bezüglich der Intelligenz und Flexibilität anerkannt wird, ist sie in letzter Instanz auch ein lebendiges Wesen. Ihre Heimat ist die Erde, das heißt, sie ist das Produkt eines empfindlichen klimatischen Umfelds und der Evolution der Pflanzen- und Tierwelt. Die Regelmäßigkeiten, denen die Atmosphäre und das Klima unserer Erde und die Tierwelt unterliegen, gelten ebenfalls für die menschliche Gesellschaft, da sie die Summe von alledem ist. Diese Regelmäßigkeiten sind sehr leicht aus dem Gleichgewicht zu bringen. Sie hängen eng miteinander zusammen. Sie bilden nahezu eine Kette. So wie eine Kette funktionsuntüchtig wird, wenn eines ihrer Glieder abbricht, so sind auch die Auswirkungen auf die Evolution unumgänglich, wenn eines der wichtigen Glieder der Evolutionskette zerbricht. Ökologie ist die Wissenschaft dieser Entwicklungen und deshalb sehr wichtig. Wenn die innere Ordnung der Gesellschaft aus irgendeinem Grund zerstört wird, kann sie mit menschlicher Anstrengung wieder neu hergestellt werden. Schließlich ist die gesellschaftliche Realität eine, die von Menschenhand stammt. Bei der Umwelt verhält es sich anders. Wenn einige Gruppen, die ihre Wurzeln in der Gesellschaft haben, genauer gesagt sich mithilfe des Profit- und Kapitalmonopols über der Gesellschaft organisieren, aus der sie stammen, das Herausbrechen von wichtigen Gliedern der Umweltkette bewirken sollten, könnten evolutionäre Katastrophen in einer Kettenreaktion zum Untergang der ganzen Umwelt und dadurch auch der Gesellschaft führen.

Man sollte nicht vergessen, dass die Glieder der Umweltkette durch eine Evolution entstanden sind, die Millionen Jahre dauerte. Die Zerstörungen der letzten fünftausend Jahre im Allgemeinen, der letzten zweihundert Jahre im Besonderen schafften es in dieser kurzen Zeitspanne, Tausende Glieder der Millionen Jahre alten Entwicklungskette herauszureißen. Die zerstörerische Kettenreaktion ist bereits losgetreten und es ist nicht abzuschätzen, wie sie aufzuhalten sein wird. Es wird prognostiziert, dass die Atmosphäre von der aktuellen Luftverschmutzung durch Kohlendioxid und andere Abgase nicht einmal in Hunderten, ja sogar Tausenden von Jahren gereinigt werden könnte. Die Folgen der Zerstörungen in der Pflanzen- und Tierwelt sind vielleicht noch nicht ganz offen zutage getreten. Klar ist aber, dass der Hilferuf dieser beiden Welten zumindest genauso laut ertönt wie der der Atmosphäre. Die Meeres- und Flussverschmutzung und die zunehmende Wüstenbildung stehen bereits heute an der Schwelle zur Katastrophe. Alle Zeichen deuten darauf hin, dass nicht die Störung der natürlichen Ordnung, sondern einige in Netzwerken organisierte Gruppen den Untergang der Gesellschaft herbeiführen werden. Selbstverständlich wird auch die Natur Antworten auf diese Entwicklung haben, denn auch sie ist lebendig und intelligent. Auch ihre Geduld hat Grenzen. Am richtigen Ort und zum richtigen Zeitpunkt wird sie Widerstand zu leisten wissen und dabei nicht auf die Tränen von Menschen achten, denn sie wird sie alle dafür verantwortlich machen, dass sie ihre Talente und die von der Natur geschenkten Werte verraten haben. War nicht der jüngste Tag so vorgesehen?

Ich will an dieser Stelle keine neuen Katastrophenszenarien entwerfen, sondern lediglich wie alle anderen Gesellschaftsmitglieder auch, gemäß unserer Verantwortung und unserem Verständnis von moralischen und politischen Aufgaben als unserem Daseinsgrund, entsprechend unserer Fähigkeiten das Notwendige sagen und tun.

Über das Schicksal der Nimrods und Pharaonen in der Menschheitsgeschichte, die sich in ihre Burgen und Pyramiden zurückgezogen haben, wird viel erzählt. Der Grund dafür ist offensichtlich. Schließlich stellten die Nimrods und Pharaonen sowohl als Einzelpersonen als auch als Ordnungen Monopole dar, die Träger göttlicher Ideen waren. Ja, sie waren die prächtigsten Exemplare der stets profitorientierten Kapitalmonopole im Altertum. Wie sehr sie den gegenwärtigen Monopolen ähneln, die sich in ihre Wolkenkratzer zurückziehen! Natürlich gibt es zwischen ihnen formale, wenn auch nicht wesentliche Unterschiede. Die Burgen und Pyramiden können trotz ihrer ganzen Pracht nicht mit den heutigen Wolkenkratzern mithalten. Zudem können sie mit ihnen zahlenmäßig überhaupt nicht mithalten. Die Anzahl aller Pharaonen und Nimrods überstieg nicht einmal ein paar Hundert, aber die der zeitgenössischen Pharaonen und Nimrods beläuft sich wohl auf Hunderttausende. Die Menschheit konnte in alten Zeiten die Last von ein paar Nimrods und Pharaonen nicht ertragen. Sie ächzte sehr. Wie lange wird sie denn noch die Last von Hunderttausenden ertragen, die die Zerstörung der Umwelt und der Gesellschaft herbeiführen? Wie wird sie die Schmerzen lindern, die die ganzen von Pharaonen und Nimrods verursachten Kriege, Arbeitslosigkeit, Hunger und Armut erzeugen?

Mit den Worten, dass die geschichtliche Gesellschaft eine Totalität bildet, versuchte ich diese Tatsache auch im Lichte der evolutionären Entwicklung auszudrücken. Sind es denn keine ungeheuerlichen und wichtigen Tatsachen?

Die Wissenschaft der kapitalistischen Moderne mit ihrer positivistischen Struktur hatte ein sehr großes Selbstvertrauen. Sie hielt große phänomenale Entdeckungen für alles. Sie glaubte, die absolute Wahrheit beschränke sich auf das oberflächliche Wissen über die Phänomene. Sie war sich sicher, dass man in einen Prozess des endlosen Fortschritts eingetreten war. Wie sollte man aber beurteilen, dass sie die Umweltkatastrophe, die sich direkt vor ihrer Nase ereignete, nicht voraussagen konnte? Wie sollte man beurteilen, dass sie angesichts der ganzen gesellschaftlichen Katastrophen, vor allem der Kriege, der letzten vier Jahrhunderte keine gründlichen Lösungen entwickeln und umsetzen konnte? Was sollte man dazu sagen, dass sie den Krieg, der als Macht alle Poren der Gesellschaft durchdrungen hat, nicht richtig feststellen und schon gar nicht verhindern konnte? Offenbar hätte im Zeitalter der maximalen Hegemonie der Monopolherrschaft die Wissenschaft mit ihrer, im Gegensatz zum allgemein verbreiteten Glauben, der ideologischen Umzingelung am meisten ausgesetzten und dem System bestens dienenden Struktur diese Fragen nicht beantworten können. Es hat sich gezeigt, dass die Wissenschaft, deren Struktur, Zweck und Modus erklärterweise die Legitimation des Systems zum Ziel haben, nicht einmal so wirksam ist wie Religionen. Allerdings sollte man auch begreifen, dass es keine nicht-ideologische Wissenschaft geben kann. Das Wichtigste ist, dass man erkennt, die Ideologie welcher Gesellschaft und welcher Klasse sie als Wissen und Wissenschaft ist, und man seine Haltung dementsprechend bestimmt. Wenn Ökologie als eine der neuesten wissenschaftlichen Disziplinen in diesem Rahmen ihre Position bestimmt, kann sie die ideale Lösungskraft nicht nur der Umwelt, sondern auch der gesellschaftlichen Natur werden.

7. Gesellschaftlicher Sexismus, Familien-, Frauen- und Bevölkerungsfrage

Die Wahrnehmung der Frau als ein biologisch anderes Geschlecht gehört zu den Hauptfaktoren, die zur Blindheit im Hinblick auf die gesellschaftliche Realität führen. Der Geschlechtsunterschied an sich kann nicht die Ursache irgendwelcher gesellschaftlicher Probleme sein. Genauso, wie die Dualität in jedem Quäntchen im Universum nicht als Problem betrachtet werden kann, kann auch die Dualität der menschlichen Existenz nicht problematisiert werden. Die Antworten auf die Frage »warum ist die Existenz dualistisch?« können nur philosophischer Art sein. Die ontologische Analyse kann nach einer Antwort auf diese Frage suchen. Meine Antwort ist: Die Existenz kann sich nicht jenseits der Dualität ereignen. Die Dualität ist die Ermöglichungsweise der Existenz. Die Frau und der Mann könnten sich, selbst wenn sie nicht so wie gegeben, sondern geschlechtslos (ohne Gegenstück) wären, nicht von der Dualität befreien. Das ist, was man Zweigeschlechtlichkeit nennt. Man sollte sich darüber nicht wundern. Allerdings neigen Dualitäten immer dazu, sich unterschiedlich zu gestalten. Auch den Beweis für die universale Intelligenz (*Geist*[34]) kann man in dieser Tendenz von Dualitäten suchen. Die beiden Seiten der Dualität sind weder gut noch böse, sondern nur unterschiedlich und müssen es auch sein. Wenn die beiden Seiten von Dualitäten gleich werden, kann die Existenz sich nicht mehr verwirklichen. Beispielsweise ließe sich das Fortpflanzungsproblem der Existenz nicht durch zwei Frauen oder zwei Männer lösen. Deshalb ist die Frage »warum Frau oder Mann?« wertlos; oder wenn man unbedingt nach einer Antwort auf diese Frage suchen will, kann man philosophisch antworten, dass das Universum ein solches Werden erfordert, dazu tendiert, sich so denkt, so begehrt…

Aus diesem Grund ist eine Untersuchung der Frau als Verdichtung sozialer Beziehungen nicht nur sinnvoll, sondern auch von großer Wichtigkeit im Hinblick auf die Lösung und Überwindung gesellschaftlicher gordischer Knoten. Da die patriarchale Sicht mittlerweile immun ist, erscheint ein Bruch mit der Blindheit bezüglich der Frau so schwierig wie die Spaltung eines Atoms.[35] Dafür bedarf es großer intellektueller Bemühungen und der Zerschlagung der hegemonialen Männlichkeit. Auch auf der Seite der Frau gilt es, die zu einer Existenzweise erhobene und eigentlich gesellschaftlich ge-

---

34 Im Original deutsch.

35 Nach dem Albert Einstein zugeschriebenen Aphorismus »Es ist leichter, einen Atomkern zu spalten als ein Vorurteil.«

schaffene Frau zu analysieren und abzuschaffen. Die Enttäuschungen wegen nicht umgesetzter Utopien, Programme und Grundsätze im Erfolg sowie Misserfolg aller Freiheits- und Gleichheitskämpfe sowie demokratischen, moralischen, politischen und Klassenkämpfe tragen die Spuren des nicht abgeschafften hegemonialen (Macht-)Verhältnisses zwischen Mann und Frau. Alle Verhältnisse, die Ungleichheiten, Sklaverei, Despotismus, Faschismus und Militarismus nähren, haben ihren Ursprung in dieser Beziehungsform. Wenn wir häufig verwendeten Worten wie Gleichheit, Freiheit, Demokratie und Sozialismus Gültigkeit verleihen wollen, die nicht zur Enttäuschung führen soll, müssen wir das um die Frau gesponnene Beziehungsnetz, das genauso alt wie das Gesellschaft-Natur-Verhältnis ist, entflechten oder zerreißen. Es führt sonst kein anderer Weg zu wahrer Freiheit und (Differenzen zulassender) Gleichheit, Demokratie und einer nicht scheinheiligen Moral.

Dem Sexismus wurde seit der Entstehung der Hierarchie die Bedeutung einer Machtideologie verliehen. Er hängt mit Klassen- und Machtbildung eng zusammen. Zahlreiche archäologische, anthropologische und aktuelle Forschungen und Beobachtungen zeigen, dass es lange Zeitspannen gab, in denen die Frau Autoritätsquelle war. Diese Autorität war nicht die der auf Mehrprodukt basierenden Macht, sondern eine Autorität, die auf Produktivität und Fruchtbarkeit zurückzuführen war und die gesellschaftliche Existenz stärkte. Die bei Frauen stärker ausgeprägte emotionale Intelligenz hat enge Verbindungen mit dieser Existenz. Dass die Frau sich an auf Mehrprodukt basierenden Machtkriegen eindeutig nicht beteiligte, liegt an dieser Stellung und ihrer gesellschaftlichen Existenzweise.

Historische Funde und aktuelle Beobachtungen zeigen eindeutig, dass der Mann bei der Entwicklung der mit hierarchischer und staatlicher Ordnung zusammenhängenden Macht die Führungsrolle innehatte. Dazu musste die bis zur letzten Phase der neolithischen Gesellschaft starke Autorität der Frau zerschlagen und beseitigt werden. Wiederum bestätigen historische Funde und aktuelle Beobachtungen, dass mit diesem Ziel langfristige und große Kämpfe verschiedenster Form geführt wurden. Vor allem die sumerische Mythologie, als Gedächtnis der Geschichte und der gesellschaftlichen Natur, ist in dieser Hinsicht äußerst aufschlussreich.

Die Zivilisationsgeschichte ist gleichzeitig die Geschichte der Niederlage und des Verlustes der Frau. Diese Geschichte ist eine, in der die patriarchale Persönlichkeit sich mit Gott und seinen Knechten, mit dem Herrscher und seinen Untertanen, mit der Wirtschaft, Wissenschaft und Kunst verhärtete. Aus diesem Grund stellen die Niederlage und der Verlust der Frau einen großen Abstieg und eine große Niederlage für die Gesellschaft dar. Die sexistische Gesellschaft ist das Ergebnis dieses Abstiegs und dieser Niederlage. Wenn der sexistische Mann über der Frau seine Herrschaft errichtet, ist er dabei so begierig, dass er jegliche natürliche Berührung in eine Zurschaustellung von Herrschaft verwandelt. Ein biologischer Akt wie der Geschlechtsverkehr ist dabei stets Träger des Machtverhältnisses. Der Mann betrachtet den sexuellen Kontakt mit der Frau so, als wäre es sein Sieg. Er hat dahingehend eine sehr starke Gewohnheit entwickelt und eine Menge Ausdrücke erfunden: »Ich habe sie vernascht!« »Ich habe ein Rohr verlegt!« »Fotze!« »Das Weib braucht immer einen Braten in der Röhre und einen Knüppel auf dem Rücken!« »Nutte, Hure!« »Ein mädchenhafter Junge!« »Wenn man seine Tochter frei lässt, brennt sie entweder mit dem Trommler oder mit dem Pfeifer durch!« Es ist offensichtlich, wie wirksam der Zusammenhang zwischen Sexualität und Macht in der Gesellschaft ist. Selbst heute noch ist es eine soziologische Tatsache, dass der Mann über der Frau unzählige Rechte besitzt, die bis zum ›Recht auf Morden‹ reichen. Diese ›Rechte‹ werden jeden Tag wahrgenommen. Die überwältigende Mehrheit der Beziehungen haben den Charakter von Übergriffen und Vergewaltigungen.

Die Familie wurde in diesem gesellschaftlichen Zusammenhang als kleiner Staat des Mannes konstruiert. Die stetige Vervollkommnung der Familie in ihrer bestehenden Art und Weise in der Zivilisationsgeschichte rührt von der großen Stärke her, die sie den Staatsapparaten verleiht. Erstens wird die Familie, die um den Mann herum zur Macht wird, zur Keimzelle der Staatsgesellschaft gemacht. Zweitens wird durch die Familie das grenzenlose Arbeiten der Frau ohne Gegenleistung gewährleistet. Drittens kommt sie für den Bedarf an Nachwuchs auf, indem sie Kinder großzieht. Viertens steht sie als Klischee gesellschaftlich für Sklaverei und Hilfsbedürftigkeit. Somit stellt die Familie eigentlich eine Ideologie dar. Sie ist die Institution, durch die die dynastische Ideologie funktionalisiert wird. Jeder Mann sieht sich in seiner Familie als Herrscher eines kleinen Feudalstaates. Diese dynastische Ideologie spielt eine wichtige Rolle bei der Wahrnehmung der Familie als eines sehr wichtigen Phänomens. Über je mehr Frauen und Kinder die Familie verfügt, desto größer die Sicherheit und Würde, die der Mann erlangt. Es ist ebenfalls wichtig, die Familie in ihrer bestehenden Art und Weise als eine ideologische Institution zu betrachten. Wenn man der Macht und dem Staat die Frau und die Familie in ihrer bestehenden Art und Weise entzöge, bliebe sehr wenig an Ordnung übrig. Aber der Preis, den man für diese

Art und Weise der Familie zahlt, ist die Gefangenschaft der Frau in einer schmerzhaften, armen, hilfsbedürftigen Existenzweise, in einer Niederlage in einem stetigen Krieg niedriger Intensität. Eine nahezu der im Laufe der Geschichte von Kapitalmonopolen über der Gesellschaft errichteten ähnliche Monopolkette ist das ›männliche Monopol‹ über der Frauenwelt – wohl das älteste und stärkste Monopol überhaupt. Die Existenz der Frau als die älteste Kolonie zu betrachten, führt uns zu realistischeren Ergebnissen. Frauen als ›das nicht zur Nation gewordene älteste Kolonialvolk‹ zu bezeichnen, wäre am zutreffendsten.

Die kapitalistische Moderne hat, trotz ihrer ganzen liberalen Ausschmückung, der Frau weder Freiheit noch Gleichheit beschert, sondern verlieh ihr einen noch schwerer zu ertragenden Status, indem sie ihr zusätzliche Aufgaben auferlegte. Der Status als billigste Arbeiterin, Hausarbeiterin, unbezahlte Arbeiterin, flexible Arbeiterin und Dienerin zeigt, dass der Zustand sich immer weiter verschlimmerte. Zudem wurde der Missbrauch an der Frau als Ilustrierten–Wesen und Werbemittel vertieft. Selbst ihr Körper wird zum Zwecke vielfältigsten Missbrauchs im Warenzustand gehalten. Sie ist das kontinuierliche Anreizmittel der Werbeindustrie. Kurz, sie ist die fruchtbarste Vertreterin moderner Sklaven. Können wir uns eine wertvollere Ware vorstellen als die, die einerseits fortwährendes Vergnügungsmittel ist, andererseits den größten Gewinn einbringt?

Die Bevölkerungsfrage hängt eng mit dem Sexismus, der Familie und der Frau zusammen. Mehr Bevölkerung heißt mehr Kapital. ›Hausfrauentum‹ ist eine Bevölkerungsfabrik – eine Fabrik, die für das System die wertvollsten Waren, derer es sehr bedarf, also Nachkommen, produziert. Leider wurde die Familie unter der monopolistischen Herrschaft in diesen Zustand versetzt. Während die Frau den Preis für alle Schwierigkeiten zu zahlen hat, stellt der Wert der Ware das wertvollste Geschenk für das System dar. Das Bevölkerungswachstum schadet am meisten der Frau. Genauso verhält es sich auch bei der dynastischen Ideologie. Der Familiarismus als populärste Ideologie der Moderne bildet die letzte Phase des Dynastismus. Alle diese Umstände sind in die nationalstaatliche Ideologie ebenfalls sehr gut integriert. Was könnte wertvoller sein, als für den Nationalstaat Kinder großzuziehen? Größere nationalstaatliche Bevölkerung bedeutet größere Stärke. Die Bevölkerungsexplosion basiert also auf dem streng organisierten Kapital und den lebenswichtigen Interessen der männlichen Monopole. Schwierigkeiten, Kummer, Schmerzen, Anschuldigungen, Armut und Hunger gebühren der Frau, Genuss und Gewinn ihrem ›Ehemann‹ und Kapitalisten. Kein anderes

Zeitalter in der Geschichte brachte die notwendige Kraft auf, die Frau so vielseitig zu missbrauchen. Die Frau als erste und letzte Kolonie erlebt den kritischsten Moment der Geschichte.

Allerdings bärge eine auf einer mit Freiheit, Gleichheit und Demokratie geladenen Philosophie beruhende Lebenspartnerschaft mit der Frau in sich die Fähigkeit, für das Schöne, Gute und Richtige auf perfektem Niveau zu sorgen. Ich für meine Person finde das Zusammenleben mit der Frau im beschriebenen Status nicht nur äußerst problematisch, sondern auch hässlich, schlecht und falsch. Seit meiner Kindheit habe ich noch nie den Mut gezeigt, mit der Frau unter dem bestehenden Status zusammenzuleben. Es ginge dabei um ein Leben, das einen so starken Trieb wie den Geschlechtstrieb infrage stellt. Der Geschlechtstrieb dient der Fortexistenz des Lebens. Er ist ein Naturwunder, das als heilig angesehen werden sollte. Das Kapital und das männliche Monopol haben aber die Frau dermaßen beschmutzt, dass diese Fähigkeit, dieses Naturwunder in eine äußerst erniedrigte Institution verwandelt wurde, die wie eine »Nachwuchsfabrik« Waren produziert. Während die Gesellschaft mit diesen Waren durcheinander gebracht wird, erlebt die Umwelt unter der Last dieser Bevölkerung (derzeitig rund sieben Milliarden; wenn es so weiter geht, stellen Sie sich vor, wie es der Umwelt mit zehn oder fünfzig Milliarden ginge) Augenblick für Augenblick den Untergang.

Zweifellos ist es ein heiliges Ereignis, mit einer Frau ein gemeinsames Kind zu haben; es ist der Beweis dafür, dass das Leben nicht versiegen wird. Es lässt einen die Unendlichkeit spüren. Könnte es ein wertvolleres Gefühl als das geben? Jede Spezies spürt durch dieses Phänomen die Aufregung, sich ins Unendliche zu begeben. Insbesondere beim heutigen Menschen ereignet sich dieser Umstand aber auf dem Niveau – wie einst ein Dichter sagte – »Verderben bringen uns unsere Nachfahren«[36]. Es lässt sich nicht leugnen, dass wir wieder einmal mit der Morallosigkeit, Hässlichkeit und Falschheit des Kapital- und männlichen Monopols konfrontiert sind, die sowohl der Ersten als auch der Zweiten Natur widersprechen.

Was von Menschen konstruiert wurde, lässt sich auch von Menschen zerstören. Es handelt sich hier weder um ein Naturgesetz noch um ein Schicksal, sondern um die zu zerstörenden Ordnungen der Monopole, um die Hände des krebskranken und mit Hormonen vollgepumpten Lebens des Netzwerks des schlauen und listigen Mannes. Ich spürte immer, dass

36 Die Zeile »*Başımıza bela dölümüz bizim*« stammt aus dem mehrfach vertonten Gedicht *Nesini söyleyim canım efendim* des wandernden Volkssängers und Dichters Serdâri (ca. 1833–1921).

dieses perfekte, dieses – sofern man wissen kann – beste Paar im Universum einen tiefen Sinn erlangen sollte. Ich brachte den Mut auf, gegenüber allen Beziehungen dem gemeinsamen Denken mit der Frau, der Diskussion und Behebung der Probleme, wo, wann, wie viele sie auch immer sein sollten, Vorrang einzuräumen. Zweifellos ist nur die Frau, die stark denkt, gute, schöne und richtige Entscheidungen treffen kann, mich fasziniert, indem sie über mich hinauswächst, und meine Gesprächspartnerin sein kann, ein Eckpfeiler meiner philosophischen Suche. Ich habe stets daran geglaubt, dass die Geheimnisse des Lebensflusses im Universum mit ihren besten, schönsten und richtigsten Seiten in dieser Frau eine Bedeutung erlangen werden. Aber ich glaubte im Gegensatz zu allen anderen Männern gleichzeitig auch an meine Moral, die mir das Teilen meiner Existenzweise mit der Ware ›des Mannes und des Kapitals‹, mit ›Hürmüz mit den neunzigtausend Ehemännern‹ verbietet. Also kann über den Feminismus hinaus die ›Jineolojî[37]‹ (Frauenwissenschaft) zweckdienlich sein.[38]

8. Das Problem der Urbanisierung der Gesellschaft

Ein anderes türkisches Wort für Zivilisation, *medenileşme*[39], stammt aus dem Arabischen und bedeutet ›Urbanisierung‹. Die Probleme, die ihren Ursprung in der Urbanisierung haben, sind weder geringer noch unwichtiger als die ökologischen. Sie stellen heute eine der größten Bedrohungsquellen für das gesellschaftliche Leben dar. Was macht aber die Stadt zu einer solch problematischen Sache?

Die einem plumpen Verständnis entsprechende Formel ›Stadt = Klasse = Staat‹ könnte zwar die Darstellung der Urbanisierungsfrage vereinfachen, ließe sie aber gleichzeitig ihre Bedeutungstiefe verlieren und uns im Hinblick auf die Vielseitigkeit dieser Frage blind bleiben. Die Menschheit fand, dass der Aufbau von Städten der gesellschaftlichen Natur genauso entspreche wie der von Dörfern, und handelte dementsprechend. Die Stadt stellt einen der wichtigsten Orte dar, an dem sich die gesellschaftliche Intelligenz konzentriert. Die Stadt regt die Intelligenzfähigkeit des Menschen an. Die Vernunft erlebte einen eng mit der Stadt zusammenhängenden Entwicklungsverlauf. Die Stadt ist der Ort, wo der Mensch merkt, wozu er fähig ist. Sie bringt Sicherheit. Wer selbstsicher ist, denkt rationaler. Der Fortschritt im Denken führt zu neuen Erfindungen und entwickelt Methoden und Techniken der

---

37 Kurdisch aus *jin* = Frau und *-lojî* = -logie.
38 Siehe die Ausführungen zum Feminismus im siebten Teil dieses Bandes.
39 Normalerweise verwendet der Autor *uygarlık* für Zivilisation.

Produktionssteigerung. Der Mensch, der all das erlebte, sah die Stadt als eine Lichtquelle und fühlte sich von ihr angezogen. Die Entwicklung der Stadt um den Tempel herum hängt damit zusammen, dass der Tempel zu seiner Zeit der Ort war, an dem die heilige Vernunft und Geister sich versammelten. Die Gesellschaft entdeckte und kreierte in der Stadt ihre eigene Vernunft und Identität. Wir sprechen hier von starken Hypothesen zugunsten der Stadt.

Wie bei jeder anderen Realität auch, zeigte sich mit der Genese der Stadt auch ein anderes Gesicht: die Herausbildung von Klassen und die Entstehung des Staates. Die materielle Grundlage der Herausbildung von Klassen bildete zweifellos die steigende Produktivität. Einige der Menschen, die im Besitz der sich entwickelnden Vernunft der Stadt waren, lernten aus ihren Erfahrungen, dass man ein Vielfaches an Menschen ernähren könnte, wenn man die Anzahl der Menschen erhöhte und sie auf fruchtbaren Ländereien arbeiten ließe. Was noch zu tun war, war die Errichtung des nötigen Mechanismus dafür. Die Ordnung, die dazu errichtet wurde, war der Staat, der eine Art Monopol darstellte. Diese neue Ordnungsorganisation entstand, wenn auch stadtweit, offensichtlich ursprünglich als landwirtschaftliches Monopol. Anhand der sumerischen Städte lässt sich diesbezüglich alles erklären. Viele Zivilisationen wie die ägyptische oder harappische entstanden als landwirtschaftliche Monopole und Apparate zur Regelung der Produktion. Sobald die Produktion ein Niveau erreicht, das zumindest dem Zweifachen der arbeitenden Bevölkerung Mehrprodukt bieten könnte, entsteht die materielle Grundlage eines Staates. Das Phänomen, das man als Staat bezeichnet, besteht eigentlich aus denjenigen, die von der Mehrproduktion leben. Es wäre sinnvoller, den Staat als eine Organisation zur Anhäufung von Produkten zu bezeichnen und die Stadt als den dafür geeigneten Ort. Die Errichtung solcher Verhältnisse wäre in Stammes- und Dorfgesellschaften äußerst schwierig ausgefallen. Die Stammes- und Dorfstrukturen lassen so etwas nicht zu. Diese Tatsache steckt hinter der Entstehung des Staates in der Stadt. So begegnete die Menschheit in der Stadt der Ausbeutung und lernte eine ihr bis dato unbekannte Beziehungsform kennen. Diese neue Kunst hieß ›Etatismus‹. Wozu derjenige fähig ist, der den Staat in seiner Hand hat! Es entstand ein unheimlicher Apparat zur Durchsetzung von Interessen einzelner. Selbst der sklavenartige Arbeiter begriff, dass er in staatlicher Arbeitslosigkeit bequemer und sicherer war als früher. Es wäre übertrieben, sein Arbeiten ausschließlich auf Zwang zurückzuführen. So oder so ähnlich sah die Gründungsgeschichte der Stadt aus.

Auch wenn die Stadt zu einigen Problemen (Ausbeutung und Organisation der Stärkeren) führte, ist es klar, dass sie einen revolutionären Schritt in der rationalen Entwicklung der Gesellschaft darstellte. Aristoteles stellte sich die Stadt als aus fünftausend Menschen bestehend vor. Zum Zeitpunkt ihrer Entstehung war die Bevölkerung von Städten tatsächlich ungefähr so groß. In der Stadt handelte es sich um eine neue gesellschaftliche Zusammensetzung. Die Stammesgesellschaft war überwunden. Menschen aus verschiedenen Stämmen und Sippen wurden unter der Stadtbürgerschaft vereint. ›Stadtbevölkerung‹, ›Mitbürger[40]‹ und ›*bajarî*‹[41] entstanden. Diese Entwicklung zeigt, dass die Gesellschaft reicher geworden war. Die Stadt war in dieser ihrer Form ein Mittel des Fortschritts und keine ernsthafte Problemquelle. Während des gesamten Altertums lassen sich kaum Städte finden, die ein Bevölkerungsproblem hatten – mit der zeitweiligen Ausnahme von Babylon und Rom. Die Stadt, mit ihrer gesellschaftlichen Überlegenheit, steigerte ihre Attraktivität stetig. Während das sumerische Modell sich lawinenartig ausbreitete, wurde in Ägypten eine begrenzte Anzahl von Städten gebaut. Eigentlich war die ägyptische Zivilisation als eine halbstädische und halbdörfliche einzigartig in der Geschichte. Der Handel und das Handwerk entwickelten sich rasant weiter. Mit Straßen, sportlichen, künstlerischen und Palastgebäuden erweiterten sich die Bauten um den Tempel hin zu neuen Gewebebildungen. Zahlreiche Städte wurden um militärische Garnisonen herum aufgebaut. Insbesondere römische Garnisonen bildeten den Kern von neuen Städten. Historiker*innen meinen, dass zu jener Zeit auf eine Stadt zumindest zehn Dörfer kamen. Zwischen diesen bestand eine symbiotische Beziehung. Das bedeutet also, dass es noch keine Probleme zwischen der Stadt und dem Dorf gab.

Rom, die letzte prachtvolle Stadt der Antike, vereinte vielleicht alle Probleme seines Zeitalters in seinem Herzen. Dies machte Rom sowohl zur prachtvollsten als auch zur problematischsten Stadt der Zivilisation. Man konnte dort allen Klassen und sozialen Gruppen (Aristokratie, Bourgeoisie, Sklav*innen, Lumpenproletariat, allen ethnischen Gruppen, allen Glaubensgemeinschaften, allen Hautfarben) begegnen. Die alten Klassen und sozialen Gruppen waren als Überbleibsel, die neuen als Keimzellen vertreten. Zudem konnte man jeglicher Moral, Politik und Regierungsform begegnen. Im Reich wurde jegliche Art von Königreich, Republik und

40 Das türkische *hemşehri* entspricht etwa dem deutschen ›Landsleute‹, bedeutet aber, dass man aus derselben Stadt stammt.

41 Kurdisch für Städter*in.

Demokratie ausprobiert. Entweder als Überbleibsel oder als Keimzelle konnte man allen Wissenschaften, Künsten, Philosophien und Religionen begegnen. Rom war im wahrsten Sinne des Wortes eine ökumenische Stadt. Das Sprichwort »alle Wege führen nach Rom« war in gewisser Hinsicht der Ausdruck dieser Realität. Rom spiegelte den Höhepunkt der dreitausendfünfhundertjährigen Zentralzivilisation wider. Auch sein Untergang war so imposant wie die Stadt selbst. Die beiden großen Kräfte, die zu einem Problem für die Zivilisation wurden, d. h. die Christ*innen, die die Armenklasse bildeten, und die Gruppen, die immer noch größtenteils die Eigenschaften ihrer jeweiligen Ethnie beibehielten (diese als Barbaren zu bezeichnen, wäre ein Hereinfallen auf die Terminologie der Zivilisation), führten das Ende der Stadt herbei, indem sie sie von innen und von außen in verschiedenen Wellen angriffen. Das Jahr 476 n. Chr. markiert nicht nur den Untergang einer Stadt, sondern im Namen Roms das Verderben und den Untergang der dreitausendfünfhundertjährigen antiken Zivilisation.

Im Mittelalter konnte die Menschheit im Hinblick auf die Urbanisierung niemals das Niveau der Antike erreichen. Die mittelalterliche Stadt mit ihrer ummauerten Burg war anfangs einförmig und sehr klein. Die mittelalterlichen Städte bildeten eine Art Hauptquartier von Fürstentümern und Emiraten. Indem einige Handwerker und Hofdiener sich um sie herum versammelten, begannen die Städte sich auszudehnen. Auch wenn die Händlerklasse der Expansion und Pracht der Stadt einen ersten Schub verlieh, ist es nicht einfach, neu errichtete Städte zu finden, die das Niveau von antiken Städten wie Rom, Alexandria, Antiochia, Dara und Nusaybin, Edessa/Urfa erreichten. Selbst wenn die neuen Städte die alten zahlenmäßig übertrafen, konnten sie im Hinblick auf Architektur und Funktionalität (Tempel, Theater, Ratsgebäude, Agora, Hippodrom, Amphitheater, Hamam, Kanalisationssystem, Werkstatt) niemals das alte Prachtniveau erreichen. Die mittelalterliche Zivilisation ähnelte einer Zivilisation, die ihre Zelte und Städte auf den Ruinen der Antike errichtete. Die Stadt war noch weit davon entfernt, dem Land, dem Dorf überlegen zu sein. Die Städte ähnelten eher kleinen Inseln in einem Ozean aus Dörfern. Obwohl sie bereits Macht- und Klassenwidersprüche in sich trugen, stellten sie noch kein Problem für die Umwelt dar. Das Zivilisationssystem im Allgemeinen nagte aber in der Folgezeit wegen der Kapitalmonopole allmählich an der Umwelt. Die Bodenversalzung hing mit den landwirtschaftlichen Monopolen zusammen. Dieser Umstand setzte sich bis zum Ende des achtzehnten Jahrhunderts fort und vergrößerte die Probleme immer weiter.

Zur eigentlichen Urbanisierungskrise kam es infolge der industriellen Revolution des neunzehnten Jahrhunderts und des Industrialismus. Dies war kein Zufall, sondern liegt in der anti-gesellschaftlichen Natur des Industrialismus begründet. Ökologisch am problematischsten an der Stadt ist, dass sie eine von der Umwelt separierte Dialektik durchmacht. Das Dorf lebt in einem unmittelbaren Verhältnis zur Umwelt. Es hängt in jeglicher Hinsicht von ihr ab und weiß, dass es ihr Produkt ist. Das Dorf setzt sein Leben fort, indem es mit seinen Tieren und Pflanzen sozusagen die Sprache der Umwelt spricht. Es ist eine gemeinsame Sprache, eine Landwirtschaftssprache geschaffen worden. Die Gesellschaftsgründung geschah unter großem Einfluss dieser Sprache. In der Stadt ist das Gegenteil der Fall; sie entfernt sich stetig von der Landwirtschaft und der Umwelt. Sie entwickelt eine neue Sprache – die Sprache der Stadt. Ihr wohnt eine eigene Rationalität inne. Ihre Beziehung mit der Vernunft der Umwelt wird immer schwächer. Die Sprache der Stadt ist eine, die mit Handel, Handwerk, Industrie und Geldgeschäften zusammenhängt. Sie stellt deren Vernunft und Wissenschaft dar und wird von ihnen konstruiert. So sieht die neue dialektische Entwicklung der Sprache aus. Offensichtlich handelt es sich dabei um eine widersprüchliche und entfremdete Sprache und Mentalität. Die Urbanisierung jener Zeit schloss die alte ländliche Gesellschaft und die Dialekte und Kulturen mit ein, die die verbreiteten Klans, Stämme, Völker und Dorfgemeinschaften des ländlichen Gesellschaftssystems repräsentieren. Zudem entwickelte die Stadt ihre eigene wissenschaftliche, künstlerische, religiöse und philosophische Sprache. Was die Klassen betrifft, sind zwei weitere Hauptkategorien, bestehend aus der Aristokratie und den Anderen, entstanden. Städtertum hatte noch keine eigene Gestalt angenommen, sondern war ein Ausläufer der Gesellschaft im Allgemeinen.

Im neunzehnten und zwanzigsten Jahrhundert wurde dieses historische Gleichgewicht völlig gestört. Zweifellos kam es nicht plötzlich dazu. Der Wiederaufstieg der Stadt zwischen dem zehnten und dem sechzehnten Jahrhundert (Venedig, Genua, Florenz, Mailand usw.) war Ausdruck der kommerziellen Revolution, die sich im dreizehnten Jahrhundert über Italien in ganz Europa ausgebreitet hatte. Italienische Städte hatten in diesem Prozess die Vorreiterrolle inne. Sie wollten mit der Renaissance in Roms Fußstapfen treten und sich vergrößern. Es kam dabei innerhalb und zwischen den Städten zu einer sehr großen Konkurrenz. Was sich ereignete, war der Kampf um die Führungsrolle einer neuen Zivilisationsphase. Das ganze alte Leben wurde nahezu wiederbelebt. Aber die neuen Bedingungen sollten eben dieses Leben transformieren. Man konnte kein neues Rom schaffen, indem man das alte imitierte; man erreichte lediglich das Niveau unscheinbarer Kopien von Rom. Auch die Erfahrungen zentraler Königreiche und Nationalstaaten waren nicht vom Erfolg gekrönt. Es ist aber eine nicht zu leugnende Tatsache, dass italienische Städte im Zuge der Renaissance zwischen dem zehnten und dem sechzehnten Jahrhundert die europäische Zivilisation anführten. Sie spielten diese Rolle sowohl als (ökumenisch-katholische) Kirche als auch als säkulare Tendenz.

Die deutsche urbane Revolution begann zunächst mit dem Städtebund der Hanse (ca. 1250–1450 n. Chr.), als diese Städte ihre kommerzielle Revolution verwirklichten. Die zweite Phase (ab 1400 n. Chr.) war eine manufakturelle. Dabei wurde auf der Grundlage eines Städtekonföderalismus ein intensiver Kampf gegen Zentralisierung geführt. Diese Kämpfe und Aufstände, bei denen viele bäuerliche und halb-proletarische Gruppen, vor allem Handwerker, eine Rolle spielten, dauerten ungefähr vier Jahrhunderte. Diese erste Erfahrung mit städtischem und ländlichem demokratischem Konföderalismus unterlag nach einem sehr blutigen Prozess aus diversen Gründen (ideologische, organisatorische und Führungsfragen) der zentralistischen Monarchie und dem Nationalstaat, der zunächst nur eine Tendenz darstellte. Wären sie nicht unterlegen gewesen, wäre vielleicht die europäische Geschichte ganz anders verlaufen. Die heutige Bundesrepublik Deutschland erlebte vom bürgerlich-nationalstaatlichen Faschismus ausgehend eine sehr langsame evolutionäre Transformation hin zu diesem alten Modell – allerdings nicht in der Form eines demokratischen Konföderalismus, sondern der eines bürgerlichen Föderalismus.

Den eigentlichen Boom erlebten die holländischen und englischen Städte. Dabei war von Bedeutung, dass sie das Zentrum dreier Revolutionen bildeten, denen sie intensiv ausgesetzt waren. Die kommerziellen, finanziellen und industriellen Revolutionen waren insbesondere in Amsterdam und London siegreich. Der kommunale Föderalismus wurde in beiden Ländern einfach unterdrückt. Doch die übrige Stadt- und Landbevölkerung ergab sich dem Zentrum und dem Nationalstaat nicht einfach so. Dazu bedurfte es der holländischen im sechzehnten und der englischen Revolution im siebzehnten Jahrhundert. Amsterdam im siebzehnten und London im neunzehnten und zwanzigsten Jahrhundert waren die führenden Städte dieser revolutionären Prozesse. Diese beiden Städte waren die Zentren der neuzeitlichen Welt. Sie regierten das zentrale Welt-Zivilisationssystem, das eine große Transformation durchmachte. Sie stellten hegemoniale

Machtzentren dar. Ihre Bevölkerung und somit ihre Widersprüche wuchsen rasend schnell. Die krebsartige Struktur der Stadt entstand in dieser Zeit. Diese kranke Struktur wurde von Amsterdam und London auf – in historischer Reihenfolge – Frankreich, die USA, Osteuropa, Russland, den Fernen Osten, Lateinamerika, den Nahen Osten und Afrika übertragen. Das zwanzigste Jahrhundert stellte den Zeitraum in der Geschichte dar, in dem die Stadt eindeutige Überlegenheit erlangte. Neben der alten Zivilisation machte auch die paradigmatische Welt der ländlich-kommunalen Gesellschaft, die zwölftausend Jahre lang eine dominante Rolle gespielt hatte, dem kapitalistischen urbanen Paradigma Platz. Die Stadt war nun nicht mehr nur Handels-, Finanz- und Industriezentrum, sondern gleichzeitig auch das hegemoniale Zentrum einer ganzen Weltanschauung. Dieses Paradigma, das sich insbesondere mit seinen Universitäten und anderen akademischen Wissenschaftshäusern, seinen Krankenhäusern und Gefängnissen, seinen Klassen und Bürokratien institutionalisierte, versuchte sich durch die streng positivistische Herangehensweise durchzusetzen, die an die Stelle der alten eschatologischen[42] Weltanschauung (mit ihrer Ausrichtung auf Jüngsten Tag und Jenseits) trat. Der Positivismus war eigentlich die neue Religion der Bourgeoisie, die es aber praktischer und erfolgversprechender fand, sich der Wissenschaften, deren Bedeutung sich enorm vergrößert hatte, zu bedienen und sich die Maske des ›Szientismus‹ aufzusetzen.

Mit dieser Struktur der Städte litt die Gesellschaft wirklich unter sozialem Krebs. Selbst Aristoteles hatte sich keine Stadt mit zehntausend Einwohner*innen vorgestellt. Städte mit hunderttausend, einer Million, fünf Millionen, zehn Millionen, fünfzehn Millionen, zwanzig Millionen und – das Ziel sind: – fünfundzwanzig Millionen Einwohner*innen! Was ist das anderes als ein krebsartiges Wachstum? Um allein eine solche Stadt zu ernähren, kann man ein mittelgroßes Land samt seiner Umwelt zerstören. Dieses Wachstum entbehrt jeglicher Logik. Es ist eindeutig, dass es zu keinem anderen Ergebnis führen kann, als die Erste Natur samt der Natur der Gesellschaft und der Stadt zu zerstören. Diese Größen sind langfristig für kein Land, keine Umwelt tragbar. Der wirkliche Grund der Umweltzerstörung ist dieses krebsartige Wachstum. Die Stadt besetzte, zerstörte und kolonialisierte nun ihr eigenes Land samt Bevölkerung; die neue Kolonialmacht waren nun die Stadt und die dort ansässigen globalen Handels-, Finanz- und Industriemonopole sowie die Wolkenkratzer,

42 Eschatologie ist die Lehre von der göttlichen Vollendung aller Dinge und dem Anbruch einer neuer Welt.

wo sie ihre Hauptquartiere beziehen. Die Sicherheitsmaßnahmen in diesen Wolkenkratzern, die den Burgen und Wehrmauern von früher in nichts nachstehen, bestätigen diese Tatsache.

Der Imperialismus und Kolonialismus des einundzwanzigsten Jahrhunderts wirkt nun nicht mehr von außerhalb, sondern in den Ländern selbst. Die Kolonisatoren sind keine Fremden, sondern vielmehr Partner. Es haben sich nicht nur die Kapitalmonopole globalisiert, sondern auch die Macht und der Staat. Es lässt sich nicht mehr zwischen Innen und Außen der globalen Macht unterscheiden. Auch nationale Zugehörigkeiten spielen überhaupt keine Rolle mehr, sie alle sind Partner. Die Unterscheidung zwischen Militärischem, Wirtschaftlichem und Kulturellem ist ebenfalls bedeutungslos geworden. Die gemeinsame Sprache von ihnen allen ist Englisch, ihre gemeinsame Kultur ist die angelsächsische, ihre Militärorganisation ist die NATO, ihre internationale Organisation ist die UN. Es gibt nun nicht mehr nur ein oder zwei, sondern zahlreiche Londons und New Yorks (das hegemoniale Zentrum der USA übernahm in den 1930er Jahren die Position von London). Wir leben im Zeitalter der globalen Städte. Die Städte des globalen Zeitalters zerstören nicht nur mit der Ausbreitungsgeschwindigkeit von Krebszellen die Umwelt. Ein Marsianer wäre wohl mit seiner Mentalität und Lebensweise mehr Erdling als die Stadtbewohner*innen unseres Zeitalters. Die Vornehmheit des urbanen Menschen, die sich ohnehin kaum entfaltet hatte, verlor ihre Gültigkeit. Er versucht seine Monstrosität unter dem Deckmantel des Modernen, des Modischen zu verstecken. Der eigentliche Barbar (der Umsetzer des Faschismus, Genozids, unbegrenzten kulturellen Genozids und schließlich des Soziozids) ist die Stadt. Jegliche Art barbarischer Personen und Gruppen (die virtuelle, simulakre, geistesverrückte, mediensüchtige Gesellschaft von Sportfanatiker*innen und innerlich hohlen wilden Partygänger*innen über die zerstörerische Bürokratie und Wucherer auf dem Markt, bis hin zu denjenigen, die sich an kein einziges moralisches Prinzip halten, und den Roboterisierten), die die alten Barbaren (ich glaube überhaupt nicht, dass die Nomadenstämme Barbaren waren) in jeglicher Hinsicht übertreffen, haben nun ihr Zentrum nicht mehr auf dem Land, sondern in der Stadt; sie sind die Stadt selbst.

Es werden die Babylons des modernen Zeitalters erlebt (schade um Babylon, denn es war bis zu seiner Zerstörung edel und heilig; seine Entartung hielt sich in Grenzen). Es lässt sich nicht voraussagen, wie es enden wird. Aber alle wissenschaftlichen Daten zeigen, dass unser Planet diese Welt (die monströse Welt, die ihn verrät und entschlossen ist, seine

Ökologie zu vernichten) nicht mehr tragen kann. Selbst wenn die urbanen Menschen auf das Land ziehen sollten, sind sie doch von Kopf bis Fuß krank. Man sollte sehr gut begreifen, dass die urbane Gesellschaft am Rande des ›Soziozids‹ steht.

Für diesen Zustand der Stadt sind zweifellos die Klassenmacht und die staatlichen Strukturen verantwortlich. Die prächtige Rendite der Stadt verwandelte sie in unerbittliche Barbaren und schuf die urbane Monstrosität (den neuen Leviathan). Es ist klar, dass dafür nicht alleine die Stadtbevölkerung und -gesellschaft verantwortlich gemacht werden können. Aber Nesseln brennen Freund und Feind. Die Banlieus, die ›neuen Christen‹ der Stadt, müssen einen Ausweg finden. Andernfalls werden sie in den Händen von Tausenden Neros, die schlimmer sein werden als Nero selbst, viel schlimmeres erleiden, als am lebendigen Leibe verbrannt zu werden. Man sollte sich Gedanken darüber machen, die begrenzte urbane Schönheit, Moral und Vernunft zu retten. Nun hat jedes gesellschaftliche Projekt die (bereits zu einer Krankheit gewordenen) Probleme, die ihren Ursprung in der Stadt haben, in den Fokus zu rücken. Es lässt sich niemals leugnen, dass wir nur in diesem Rahmen sinnvolle Antworten auf alle gesellschaftlichen und ökologischen Fragen entwickeln können. Wir bräuchten gar nicht nach weiteren Ursachen zu suchen, die zum Untergang der Welt und der Gesellschaft führen; alleine die Probleme, die ihren Ursprung in der Stadt haben, sind bereits dazu mehr als ausreichend.

9. Das Klassen- und Bürokratieproblem der Gesellschaft

Jene, die die Klassen und die Bürokratie als Voraussetzungen des Gesellschaftswesens betrachten, könnten sich über ihre Problematisierung wundern. So könnte man auf die Idee kommen, dass es zwar Probleme gebe, die von Klassen und Bürokratie herrühren, dass aber ihre Existenz an sich kein Problem darstelle. Allerdings sollte man begreifen, dass sie zumindest genauso problematische Strukturen sind wie die Stadt. Die Klassen und die Bürokratie mögen, genauso wie die Stadt, in den Anfängen der Zivilisation kein allzu großes Gewicht gehabt und kein Problem dargestellt haben. Ihre problematischen Wesenseigenschaften mögen gegenwärtig klarer in Erscheinung getreten sein. Aber die Herausbildung von Klassen und die damit zusammenhängende Bürokratisierung sind trotzdem problematisch und im Hinblick auf die gesellschaftliche Moral und Politik nicht notwendig. Die Gesellschaft leistete gegen diese beiden Phänomene lange Widerstand und akzeptierte sie nicht so einfach. Sie begegnete ihnen mit heftigem Widerstand. Die Geschichte ist voller Erzählungen über solche Widerstände.

Wie wir in den folgenden Kapiteln genauer sehen werden, kann die gesellschaftliche Natur eine breite Palette an Differenzen aufweisen und verschiedene Formen annehmen. Dies sind normale, dem Geiste der Natur entsprechende Entwicklungen. Aber genauso wie manches Gewebe, das sich bei Pflanzen- und Tierarten nicht entwickelte, da seine Entwicklung für nicht notwendig gehalten wurde, gibt es auch in der gesellschaftlichen Natur neben als Teil der Diversität und Differenzen sehr begrenzten, temporären und funktionalen Klassen- und Schichtstrukturen (die Bürokratie ist auch eine Schicht), die der Diversität und den Differenzen einen Sinn verleihen, auch extreme, permanente, funktionslose, unnütze Klassen- und Schichtstrukturen, die wie eine Geschwulst bis in die gesellschaftlichen Gewebe hineindringen. Für die Entstehung der Priester, Aristokratie und Bourgeoisie als Klassen, die lange von geringfügigem Nutzen waren, kann man bedingt Verständnis aufbringen. Es ist aber im Hinblick auf die gesellschaftliche Moral und Politik nicht möglich, ihnen als ideologischen, politischen, wirtschaftlichen und militärischen Hegemonialmächten permanenten, extrem repressiven und ausbeuterischen Charakters während der gesamten Zivilisationsgeschichte Verständnis entgegenzubringen. Der diesbezügliche Widerspruch ist ein antagonistischer; denn die Klassen und die Bürokratie in dieser ihrer Form sind gleichbedeutend mit der Verneinung der gesellschaftlichen Moral und Politik. Die Bedingung, die ich aufstellte, ist sehr wichtig. Klassen und Bürokratie, die eine Differenz darstellen bzw. zu ihr beitragen, sind möglich. Beispielsweise kann man den von der sumerischen Priesterklasse geschaffenen Tempel nicht als funktionslos betrachten. Die Priester errichteten dort die Fundamente der fruchtbaren Produktion, der Urbanisierung, Religion, Künste und Ordnung. Die Priesterklasse spielte bei zahlreichen kulturellen Aufbrüchen eine ähnliche Rolle. Eben wegen dieser ihrer positiven Funktion sollte man den Priestern bedingt Verständnis entgegenbringen. Allerdings ist die Legitimität der Klassen und der Bürokratie, die funktionslos sind und sich extrem vergrößert haben, stets fraglich und diese sollten überwunden werden.

Ähnliches gilt auch für die Aristokratie. Auch die Aristokraten boten dem gesellschaftlichen Fortschritt eine Ordnung und leisteten einen Beitrag zur produktiven Arbeit, Regierungseleganz, Kunst und Wissenschaft. Dementsprechend sollten sie auch beurteilt werden. Aber die ähnlichen Kastenbildungen und Despotien, zu denen sie führten, die Errichtung von Dynastien und Königreichen, sogar ihre Selbstvergöttlichung sind Krankheiten, die nicht zu akzeptieren sind. Die gesellschaftliche Moral und Politik befinden sich in einem antagonistischen Widerspruch zu diesen Entwicklungen. Aus diesem Grund stellt ihre kämpferische Überwindung die Voraussetzung einer richtigen Moral und Politik dar.

Diese Worte gelten für die Bourgeoisie umso mehr. Die Entwicklung dieser Klasse und ihrer bürokratischen Apparate trug in revolutionären Zeiten zum gesellschaftlichen Fortschritt bei. Handels- und Zirkulationsmittel (Geld und Schuldschein), die bürgerliche Initiative beim industriellen Fortschritt, ihre zeitweiligen Demokratieversuche, ihre begrenzten Beiträge zur Wissenschaft und Kunst sind die Aspekte der Bourgeoisie, für die man Verständnis aufbringen sollte. Aber die äußerst permanente Struktur der Bourgeoisie, die in den letzten vier Jahrhunderten fast zu mehr Spaltung zwischen Klassen und zu mehr Bürokratisierung als in der gesamten Zivilisationsgeschichte mit ihren Klassen führte und die Klassenspaltung und Bürokratisierung wie Krebszellen vermehrte, ist zahlenmäßig größer und viel gefährlicher als alle oberen Klassenherausbildungen. Die Bourgeoisie und die Bürokratie, die im Laufe der Geschichte der Klassenherausbildungen den Mittelpunkt besetzten, haben in meinem Verständnis die Rolle einer wuchernden Krebskrankheit inne. Die gesellschaftliche Natur ist nicht dazu geeignet, Klassen und eine Bürokratie dieser Art zu tragen. Wenn man darüber diskutieren will, sage ich dann: hier, Faschismus! Meines Erachtens stellt der Faschismus das Trachten der Mittelklasse, die die Summe aus Bürokratie und Bourgeoisie ist, nach dem Leben der Gesellschaft dar. Was hier bewiesen wird, ist, dass die Gesellschaft und die Mittelklasse nicht zusammen funktionieren können. Manche Intellektuelle meinen, die Mittelklasse sei die Klassenbasis des republikanischen und demokratischen Regimes. Diese Darstellung stellt eine der verlogensten Erzählungen der liberalen Propaganda dar. Die Mittelklasse ist die Klasse, die die größte Rolle bei der Verneinung der Republik und Demokratie spielt. Die Rolle anderer Klassen dabei ist begrenzt, außerdem wissen sie über den Faschismus nicht Bescheid. Mit dieser ihrer Eigenschaft spielt die Mittelklasse die gleiche Rolle wie extreme Urbanisierung: krebsartiges Wachstum. Zudem bestehen zwischen den beiden enge, organische, strukturelle Verbindungen. Während diese Krankheit der Stadt von der Gefräßigkeit, von der Vergrößerung der Mittelklasse herrührt, führen solche Städte zum Wachstum der Mittelklasse.

Die Mittelklasse ist von ihrer Mentalität her positivistisch. Ihrem oberflächlichen Wesen, das nicht über ein Abwägen der Phänomene hinausgeht und ihren Interessen entsprechend nicht sehen will, fehlen jegliche Substanz und Tiefe. Obwohl sie den Positivismus unter dem Deckmantel des ›Szientismus‹ präsentiert, bildet sie die götzendienerischste (in der Ära dieser Klasse kam es zu einer Überfülle an Denkmälern) Klasse der Geschichte. Dem Schein nach ist sie säkular und weltlich, im Wesentlichen aber stellt sie die religionistischste und träumerischste Kraft dar. Der Religionismus zeigt sich in ihrem fanatischen Glauben an den ›Positivistismus‹. Wir wissen, dass der Positivismus sich niemals auf die Totalität der Wirklichkeit stützt. Diese angeblich säkulare, eigentlich anti-säkulare Klasse tischt der Gesellschaft schamloserweise die imaginärsten (apokalyptischen) Projekte auf. Es ist diese Klasse, die den wirtschaftlichen, politischen, militärischen, ideologischen und wissenschaftlichen Monopolismus des Kapitals auf globaler Ebene weiterentwickelt. Aus diesem Grund stellt sie die Klasse dar, deren Gesellschaftsfeindlichkeit am stärksten ausgeprägt ist. Auf zwei Arten betreibt sie Soziozid und Genozid. Die Vernichtung eines Volkes wegen seiner Abstammung, ›Rasse‹ oder Religion wurde durch den Klassencharakter der Bourgeoisie möglich. Noch schlimmer ist das soziozidale Verhalten dieser Klasse. Sie betreibt den Soziozid auf zwei Wegen: Erstens, indem sie sich mithilfe der nationalstaatlichen Ideologie und der Institutionalisierung der Macht der Gesellschaft bis in all ihre Poren als Militarismus und Krieg aufzwingt. Dies ist ein totaler Krieg, den die Macht, mit dem Staat eins werdend, gegen die Gesellschaft führt. Die Bourgeoisie weiß aus ihren Erfahrungen sehr gut, dass sie die Gesellschaft anders nicht regieren könnte. Zweitens, indem sie die wirkliche Gesellschaft mithilfe der ›Medien und Informatik‹-Revolution in der zweiten Hälfte des zwanzigsten Jahrhundert durch die virtuelle ersetzt. Genauer gesagt ist es der Krieg durch medial-informationale Bombardierung. Seit einem halben Jahrhundert werden Gesellschaften durch diese zweite Art Krieg erfolgreich regiert. Wenn die imaginäre, virtuelle, simulakre Gesellschaft die wirkliche gesellschaftliche Natur ersetzt hat oder wenn geglaubt wird, dass dem so sei, funktioniert sie soziozidal.

Ich vertrete die Position, dass die Kategorien Sklave, Knecht und Arbeiter, die als unterdrückte und ausgebeutete Klassen in der Geschichte präsentiert werden, anders zu beurteilen sind. Die demokratische Rolle dieser Klassenstrukturen ist sehr begrenzt; denn sie befinden sich mit allem, was sie ausmacht, innerhalb des geistigen und strukturellen Gebäudes ihrer Herren – im Zustand einer unwichtig gemachten Erweiterung. In der Geschichte lässt sich keine einzige Klasse finden, die als Subjekt ihre Herren stürzte.

Dieser Umstand spiegelt eine bedeutende Realität wider. Aufständische Klassen, auch unterdrückte und ausgebeutete, verhalten sich zum gesellschaftlichen Körper so wie die Äste zum Baum. Selbst wenn Äste herunterhängen und abfallen, hat es keine oder nur eine begrenzte Auswirkung auf den Baumstamm. Aus diesem Grund führt die Benennung der Gesellschaft als Sklaven-Herren-, Leibeigenen-Aristokraten-, proletarische-bürgerliche Gesellschaft zu einer sehr falschen Terminologie. Die Sozialwissenschaften haben diesbezüglich eine neue Benennung und Definition zu entwickeln. So wie der Baum sich nicht durch den Ast beschreiben lässt, lässt sich auch die Gesellschaft nicht durch die Klassen benennen, die sich in ihr herausgebildet haben. Außerdem – und dies ist noch wichtiger – führen die Subjektivierung und Verherrlichung von Klassen wie den Sklaven, Leibeigenen, Arbeitern und Kleinbürgern und eine ihnen zugeschriebene revolutionäre Rolle, wovon es in der Geschichte des Realsozialismus und Anarchismus reichlich Beispiele gibt, zu keinem Ergebnis. Dem liegt meines Erachtens die Zuschreibung einer falschen Bedeutung als Subjekte mit revolutionärer Rolle zugrunde. Die richtige Haltung ist, gegen alle Klassen zu sein. Sklaven, Leibeigene oder die Arbeiterklasse mögen anfangs, in der Halbgesellschaft (mehrheitlich Halbbauern, Handwerker) der Übergangsphase eine positive, revolutionäre Rolle gespielt haben, aber in dem Maße, wie sie permanent wurden, degenerierten sie, versöhnten sich mit den oberen Klassen und verloren ihre Funktion.

Noch wichtiger ist es, dass eine emanzipatorische, egalitäre und demokratische Weltanschauung die Subjektivierung der beiden Arten von Klassenstrukturen jenseits der von mir angesprochenen Differenzierung und die Zuschreibung moralischer und politischer Werte nicht zulässt. Eine solche Weltanschauung hat die Herausbildung von Klassen in beiderlei Hinsicht als einen Widerspruch zur gesellschaftlichen Natur und als Anti-Gesellschaft zu betrachten und gegen Herausbildung von Klassen zu kämpfen. Dass die besagten Klassen zur Wirklichkeit geworden sind, bedeutet nicht, dass sie als legitime und echte gesellschaftliche Werte zu interpretieren wären. So wie Tumoren in unseren Augen nicht zum normalen Körper zählen, können wir auch diese gesellschaftlichen Phänomene ähnlich interpretieren. Außerdem wurden alle unterdrückten und ausgebeuteten unteren Klassen durch den Zwang der Macht und des Staates und durch ihre hegemonialen Ideologien geschaffen. Die Sklaverei, Leibeigenschaft und Arbeiterschaft, die unter diesen Bedingungen verwirklicht wurden, können wir nur verdammen. »Es lebe der ruhmreiche Arbeiter, Leibeigene,

Sklave!« auszurufen, käme objektiv gesehen einer Verherrlichung und Bejahung der hegemonialen Mächte gleich. Solche Interpretationen von Klassen durch zahlreiche Schulen, einschließlich der von Marx und seinen Nachfolgern, ist die Hauptursache für ihr Scheitern. Die oberen Klassen können bis zu einem gewissen Grad eine Bedeutung haben, aber da die Klassen, die zur Plackerei gezwungen werden, durch Zwang und ideologische Überzeugungsarbeit geschaffen wurden, ist die richtigste Haltung ihnen gegenüber, dass man sie stets verurteilt, niemals verherrlicht und für ihre Überwindung kämpft. Dieser Typus, dem Subjektdasein zugeschrieben wird, obwohl er kein Subjekt sein kann, dem eine revolutionäre Rolle zugeschrieben wird, obwohl er offensichtlich keine Revolution machen kann, kommt um eine Niederlage nicht herum, wovon es in der Geschichte der sozialen Kämpfe reichlich Beispiele gibt. Der Grund für die Niederlage besteht in dem falschen Verständnis der Frage und der falschen Rolle, die der Klassenherausbildung zugeschrieben wird. Die sozialen Kämpfe der neuen Ära, des einundzwanzigsten Jahrhunderts, können in dem Maße, wie sie sich von diesem Fehler abwenden, erfolgreich werden.

Es stimmt, dass die Bourgeoisie die Klassenfrage verschlimmert. Es stimmt ebenfalls, dass sie ihre Klasseninteressen in eine bis in die feinsten Poren der Gesellschaft hineinwirkende Macht verwandelt (mit der sie Krieg gegen die Gesellschaft führt) und mithilfe des Staates offizialisiert und so ihre fortgeschrittenste Phase erlebt. Es lässt sich außerdem häufig beobachten, dass sie viele gesellschaftliche Gruppen, vor allem das kompromisslerische Arbeitertum, in ihrem Sinne instrumentalisiert. Man könnte fast sagen, dass sie die Gesellschaft verschlingt. Vor allem stimmt aber, dass sie die problematischste Klasse, ja sogar die Klasse ist, die die Gesellschaft am meisten in eine problematische verwandelt.

Es lässt sich jedenfalls behaupten, dass die Bürokratie, die in der ganzen Geschichte das institutionelle Ausführungswerkzeug der herrschenden Klassen darstellt, durch die Ausgestaltung des Nationalstaates in den letzten beiden Jahrhunderten größere Dimensionen annahm und gegenwärtig die Rolle einer nahezu eigenständigen Klasse eingenommen hat, ihr Gewicht innerhalb der Macht und des Staates vergrößert hat und sich selbst für den Staat hält. Es stellt eine schwer zu leugnende Tatsache dar, dass die Bürokratie zu einer Kraft wurde, die die Gesellschaft in einen eisernen Käfig sperrt, und diese ihre Rolle verfestigt, indem sie in alle gesellschaftlichen Bereiche (Bildung, Gesundheit, Justiz, Transport, Moral, Politik, Umwelt, Wissenschaft, Religion, Kunst, Wirtschaft) eingreift. In der heutigen Gesellschaft (kapitalistische Moderne) wurde nicht nur die staatliche Bürokratie zu einem Ungeheuer, sondern die gesamte Monopolwelt, die in ihre Fußstapfen trat, vergrößerte unter dem Motto »Lasst uns aufhören, Familienunternehmen zu sein, und zu Unternehmen werden, die von Professionellen verwaltet werden« ihre eigene Bürokratie lawinenartig. Die extreme Ausweitung der Bürokratie hängt mit dieser neuen Realität von Unternehmen zusammen. Man könnte es als eine Art ›Staatswerdung‹ von Unternehmen bezeichnen. Unter den Bedingungen, wo der Nationalstaat unzulänglich bleibt und neuer Staatsaufbau auf der Tagesordnung steht, zeigt sich die Staatswerdung globaler und lokaler Unternehmen als herrschende Tendenz.

Die gesellschaftlichen Probleme, die in dieser Doppelklemme ihren Ursprung haben, sind aktuell und nahezu das ›Jetzt‹ der gesamten Geschichte. Man könnte sogar so weit gehen, zu behaupten, dass dieses Duo die gesellschaftliche Natur (die traditionelle Gesellschaft) insgesamt umschlingt, erwürgt und auflöst. Daraus sollte man den Schluss ziehen, dass wir einen chaotischen Prozess durchmachen und gesellschaftliche Freiheit, Gleichheit und Demokratie nur in einem auf demokratischer Zivilisation basierenden System möglich wären, welches eines Kampfes für den Aufbau mithilfe einer zurechtgerückten Wissenschaft bedarf.

10. Bildungs- und Gesundheitsprobleme der Gesellschaft

Obwohl es wie ein zusätzliches Thema erscheint, ist es wichtig, die Probleme zu begreifen, die aus der Monopolisierung der Bildungs- und Gesundheitsbereiche durch die Macht und den Staat erfolgten. Genauso wie die verstaatlichte Wissenschaft das effektivste Mittel der ideologischen Hegemonie bildet, weisen die mit der Macht eins gewordene Bildung und Gesundheit den gleichen Charakter auf.

Bildung lässt sich als der Versuch der Gesellschaft definieren, ihre Mitglieder, vor allem die jungen darunter, gesellschaftliche Erfahrungen in Form theoretischen und praktischen Wissens verinnerlichen zu lassen. Die Sozialisation von Kindern erfolgt durch gesellschaftliche Bildungstätigkeit. Die Bildung von Kindern ist die wichtigste Aufgabe nicht der Macht und des Staates, sondern der Gesellschaft selbst; denn Kinder und Jugendliche gehören zu der Gesellschaft. Ihre eigenen Kinder und Jugendlichen ihren eigenen Traditionen und den Eigenschaften ihrer gesellschaftlichen Natur entsprechend zu erziehen und zu bilden und sie in sich selbst zu verwandeln, ist – sowohl als Recht als auch als Aufgabe – ein lebenswichtiges Thema, eine Frage der gesellschaftlichen Fortexistenz. Keine Gesellschaft kann ihr Existenzrecht und die Aufgabe, dazu ihre Kinder zu erziehen und zu bilden, mit einer anderen Kraft teilen oder ihr überlassen. Die Gesellschaft kann dieses Recht und diese Aufgabe nicht delegieren, selbst wenn es dabei um den Staat oder diverse Machtapparate handelt. Sonst ergäbe sich die Gesellschaft den Herrschaftsmonopolen.

Die Heiligkeit des Rechts auf Bildung beruht auf der Existenz. Keine Kraft, nicht einmal die der Eltern, kann ihren Kindern und Jugendlichen so nahe stehen wie die Gesellschaft und keine Kraft spürt das Bedürfnis, es zu tun. Eine der gesellschaftsfeidlichsten Taten der Zivilisationen in der Geschichte ist, dass sie die Gesellschaft ihrer Kinder und Jugendlichen berauben. Das etatistische Zivilisationssystem verwirklicht diese Tat auf zwei Wegen: Entweder, indem es die Erwachsenen vernichtet und die Kinder und Jugendlichen versklavt, oder indem es sie zu sich nimmt, um sie angeblich zu erziehen, zu bilden oder auszubilden, um sie auf der Ebene der Macht zu verwerten.

Eines der Hauptziele von Kriegen ist die Errichtung von Dewschirmestätten[43], um Mädchen und Jungen durch diese beiden Methoden zu assimilieren. Während dies den Ursprung der Bürokratie bildet, stellt die Zivilisationsgeschichte den Akt dar, mit dieser Methode sowohl die Gesellschaft zu schwächen als auch die Stärke bürokratischer Apparate zu entwickeln: die Errichtung einer Gesellschaft gegen die Gesellschaft, der Gesellschaft des Staates. In dieser Einrichtung wird Kindern und Jugendlichen, die aus ihrer eigenen Gesellschaft herausgerissen wurden, eine ganz andere Sprache, Kultur und Geschichte gelehrt. Die Entfremdung der Kinder und Jugendlichen von sich selbst ist das Hauptziel dieser (Aus-)Bildung und Erziehung. Sowohl im ideologischen als auch im materiellen Sinne wird ihnen die etatistischste Identität aufoktroyiert. So wird ihnen ein Leben ohne Macht verunmöglicht und der Staat und die Macht werden für sie zum einzig gangbarem Weg ihrer Existenz gemacht. Diese assimilierten Gruppen halten sich selbst einerseits für den Staat und die Macht, geraten andererseits dadurch in einen Widerspruch mit der Gesellschaft. Manchmal werden die Staatsgesellschaft und die gesellschaftliche Natur gleichgemacht. Das ist ein Fehler, ein Widerspruch. Die Zivilisationsgeschichte wurde

43 Dewschirme oder Knabenlese war im Osmanischen Reiche eine Praxis von Zwangsrekrutierung und -bekehrung, bei der christliche, vorwiegend männliche Jugendliche aus ihren Familien verschleppt und islamisiert wurden, um sie anschließend zum Teil an hervorgehobener Stelle im Militär- und Verwaltungsdienst einzusetzen.

auf diesem Widerspruch aufgebaut. Diese historischen Tatsachen stecken hinter der Usurpierung der Bildung durch die Mächte, die ansonsten der Bildungsaufgabe an der Gesellschaft völlig gleichgültig gegenüberstehen. So wie der Kapitalist seine Arbeiter (aus-)bildet, bilden sie die von ihnen Beherrschten der gleichen Logik entsprechend als Untertanen-Arbeiter (aus). Selbst wenn es Bürokratie heißt, werden ihre Mitglieder von der untersten bis zur obersten Stufe zu Untertanen (aus-)gebildet und erzogen.

Insbesondere nationalstaatliche Mächte errichten ihr Monopol über den Kindern und Jugendlichen der Gesellschaft vor allem durch Bildung. Die Personen, die von diesen Mächten mit ihrem eigenen Geschichts- und Kunstverständnis, ihrer religiösen und philosophischen Mentalität bearbeitet wurden, sind nicht mehr ihrer ehemaligen Familien, sondern der Machthaber Kinder und Eigentum. So wird die große Entfremdung institutionalisiert. Die Bourgeoisie stellt diejenige Klasse dar, die über der Gesellschaft das intensivste Bildungsmonopol errichtet hat. Wenn die Grund- und Mittelschulbildung zur Pflicht erklärt und Arbeitssuchende auf das Universitätsdiplom hingewiesen werden, erlangt der auf die Jugend einwirkende, aus Entfremdung und Abhängigkeit bestehende Einklemmungs- und Einschließungsprozess Zwangscharakter, und Gewalt, materielle Kraft und Bildung/Erziehung werden zu Waffen der Kolonialisierung der Gesellschaft, denen nur schwer zu widerstehen ist.

Folglich kann man jedenfalls behaupten, dass es die Gesellschaft ist, die den größten Schaden des Kriegs erlitt, den der Staat und die Macht im Laufe der Geschichte gegen sie führten. Das gesellschaftliche Recht auf Bildung stellt das am schwersten umzusetzende Recht dar. Die Gesellschaft, die ihre Existenz unbedingt durch Bildung gewährleisten muss, ist angesichts der unheimlichen Stärke des Nationalstaats und der wirtschaftlichen Monopole in die schwierigste Phase ihrer Geschichte eingetreten. Der Nationalstaat, der seine ideologische Hegemonie errichtet hat, kolonialisiert, im Zuge der jüngsten Kommunikationsrevolution, mit einem medialen Krieg die ganze Gesellschaft in kultureller Hinsicht und führt erfolgreich eine unauffällige kulturelle Kolonialisierung durch, die genauso intensiv, vielleicht noch intensiver als die militärische und wirtschaftliche Kolonialisierung ist. Gegen diese kulturelle Eroberung und Kolonialisierung ist ein Widerstand der Gesellschaft mit ihren Existenzmitteln, ihrer eigenen Moral und ihrem politischen Kampf, der einzige Weg der Emanzipation und Befreiung. Eine Gesellschaft, die ihre Jugendlichen verloren hat, oder eine Jugend, die ihre Gesellschaft verloren hat, haben über eine Niederlage hinaus ihr

Existenzrecht verloren und verraten. Das Einzige, was ihnen bleibt, sind Verderbnis und Untergang. Die Hauptaufgaben der Gesellschaft sind deshalb, ihre eigenen Bildungsinstitutionen als grundsätzliche Mittel ihrer Existenz zu errichten, ihre wissenschaftlichen, philosophischen, künstlerischen und sprachlichen Interpretationen von der Wissenschafts- und Machtstruktur inhaltlich zu trennen und die Bedeutungsrevolution zu verwirklichen. Ansonsten wird es ihr nicht gelingen, die moralischen und politischen Gewebe ihres Gesellschaftswesens dazu zu bringen, ihre Funktion zu erfüllen.

So macht einerseits die Bildungsfrage im Wesentlichen die moralischen und politischen Institutionen (Gewebe) der Gesellschaft unabdingbar, andererseits stellt die Verwirklichung der gesellschaftlichen Bildung die Hauptaufgabe von Moral und Politik dar. Eine Gesellschaft, die sich selbst nicht bilden und erziehen kann, verliert die Möglichkeit, ihre eigene Moral und politischen Institutionen zu entwickeln und am Leben zu halten. Eine solche Gesellschaft kommt nicht umhin, stets in der Gefahr zu leben, zu verderben und sich aufzulösen.

Auch die gesellschaftliche Gesundheitsfrage ist ein äußerst sensibles Thema. Es ist von ebenso großer Bedeutung wie die Bildung. Die Basis, Existenz und Freiheit einer Gesellschaft, die ihre Gesundheit mit ihren eigenen Ressourcen nicht schützen kann, sind entweder bedroht oder gänzlich verloren.

Die Abhängigkeit vom Gesundheitsbereich ist ein Indikator für allgemeine Abhängigkeit. Eine Gesellschaft, die ihre physischen und geistigen Gesundheitsprobleme gelöst hat, hält die Emanzipationsmöglichkeit in ihren eigenen Händen. Verbreitete Krankheiten in kolonialisierten Gesellschaften hängen mit dem Kolonialregime zusammen. Die eigenen Gesundheitsinstitutionen zu errichten und -experten auszubilden, ist als grundsätzliches Recht und Aufgabe der Gesellschaft anzusehen. Dass die Macht und der Staat diese Aufgabe der Gesellschaft entreißen, in ihre eigenen Hände nehmen und monopolisieren, ist ein heftiger Schlag auf die gesellschaftliche Gesundheit. Der Kampf für das Recht auf Gesundheit ist die Sensibilität der Gesellschaft gegenüber ihrem Selbstrespekt und ihrer Freiheit.

Die kapitalistische Moderne hält die Vernationalstaatlichung von Bildung und Gesundheit für lebenswichtig. Ohne diese beiden Bereiche, von denen die existenzielle, gesunde und aufgeklärte Entwicklung der Gesellschaft abhängt, unter Kontrolle zu bringen, ohne über ihnen eine monopolistische

Herrschaft zu errichten, ist die Aufrechterhaltung der allgemeinen Herrschaft und Ausbeutung äußerst schwierig. Da die Monopole sich dessen bewusst sind, dass sie die Gesellschaft nicht alleine durch nackte militaristische Gewalt enteignen könnten, ist für sie die Kontrolle über Bildung und Gesundheit von unglaublicher Wichtigkeit.

Wir sehen noch einmal, dass allen existenziellen Gesellschaftsfragen der monopolistische Staat und die Macht zugrunde liegen. Der Profit und das Kapital könnten ohne dieses Machtmonopol nicht weiterexistieren. Und ohne systemischen Kampf der demokratischen Zivilisation dagegen kann keine Gesellschaftsfrage nachhaltig gelöst werden.

11. Das Militarismusproblem der Gesellschaft

Der Militarismus lässt sich als der fortgeschrittenste gesellschaftsfeindliche Monopolismus definieren. Es ist anzunehmen, dass die ersten Versuche, über der gesellschaftlichen Natur eine auf Repression und Ausbeutung abzielende Autorität zu errichten, auf die analytische Intelligenz und Aktion des aus der Jägertradition stammenden ›listigen und starken Mannes‹ zurückzuführen sind. Der stärkste Mann versuchte seine Autorität im Wesentlichen über zwei grundsätzlichen Gruppen, die Jägergruppe um ihn und die Frau, die er zu Hause einzusperren versucht, zu errichten. Dadurch, dass Schamanische (Protopriester) und Gerontokratische (Altengruppe) sich diesem Prozess anschlosssen, kam in vielen Gesellschaften unter verschiedenen Formen die erste hierarchische Autorität zustande. Es lässt sich beobachten, dass der ›starke und listige Mann‹ und seine Gefolgschaft sich mit dem Übergang zur Zivilisationsgeschichte als sich offizialisierende Macht, als militärischen Arm des Staates (die erste auf Mehrproduktaneignung basierende Monopolbildung über der Wirtschaft) institutionalisierten. Die erste, zweite und dritte Dynastie von Ur, die in der sumerischen Gesellschaft unmittelbar auf die Ära der Priesterkönige folgten, spiegeln diese Entwicklung wider. In zahlreichen Gesellschaften ereignete sich ähnliches. Auch im Gilgamesch-Epos kann man Schritt für Schritt verfolgen, wie das Königreich von der Tradition der Göttin Inanna (Göttinnen- und Priesterinnentradition) losgerissen und die Priesterinnen geschwächt und in privaten Häusern und Bordellen eingesperrt wurden.

Wenn wir Gilgamesch als den ersten Kommandanten der Geschichte identifizieren, können wir die Entstehung der militärischen – militaristischen – Tradition viel besser analysieren. Er wollte einen Beutezug unternehmen, um Menschen zu jagen und dadurch den Sklavenbedarf der

Stadt abzudecken. Sie wollten mithilfe des im Gilgamesch-Epos erwähnten Kollaborateurs Enkidu die im Norden des heutigen Irak lebenden Stämme jagen, die sie als unzivilisiert und barbarisch (Humbaba) bezeichneten. Es wird ersichtlich, dass der eigentlichen Barbarei und Wildheit die Tyrannei der Stadt zugrunde lag. In der griechischen Kulturtradition wurde der Begriff ›Barbar‹ als eine Verdrehung, Lüge und Propaganda der Stadt entwickelt und diente der Errichtung ideologischer Überlegenheit. Die ländlichen Stämme, die im Vergleich zur urbanen Organisierung relativ schwach und unorganisiert waren, können offensichtlich in dem Sinne, wie es von der offiziellen Gesellschaft gemeint ist, keine Barbaren sein. Der Begriff der Barbarei gehört zu den größten Lügen und Tatsachenverdrehungen der Zivilisationsgeschichte. Die zweite Aufgabe des urbanen Tyrannen ist die ›Sicherheit‹. Er bediente sich zu diesem Zweck am häufigsten der Methode, Burgen und Wehrmauern zu errichten und immer mächtigere und tödlichere Waffen zu entwickeln. Es ist eine nicht zu leugnende und realistische Sichtweise der Dinge, dass dazu Millionen von Menschen versklavt, zu Leibeigenen und Arbeiter*innen gemacht und diejenigen, die diese Status nicht annahmen, ermordet wurden und diese Taten als Geschichte präsentiert wurden.

Wenn der militärische Arm ökonomische Werte erpresst, hebt er seiner Stärke entsprechend den größten Anteil für sich selbst auf. Die Beutezüge in der Geschichte erklären diese Tatsache ziemlich gut. Zudem ist es völlig offensichtlich, dass dem Staat Landbesitz (*mülk*) und diesem wiederum militärische Eroberung und Plünderung zugrunde liegen. Wer erobert, der besitzt. Er betrachtet dies als natürliches und unerlässliches Recht, das ihm durch seine Tat zusteht. Was die Kräfte von Staat und Macht erobert und erplündert haben, ist die Summe aller Immobilien und Beutegüter, vor allem Land. Beispielsweise ist das Prinzip »Alles osmanische Land gehört dem Padischah« nichts anderes als die Fortsetzung dieser ersten und ausschlaggebenden Tradition, die Ausdruck des Zusammenhangs zwischen dem Staat und den militärischen Eroberungen ist. So wurde die Tradition begründet und durch ihre Verrechtlichung bei jeglicher Staatsgründung fortgesetzt. Aus diesem Grund handeln die Militärs unter Berücksichtigung der historischen Tradition, wenn sie sich als die eigentlichen Besitzer des Staates, folglich des Eigentums sehen und definieren. Dass das Militär den stärksten monopolistischen Arm bildet, ist durch die Natur der Macht und des Staates bedingt. Die ihm zur Verfügung stehende personelle und militärische Stärke ist ohnehin von der Art, dass sie ihm dies sichern kann. Dass

Bemühungen der zivilen Bürokratie, ihren Anteil (ihr Monopol) zu vergrößern, manchmal mit Militärputschen entgegnet wird, ist im Lichte dieser grundsätzlichen Realitäten besser zu verstehen. Die Rolle der Ilmiye[44]- und Kalemiye[45]-Klassen genannten ideologischen und bürokratischen Monopole bei der Errichtung der Macht und des Staates ist zweifellos ebenfalls unabdingbar, wenn auch nicht so ausschlaggebend wie die des Militärs. Selbst die oberflächlichste Untersuchung der historischen und gegenwärtigen Macht- und Staatsapparate bestätigt dies.

Der erste der in Bezug auf unser Thema wichtigsten Aspekte ist, dass das Militär das fortgeschrittenste und ausschlaggebendste Monopol bildet. Das militärische Monopol existiert nicht für Ruhm, Ehre und Heldentum (diese Behauptung ist eine ideologische Propaganda, die zur Verschleierung und Verdrehung des Kerns der Sache dient), sondern als unverzichtbares Element des Machtmonopols. In seinem Kern ist es wirtschaftlich. Das Militär ist ein auf der Wirtschaft basierendes, aber über der Wirtschaft stehendes und sich von ihr fernhaltendes Monopol, das sein Einkommen (Lohn) trotzdem am meisten unter Garantie stellt, schwer zu opponieren ist, mit dem sich alle anderen monopolistischen Kreise einigen und den Mehrwert teilen müssen. Das militärische ist ein Monopol, das in Bezug auf seine historische Grundlage und Entwicklung eine sehr tief verwurzelte Tradition darstellt. Es handelt sich dabei um das Monopol der Klasse, die in ihrem Kern mit der wirtschaftlichen Entwicklung sehr eng zusammenhängt, aber sich von ihr am meisten fernhalten will – der Bürokratie. Unter diesem Gesichtspunkt scheint es die Kraft zu sein, die von der Gesellschaft am weitesten entfernt ist. Genauer gesagt, ist es diejenige monopolistische Gruppe, die sich mit den besten wirtschaftlichen und militärischen Waffen ausgerüstet hat. Ohne das Militärische richtig zu analysieren, können wir weder den wirtschaftlichen Monopolismus noch den staatlichen und Machtmonopolismus gänzlich begreifen. Alle drei zusammen bilden eine Einheit. Sie nähren sich von der gleichen Sache – den gesellschaftlichen Mehrprodukten. Sie behaupten, im Gegenzug für die Sicherheit, Bildung, Gesundheit und Produktivität der Gesellschaft zu sorgen. Der Etatismus, der ideologische Staat, präsentiert sich auf diese Weise, aber die Wahrheit sieht anders aus, nämlich so, wie ich sie dargestellt habe.

---

44 *Ilmiye*, als eine der grundsätzlichen Institutionen des osmanischen Staatsapparats, war für die Verbreitung des Islam zuständig und hatte eine Kontrollfunktion im Hinblick auf die gerichtliche Anwendung sowie das Unterrichten des islamischen Rechts inne.

45 *Kalemiye* war das Administrative des auf vier Institutionen beruhenden osmanischen Staatsapparats.

Da die Militarisierung, der Militarismus, der am straffsten organisierte Arm des Kapitals und der Macht ist, ist es durch die Natur der Sache bedingt, dass das militärische Monopol die Institution bildet, die die Gesellschaft am meisten unter ihre Herrschaft stellt und in einen Käfig sperrt. Obwohl der Militarismus eine Kraft ist, die in der gesamten Geschichte und in allen Staaten in die Gesellschaft eindringt, sie kontrolliert und über sie herrscht, erreichte sein Wachstum im Zeitalter der Mittelklasse (Bourgeoisie) seinen Höhepunkt. Wir begegnen an dieser Stelle der nationalstaatlichen Entwaffnung der Gesellschaft im Namen der offiziellen Armee und der Errichtung des staatlich-militärischen Gewaltmonopols als ausschlaggebendem Aspekt. Die Gesellschaft wurde in der Geschichte noch nie so sehr entwaffnet wie von der bürgerlichen Klasse. Der Grund für diese äußerst wichtige Tatsache ist die Intensivierung der Ausbeutung und die Entstehung großer Widerstände dagegen. Die Gesellschaft lässt sich nicht regieren, ohne weitgehend und permanent entwaffnet und gegenüber dem Eindringen der Macht bis in ihre innersten Poren geöffnet und unter die Kontrolle der Macht gestellt worden zu sein. Die Gesellschaft lässt sich nicht bezwingen, ohne im ›eisernen Käfig‹ der Moderne eingesperrt zu werden. Außerdem lässt sich die Gesellschaft auch nicht regieren, ohne von der medialen Armee des global monopolistischen Finanzzeitalters eingeschlossen und umzingelt zu werden. Die Dimensionen der Ausbeutungsmonopole spiegeln sich in der Entstehung ideologisch-medialer und bürokratisch-militärischer Monopole eins zu eins wider. Es bestehen unzerstörbare Bande zwischen ihnen und sie bedingen sich gegenseitig. Der Vorrang des auf dem über und in der Gesellschaft verwurzelten Militarismus beruhenden riesigen waffenindustriellen Kapitals der jüngsten großen Zentralzivilisation – des Superhegemons, der anderen regionalen Hegemonen und aller ihrer regionalen Kollaborateure – gegenüber dem Kapital anderer Monopole rührt von seiner geschichtlichen und aktuellen Position her. Die Identifizierung des Militarismus mit dem Faschismus des kapitalistischen Monopols erlangt ebenfalls durch diese Wahrheit ihre Bedeutung.

Gesellschaften wehrten sich selbstverständlich während der natürlichen Gesellschaft und der ganzen schriftlich überlieferten Geschichte auf verschiedene Art und Weise intensiv gegen die militaristische Entwicklung der Zivilisation. Die Gesellschaft entwickelte im Laufe ihrer Jahrtausende langen Geschichte auf der Grundlage der Selbstverteidigungstradition diverse Widerstände und Aufstände, institutionalisierte Guerillakräfte und Volksverteidigungsarmeen und führte große Verteidigungskriege.

Verteidigungskriege können wir natürlich nicht mit Kriegen militaristischer Monopole gleichsetzen. Sie unterscheiden sich in ihrem Wesen und Charakter. Der eine ist gesellschaftsfeindlichen, kolonialistischen, verderbenden und vernichtenden Charakters, der andere ist gesellschaftsfreundlich, verteidigt die Gesellschaft, setzt ihre moralischen und politischen Fähigkeiten frei. Die demokratische Zivilisation ist der auf der Systematisierung der Selbstverteidigung basierende Schutz und die Verteidigung der Gesellschaft gegen den zentralzivilisatorischen Militarismus.

12. Das Friedens- und Demokratieproblem der Gesellschaft

Unter einer der vorangegangenen Überschriften versuchte ich in Form einer sehr knappen Einleitung darzustellen, mit welchen Problemen die gesellschaftliche Natur überhäuft wird. Ein Paradigma kann ebenso wie die Sozialwissenschaften nur dann wertvoll sein, wenn man sich bei Analysen und Antworten auf diese Definitionen stützt. Ansonsten unterschieden sie sich nicht mehr von liberalen und traditionalistischen Rhetoriken (Wortkünste, die die Herrschaft verschleiern). Ich kam zum Ergebnis, dass den gesellschaftlichen Fragen die kombinierten Auswirkungen, die Herrschaft und der Kolonialismus von Unterdrückungs- und Ausbeutungsmonopolen zugrunde liegen, die im Allgemeinen die gesellschaftliche Natur (die Existenz der Gesellschaft) und im Besonderen die Mehrwert produzierenden wirtschaftlichen Ressourcen ausbeuten. Die Probleme haben ihren Ursprung weder in der Umwelt (Erste Natur) noch in irgendeinem gesellschaftlichen Faktor (Zweite Natur).

Ohne Moral und Politik, die sich als Existenzfaktoren zur Regelung der gemeinsamen Angelegenheiten der Gesellschaft im allgemeinen, kollektiven Sinne zu einem Gewebe entwickelt haben, können Gesellschaften nicht weiterexistieren. Der Normalzustand und die Existenz der Gesellschaft können nicht ohne Moral und Politik sein. Wenn das eigene moralische und politische Gewebe einer Gesellschaft sich nicht entwickelt hat oder verkrüppelt, irregeleitet und gelähmt ist, kann über sie gesagt werden, dass diese Gesellschaft die Besetzung und Kolonialisierung verschiedener Monopole als Kapital, Macht und Staat erlebt. Allerdings auf diese Weise zu existieren, ist ein Verrat und eine Entfremdung von ihrer eigenen Existenz; es handelt sich dabei um eine Existenz als Herde, Gegenstand und Ware-Eigentum unter der Herrschaft von Monopolen. Unter diesen Umständen ist der Gesellschaft ihre eigene Natur abhanden gekommen und die Fähigkeiten der natürlichen Gesellschaft sind verloren oder verkümmert.

Die Gesellschaft ist kolonialisiert, sogar – noch schlimmer – hat sie sich gänzlich als Eigentumsgegenstand der Verderbnis und der Nichtexistenz ergeben. In der Geschichte und Gegenwart sind viele Gesellschaften zu sehen, die dieser Definition entsprechen. Die verdorbenen und vernichteten sind viel zahlreicher als die überlebenden.

Wenn die Gesellschaft in einen Zustand verfällt, in dem sie nicht die für ihre Fortexistenz notwendigen moralischen und politischen Institutionen formieren und funktionalisieren kann, befindet sie sich in der Klemme von Unterdrückung und Ausbeutung. Dies ist ein ›Kriegszustand‹. Es wäre auch möglich, die geschichtlichen Zivilisationen als einen ›Kriegszustand‹ gegen die Gesellschaft zu bezeichnen. Wenn Moral und Politik nicht funktionieren, bleibt der Gesellschaft nur eine Sache übrig: Selbstverteidigung. Der Kriegszustand ist das Fehlen des Friedens. Folglich kann der Frieden nur auf der Grundlage der Selbstverteidigung einen Sinn erlangen. Ein Frieden ohne Selbstverteidigung ist Ausdruck von Resignation und Sklaverei. Der Frieden ohne Selbstverteidigung, den der Liberalismus heute den Völkern und Gesellschaften aufzwingt, insbesondere das demokratische Stabilität und Verständigung genannte Spiel, ist nichts anderes als die Verschleierung der mit Waffengewalt aufrechterhaltenen bürgerlichen Klassenherrschaft und die verdeckte Fortsetzung des Kriegszustandes. Die ideologische Hegemonie des Kapitals gibt sich große Mühe, um den Frieden ohne Selbstverteidigung als echten Frieden auszugeben. In der Geschichte drückt es sich mit anderen ›sakralisierten Begriffen‹ aus. Religionen, vor allem zivilisierte, sind voller solcher Begriffe.

Die Verwirklichung des Friedens kann ihre wahre Bedeutung nur dann erlangen, wenn die gesellschaftliche Selbstverteidigung funktioniert, also wenn der moralische und politische Gesellschaftscharakter bewahrt und gewährleistet wird. Insbesondere der Frieden, um dessen Definition sich Michel Foucault sehr bemühte, kann nur dadurch einen akzeptablen gesellschaftlichen Ausdruck finden. Ein Frieden, dem andere Bedeutungen beigemessen werden, kann nichts anderes sein als eine Falle für alle Gemeinschaften und Völker und eine Fortsetzung des Kriegszustandes in verdeckter Form. Der Friedensbegriff ist unter den Bedingungen der kapitalistischen Moderne ein Wort voller Fallen. Ihn ohne richtige Definition zu benutzen ist deshalb bedenklich. Wenn wir es nochmals definieren: der Frieden ist weder die vollständige Aufhebung des Kriegszustandes noch die ›Stabilität‹, die unter der Überlegenheit der einen Partei errichtet wird, und auch nicht das Fehlen des Kriegs. Im Krieg gibt es verschiedene Parteien; die absolute

Überlegenheit der einen Partei ist nicht der Fall und darf es auch nicht sein. Drittens dürfen die Waffen nur auf der Basis der Anerkennung des eigenen moralischen und politischen institutionellen Funktionierens der Gesellschaft zum Schweigen gebracht werden. Diese drei Voraussetzungen bilden die Grundlage des prinzipiellen Friedens. Ein richtiger Frieden kann nur dann etwas bedeuten, wenn er auf diesen prinzipiellen Voraussetzungen beruht.

Lassen Sie uns auf diese drei Voraussetzungen näher eingehen. Erstens ist eine vollständige Entwaffnung der Parteien nicht vorgesehen. Welchen Anspruch auch immer sie haben, geloben die Parteien nur einander nicht anzugreifen. Es wird dabei keine militärische Überlegenheit angestrebt. Das Recht und die Möglichkeiten aller Parteien, für ihre Sicherheit zu sorgen, werden respektiert. Zweitens handelt es sich nicht um die endgültige Überlegenheit der einen Partei. Vielleicht kann unter der Überlegenheit der Waffen ein Zustand der Stabilität und Ruhe eingeleitet werden, aber dieser Zustand ist kein Frieden. Es kann sich um einen Frieden handeln, wenn beide Parteien akzeptieren, den Krieg zu beenden, ohne dass eine von ihnen sich mithilfe von Waffen Überlegenheit verschafft. Drittens akzeptieren die Parteien, wie auch immer sie sich positionieren, bei der Lösung der Probleme das moralische und politische Funktionieren der jeweiligen Gesellschaften zu respektieren. In diesem Rahmen lässt sich der Zustand, der als ›politische Lösung‹ bezeichnet wird, definieren. Ein Waffenstillstand, der keine politische und moralische Lösung beinhaltet, darf nicht als Frieden interpretiert werden.

Unter diesen prinzipiellen Friedensbedingungen erlangt die demokratische Politik eine enorme Bedeutung. Wenn die moralischen und politischen Institutionen der Gesellschaft funktionieren, entsteht natürlicherweise ein Prozess der demokratischen Politik. Die Kreise, die die Verwirklichung des Friedens anstreben, sollten wissen, dass sie nur dann Erfolg haben können, wenn die Politik auf moralischer Basis ihre Rolle spielt. Im Frieden hat zumindest eine Partei sich in der Position der demokratischen Politik zu befinden. Ansonsten kann es nicht über ein ›Friedensspiel‹ im Interesse der Monopole hinausgehen. Die demokratische Politik spielt in diesem Fall eine lebenswichtige Rolle. Mit den Kräften der Macht und des Staates können nur die Kräfte der demokratischen Politik auf der Basis des Dialogs einen sinnvollen Friedensprozess einleiten. Wenn ein solcher Frieden nicht der Fall ist, dann besteht der Kriegszustand weiter, selbst wenn die Kriegsparteien (Monopole) ihre Waffen zeitweilig gegenseitig niedergelegt haben. Im Krieg gibt es Schwierigkeiten aufgrund von Ermüdung und logistischen

Bedürfnissen. Wenn diese Schwierigkeiten beseitigt werden, wird der Krieg so lange fortgesetzt, bis eine der Parteien absolute Überlegenheit erlangt. Diese Form ist nicht als Frieden, sondern als Waffenstillstand in Erwartung noch gewaltigerer Kriege zu bezeichnen. Damit ein Waffenstillstand friedlich sein kann, muss er den Frieden herbeiführen und in die drei Voraussetzungen, die ich aufgezählt habe, münden.

Es kann auch dazu kommen, dass diejenige Partei, die sich im Krieg in der Selbstverteidigungsposition befindet, (die Partei, die Recht hat) absolute Überlegenheit erlangt. Auch dann ändert sich nichts an den drei Friedensvoraussetzungen. Wie es an der Erfahrung des Realsozialismus und der zahlreichen berechtigten nationalen Befreiungskriege ersichtlich wird, kann die sofortige Gründung der eigenen Macht und des eigenen Staates und das Sorgen für Stabilität unter dieser Macht und diesem Staat nicht Frieden genannt werden. In diesem Fall handelt es sich darum, dass die ausländische monopolistische Kraft durch eine inländische (Staatskapitalismus oder die Kreise, die nationale Bourgeoisie genannt werden) ersetzt wird. Auch wenn es dann sozialistische Macht genannt wird, ändert sich nichts an dieser soziologischen Realität. Frieden ist grundsätzlich kein Phänomen, das durch die Überlegenheit der Macht und des Staates hervorgerufen wird. Solange die Macht und der Staat (bürgerlich, sozialistisch, national, anti-national – es macht keinen Unterschied) ihre eigene Überlegenheit nicht mit den demokratischen Kräften teilen, kann von Frieden keine Rede sein. Frieden, in letzter Instanz, ist die bedingte Übereinkunft zwischen der Demokratie und dem Staat. In der Geschichte nehmen auch die Erzählungen über solche Übereinkünfte viel Platz und Zeit ein. Diese bedingten Übereinkünfte wurden zu vielen Zeiten in vielen Räumen ausprobiert. Es gab sowohl prinzipielle, langfristige Beispiele als auch im Handumdrehen aufgekündigte. Die Strukturen, in denen Gesellschaften leben, bestehen nicht ausschließlich aus errichteten Mächten und staatlichen Kräften. Solange Gesellschaften nicht vollständig vernichtet wurden, wissen sie, egal, wie sehr ihr Raum eingeengt wurde, ihr Leben unter ihrer eigenen moralischen und politischen Identität fortzusetzen. Diese Realität ist vielleicht der in der Geschichte nicht beschriebene eigentliche Zustand des Lebens.

Die Gesellschaft nicht als ausschließlich aus Macht- und Staatserzählungen bestehend zu sehen, im Gegenteil als bestimmende Natur zu betrachten, könnte den Grundsstein für eine realistischere Soziologie legen. Wie groß und reich die Mächte, Staaten und Kapitalmonopole (so wie Pharao und Krösus) auch immer sind oder zu welch großem, die Gesellschaft verschlingenden Ungeheuer (neuer Leviathan) ihre heutigen Erben auch immer geworden sind, können sie niemals die Gesellschaft vernichten; denn was sie in letzter Instanz bestimmt, ist wiederum die Gesellschaft. Die Bestimmten können niemals die Bestimmenden ersetzen. Nicht einmal die gegenwärtig so imposante mediale Propagandakraft der Macht kann diese Tatsache verdecken. Sie sind die elendsten und erbarmenswürdigsten Kräfte, die sich als Riesen verkleidet haben. Dagegen wird die menschliche Gesellschaft nicht davor zurückschrecken, ihre Bedeutung als die seit ihrer Entstehung prächtigste Kreation der Natur zu finden.

Das folgende Kapitel handelt von der demokratischen Zivilisation als dem System der Interpretation, Verwissenschaftlichung und des Wiederaufbaus der Gesellschaft als des sowohl geschichtlichen als auch gegenwärtigen Zustands anhand dieses grundsätzlichen Paradigmas.

Fünfter Teil

Das System der demokratischen Zivilisation denken

Seit ich denken kann, hat mir die Skepsis keine Ruhe gelassen und verfolgte mich stets wie ein Gespenst. Dieser Skeptizismus nahm manchmal krankhafte Ausmaße an. Wenn manche meiner dogmatischen Glaubenssätze erschüttert wurden, fühlte ich mich unglaublich schwach. Das ging so weit, dass ich im Leben in eine Anspruchslosigkeit verfiel. Der wichtigste Beitrag dieses Skeptizismus, der sich selbst bei nicht ernsthaft zu vertretenden Themen zeigte, war wohl, dass er mich lehrte, dass die ›Wahrheit‹ nicht einfach zu finden ist. Meines Erachtens brachte mir die Problematisierung von allem einschließlich meiner eigenen Triebe die Kraft ein, mich von der im Nahen Osten immer noch sehr stark verbreiteten dogmatischen Denkweise zu befreien. Dass die eurozentrische hegemoniale Denkweise in letzter Instanz sowohl auf den dogmatischen Positivismus des Modernismus als auch auf das postmoderne Denksystem einen großen Einfluss ausübt, zeugt von der Bedeutung dieses Themas. Ich versuchte mich zu orientieren, indem ich die auf Glauben basierende Denkfähigkeit des Ostens mit der kritischen Denkkraft des Westens verglich, fand aber auf beiden Seiten keinen Platz für mich. Da es meinem Denken so ging, vertiefte sich natürlich mit jedem Tag die Kluft zwischen diesen Denkweisen und meinem Leben.

Mich befriedigte weder das auf Glauben basierende Denken noch dasjenige, das als kritisches präsentiert wurde. Meine grundsätzliche Kritik richtete sich gegen die Denksysteme, die für die Ausweitung der gesellschaftlichen Frage verantwortlich sind. Und dies erforderte eine kritische Haltung gegenüber der auf Glauben basierenden Systematik des Ostens und der rationalen Systematik des Westens und ermutigte mich zu einer solchen Haltung.

Eine zweite meiner Eigenschaften war, dass mein erwachtes Bewusstsein sich niemals von meiner gesellschaftlichen Praxis loslöste. Bei mir hatte sich schon früh der Charakterzug entwickelt, alles zu teilen. In der Zeit, als ich noch zu Fuß zur Grundschule ging (es handelte sich um die Schule im Nachbardorf Cibin), legte ich ein ziemlich interessantes Verhalten an den Tag, indem ich mit den wenigen Gebeten, die ich auswendig gelernt hatte, zum Imam einer kleinen Schülergruppe wurde. Obwohl ich spielerisch heranging, nahm ich diese Arbeit ziemlich ernst. Meines Erachtens lag dieser Haltung der Wunsch zugrunde, mich dadurch zu beweisen, dass ich die mit Ach und Krach auswendig gelernten Suren und damit das Prestige des ersten Denkens mit den anderen Kindern teilte: Das, was du lerntest, ist schwierig und wichtig; dann solltest du es unbedingt mit anderen teilen! Anscheinend hatte ich da mit einem wichtigen moralischen Grundsatz Bekanntschaft gemacht. Im vorangegangenen Band gab ich als kurze Geschichte wieder, wie ich mich gefühlt hatte, als die ersten Lichter der Moderne auf mein Gesicht gefallen waren.[46] Als ich deutlich merkte, dass die kapitalistische Moderne die Kraft war, die meinen verrückten Denkmarathon zunichte machte, hielt ich inne. Die Götter der letzten vier Jahrhunderte des kapitalistischen Welt-Systems zu zerschlagen, brachte mir interessanterweise eine emotionale Stärke ein, die der Freude Abrahams aus Urfa ähnelte, der als ›Götzenzerstörer‹ aufgetreten war. Nun konnte ich sowohl meinen Skeptizismus leicht unter Kontrolle halten als auch befriedigende Treffen mit meinen ›Wahrheiten‹ arrangieren, denen ich immer noch hinterherlief.

Es ist bitter, dass das Treffen des gänzlich der Schwäche anheimgefallenen Menschengeschlechts mit der Wahrheit auf das wahrscheinlich instiktivste Niveau in seiner Geschichte herabgesunken ist. Heute gibt es so gut wie kein Individuum mehr, das nicht von einem aus Partner*in, Kind und einem regelmäßigen Lohn bestehenden Leben gefangen genommen wäre. Ich leugne diese Tatsachen nicht. Ein solches materielles Leben im Namen des rationalen Denkens anzubeten, das an die Stelle der Philosophie gesetzt wurde, ist völlig bemitleidenswert. Genau das ist die Welt, die der nationalstaatliche Gott seinen glücklichen Untertanen schenkt. Können wir bestreiten, dass wir in einer außerordentlich beschränkten Welt leben? Mir erscheint das Leben unter einem göttlichen Symbol ältester Zeiten tausendmal sinnvoller und heiliger als unter der nationalstaatlichen Göttlichkeit von heute. Selbstverständlich weiß ich, dass ich hier vom seines Inhalts beraubten, äußerst hohlen Theismus der Kapitalmonopole spreche. Aber es bereitet mir mittlerweile Schmerzen, dass selbst diejenigen, die die vernichtendsten Schläge der nationalstaatlichen Göttlichkeit erleiden, trotzdem unter dem Einfluss dieser Göttlichkeit bleiben, und dass es ihnen irgendwie nicht einfällt, daraus auszubrechen. Ich bin mir dessen ziemlich bewusst, dass dies den aktuellen Zustand der Menschheit darstellt. Der Völkermord an den Jüd*innen, der diese Realität bestens widerspiegelt, verrät, welch tragische Dimensionen dieser von mir angesprochene Zustand angenommen hat. Leider hatte der hebräische Stamm, dessen Geschichte ich bereits erzählt habe, sowohl an der Entstehung dieses Zustands als auch daran, dass er unzählige Opfer forderte, einen wichtigen Anteil. Ich zweifle nicht am hegemonialen Charakter der jüdischen Denkkraft. Weder leugne noch unterschätze ich die Einflüsse dieser Denkkraft auf meine Persönlichkeit, die vom Auswendiglernen von Gebeten bis hin zum Zerstören von Götzen

46 Band II, S. 141 f.

reichten. Allerdings alleine die Tragödie des Völkermords an den Jüd*innen führt dazu, dass sie sich selbst eine gründliche Selbsthinterfragung schulden, wie sie Adorno unternahm. Um in dem Maße, wie ich beeinflusst wurde, meine Schuld zu begleichen, versuchte ich mir über das System der demokratischen Zivilisation Gedanken zu machen.

Diesbezüglich bin ich Abrahamit; aber da ich teilweise auch vom Zoroastrismus beeinflusst bin, habe ich ein starkes Bedürfnis nach einer anderen Interpretation. Dem herrschenden Geschichtsverständnis in Form von Zivilisationserzählungen widerfuhren wichtige Brüche. Es wird allgemein angenommen, dass jene Erzählungen als offizielle Geschichte des Siegeszuges des Staates und der Macht fungieren, aber keine Gesellschaftsgeschichte sein können. Die Narrative über die Seinsweise des Staates und der Macht können höchstens einen glanzlosen symbolischen Höhepunkt der historischen Wahrheit in Bezug auf Kapitalmonopole bilden. Was der Geschichte den Schein der Langweiligkeit verleiht, sind wiederum diese Narrative, die der gesellschaftlichen Tradition nicht entsprechen. Es ist offensichtlich, dass diese in ihrem Kern anti-gesellschaftliche Geschichte aufgrund ihres Wesens die Gesellschaft als Tradition nicht ausdrücken kann, sondern auf sie ihren Schatten wirft und sie vielseitigen Verdrehungen aussetzt. Auch die Erzählungen über Dynastien ähneln diesen. Das religiöse Geschichtsnarrativ, das in sehr begrenztem Maße gesellschaftlich repräsentativ ist, hat vor allem nach dem Eintritt in den Zivilisationsprozess keine über die Geschichte des Staates und der Macht hinausgehende Bedeutung mehr.

Die auf Klassen und Wirtschaft beruhenden Lesarten der Geschichte ähneln mit ihrer Art, die die gesellschaftliche Wirklichkeit von ihrer Totalität losgelöst behandelt und in einen Reduktionismus mündet, – wenn auch unter einem anderen Gesichtspunkt – der Geschichte von Staaten. Ihrer teilweise positivistischen Perspektive mangelt es an der Fähigkeit, der Geschichte einen Sinn zu verleihen – und dies sogar mehr, als es bei Religionen der Fall ist. All diesen historischen Narrativen, so sehr sie einander konträr zu sein scheinen, ist gemeinsam, dass sie ihren Ursprung in der Zivilisation haben.

Ich bin der Meinung, dass die Geschichte der gesellschaftlichen Natur bisher weder paradigmatisch noch empirisch ausreichend verstanden und gewürdigt wurde. Die Bedeutung der als Gesellschaftsgeschichte bezeichneten Geschichtsschreibungen geht nicht darüber hinaus, zerstückelte Bereiche der positivistischen Soziologie abzubilden. Sie beschreiben den Körper, das Ganze, lediglich durch seine Teile.

Es wäre möglich, auf all diese Feststellungen viel ausführlicher einzugehen, aber das diente nicht der Behandlung unseres Themas.

Dass ich mich, erneute Wiederholungen in Kauf nehmend, auf die Geschichte als Erzählung über die demokratische Zivilisation fokussiere, liegt an der Unlösbarkeit der Gesellschaftsfragen, deren Deutung mir immer noch Schwierigkeiten bereitet. Diese Unlösbarkeit liegt nicht nur im praktischen Leben, auch in der Erzählung steckt vieles, das nicht analysierbar ist. Wenn diese beiden Umstände zusammenkommen, wimmelt es von offiziellen Zivilisationserzählungen. Und die paar Teile, die im Namen der Gesellschaftsgeschichte dazwischengeschoben werden, führen nur zu einer weiteren Verkomplizierung der Sache.

Wie ich bereits häufig betont habe, klärt der wissenschaftliche Sozialismus einige Realitäten auf, indem er diese Situation mittels des Klassencharakters erklärt; diese Erklärung kann aber das Problem nicht lösen und kommt nicht umhin, selbst Teil des Problems zu werden.

Aus diesem Grund betone ich so oft, dass man, solange man das kapitalistisch-modernistische Paradigma nicht komplett überwunden hat, die historische Wahrheit mehr verschleiern wird, als Religionen es tun, und sie mit Sinnlosigkeit aufladen wird, jedenfalls ohne sie begreifen zu können. Die historischen Konsequenzen dieser paradigmatischen Sichtweise Karl Marx' lassen sich gegenwärtig besser begreifen. Eine falsche Geschichte führt zu einer falschen Praxis. Ohne die paradigmatischen und empirischen Herangehensweisen der Zivilisation im Allgemeinen und der kapitalistischen Moderne im Besonderen zu überwinden, kann man nicht zur paradigmatischen und empirischen Herangehensweise der gesellschaftlichen Natur finden. Was ich hier zu tun versuche, ist, wenn auch sehr unvorbereitet, einen Versuch über die demokratische Zivilisation zu wagen.

A Definition der demokratischen Zivilisation

Die sozialwissenschaftliche Schule, die die Existenzweise und Entwicklung der gesellschaftlichen Natur auf der Basis der moralischen und politischen Gesellschaft untersucht, lässt sich als das System der demokratischen Zivilisation bezeichnen. Verschiedene sozialwissenschaftliche Schulen haben unterschiedliche Analyseeinheiten. Die Theologie und Religion haben die Gesellschaft zum Gegenstand. Der wissenschaftliche Sozialismus beruht auf Klassenanalyse. Die Bezugsgröße des Liberalismus ist das Individuum. Während es Schulen gibt, die den Staat und die Macht zum Untersuchungsgegenstand erheben, gibt es auch nicht wenige Ansätze, bei denen Zivilisationen die gleiche Rolle spielen. Alle diese Ansätze, die auf einer bestimmten Einheit oder Bezugsgröße basieren, werden, wie ich bereits häufig erwähnte, dafür kritisiert, dass sie weder geschichtlich noch ganzheitlich sind. Eine sinnvolle Analyse hat sich auf aus gesellschaftlicher Sicht lebenswichtige Aspekte zu fokussieren und von der Geschichte und Aktualität ausgehend anhand jener Aspekte ihre Erzählung zu konstruieren. Sonst ginge sie nicht über Belletristik hinaus.

Die moralische und politische Gesellschaft zur Bezugsgröße unseres Analyserahmens zu machen, ist auch im Hinblick darauf von Bedeutung, dass sie die Dimensionen der Geschichtlichkeit und Ganzheitlichkeit beinhaltet. Die moralische und politische Gesellschaft erlaubt uns die geschichtlichste und ganzheitlichste Gesellschaftserzählung. Die Moral und Politik selbst lassen sich auch als Geschichte interpretieren. Eine Gesellschaft, der die moralische und politische Dimension innewohnt, ist eine Gesellschaft, die der Totalität ihrer eigenen Existenz und Entwicklung am nächsten steht. Die Gesellschaft kann ohne Staat, Klassen, Ausbeutung, Städte, Macht und Nation existieren, ohne Moral und Politik ist sie aber unvorstellbar. Vielleicht können Gesellschaften als Kolonien und Rohstoffquellen anderer Kräfte, insbesondere der Kapital- und staatlichen Monopole existieren. In solchen Fällen handelt es sich aber um ein Überbleibsel, ein Erbe der Gesellschaft, das seiner Gesellschaftlichkeit beraubt ist.

Es ergibt keinen Sinn, die moralische und politische Gesellschaft als den Naturzustand der Gesellschaft durch Attribute wie Sklavenhalter-, feudal, kapitalistisch oder sozialistisch zu ergänzen. Genauer gesagt, Gesellschaften durch diese Attribute zu definieren, führt zur Verschleierung der gesellschaftlichen Wirklichkeit und zur Reduzierung der Gesellschaft auf einige wenige Elemente (Klasse, Wirtschaft, Monopol). Das Stocken der auf diesen Begriffen basierenden analytischen Narrative in der Theorie und Praxis der gesellschaftlichen Entwicklung rührt von der Unzulänglichkeit und Fehlerhaftigkeit her, die sie in ihrem Kern tragen. Nachdem alle Gesellschaftsanalysen, die sich dieser dem historischen Materialismus nahestehenden Attribute bedienen, in diese Lage verfielen, können andere Narrative von äußerst geringem wissenschaftlichem Wert offensichtlich nicht anders, als in eine Sackgasse zu führen. Obwohl Narrative mit religiösen Dimensionen die Bedeutung der Moral besonders hervorheben, haben sie die politische Dimension längst an den Staat delegiert. Bürgerlich liberale Ansätze begnügen sich nicht mit der Verschleierung der moralischen und politischen Gesellschaft, sondern schrecken gleichzeitig nicht vor einer Kriegserklärung gegen jene Gesellschaft zurück, wann immer sich die Gelegenheit bietet. Individualismus ist, mindestens genauso wie Staat und Macht, ein Kriegszustand gegen die Gesellschaft. Liberalismus bedeutet im Grunde, die Gesellschaft zu schwächen (als dann unmoralische und unpolitische Gesellschaft) und sie für jegliche Attacke des Individualismus angreifbar zu machen. Der Liberalismus bildet daher die gesellschaftsfeindlichste Ideologie und Praxis.

Die Gesellschafts- und Zivilisationssystembegriffe der westlichen Soziologie (es existiert noch keine Wissenschaft namens östliche Soziologie) sind höchst problematisch. Man sollte nicht vergessen, dass Soziologie von dem Bedürfnis herrührt, eine Lösung für die von Kapital- und Machtmonopolen verursachten riesigen Probleme wie Krisen, Widersprüche, Konflikte und Kriege zu finden. Im Westen wurde eine These nach der anderen produziert, um die Ordnung zu retten und lebenswerter zu machen. Nachdem die gesellschaftlichen Probleme trotz aller konfessionellen, theologischen und reformistischen Interpretationen der christlichen Lehre mit jedem Tag schwerwiegender wurden, traten auf der wissenschaftlichen (positivistischen) Betrachtung der gesellschaftlichen Probleme beruhende Interpretationen in den Vordergrund. Die philosophische Revolution und das Zeitalter der Aufklärung (siebzehntes und achtzehntes Jahrhundert) entsprangen im Wesentlichen diesem Bedürfnis. Dass die Probleme mit der Französischen Revolution, von der man sich eine Lösung erhofft hatte, noch komplizierter wurden, verstärkte weiter die Tendenzen, die Soziologie als eine unabhängige wissenschaftliche Disziplin zu etablieren. Die utopischen

Sozialisten (Henri de Saint Simon, Charles Fourier, Pierre-Joseph Proudhon) sowie Auguste Comte und Émile Durkheim stellten dabei die Pioniere einer Arbeit dar, die die Vorstufe zur Soziologie bildete. Sie alle waren Kinder der Aufklärung und hatten einen unendlichen Glauben an die Wissenschaft. Sie glaubten, die Gesellschaft durch die Wissenschaft ihren Wünschen entsprechend neu erschaffen zu können. Sie maßten sich die Rolle Gottes an. Nach Hegels Auffassung war Gott schließlich auf Erden, nämlich als Nationalstaat. Was zu tun sei, sei für ›Social Engineering‹ charakteristische, ausgeklügelte Projekte zu entwickeln und zu planen. Es gebe kein Projekt und keine Planung, die mithilfe des Nationalstaats nicht zu verwirklichen seien, solange sie ›positivistisch-wissenschaftlich‹ seien und vom Nationalstaat akzeptiert würden.

Während die englischen Sozialwissenschaftler (die politischen Ökonomen) durch wirtschaftliche Lösungen zur französischen Soziologie einen Beitrag leisteten, taten die deutschen Ideologen das Gleiche auf philosophischem Wege. Adam Smith und Hegel traten in dieser Hinsicht besonders hervor. Von Rechten und Linken wurden diverse Rezepte zur Lösung der Probleme angeboten, die von der furchtbaren Ausbeutung der Gesellschaft im Industriekapitalismus des neunzehnten Jahrhunderts verursacht worden waren. Der Liberalismus, die zentrale Ideologie des kapitalistischen Monopolismus, war am praktischsten dafür, sich mit einer völlig eklektischen Herangehensweise jeglicher Idee zu bedienen und willkürlich zusammengeschusterte Systeme zu erschaffen. Während schematische rechte und linke Soziologien vergangenheits- (die Suche der Rechten nach dem goldenen Zeitalter) oder zukunftsbezogene (die Suche nach der utopischen Gesellschaft) Projekte entwickelten, schienen sie über die gesellschaftliche Natur, Geschichte und Gegenwart ahnungslos zu sein. Jedes Mal, wenn sie auf die Geschichte und das aktuelle Leben stießen, gingen sie in die Brüche. Die Wirklichkeit, in deren Gefangenschaft sie alle sich befanden, war der ›eiserne Käfig‹ den die kapitalistische Moderne allmählich errichtete und in den sie sie alle geistig und mit ihren praktischen Lebensweisen einschloss. Friedrich Nietzsche kam der gesellschaftlichen Wahrheit viel näher, als er sie alle als ›Metaphysiker des Positivismus‹ und ›kastrierte Zwerge des kapitalistischen Modernismus‹ bezeichnete. Nietzsche war einer der ersten Philosophen, die auf die Gefahr hinwiesen, dass die Gesellschaft von der kapitalistischen Moderne verschlungen werden könnte. Obwohl ihm vorgeworfen wird, mit seinem Denken den Faschismus vorbereitet zu haben, waren seine Kritiken, die die Ankunft des Faschismus und der Weltkriege vorwegnahmen, ebenfalls aufsehenerregend.

Die zunehmenden großen Krisen und Weltkriege reichten aus, um den Bankrott der positivistischen Soziologie samt den rechten und linken Flügeln des liberalen Zentrums herbeizuführen. Obwohl das Social Engineering die Metaphysik sehr kritisiert, zeigte es im autoritären und totalitären Faschismus sein wahres Gesicht als oberflächlichste Metaphysik. Die Frankfurter Schule stellt quasi den offiziellen Beleg dieses Bankrotts dar. Die Annales-Schule und die 1968er Jugendrebellion führten zu zahlreichen postmodernen soziologischen Ansätzen, allen voran zu Immanuel Wallersteins Auffassung eines kapitalistischen Welt-Systems. Tendenzen wie Ökologie, Feminismus, Relativismus, die neue Linke und der Weltsystem-Ansatz brachten eine mehrfach zersplitterte sozialwissenschaftliche Welt mit sich. Zweifellos spielte dabei auch die seit den 1970ern errichtete Hegemonie des Finanzkapitals eine wichtige Rolle. Das Positive an diesen Entwicklungen war der Niedergang der Hegemonie des eurozentrischen Denkens. Das Negative daran waren die Schwierigkeiten, die zersplitterte Sozialwissenschaften mit sich brachten.

Wenn wir die Kritiken an der eurozentrischen Soziologie zusammenfassen sollten:

a) Der Positivismus, der die Religion und die Metaphysik kritisierte und verurteilte, kam auch selbst nicht über eine Art Religion und Metaphysik hinaus. Man sollte sich nicht darüber wundern. Die menschliche Kultur selbst muss metaphysisch sein. Das Ausschlaggebende ist die Unterscheidung zwischen guter und schlechter Metaphysik.

b) Die Gesellschaft in Form von Dichotomien wie primitiv-modern, kapitalistisch-sozialistisch, industriell-landwirtschaftlich, fortschrittlich-rückschrittlich, mit-ohne Klassen, staatlich-nichtstaatlich zu beschreiben, verschleiert die der Wahrheit näher kommende Definition der gesellschaftlichen Natur. Solche Dichotomien führen uns von der gesellschaftlichen Wahrheit weg.

c) Die Neuerschaffung der Gesellschaft ist nichts als ein modernes Gott-Spielen. Genauer gesagt: Jedem Versuch, sie neu zu erschaffen, liegt eine Tendenz zugrunde, neue Kapital-, Macht- und staatliche Monopole zu erschaffen. Genauso wie ein ideologischer Zusammenhang zwischen dem mittelalterlichen Theismus und den absoluten Monarchien (Padischahtum, Schahanschahtum, Sultanat) bestand, stellt auch das moderne Social Engineering als Neuerschaffung eigentlich die göttliche Tendenz und

Ideologie des Nationalstaats dar. Der Positivismus ist in dieser Hinsicht der moderne Theismus.

d) Revolutionen sind nicht als Aktionen zur Neuerschaffung der Gesellschaft zu betrachten. Sonst können sie sich dem positivistischen Theismus nicht entziehen. Revolutionen lassen sich nur in dem Maße, wie sie die Gesellschaft von der extremen Last des Kapitals und der Macht befreien, als soziale Revolutionen bezeichnen.

e) Die Aufgabe von Revolutionären kann nicht die Erschaffung irgendeines von ihnen entworfenen Gesellschaftsmodells sein. Nur gemessen an ihrem Beitrag zur Weiterentwicklung der moralischen und politischen Gesellschaft kann man von ihrer richtigen Aufgabe sprechen.

f) Die Methoden und Paradigmen, die bei der gesellschaftlichen Natur anzuwenden sind, sind nicht denen gleichzusetzen, die bei der Ersten Natur der Fall wären. Während die universalistische Herangehensweise in Bezug auf die Erste Natur der Wahrheit näher kommende Ergebnisse (ich kann mir aber keine absolute Wahrheit vorstellen) erzielt, kommt der Relativismus in Bezug auf die gesellschaftliche Natur der Wahrheit näher. Das Universum lässt sich weder durch unendliche, universalistische, lineare Narrative noch durch ähnliche unendliche Zyklen erklären.

g) Das gesellschaftliche Wahrheitsregime bedarf einer Umgestaltung auf der Grundlage weiterzuentwickelnder Kritiken. Zweifellos rede ich hier nicht von einer göttlichen Neuerschaffung. Allerdings glaube ich, dass die ausgefeilteste Eigenschaft der menschlichen Vernunft in ihrer Kraft darin liegt, die Wahrheit zu suchen und sie zu konstruieren.

Ich mache folgende Vorschläge zur sozialwissenschaftlichen Systematik, die ich im Lichte dieser Kritiken definieren will:

a) Anstatt die gesellschaftliche Natur als eine strenge universelle Wahrheit mit mythologischen, religiösen, metaphysischen und wissenschaftlichen Bedeutungsstrukturen (Positivismus) zu präsentieren, bringt es uns näher an die Wahrheit, sie als die flexibelste Form grundsätzlicher universeller Existenzen und von zeitlichen und räumlichen Bedingungen abhängender reicher Differenzen zu betrachten. Jede Deutung, jede sozialwissenschaftliche oder praktische Veränderungsoffensive, die ohne gute Kenntnisse der Qualitäten der gesellschaftlichen Natur unternommen wird, kann nach hinten losgehen. Die monotheistischen Religionen und der Positivismus, die im Laufe der Zivilisationsgeschichte mit Lösungsansprüchen in Erscheinung traten, konnten die Kapital- und Machtmonopole nicht daran hindern, ihren Höhepunkt zu erreichen. Daher ist es für sie eine unerlässliche Aufgabe, sich einer tiefgründigen Selbstkritik zu unterziehen und eine menschlichere Deutung zu erlangen, um der moralischen und politischen Gesellschaft einen Dienst zu erweisen.

b) Ein grundsätzliches Element der gesellschaftlichen Natur, das ihr ihren geschichtlichen und ganzheitlichen Sinn verleiht und ihre Einheit in Differenzierung als ihr grundsätzliches Wesensmerkmal repräsentiert, ist die moralische und politische Gesellschaft. Die Definition der moralischen und politischen Gesellschaft ist der bestimmende Faktor, der der gesellschaftlichen Natur ihren Charakter verleiht, ihre Einheit in Differenzierung fortsetzt und ihre Geschichtlichkeit und Totalität ausdrückt. Von Bezeichnungen wie primitiv, modern, feudal, Sklavenhalter-, kapitalistisch, sozialistisch, industriell, landwirtschaftlich, Händler-, Geld-, mit staatlicher Herrschaft, national, hegemonial usw., die häufig verwendet werden, um Gesellschaften zu definieren, drückt keine eine bestimmende Qualität der gesellschaftlichen Natur aus. Im Gegenteil verschleiern sie sie und führen zu einer Zerstückelung der Bedeutung, was das Wesen falscher theoretischer sowie praktischer Herangehensweisen in Bezug auf die Gesellschaft ausmacht.

c) Ausdrücke wie Erneuerung bzw. Neuerschaffung der Gesellschaft beziehen sich, von ihrem ideologischen Gehalt her, auf Operationen, mit denen neue Kapital- und Machtmonopole errichtet werden. Die Zivilisationsgeschichte – als Geschichte jener Erneuerungen – ist die Geschichte der kumulativen Akkumulation von Kapital und Macht. Die grundsätzliche Tat, derer es anstelle eines göttlichen Schöpfertums in Bezug auf die Gesellschaft bedarf, ist der Kampf gegen die Faktoren, die die Entwicklung und das Funktionieren des moralischen und politischen Gewebes der Gesellschaft verhindern. Eine Gesellschaft, die ihre moralischen und politischen Dimensionen sich frei entfalten lässt, wird sich am besten weiterentwickeln.

d) Revolutionen stellen gesellschaftliche Aktionsformen dar, die nur dann anzuwenden sind, wenn die Gesellschaft an der freien Wahrnehmung ihrer moralischen und politischen Funktionen grob gehindert wird. Revolutionen sollten und werden nur dann von der Gesellschaft als legitim anerkannt werden, wenn sie nicht durchgeführt werden, um neue Gesellschaften, Nationen und Staaten zu kreieren, sondern um es der moralischen und politischen Gesellschaft zu ermöglichen, frei ihre Funktion zu erfüllen.

e) Revolutionärer Heroismus sollte seinen Sinn durch seinen Beitrag zur moralischen und politischen Gesellschaft erlangen. Jegliche Aktion, der dieser Sinn fehlt, lässt sich, unabhängig von ihrer Größe und Dauer, nicht als revolutionärer gesellschaftlicher Heroismus definieren. Das, was die Rolle von Individuen in der Gesellschaft positiv bestimmt, ist ihr Beitrag zur Entwicklung der moralischen und politischen Gesellschaft.

f) Eine Sozialwissenschaft, die diese Haupteigenschaften zum Gegenstand tiefgehender Forschung und Analyse zu machen und weiterzuentwickeln hat, kann weder auf universalistischem linearem Progressivismus noch auf unendlich zirkulärem singularistischem Relativismus basieren. Es sollte eine Sozialwissenschaft entwickelt werden, die anstatt dieser dogmatischen und schablonenhaften Ansätze, die in letzter Instanz der Legitimation der kumulativen Kapital- und Machtakkumulation in der Zivilisationsgeschichte dienen, auf einer dialektischen Methode beruht, die einen Ausdruck der Harmonie zwischen der analytischen und emotionalen Intelligenz darstellt, über streng subjektivistische und objektivistische Schablonen hinausgeht und nicht zerstörerisch ist.

Die Eigenschaften der grundsätzlichen Einheit des demokratischen Zivilisationssystems, deren Rahmen wir durch solche Hypothesen in paradigmatischer und empirischer Hinsicht darstellen können, können wir nochmals in einigen Punkten auflisten.

1. Die moralische und politische Gesellschaft ist ein Wesensmerkmal der menschlichen Gesellschaft, das von ihrem Anfang bis hin zu ihrem Ende zu suchen ist. Die Gesellschaft ist im Wesentlichen moralisch und politisch.

2. Die moralische und politische Gesellschaft bildet den Gegenpol zu den Zivilisationssystemen, deren Aufstieg auf dem Trio Stadt-Klasse-Staat (davor hierarchische Struktur) beruht.

3. Die moralische und politische Gesellschaft entwickelt sich harmonisch mit dem demokratischen Zivilisationssystem als der Geschichte der gesellschaftlichen Natur.

4. Die moralische und politische Gesellschaft ist die freieste. Es gibt keine andere bestimmende Dynamik, die die Gesellschaft so frei hält wie das Funktionieren der moralischen und politischen Gewebe und Organe. Keine Revolution und kein*e Held*in ist im Besitz der Fähigkeit, die Gesellschaft so zu befreien wie die moralische und politische Dimension. Zudem können Revolutionen und ihre Held*innen nur in dem Maße eine bestimmende Rolle spielen, wie sie zur moralischen und politischen Gesellschaft beitragen.

5. Die moralische und politische Gesellschaft ist demokratisch. Demokratie kann nur auf der Grundlage der Existenz der moralischen und politischen Gesellschaft, die eine offene und freie ist, eine Bedeutung erlangen. Die

demokratische Gesellschaft, in der Individuen und Gruppen zu Subjekten werden, bildet die Regierungsform, die die moralische und politische Gesellschaft am besten weiterentwickelt. Genauer gesagt, die Funktionalität der politischen Gesellschaft nennen wir ohnehin Demokratie. Politik im wahren Wortsinn und Demokratie sind identische Begriffe. Wenn Freiheit das klimatische Umfeld darstellt, in welchem sich die Politik ausdrückt, stellt Demokratie die Ausübungsweise der Politik im selben Umfeld dar. Dem Trio Freiheit, Politik und Demokratie darf die moralische Grundlage nicht fehlen. Als Moral verstehen wir dabei den institutionalisierten traditionellen Zustand von Freiheit, Politik und Demokratie.

6. Moralische und politische Gesellschaften befinden sich in einem dialektischen Widerspruch zum Staat, dem offiziellen Ausdruck jeglicher Form von Kapital, Eigentum und Macht. Der Staat versucht stets die Moral durch das Recht und die Politik durch die bürokratische Verwaltung zu ersetzen. An den beiden Polen dieses sich durch die Geschichte ziehenden Widerspruchs entwickelt sich die Systematik der offiziell-staatlichen und der demokratischen Zivilisation. Es entstehen zwei unterschiedliche Bedeutungstypologien. Die Widersprüche können sich entweder sehr verschärfen und zum Krieg führen oder in Kompromisse münden und zum Frieden führen.

7. Frieden wird durch den Willen der Kräfte der moralischen und politischen Gesellschaft und der staatlichen Monopolkräfte zu einem Zusammenleben ohne Waffen und Töten ermöglicht. Es kommt in der Geschichte vielmehr zu einem bedingten, als Kompromiss bezeichneten Frieden als zur Vernichtung des Staates durch die Gesellschaft oder der Gesellschaft durch den Staat. Die Geschichte ereignet sich in Form von Zivilisationssystemen, die weder gänzlich Ausdruck der moralischen und politischen Gesellschaft noch gänzlich Ausdruck der Klassengesellschaft mit staatlicher Herrschaft sind. Sie ereignet sich vielmehr als ein Aufeinanderfolgen von Friedens- und Kriegszuständen mit ineinander übergehenden Beziehungen und Widersprüchen. Auch wenn die sofortige Überwindung dieses seit mindestens fünftausend Jahren bestehenden Zustands durch rasche Revolutionen utopisch ist, wäre es nicht die richtige moralische und politische Haltung, den aus der Vergangenheit kommenden Fluss als eine Art Schicksal zu akzeptieren und nicht in seinen Verlauf zu intervenieren. Es wäre sinnvoller und erfolgversprechender, in dem Bewusstsein, dass der Kampf der Systeme von langer Dauer sein wird, strategische und taktische Ansätze zur Erweiterung des freiheitlichen und

demokratischen Bereichs der moralischen und politischen Gesellschaft zu entwickeln.

8. Die moralische und politische Gesellschaft durch aufeinander folgende Attribute wie kommunal, Sklavenhalter-, feudal, kapitalistisch und sozialistisch zu definieren, wäre nicht erklärend, sondern würde eine verschleiernde Rolle spielen. Es ist zwar in der moralischen und politischen Gesellschaft kein Platz für die Kräfte, die sich mit Attributen wie sklavenhalterisch, feudal oder kapitalistisch bezeichnen lassen, es wäre aber möglich, sich im Rahmen eines prinzipiellen Kompromisses diesen Kräften gegenüber distanziert, begrenzt und kontrolliert zu verhalten. Das Ausschlaggebende ist, weder sie zu vernichten noch von ihnen verschlungen zu werden, sondern ihren Bereich und ihre Stärke durch die Überlegenheit der politischen Gesellschaft stets einzuschränken. Kommunale und sozialistische Systeme können in dem Maße, wie sie demokratisch sind, mit der moralischen und politischen Gesellschaft identisch werden. Dies kann aber nicht in Form eines Staates erfolgen.

9. Das unmittelbare Ziel der moralischen und politischen Gesellschaft kann weder die Nationalstaatswerdung noch eine religiöse Entscheidung oder ein anderes Regime als Demokratie sein. Das Recht, die Ziele und Qualitäten der Gesellschaft zu bestimmen, gebührt nur dem freien Willen der moralischen und politischen Gesellschaft. Der moralische und politische Wille und Ausdruck der Gesellschaft bestimmen nicht nur die aktuellen Diskussionen und Entscheidungen, sondern auch die strategischen Entscheidungen. Das Wichtigste ist, zu diskutieren und zu einer Entscheidungskraft zu werden. Eine Gesellschaft, die diese Kraft nutzt, kann auf die gesündeste Art und Weise Entscheidungen treffen. Weder Individuen noch andere Kräfte haben die Befugnis, im Namen der moralischen und politischen Gesellschaft Entscheidungen zu treffen. In moralischen und politischen Gesellschaften darf es kein Social Engineering geben.

Im Lichte dieser Beschreibungen betrachtet, die ich aus verschiedenen Perspektiven präsentiert habe, wird ersichtlich, dass das System der demokratischen Zivilisation im Wesentlichen als moralische und politische Totalität der gesellschaftlichen Natur als das andere Gesicht der offiziellen Zivilisationsgeschichte stets existierte und sich fortsetzte. Trotz der gesamten Unterdrückung und Ausbeutung durch das offizielle Weltsystem konnte diese andere Seite der Gesellschaft nie vernichtet werden. Ihre Vernichtung wäre ohnehin unmöglich. Genauso wie der Kapitalismus ohne die nicht-kapitalistische Gesellschaft nicht überleben könnte, könnte auch die Zivilisation als offizielles Weltsystem ohne das System der demokratischen Zivilisation ihre Existenz nicht fortsetzen. Konkreter ausgedrückt: Die monopolistische Zivilisation kann ohne die nichtmonopolistische Zivilisation nicht weiterexistieren. Das Umgekehrte ist allerdings nicht der Fall. Das heißt, die demokratische Zivilisation als der systematische geschichtliche Fluss der moralischen und politischen Gesellschaft kann ihre Existenz ohne die offizielle Zivilisation ungehinderter und ungestörter fortsetzen.

Ihrer Definition entsprechend stelle ich die demokratische Zivilisation einerseits als Ansammlung von Ideen und Denksystematik, andererseits als die Totalität moralischer Regeln und politischer Organe dar. Ich spreche weder nur von der Ideengeschichte noch ausschließlich von der sich moralisch und politisch weiterentwickelnden gesellschaftlichen Realität. Die Diskussion hat beide Themen als ineinander verwobene zu beinhalten. Da es sich dabei um eine von der offiziellen Zivilisation verhinderte Totalität von Narrativen und Strukturen handelt, erachte ich es für notwendig und wichtig, die Methode in Bezug auf die Geschichte und Elemente der demokratischen Zivilisation ein bisschen mehr auszuführen. Die folgenden Kapitel werden sich diesen Themen widmen.

B Methodischer Ansatz der demokratischen Zivilisation

Die universalistische, linear-progressistische Methode verursacht in den Sozialwissenschaften bei der Wahrnehmung der Wirklichkeit zumindest genauso große Probleme wie der religiöse Dogmatismus. Auch ihre Urteile unterscheiden sich nicht von religiöser Gewissheit: Das Universum befinde sich in endlosem Fortschritt; es geschehe das, was im *Levh-i Mahfûz*[47] geschrieben stehe! Mit anderen Worten, das Geschehene sei das Einzige, das überhaupt hätte geschehen können. Alles geschehe so, wie es vorbestimmt sei! Im Gegensatz zur weit verbreiteten Annahme ist der Positivismus weder Anti-Metaphysik noch Anti-Religiosität, sondern die mit ein bisschen Wissenschaftlichkeit ausgeschmückte gröbste materialistische Religion. Genauer gesagt, er ist der Götzenglaube der Moderne. Die grundsätzliche Ähnlichkeit der beiden dogmatischen Methoden rührt von der angenommenen Existenz einer Kraft her, die naturbeherrschendes Gesetz genannt wird. Die göttlichen Gesetze werden dabei nur durch die wissenschaftlichen ersetzt. Der Rest besteht aus der gleichen Erzählung. Das Bedenklichste an der positivistischen Denkmethode ist, dass ihre Urteile Gesetzeskraft besitzen. Es gibt dabei keinen Raum für Interpretationen. Die absolute, objektive, für alle Menschen gleichbleibende urteilende Anschauung ist im Wesentlichen mit der Wissenschaft inkompatibel. Als Folge davon, dass sie auf einer scharfen Subjekt-Objekt-Trennung beruht, lässt sie auch keine Fehlbarkeit zu.

Die Mühe der bürgerlichen Klasse, die mittelalterliche Theologie positivistisch ausschmückend als eine säkulare und szientistische Philosophie zu präsentieren, lässt sich nachvollziehen. Die positivistische Methode wird selbstverständlich die Spuren der sozialen Wirklichkeit tragen, in deren Schoß sie gedieh. Solange wir uns der imaginären Ansätze, die seit dem Mittelalter, ja sogar während der ganzen Zivilisationsgeschichte in unsere Köpfe eingeprägt wurden, nicht entledigt haben, bleibt es unumgänglich, dass die positivistische Welle unseren Verstand gefangen nimmt. Dieser Umstand ließ keine andere Entwicklung zu, als eine einige klischeehafte Ideen allzu häufig

47 Im Islam ist *al-lauḥ al-maḥfūẓ* die Vorstellung einer ›wohlverwahrten Tafel‹, auf der Gott das Schicksal schon aufgeschrieben hat, der vorbestimmte Wille Gottes, das Buch des Schicksals. *Levh-i Mahfûz* ist die türkische Schreibweise. Siehe auch Öcalan: *Jenseits von Staat, Macht und Gewalt*, S. 65.

wiederholende, hohle und trockene Rhetorik für die Wirklichkeit zu halten. Die alte Haltung, »alles, was der Imam sagt, ist richtig«, wurde durch das Mantra »alles, was der Lehrer, der Philosoph sagt, ist richtig« ersetzt. Unserer geistigen Unfruchtbarkeit liegt diese Tatsache zugrunde. Folglich entbehrten wir selbst des Rechts, auch nur einen Kommentar über unsere eigene gesellschaftliche Natur auszusprechen. Dies ist eine sehr schlimme Sache – Blindheit und Gefangenschaft des Denkens. Der religiöse Dogmatismus erinnert uns zumindest durch die tragende Kraft der Tradition an manche geschichtliche Wirklichkeiten. Dem Positivismus fehlt auch das. Er mauert einen riesigen Wall der Entfremdung zwischen uns und unseren Wirklichkeiten. Als ideologische Hegemonialkraft des Westens will er sozusagen, dass sein Gegenüber sich ergibt, ohne dass er zu Waffen greifen (sein Gehirn benutzen) muss. Offenbar war es, ohne mit diesem Dogmatismus zu brechen, nicht möglich, im Allgemeinen die offizielle Zivilisation zu analysieren und im Besonderen mit dem kapitalistischen modernen Paradigma zu brechen. Deswegen konnte man die Fähigkeit, frei zu interpretieren, nicht erlangen. Ich bin mittlerweile von diesem meinem Gedanken überzeugt: Ideologische Waffen sind für Verbote bedeutender als militärische Waffen.

Als ich mir die Frage stellte, ob die demokratische Zivilisation sich systematisieren ließe, hatte ich mich bereits mit diesen methodischen Ketten nicht wenig auseinandergesetzt. Das Schwierigere war, mit den Dogmen zu brechen, die mit dem wissenschaftlichen Sozialismus, an den ich sehr glaubte, zusammenhingen. Man befreit sich von der Gefangenschaft des Dogmatismus, indem man geradezu mit sich selbst ringt. Zudem hatte ich einen Großteil meines Lebens mit dieser Beschäftigung verbracht.

Ich entdeckte auch den folgenden Widerspruch: Während ich einerseits noch unter dem Einfluss einer in der Brutstätte der Agrarrevolution seit Jahrtausenden (seit 10 000 v. Chr. bis in die Gegenwart) gelebten Kultur stand, hatte ich andererseits den Kampf aufgenommen, um die nachkapitalistische Gesellschaft zu erringen. Wie sollten wir die neue Gesellschaft begründen, ohne das Problem der mindestens zwölftausendjährigen Lücke zwischen den beiden zu lösen? Unser Denksystem hatte sich in eine Art Jenseitswissenschaft verwandelt. Offensichtlich wohnte meinem Denken keine fruchtbare Methode inne. Die Krankheit, keinen Zentimeter weiter denken zu können als das Geschriebene, lässt sich nur durch den Einfluss des Dogmatismus erklären. Ohne uns von den hohlen Phrasen der religiösen Schablonen befreit zu haben, waren wir dem ›mein Wort ist Gesetz‹-Bombardement des offiziellen Positivismus ausgesetzt. Ich begriff, dass die eigentlichen Sicherheitskräfte der Systeme aus ihrer ideologischen Hegemonie bestehen. Aus diesem Grund verstehe ich besser, warum Friedrich Nietzsche mit der offiziellen deutschen ideologischen Kraft rang, bis er verrückt wurde. Wenn wir ein paar simple Wahrheiten über den Westen kennen, schulden wir dies wohl jenem verrückten Ringen.

Das erste Dogma, von dessen Einfluss ich mich gründlich befreite, war die These des wissenschaftlichen Sozialismus, dass dem Urkommunismus die Sklavenhalter- und anderen Klassengesellschaftssysteme folgen müssten und diese aufeinander folgten. Ich hatte mir dieses Dogma lange Zeit als eine Art Gesetz zu eigen gemacht. Es dauerte nicht lange, bis ich das mit diesem zusammenhängende zweite Dogma, nämlich die Benennung der Gesellschaft nach Klassen, fallen ließ. Die Benennungen Sklavenhalter- und Feudalgesellschaft verschleierten den kritischsten Aspekt der Wirklichkeit und identifizierten die Gesellschaft mit ihren Herren. Es war eindeutig, dass solche Benennungen ein Überbleibsel des herrschenden Jargons waren. Trotzdem war der Stein ins Rollen gekommen und es fiel mir nicht schwer, das mit den anderen beiden verwobene dritte Dogma aufzugeben. Ich spreche hier von dem Dogma, dass die Stufen der Klassengesellschaften unumgänglich und fortschrittlich seien. Ich begriff, dass die Stufen der Klassengesellschaften mitnichten unumgänglich und fortschrittlich waren, und beurteilte sie als rückschrittlichste und in Ketten legende Entwicklungen. Das Ergebnis war die Möglichkeit geschichtlicher Narrative, die der Wirklichkeit näherkommen. Anstatt sich vor vielseitigen Interpretationen zu scheuen, war es eine angebrachtere Herangehensweise, sie als eine die Bedeutung bereichernde Methode zu betrachten. Nachdem ich in mehreren Bereichen mit dem Dogmatismus (Vorurteile) gebrochen hatte, sollten sich natürlich auch meine Interpretationskraft und mein Bedeutungsreichtum weiterentwickeln. Folgenden Aspekt kann ich klar hervorheben: Wo und in welchem Zustand die Menschen auch immer sind, wenn sie die Probleme, die vor ihnen liegen, nicht lösen können, ist der hauptsächliche Faktor dabei ihr primitives Denkniveau, weshalb sie sich nicht trauen, sich von Jahrtausende alten Dogmen und Trieben, die sie nicht abschaffen konnten, zu befreien. Allen Feigheiten liegt die Feigheit des Denkens zugrunde.

Der zweite wichtige Aspekt, der mir beim Konzipieren der demokratischen Zivilisation auffiel, war das um mich herum reichlich vorhandene konkrete empirische Material. Und die Beobachtungen der Geschichte zeugten von einem Mehrfachen des gleichen Materials. Warum sollten Familien,

Stämme und Klans, die die Stammzellen der Gesellschaft bilden, und außerhalb der Macht stehende dörfliche und städtische Klassen, nichstaatliche Völker und Nationen nicht systematisch beurteilt werden, wenn Dynastien, Mehrwertplünderungen und Machtzentren als Systeme gelten? Warum sollten sie selbst kein System bilden, warum sollten sie in ideologischer und struktureller Hinsicht keinen Sinn erlangen?

Wenn unsere Hoffnungsträger diese Fragen nicht ausreichend beantworten konnten, gab es wohl Gründe dafür. Es ist doch klar, dass diese keine unbedeutenden Fragen sind. Zudem gibt es nicht wenige Antworten, auch wenn diese nicht systematisch, sondern bruchstückhaft sind, solange wir danach zu suchen wissen.

Der dritte Faktor, der mir bei meiner Suche nach einer anderen Zivilisation und Moderne auffiel, war das Potenzial eines freien Aufbaus im Hinblick auf die gesellschaftliche Natur. Wenn wir mit haufenweise riesigen Problemen konfrontiert sind, wenn die Menschen durch Arbeitslosigkeit und Hunger erschöpft sind, dann ist ein Systemaufbau (nicht im Sinne von Schöpfung und Social Engineering) sowohl möglich als auch eine wichtige Notwendigkeit und eine moralische Pflicht. Ohnehin setzt das Ausmaß der Probleme die Notwendigkeit einer Revolution auf die Tagesordnung, und die Revolution wiederum Strukturen, die eine Antwort darstellen.

Der vierte Faktor meine Suche ist folgendes: Wenn das herrschende System einem keine Hoffnung gibt, einen unmenschlich behandelt und selbst für die einfachsten Identitätsfragen kein Interesse aufbringen und keine Lösung bieten kann, dann ist es die Pflicht eines jeden Menschen, Selbstrespekt und Hoffnung mit der Fähigkeit zu verknüpfen, das eigene System aufzubauen. Sonst erwarten einen an der Tafel der Wölfe vielleicht nicht einmal Knochenreste, sondern man wird ihnen selbst zum Fraß vorgeworfen.

Der letzte Faktor ist vielleicht mir eigen, wobei ich glaube, dass er allgemeiner Natur ist: Selbst wenn man Hoffnung auf die eigene Mutter setzt, wenn sie nicht in der Lage ist, einem etwas zu bieten, sollte man nicht davor zurückschrecken, der eigenen Kraft zu vertrauen. Man sollte sich nicht seinem Umfeld oder seinen Trieben beugen. Wenn keine lebenswürdigen Zustände herrschen, sollte man wissen, dass man die Vernunft und den Willen besitzt, um das Richtige und Schöne aufzubauen!

Laut der linearen Geschichtsinterpretation soll die urbane Gesellschaft, die nach der landwirtschaftlichen Dorfgesellschaft ihren Aufstieg erlebte, ›das letzte Wort‹ sprechen. Die um die Stadt herum entwickelten historischen

Narrative seien die Wirklichkeit selbst. Die Kraft, die die Regierung der Stadt an sich riss und als religiösen Staat organisierte, stelle als herrschende Klasse den Motor der Geschichte dar. Alles, was sie getan habe, sei richtig und heilig, die Verwirklichung des Schicksals. Dazu werden göttliche ideologische Hegemonien errichtet. Jegliche abweichende Stimme wird als Verrat am ewigen Wort und seinem Ausdruck betrachtet und dem ›Zorn Gottes‹ ausgesetzt. Alle würdelosen Angelegenheiten des Despoten und die verächtlichsten Unterdrückungs- und Ausbeutungsordnungen kommen als heiligste Worte des Gottes oder der Götter aus den Mündern der Priester. Schließlich sind die Untertanen den Gesetzen Gottes völlig ergeben. Selbst die strengste Bestrafung ist dabei klaglos hinzunehmen.

Die stadtzentrierte Zivilisation als Kapital- und Gewaltorganisation, die in ihrem ursprünglichen Zustand Mythologie oder Religion war, wurde grob in eine Erzählung verwandelt und als solche präsentiert und existiert, nach einigen Transformationen, bis heute. Diese Zivilisation, deren Wesen gleich blieb, die aber immer wieder in einer neuen Rhetorik und Form präsentiert wurde, hat mittlerweile ihren Glanz gänzlich verloren und schreckt nicht davor zurück, sich als strengsten staatlichen Faschismus für ewig zu erklären. Während der bürokratische eiserne Käfig als urbane Kapital- und Gewaltorganisation mit dem, was in ihm steckt, auch AIDS und biologisches Krebswachstum vermehrt, trat man gleichzeitig, als eine schlimmere Entwicklung, in eine Phase der Krebserkrankung der gesellschaftlichen Natur mit all ihren inneren Strukturen und ihrer natürlichen Umwelt ein. Um zu begreifen, dass diese in groben Zügen dargestellten Tatsachen nicht übertrieben sind, genügt eine Betrachtung der Kriege, des Kolonialismus, des die ganze Gesellschaft umfassenden Kriegszustands in den letzten vierhundert (höchstens in den letzten fünftausend) Jahren und der aktuellen Umweltkatastrophe.

Wenn wir alle Formen der liberalen ideologischen Hegemonie und vor allem ihre offiziellen Bereiche (Staatsideologien) unter die Lupe nehmen, sehen wir, dass sie so hinter das Ende der Geschichte einen Schlusspunkt setzten. Mit anderen Worten: Das kapitalistische System auf dem Höhepunkt des globalen Zeitalters präsentiert sich als ewige Form des letzten Wortes. Es ist bekannt, dass diese Herangehensweise nicht neu ist, dass am Ende eines jeden bedeutenden Kapital- und Tyranneizeitalters solche ›Ewigkeits‹-Bekundungen gemacht wurden. Das ist also die Wahrheit, die die tausendjährigen ›Zivilisationswissenschaften‹ in Tausenden verschiedenen

Gesichtern methodisierten. Die Methode wurde zur Wahrheit, die Wahrheit zur Methode.

Wenn in die Ohren geflüstert wird, dass es andere Welten, Wissenschaften und Methoden geben könne, wird neben der Brandmarkung als Infernalität, Aberration und Häresie auch jegliche Art grenzenlosen ›Terrors‹ eingesetzt (Enthauptung ist noch die simpelste Form. Verschiedenste Formen von Kreuzigung, Verbrennung, Hängen, lebenslänglicher Galeerenstrafe, Folter, Vernichtung durch Arbeit, Einkerkerung, Ehefrauisierung und Assimilation usw.).

Wir werden Zeuge*innen davon, dass die Zentralzivilisation, die sich geradezu an der landwirtschaftlich-dörflichen Gesellschaft rächt, um deren Abschaffung sie seit fünftausend Jahren bemüht ist, in den 2000er Jahren den völligen Ruin jener Gesellschaft herbeizuführen und ihre letzten Spuren zu vernichten versucht. Die Umweltzerstörung stellt eigentlich die jüngste Form der Rache an der landwirtschaftlich-dörflichen Gesellschaft dar. Interessanterweise antwortet auf diese Zerstörung anstelle der zum Schweigen gebrachten gesellschaftlichen Natur die Erste Natur mit ihren Katastrophen (Klimaerwärmung, Dürre, Gletscherschmelze, Artensterben, Überschwemmungs- und Wirbelsturmkatastrophen usw.). Die (zum Schweigen gebrachte) Menschheit wird manchmal zur stummsten, spachlosesten Natur. Wer könnte leugnen, dass das die bittere Wahrheit ist?

Die grundsätzlichste Änderung des historischen Paradigmas sollte heißen: Der stadtbasierte Kapital- und Machtmonopolismus hätte sich ohne die landwirtschaftlich-dörfliche Gesellschaft (seit 10 000 v. Chr. bis heute) nicht entfalten können. Die grundsätzlichste methodische Änderung könnte von diesem Punkt ausgehend erfolgen. Die von Rosa Luxemburg sehr oberflächlich ausgedrückte Definition, ohne nicht-kapitalistische Gesellschaft könne es keinen Kapitalismus, keine Kapitalakkumulation und keinen Monopolismus geben[48], sollte besser die gesamte Geschichte und alle Kapitalformen betreffen – dies ist der Ausdruck der Analyse des Kapitals während der gesamten historischen Gesellschaft. Karl Marx' rein kapitalistisches Gesellschaftsmodell war sein größter Irrtum, da eine sol-

48 »Wenn der Kapitalismus also von nichtkapitalistischen Formationen lebt, so lebt er, genauer gesprochen, von dem Ruin dieser Formationen, und wenn er des nichtkapitalistischen Milieus zur Akkumulation unbedingt bedarf, so braucht er es als Nährboden, auf dessen Kosten, durch dessen Aufsaugung die Akkumulation sich vollzieht.« Rosa Luxemburg, *Die Akkumulation des Kapitals*, Kapitel 29, *Der Kampf gegen die Bauernwirtschaft*. In *Rosa Luxemburg – Gesammelte Werke*, Berlin 1975, S. 363, zitiert nach mlwerke.de. Siehe auch die ausführliche Fußnote 62 in Band II, S. 158.

che Gesellschaft weder praktisch noch theoretisch möglich ist. Es ist einfach zu beweisen: Nehmen wir an, es gäbe in der Gesellschaft ausschließlich Kapitalist*innen (einschließlich Bürokrat*innen) und Arbeiter*innen (einschließlich Arbeitslose). Genau das wäre die Voraussetzung einer rein kapitalistischen Gesellschaft. Nehmen wir an, in den Fabriken des Kapitals würden hundert Einheiten Ware produziert. Lassen wir fünfundzwanzig Einheiten davon den Arbeiter*innen als Lohn zukommen. Und fünfundzwanzig Einheiten stehen der Kapitalist*innenklasse zur Verfügung. Was sollte dann mit den restlichen fünfzig Einheiten passieren? Der Rest würde entweder verfaulen oder kostenlos verteilt werden. Im rein kapitalistischen Gesellschaftsmodell wäre nichts anderes möglich.

Rosa Luxemburg kommt der Wahrheit näher, indem sie von diesem Punkt ausgehend behauptet, dass das System nur dann funktionieren könne, wenn diese fünfzig Einheiten Ware zu Profitzwecken der nicht-kapitalistischen Gesellschaft verkauft würden. Die gesellschaftliche Wirklichkeit ist aber komplexer. Außerdem sollte man nicht vergessen, dass der Profit und die auf ihm basierende Kapitalakkumulation nicht bezahltes gesellschaftliches Mehrprodukt darstellen. Welche ist denn die nicht-kapitalistische Gesellschaft? Vor allem die historische landwirtschaftlich-dörfliche Gesellschaft, die der zu Hause eingesperrten Frauen, die von ihrer Arbeitskraft lebenden Handwerker*innen und (von Almosen lebenden) Arbeitslosen der Stadt. Wenn die Wirklichkeit so dargelegt wird, wird dadurch eine bessere Analyse der fünftausendjährigen Zivilisation und ihrer systematischsten Phase, d. h. des vierhundertjährigen kapitalistischen Weltsystems, ermöglicht. Das Netzwerk, das sich im Laufe der Geschichte als Kapital und Macht organisiert, (Aristokratie, Herr*innen, Bourgeoisie usw.) übersteigt niemals ca. zehn Prozent der Gesellschaft. Also macht der Hauptkörper der gesellschaftlichen Natur stets mehr als neunzig Prozent aus.

Fragen wir also bezüglich der Methode: Was ist wissenschaftlich gesehen die richtigere Methode – die zehn Prozent oder die über neunzig Prozent zu vergeschichtlichen, zu systematisieren und zum Hauptgegenstand des Denkens zu machen? Das ist die grundsätzliche Frage, die man beantworten muss. Vielleicht könnte man behaupten: »Da die Ideen, Wissenschaft und Methoden sich in den Händen der zehn Prozent konzentrieren, ist es anders nicht möglich.« Wurde aber dieses Monopol in letzter Instanz nicht auf der Basis der Aneignung und Abnutzung des gesellschaftlichen Mehrprodukts errichtet? Kann dieses Privileg der zehn Prozent dadurch gerechtfertigt werden, dass sie die am besten organisierte ideologische Gruppe darstellen?

Selbst wenn eine gewalttätige Kraft lediglich aus einem Prozent besteht, kann sie durch gute Organisierung Millionen unter ihre Herrschaft bringen, über Millionen herrschen. Sie kann der Gesellschaft ihre Worte als grundsätzlichste Wissenschaft und Methode aufzwingen. Kann das bedeuten, dass sie auch wahr sind? Wer erklärt eine Handvoll Tyrann*innen und Monopolist*innen zur Wahrheit? Kann die Unterwerfung derer, die es als Mythologie, Religion, Philosophie, Wissenschaft und Kunst präsentieren, unter das tyrannische Netzwerk des Kapitals die gesellschaftliche Wahrheit (die Wahrheit der neunzig Prozent) ändern? Es ist ganz eindeutig, dass das Problem auf diese Art und Weise dargestellt werden sollte. Keine ideologische, wissenschaftliche, religiöse, philosophische oder künstlerische Hegemonie vermag diese Wahrheit zu ändern. Wenn wir die historische Gesellschaft im Lichte dieser grundsätzlichen Methode strukturell analysieren und ihr durch verschiedene Denkweisen (mythologisch, religiös, philosophisch, wissenschaftlich und künstlerisch) einen Ausdruck verleihen wollen, werden die Dimensionen der Wahrheit dadurch sichtbarer und erlangen eine Bedeutung. Die demokratische Zivilisation kann der Wahrheit eine viel weiter entwickelte Systematik verleihen, die die doppelseitige Erzählung der geschichtlichen Gesellschaft (in ihrer Strukturalität, Objektivität und Subjektivität als Ausdrucksweise) darstellt. Eine umfangreichere Systematisierung der gesellschaftlichen Natur in ihrer Geschichtlichkeit und Totalität ist möglich und notwendig. Die wissenschaftliche Revolution und die paradigmatischen Grundlagen der Sozialwissenschaft sollten auf dieser systematischen Analyse basieren.

Ein solcher Umgang mit der Methodenfrage vermag die gesellschaftliche Natur in ihrem gesamten geschichtlichen Reichtum und ihrer Totalität viel richtiger darzustellen. Unmittelbar ist ersichtlich:

a) Eine Gesellschaft ohne Kapital und Macht ist möglich, aber Kapital und Macht sind ohne Gesellschaft nicht möglich.

b) Eine Wirtschaft ohne Kapital ist möglich, aber Kapital ohne Wirtschaft ist nicht möglich.

c) Eine Gesellschaft ohne Staat ist möglich, aber ein Staat ohne Gesellschaft ist nicht möglich.

d) Eine Gesellschaft ohne Kapitalist*innen, Feudalherr*innen und Herr*innen ist möglich, aber Kapitalist*innen, Feudalherr*innen und Herr*innen sind ohne Gesellschaft nicht möglich.

e) Eine Gesellschaft ohne Klassen ist möglich, aber Klassen sind ohne Gesellschaft nicht möglich.

f) Dörfer und Landwirtschaft sind ohne Städte möglich, aber Städte sind ohne Dörfer und Landwirtschaft nicht möglich.

g) Eine Gesellschaft ohne Recht ist möglich, aber eine Gesellschaft ohne Moral ist nicht möglich.

h) Es ist möglich, einer gänzlich sich selbst überlassenen Person ähnlich, die Gesellschaft der Politik und der Moral zu berauben. Dann wird die Gesellschaft aber vom neuen Leviathan (nationalstaatlicher Faschismus) zersplittert und verschlungen, sodass der Moment des Todes der Gesellschaft und des Menschen zum Spektakel wird. Dies ist der Moment, in dem der Genozid verwirklicht wird. Dies ist der Moment, in dem Michel Foucault den Tod des Menschen[49] ausruft. Dies ist der Moment, in dem Friedrich Nietzsche sagt, die Gesellschaft und der Mensch würden kastriert und in Zwerge und Ameisen verwandelt, und sie zu Herden und Massen erklärt. Mit Max Webers Worten, dies ist der Moment, in dem die Gesellschaft in einen ›eisernen Käfig‹ eingesperrt wird!

Das Paradigma der demokratischen Zivilisation hat in genau diesem Moment einzugreifen.

1 – Da die Gesellschaft ohne Landwirtschaft und Dörfer nicht weiter existieren könnte, kann der sich durch die Geschichte hindurchziehende Widerstand dieser Teile der Gesellschaft sein Ziel nur durch die Verwandlung in eine politische Gesellschaft erreichen.

2 – Eine Stadt ohne Zentren der Kapital- und Machtmonopole ist möglich. Die wirkliche Befreiung der Stadt, der in der gesamten Zivilisationsgeschichte die Rolle des Hauptquartiers der Ausbeutung und Unterdrückung aufgezwungen wurde, ist durch ihre Verwandlung in eine politische Stadtgesellschaft und durch eine demokratische Regierung möglich. Mit der Weiterentwicklung der demokratischen und konföderalistischen Regierung der Städte, wovon es in der Geschichte reichlich Beispiele gibt, wird die Stadt davon befreit, eine Ansammlung krebserregender Strukturen zu sein.

3 – Bis die über der Wirtschaft errichteten Kapital- und Machtmonopole eingeschränkt und abgeschafft werden, können weder Wirtschaftskrisen enden noch Probleme gelöst werden. Der Kampf der Kapital- und Machtgruppen um die Aneignung und Vergrößerung von Mehrwertanteilen

49 Foucault postuliert den ›Tod des Menschen‹ im Schlussteil von *Die Ordnung der Dinge* (Frankfurt am Mai: Suhrkamp, 1974), der mit der Formulierung endet, »…daß der Mensch verschwindet wie am Meeresufer ein Gesicht im Sand.« (S. 462).

bildet die Hauptursache für Umweltzerstörung, jegliche unnötige Herausbildung von Klassen, soziale Krankheiten, Kriege sowie insbesondere Arbeitslosigkeit, Hunger und Armut. Die gesellschaftliche Natur ist gegen diese Probleme und Krankheiten mit einer flexiblen Membran ausgestattet, sodass ihr selbst durch eine Einschränkung der Kapital- und Machtapparate eine freie Entwicklung gelingen könnte. Wenn die Geschichte aus der wirtschaftlichen und Klassenperspektive geschrieben und gelesen werden soll, kann sie nur durch dieses Paradigma ihren wahren Sinn erlangen.

4 – Der Naturzustand der Gesellschaft ohne Kapital- und Machtmonopole ist die moralische und politische Gesellschaft. Jegliche menschliche Gesellschaft hat von ihrer Entstehung bis zu ihrem Schwinden diese Eigenschaft aufzuweisen. Die Schablonen der sklavenhalterischen-, feudalen, kapitalistischen und sozialistischen Gesellschaften ähneln Kleidungen, die man der gesellschaftlichen Natur überzustülpen versucht; sie drücken nicht die Wirklichkeit aus. Es kann solche Behauptungen geben, aber es gibt keine solchen Gesellschaften. Da Gesellschaften, deren eigentlicher Zustand ein moralischer und politischer ist, in der gesamten Geschichte von Kapital- und Machtmonopolen stets bedrängt, ausgebeutet und kolonialisiert wurden, fanden sie nicht die Gelegenheit, sich gänzlich zu entfalten.

5 – Die Hauptaufgabe der demokratischen Politik könnte sein, der moralischen und politischen Gesellschaft auf der Grundlage der Freiheit ihre eigene Funktion zu verleihen. Gesellschaften, die in diesem Sinne funktional sein können, sind offene, transparente und demokratische Gesellschaften. Je entwickelter die demokratische Gesellschaft ist, desto besser kann die moralische und politische Gesellschaft funktionieren. Die Kunst der demokratischen Politik ist dafür verantwortlich, solche Gesellschaften immer funktional zu machen. Es ist nicht die Aufgabe der demokratischen Politik, durch Social Engineering Gesellschaften zu kreieren. Solche Engineering-Bestrebungen kennzeichnen die Aktivitäten des Liberalismus zur Bildung von Kapital- und Machtmonopolen.

6 – Alle Königreiche, Imperien, Republiken, Stadt- und Nationalstaaten, die im Laufe der Geschichte im Namen der Zivilisation gegründet wurden, sind, einzeln und alle zusammen genommen, in ihrer Kompromisse schließenden und konkurrierenden Art und mit ihren hegemonialen und einander gleichen Haltungen im Grunde zu Macht und Staat gewordene Formen des Kapitals.

Das Ziel der moralischen und politischen Gesellschaft kann niemals ihre Verwandlung in solche Monopole sein. Sie kann nur unabhängig von ihnen oder in bedingtem Frieden mit ihnen existieren. In solchen Fällen können die demokratische Zivilisation und die offiziellen Machtzivilisationen miteinander unterschiedliche Formen von Kompromissen eingehen. Da Friedensprozesse auf solchen bedingten Kompromissen beruhen, stellen alle anderen Zeiten einen Dauerkriegszustand über oder innerhalb der Gesellschaften dar.

7 – Da die Gesellschaft nicht ständig monopolistischen Ausbeutungskriegen (im Inneren und Äußeren) standhalten muss, hat sie sowohl auf der landwirtschaftlich-dörflichen Ebene als auch unter den Arbeitern der Stadt ihre eigene demokratische Zivilisation in verschiedenen Formen zu entwickeln. Die Geschichte ist nicht nur ein Mittel von unmenschlichen und heruntergekommenen Strukturen und Kriegen oder eine Summe von Mächten und Staaten, sondern sie ist voll mit Exemplaren demokratischer Zivilisationen, die erstere zahlenmäßig zigfach übertreffen. Riesige Gesellschaftsgruppen wie alle Familien-, Stammes- und Klansysteme, Konföderationen, Stadtdemokratien (sofern man weiß, stellt Athen das prägnanteste Beispiel dafür dar) und demokratische Konföderationen, Klöster, Tekken[50], Kommunen, egalitäre Parteien, Zivilgesellschaften, Sekten, Konfessionen, nicht zur Macht gewordene religiöse und philosophische Gemeinschaften, Frauensolidaritätsstrukturen, unzählige nicht verschriftlichte solidarische Gemeinschaften und Räte sollten zur demokratischen Zivilisation gezählt werden. Leider wurde die Geschichte dieser Gruppen nicht systematisch verschriftlicht, obwohl die wirkliche Menschheitsgeschichte der systematische Ausdruck dieser Gruppen sein könnte.

8 – Da offizielle Machtzivilisationen Kapital- und Waffenmonopole und die ideologische Hegemonie ineinander verwoben fortsetzen, blieb die Ideologie der demokratischen Zivilisation immer schwach und unsystematisch; ihre Träger*innen wurden von den Mächten stets unterdrückt, irregeleitet und meistens vernichtet. Zahlreiche Weise, Wissenschaftler*innen, Philosoph*innen, religiöse Führer*innen, Konfessionsangehörige und Künstler*innen wurden, wenn sie sich nicht ergaben und auf die Stimme ihres freien Willens hörten, mit härtesten Strafen belegt und zum Schweigen gebracht. Dass ihre Geschichte nicht geschrieben wurde, heißt nicht, dass es sie nicht gab. Der demokratischen Zivilisation einen historisch-gesellschaftlichen Ausdruck zu verleihen, ist eine unserer vorrangigsten intellektuellen Aufgaben.

---

50 Als Tekke (türkisch) bzw. Dargāh (persisch) werden die Zentren von Sufi-Bruderschaften und Derwisch-Orden bezeichnet.

9 – Dem aus allen ideologischen, militärischen, wirtschaftlichen, Verwaltungs- und Machtmonopolen des kapitalistischen Systems in seinen letzten vierhundert Jahren bestehenden nationalstaatlichen Zivilisationssystem setzt die demokratische Zivilisation eine nicht zu unterschätzende, wenn auch nicht gänzlich integrierte Systematik entgegen. Diese basiert auf Bewegungen, die eine breite Palette bilden, die von Stadtdemokratien (in Italien) und Städtekonföderationen (in Deutschland) über Bäuer*innen- und Arbeiter*innenaufstände und Kommunen (die Pariser Kommune), die realsozialistischen Erfahrungen (in einem Drittel der Welt) und nationale Befreiungsprozesse (in nicht zum Staat oder zur Macht gewordenem Zustand) bis hin zu zahlreichen demokratischen Parteien und zivilgesellschaftlichen Bewegungen, jüngsten Ökologie- und feministischen Bewegungen, demokratischen Jugendbewegungen, Kunstfestivals bis hin zu neuen religiösen Bewegungen reicht, die nicht die Machtwerdung zum Ziel haben.

10 – Auch wenn die nationalstaatliche Systematik gegenwärtig schwerwiegende Probleme erlebt und ihre Risse sich tagtäglich vergrößern, stellt sie nach wie vor regional sowie global gesehen die stärkste Systematik dar. Während dieses System von mehr als zweihundert Nationalstaaten, regionalen Zusammenschlüssen (vor allem die Europäische Union, USA-Kanada-Mexiko – NAFTA, Südostasien – APEC) und auf der globalen Ebene von der UN (Vereinte Nationen) repräsentiert wird, sind die verschiedenen losen und unstrukturierten Arbeiter*innen- und Volksbündnisse der demokratischen Zivilisation, die weder Staat noch Macht sind, (wie das Weltsozialforum) äußerst unzulänglich. Diese Unzulänglichkeit ist ideologischer und struktureller Art. Um sie zu überwinden, sollte der Globale Demokratische Konföderalismus, d. h. lokale, regionale und nationale demokratische Konföderationen und dazu gehörige Parteien und zivilgesellschaftliche Apparate, entwickelt werden.

C Skizze der Geschichte der demokratischen Zivilisation

Das grundsätzlichste Wesensmerkmal der freien menschlichen Natur ist, dass sie ihre eigene Geschichte zu wählen und mit ihr zu leben weiß. Die Geschichte ist die Interpretation der Existenz, des stattgefundenen Prozesses. Je unterschiedlicher die Existenzen sind, desto mehr Geschichten wird es geben. Aber historische Differenzen bedeuten nicht, dass es keine historische Einheit gäbe. Ohne Einheit wären Differenzen bedeutungslos. Differenzen existieren im Zusammenhang mit der Einheit. Das Ausschlaggebende ist, wodurch die Einheit repräsentiert wird. Was die Menschheit betrifft, so könnte der Einheit zweifellos die Fähigkeit, Intelligenz und Werkzeuge einzusetzen, zugrunde liegen. Denn ohne diese Fähigkeit unterschiede sich der Mensch überhaupt nicht von anderen Lebewesen. Manchmal können Staaten, manchmal Demokratie, moralische und politische Dimensionen, Mentalitätsformen oder der wirtschaftliche Zustand die Grundlage der Einheit bilden. Wichtig bleibt dabei, festzustellen, welche Differenzen sich auf der Grundlage welcher Einheit entwickeln.

Wir gingen von der moralischen und politischen Gesellschaft als der Grundeinheit der demokratischen Zivilisation aus. Der Verständlichkeit halber haben wir sie definiert und versucht, ihre Methode zu bestimmen. Wir wollen nun in kurzen Zügen ihre historische Entwicklung umreißen:

a) *Klangesellschaft und Neolithikum*

Es ist bekannt, dass die gesellschaftliche Natur sich während fast achtundneunzig Prozent ihrer Existenz in aus fünfundzwanzig bis dreißig Personen bestehenden Gruppen abspielte, die wir Klangesellschaften nennen. Wir können den Klan als Stammzelle der Gesellschaft bezeichnen. Die Klangesellschaft lebt in allen Familien-, Stammes-, Volks- und Nationalgesellschaften, die sich im Laufe der Zeit herausgebildet haben, durch eine Art Differenzierung weiter. Unserer Definition der gesellschaftlichen Natur entsprechend stellte der Klan, sei es in der Phase der Zeichensprache, sei es in der der Symbolsprache, eine moralische und politische Gesellschaft dar. Selbstverständlich waren die im Klan vorhandene Moral und Politik sehr simpel; wichtig ist es aber, dass diese überhaupt existierten. Durch die Simplizität wurde ihre Bedeutung nicht verringert, sondern bewiesen. Man könnte sogar behaupten, dass die Moral in der Klangesellschaft ihren stärksten Ausdruck fand. Sie fungierte sozusagen als Ausdruck des Instinkts. Der Moral entsprechend zu leben, stellte dabei eine unabdingbare Voraussetzung der Existenz dar. Ein Klan, der seine Moral verloren hatte, war ein zersprengter oder vernichteter Klan. Die Einfachheit der Moral lässt sich nur so interpretieren, dass sie dem Leben immanent war. Zum Vergleich könnte man sagen, dass heute der Gesellschaft nichts passiert, obwohl die rechtlichen Regeln häufig mit Füßen getreten werden. Aufgrund der konservativen Eigenschaft des Rechts könnte dieses Mit-Füßen-Treten sogar vielleicht eine positivere Rolle spielen. Die Degeneration der Klanregeln dagegen führte zum Untergang der Gemeinschaft.

Das Gleiche lässt sich auch in Bezug auf die Politik feststellen. Der Klan hatte zwei sehr einfache Arbeiten: Sammeln und Jagen. Zweifellos versuchten alle Klanangehörigen, die Sammel- und Jagdpolitiken bestens und fruchtbarst umzusetzen, indem sie über die für sie lebenswichtigen Sammel- und Jagdtätigkeiten vielleicht tausendmal diskutierten, sich Rat holten, sich über ihre Erfahrungen austauschten und einige Mitglieder beauftragten. Sonst wäre das Leben nicht möglich gewesen. Was wie gesammelt werden sollte, bildete die grundsätzlichste Politik, eine gemeinschaftliche Arbeit. (Die Politik wird als gemeinschaftliche Arbeit definiert.) Also war die Klangesellschaft eine sehr einfache, aber lebensnotwendige Gemeinschaft. Ohne Politik hätte sie keinen einzigen Tag überlebt. Der Politik wohnte deswegen die Funktionalität eines lebenswichtigen Gewebes inne. Alle anderen Eigenschaften der Klans ähnelten vielleicht denen der Primaten. Ihr einziger, aber wichtiger Unterschied bestand darin, dass sie ein simples moralisches und politisches Gewebe entwickelt hatten. Werkzeuge wurden nur dann eingesetzt, wenn es auch Politik gab. Die Entwicklung der Sprache konnte nur auf moralischer und politischer Grundlage erfolgen. Man sollte nicht vergessen, dass die Faktoren, die das Sprechbedürfnis beschleunigten, die Diskussionen und Entscheidungen über die Ausführung der Arbeit waren. Ich halte die Behauptung, dass der Moral und Politik das Ernährungsbedürfnis zugrunde liege, für unsinnig. Zweifellos haben auch Amöben, die Einzeller sind, ein Ernährungsbedürfnis. Es kann aber von einer Moral und Politik der Amöben keine Rede sein. Menschen unterscheiden sich von Amöben dadurch, dass sie ihr Ernährungsbedürfnis stets mithilfe verschiedener moralischer und politischer Ansätze befriedigen. In dieser Hinsicht ist die Behauptung der marxistischen Lehre, die Wirtschaft bestimme alles, nicht wirklich aufschlussreich. Das Ausschlaggebende ist, wie die Wirtschaft bestimmt wird. Dies setzt bei der menschlichen Spezies das moralische und politische Gewebe und den gesellschaftlichen Bereich voraus.

Wegen dieses Wesensmerkmals kann man die Klangesellschaft an den Anfang der Geschichte der demokratischen Zivilisation setzen und ihr darin einen Ehrenplatz einräumen. In dieser Hinsicht gehört dieser achtundneunzigprozentige Anteil der Menschheitsgeschichte zur Systemgeschichte. Außerdem existiert der Klan, wie wir bereits feststellten, in Familien, Stämmen, Völkern, Nationen, internationalen Gemeinschaften und sogar in supranationalen Gemeinschaften als Mutterzelle weiter.

Die mesolithische Gesellschaft (in der Phase zwischen 15 000 und 12 000 v. Chr.), die nach dem Schmelzen der Gletscher in der vierten Eiszeit vor ungefähr zwanzigtausend Jahren im Taurus-Zagros-Gebirgssystem in ihrer perfektesten Form entstand, und die neolithische Gesellschaft (ab 12 000 v. Chr.) waren fortgeschrittener als die Klangesellschaft. Die Werkzeuge, die sie besaßen, und ihre Siedlungsordnung waren hoch entwickelt. Die erste Agrar- und Dorfrevolution fand in dieser Ära statt. Neben dem Taurus-Zagros-Gebirgssystem wurden an vielen afro-asiatischen Orten ähnliche gesellschaftliche Entwicklungen losgetreten. Meines Erachtens fand diese Entwicklung als Folge der Ausbreitung der neolithischen Taurus-Zagros-Gesellschaft statt. Diese Ära bildete ein herausragendes Zeitalter in der Geschichte der gesellschaftlichen Natur. Von der Entstehung der heute noch benutzten Hauptformen der Symbolsprache bis hin zur Agrarrevolution (bewusstes Säen und Ernten von Samen und Domestizierung von Tieren), von der Entstehung von Dörfern bis hin zu den Anfängen des Handels, von der matrialen Familie bis hin zur Stammes- und Klanorganisation fielen viele Entwicklungen in diese Ära. Der Name des Zeitalters, ›Jungsteinzeit‹, weist ohne Zweifel auf das Vorhandensein fortgeschrittener Steinwerkzeuge hin. Auch die menschliche Intelligenz erlebte eine imposante Entfaltung. Die grundsätzliche Nutzungsweise aller Werkzeuge, die die Gesellschaft bis heute geprägt hat, scheint in jener Zeit erfunden worden zu sein. Das Neolithikum bildet das zweitlängste Zeitalter der Geschichte. Es nimmt die Hälfte der verbleibenden zwei Prozent der Menschheitsgeschichte ein. Die Gesellschaft war wiederum im Wesentlichen eine moralische und politische. Recht und Staat existierten noch nicht, die Macht war den Menschen unbekannt. Der Mutter wurde Heiligkeit zugeschrieben, das Bild der weiblichen Göttin wurde erhöht. Man ging ins Zeitalter heiliger Tempel und Gräber über. Die Menschen dieser Zeit lebten so geschichtlich, dass sie mit ihren Toten den gleichen Raum teilten. Die Tempel- und Grabruinen zeugen davon. Wir haben es hier nicht mit primitiven, sondern richtigen, wahren Menschen zu tun.

Die zweite Hauptphase der Geschichte der demokratischen Zivilisation lässt sich auf diese Weise skizzieren. Diese Ära wird von rein demokratischen Zivilisationswerten repräsentiert. Es mag so manchen Denker befremden, dass die moralische und politische Gesellschaft die Demokratie mit der Entwicklung der Symbolsprache und der Vernunft auf dörflicher und Stammesebene auf imposanteste Art und Weise auslebte. Das ist allerdings die Wahrheit. Es handelt sich um eine Zeit, in der das Moralische und das Politische die reinste Demokratie waren. Das sich mit der Zeit vergrößernde Mehrprodukt führte zur systematischen Unterdrückung und Ausbeutung der Gesellschaft zunächst durch hierarchische Kräfte und später durch stadtzentrierte Zivilisationskräfte.

b) Städte, Klassen, Staaten

Die Zivilisationserzählungen, die man schriftlich überlieferte Geschichte nennt, (mythologische, religiöse und wissenschaftliche Erzählungen jeglicher Art) lassen die Geschichte mit dem Befehl eines Schöpfers anfangen. Die Geschichte, von der die Rede ist, ist eine fünfzehntausendjährige. Von meinen soziologischen Analysen ausgehend kann ich konstatieren, dass der ideologische Ursprung dieser historischen Erzählungen mit Sicherheit auf die Sakralisierung von Unterdrückung und Ausbeutung zurückzuführen ist. Die Werke der wissenschaftlichen Schulen, einschließlich der angeblich wissenschaftlichen politischen Ökonomie von heute, stellen eine Ideolgieentwicklung dar, die sich auf den von der die Arbeitskraft qualitativ weiterentwickelnden Gesellschaft erzeugten Mehrwert und sogar auf ihre Lebenswerte stützt. Wie man sieht, werden keine ideologischen Mühen gescheut und es wird Zwang angewendet, um die Wahrheit zu verbergen. Der Stadt-Klassen-Staatsaufbau ist gleichzeitig die Zeit eines großen ideologischen Aufbaus. Die Hauptfunktion dieser Ideologien ist, die Schöpfung, die Entstehung anders darzustellen, nämlich sie durch das Bild der Göttlichkeit als Erfolge des Priesters, des starken Mannes oder des Regenten zu präsentieren.

Zunächst sind in Bezug auf die Geschichte der demokratischen Zivilisation diese ideologischen Schleier und Barrieren zu überwinden. Erst dann kann man nicht nur die Familie, die landwirtschaftlich-dörfliche Gesellschaft und die Stammes- und Klanstrukturen, sondern auch das Trio

Stadt-Klasse-Staat, die zuvor errichtete und noch weiterexistierende hierarchische Macht und die ursprüngliche Kolonialisierung der Frau besser begreifen. Dieser Paradigmenwechsel wird unser Verständnis enorm beflügeln.

Neben diesen monopolistischen Kapitalgruppen, die ein sich als das Stadt-Klassen-Staat-Trio auszeichnendes Zivilisationsnetzwerk bildeten, bestand auch die demokratische Zivilisation, trotz ihrer tiefgehenden Widersprüche zu jener anderen Zivilisation, auf einer neuen Stufe weiter.

Es kam zu einem Widerspruch zwischen Stadt und Land. Allerdings überwog ihre Tendenz, sich gegenseitig zu ergänzen. Während die demokratische Zivilisation in der Stadt ihre Ausläufer (Sklaven, Handwerker, Frauen) hatte, gab es auch auf dem Land die Ausläufer der Stadt. Vor allem die starken hierarchischen Strukturen der ländlichen Gesellschaft waren Kollaborateurinnen des Stadt-Staat-Regimes. Der Widerspruch und der Konflikt bestanden zwischen diesen beiden gesellschaftlichen Blöcken mit ihren unterschiedlichen materiellen Interessen. Es ließen sich häufig intensive ideologische, militärische und administrative Auseinandersetzungen zwischen der aus kommunalen, moralischen und politischen gesellschaftlichen Kräften bestehenden demokratischen Zivilisation und der Zivilisation des staatlichen und Kapitalmonopols beobachten, die in der Stadt auf der Arbeitskraft von Sklav*innen, auf dem Land auf der Plünderung von Stämmen und Dörfern und auf der Beute beruhte. Außerdem herrschten zwischen Stadtverwaltungen stetige Kriege um höhere Anteile. Die Klagelieder und Weisen über Städte, denen wir in den sumerischen Epen begegnen, lassen uns die Gewalttätigkeit jener Auseinandersetzungen spüren. Es lässt sich feststellen, dass Stammes- und Klanstrukturen größtenteils unter Angriffen der urbanen Zivilisation entstanden. Die ethnischen Strukturen, denen wir zuerst im vierten Jahrtausend v. Chr. begegnen, müssen wohl ein Produkt dieser Ära sein. Es ist bekannt, dass Sumerer und Ägypter diesen Strukturen Namen gaben. Während die Sumerer die ethnischen Gruppen im Norden und Nordosten Urier (Hügel-, Bergvolk), Arier (Landvolk, Bäuer*innen, Pflugbesitzer*innen), die im Westen Amurriter (die nicht sumerisierten Proto-Araber semitischer Herkunft), Guti und Kassiten nannten, wurden die aus der Sinai-Wüste stammenden ethnischen Gruppen von den Ägyptern als Apiru (staubige Menschen aus der Wüste) bezeichnet. Es wird angenommen, dass das Wort ›Hebräer‹ von Apiru stammt. Die Wehrmauern, die um Städte und Türme herum errichtet wurden, stellen Beweise dar, die die Existenz der Gegen-Gesellschaft bestens belegen.

Dass die Gesellschaft die auf Klassen basierende Zivilisation nicht einfach akzeptierte, wird an der Intensität der Auseinandersetzungen ersichtlich. Es wird beobachtet, dass manchmal Dörfer und sogar Zivilisationszentren gänzlich niedergebrannt wurden. Archäologische Aufzeichnungen beinhalten viele solcher Fälle. Mesopotamien ist voll mit mehrstöckigen Grabhügeln, die früher Siedlungszentren waren und mehrmals niedergebrannt wurden. Die Mythologie und Literatur jener Zeit spiegeln vorwiegend diese Tatsachen wider. Homers Ilias, als eine Version dritten Grades, spiegelt diese Epentradition mesopotamischen Ursprungs wider. Hesiod verwandelte wiederum, eine ähnliche Version schaffend, das sumerische Götterpantheon ins Olympische Pantheon. In der gesamten Epentradition jener Ära wurden durch Könige verkörperte Kriege der Götter behandelt. Es ist sehr eindeutig, dass Götter dabei mit Königen identifiziert wurden. Die Pharao- und Nimrod-Titel stellen markante Beispiele dieser Identifikation dar. Während man von Kriegen die wirtschaftliche Plünderung und Gefangennahme dörflicher Gesellschaften erwartete, wurden um der Gefangenen und Beute willen auch gegen Stämme ähnliche Raubzüge durchgeführt. Außerdem betrachteten es Zivilisationen auch als ein gewinnbringendes Unternehmen, sich gegenseitig zu plündern und Gefangene zu nehmen. Das auf materiellen Interessen basierende Wesen von Kompromissen und Konflikten existiert heute noch. Alles basierte auf dem Kalkül »Wer ist größer?«. Die Einheit Gottes im Himmel wurde offensichtlich im Wesentlichen als Symbol des größten Königreiches auf Erden imaginiert. Dass die osmanischen Sultane sich Zillullah[51] nannten, belegt diese Tatsache.

Es wäre ein großer Fehler, den Hauptwiderspruch dieser historischen Phase als einen Klassenwiderspruch im engeren Sinne zu begreifen. Es wird beobachtet, dass die Sklav*innenklasse die fügsamsten Diener*innen ihrer Herr*innen und des Tempels waren und die Sklav*innen sich wie Verlängerungen der Körper ihrer Herr*innen bewegten. Diejenigen, die dagegen kämpften, waren die Klans, Stämme und Bäuer*innen, die die Versklavung ablehnten. Außerdem kam es zwischen Monopolist*innen häufig zu Kriegen um höhere Anteile. Gegen 1500 v. Chr. kam es zu einem Hegemoniekampf zwischen den Hethitern, Hurriter-Mitanni und der ägyptischen Zivilisation. Im sechzehnten Jahrhundert v. Chr. fand im Nahen Osten die ursprüngliche Entstehung der Zentralzivilisation statt. Die Zeit zwischen 1500 und 1200 v. Chr. ist voller Beispiele für die

51 Der Schatten Gottes.

Konkurrenz zwischen den ersten prachtvollen Städten der Geschichte und die Erhebungen gegen den Hegemonialismus. Diese Zeit gilt als ein sehr bewegtes und prachtvolles Zeitalter. Auch Stammes-, Klan- und Dorfgesellschaften setzten ihre Entwicklung fort. Der Handel erlangte zum ersten Mal eine so große Bedeutung, dass um ihn herum Imperien aufgebaut wurden. Die Stärke Aššurs und Phöniziens rührte hauptsächlich von ihren Handelsmonopolen her. Während die chinesische und indische Zivilisation ihre ersten Schritte machten, waren ganz Europa, die anderen Teile Asiens, Afrika und Amerika noch dabei, mit der neolithischen Gesellschaft Bekanntschaft zu machen. Die zwei historischen Ären, die mich am meisten neugierig machen, sind das Neolithikum und die dörfliche Gesellschaft 6000–4000 v. Chr. und das urbane Leben und die urbane Gesellschaft 1500–1200 v. Chr. Die Originalität und Kreativität des Entstehungstempos und der epischen Erzählungen dieser Ären sind sehr interessant. Ich glaube, dass Begriffsbildungen über epische Heroismen und Göttlichkeiten vorwiegend aus diesen Ären stammen.

Meine Bemerkungen zu zeitlichen und räumlichen Ausbreitungs- und Entwicklungsphasen von Zivilisationen kann ich wie folgt zusammenfassen:

1. In den Flächen, wo das von Tigris und Euphrat genährte Taurus-Zagros-Gebirgsystem auf die Tiefebenen trifft, und die ein natürliches Bewässerungsklima und eine sehr reiche Fauna und Flora besitzen, folgte 15 000–12 000 v. Chr. auf eine prächtige Jäger*innen- und Sammler*innengesellschaft (der Stelentempel von Göbekli Tepe bei Urfa erklärt jenen Prozess) die landwirtschaftlich-dörfliche Gesellschaft, die sich bis ins siebte Jahrtausend v. Chr. im Übergangstadium zur Sesshaftigkeit befand. Zwischen 6000 und 4000 v. Chr. erlebte die landwirtschaftlich-dörfliche Gesellschaft ihre kreativste Phase. Ab dem sechsten Jahrtausend v. Chr. verbreitete sie sich in alle Himmelsrichtungen. Es gab sehr wenig Migration, es handelte sich größtenteils um Kulturexport. Die Obed-Kultur, die im fünften Jahrtausend in Untermesopotamien durch Bewässerungsfeldwirtschaft einen Aufstieg erlebte, wurde so stark, dass sie gegenüber Nordmesopotamien eine gegen-koloniale Politik aufnahm. Archäolog*innen entdeckten Ruinen, die die koloniale Ausbreitung dieser Kultur um 4000 v. Chr. belegen. Allerdings bewahrte die eigene Kultur der Region zur gleichen Zeit noch ihre Dominanz. Die Uruk-Ära zeichnete sich im vierten Jahrtausend ab und repräsentiert die Genese der Stadt. Das Gilgamesch-Epos handelt von dieser zauberhaften Entwicklung. Uruk erlebte eine ähnliche Ausbreitung gen Norden. Die Kulturen dieser beiden Ären gewannen die Oberhand, indem sie

wahrscheinlich die Weberei, Töpferei und landwirtschaftliche Produktion ertragreicher betrieben. Das dritte Jahrtausend, das Zeitalter der klassischen Ur-Dynastien, zeichnete sich durch die Vermehrung der Städte und die gewaltsamen und kontinuierlichen Verteilungskämpfe zwischen ihnen aus, die man auch als Aufteilungskriege der ersten Monopolisten bezeichnen könnte.

2. Die neolithische Revolution, deren Epizentrum in Mesopotamien lag, bewegte sich auf China, Indien, ganz Europa und Nord- und Ostafrika zu. Die Zeit 4000–2000 v. Chr. bildete die Phase, in welcher die neolithische Gesellschaft sich in diesen Räumen richtig etablierte. Es lässt sich beobachten, dass die stärker werdenden europäischen und kaukasischen neolithischen Gemeinschaften nach 2000 v. Chr. eine Welle in die entgegensetzte Richtung auslösten. Die ersten Angriffe großer Stämme des Nordens mit hellen Haaren und Augen über Anatolien bis nach Indien führten zu einem wichtigen historischen Umbruchprozess. Die Feldzüge erstreckten sich bis in die Zivilisationszentren Mesopotamiens und Ägyptens hinein. Außerdem führten 4000–2000 v. Chr. sowohl Stämme semitischer Herkunft aus Arabien als auch arische Stämme aus den Bergen wellenartige Angriffe auf die Zivilisationszentren durch.

In diesen ersten kolonialistischen und antikolonialistischen Ausbreitungsbewegungen der Geschichte machten beide Zivilisationstypen Fortschritte. Während die hierarchischen Kreise der Stämme in einen Staatswerdungsprozess traten, wurden viele Stammesmitglieder zu Sklav*innen gemacht. Unter den Stämmen und Stammeskonföderationen kam es zu Spaltungen. Während einerseits neue urbane Zivilisationen auftauchten, wurden andererseits die verbleibenden Stammes- und Klanorganisationen und ihre Solidarität stärker.

3. Die Zeit 2000–1500 v. Chr. war eine Ära, in der das klassische Zeitalter der Sumerer und Ägypter endete und sich die Beziehungen und Widersprüche zwischen Babylon, Aššur, Hurritern / Mitanni / Hethitern und der neuen Dynastie in Ägypten sehr intensivierten. Zum ersten Mal begann das Zeitalter der hegemonialen Zentralzivilisation. Es handelte sich dabei um eine andere Globalisierungsphase. Die Stämme des Nordens und die Berg- und Wüstenstämme des Nahen Ostens, die das technische Wissen und andere Gewohnheiten, die sie von der Zivilisation übernommen hatten, gegen die Zivilisationszentren einsetzten, setzten ihre Angriffe ununterbrochen fort. Die Ablösung der Bronze in der Waffentechnologie durch Eisen sollte zu vielen neuen Entwicklungen führen. Die Metallsuche und der Handel damit erlangten zum ersten Mal eine große Bedeutung. Der

Burg- und Mauerbau erlebte einen großen Anstieg. Die ersten Beispiele für prachtvolle Burgen waren Produkte dieser Ära. Der Handel, der immer bedeutender wurde, erreichte einen Höhepunkt. Der große Aufstieg Aššurs und Phöniziens war das Werk ihrer Handelsmonopole. Die Zivilisation erlitt 1500–1200 v. Chr. unter dem Angriff der kriegerischen Stämme der Skythen und Dorer vom Norden und der Aramäer vom Süden einen schweren Schlag. Die Zeit 1200–800 v. Chr. war eher ein Zeitalter der Regression. Die einzige Kraft, die diese Zeit überstand, war das assyrische Reich.

4. Die graeco-römische Zivilisation, die die Zivilisation des letzten großen klassischen Zeitalters des Altertums bildete, scheint sich das ganze Erbe der beiden Zivilisationssysteme vor ihrer eigenen Ära (Mesopotamien und Ägypten) einverleibt zu haben. In diesem Prozess, der von 1000 v. Chr. bis 500 v. Chr. reichte, setzte die Zivilisation ihre Ausbreitung in Asien, Afrika und Europa fort und leistete ihren Beitrag, indem sie zusätzlich in sich ein klassisches Zeitalter schuf. Während das mythologische Zeitalter an Bedeutung verlor, kam es zu neuen ursprünglichen Aufbrüchen in der religiösen, philosophischen und sogar wissenschaftlichen Entwicklung. Das römische Reich, das einen Höhepunkt der Kapital- und Machtmonopole bildete, schloss aufgrund der Christ*innen-Partei im Inneren und infolge der aus allen Himmelsrichtungen kommenden Widerstände und Angriffe der Stämme und Klans von außen ihre Ära und damit das gesamte Altertum unter den Schlägen der Kräfte der demokratischen Zivilisation ab.

c) Götter und Menschen

Die Positionierung der abrahamitischen religiösen Tradition im historischen Prozess im Hinblick auf Zivilisationen bereitet große Schwierigkeiten. In was für einer Zivilisation diese drei großen Religionen zu positionieren sind, ist immer noch umstritten.

Diese Traditionen, auf die ich mich auf der Basis meiner Zivilisationsanalysen stark fokussiere, definiere ich als typisch kompromisslerische und eklektische Bewegungen, die ähnlich den gegenwärtigen sozialdemokratischen Bewegungen einen mittleren Weg zwischen zwei Hauptzivilisationskräften einzunehmen versuchen. Obwohl ich sie symbolisch als unter der Führung des abrahamitischen Stammes stehende Bewegungen bezeichne, wäre es zutreffender, diese Religionen nicht ethnisch zu definieren, sondern als Bewegungen mit einer starken ideologischen Ausrichtung zu betrachten. Obwohl die abrahamitische Tradition als eine Stammesbewegung präsentiert wird, stellt sie im Wesentlichen eine

Bewegung dar, die einen Mittelweg zwischen der aus dem Nahen Osten stammenden demokratischen Zivilisation und den Zivilisationen mit staatlicher Herrschaft zu finden versucht. Sie ist weder eine richtige Klassen- noch eine Stammesbewegung. Zudem ist sie weder gänzlich ideologisch noch gänzlich moralisch und politisch. In jeglicher Hinsicht sucht sie den Mittelweg. Die besagte Tradition bewahrte vom Auftreten Abrahams um 1700 v. Chr. (wenn diese Tradition auf Adam und Eva zurückgeführt wird, kann sie auch auf die Entstehung der sumerischen und ägyptischen Zivilisationen zurückgeführt werden) bis heute diese Eigenschaft. Aber sie inspirierte einerseits stets beide Zivilisationen, riss andererseits die mit ihr verbundenen Kräfte (ich meine die materiellen und geistigen Kräfte) vom Erbe dieser Zivilisationen fort. Aus diesem Grund führte sie sowohl deren Freundschaft als auch deren Feindschaft gewinnend zu historischen Entwicklungen.

Die abrahamitischen Religionen, die das mythologische Zeitalter der Zivilisation abschlossen und in ihrem religiösen Zeitalter die Vorreiterrolle übernahmen, können im Lichte unseres neuen Zivilisationsparadigmas begreiflicher gemacht werden. Die am meisten herausstechende Erzählung des mythologischen Zeitalters ist die Gottkönig-Erzählung. Man sollte nicht vergessen, dass die Erzählsprache des Altertums mit Mythologie aufgeladen war. In ihr nach einer der heutigen vergleichbaren Rationalität zu suchen, wäre verlorene Liebesmüh. Alle Phänomene und Ereignisse wurden mit einer mythologischen Sprache erzählt. Die Mythologie der sumerischen Ära, die unter großem Einfluss des Animismus (in diesem Glaubenssystem wird daran geglaubt, dass die Natur lebendig und voller Seelen sei) stand, hat dieses Glaubenssystem (man könnte es als die Religion der Klans bezeichnen) etwas transformiert und zum ersten Mal die Unterscheidung zwischen ›göttlicher‹ und ›nicht-göttlicher Natur‹ eingeführt. Die sumerischen Priester, die den ganzen Inhalt ihrer Erfindungen von der obermesopotamischen neolithischen Gesellschaft übernahmen, verwarfen das Muttergöttin-Narrativ und verliehen der männlichen Gottesmythologie Gewicht.

Der Widerspiegelung der großen materiellen Transformation der Gesellschaft (zunächst die Genese der männlich dominierten hierarchischen Ordnung, anschließend und mit ihr die der staatsförmigen Autorität) in der Mythologie, die die neue Ideologie bildete, begegnen wir im Auftauchen des schlauen Gottes Enki. Der Kampf zwischen Inanna, der Göttin Uruks, (ihren Ursprung bildete die obermesopotamische Muttergöttin Star bzw. Ištar) und dem Enki, dem Gott Eridus, ist sehr bemerkenswert. Während Inanna sich zu beweisen bemüht, dass Göttlichkeitsrechte der Muttergöttin zustünden (Inanna behauptet, dass die berühmten 104 ME, neunundneunzig Tugenden, Talente, Erfindungen und Künste das Werk von Frauen seien), predigt ihr Enki, dass dieser Anspruch nun seine Bedeutung eingebüßt habe und sie sich gehorsam verhalten und auf ihren Vater hören solle (während er sich selbst zum Vater-Mann-Gott erklärt, degradiert er die Göttin Inanna zu seiner Tochter-Ehefrau). Wie sehr das allen säkularen, laizistischen, religiösen und szientistischen Predigten von heute ähnelt! Ich für meine Person glaube, dass Enki der erste Gott all dieser Kreise war. Enki war das Original, andere sind nur seine Versionen, Kopien. Insbesondere die olympischen Gött*innen sind dritte, vierte Versionen der sumerischen Mythologie. Mit den römischen Gött*innen versiegte die Erzählung mythologischer Art.

Es wird erzählt, dass Abraham die Götzenbilder im Pantheon in Urfa zerstört habe und dafür von Nimrod zum Feuertod verurteilt worden sei. Es sei dann durch ein göttliches Wunder dort, wo der Scheiterhaufen stand, ein heiliger See entstanden. Abraham, dessen Lebensbedingungen unter der Herrschaft Nimrods schwer geworden seien, sei nach Kanaan (vom babylonischen Zivilisationsbereich in den von Ägypten kontrollierten Bereich) ausgewandert. Eigentlich handelte es sich dabei um einen typischen Asylfall. Wiederum, als er wahrscheinlich ein lokaler Stammesführer war, geriet er in Zwietracht mit dem Stadtverwalter Nimrod. Es ist offensichtlich, dass Eigentum und Handel den Gegenstand jener Zwietracht bildeten. Damals herrschte zwischen Babylon und der ägyptischen Zivilisation einerseits Konkurrenz, andererseits war zum ersten Mal eine Zeit des lebendigen Handels angebrochen. Von dieser Konkurrenz waren die traditionellen Interessen Tausender Menschen wie Abraham betroffen. Dies bildete die materielle Grundlage des Exodus und des Asyls. Kanaan war zwischen den beiden Zivilisationen relativ unabhängig. Abraham trat den Exodus an, als die Hegemonie sich intensivierte. Sein Exodus symbolisierte wahrscheinlich die Verwandlung einer ähnlichen Auswanderung Tausender Menschen in eine gemeinsame Erzählung in der Sprache jener Zeit. Alle Indizien weisen darauf hin, dass die besagte Geschichte von den Widersprüchen und Konflikten zwischen diesen beiden großen Zivilisationen (Babylon und Ägypten) und den lokalen Stämmen und Fürstentümern handelt, die sich in dem Raum zwischen ihnen befanden und ihre Interessen gefährdet sahen. Diese Kräfte lehnten die Selbstinszenierung der Nimrods und Pharaonen als Götter ab, und immer wenn sie die Gelegenheit dazu fanden, protestierten sie dagegen, indem sie die Götzenbildrepräsentationen zerstörten. Langer

Rede kurzer Sinn, der materielle Interessenskonflikt spiegelte sich als ideologischer Kampf wider.

Der Kampf gegen eine mindestens dreitausendjährige Gottkönig-Ideologie ist nicht einfach, bedarf großen Mutes und Talents. Das ist wichtig, und darauf ist auch die wundersame Bedeutung, die Abrahams Widerstandsaktion in Urfa beigemessen wurde, zurückzuführen. Die Untertanen lehnten sich zum ersten Mal gegen den Gott auf. Das war eine wundersame Entwicklung ohnegleichen. Es handelte sich dabei sowohl um die materielle Aktion, also die Zerstörung der Götzenbilder, als auch um eine neue ideologische Suche. Wo und wie sie den neuen Gott finden, also wie sie ihre eigene ideologische Konstruktion gestalten sollten, bildete den Gegenstand eines großen Streits, der Jahrhunderte dauerte. Abraham behauptete, seinen eigenen Gott gefunden zu haben, indem er über die Stimme, die ihn inspirierte, zum ersten Mal »Wa hewe« – »das ist Er« – (Yahweh) sagte. Dieses Wort scheint aus der arischen Sprache zu stammen. Arische Stämme bildeten in Urfa damals die Mehrheit und sie hatten die Initiative inne. Über Abrahams Verbindung mit jenen Stämmen wird heute noch diskutiert. Es ist sehr wahrscheinlich, dass sie zunächst »Wa hewe« sagten und zu Jehova wechselten. Jehova war Abrahams erster Gott und stammte mit hoher Wahrscheinlichkeit aus der arischen Kultur. Es ist bekannt, dass sie nach ihrer Auswanderung nach Kanaan zu den Gottesbezeichnungen El, Ula und Allah[52] übergingen.

»El« ist semitischen Ursprungs und spiegelt die Ähnlichkeit, Einheit und Sehnsucht der Stämme wider, die in der Wüste mit ihren unendlichen Weiten ein monotones Leben führten. Die zweite große Inspiration sollte mit Moses und den Zehn Geboten ihren Ausdruck finden. Moses' Treffen mit Gott auf dem Berg Sinai zeugt eigentlich von seiner Lösungssuche für die ziemlich schwerwiegenden Probleme des Stammes, dessen Anführer er seinerzeit war. Wenn man sich vor Augen hält, dass die Zehn Gebote typische Regelungen des Stammeslebens beinhalten, kann man diese Analyse weiterführen. Die Tradition sollte später auch von Jesus erneuert werden. Mohammed hatte schließlich in Mekka ein ähnliches Treffen (das Treffen auf dem Berg Hira, bei dem er von Gott die erste Offenbarung erhielt). In den heiligen Schriften wird berichtet, dass zahlreiche Propheten ähnliche Treffen verwirklicht hätten. Wir haben es hier offenbar mit traditionellen Narrativen

52 Es handelt sich um eine Evolution von Gottesnamen in den semitischen Sprachen, die beginnend mit akkadisch *ilu* über mehrere Jahrtausende und viele Zwischenstufen erfolgte. El war der kanaanäisch-syrische Hauptgott. Es ist unklar, was mit »Ula« gemeint ist, möglicherweise *eloah*.

über wegweisende Ideen und Aktionen zu tun. So ist die Erzählung. Die heiligen Schriften und die gesellschaftlichen und Naturphänomene und -ereignisse, die ich prophetischer Art nenne, (die Erste und Zweite Natur) werden in der Sprache jener Zeit auf diese Weise widergespiegelt.

Wir können ohne Weiteres feststellen, dass diese Tradition in Bezug auf unser Thema eine historische Etappe darstellt.

1. Man lehnte sich gegen die von Gottkönigen regierten ersten beiden großen Zivilisationen des Zeitalters und der Geschichte auf. Das war der erste Aufstand der Untertan*innen gegen Gott.

2. Es wurde ein neuer ideologischer Ausdruck geschaffen. Es wurde der Diskurs geformt, dass die Gottkönige auch nur einfache Menschen seien, Gott aber kein Mensch sei, dass Er der Schöpfer von allem sei (die berühmten Worte »das ist Er« sind das Ergebnis dieser großen Inspiration), und dass nur Er Gott und Rabb (Herr) sein könne.

3. Man darf sich nicht dem Gottkönig, sondern nur Ihm unterwerfen.

Das waren die Grundsätze der neuen Ideologie. Der gloriosen Tradition, die man die abrahamitischen Religionen nennt, liegen die in diesen drei Punkten zusammengefassten Aussagen zugrunde. Nach vielen historischen Erfahrungen lehnten breite Teile der Gesellschaft ab, dass die Oberschicht sich nicht mit der Selbstmonopolisierung begnügte, sondern sich selbst darüber hinaus vergöttlichte, und entwickelten eine Heiligkeit und einen göttlichen Diskurs, die ihren eigenen Interessen näher kamen.

Noch wichtiger ist es, diesen Wandel im Hinblick auf die moralische und politische Gesellschaft zu erklären. Im vorangegangenen zweitausendjährigen Zeitalter der Gottkönige (3500–1500 v. Chr.) hatte die moralische und politische Gesellschaft einen großen Schaden erlitten. Insbesondere die Etablierung der Vorherrschaft der die Unterscheidung zwischen Gott und Untertan*in sehr streng ausdrückenden mythologischen männlichen Götter als Schöpfer der Erde, des Meeres und des Himmels anstelle der Naturreligiosität, die mit dem Muttergöttin-Kult ein inniges und lebendiges Verhältnis aller Klans und Stämme zur Natur auf Augenhöhe ausdrückt, zeigt, dass die moralische und politische Gesellschaft auch auf ideologischer Ebene einen schweren Schlag erlitten hatte. In der materiellen und geistigen Kultur fand eine große Transformation statt. Mythologische Erzählungen sind voller Ausdrücke davon.

Offenbar sollte das Trio Priester-König-Kommandant, das sich über der Natur als ein Netzwerk materieller Interessen organisierte und durch eine ideologische Maske seine Wirklichkeit verschleierte, in dieser langen historischen Ära der moralischen und politischen Gesellschaft einen schweren Schaden zufügen. Aus der Perspektive dieses Paradigmas betrachtet, kann man die Gesellschaft dieser zweitausendjährigen Ära besser verstehen. Begriffsbildung ist eine sehr schwierige Tätigkeit, die eines großen Arbeitsaufwands bedarf. Indem das von der abrahamitischen Tradition geschaffene Paradigma das mindestens zweitausendjährige Zeitalter der Nimrods und Pharaonen mit neuen Begriffen belegte, ging es zweifellos zu einer menschlicheren und annehmbareren Erzählung und Religion über. Die neue religiöse Erzählung war selbstverständlich auch metaphysisch. Sie war von der Rationalität und den Sozialwissenschaften unserer Zeit ziemlich weit entfernt und unterschied sich von ihnen. Trotzdem stellte sie aber einen sehr wichtigen historischen Aufbruch dar. Es kann nicht von einer völligen Rückkehr zur starken moralischen und politischen Gesellschaft des vorangegangenen Zeitalters die Rede sein. Dass die Moral dabei gänzlich in Form von Religion vorgeschrieben wurde, lässt sich auch an den Zehn Geboten ganz gut erkennen. Moses' Zehn Gebote waren offensichtlich moralische Grundsätze mit religiösem Schein. Ihr Glaubensaspekt war nachrangig und schwach. Es stellte also eine sehr wichtige Transformation in der moralischen und politischen Gesellschaft dar, dass die Moral durch die Religion ersetzt wurde. Das schlichtere moralische und politische Leben von früher wurde von einem allumfassenden Gottesverständnis überdeckt. Es wurde dem Leben so ein fortgeschrittenerer religiöser Schleier verliehen.

Ein grundsätzliches Thema, das wir hinterfragen müssen, ist, inwiefern religionisierte Moral und Politik gegen Zivilisationen (mit Staat, Klasse und Stadt) sind oder ob sie selbst eine neue Zivilisation bilden. Den Diskussionen über den Laizismus und die islamische Zivilisation, die heute vor allem in der Türkei und im Nahen Osten geführt werden, liegt diese historische Vergangenheit zugrunde. Wenn man sich die bisherige Evolution der abrahamitischen Religionen vor Augen führt, kann man diese Frage in beide Richtungen beantworten.

Die erste Tendenz, die sich in der Oberschicht widerspiegelt, verfolgte bereits seit ihrer Entstehung das Ziel der Errichtung neuer lokaler Königreiche und Fürstentümer durch die Fraktion, die (genauso wie der rechte Flügel der Sozialdemokratie) die Macht der Nimrods und Pharaonen in einem neuen ideologischen Gewand (als Gottes Gesandter, Schatten, Vertreter, anstatt selbst Gott zu sein) fortzusetzen beabsichtigte. Dass Abraham seine Handelsgeschäfte und die Stammesführerschaft miteinander verband, erhellt seine Position. Es lässt sich unschwer feststellen, dass er auf der Suche nach einem lokalen Fürstentum bzw. Königreich war. Er wollte kein einfacher Untertan Nimrods bleiben. Diese Position empfand er als sowohl in religiöser als auch in moralischer und politischer Hinsicht verächtlich. Es ist wahrscheinlich, dass Moses in Ägypten ein oppositioneller Prinz war. Er stützte sich auf die armen, unter beinahe sklavischen Bedingungen lebenden, nicht gänzlich ägyptisierten Hebräer, die ihre Unterschiede bewahrt hatten (Apiru, das Wort, von dem der Begriff Hebräer*in stammt, bedeutete staubige Männer, Stämme aus dem Osten), und lehnte sich gegen den Pharao auf. Nach – laut biblischer Darstellung – äußerst heftigen Verhandlungen mit dem Pharao beschloss er, Ägypten zu verlassen. Er schaffte es, mit den Hebräer*innen, die er im Geheimen organisiert hatte, Ägypten zu verlassen. Die Geschichte des vierzigjährigen Kampfes in der Wüste zeugt von seinen Bemühungen um ein neues Fürstentum. Er entwickelte Regeln. Er suchte nach dem imaginierten ›gelobten Land‹. Wie man weiß, wurde diese Utopie um das Jahr 1000 v. Chr. in der heutigen israelisch-palästinensischen Region von den Propheten Saul, David und Salomo verwirklicht. Die eigentliche ideologische Führung hatten Priester wie Samuel inne. Nach 1000 v. Chr. entstanden zahlreiche Fürstentümer und Königreiche dieser Art, die den kleinen Nationalstaaten ähnelten, die von den Widersprüchen zwischen den beiden großen Blöcken der nahen Vergangenheit, dem Ost- und Westblock, profitierten. Diese Tendenz setzt sich heute noch vor allem in Südamerika und weltweit in vielen Ländern vergleichbar fort.

Die zweite Tendenz war die antizivilisatorische Tendenz eines ärmeren und radikaleren Teils der Gesellschaft. Diese Kreise waren sich dessen bewusst, dass die Zivilisierung nur noch mehr Probleme bereitete. Selbst im ersten Königreich Juda-Israel wurde dieser Widerspruch intensiv erlebt. Die heftige Opposition des Priesters Samuel gegen die Anführer, die zu Königen geworden waren, spiegelt diese Tatsache wider. Mit dem Auftauchen Jesu wird die Sache noch eindeutiger. Zu diesem Zeitpunkt hatte sich die Klassentrennung weiter vertieft. Vertreter der Oberschicht, Roms Kollaborateure, warfen – in ihrer Rolle als Besitzer des Königreiches Juda – Jesus vor, er untergrabe ihre Herrschaft, ließen ihn fangen (Judas Iskariot, der Jesus verriet, war ein Jude, der mit Rom kollaborierte, und der dreizehnte Apostel) und kreuzigen. Der römische Präfekt pochte nicht so sehr auf die Kreuzigung Jesu; es waren vielmehr die Vertreter des Königreichs Juda, die darauf bestanden. Es ist eindeutig, dass Jesus nicht nur als Vertreter der Hebräer, sondern als Symbol der ersten großen internationalistischen Partei angesehen wurde, die die ärmsten Teile aller vom Römischen und Persischen Reich geplünderten

Völker (vor allem Griechen, Assyrer, Armenier – die Völker, die bereits damals Zivilisationen gegründet hatten) vertrat. Es handelte sich um die Entstehung einer neuen Bewegung gegen die klassische Zivilisation. Die Mitglieder dieser Bewegung nahmen dreihundert Jahre lang Hunger und jegliche Art von Folter in Kauf und führten im Untergrund ein anti-römisches und anti-sassanidisches Leben. Als die oberste Führung der politisierten Bewegung (Priesterrat, Konzil) später in der Ära des Kaisers Konstantin des Großen die Zusammenarbeit mit dem Staat aufnahm, verwandelte sich das Christentum in das ideologische Organ des zweiten großen Roms, das in Byzanz errichtet worden war.

Arme und radikale Kreise unterschiedlicher Konfessionen dagegen leisteten heftigen Widerstand. Dieser Widerstand hielt jahrhundertelang an. Der Widerstand der Arianer, Assyrer und Gregorianer war wichtig. Offensichtlich waren der Klassenkampf und sogar der sich im religiösen Gewand entwickelnde Kampf der unterdrückten Klans und Stämme für die moralische und politische Gesellschaft jahrhundertelang in vollem Gange. Die Diskussion im Christentum, ob Jesus göttlicher Natur war oder ob er eine menschliche Natur besaß, war der ausschlaggebendste Faktor bei der konfessionellen Spaltung. Diese Diskussion hatte ihren Ursprung in der sumerischen Mythologie. Der Diskurs der Oberschicht, die göttlicher Abstammung zu sein behauptete und dass die Unterschichten niemals göttlicher Abstammung sein könnten (die Legende, dass sie sogar aus den Exkrementen der Gött*innen geschaffen worden seien, ist ein Ausdruck davon), hatte langfristigen Einfluss auf die abrahamitischen Religionen. Mohammeds Haltung in dieser Frage war eindeutig: Der Mensch könne nicht Gott, sondern nur sein*e Gesandte*r und Untertan*in sein. Im Christentum ist dagegen die Lage voller Widersprüche. Während Konfessionen, die in armen Schichten ihren Ursprung nahmen, (Arianer) behaupteten, Jesus sei menschlicher Abstammung, neigten diejenigen, die sich zu Kollaborateuren der Macht hocharbeiten wollten, eher zur Behauptung einer göttlichen Abstammung. Der Kern der Sache hängt mit der Klassenspaltung zusammen. Der antizivilisatorische Kampf, der 3000-1500 v. Chr. mit lokalen Glaubensrichtungen und transformierten offiziellen mythologischen Glaubensrichtungen geführt wurde, wies sowohl Klassen- als auch ethnische Eigenschaften auf. Die Sehnsucht nach Freiheit, die darin zum Ausdruck kam, ist ziemlich eindeutig.

Dass die arischen Stämme und Klans, die in der Taurus-Zagros-Region heftige Kämpfe führten, 2150 v. Chr. die akkadische Dynastie stürzten und an ihrer Stelle die Guti-Gudea-Dynastie gründeten, gemeinsam mit den Kassit*innen wiederum ein Bündnis mit den Hethitern, die 1596 v. Chr. Babylon besetzten, eingingen und die Mitanni-Konföderation mit ihrem Zentrum im heutigen Serêkanî (Ceylanpınar) gründeten, deren Macht in den 1500er Jahren v. Chr. von Ägypten und allen mesopotamischen Städten anerkannt wurde, weist ebenfalls auf diese Realität hin.

Die abrahamitische Widerstandstradition entwickelte sich nach dieser historischen Phase weiter und blieb in bis heute existierenden historischen Strukturen auf unterschiedliche Art und Weise sehr wirksam. Trotzdem ist es nicht richtig, die abrahamitische Tradition von der Mythologie gänzlich zu trennen. Ein Großteil der Geschehnisse, die in allen drei heiligen Büchern Platz finden (vor allem die Geschichte von Adam und Eva), finden auch in den sumerischen und ägyptischen Mythologien Erwähnung. Die Unterschiede hängen mit den Transformationen der jeweiligen Ären, vor allem in Bezug auf Gott, zusammen. Dabei ist wichtig, dass sich die moralische und politische Gesellschaft mit starken lokalen ideologischen und religiösen Ausdrücken aufdrängte. Die Religion ist größtenteils moralischer Widerstand. Insbesondere die zoroastrische Tradition ist Ausdruck einer tiefer gehenden Transformation in dieser Hinsicht. Die zoroastrische Tradition, die die abrahamitischen Religionen stark beeinflusste, war die halb philosophische, halb religiöse moralische und politische Lehre der Ackerbau- und Viehzuchtgesellschaft des Zagros. Dass Zarathustra mit seinem berühmten Ausruf »Wer bist du?« den Gott semitischen Ursprungs infrage stellte, zeigt seinen radikalen Bruch. Indem Zarathustra die ›Heiligkeit‹ zum ersten Mal durch die Begriffe ›gut‹, ›böse‹, ›Helligkeit‹ und ›Dunkelheit‹ ersetzte, ebnete er der Ethik (Moralwissenschaft) und der Philosophie den Weg, die später von den Griech*innen ausführlich weiterentwickelt werden sollten. Dass die Griechen*innen der zoroastrischen Tradition, die sie über die Meder kennengelernt hatten, viel schuldeten, lässt sich auch von den Erzählungen über die Meder ableiten, die einen Großteil der Historien des Herodot ausmachen. Es ließe sich behaupten, dass die zoroastrische Tradition die Realität der heute noch starken moralischen und politischen Gesellschaft in den Bergstämmen und in der nicht-kolonialisierten breiten arischen Agrargesellschaft widerspiegele. Es ist ein nachvollziehbarer Aspekt, dass die zoroastrische Tradition die moralische und politische Wirklichkeit einer Gesellschaft ausdrückt, in der die Sklaverei nicht so weit gediehen und das freie Gesellschaftsleben immer noch stark war.

d) Ende des Altertums

Die graeco-römische Zivilisation, die letzte Phase des Altertums, erlebte alle drei Traditionen gleichzeitig. Die Ära der traditionellen Gottkönige bildete auf beiden Halbinseln die erste Stufe der Zivilisation. Die graeco-römische Tradition war die letzte Ableitung aus den sumerischen und ägyptischen Originalen. Im Zeitalter der etruskischen und spartanischen Königreiche erlebte die mythologische Tradition (Zeus auf dem Olymp, Jupiter in Rom) ihr letztes großes Zeitalter. Während die mythologische Erzählung in den Ären der römischen Republik (508–44 v. Chr.) und der attischen Demokratie (500–300 v. Chr.) allmählich abklang, trat die philosophische Tradition in den Vordergrund. Sokrates und Cicero waren die berühmten Philosophen und Redner jener Zeit. Die Bürger Athens und Roms, die ihre alte freie Tradition nicht einfach aufgeben wollten, waren immer noch der Tradition der moralischen und politischen Gesellschaft treu. Sie führten einen heftigen Kampf gegen das Königreich und das imperiale System. Athens Kampf gegen Sparta und der Kampf federführender Persönlichkeiten der römischen Aristokratie gegen Julius Caesar zeugen davon.

Sokrates und Cicero waren Moralphilosophen und philosophische Denker. Sie waren bedeutende Namen der ersten Lehren der Grundlagen der Ethik und demokratischen Politik. Auch wenn Athen und Rom es nicht der ganzen Gesellschaft zeigten, ist es unumstritten, dass sie ihre Stärke aus der immer noch tief verwurzelten Tradition der moralischen und politischen Gesellschaft schöpften. Die Stärke der beschränkten Institution der Sklaverei ließ sich mit der mächtigen Masse freier Bürger in der Stadt und den ländlichen Gebieten nicht vergleichen. Aus diesem Grund spielten sie bei der Entwicklung von Lehren über die Republik und die Demokratie eine erhebliche Rolle. Die Niederlagen der römischen Republik und der attischen Demokratie angesichts der imperialen Bestrebungen Augustus‘ und Alexanders des Großen weisen auf einen bedeutenden Rückschritt im Hinblick auf die Republik und Demokratie. Man sollte nicht vergessen, dass ein Großteil der positiven Werte aus dem klassischen Zeitalter Roms und Athens das Werk der Republik und der Demokratie war. In der schriftlich überlieferten Geschichte begegnete uns zum ersten Mal, dass moralische und politische Gesellschaften sich durch die Republik und Demokratie, wenn auch nicht vollständig, zumindest besser ausdrücken konnten. Um sich ganz ausdrücken zu können, bedürfen sie der über die repräsentative Demokratie hinausgehenden direkten, partizipativen Demokratie.

Das Christentum, die dritte dieser Traditionen, spielte anfangs eine subversive Rolle im Reich. Das Christentum stellte bis zum Untergang des Römischen Reiches (476 n. Chr.) – durch die angreifenden germanischen Stämme – eine starke Komponente der demokratischen Republik dar. Mit dem Aufstieg von Byzanz zu einem Reich wurde das Christentum in die Rolle eines reaktionären Vertreters der offiziellen Zivilisation mit ihrer staatlichen Herrschaft versetzt. Die Existenz sehr starker oppositioneller Konfessionen, die ebenfalls das Christentum vertraten, zeugt allerdings von der positiven Rolle des Christentums bei der Entwicklung der demokratischen Zivilisation.

Dass das auf dem dreitausendfünfhundertjährigen Trio Stadt-Klassen-Staat (Kapital- und Machtmonopolnetzwerke) basierende klassische Zivilisationssystem, obwohl es seinen zentralen hegemonialen Charakter mit der Zeit weiterentwickelte, wegen der beiden Hauptbestandteile der demokratischen Zivilisation, d. h. des antizivilisatorischen Christentums und des Widerstands und der Angriffe der ebenfalls antizivilisatorischen germanischen, hunnischen und fränkischen Stämme unterging (der Untergang Roms war gleichzeitig der Untergang des Altertums), legt den Verlauf der geschichtlichen Entwicklung ziemlich offen. Die Degeneration der Oberschicht im Herzen der demokratischen Zivilisationskräfte und die Entstehung von Ableitungen der klassischen Zivilisation ändern nichts an dieser Tatsache. Wir sollten nicht vergessen, dass die Gebiete und Städte der klassischen Zivilisation immer noch lediglich Inseln in einem Ozean der demokratischen Kräfte (Stamm, Klan, Religion, Konfession, Organisationen städtischer Handwerker*innen) darstellten. Die Menschheit hatte die moralische und politische Gesellschaft nicht aufgegeben. Die jahrtausendelangen Kriege hingen eng mit dieser Wirklichkeit zusammen. Es handelte sich dabei um die Existenz einer sich in religiösem Gewand fortsetzenden, sich aber im Wesentlichen auf die gesellschaftliche Natur beziehenden Freiheitstendenz als der moralischen und politischen Gesellschaft. Diese Feststellung ist äußerst wichtig.

e) Zeitalter des Islam

Die grundsätzlichste Frage für den Islam, die letzte der großen abrahamitischen Religionen, ist, ob der Islam eine Fortsetzung der klassischen Zivilisationen oder die starke Stimme der demokratischen Zivilisation ist. Ich glaube, diese Diskussion ist noch heute nicht beendet. Mekka, die Heimatstadt Mohammeds, basierte auf Handel. Es hatte gemessen an seiner eigenen Größe ein weites Hinterland und befand sich am Knotenpunkt der Nord-Süd- und Ost-West-Handelswege. Deshalb war es ein zentraler Marktplatz, wo arabische Stämme sich zum Einkaufen trafen. In Mekka wurden nicht nur Waren, sondern auch Ideen, Göttersymbole und Sklav*innen feilgeboten. Es war ein Ort, wo neben der abrahamitischen Tradition auch mythologische und animistische Religionen Anhänger*innen fanden. Es war ein Pilger- und Besuchszentrum. Zum Zeitpunkt der Geburt Mohammeds war im Norden Byzanz, eines der beiden sich im Übergang vom Altertum ins Mittelalter befindenden Reiche, bis nach Damaskus vorgedrungen und führte den seiner Kontrolle unterliegenden offiziellen Flügel des Christentums mit sich. Die assyrischen Priester befanden sich in der Opposition und hatten die Christianisierung der Sassaniden beschleunigt. Die Sassaniden wiederum verfolgten im Nordosten das Ziel, ihre Hegemonie auf die Arabische Halbinsel auszudehnen. Im Südwesten breitete sich im Jemen der Einfluss des christlichen Abessinien (das heutige Äthiopien in Ostafrika) aus. Jüd*innen, die die älteste Tradition vertraten, waren an allen Ecken und Enden der Halbinsel zu finden und profitierten von Immobilien und Handel.

Die arabischen Stämme, die eigentliche einheimische Bevölkerung der Halbinsel, erlebten eine tiefe sozioökonomische Krise. Ihre häufigen Raubzüge in alle vier Himmelsrichtungen (es ist bekannt, dass die semitischen Stämme vor den sumerischen und ägyptischen Zivilisationen fruchtbare neolithische Gebiete und später die urbanen Zivilisationen angriffen. Die Amurriter, Apiru, Akkader, Kanaaniter und Aramäer beteiligten sich an den Angriffswellen in dieser Ära) konnten sie wegen der Stärke der bestehenden Zivilisationen nicht mehr wiederholen. Es handelte sich um eine Zeit, in der sie von allen Seiten eingeengt waren; sie standen kurz vor einer Explosion. Die Araber*innen, die die letzte Expansion der semitischen Stämme verwirklichen wollten, schienen auf ein Wunder zu warten. Und jenes Wunder hieß Islam. Offensichtlich konnte Mohammed die Zeit und die Bedingungen gut lesen. Alle Eigenschaften des Bedürfnisses der Geschichte nach einer neuen Ära waren in seiner Persönlichkeit vereint. Er hing keiner der existierenden ideologischen Traditionen an. Er war vom Judentum und Christentum, die er als Buchreligionen bezeichnete, und vom Mandäismus und Zoroastrismus beeinflusst. Seine Haltung gegenüber Götzenbildern ähnelte der Abrahams; er war sich dessen bewusst, dass sie nicht seinen Zielen dienten. Seine ersten propagandistischen und militärischen Aktionen richteten sich gegen Mekkas Handelsmonopole. Er wusste, dass er sich nicht der Stammesdynamik hätte bedienen können, solange er nicht den Einfluss jener Monopole gebrochen hatte. Die göttlichen Offenbarungen, die er neu interpretierte, waren Moses' ›Zehn Geboten‹ sehr ähnlich. Es ist eindeutig und sicher, dass er den Stämmen eine neue Moral und ein politisches Ziel einimpfen wollte. Wenn man den Gehalt seines Gottesbegriffs auf der Grundlage der neunundneunzig Namen Allahs analysiert, wird man sehen, dass es dabei um den Aufbau einer regelrechten gesellschaftlichen Utopie geht. In der Medina-Ära, in der er zu einer politischen Kraft wurde, definierte er seine Utopie genauer.

Der Erfolg der ersten Aktionen, die als Wunder betrachtet wurden, stärkten Mohammeds Selbstvertrauen. Seine Arbeitsweise in Medina ist im Hinblick auf unser Thema aber von viel größerer Wichtigkeit. Moscheen fungierten in dieser Phase eigentlich als demokratische Räte. Anfangs wurden in Moscheen Treffen durchgeführt, in denen man alle gesellschaftlichen Probleme diskutierte und nach Lösungen suchte. Die Moschee behielt diese Rolle bis Mohammeds Tod bei. Die religiösen Rituale (*salāt*, Fasten, *zakāt*[53]) sind wiederum als Erziehungs- und Bildungsaktivitäten zu beurteilen, die Persönlichkeitsstärkung zum Ziel hatten. Niemand kann leugnen, dass der Islam im Wesentlichen einen solchen Aufbruch darstellte. Es ist klar, dass der moralischen und politischen Gesellschaft, wenn auch im religiösen Gewand, eine starke Dynamik verliehen und neues Leben eingehaucht wurde. Wenn also von einer wahrhaft mohammedanischen Bewegung die Rede sein soll, dann ist nicht zu leugnen, dass der Weg dahin über einen ihre grundsätzlichen Probleme überwindenden Wiederaufbau der moralischen und politischen Gesellschaft auf der Basis der partizipativen Demokratie führt. Es ist allgemein bekannt, dass Mohammed mit so mancher Aktion über das Ziel hinausschoss und vor diesen Aktionen sehr zögerte; vor allem im Hinblick auf Jüd*innen, die Qibla-Frage[54] und das Abschlachten aller Männer des jüdischen Stammes Banū Quraiza für ihre Kollaboration mit der Quraisch-Aristokratie. Wenn man diesbezüglich die richtigen Lösungen gefunden hätte, wäre vielleicht der arabisch-hebräische Widerspruch gelöst worden und der Islam hätte sich viel weiter entwickeln können.

Der Islam als Ganzes kann aber als eine demokratische, emanzipatorische und egalitäre Bewegung bezeichnet werden. Seine schnelle Ausbreitung im Großteil der alten Zivilisationsgebiete lässt sich nicht nur auf Waffengewalt zurückführen. Das Unglück des Islam war es, dass er im Vergleich zu der

53 Das Gebet, das Fasten und die Almosensteuer sind drei der fünf Säulen des Islam.
54 Zunächst beteten die Muslime in Richtung Jerusalem, erst später gen Mekka.

jüdischen und der christlichen Bewegung in sehr kurzer Zeit von den zivilisatorischen Kräften instrumentalisiert wurde. Noch waren keine fünfzig Jahre seit seiner Entstehung vergangen, da wurde der Islam von der Muʿāwiya-Dynastie sozusagen in einen Flicken für eine klassische Zivilisationskraft verwandelt. Die Ermordung der Ahl al-bait war gleichzeitig ein Massaker an vielen positiven inhaltlichen Eigenschaften des Islam. Meines Erachtens wurde der Islam zu jener Zeit beendet. Die Konfessionen, die als Nachfolger der Ahl al-bait entstanden, und die Charidschiten, die den Islam der ärmeren Kreise darstellten, bildeten ernstzunehmende Traditionen. Der Schia-Arm der Ahl al-bait verlor sein anti-zivilisatorisches Wesen, indem er im Iran seit der Safawiden-Dynastie den Weg der offiziellen Zivilisation betrat. Die Alevit*innen Anatoliens und Kurdistans konnten dagegen ihre Existenz unter der unerbittlichen Verfolgung der sunnitischen Machttradition Jahrhundertelang nur als moralische und politische Gesellschaft fortsetzen, wobei ihnen allerdings keine systematische Entwicklung gelang.

Auch den anderen Armen erging es nicht anders. Die Charidschit*innen, Qarmat*innen und viele andere ähnliche Bewegungen wollten den Islam als strengste Bewegung der unterdrückten Klasse umsetzen. Wegen dieser ihrer Eigenschaft wurden sie viel unerbittlicher liquidiert. Dieses vielseitig reiche Erbe im islamischen Gewand bedarf einer Untersuchung. Die demokratische Geschichtsschreibung ist deswegen nötig. Es handelte sich definitiv nicht um den Islam, der in der Person Mohammeds vertreten wurde. Der Islam in den Ären der Umayyaden, Abbasiden, Seldschuken, Osmanen, Safawiden und des Mogulreichs lässt sich unmöglich als mohammedanischer Islam bezeichnen. Viele Sekten und Konfessionen sind genau aus diesem Grund entstanden. Es gab keinen ernsthaften Erfolg. Was Erfolg genannt wurde, war, dass das listige Handelsmonopol Mekkas in der Person Muʿāwiya I. sehr erstarkte und sich expandierend und Gewinne erzielend in ein Handels- und Machtmonopol verwandelte, von dem andere Stammesaristokratien (Emire und Scheichs) nicht einmal hätten träumen können. Und genau das war ein offensichtlicher Verrat am Islam.

Es ist allgemein bekannt, dass auch Moses und Jesus verraten wurden; aber der Verrat an Mohammed war viel umfangreicher. Wie der Islam des neunzehnten und zwanzigsten Jahrhunderts für Englands koloniale Ausbreitung im Nahen Osten instrumentalisiert wurde, wie man ihn bei der Entstehung von Nationalstaaten (die arabischen Nationalstaaten sowie der Iran, die Türkei, Afghanistan, Pakistan, Indonesien usw.) die rückschrittlichste nationalistische Rolle spielen ließ, ist heute bekannt. Dass gegenwärtig neben dem al-Qaida-Radikalismus, von dem es immer noch unbekannt ist, was er sein soll, mit Organisationen wie der Islamkonferenz, die ihr irrelevantes Dasein abfristen (ich spreche von zahlreichen Organisationen, die das Wort ›Islam‹ in ihrem Namen tragen. Ihr Verhältnis zum Islam ist auf das Wort beschränkt und die erdrückende Mehrheit von ihnen besteht aus kapitalistischen, modernistischen, nationalistischen Organisationen), die Existenz des Islam nachgewiesen werden soll, bedeutet, dass der Islam seine bedeutungsloseste Ära erlebt. Ich nehme Mohammed und den Islam ernst, aber unter der Voraussetzung, dass sein Ideen-, Moral- und Politikverständnis viel diskutiert werden und diejenigen, die zumindest klitzekleinen Respekt für ihn übrig haben, die mohammedanische Realität, die dann klar herauskommen wird, respektieren und sich ihr anschließen. Ich hoffe, dieses Thema später in den betreffenden Kapiteln genauer erläutern zu können.

Man sollte meinem Versuch, das Mittelalter (476–1453 n. Chr.) durch Mohammed und den Islam zu analysieren, Verständnis entgegenbringen; denn das Mittelalter war zwar nicht in dem Sinne, dass der Islam umgesetzt worden wäre, aber in seinem namentlich und wesentlich verratenen Zustand das Zeitalter des Islam, das mohammedanische Zeitalter. Der Vorgänger des gegenwärtigen hegemonialen Systems, das man Kapitalismus nennt, war wirklich eben dieser Islam. Er war das erste Zeitalter, in dem Handelsmonopole ihren Höhepunkt erreichten. Der Nahe Osten bildete noch immer das Zentrum der Zivilisation. Er bildete die Vorzeit des Kapitalismus, in der alle seine Spiele erfunden und umgesetzt wurden. Venezianische Händler*innen trugen dreihundert Jahre lang in Zusammenarbeit mit jenen Monopolen die materielle Kultur des Nahen Ostens nach Europa. Das Christentum hatte wiederum zwischen dem sechsten und dem zehnten Jahrhundert die geistige Kultur des Nahen Ostens nach ganz Europa getragen. Zwischen dem achten und dem zwölften Jahrhundert, während der islamischen Renaissance, ähnelten die Zivilisationskräfte Zwergen, die auf den Schultern jahrtausendealter Zivilisationstraditionen saßen.

Ich denke, dass sowohl der mit unlösbar erscheinenden Problemen überhäufte Zustand des Nahen Ostens als auch sein stetiger Niedergang ab dem zwölften Jahrhundert eng mit diesem unter dem Namen des Islam begangenen Verrat zusammenhängen. Selbst wenn er aus einer Bewegung heraus entsteht, die Gold wert ist, kann der Verrat nur das Allerschlimmste schaffen. Was mit dem Islam geschieht, ist eigentlich eine Bestätigung dieser Regel. Folgenden Aspekt halte ich für wichtig: Wenn die Mohammedaner*innen eine zumindest genauso echte theologische, ethische, philosophische, künstlerische und politische Diskussion wie die Jüd*innen und Christ*innen angestoßen und die Konsequenzen daraus in die moralische und politische Gesellschaft hineingetragen hätten, hätte sich das hegemoniale Zentrum der klassischen Zivilisation nicht in den Westen verschoben. Noch wichtiger: Anstatt der klassischen könnte heute die demokratische Zivilisation eine vorherrschende Stellung innehaben.

Die jüdischen und christlichen Traditionen, die sich aus dem Nahen Osten nach Europa zurückzogen, waren offener für Diskussionen. Der Dogmatismus im Kern der religiösen Tradition ist zweifellos eine ernsthafte Hürde geblieben. Dass sie aber die nicht zu unterschätzenden geistigen Kulturwerte des Nahen Ostens in Europa verbreiteten, beschleunigte der Dialektik entsprechend die Entwicklung des philosophischen und wissenschaftlichen Pols. Das, was im Nahen Osten des Islam nicht getan wurde und heute noch nicht getan werden darf, sind diese Durchführung der dialektischen Diskussion und das Respektieren ihrer Ergebnisse. Ansonsten war der Nahe Osten, was den landwirtschaftlichen und kommerziellen Fortschritt angeht, Europa jahrtausendelang weit voraus. Auch in der manufakturellen Produktion hinkte er Europa nicht hinterher. Langer Rede kurzer Sinn, die mohammedanische Bewegung hätte der Aufbruch sein können, der der Geschichte des Nahen Ostens gebührt. Aber wie Ibn Chaldūn zu seiner Zeit analysierte, setzte die äußerst verkümmerte ʿAsabīya eine ähnliche Tendenz durch wie die faschistischen und nationalistischen Tendenzen von heute und vergeudete damit das Mittelalter. Das Zentralzivilisationssystem, das im Nahen Osten seinem Abstieg entgegensah, nahm ab dem fünfzehnten Jahrhundert in Europa seinen Aufstieg wieder auf. Das materielle und geistige Kulturerbe, das in den rund zehntausend Jahren nach der Agrarrevolution angehäuft worden war, sollte seinen nächsten Sprung in dieser Region und zu dieser Zeit machen.

Meine Absicht ist es, nicht die kurze Geschichte der demokratischen Zivilisation zu schreiben, sondern einen Versuch über ihre Definition und Stellung und darüber, was sie ist und wie ihre historische Funktion zu erklären ist, zu verfassen. Ich bin der Meinung, dass die Geschichte mit Sicherheit dieser Erklärung bedarf. Sonst könnten wir die historischen Aufbrüche, die als Wunder gelten, gar nicht interpretieren. Wie könnten wir die Geschichte verstehen, ohne die Widerstände, Kriege und kommunenähnlichen Strukturen zu analysieren, die in einer sehr reichen kulturellen Atmosphäre gegen diejenigen entwickelt wurden, die sich zu Göttern erklärten, die wahren Besitzer*innen dieser Kultur auszurotten beabsichtigten, ihnen würdelose Berufe wie Sklaverei, Leibeigenschaft, Arbeiterschaft, Ehefrauenschaft aufzwangen und alle materiellen und geistigen Werte zu plündern versuchten? Wie könnten wir unsere Menschlichkeit erkennen, ohne die Geschichte zu verstehen? Wenn wir unsere gesellschaftlichen Unerlässlichkeiten, die wir Vernunft, Moral und Politik als Freiheitskunst nennen, respektieren, haben wir diese Fragen zu stellen und zu beantworten. Mit engen Klassentricks und der ʿAsabīya (Stammeschauvinismus) können wir keine Lösung entwickeln. Ohne die apokalyptischen Bewegungen in der Geschichte der gesellschaftlichen Natur zu systematisieren, ohne ihre Ursachen und Wirkungen darzustellen, können wir nicht unser menschliches Dasein definieren. Dann könnte unser Leben keinen Sinn finden. Mit den Erzählungen der viel propagierten Zivilisation und der Netzwerke, deren Wesen die Zusammenstellung von Kapital- und Machtmonopolen auf Kosten der Gesellschaft ist, entsteht keine sinnvolle Menschheitsgeschichte. Der Versuch der demokratischen Zivilisation, die geschichtliche Gesellschaft aufzubauen, rührt weder von ihrem Bedürfnis her, den Lügen vom ›Ende der Geschichte‹ und der ›Einen Welt‹ des kapitalistischen Netzwerks ein Ende zu setzen, noch daher, dass so viele neue Welten existieren, wie sie sich vorstellen und denken kann, sondern daher, dass letztere bitter notwendig sind.

Ohne dass die den Menschen vernichtende Realität des mittelalterlichen Dogmatismus gänzlich überwunden wurde, hat diesmal der noch schlimmere Dogmatismus der Nationalstaaten die Geister gefangen genommen. Die nationalen Geschichten, die tausendmal chauvinistischer, verblendender und missachtender als die Stammes-ʿAsabīya sind, erschufen neue Wüsten, die die Geister austrocknen. Alleine für die Erschaffung und Bestätigung dieser ekelhaften Geschichten wurden Blutbäder veranstaltet. Die ganze Menschheit wurde vom Nationalismus, der nichts als das reaktionärste Götzenbild ist, gegeißelt. Ich versuche mich bei meinem Unternehmen daran zu erinnern, dass selbst in Zeiten, die als die dunkelsten gelten, das Denken nicht so oberflächlich, nicht so sehr in eine Wüste verwandelt und die Menschheit nicht in solch einen Zustand versetzt war.

Ich muss folgendes nochmals betonen: Die Wirklichkeit ist eine Sache, die ohne Kenntnis der Geschichte der gesellschaftlichen Natur überhaupt nicht zu verstehen ist. Ich werde mir niemals verzeihen, dass ich die Geschichte lange unter dem Einfluss der kapitalistischen Moderne pessimistisch betrachtet habe. Denn wir können nicht anders, als die respektlosesten und niederträchtigsten Positionen einzunehmen, wenn wir nicht die Geschichte, eine wahre Menschheitsapokalypse, kennen und uns – gemäß ihrer Erfordernisse – der Wirklichkeit der moralischen und politischen Gesellschaft anschließen. Du bist so sehr an der Seite der Wirklichkeit, wie du geschichtlich sein kannst. Die Geschichte wiederum kann nur dann zwischen der gesellschaftlichen Wirklichkeit und sich selbst eine Verbindung herstellen, wenn sie gleichzeitig demokratische Zivilisation bedeutet.

Die Betrachtung der Geschichte der demokratischen Zivilisation gegen die kapitalistische Moderne werde ich, aufgrund der Wichtigkeit des Themas, im nächsten Kapitel unter einer eigenen Überschrift zu unternehmen versuchen.

D Elemente der demokratischen Zivilisation

Es könnte lehrreich sein, die Gemeinschaftseinheiten im Rahmen der moralischen und politischen Gesellschaft zu erläutern. Die Definition der sich differenzierenden gesellschaftlichen Elemente ist für das Verständnis des Ganzen notwendig. Die Totalität kann nur in Differenzen ihre Bedeutung erlangen. Die Stadt als Staat zählt nicht zu den Elementen der demokratischen Zivilisation. Doch Handwerker*innen, Arbeiter*innen, Arbeitslose und Freiberufler*innen jeglicher Art, die von ihrer eigenen Arbeitskraft leben, gehören, obwohl Städter*innen, zu demokratischen Elementen. Wir werden solche Themen diskutieren.

1. Klans

Wir sind bereits auf Klans eingegangen und haben betont, dass sie als Mutterzelle der Gesellschaft achtundneunzig Prozent des langen Lebensabenteuers des Menschengeschlechts ausmachten. Diese fünfundzwanzig- bis dreißigköpfigen Gruppen, die Zeichensprachen benutzten und vom Jagen und Sammeln lebten, führten ein wirklich schwieriges Leben. Es war sehr schwer, nicht von wilden Tieren gefressen zu werden und an gesunde Nahrung zu kommen. Das Klima wurde manchmal sehr kalt. Es ereigneten sich vier wichtige Eiszeiten. Man sollte unsere Vorfahr*innen nicht unterschätzen. Ohne ihre große Mühe gäbe es uns nicht. Genau an dieser Stelle ist die Totalität zu suchen. Unsere ganze Menschheit von heute ist das Ergebnis des Überlebenskampfes unserer Vorfahr*innen. Die Geschichte besteht nicht nur aus ihrem schriftlich überlieferten Teil. Die wahre Geschichte kann nicht bedeutungsvoll sein, solange der Zustand unserer gesellschaftlichen Natur von vor Millionen Jahren nicht in unsere Überlegungen miteinbezogen wird. Der erste Zustand, der die Menschheit vereinte, waren wohl die Wesensmerkmale der Klangesellschaft. Wir haben versucht, den Klan als reinsten Zustand der moralischen und politischen Gesellschaft zu definieren. Diese Gemeinschaften, die physisch gesehen nach wie vor in vielen Bereichen weiterexistieren, stellen auch innerhalb aller Elemente fortgeschrittener Gesellschaften Stammzellen dar.

2. Familie

Auch wenn der Klan nicht als Familie bezeichnet werden kann, ist er ihr ähnlich. Die Familie war die erste Institution im Klan, die sich änderte. Nachdem sie lange Zeit als matriale Familie existiert hatte, wurde nach der dörflich-landwirtschaftlichen Revolution (vermutlich im sechsten Jahrtausend v. Chr.) unter patriarchaler, hierarchischer Autorität das Zeitalter der patriarchalen Familie eingeleitet. Die Führung und die Kinder wurden der Kontrolle des ältesten Mannes der Familie überlassen. Der Besitz an Frauen wurde zum Fundament des ersten Eigentumsdenkens. Erst später wurde die Sklaverei von Männern eingeführt. In der Zivilisationsphase begegnen wir dynastieähnlichen breiten und langfristigen Familienformen. Aber auch Bäuer*innen- und Handwerker*innenfamilien einfacherer Art haben stets existiert. Staaten und Mächte verliehen dem Vater-Mann eine Rolle, indem sie ihn innerhalb der Familie mit einer Kopie ihrer eigenen Macht ausstatteten. Dadurch wurde die Familie in das wichtigste Legitimationsmittel von Monopolen verwandelt. Sie spielte für Herrschafts- und Kapitalnetzwerke stets die Rolle einer Quelle von Sklav*innen, Leibeigenen, Arbeiter*innen, Soldat*innen und allen anderen Diensten. Aus diesem Grund wurde der Familie eine große Bedeutung beigemessen und sie wurde sakralisiert. Obwohl die Ausbeutung der weiblichen Arbeitskraft innerhalb der Familie die wichtigste Profitquelle für kapitalistische Netzwerke darstellte, verschleierten sie diese Ausbeutung und belasteten dadurch die Familie zusätzlich. Die Familie wurde sozusagen zum Garanten der Ordnung gemacht und zur konservativsten Phase in ihrer Geschichte verurteilt.

Die Kritik der Familie ist wichtig. Die Familie kann aber auf der Basis dieser Kritik das Hauptelement der demokratischen Gesellschaft bilden. Wenn nicht die Familie als Zelle der Macht, sondern – wie manche Feminist*innen die Sache angehen – nur die Frau analysiert wird, wird dem Ideal und der Praxis der demokratischen Zivilisation ihr wichtigstes Element fehlen. Die Familie ist eine gesellschaftliche Institution, die nicht überwunden, sondern transformiert werden soll. Der von der Hierarchie stammende Anspruch auf Eigentum an Frauen und Kindern sollte aufgegeben werden und zwischen den Partner*innen sollten weder Kapitalarten noch Machtverhältnisse eine Rolle spielen. Die triebartige Herangehensweise an die Erhaltung der Art sollte überwunden werden. Der idealste Ansatz für das Zusammensein von Mann und Frau ist derjenige, der sich die Freiheitsphilosophie der moralischen und politischen Gesellschaft zu eigen macht. Die Familie, die in diesem Rahmen einer Transformation unterzogen wird, wird die solideste

Garantie der demokratischen Gesellschaft und eine der grundsätzlichen Beziehungen der demokratischen Zivilisation sein. Viel wichtiger als die offizielle Partnerschaft ist die natürliche Partnerschaft. Die Parteien sollten jederzeit bereit sein, das Recht, auch allein zu leben, anzuerkennen. In Beziehungen darf man sich nicht sklavenhaft und blindlings verhalten. Es ist klar, dass die Familie unter den Bedingungen der demokratischen Zivilisation die bedeutungsvollste Transformation erleben wird. Solange die Frau, die seit Jahrtausenden viel an Respektabilität eingebüßt hat, keine Respektabilität und Kraft erlangt, kann es keine sinnvollen Familienbande geben. Eine auf Unwissen beruhende Familie kann nicht respektabel sein. Beim Wiederaufbau der demokratischen Zivilisation wird die Familie einen großen Anteil haben.

3. Stämme und Stammeskonföderationen

Stämme (*kabile*), die auch die Familien in sich tragen und eine gemeinsame Sprache und Kultur teilen, gehören zu den wichtigsten gesellschaftlichen Elementen, die sich vorwiegend in der dörflich-landwirtschaftlichen Gesellschaft herausbildeten. Sie stellen für die Produktion und Verteidigung notwendige Bündnisse dar. Klans und Familien, die der Lösung der bestehenden Produktions- und Sicherheitsprobleme nicht mächtig waren, spürten das Bedürfnis, die Form von Stämmen anzunehmen. Stämme sind Bündnisse, die nicht nur auf Blutbanden basieren, sondern Elemente der für die Produktion und Sicherheit notwendigen Kerngesellschaft sind. Sie repräsentieren eine jahrtausendealte Tradition. Dass sie zu rückschrittlichen und möglichst schnell zu überwindenden Institutionen erklärt wurden, gehört zu den größten Genoziden der kapitalistischen Moderne; denn Menschen hätten nicht einfach proletarisiert und ausgebeutet werden können, solange sie in ihren Stammesbündnissen geblieben wären. Für Sklavenhalter*innen und Feudalherr*innen war die Existenz von Stämmen gleichsam feindlich. Der Stamm ließ seine Mitglieder nicht zu Sklav*innen, Leibeigenen oder Arbeiter*innen werden.

Das Stammesleben unterscheidet sich nicht so sehr vom kommunalen. Der Stamm ist die Gesellschaftsformation, in der die moralische und politische Gesellschaft am stärksten erlebt wird. Dass Stämme immer als unerbittliche Feind*innen klassischer Zivilisationen angesehen wurden, hängt eng mit ihren moralischen und politischen Gesellschaftseigenschaften zusammen. Zudem war es unmöglich, sie zu erobern und der Kontrolle zu unterwerfen; sie wurden entweder vernichtet oder sie lebten frei. Allerdings zeigte sich, dass sie mit der Zeit degenerierten. Kollaborateur*innen spielten, genauso wie in der Familie, auch im Stamm stets eine negative Rolle. Stämme, deren Nomadentum im Vordergrund stand, gehören zu den wahrhaft konstruktiven Kräften der Geschichte. Sklav*innen, Leibeigene und Arbeiter*innen erlebten niemals den historischen Widerstand und den rebellischen und freien Zustand des Stammes, sondern waren meistens (abgesehen von Ausnahmen) die loyalsten Untertan*innen ihrer Herr*innen. Würde man die Geschichte nicht als Klassenkampf, sondern als Widerstandskampf von Stämmen betrachten, wäre dies vermutlich eine viel realistischere Herangehensweise. Dass die Rolle von Stämmen unterschätzt, manchmal negativ gesehen wurde oder dass ihnen gar keine Rolle zugeschrieben wurde, ist eine der wichtigsten Tatsachenverdrehungen der Macher*innen der Zivilisationsgeschichte.

Aşirets waren als eine Art Stammesföderation von noch größerer Bedeutung. Ihre Existenz mussten sie größtenteils gegen die Angriffe der Sklavenhalterzivilisationen behaupten. Das Bedürfnis nach Zusammenschluss und Widerstand, um nicht vernichtet zu werden, führte zur Klanorganisation. Aşiret war eine Gesellschaftsformation, deren militärische und politische Organisierung rasch vollzogen wurde. Er stellt eine spontane militärische und politische Kraft dar. In Aşirets waren gemeinsame Mentalität und organisatorische Einheit maßgebend. Aşirets tragen eine lange historische Vergangenheit und Kultur mit sich. Sie bilden die Hauptquelle von nationalen Kulturen. Ihr Beitrag zur Produktion ist ebenfalls nicht zu unterschätzen. Ihrer kollektiven Gesellschaftsstruktur liegt gegenseitige Hilfe zugrunde. In Stammesgesellschaften herrscht ein starker kommunaler Geist. Sie gehören zu konstruktiven Elementen des nationalen Charakters. Allerdings kann die Kollaboration, die sich innerhalb dieser Strukturen entwickelt, eine Gefahr darstellen. Trotz der Bemühungen der Zivilisationshistoriker*innen, die Stämme zu diskreditieren, gehören sie zu den Hauptmotoren der Geschichte. Wenn es den Widerstand von Aşirets um der Freiheit, des Kommunalismus und der demokratischen Tradition Willen nicht gegeben hätte, käme die Menschheit nicht umhin, eine Herde und Masse von Untertan*innen zu sein. Die Zugehörigkeit von Stämmen zu den grundsätzlichsten Elementen der demokratischen Zivilisation hängt mit dieser Eigenschaft zusammen.

Die Geschichte der demokratischen Zivilisation ist größtenteils die Geschichte des Widerstands und Aufstands von Stämmen und Aşirets für Freiheit, Demokratie und Gleichheit gegen alle Angriffe der Zivilisation und ihres Beharrens auf dem moralisch-politischen Gesellschaftsleben. Was die Gesellschaften eigentlich prägt, sind wiederum die Stammes- und Aşiretstrukturen. Die nationalstaatliche Liquidation aller Stammeskulturen unter der Übermacht einer einzelnen ethnischen Gruppe war ein regelrechter kultureller Genozid. Selbst wenn dieser große Genozid gegen die Gesellschaft etwas nachgelassen hat, stellt er nach wie vor eine sehr ernsthafte Bedrohung dar. In der Organisation einer demokratischen Nation anstatt des Nationalstaats bzw. der Staatsnation können Stämme und Aşirets als konstruktive Einheiten eine dominante Rolle spielen. Aus diesem Grund ist es völlig nachvollziehbar, dass Stämme und Aşirets mit diesen Qualitäten zu wesentlichen Elementen der demokratischen Zivilisation gezählt werden.

4. Volksstämme und Nationen

In der demokratischen Zivilisation sind die Formation und das Leben der Gesellschaften als Volksstämme (*kavim*) und Nationen (*ulus*) anders als in der klassischen Zivilisation. In offiziellen Zivilisationen werden Volksstämme und Nationen als Erweiterung der herrschenden Dynastie und ethnischen Gruppe konzipiert. So wird eine Erzählung geschaffen, laut welcher der Volksstamm und die Nation ihre Entstehung der offiziellen Dynastie oder ethnischen Gruppe schuldeten. In dieser erfundenen Geschichte wird der Naturzustand der Gesellschaft verschleiert. Durch die Heroisierung der innerhalb der Dynastie und herrschenden ethnischen Gruppe hervorgehobenen Personen werden die Väter des Volksstammes und der Nation geschaffen. Der vorige und nächste Schritt ist die Vergöttlichung. Die Geschichte wird in gewissem Sinne als Produktionskunst dieser Verväterung (Verahnung[55]) und Vergöttlichung behandelt. Die Wahrheit sieht aber anders aus. Wenn die Gesellschaft, die sich in Form von Stämmen und Aşirets weiterentwickelt, noch sesshafter wird und eine gemeinsame Sprache und Kultur entwickelt und ihre moralische und politische Identität in ihrem Wesen fortsetzt, beginnt sie, ein Volksstamm und eine Nation zu werden. Gesellschaften entstanden nicht von Anbeginn an mit einer Volksstammes- und Nationalidentität, sondern näherten sich im Mittelalter der Volksstammes- und in der Neuzeit der Nationalidentität an.

Der Volksstamm stellt sozusagen den Identitätsfundus der Nation dar. In der Neuzeit war zu beobachten, dass Volksstämme auf zwei Wegen zu Nationen wurden und die offizielle Zivilisation den Volksstammes- ʿAsabīya

55 Aus dem türkischen Wort *atalaştırma* wird deutlich, dass der Autor, ohne den Namen zu erwähnen, auch von Mustafa Kemal spricht, der als Atatürk (Vater der Türken) verehrt wird.

(-chauvinismus) in modernen Nationalismus zu verwandeln und die neue Gesellschaftsform der Bourgeoisie und der Stadt als Staatsnation zu bestimmen versuchte. Eine herrschende ethnische Gruppe spielte die Rolle eines Kerns. Ihre Identität wurde der ganzen Nation zugeschrieben. Sogar Stämme, Aşirets, Volksstämme und Nationen mit ganz anderen Identitäten innerhalb der Sprache und Kultur jener ethnischen Gruppe wurden zur Auflösung gezwungen. Dies ist der Weg, der ›brutale Nationenbildung‹ genannt wird. Mit dieser Herangehensweise der offiziellen Zivilisation wurde innerhalb aller Nationen an allen Sprachen und Kulturen von Tausenden Stämmen, Aşirets, Volksstämmen und Nationen das größte Kulturmassaker der Geschichte durchgeführt. Solche Volksstämme und Nationen gehören zu den Faktoren, die bei der Geschichts- und Systemstrukturierung der demokratischen Zivilisation am meisten zu beachten sind.

Der alternative zweite Weg der Nationenbildung erfolgt dadurch, dass gleiche oder ähnliche Sprach- und Kulturgruppen innerhalb der moralischen und politischen Gesellschaft auf der Grundlage der demokratischen Politik in eine demokratische Gesellschaft verwandelt werden. Alle Stämme, Aşirets, Volksstämme und sogar Familien beteiligen sich dabei als politische Gesellschaftseinheiten an der Nationenbildung. Sie lassen die Nation an ihrem Dialekt- und Kulturreichtum teilhaben. In der neuen Nation ist überhaupt kein Platz dafür, dass eine ethnische Gruppe, Konfession, ein Glaube oder eine Ideologie alleine der Herrschaft ihren Stempel aufdrückt. Die reichste Synthese ist die, die freiwillig verwirklicht wird. Es können sogar zahlreiche verschiedene Sprach- und Kulturgruppen mittels derselben demokratischen Politik als demokratische Gesellschaften die den Nationen übergeordnete Einheit bilden und mit einer Identität der ›Nation der Nationen‹ leben. Dieser Weg ist es, der der gesellschaftlichen Natur entspricht. Da die Staatsnation als Methode sich wiederum, auf der Grundlage des kapitalistisch modernen Ansatzes, in ihrem von der natürlichen Gesellschaft weitgehend isolierten Zustand als ›eine Sprache, eine Nation, ein Vaterland, ein (unitärer) Staat‹ im Stil einer neuen, laizistischen Version der alten monoreligiösen und -theistischen Mentalität gestaltet, bildet sie die neue Form des Kapital- und Machtmonopols und zugleich des Staates. Die Staatsnation ist ein Ausdruck der Tatsache, dass sich das Kapital- und Machtmonopol in seiner kapitalistischen Transformationsphase von Kopf bis Fuß im Herzen der Gesellschaft festgesetzt, die Gesellschaft kolonialisiert und in sich aufgelöst hat. Die Staatsnation stellt die Form dar, durch die maximale Macht und maximale Ausbeutung verwirklicht werden. Sie ist die Totengräberin der von ihrer moralischen und politischen Dimension isolierten Gesellschaft, die Verameisung des Individuums und dadurch die Schaffung der faschistischen Herdengesellschaft. Bei diesem der gesellschaftlichen Natur am meisten widersprechenden Modell spielen tiefreichende historische und ideologische Faktoren, d. h. die Klassen, das Kapital und die Macht, eine Rolle. Genozide werden als gemeinsame Folge dieser Faktoren verwirklicht.

Nationenbildung und -verschmelzung stellen im System der demokratischen Zivilisation das Gegengift zu Kapital- und Machtmonopolen und die grundsätzliche Methode zur Abschaffung der Faschismus- und Genozidkrankheit (der krebsartigen Verschwulstung der Gesellschaft) samt ihrer Ursachen dar. An dieser Stelle begegnen wir ein weiteres Mal der Harmonie zwischen der gesellschaftlichen Natur und dem Charakter der demokratischen Zivilisation.

5. Die Elemente Dorf und Stadt

Aus der Perspektive (im Paradigma) der demokratischen Zivilisation ändert sich die Bedeutung von Dorf und Stadt. So wie Landwirtschaft und Industrie in der gesellschaftlichen Natur zwei füreinander notwendige Produktionssphären bilden, bilden das Dorf und die Stadt zwei Siedlungseinheiten, die einander voraussetzen. Zwischen ihnen besteht ein Gleichgewicht, das unbedingt zu bewahren ist. Wenn dieses Gleichgewicht zerstört wird, wird ökologischen Katastrophen, übermäßigem Wachstum von Staat und Klassen und Kapitalmonopolisierung der Weg geebnet. Durch den Missbrauch des Preisunterschieds betritt der Handel einen illegitimen Weg. Es ist wichtig, zu sagen: ›Ja zur Stadt, aber nein zu Klassen-Staat-Kapitalmonopolisierung.‹ Die Interpretation der historischen Entwicklung von Stadt und Dorf sollte auf diesen grundsätzlichen Kriterien basieren. Es stellt eine regelrechte Ironie dar, dass das Trio Stadt-Klasse-Staat als ›Zivilisation‹ etikettiert wird. Dass Gemeinschaften, die ein der wirklichen gesellschaftlichen Natur entsprechendes Leben führen, als ›Wilde‹ und ›Barbaren‹ tituliert werden, kommt einer unverschämten Tatsachenverdrehung gleich; denn die wahre Barbarei und Wildheit bestehen in der Plünderung und Zerstörung der gesellschaftlichen Natur und dies rührt von der Allianz Stadt-Klasse-Staat und der Stadt her, die alle drei in sich vereint. An dieser ironischen Situation können wir nochmals klar erkennen, wie die ideologische Hegemonie die Tatsachen verdreht. Die Ideologie war im Laufe der Geschichte und bleibt sowohl in Bezug auf die Annäherung an die Wahrheit als auch in Bezug auf die Entfernung von ihr von großer Wichtigkeit. Die demokratische Zivilisation betrachtet die vereinte Bewegung des Trios Stadt-Klasse-Staat als die wahre Barbarei und stellt die ideologische These auf, dass diejenigen, die diesem Trio entgegentreten, einen Ausdruck der wahren moralischen und politischen Gesellschaft darstellen.

Die dörfliche Gesellschaft ist als erstes Siedlungsphänomen wichtig. Im Industriezeitalter ist ihre Kontinuität durch Erneuerung eine unverzichtbare Voraussetzung des ökologischen Lebens. Das Dorf ist kein rein physisches Phänomen, sondern auch eine der Hauptquellen der Kultur. Genauso wie die Familie bildet es eine der Grundeinheiten der Gesellschaft. Der Angriff der Stadt, Industrie und Bourgeoisie als Klasse und Staat auf das Dorf ändert nichts an dieser Tatsache. Das Dorf ist als die geeignetste Einheit für die moralische und politische Gesellschaft von großer Wichtigkeit. Die Stadt wird dagegen unter der Voraussetzung gebraucht, dass sie sowohl in Bezug auf ihre Bevölkerung als auch in Bezug auf ihre Funktionalität einer definitiven Transformation unterzogen wird, um ihr Gleichgewicht mit dem Dorf wiederherzustellen. Nur durch eine radikale Transformation kann ermöglicht werden, dass sie aufhört, das Zentrum des Unterdrückungs- und Ausbeutungsrads zu sein und als eine fortgeschrittene Dimension der gesellschaftlichen Entwicklung fungiert. Die Befreiung der Stadt von ihrer Rolle als Raum der krebsartigen Wucherung der Mittelklasse und des Kapitals in Form von staatlichen und Unternehmensbürokratien ist von zentraler Bedeutung für die Befreiung der Gesellschaft unseres Zeitalters. Die Städte in ihrer jetzigen Daseinsweise stellen mit ihrem Umfang und ihrer Bedeutung Hauptzentren dar, die die Gesellschaft (in Form von ökologischer Zerstörung und Soziozid) rasch aufbrauchen. Sie sind die hieb- und stichfestesten Beweise für den Bankrott der klassischen Zivilisation. Rom war einzigartig und verkörperte das ganze Altertum. Auch sein Niedergang war einzigartig und gleichzeitig der des Altertums. Die gegenwärtigen Städte dagegen sind, als Verschlingungszentren für die ganze Gesellschaft einschließlich des Dorfes, fast das Ein und Alles der krebskranken Gesellschaft. Solange der Mensch als Gesellschaft sich nicht der Stadt in ihrer jetzigen Daseinsweise entledigt, besteht kein Zweifel daran, dass die Stadt ihn seiner gesellschaftlichen Natur berauben wird!

In der Systematik der demokratischen Zivilisation kommt der harmonischen Einheit von Dorf und Stadt eine große ideologische und strukturelle Bedeutung zu. Das Weiterbestehen der gesellschaftlichen Natur ist nur auf der Grundlage dieser Harmonie gewährleistet.

6. Die Elemente Mentalität und Wirtschaft

Die ökonomische Grundlage der demokratischen Zivilisation befindet sich in einem dauerhaften Widerspruch zu Kapitalmonopolen, die auf gesellschaftlichem Mehrwert beruhen. Unter der Bedingung, dass die gesellschaftlichen Grundbedürfnisse und ökologische Faktoren bei der Entwicklung der Landwirtschaft, des Handels und der Industrie beachtet werden, steht die Wirtschaft der demokratischen Zivilisation jeglicher Aktivität offen gegenüber. Sie hält jeglichen Gewinn außer dem Monopolprofit für legitim. Sie ist nicht gegen den Markt; im Gegenteil, aufgrund der freien Atmosphäre, die sie bietet, stellt sie eine wahre freie Marktwirtschaft dar. Sie leugnet nicht die kreativ kompetitive Rolle des Marktes. Wogegen man ist, sind die spekulativen Gewinnmethoden. Der Maßstab der Eigentumsfrage ist die Produktivität. In Bezug auf Eigentum steht die Rolle des Monopols stets im Widerspruch zur Produktivität. Im Rahmen der demokratischen Zivilisation kann es weder eine extrem individualistische noch eine etatistische Eigentumspolitik geben. In der gesellschaftlichen Natur wurde stets in Gemeinschaften gewirtschaftet. Jenseits des Monopolismus haben weder das einzelne Individuum noch der Staat mit der Wirtschaft zu tun. Wirtschaften, bei denen es um Individuen oder Staaten geht, sind dazu gezwungen, entweder Gewinn zu machen oder bankrottzugehen. Die Wirtschaft ist immer Belang von Gruppen und der wahre demokratische Bereich der moralischen und politischen Gesellschaft. Wirtschaft ist Demokratie. Die Demokratie wird am meisten für die Wirtschaft benötigt. In diesem Sinne kann die Wirtschaft weder als Basis noch als Überbau betrachtet werden. Viel realistischer ist es, sie als grundsätzlichste demokratische Aktivität der Gesellschaft zu sehen.

Die die ökonomischen Verhältnisse isolierenden Analysen der kapitalistischen politischen Ökonomie und ihrer marxistischen Lesart sind sehr problematisch. Das Wirken von Bossen und Arbeiter*innen kann niemals Wirtschaft sein. Ich für meine Person sehe das Paar Boss–Arbeiter*in als monopolistische Diebesstruktur der Wirtschaft, die wiederum die grundsätzlichste demokratische Aktivität der gesellschaftlichen Natur bildet. Wenn wir die Klan- und Stammesären miteinbeziehen, wäre es angebracht, die Wirtschaft als grundlegende Aktivität der moralischen und politischen Gesellschaft zu bezeichnen. Was ich hier mit Arbeiter*in meine, sind die kompromisslerischen Arbeiter*innen, die einen Bruchteil des von anderen Armen in der Gesellschaft, vor allem von nicht entlohnten Hausfrauen und -mädchen, gestohlenen Wertes als Lohn erhalten. Genauso wie Sklav*innen und Leibeigene als verlängerte Arme ihrer Herr*innen existieren, stellen auch kompromisslerische Arbeiter*innen stets verlängerte Arme der Bosse dar. Es stellt die Hauptvoraussetzung für Moral und Politik dar, Versklavung, Leibeigenen- und Arbeiter*innenwerdung skeptisch zu betrachten, gegen diese Phänomene zu sein und die eigene Ideologie und Aktion auf dieser Grundlage zu entwickeln. Genauso wie das Trio Herr-Leibherr-Boss nicht lobenswert ist, ist auch das Trio Sklav*in-Leibeigene*r-Arbeiter*in im Sinne verlängerter Arme Ersterer niemals als bessere gesellschaftliche Gruppen zu verherrlichen. Die richtigste Haltung ihnen gegenüber ist, sie als erniedrigte gesellschaftliche Gruppen zu bemitleiden und für ihre sofortige Befreiung zu arbeiten.

Wirtschaft ist eine historisch-gesellschaftliche Aktivität von grundsätzlicher Bedeutung. Kein Individuum (als Herr*in, Leibherr*in, Sklav*in, Leibeigene*r oder Arbeiter*in) und kein Staat können Akteur*innen der wirtschaftlichen Aktivität sein. Beispielsweise kann kein Boss, kein*e Herr*in, Leibherr*in, Arbeiter*in, Stadt- oder Landbewohner*in den Gegenwert der Mutterschaft, der historisch-gesellschaftlichsten Institution, bezahlen; denn Mutterschaft stellt die schwierigste und notwendigste Aktivität der Gesellschaft dar: die Fortsetzung des Lebens. Ich rede hier nicht nur vom Kindergebären; ich betrachte die Mutterschaft aus einer weiteren Perspektive als eine Kultur, als ein stets mit seinem Herzen im Aufstand befindliches Phänomen und ein Wesen im Besitz intelligenter Aktivität. Das ist ja auch das Richtige. Mit welcher Vernunft, mit welchem Gewissen lässt sich vereinbaren, die Frau, die so tatkräftig, aktiv, voller Herz und Vernunft, stets im Aufstand begriffen ist, wie eine unbezahlte Arbeitskraft zu behandeln? Wie kann eine Wirtschaftswissenschaft, die Mütter und ähnliche gesellschaftliche Gruppen, an die selbst der Marxismus, die den Arbeiter*innen am nächsten stehende Ideologie, keinen Gedanken verschwendet, jenseits des Wertes sieht und vom Lohn ausschließt, aber den Diener*innen der Bosse einen Ehrenplatz erweist, ihre eigene Lösung als sozial verkaufen? Die marxistische politische Ökonomie ist eine schrecklich bürgerliche. Sie benötigt eine große Selbstkritik. Sich auf dem Interessenfeld der Bourgeoisie auf die Suche nach dem Sozialismus zu begeben und ohne mutige Selbstkritik von der Treue zum sozialistischen Kampf zu sprechen, bedeutet, dem kapitalistischen System einen ebenso einseitigen und wertvollen Dienst zu erweisen, wie es am Beispiel des Bankrotts, ja sogar der Selbstauflösung des siebzigjährigen Realsozialismus ersichtlich wird. »Der Weg zur Hölle ist mit guten Vorsätzen gepflastert«[56], wie sehr hatte Lenin mit diesen Worten recht! Konnte er wohl vorausahnen, dass dieser Satz auch durch seine eigenen Aktionen bestätigt würde? Im betreffenden Kapitel hoffe ich, diese Analysen weiterzuführen.

Das Thema Wirtschaft ließe sich als moralische und politische Hauptaktivität der geschichtlichen Gesellschaft denken und, wenn nötig, in eine Abstraktion und Wissenschaft verwandeln. Aber die eurozentrische politische Ökonomie als Wissenschaft zu denken, bedeutet nichts als die Unterwerfung der Vernunft unter die ausbeuterischste Mythologie nach der sumerischen. Eine radikale wissenschaftliche Revolution wird in diesem Bereich eine lebenswichtige Rolle spielen.

Wir müssen mit Nachdruck betonen, dass keine gesellschaftliche Aktivität so moralisch und politisch sein kann wie die Wirtschaft. Mit dieser ihrer Qualität muss die Wirtschaft als vorrangigstes Thema der demokratischen Politik Bedeutung erlangen. Das System der demokratischen Zivilisation verspricht neben richtigen Worten zur historisch-gesellschaftlichen Ökonomie, die für die gesellschaftliche Gesundheit tausendmal notwendiger als die Medizin ist, auch noch eine richtige Revolution.

Die Mentalität ist im Gegensatz zum allgemeinen Glauben kein Überbauelement, das der Wirtschaft fern ist. Solche Basis-Überbau-Unterscheidungen verkomplizieren sowieso das Verständnis der gesellschaftlichen Natur. Die gesellschaftliche Natur ist die Existenz, in der sich die Intelligenz in der Natur am meisten konzentriert. Es mag vielleicht absurd erscheinen, sich über verschiedene Mentalitätselemente Gedanken zu machen. Dass die Wissenschaft aber von der geschichtlichen Gesellschaft losgerissen, in den Dienst der offiziellen Gesellschaft gestellt und zu ihrer effektivsten Kraftquelle degradiert wurde, verleiht der Untersuchung der Mentalität und Struktur des Lebens der demokratischen Zivilisation besondere Bedeutung. Gegen die Mentalität und Struktur der offiziellen Zivilisation als ihre ideologische Hegemonie und Wissenschaft gab es im Laufe der Geschichte stets eine ablehnende Haltung und den tätigen Versuch, Alternativen zu schaffen.

---

56 »Die politische Tätigkeit hat ihre Logik, die unabhängig vom Bewußtsein derer ist, die mit den besten Vorsätzen entweder zum Terror auffordern oder dazu, dem eigentlichen ökonomischen Kampf politischen Charakter zu verleihen. Mit guten Vorsätzen ist der Weg zur Hölle gepflastert, und in diesem Falle retten die guten Vorsätze noch nicht vor dem spontanen Sichtreibenlassen auf der »Linie des geringsten Widerstands«, der Linie des rein bürgerlichen Programms des Credo. Auch der Umstand ist nicht zufällig, daß viele russische Liberale – die offenen Liberalen und diejenigen, die eine marxistische Larve tragen – von ganzem Herzen mit dem Terror sympathisieren und bemüht sind, den Aufschwung der terroristischen Stimmungen im gegenwärtigen Zeitpunkt zu fördern.« Wladimir Iljitsch Lenin, *Was tun?* (1902), Kapitel III d) *Was hat der Ökonomismus mit dem Terrorismus gemein?*

Ideologische Kämpfe und alternative wissenschaftliche Bewegungen haben immer existiert. Die klassischen Zivilisationen bildeten die Systeme, die die analytische Entwicklung der Intelligenz am meisten missbrauchten. Um ihre eigene Missbrauchsrealität zu verschleiern, bedienten sie sich häufig jeglicher täuschenden, beängstigenden, träumerisch machenden imaginären und symbolischen Apparate ohne Hand und Fuß. In den Bereichen der Mythologie, Religion, Philosophie und Wissenschaft versuchten sie ihre eigene materielle Wirklichkeit als allgemeine gesellschaftliche Wirklichkeit zu präsentieren und die Idee zu verbreiten, es sei vergeudete Mühe, nach anderen Wahrheiten zu suchen.

Dieses ›monistische‹ Ideal trägt Spuren davon, dass das Kapitalmonopol sich als ›einzig richtigen Weg‹ aufzwingt. Kräfte von Staat und Macht bemühten sich um den Beweis, dass grau die einzige Farbe sei, indem sie die grandios differenzierten Farben der Ersten und Zweiten Natur grau übermalten. Sie benutzten einen Bruchteil des Mehrwerts, den sie sich aneigneten, als intellektuelles Kapital und ließen ihre ideologische Hegemonie niemals fehlen. Schulen und Bildungssysteme wurden in Räume und Systeme verwandelt, in denen ihr Lebensstil eingepaukt wird. Der Universität bedienten sie sich als eines Feldes, auf dem die Wahrheit und die gesellschaftliche Identität nicht verinnerlicht, sondern ausgeschlossen und verleugnet werden. Der Inhalt und die Struktur der Wissenschaft wurden sorgfältig geregelt, um die Wirklichkeit der geschichtlichen Gesellschaft im Namen der Objektivität in ein Objekt zu verwandeln und ihrer Subjektrolle zu berauben. Streng zivilisatorische Vorrichtungen wurden als ideale universale Regeln und Formen präsentiert.

Die Harmonie zwischen der demokratischen Zivilisation und der gesellschaftlichen Natur spiegelte sich auch in der geistigen Entwicklung wider. Selbst die Klans mit einer kindischen Mentalität waren sich ihres lebendigen Bands mit der Natur bewusst. Das Bild der ›toten Natur‹ stellt einen Verrat und eine Zuschreibung der sich von der Natur immer mehr entfernenden Zivilisationskräfte dar. Wenn wir beachten, dass das gegenwärtige Finanzzeitalter die Lebendigkeit und Göttlichkeit, die es im Geld sieht, in keinem natürlichen Wesen sieht, merken wir, dass in Bezug auf die Lebendigkeit und Heiligkeit der Natur nicht der Monopolismus von heute, sondern die Klanrealität fortschrittlicher war. Stämme, Aşirets, Volksstämme und demokratische nationale Strukturen bilden Existenzbereiche einer lebendigen Mentalität. Die Intelligenz und Struktur dieser Formationen dienen dem Band mit dem Leben. Die analytische und die emotionale

Intelligenz können nur im System der demokratischen Zivilisation ihre dialektische Einheit erlangen.

Die Mentalität der demokratischen Zivilisation, die offiziellen Schul-, Akademie- und Universitätsordnungen mit Skepsis begegnet, schreckte im Laufe der Geschichte nicht davor zurück, dazu Alternativen zu entwickeln. Es wurden von Prophetiesystemen über philosophische Schulen und den Sufismus bis hin zu Naturwissenschaften unzählige Stätten, Tekken, Sekten, Medresen, Konfessionen, Klöster, Moscheen, Kirchen und Tempel errichtet. Wie man sieht, zeigt sich nicht der singuläre, sondern der zwiespältige Zustand der Zivilisation in allen Bereichen der gesellschaftlichen Natur. Die Schwierigkeit ist, am natürlichen Ende des Zwiespalts zur Lösung beizutragen und das Bewusstsein über das freie Leben hin zur Option der demokratischen Zivilisation zu entwickeln, ohne in der offiziellen singulären Struktur verloren zu gehen.

7. Die Elemente demokratische Politik und Selbstverteidigung

Die Politik- und Sicherheitselemente der demokratischen Zivilisation spielen eine grundsätzliche Rolle für die Existenz der moralischen und politischen Gesellschaft. Man könnte meinen, in einem an sich politischen Gesellschaftsverständnis sei eine zusätzliche Kategorie der demokratischen Politik zu viel. Zwischen den beiden besteht allerdings ein Unterschied. In der politischen Gesellschaft muss nicht immer demokratische Politik angewandt werden. Zudem wurde der politischen Gesellschaft von der offiziellen Zivilisation in ihrer Geschichte mit erdrückender Mehrheit despotisch-königliche Herrschaft aufgezwungen. Unter der Herrschaft wird die politische Gesellschaft zwar nicht gänzlich zerstört, sie kann sich aber auch nicht demokratisieren. So wie ein Ohr zum Hören nicht immer ausreicht und man dazu noch gesund sein muss, bedeutet die Existenz des politischen Gewebes nicht, dass es auch immer frei funktioniert. Das gesunde Funktionieren des Gewebes setzt die Existenz einer demokratischen Atmosphäre voraus.

Die Existenz einer demokratischen Atmosphäre, die politische Formation der politischen Gesellschaft, könnte man im Allgemeinen als demokratische Politik bezeichnen. Demokratische Politik bedeutet nicht nur eine Verfahrensweise, sondern auch eine institutionelle Totalität. Wenn es nicht zahlreiche Institutionalisierungen und Aktivitäten wie Parteien, Gruppen, Räte, Medien, Kundgebungen usw. gibt, kann sich die Praxis der demokratischen Politik nicht entfalten. Die hauptsächliche Rolle der Institutionen ist die Diskussion und Entscheidungsfindung bezüglich gemeinsamer

Angelegenheiten. Ohne Diskussion und Entscheidungsfindung bezüglich aller gemeinsamen Angelegenheiten der Gesellschaft kann das Leben nicht funktionieren. Die Folge ist entweder Chaos oder Diktatur. Das ist und bleibt das Schicksal der undemokratischen Gesellschaft. Solche Gesellschaften werden ständig zwischen den Polen Chaos und Diktatur hin und her geschaukelt. In einer solchen Atmosphäre ist die Entfaltung der moralischen und politischen Gesellschaft unvorstellbar. Dementsprechend ist es das vorrangige Ziel des politischen Kampfes, also der demokratischen Politik, die demokratische Gesellschaft herauszubilden und die gemeinsamen Angelegenheiten in diesem Rahmen durch Diskussion und Entscheidungsfindung auf die richtige Spur zu bringen. Für die an ihrer eigentlichen Funktion gehinderten Atmosphären und Institutionen, die bürgerliche Demokratie genannt werden, stellt die Macht das vorrangige Ziel der Politik. Macht bedeutet wiederum, einen Anteil vom Monopol zu bekommen. Es ist klar, dass demokratische Politik keine solchen Ziele verfolgen kann. Selbst wenn man sich an Machtinstitutionen (zum Beispiel an der Regierung) beteiligt, bleibt die Hauptarbeit gleich. Diese Arbeit besteht nicht darin, einen Anteil vom Monopol zu erhaschen, sondern für die gemeinsamen lebenswichtigen Interessen der Gesellschaft die richtigen Entscheidungen zu treffen und deren Umsetzung zu verfolgen. Es ist kein sinnvoller Ansatz, zu behaupten, man solle sich prinzipiell nicht an bürgerlichen Demokratien beteiligen, da man sich bedingt zu beteiligen wissen sollte. Prinzipienlosigkeit nutzt stets der falschen Politik der herrschenden Klasse.

Demokratische Politik setzt zweifellos tadellose Kader, Medien, Parteistrukturen, Nichtregierungsorganisationen und kontinuierliche gesellschaftliche Bildungsarbeit und Propaganda voraus. Neben einem respektvollen Umgang mit allen Differenzen in der Gesellschaft, der Fokussierung auf Gleichheit und Konsensfindung auf der Grundlage der Differenzen und dem Nicht-Abstoßend-Sein des Diskussionsstils lassen sich auch der inhaltliche Reichtum von Diskussionen, politischer Mut, der Vorrang der Moralität, das ›Beherrschen‹ von Themen, Geschichts- und Aktualitätsbewusstsein und eine ganzheitlich-wissenschaftliche Herangehensweise als zielführende und erfolgversprechende Eigenschaften der demokratischen Politik aufzählen.

Selbstverteidigung ist die Sicherheitspolitik der moralischen und politischen Gesellschaft. Genauer gesagt, verlieren die moralischen und politischen Qualitäten einer Gesellschaft, die sich selbst nicht verteidigen kann, ihre Bedeutung. In diesem Fall ist die Gesellschaft entweder kolonialisiert und in Auflösung und Verderbnis begriffen, oder sie leistet Widerstand und strebt danach, ihre moralischen und politischen Qualitäten wieder funktionsfähig zu machen. Eben dieser Prozess heißt Selbstverteidigung. Eine Gesellschaft, die darauf beharrt, sie selbst zu sein, und Kolonialisierung und jeglichen einseitigen Abhängigkeitszwang ablehnt, kann diese Haltung nur mithilfe der Selbstverteidigungsmöglichkeiten und -institutionen entwickeln. Selbstverteidigung entsteht nicht nur gegen äußere Gefahren. Es kann jederzeit auch in inneren Strukturen der Gesellschaft zu Widersprüchen und Spannungen kommen. Wir dürfen nicht vergessen, dass historische Gesellschaften seit langer Zeit von Klassen und Macht durchdrungen sind und diese Eigenschaften noch lange bewahren werden. Diese Kräfte werden mit all ihrer Kraft Widerstand leisten, um ihre Existenz zu bewahren. Folglich wird die Selbstverteidigung als eine verbreitete gesellschaftliche Forderung noch lange auf der Tagesordnung der Gesellschaft einen wichtigen Platz einnehmen. Die Entscheidungsfähigkeit kann nicht einfach in Gang gesetzt werden, ohne durch die Selbstverteidigungskraft ergänzt zu werden.

Zudem sind wir heute mit einer Machtrealität konfrontiert, die alle Poren der Gesellschaft nicht nur von außen, sondern auch von innen durchdringt. Deswegen ist die Errichtung von einander ähnlichen Selbstverteidigungsgruppen in allen geeigneten Poren der Gesellschaft lebenswichtig. Gesellschaften, die keine Selbstverteidigung haben, sind Gesellschaften, die von Kapital- und Machtmonopolen gefangen genommen und kolonialisiert werden. Im Laufe der Geschichte hatten von Stämmen und Klans über Volksstämme, Nationen und Religionsgemeinschaften bis hin zu Dörfern und Städten alle gesellschaftlichen Einheiten ein Selbstverteidigungsproblem. Das Kapital- und Machtmonopol ist so aggressiv wie ein Wolf, der hinter seiner Beute her ist – es trieb diejenigen, die sich selbst nicht verteidigen konnten, wie Schafherden auseinander und erbeutete, was er wollte.

Um eine demokratische Gesellschaft zu sein und als solche weiterzuexistieren, ist es notwendig, die Selbstverteidigungsstrukturen zumindest so weit zu formieren, bereit und funktionsfähig zu halten, dass die Angriffe und Kolonialisierungsversuche der Kapital- und Machtmonopole eingeschränkt werden können. Da man noch lange mit Kapital- und Machtapparaten zusammenleben wird, sind zwei Fehler besonders zu vermeiden. Der erste dieser Fehler ist, den Bock zum Gärtner zu machen, also die eigene Selbstverteidigung der monopolistischen Ordnung zu überlassen. Die vernichtenden Folgen davon sind an Tausenden Beispielen deutlich geworden. Der zweite Fehler ist der Versuch, unter dem Motto, gegen den Staat sofort wie der Staat zu sein, zu einem Machtapparat zu werden. Die Erfahrungen des Realsozialismus bieten in dieser Hinsicht genug Aufschlüsse. Eine sinnvolle, funktionstüchtige Selbstverteidigung wird also in der Geschichte, Gegenwart und Zukunft ein nicht zu unterschätzendes Element der demokratischen Zivilisation bleiben.

Es wäre zweifellos möglich, noch weitere Elemente der demokratischen Zivilisation zu erläutern. Ich bin allerdings der Ansicht, dass diese Darstellung ausreicht, damit das Thema verstanden und seine Bedeutung begriffen wird.

Sechster Teil

Demokratische Moderne gegen kapitalistische Moderne

Die Methoden der eurozentrischen Sozialwissenschaften, mit denen nach Wahrheit geforscht werden soll, sind im Kern hegemonial. Auf zwei grundlegende Weisen werden alternative Pfade der Wahrheitsforschung dadurch geradezu unmöglich gemacht: Die erste ist der monistisch-universalistische Ansatz. Die Wahrheit wird stets auf eine einzige reduziert. Die zweite ist das endlos relativistische Modell. Wenn es heißt, alle hätten ihre eigene Wahrheit, soll das heißen, dass es im Grunde gar keine Wahrheit gibt. Das ist ähnlich, wie zu behaupten, dass sich alles verändere, um zu beweisen, dass sich nichts verändert. Offensichtlich ist beiden Methoden gleichermaßen ein Reduktionismus zu eigen. Sie spiegeln ihren hegemonialen Charakter offen wider, indem sie die Wahrheit auf eine einzige reduzieren, ob durch universalistischen ›Monismus‹ oder relativistischen ›Singularismus‹.

Zweifellos steht hinter diesen Methoden der Monopolismus der Zivilisation. Dessen Grundlagen reichen bis in die Zeiten zurück, in denen sumerische Priester En als den höchsten Gott aufbauten. Der Grund für die Erhebung von En war mit dem Ziel verbunden, die aufstrebende Hierarchie und den Monopolismus von Stadt, Klasse und Staat zu legitimieren und hegemonial zu machen, sodass er das gesellschaftliche Denken beherrschte. Die ›erste Ursache‹ in der griechischen Philosophie, Gott als größte Erfindung (das Gottesverständnis von Platon und Aristoteles), all das kommt immer aus derselben Quelle. In den monotheistischen Religionen nimmt En die Form von Allah an, dem Gott des Diesseits und des Jenseits. › El‹ kommt von ›*Elah*‹. Nach dem Aufstieg Roms begegnet er uns als Jupiter. Häufig lässt sich beobachten, wie man versucht, mithilfe derartiger Religionen oder mythologischer Begriffe Regime von Gottkönigen und Kaisern bei ihrer Errichtung gegenüber der Gesellschaft zu legitimieren. Wir sehen, dass beinahe jedes Königreich, Kaiserreich oder despotische Regime versucht, sich durch ähnliche Begriffe selbst zu erhöhen und ideologische Hegemonie zu erlangen. Denn ohne eine derartige Hegemonie können diese Regime kaum von Dauer sein.

Im sechzehnten Jahrhundert stieg Europa zum neuen hegemonialen Zentrum der Zivilisation auf, und der kapitalistische Monopolismus wurde zu ihrer hegemonialen Form. Seinen Akteur*innen war klar, dass er ohne eine ähnliche Anstrengung keine Herrschaft erringen könnte. Das Geldkapital (eine Kapitalform, die sich vom Agrar- und Handelskapital sowie von Kapital als Machtinstrument unterscheidet), das sich bis zu jener Zeit in den Spalten und Hinterzimmern der Gesellschaft verborgen hatte, begann erstmals in der Geschichte, sich als hegemoniale Kraft über die Gesellschaft zu erheben und nach und nach in alle ihre Poren einzudringen.

Die Suche nach neuen Methoden durch Roger Bacon, Francis Bacon und René Descartes, die alle drei von der christlichen und daher nahöstlich-sumerischstämmigen Theologie kamen, hängt eng mit diesem materiell-hegemonialen Aufbruch zusammen. Ob in Methode oder Inhalt: Die ›Wahrheit‹, hinter der sie her waren, besaß Anteil an dieser neuen Art des Kapitals und seinem hegemonialen Aufstieg. Indem das kapitalistische Monopol seine Hegemonie verfestigte, verfestigte und verstetigte es auch seine ideologische Hegemonie. Eine wissenschaftliche Erklärung der neuen methodischen, philosophischen und wissenschaftlichen Revolutionen können wir nur liefern, wenn wir auf die transformierenden Effekte dieser materiellen Bedingungen schauen. Zweifellos führt es zu wissenschaftlicher Blindheit, alles auf den Kapitalismus zurückzuführen. Ein solcher Ansatz hieße, in eine Falle zu tappen und in vulgärsten Reduktionismus zu verfallen. Aber wenn wir die Zusammenhänge ignorieren, wird die Erforschung der Wahrheit schwer beschädigt, versinkt in metaphysischen Erzählungen und verliert ihren Wert.

Bei der Erklärung des Begriffs Moderne ist es notwendig und sehr lehrreich, diese Entstehung von Methode und Wahrheit zu berücksichtigen. Moderne als Begriff bedeutet ›Zeit, Gegenwart‹. Es gibt verschiedene Modernen, je nach Epoche. Beispiele für Modernen sind die sumerische Moderne und die römische Moderne, und mehrere davor und danach. Wer könnte leugnen, dass die römische Moderne zu einer bestimmten Zeit in allen Zentren der Zivilisation stolz gelebt wurde? Erfahren wir nicht voller Ehrfurcht aus archäologischen Daten, dass die sumerische Moderne und sogar davor die obermesopotamische Moderne in Bezug auf zeitliche und räumliche Ausdehnung vielleicht die prächtigsten Beispiele darstellten? Könnten wir die revolutionären materiellen Kulturen dieser Moderne erklären, wenn sie nicht mit Bedeutung aufgeladen würden?

Anthony Giddens streicht den Unterschied der kapitalistischen Moderne gegenüber allen anderen Modernen heraus und trägt so ein wenig zur Aufdeckung der Wahrheit bei.[57] Offenbar ist Giddens als Kind des englischen Hegemoniestrebens in der Lage, dieses Thema zu erfassen. Eine Einmaligkeit zu behaupten, wirkt wie eine Schuld oder eine religiöse Verehrung jedes zeitgenössischen Intellektuellen dem eigenen Land, seinem

57 Bezieht sich auf Anthony Giddens, *Konsequenzen der Moderne* (Frankfurt: Suhrkamp, 1996). Siehe auch die Diskussion in Band II, S. 136 ff.

neuen Gott, dem Nationalstaat, gegenüber. Lehrreich ist seine Beschreibung der drei Säulen, auf denen die kapitalistische Moderne seiner Meinung nach ruht. Tatsächlich differenziert er zwischen der Moderne als einer übergeordneten Kategorie und dem Kapitalismus. Er nimmt dabei klar die ›singularistische‹ Haltung ein, welche die sozialwissenschaftliche Methode dominiert. Er möchte keiner anderen Art von Moderne eine Chance einräumen. Wenn es eine Moderne gibt, so ist sie einzig, zwei Arten Moderne können nicht gleichzeitig existieren! Dies ist die Mentalität, die sämtliche Schulen der Sozialwissenschaft beherrscht, ob rechts, links oder aus der Mitte. Angefangen mit Karl Marx zweifelten linke Intellektuelle nie an der Singularität der Moderne und daran, dass es die europäische Moderne sei. Rechtsintellektuelle Kreise und die liberalen Intellektuellen waren sich sicher, dass sie selbst das letzte Wort der Realität darstellten (wie sehr das doch dem Reden vom ›letzten Propheten‹ im mittelalterlichen Islam gleicht!). Erst in der Postmoderne zeigten sich langsam veränderte Diskurse.

Nietzsches Kritik der Moderne besitzt zweifellos Gewicht. Religiöse Kritiken an der Moderne besitzen allenfalls aus Sicht ihrer eigenen Moderne (des alte Zeitalters, das hinter dem neuen zurückbleibt) Bedeutung. Michel Foucaults These, dass die Moderne im Tod des Menschen resultiere, ist wichtig, aber reicht nicht aus. Der Realsozialismus hingegen zielte trotz anders lautender Behauptungen niemals darauf ab, theoretisch oder praktisch eine andere Moderne darzustellen. Wenn die Vertreter*innen des Realsozialismus oft behaupteten, eine andere Zivilisation zu sein, ging es ihnen dabei eigentlich um Entwicklung und den Wettlauf mit dem Kapitalismus auf allen Gebieten. Sie dachten, sie seien den Grundschablonen und Säulen der kapitalistischen Moderne (Industrialismus, Nationalstaat und Privatkapitalismus) näher als dieser selbst und erklärten es so zu ihrer Aufgabe, das kapitalistische System zu überholen. Die realsozialistischen Experimente, allen voran in Russland und China, bewiesen tatsächlich schnell, dass sie nur frisches Blut für die kapitalistische Moderne darstellten. Primäres Ziel aller nationalen Befreiungsbewegungen war, zur herrschenden Moderne, die auf dem Höhepunkt ihres Erfolges zu sein schien, so schnell wie möglich aufzuschließen und so ein gutes Leben zu erlangen. Dies war die theoretische und praktische Ausrichtung, und niemand zweifelte sie besonders an.

Wenn wir sie jedoch in Bezug auf Form und Inhalt untersuchen, werden wir nicht nur sehen, dass die herrschende Moderne der letzten vierhundert Jahre die letzte Ausprägung der Zeiten (Modernen) der fünftausendjährigen Zivilisation darstellt; gleichzeitig werden wir schnell feststellen, dass sie miteinander zusammenhängen wie Pech und Schwefel und aus verschiedenen zu einer Kette verbundenen Gliedern bestehen.

Mit meinem Manifest, ob in diesem Band oder in den beiden vorherigen, versuche ich, dieses Verständnis einer singulären, universalen Moderne niederzureißen. So habe ich nachzuweisen versucht, dass auch die Alternative zur herrschenden Moderne stets existiert und trotz aller Versuche, sie zu unterdrücken und zu verschleiern, als eine Seite eines dialektischen Gegensatzpaars in sämtlichen Formen und Inhalten fortbesteht. ›Demokratische Zivilisation‹ (Zivilisation entspricht hier den Begriffen Zeit, Ära und Moderne) mag als Name vielleicht unzureichend sein und ausgiebig kritisiert werden. Doch als ich die historische Qualität der Gesellschaft berücksichtigte (Fernand Braudels Ansatz bei diesem Thema war ermutigend) und mir die Bewegungen vergegenwärtigte, die geradezu die Trägerinnen der Geschichte von Klans, Sippen, Stämmen, Volksstämmen, religiösen Gemeinden und ähnlichen Gemeinschaften darstellen, so konnte ich es weder emotional noch intellektuell vertreten, diese Bewegungen als ›Barbaren‹ oder ›religiöse Reaktionäre‹ zu bezeichnen. Nachdem ich festgestellt hatte, dass die Dialektik nicht immer über einander vernichtende Pole funktioniert, war es nicht mehr schwierig, (genau wie im universalen Werden) in der (meist) nicht-destruktiven dialektischen Entwicklung der geschichtlichen Gesellschaft festzustellen, dass die Geschichte der Zivilisation kein monistischer Prozess, sondern ein zwiegespaltener ist. Alles Weitere versuche ich, wenn auch unter schwierigen Bedingungen und mit schlechtester Ausstattung, in diesen Bänden auszusprechen und als Essay zu präsentieren. Was mich erstaunt und worüber ich wütend bin, ist die Tatsache, dass die eurozentrischen Sozialwissenschaftler*innen diesen zwiegespaltenen Zustand der Zivilisation trotz ihrer großartigen Ausstattung nicht als zwei verschiedene Modernen zu systematisieren versucht haben.

Kehren wir noch einmal zu den drei Hauptelementen des Moderne-Begriffs zurück, wie er von Anthony Giddens verwendet wird, und versuchen wir zu analysieren, was sie bedeuten und welche Antworten der Begriff der demokratischen Moderne bietet, der den Gegenpol darstellt.

A Differenzierung zwischen Kapitalismus und Moderne

Laut Anthony Giddens entstand der Kapitalismus in der Geschichte zuerst in Europa. Zweifellos vertritt die überwältigende Mehrheit der eurozentrischen Wissenschaftler*innen ähnliche Ansichten. Ihnen zufolge hat zu keiner anderen Zeit und an keinem anderen Ort eine ähnliche Entwicklung stattgefunden. Der Kapitalismus, der hier gemeint ist, ist der holländisch-englische Kapitalismus mit den Zentren Amsterdam und London, die im sechzehnten Jahrhundert zu hegemonialen globalen Machtzentren aufstiegen. Richtig daran ist, dass Amsterdam und London tatsächlich ab diesem Jahrhundert die Hegemonie des klassischen globalen Zivilisationszentrums übernahmen. Über die Frage, wie diese Hegemonieverschiebung vor sich ging, existiert äußerst umfangreiche Literatur, die sich mit dieser Phase der Weltgeschichte befasst. All dies kann und muss ich hier nicht wiederholen; ich erinnere lediglich daran. In den beiden ersten Bänden bin ich auf diese Themen bereits etwas eingegangen. Wichtiger ist aber, was an dieser Sichtweise falsch und unzureichend ist:

a) Kapitalismus

Die Behauptung einer Singularität des Kapitalismus ist nicht richtig. Ich habe ausführlich analysiert, dass das erste Kapitalmonopol im Tempel der sumerischen Priester realisiert wurde (die Zikkurat war vielleicht auch die erste Bank und die erste Fabrik). In diesem Zusammenhang können wir getrost festhalten, dass wir die Formierung des Trios Stadt-Klasse-Staat als erstes hegemoniales Monopol den Sumerern verdanken. Besonders, nachdem ich auf die Ansichten von André Gunder Frank und seinen ähnlich denkenden Kolleg*innen über die Zentralzivilisation und das Weltsystem gestoßen war, fühlte ich mich in meinen Ansichten bestärkt.[58] Doch vertrete ich auch mit Nachdruck, dass das Machtmonopol eine andere Form des Kapitalmonopols darstellt. Ich habe betont, wie wichtig es ist, die Macht als eine der vier Hauptformen der Akkumulation zu begreifen. Über der produktiver wer-

58 In André Gunder Frank, Barry K. Gills (Hrsg.), *The World System: Five Hundred Years or Five Thousand?* (Routledge, 1994) argumentieren verschiedene Autor*innen für eine Ausweitung der Weltsystemanalyse über die letzten fünfhundert Jahre hinaus. Auch das Konzept der Zentralzivilisation wird in diesem Buch entwickelt.

denden Landwirtschaft war das erste Monopol errichtet worden. Weil das daraufhin entstandene Mehrprodukt Handel unausweichlich machte, konnte sich auch das Handelsmonopol entwickeln. Außerdem gab es das erste Industriemonopol über der Handwerkerschaft in Stadt und Tempel. Die Stadtregierung hingegen hatte militärische und administrative Aufgaben übernommen; sie arbeitete eng mit den dreien zusammen und bildete ein starkes Machtmonopol. Da die Stärke zwischen ihnen ungleich verteilt war, wurde ein Hegemonialverhältnis unausweichlich. Während zunächst die Hegemonie der Priester stark war, sollte sich das später ändern. Kurz: schon in der Gründungsphase existierten sowohl Monopol als auch ein hegemonialer Charakter. In den ersten beiden Bänden dieses Manifests habe ich den geschichtlichen Verlauf dieser Tatsachen grob nachgezeichnet. Eine weitere, sehr wichtige Feststellung zu den Monopolen der Zivilisation ist, dass sie trotz aller Konflikte untereinander nach außen (gegen die Kräfte der demokratischen Zivilisation) zusammenstehen und sich historisch wie die Glieder einer Kette verhalten. Keine Zivilisation wäre ohne das Erbe der vorherigen entstanden. Dabei spreche ich vom System der Zentralzivilisation, nicht von der chinesischen Zivilisation oder der Inka-Zivilisation.

Ich habe auch versucht, die Entstehung des europäischen Kettengliedes ausführlich darzustellen. Besonders unterstrichen habe ich dabei den Zusammenhang mit der Zivilisation (und sogar mit dem Neolithikum) des Ostens und die Rolle Venedigs dabei, das über drei Jahrhunderte hinweg diese Werte transferierte. Das wichtigste Element, bei dem man eine Singularität für die europäische Zivilisation ab dem sechzehnten Jahrhundert behaupten könnte, ist die weit fortgeschrittene Qualität des Geldkapitals. Zweifellos gelang es dem Geldkapital-Monopol ab diesem Jahrhundert, in Europa seine Hegemonie zu errichten. In diesem Sinne können wir von einer Singularität, einer Einzigartigkeit sprechen. Doch können wir keinesfalls behaupten, Europa sei die Heimat des Geldkapitals oder es sei in dieser Ära entstanden. Gegenstände, die ähnlich wie Geld genutzt wurden, gab es schon lange vor der Zivilisation. Altertumsforscher*innen sind sich einig, dass Obsidian und ähnliche Materialien als erste die Funktion von Geld innehatten. In urkommunistischen Gesellschaften spielen verschiedene wertvolle Materialien immer noch eine ähnliche Rolle. Die ersten Münzen wurden im Königreich Lydien in Kleinasien geprägt, das im siebten Jahrhundert v. Chr. entstanden war; bekannt sind die Goldmünzen mit dem Siegel des sprichwörtlich gewordenen Königs Krösus. Gleiches lässt sich für die Akkumulation von Geldkapital festhalten. Die Akkumulation ist eine sehr alte Tradition. Wertvolle Metalle und Gegenstände wurden in diesem Sinne in der Geschichte stets akkumuliert. In archäologischen Funden finden sich dafür zahlreiche Beispiele. Auch der Ausdruck ›reich wie Krösus‹ zeugt davon. Doch nichts kann die Geschichte vom Gebrauch des Geldkapitals zum Zwecke des Profits so original und attraktiv erzählen wie die *karum* Aššurs (*karum* hat eine vielfache Bedeutung von Geld, Handel, Markt und Warenlager). Jahrtausende vor Venedig, Amsterdam und London gab es zahlreiche Städte im Osten, die Heimstätten für Geldkapital waren.

Das Singuläre am europäischen Geldkapital war sein Aufstieg und seine erstmalige Errichtung einer Hegemonie. Karl Marx betrachtet diese Art Hegemonie des Kapitals als etwas Fortschrittliches und spricht von seiner positiven Rolle, insofern es die Moderne prägt. Auch Wallerstein, der diese Hegemonie mit einem Löwen vergleicht, der aus seinem Käfig ausbricht, betrachtet es als notwendig, zu unterstreichen, dass die hegemoniale Rolle des Kapitals positiv sei. Und wo er die Entstehung der neuen Hegemonie auf die Schwäche der Kirche und der Königreiche sowie auf die Mongolenstürme aus dem Osten zurückführt, gesteht er geradezu, dass er vor großen Fragezeichen steht. Letztlich schlussfolgert er, dass dies keine gute Option für die Geschichte war. Hier ist nicht der Ort, die furchtbare Bilanz darzulegen, die die vierhundertjährige Herrschaft des Geldkapitals hinterlassen hat. Wenn wir uns allein die Zahl der in Kriegen getöteten und verwundeten Menschen, die Zahl und Dauer der Kriege, die zerstörerischen Folgen wirtschaftlicher Krisen, die Armuts- und Arbeitslosigkeitsraten und vor allem den Anteil an der ökologischen Krise vor Augen führen, so fällt es nicht schwer, zu verstehen, welcher Art Hegemonie wir uns gegenübersehen.

b) Moderne

Die falsche und unzureichende Behauptung dagegen ist die Singularität der Moderne, die auf dem Kapitalismus beruht. Diese Behauptung der eurozentrischen Sozialwissenschaften ist nahezu allumfassend. Die Existenz als Welt-System und seine allumfassende Ausdehnung wird als ›Ende der Geschichte‹, als ›letztes Wort‹ der Wahrheit verewigt; in dieser Hinsicht steht sie nicht hinter den Zivilisationen früherer Zeiten zurück. Durch die Waffe der Wissenschaftlichkeit formuliert sie diesen Anspruch vielmehr noch absoluter. Um diesen Anspruch als gemeinsame Wahrheit der gesamten Menschheit darzustellen, unternimmt der Liberalismus, der die ideologische Hegemonie errungen hat, Hand in Hand mit den Medienmonopolen außergewöhnliche Anstrengungen, um Zeitalter im Zeitalter (Medienzeitalter,

Informationszeitalter...) zu schaffen. Während seine Vertreter*innen sich bemühen, die Wirklichkeit in Form und Inhalt in ihrer historischen Dimension zu präsentieren, entblöden sie sich nicht, gleichzeitig eine von Vergangenheit und Gegenwart losgelöste Futurologie (Wissenschaft von der Zukunft) zu konstruieren. Die Jetztbezogenheit ist enorm; die Parole »Lebe das Jetzt, das Morgen ist egal« fungiert als grundlegender Glaubenssatz.

Das Allerschlimmste, der Neoliberalismus, der aus allen möglichen alten und neuen ideologischen Versatzstücken und Ideen eklektisch zusammengestückelt wurde, erinnert an die Atmosphäre der letzten Tage Roms. Wir leben in einer Zeit, wo die drei ›S‹[59] Sport, Sex und Kunst [türk.: *sanat*] maximal ideologisiert worden sind. Alle drei erhielten dabei eine religiöse Dimension. Es dürfte schwierig sein, eine zweite Religion zu finden, die derart wie Opium wirkt wie der Fußball, der heutzutage in den Stadien zelebriert wird. Ähnliches gilt für die Kunst, die in eine Industrie verwandelt wurde. Selbst die Sexualität, ein ganz natürlicher Trieb, wurde in die Sexindustrie transformiert. Dieser Sex mit seiner opiumartigen Wirkung wurde mindestens so sehr wie Sport und Kunst in eine Religion verwandelt. Es mag treffender sein, diese drei die religiösen Feste der kapitalistischen Moderne zu nennen. Auch der religiöse Fundamentalismus, der die religiöse Herrschaft zum Ziel hat, ist eine Strömung der Moderne, wie anti-modern er sich auch präsentieren mag.

Wenn wir tiefer schauen, können wir verstehen, dass die vom Kapitalismus geprägte Moderne die am wenigsten selbstsichere ist. Dass sie derartig viel Eklektizismus benötigt, ist ein Beweis dafür. Der Postmodernismus entstand zwar aus dieser Unsicherheit, doch gelang es ihm nicht, eine Alternative zur Moderne darzustellen. Intellektuelle Kreise, die der Moderne überdrüssig geworden waren, wollten damit lediglich eine Tür aufstoßen. Sie steckten aber wegen ihrer Lebensweise bis zum Hals in der Moderne. Als typisches Beispiel können wir dies beim Philosophen Adorno sehen. Mit seiner Sentenz »Es gibt kein richtiges Leben im falschen«[60] hat er die Moderne sehr präzise erklärt. Aber er präsentierte keinerlei Alternative. Auch deshalb wandte sich die revolutionäre Jugend gegen ihn. Der Neoliberalismus sollte eigentlich den abgeblätterten Lack der Moderne erneuern. Doch so viel man auch erneuern und hinzufügen mag; die Widersprüche des Zeitalters

59 Im Türkischen in Anlehnung an die ›drei F‹ (Fado, Fátima, Futebol – also Musik, Religion, Sport) für die drei Säulen der Salazar-Diktatur in Portugal verwendeter Ausdruck.

60 Theodor W. Adorno, *Minima Moralia – Reflexionen aus dem beschädigten Leben* (Berlin, Frankfurt am Main, 1951).

des globalen Finanzmonopols zu übertünchen und das System zu retten, ist keine einfache Aufgabe.

André Gunder Frank kam der Wirklichkeit schon sehr nah, als er den Ort und die Bedeutung der europäischen Zivilisation innerhalb eines fünftausendjährigen Prozesses der Zivilisation darstellte. Doch, wie er selbst tief bedauert, kann er außer einigen Verallgemeinerungen keine Lösung oder Alternative entwickeln und präsentieren. Dennoch bewahrt er die Hoffnung. Innerhalb der klassischen Zivilisation ist die Formel ›Einheit in Vielfalt‹ zwar richtig, doch eine extreme Verallgemeinerung. Sie bietet keinerlei Erklärung dafür, wie das umgesetzt werden könnte. Falsch daran ist allerdings die Hoffnung, dass innerhalb des Systems ein besseres und anderes modernes Leben (in Theorie und Praxis) möglich sei. Immanuel Wallerstein vertritt bei diesem Thema einen sehr positiven und radikalen Ansatz; er glaubt an keinerlei Lösung innerhalb des Systems. Er wiederholt unermüdlich, dass die gegenwärtige Krise eine systemische und strukturelle sei, und schlägt vor, dass wir uns intensiv den intellektuellen, moralischen und politischen Aufgaben widmen, die er ganz richtig definiert. Sein Mangel ist, dass er auf die Frage ›welches System?‹ keine umfassenden Antworten präsentiert. Hierzu leistet er auch eine aufrichtige Selbstkritik. Er sagt sinngemäß: »Wir haben alle im heiligen Tempel der Bourgeoisie aus den gleichen Bechern getrunken.«[61] Er redet auch von der Angst vor dem Zorn der Götter (in metaphorischem Sinn), die er deshalb verspüre. Er weist auf Dinge wie die starke Abhängigkeit des intellektuellen Kapitals von der kapitalistischen Moderne und die Notwendigkeit eines radikalen Bruchs hin, aus denen wir eine Reihe von Schlussfolgerungen ziehen sollten.

Meine Situation drückt sich am besten in dem Spruch aus: »Flucht schützt nicht vor dem Tod.« Ich floh vor der kapitalistischen Moderne. Doch diese Flucht reichte nicht aus, um ihren Fängen zu entkommen. Anstatt in ihrer Hand zu sterben, fand ich es viel realistischer und mutiger, die Alternative auszuprobieren. So begnügte ich mich weder wie Nietzsche damit, das Richtige auszusprechen, noch war ich damit zufrieden, wie Michel Foucault den Tod des Menschen zu annoncieren; weder sagte ich wie Adorno schicksalsergeben und schmollend: »Wir erdulden, was passiert«, noch fand ich

61 Immanuel Wallerstein, *Der historische Kapitalismus* (Berlin: Argument Verlag, 1984), S. 86. Das vollständige Zitat lautet: »Es ist einfach nicht wahr, daß der Kapitalismus als historisches System einen Fortschritt gegenüber Systemen darstellt, die er zerstört oder transformiert. Sogar während ich dies schreibe, spüre ich das Erbeben, welches das Gefühl begleitet, eine Blasphemie zu begehen. Ich fürchte den Zorn der Götter, denn ich stamme selbst aus der selben ideologischen Schmiede und habe den selben Götzen gehuldigt.«

es ausreichend, mich in eine Parole wie ›Einheit in Vielfalt‹ zu flüchten wie André Gunder Frank. Ich glaubte nicht einmal, dass Immanuel Wallersteins Festlegung der Wichtigkeit intellektueller, moralischer (oder ethischer) und politischer Aufgaben[62] ausreichend sei. Zweifellos haben diese tugendhaften Denker wichtige Beiträge zu diesem meinem Essay geleistet und mich ermutigt. Doch entscheidend war, dass ich die Sentenz »Es gibt kein richtiges Leben im falschen« für mich nicht gelten lassen konnte. Denn ich habe nie nach diesem Wort gelebt. Ich habe mich viel geplagt, aber weder meine Kraft noch mein Glaube reichten, um das kapitalistische moderne Leben zu fassen zu bekommen. Noch brennender empfand ich, dass der aufständige Mensch in mir sagte: »Verkaufe uns nicht, und was immer du suchst, suche und finde es in dir.« Ich schreibe über meine Aufstände.

Man mag fragen: »Was kannst du schon ausrichten gegen die Kräfte der Moderne, gegen das Trio, das seit fünftausend Jahren in jedem Geist und jeder Seele Wurzeln schlägt; das seit vierhundert Jahren jeden Wert der Gesellschaft, ob außen oder innen, von den höchsten Luftschichten bis in die tiefsten Erdschichten, ergreift, zur Ware macht, kauft und verkauft; das millionenfach stärker geworden ist, als die Ordnungen der Nimrods und der Pharaonen es je waren?« Zweifellos stelle ich die Frage auf diese Weise falsch, nämlich so, wie die Moderne sie gestellt haben will. Es ist meine Absicht, zu zeigen, dass nichts, was diese Frage und die hinter ihr stehenden Fiktionen hervorruft, irgendeinen positiven Wert besitzt.

Weder entdecke ich die demokratische Moderne, noch erfinde ich sie. Ich habe zwar ein paar Dinge zu ihrem Wiederaufbau anzumerken, doch finde ich dies nicht so wichtig; besser gesagt: Der eigentlich wichtige Punkt liegt woanders. Und zwar: Seit der Entstehung der offiziellen Zivilisation existiert die demokratische Moderne als ihr Gegenstück. Wo und wann immer diese entsteht, existiert auch jene. Ich versuche, wenn auch nur in groben Zügen, dieser Zivilisationsform, die an jedem Ort und zu jeder Zeit der offiziellen Zivilisation existierte, die gebührende Anerkennung zukommen zu lassen und sie in ihren grundlegenden Dimensionen auf Interesse weckende Weise zu erklären (die inoffizielle demokratische Zivilisation; der Name ist nicht besonders wichtig). Ich versuche, ihre grundlegenden Denkweisen, ihre Strukturen und ihre lebendige Gesellschaft zu begreifen und sie zu definieren.

62 Immanuel Wallerstein u. a., *Die Sozialwissenschaften öffnen. Ein Bericht der Gulbenkian-Kommission zur Neustrukturierung der Sozialwissenschaft* (Frankfurt am Main, 1996).

Es ist nichts Unverständliches daran, dass an allen Orten und zu allen Zeiten, wo die angeblich singuläre Zivilisation (die Moderne in verschiedenen Zeitaltern) gewirkt hat, aus Gründen der Dialektik ein Gegenstück existieren muss. Unverständlich ist vielmehr, dass diese natürliche Folge der dialektischen Methode durch die Zivilisationsgeschichte hindurch nicht systematisch zum Ausdruck gebracht und ihr keine Stimme gegeben wurde. Als sich von Sumer bis Ägypten und Harappa, von China bis Indien und Rom so viele Zivilisationen bildeten; sollte es da keine Reaktion, keine Ideen und keine gesellschaftlichen Strukturen der zahllosen Sippen, Stämme und religiösen Gemeinschaften gegeben haben, die in die Enge getrieben und versklavt wurden, die wie eine Flut von der Sahara bis zu den zentralasiatischen Wüsten, von Sibirien bis Arabien wogten und rebellierten? Kann es denn möglich sein, dass daran nicht gedacht wurde? Wenn agrarisch-dörfliche Gesellschaften über zehntausend Jahre hinweg sämtliche Zivilisationen ernährten, würden sie da nie ihre Stimme erheben, nie reagieren und Gegenstrukturen besitzen? Ist das denkbar, ist das gerecht? Als sie allen möglichen Repression und der Ausbeutung durch die Herrschenden der Städte ausgesetzt waren, die sie mit eigenen Händen erbaut hatten, sollten die werktätigen Völker da still dagesessen und ihrem Schicksal gedankt haben? Ist das denkbar?

Wir können Tausende Fragen zu Tausenden Orten und Zeiten stellen. Es existieren auch Antworten. Was fehlt, ist, aus den Antworten auf diese Fragen eine Systematik (Gedankenkonstrukt, Theorie) der Zivilisation zu weben. Es gibt diese Gegenstrukturen (die Haltung der moralischen und politischen Gesellschaft). Es fehlt, für die Situation und die Entwicklung der moralischen und politischen Gesellschaft, des Grundzustandes der gesellschaftlichen Natur, das gleiche Interesse aufzubringen wie für das Macht-Kapital-Monopol Tausender Despot*innen und Kaiser*innen.

Nehmen wir die islamische Zivilisation, mit der ich recht gut vertraut bin. Über alle möglichen Kalifen, Sultane, Emire, Scheichs, Schahs und Kommandanten werden detaillierteste Geschichten erzählt, doch die über drei Kontinente verteilten *tarīqa* (Orden) und *madhhab* (Glaubensrichtungen und -schulen) der Gläubigen, ihre Widerstände, ihre Sehnsüchte und Überzeugungen gehen entweder gar nicht erst in die Geschichte ein oder werden in Geschichten unwürdig verzerrt dargestellt! Offenbar gibt es hier innerhalb der Zivilisation einen Konflikt und eine Dichotomie. Doch während eine Seite durch grenzenlosen Lobpreis erhöht wurde, wurden ihre Gegner*innen gänzlich erniedrigt. Ich bin selbst Zeuge davon geworden: Ich habe alevitische Kurd*innen, sunnitische Kurd*innen und jesidische Kurd*innen beobachtet. Ich muss ganz klar sagen, dass ich die über Jahrtausende gefilterte Zivilisation der alevitischen und jesidischen Kurd*innen viel moralischer und politischer finde als die ihnen gegenüberstehende Zivilisation. Dabei sind die klassischen Diskurse der Zivilisation voller unaussprechlicher Verleumdungen gegen sie. Natürlich rede ich hier nicht von Werktätigen, Sippen und Stammeskulturen, die dem sunnitischen Glauben angehören. Auf der Waage der Zivilisation gehören all diese Gruppen in die Waagschale der demokratischen Zivilisation. Beispiele dafür lassen sich an allen Orten und zu allen Zeiten zeigen, doch ich denke, dies reicht aus, um zu verdeutlichen, was gemeint ist.

Ich muss noch einen weiteren die Moderne betreffenden Punkt erklären. In gewissem Sinne ist der Begriff kapitalistische Moderne nicht ganz richtig. Ich bitte, darauf zu achten, dass ich ihn also bedingt verwende. So, wie der Begriff ›kapitalistische Gesellschaft‹ fragwürdig ist und die Gefahr birgt, die Wirklichkeit zu verschleiern, so gilt dies vielleicht in noch stärkerem Maße für den Begriff ›kapitalistische Moderne‹. Moderne im allgemeinen Sinne ist die gesellschaftliche Lebensweise einer Ära. Sie enthält alle Elemente von Technik, Wissenschaft, Kunst, Politik und Mode, die als materielle und ideelle Kultur eine Ära prägen. In diesem Sinne wäre es ein großer Fehler, die Moderne dem Kapitalismus zuzuschreiben. Viele ihrer Elemente sind sogar ganz überwiegend gegen einen Kapitalismus, der im Wesentlichen als Monopol daherkommt. Wie die moralische und politische Gesellschaft als Hauptlebensweise der gesellschaftlichen Natur gegen die Zivilisation im Allgemeinen und die kapitalistische Zivilisation im Besonderen eingestellt ist, so gilt Ähnliches für die Moderne. Die moderne Gesellschaft ist nicht die kapitalistische Gesellschaft. Warum verwende ich dann den Begriff ›kapitalistische Moderne‹? Das kapitalistische Monopol, zusammen mit seinen hegemonialen Verbündeten, möchte die Gesellschaft genauso prägen wie die Moderne als akzeptierte Lebensweise der Zeit. Zusammen mit seinen ideologischen, politischen und militärischen Verbündeten bemüht es sich systematisch durch Bildung, Kasernen, Gotteshäuser und Medien, die Überzeugung zu verankern, dass es selbst die schöpferische Kraft der Lebensweise der Zeit darstellt. Es schafft eine herrschende Denkweise, die auch das, was nicht zu ihm gehört, als zu ihm gehörig präsentiert. Wenn diese Propagandabemühungen erfolgreich waren, dann hat es die Gesellschaft beziehungsweise die Moderne geprägt.

Bei der Aufzählung der wichtigsten Pfeiler der kapitalistischen Moderne bemerkt Anthony Giddens vielleicht gar nicht, dass er in ein Dilemma gerät. Die entscheidende Frage wäre, welcher davon die anderen hervorbringt oder bestimmt. Nicht denkbar ist, dass die Moderne den Kapitalismus hervorbringt; die Moderne wird gelebt als eine für die gesellschaftliche Natur spezifische Ära. Doch nachdem sich Repressions- und Ausbeutungsmonopole in der Form Stadt-Klasse-Staat gebildet hatten, wollten diese die Lebensweise der Zeit prägen und sich selbst zuschreiben. Wir müssen einräumen, dass sie damit weitgehend erfolgreich waren. Doch es handelt sich um einen Erfolg der Propaganda. Ein ganzes Zeitalter wurde Hochstaplern zugeschrieben. Wenn wir den Begriff ›kapitalistische Moderne‹ verwenden, müssen wir uns diese Tatsache stets vor Augen führen. Doch die gesellschaftliche Natur kann niemals vollständig die Farben und die Existenzweise des Kapitalismus oder eines anderen Monopols annehmen. Es ist selbst theoretisch nicht möglich, dass gesellschaftliche Naturen als Selbstheiten (*kendilik*[63]) sich in ein Netz repressiver und ausbeuterischer Monopole verwandeln. Wie wir gezeigt haben, ist ein reiner Kapitalismus unmöglich, und so kann es auch keine reine Zivilisation geben. Diejenigen, die das Gegenteil behaupten, müssen wir fragen: Wie sollen Stadt, Klasse und Staat für sich ohne eine Gesellschaft leben, die sie ausbeuten und regieren können? Wie sollten sie ganz simpel ihr materielles Leben fortsetzen? Und doch sind sie in der Lage, die gesellschaftliche Natur der Zeit zu prägen und auszunutzen. Im Falle Europas können wir Renaissance, Reformation und Aufklärung nicht dem Kapitalismus zuschreiben. Die Schöpfer der Renaissance waren weder Kapitalist*innen noch Machthaber*innen, doch diese wollten der Renaissance stets durch die Kraft von Geld und Macht ihren Stempel aufdrücken. Denn sie wussten, dass ihnen dies im Erfolgsfalle noch mehr Geld und Macht einbringen würde.

Andererseits kann auch die Gesellschaft, auf die es das Geldkapital und die Machthaber*innen abgesehen haben, die Lebensweise eines Zeitalters prägen. Auch dafür gibt es verschiedene Wege und Beispiele. Auch das Selbst der gesellschaftlichen Natur tendiert im Wesentlichen in diese Richtung. Die Gesellschaft ist ganz überwiegend anti-kapitalistisch. Denn sie erlebt täglich die Ausbeutung und Herrschaft des Kapitalmonopols. Die Hauptmasse (der Demos[64]) der historischen Gesellschaft, die der Lebensweise, der Moderne

---

63 Der Autor verwendet hier einen eigenen Begriff für eine autonome Einheit, der im Anschluss besonders in seiner kurdischsprachigen Form *xwebûn* (›Selbst-Sein‹) populär wurde.

64 In der Soziologie beschreibt Demos von griechisch *δῆμος* einen politischen und rechtlichen Begriff von Volk, im Gegensatz zu Ethnos als ethnischem Volksbegriff.

ihrer Zeit ihre eigentliche Farbe verleiht, sind die Jugend, die Frauen, die Arbeitslosen, die kolonialisierten Völker, viele religiöse Gemeinden und alle Gemeinschaften, die von ihrer Arbeit leben. Alle diese und ähnliche Gruppen nennen wir der Einfachheit halber Volk (Demos). Demokratie bedeutet, dass diese Gruppen sich selbst verwalten und regieren. Obwohl es sich um politische Begriffe handelt, treffen ›demokratische Gesellschaft‹ und ›demokratische Moderne‹ beinahe den Kern, weil der Bereich und die Gruppen, die sie beinhalten, das Gros der Gesellschaft bilden. Daher bitte ich um Verständnis, wenn ich sie häufig verwende. Wenn ich von der Alternative der demokratischen Moderne spreche, meine ich damit diese Tatsache. Insofern sind die Begriffe einer ›singulären Moderne‹ und einer vom Kapitalismus geprägten Moderne ziemlich dubios und beinhalten ein hohes Fehlerpotenzial.

Was die Farben einer Moderne bestimmt, sind die Ideen, Strukturen und Kämpfe der entgegengesetzten Pole und das Ausmaß ihres Erfolgs. Sie im Ganzen kapitalistisch oder demokratisch zu nennen, wäre ein grober und blinder Reduktionismus. Ohnehin sollten wir das Wort ›ganz‹ im Zusammenhang mit der Gesellschaft sehr vorsichtig verwenden. Denn die gesellschaftliche Natur ist kompliziert und entspricht niemals ganz nur einer Sache, nur einer Farbe. Wir dürfen nicht vergessen, dass Widersprüche Verschiedenheit erfordern. Und Vielfalt ist der Sinn des Lebens. In dem Moment, in dem die Widersprüche und damit auch die Vielfalt aufhören, endet auch das Leben. Selbst der Tod bedeutet nichts anderes als den Beweis für das Leben. Können wir uns vorstellen, wie fürchterlich ein Leben ganz ohne Tod, zur Unendlichkeit verdammt, sein muss? Solch ein Leben wäre eine schwere Folter. Immer Ähnlichkeit zu suchen, wenn es nicht zum Zweck der Niederwerfung der Gegner*innen erfolgt, ist die Negation des Lebens. Neben der Mode (was Mode genannt wird, ist die betrügerischste Kunstform, derer sich Kapitalismus bedient, um seine Lebensfeindlichkeit zu verschleiern, die er durch die Folter der Gleichmacherei demonstriert) ist das Bemühen des Faschismus, alle gesellschaftlichen Unterschiede zu liquidieren und auf eine einzige Farbe zu reduzieren, ein weiteres Beispiel, das die Lebensfeindlichkeit unterstreicht.

Schließlich: Bei der Beschreibung der Moderne, die einen zweifelhaften Begriff darstellt, kommt es auf die Bestimmung ihres Geltungsbereichs und ihrer Dauer an. Sie auf eine einzige zu reduzieren, beinhaltet große Fehler. Wenn wir die Moderne als zeitgenössisch, als Gegenwärtigkeit definieren, so müssen wir den gesellschaftlichen Zusammenhang sorgfältig wählen. In den Sozialwissenschaften springen diesbezüglich große Fehler und Mängel ins Auge. Erklären können wir dies nur dadurch, dass die Kapital- und Machtmonopole sich auf die Kraft des Geldes stützen und Druck ausüben. Wissen bringt Macht, Macht bringt Kapital hervor, und genauso ist die Umkehrung richtig. Trotzdem ist das Gros der gesellschaftlichen Natur im Zeitalter der kapitalistischen Hegemonie demokratisch. Daher ist nicht denkbar, dass die Moderne als Lebensweise unserer Zeit nicht demokratisierbar ist. Der gesellschaftliche Geltungsbereich der demokratischen Moderne übersteigt den der kapitalistischen Moderne und ihrer Kollaborateur*innen um ein Vielfaches. Um zu begreifen, müssen wir nur lernen, richtig zu denken.

B Der Industrialismus der Moderne und die demokratische Moderne

Tatsächlich ist unser Zeitalter (die moderne Lebensweise) in nie dagewesenem Maße von der Industrie abhängig. Auch lässt sich nicht leugnen, dass die Industrielle Revolution des neunzehnten Jahrhunderts nach der Agrarrevolution die zweite große gesellschaftliche Revolution darstellt. Doch wie bei der Kapitalakkumulation ist auch die Behauptung, dass die Industrialisierung in der Moderne einmalig[65] sei, eine Übertreibung. In der gesellschaftlichen Natur und besonders in der neolithischen Agrargesellschaft und den Gesellschaften der Ära der Zivilisation erfolgten zahlreiche industrielle Vorstöße, wenn auch nicht im selben Ausmaß wie im neunzehnten Jahrhundert. Da jede technische Entwicklung eine Art industriellen Schritt darstellt, findet ein kontinuierlicher Fortschritt statt. In Zeiten beschleunigter Entwicklung finden jedoch qualitative Sprünge statt. Im Bereich der Industrie lassen sich Tausende Erfindungen aufzählen, wie die ersten Töpferindustrien, Handmühlen, Webstühle, das Rad, der Pflug, Hammer, Amboss, Beil, Messer, Schwert, Mühlen, Papyrus, Papier und verschiedene Bergbauwerkzeuge. Doch es steht auch außer Frage, dass am Anfang des neunzehnten Jahrhunderts mit der Industriellen Revolution unter englischer Führung ein großer Sprung nach vorne erfolgte. Dies ist eine wichtige Besonderheit der Moderne, doch garantiert das noch keine Einzigartigkeit, sondern beschreibt lediglich einen Unterschied.

Beim Übergang von der Industrie zum Industrialismus haben wir eine andere Situation. Der Begriff Industrialismus drückt aus, dass die Industrie ideologischen Charakter angenommen hat. An der Wurzel aller Krankheiten der heutigen Moderne, allen voran der ökologischen Katastrophen, liegt der Industrialismus, der sich gegen die Landwirtschaft und das Dorf entwickelt hat und sich außerdem auch gegen das städtische Handwerk richtete. Zweifellos ist der Industrialismus die Ideologie der Kapitalmonopole. Als sich die kapitalistischen Monopole, die große Mengen Geldkapitals, aber nur begrenzte (traditionelle) Einsatzmöglichkeiten zur Verfügung hatten,

65 Der mehrfach erwähnte Soziologe Anthony Giddens postuliert in *Konsequenzen der Moderne* (Suhrkamp: Frankfurt, 1996) sogenannte »Diskontinuitäten der Moderne«. Öcalan diskutiert diesen Ansatz bereits in Band II, spricht hier nun aber im selben Zusammenhang von »Einmaligkeiten«.

am Ende des achtzehnten Jahrhunderts der Industrie zuwandten, wollten sie dem Fall ihrer Profitraten vorbeugen bzw. diese sogar erhöhen (das Profitgesetz). Dies gilt insbesondere für die Textilindustrie. Als die mechanische Fertigung sich neuer Energiequellen bedienen konnte (Kohle, Dampf, Elektrizität), explodierte die Produktion und brachte die Profitrate auf ein Maximum. Das Phänomen der Nationalstaaten und die heftige Konkurrenz zwischen ihnen hängen ebenfalls mit diesen Profitraten zusammen. Der Industrialismus beherrschte alles. Er wurde zum heiligsten Glaubenssatz des Nationalstaates. Dieser Wettlauf geht bis heute ungebremst weiter. Es herrscht Einigkeit, dass die Konsequenzen bereits jetzt furchtbare Ausmaße angenommen haben. Nicht nur die ökologische Zerstörung im engeren Sinne, sondern auch tiefere und umfassendere kulturelle und physische Genozide, globale, regionale und lokale Kriege in Dimensionen wie nie zuvor, die zunehmende Abtrennung der Gesellschaft von ihrer moralischen und politischen Identität durch ideologisch-metaphysische Methoden und Methoden der Machtanhäufung, also Soziozide, hängen eng mit der Tendenz bzw. der Religion des Industrialismus zusammen. Daher haben die von der Industrie benutzte Wissenschaft und Technik einen ideologischen Charakter angenommen, der mit keiner anderen historischen Ära vergleichbar ist.

Der Industrialismus als eine Einzigartigkeit der Moderne steht als größte Bedrohung sowohl vor der Gesellschaft als auch in ihrem Inneren. Der Industrialismus ist der wesentliche Faktor für das ständige Anwachsen der Macht, die die agrarische und dörfliche Gesellschaft zerstört, die Stadt krebsartig wachsen lässt, die Gesellschaft vollständig unter Aufsicht und Kontrolle hält und ausnahmslos alle ihre Poren durchdringt. Der Nationalstaat als Grundform der Macht und der ideologischen Hegemonie des Industrialismus spielt die Hauptrolle bei all diesen Prozessen.

Die Menschheit als gesellschaftliche Natur ist schon längst der Drohung des tatsächlichen Weltuntergangs durch den Industrialismus als eine der Einmaligkeiten der Moderne ausgesetzt. Die aufflackernden Katastrophen sind Signalfeuer der drohenden Gefahr. Der Kapitalismus mit seiner Gier nach ständiger Akkumulation und permanentem Wachstum auf der Grundlage des ›Gesetzes des Maximalprofits‹ ist gleichbedeutend mit Gesellschaftsfeindlichkeit und spielt offenbar eine wesentliche Rolle. Der gesellschaftlichen Natur ständig das Akkumulationsgesetz aufzuzwingen, ist der Soziozid selbst, der Mord an der Gesellschaft. Materielle und kulturelle Genozide waren die ersten Schritte in diesem Prozess. Die

Wissenschaftler*innen, die Vernunft und Gewissen besitzen, sind sich einig, dass wir uns geradewegs auf den Weltuntergang zubewegen, wenn keine geeigneten Maßnahmen ergriffen werden. Der Industrialismus, die zweite Einmaligkeit der Moderne, begnügt sich also nicht damit, mit seinem ›siamesischen Zwilling‹, dem Kapitalismus, nur die Moderne zu prägen, und auch nicht damit, durch die Moderne nur ökonomische Krisen auszulösen. Er ist die Hauptursache für die Krebserkrankung aller lebenswichtigen Gewebe und Elemente der Gesellschaft.

Genau hier zeigt sich die Stellung der demokratischen Moderne im gesellschaftlichen Dasein in aller Klarheit und Dringlichkeit. Die Gesellschaft wird entweder weiter auf die Apokalypse zugaloppieren, oder sie wird die demokratische Moderne annehmen und mit einem Vorstoß zu ihrem Wiederaufbau diesen Galopp anhalten. Der Preis dafür, sich nicht zu entscheiden, steigt ständig und ins Unermessliche.

Mit diesen Feststellungen soll nicht gesagt sein, dass Industrie an sich negativ ist; es geht um die Katastrophe des profitorientierten Industrialismus. Wie bei der analytischen Intelligenz gilt, dass der Einsatz von Industrien im Sinne der moralischen und politischen Gesellschaft ein paradiesisches Leben ermöglichen kann. Hinzufügen können wir, dass eine Industrieoffensive, die Hand in Hand mit Ökologie und Landwirtschaft geht, nicht nur die grundlegenden wirtschaftlichen Probleme lösen, sondern auch sämtliche Nebenwirkungen jener Probleme ins Positive wenden kann. Wenn allein der grassierende Automobilwahnsinn gestoppt würde, ergäben sich revolutionäre Konsequenzen überall, vom Öl bis zu den Transportwegen, von der Umweltverschmutzung bis zur menschlichen Biologie, wie wir leicht sehen können. Wenn wir uns allein vor Augen führen, wie bei gleichbleibender Zunahme der Industrialisierung der Meere sowohl Meer als auch Land verwüstet werden, wird begreifbar, wie lebensnotwendig eine klare Begrenzung der Zahl der Transporte ist. Hier ist nicht der Ort, um ausführlich die radikalen Veränderungen zu diskutieren, die eine Begrenzung des Industrialismus in unzähligen Bereichen, allen voran der Nuklearindustrie bis hin zur Kulturindustrie, nach sich zögen. Allein der Hinweis auf die Folgen einer Begrenzung des Industrialismus und ein Verständnis für deren revolutionäre Folgen reichen aus, um die große Bedeutung des Themas darzulegen.

Das Profitgesetz aufzuhalten, erfordert natürlich ein umfassendes gesellschaftliches Handeln. Da die demokratische Moderne nicht hauptsächlich vom Profit angetrieben ist, gewinnt sie als am besten geeignete

Zivilisationsoption vitale Bedeutung. Die Hauptsorge des moralischen und politischen Gesellschaftssystems, das nicht auf Klasse-Kapital-Profit beruht, ist, die eigene Identität frei zu halten und dafür die Instrumente der demokratischen Politik zum Leben zu erwecken. Der Liberalismus gibt für das Individuum das Ziel unbegrenzten Gewinns und der Leidenschaft für Profit aus. Als einzige Lebensweise dafür propagiert er ständig die kapitalistische und industrialistische Moderne. Wie bei den Religionen des Altertums empfindet er es als nötig, das System gewissermaßen zu segnen. Der Kultur-Industrialismus ist die grenzenlose neue Form dieser Segnung. Der wirtschaftliche Klassenkampf, alle möglichen Machtkämpfe, ökologische und feministische Bewegungen können eine derart riesenhaft angewachsene Moderne nur durch eine alternative Moderne aufhalten. Vierhundert Jahre kapitalistischen Hegemoniestrebens zeigen diese Tatsache ausreichend deutlich.

Wir müssen keine großen Sozialwissenschaftler*innen sein, um zu begreifen, dass selbst der Zerfall des Realsozialismus von seiner Unfähigkeit herrührte, ein alternatives Modell zu entwickeln. Wir können durchaus annehmen, dass der Realsozialismus seine Überlegenheit hätte wahren können, wenn er nur eine Lösung für das Problem des Industrialismus gefunden hätte. Wenn im Kampf gegen das kapitalistische Hegemoniestreben, das buchstäblich alles tat, um die Moderne zu prägen, vor allem die Kräfte mit einer realsozialistischen Linie und alle anderen wesentlichen oppositionellen Gruppen (utopistische, anarchistische, ökologische, feministische und nationale Befreiungsbewegungen) zumindest eine theoretische und praktische Hauptrichtung im Kampf für die eigene Moderne bestimmt hätten, so sähe die Moderne der heutigen Welt wahrscheinlich ganz anders aus. Der eine Punkt, an dem sie alle gemeinsam verloren, war, nicht zu fragen: »Welche Moderne?« und gemeinsam eine theoretische und praktische Linie zu verfolgen, um sie zu beantworten; sie steckten bis zum Hals in der Lebensweise, die Kapitalismus und Industrialismus vorgaben und sahen dieses Leben nicht als Übel. Schlimmer und noch wichtiger: Anstatt den Staats-Nationalismus als ein Element der Moderne zu kritisieren, akzeptierten sie diesen zunächst als Hauptform der eigenen Lebensweise, woraufhin es natürlich zweifelhaft und schwierig für die Opposition allgemein und insbesondere die Linke wird, eine erfolgversprechende Sache sichtbar zu machen.

Etwas, worüber ich staune, ist die Parole »Eine andere Welt ist möglich«. Dass diese Parole präsentiert wird, als handele es sich um eine wichtige Entdeckung, verstärkt mein Erstaunen noch. Während die gigantischen

Probleme der Moderne ins Auge springen, das Schiff des Systems bereits leckgeschlagen ist und stückchenweise auseinanderfällt, während selbst die Natur rebelliert, macht eine solche Parole, die wie eine Neuentdeckung präsentiert wird, den Menschen sprachlos. Wenn alle Probleme und Verirrungen (gemeint ist die Lebensweise) der herrschenden (von Kapitalismus und Industrialismus geprägten) Moderne offenbar sind, darfst du dich nicht mit der Kritik der Hauptelemente der Moderne aufhalten, sondern man wird dich fragen: »Mit welcher Alternative wirst du aufwarten, welche Alternative kannst du aufbauen?«

In der Vergangenheit wurden Philosophien und Morallehren, Tugenden und Weisheiten entwickelt, um auf die Probleme der Moderne der eigenen Ära zu reagieren. Es lässt sich darüber diskutieren, ob diese ausreichend waren. Wichtig ist jedoch, dass es nie an Anstrengungen im Namen der moralischen und politischen Gesellschaft gefehlt hat. Im Lichte all dieser Erfahrungen ergibt die demokratische Moderne nur dann Sinn, wenn sie der kapitalistischen Moderne mit umfassenden Analysen und Antworten für ihre spezifischen Probleme gegenübertritt.

Geschichte und Gegenwart sind, entgegen der landläufigen Meinung, nicht der Bereich der absoluten Herrschaft der Zivilisationskräfte. Die gegenteilige Behauptung enthält viel Propaganda. Nicht jede Geschichtsschreibung entspricht den Tatsachen, und so ist auch nicht alles wahr, was die Sozialwissenschaften über die heutige Moderne sagen; zum großen Teil handelt es sich um Rhetorik der ideologischen Hegemonie, um zu verwirren, zu blenden, Dogmen zu etablieren. Demokratische Politik im engeren Sinne ist nicht nur ein Mittel, um die politische Gesellschaft zum Funktionieren zu bringen; sie ist auch die Tat, die die historische Gesellschaft in all ihren Aspekten erklärt. Die große Kraft der moralischen und politischen Gesellschaft, entscheiden und handeln zu können, kommt erst dann zutage, wenn ihre Bemühungen, die kapitalistische und industrialistische Moderne durch demokratische Politik zu erklären, sich mit der Wahrheit vereinen. Dann findet die Frage »Was für eine Moderne, was für ein modernes Leben?« ihre angemessene Antwort. Die Erfahrungen der letzten vierhundert Jahre mit der kapitalistischen Hegemonie beweisen, dass keine andere Methode genügend erfolgversprechende Antworten zu produzieren imstande ist. Die demokratische Moderne in Idee und Praxis ist die kompetente Antwort auf diese historische Erfahrung.

C Nationalstaat, Moderne und demokratischer Konföderalismus

Der Nationalstaat als die dritte und wichtigste Diskontinuität der Moderne ist die grundlegendste instrumentelle Form, mithilfe derer der Kapitalismus die Gesellschaft erobert und kolonialisiert. Während sich der Liberalismus als Gesamtheit der Ziele (Summe der Ideen) präsentiert, stellt der Nationalstaat die grundlegende Form der Macht dar. Ohne die nationalstaatliche Form hätte die umfassendste Eroberung und Kolonialisierung im Innen und Außen, die die Gesellschaft je erlebt hat, nicht stattfinden können.

Der Nationalstaat ist auch dasjenige Thema, über das die Sozialwissenschaften die größte Ansammlung von Blendungen, Verzerrungen und Dogmen aufgehäuft haben. Wir können immer noch kaum sagen, dass bisher eine ausreichende Analyse des Staates erfolgt wäre. Selbst einem Marxisten wie Lenin gelang es nicht, als er sich in eine der größten gesellschaftlichen Revolutionen begab[66], die ›Frage von Staat und Macht‹ bei seinem Analyseversuch vom nationalstaatlichen Standbein der Moderne zu befreien. Und das ist noch untertrieben: Er konnte sich nicht einmal verkneifen, die trotz aller Kritik erfolgte schnelle Umwandlung der Sowjets – einer Organisierung der demokratischen Gesellschaft – in einen Nationalstaat als Konsolidierung der Revolution zu bewerten. Der chinesische Nationalstaat, der heute dem Kapitalismus den allergrößten Dienst erweist, ist das überragende Beispiel für denselben Ansatz.

Anthony Giddens' Ansatz bezüglich der Singularität enthält zwar Richtiges, doch bleibt er in Bezug auf die Verkettung des Nationalstaates mit den historisch kumulativen Macht-Akkumulations-Monopolen höchst ungenügend. In den beiden vorigen Bänden dieses Manifests habe ich versucht, den Nationalstaat ausführlich zu definieren. Ich werde das Thema hier aus verschiedenen Winkeln noch einmal beleuchten und durch einige notwendige Schlüsse die Darstellung ausbauen.

Vor allem sollten wir uns den Nationalstaat als die Maximalform der Macht denken. Kein anderer Staat besitzt die gleiche Machtfülle wie der Nationalstaat (es mag richtiger sein, von einer Staats-Nation zu sprechen). Der wichtigste Grund dafür ist, dass er die obere Mittelklasse in

66 Lenin stellte *Staat und Revolution*, auf das der Autor hier anspielt, im September 1917 und damit unmittelbar vor der Oktoberrevolution fertig.

zunehmendem Maße in den Monopolisierungsprozess einbindet. Wir dürfen niemals vergessen, dass der Nationalstaat das am weitesten entwickelte, vollständigste Monopol darstellt. Auf der Stufe des Nationalstaates sind die Handels-, Industrie- und Finanzmonopole mit dem Machtmonopol maximal verbündet. Es handelt sich um die am weitesten entwickelte Einheit aller Monopole. In diesem Zusammenhang müssen wir auch das ideologische Monopol als untrennbaren Bestandteil des Machtmonopols denken.

Einer der Bereiche, in denen die Sozialwissenschaften am meisten in die Irre führen, betrifft die Monopole. Sie legen großen Wert darauf, die Machtapparate als von den Handels-, Industrie- und Finanzmonopolen getrennte und über der Wirtschaft stehende Institutionen darzustellen. So möchten sie die Macht im Allgemeinen und den Staat im Besonderen präsentieren, als seien sie andere Phänomene als das Monopol. Dies ist einer der wesentlichen Punkte, der die Sozialwissenschaften verkrüppelt zurücklässt. Der Unterschied zwischen supraökonomischen Monopolen und Machtmonopolen lässt sich lediglich im Sinne einer Arbeitsteilung erklären. Davon abgesehen bilden sie definitiv eine historische Totalität. Ich muss an dieser Stelle einen Satz von Fernand Braudel zitieren, den ich sehr eindrücklich finde. Braudel sagt: »Die Macht sammelt sich ebenso an wie das Kapital.«[67] Er scheint die Totalität beider erfasst zu haben. Ohnehin ist er ein weiser Mensch, der das Thema in vielfältiger Weise erhellt hat.

Macht wird nicht nur wie Kapital akkumuliert; Macht ist der homogenste, raffinierteste, historisch akkumulierte Zustand des Kapitals. Ich möchte es hervorheben: *Macht ist der homogenste, raffinierteste, historisch akkumulierte Zustand des Kapitals.* Die anderen über der Wirtschaft stehenden Kapitale werden anders akkumuliert, gehandelt und organisiert. Wir betrachten und verstehen sie alle als Monopole, weil sie über der Wirtschaft stehen und die Beschlagnahme gesellschaftlicher Werte im Allgemeinen, gesellschaftlicher Mehrwerte im Besonderen ihren Charakter ausmacht. Ob in Form von Steuern, Profiten aus Betrieben oder ganz offener Plünderung; alle Abpressungen von der Gesellschaft besitzen monopolistischen Charakter.

---

67 Das Originalzitat lautet: »Die Macht sammelt sich ebenso an wie das Geld […]« Fernand Braudel, *Sozialgeschichte des 15.–18. Jahrhunderts*, Band 3, *Aufbruch zur Weltwirtschaft* (München: 1986), S. 50, und »In dieser abgeschirmten Dunkelzone [von Kalkül und Spekulation], in der Eingeweihte ihre undurchsichtigen Aktivitäten entfalten, liegt meines Erachtens die Wurzel all dessen, was sich unter dem Begriff Kapitalismus fassen lässt – Kapitalismus verstanden als Akkumulation von Macht (die den Tausch mehr auf ein Kräfteverhältnis als auf wechselseitige Bedürfnisse gründet), als Sozialparasitismus, über dessen Unvermeidbarkeit sich, wie über die vieler anderer Erscheinungen, streiten lässt.« ebd., Band 2, *Der Handel* (München: 1986), S. 12.

Deshalb ist der Begriff ›Monopol‹ angemessen und sollte gut verstanden werden.

Die historische Besonderheit des Nationalstaates ist, dass er all diese Monopole in sich selbst perfekt vereint hat. Der Nationalstaat ist die maximale Totalität des Kapitals und bezieht daraus auch seine Stärke. Daraus folgt auch, dass er das effektivste Instrument der Kapitalakkumulation darstellt. Es war für uns alle sehr überraschend, als der von der Bolschewistischen Partei errichtete Nationalstaat uns siebzig Jahre später als eine gigantische Totalität des Kapitals gegenübertrat. Dabei wird diese Situation durchaus verständlich, wenn wir sie aus der Perspektive unserer Analyse des Nationalstaats betrachten. Denn die Organisierung als Nationalstaat ist die typische und gradlinige Organisierung des Kapitals als Staat. Mit dem Nationalstaat lässt sich kein Sozialismus, sondern allenfalls der reinste Kapitalismus organisieren. Ebenso wenig, wie man aus dem Maultier ein Pferd machen kann, kann man auch den Nationalstaat sozialistisch machen oder als sozialistisch betrachten!

Trotzdem können wir die Einzigartigkeit des Nationalstaates nicht erklären, indem wir ihn von den historischen Formen des Staates loslösen. So sehr sich auch Unterschiede zu den früheren historischen Staatsformen herausgebildet haben, entscheidend ist die historische Akkumulation der Macht. Schauen wir uns England an, das erste Land, das den Nationalstaat organisierte: Anfang des sechzehnten Jahrhunderts befindet sich England im Klammergriff der Mächte Spanien, Frankreich und der Normannen. Hätte es sich nicht als Nationalstaat organisiert, drohte ihm offenbar die Liquidierung. England war ein Königreich, die Dynastien wechselten sich ab. Seine Wirtschaft wurde durch seit dem Neolithikum von Europa aus stattfindende Migrationen aufgebaut. Der wesentliche Unterschied zu den anderen Ländern Europas war seine Insellage. Seinen eigenen Nationalstaat gründete es auf diese konkreten historischen Bedingungen. Der Geschichte können wir konkret entnehmen, wie die zunehmende Stärke des Pfund Sterling mit Verschuldung und einer maximalen Monopolisierung über der Wirtschaft einherging. Bekanntlich wandte sich England auch der Industriellen Revolution zu, um einen hegemonialen Vorstoß zu unternehmen. Also hätte der englische Nationalstaat ohne eine Fundierung in der englischen Geschichte, besonders in der dynastischen Geschichte, und ohne selbst dynastisch zu sein, nicht nur nicht gegründet werden können, er wäre gar undenkbar gewesen. Die Dynastie stellte in der Geschichte die umfassendste und langlebigste Staatsform dar. Mit diesem Aspekt der Geschichte hängt zusammen, dass England heute immer noch das Prestige des Königshauses nutzt. Demokratien und Republiken gibt es in der Geschichte nur sehr wenige. Imperien sind wieder eine andere Form. Ohne die Machtakkumulation als über die Jahrtausende gefilterte und raffinierte Monopole können Staaten im Allgemeinen und Nationalstaaten im Besonderen gar nicht entstehen.

Auf die theologischen Ursprünge des Nationalstaates und seine Verbindungen zu ihnen wurde recht wenig eingegangen, doch ist dieses Thema höchst wichtig. Carl Schmitt hat diesen Aspekt der Wirklichkeit erhellt, als er feststellte, dass sämtliche modernen politischen Begriffe aus der Theologie (der Wissenschaft von Gott) stammen. Wer über Soziologie sorgfältig nachdenkt, wird leicht erkennen, dass Religion und damit zusammenhängend göttliche Imaginationen die älteste Form der gesellschaftlichen Identität darstellen. Religion und Gott sollten nicht als bewusste imaginäre Identitäten verstanden werden, sondern als eine Notwendigkeit des Entwicklungsstandes der Mentalität. Gemeinsame Vorstellungen brachten die Gesellschaft dazu, sich mit den heiligsten Begriffen zu identifizieren. Sie betrachtete diese Identitätsbildung als eine Art, ihr Überleben zu sichern. Die Wurzeln der Göttlichkeit liegen in der Sakralisierung der gesellschaftlichen Existenz. Als sich mit der Zeit die Spaltung zwischen Macht und Staat einerseits und der Gesellschaft andererseits beschleunigte, wurden die Attribute der Heiligkeit und Göttlichkeit der kollektiven Identität der gesamten Gesellschaft entzogen und jenen zugesprochen, die Macht und Staat besaßen. Die ideologische Hegemonie spielt dabei eine wichtige Rolle. Es wird schlicht festgelegt, dass Macht und Staat göttlichen Ursprungs seien; damit ist der Weg frei für die Besitzer*innen von Macht und Staat, die eigene Heiligkeit und Göttlichkeit zu behaupten. Von dort ist der Weg zu den Begriffen Gott-König und Gottesstaat nicht mehr weit. Die Begriffe Botschafter Gottes und Schatten Gottes ließen dann nicht lange auf sich warten.

Zwar gibt der laizistische Staat vor, er habe mit diesen Vorgängen nichts zu tun, doch entspricht dies nicht der Wahrheit. Da der Laizismus ein Grundprinzip der Freimaurerlogen war, die den Einfluss der Kirche ablehnten, liegt es in der Natur der Sache, dass er als Gegenpol zum geistlichen Prinzip seine Existenz in großem Maße diesem Begriff verdankt. Wir müssen betonen, dass weder der Laizismus so weltlich-säkular noch das Geistliche so jenseitsorientiert ist, wie man allgemein annimmt. Beide Begriffe sind weltlich, gesellschaftlich. Erst ideologische Dogmen stellen den Unterschied zwischen beiden her.

Daher ist zu erwarten, dass das Bild des göttlichen Ursprungs von Macht und Staat, das zu allen Zeiten präsent war, sich auch in unserer Zeit abbildet. Undenkbar ist, dass der heutige Staat von dieser Widerspiegelung unbeeinflusst geblieben sein sollte. Der Begriff wurde die Geschichte hindurch so geprägt. Die Begriffe laizistischer Staat und laizistische Macht sind widersprüchlich und undeutlich.

Der Nationalstaat ist mehr mit göttlichen Begriffen aufgeladen als wir denken. Er unterliegt mehr als jemals zuvor Segnungsfeiern. Begriffe wie Vaterland, Flagge, Unitarismus, Unabhängigkeit, Heiligkeit, Nationalhymne und Heldengeschichten, auf die er sich stützt und die er sich als Bilder gewählt hat, besitzen mehr göttliches Prestige als diejenigen der Gottkönigtümer. Keine Staatsform hat sich so sehr mit ideologischen, rechtlichen, politischen, ökonomischen und religiösen Panzerungen umgeben wie der Nationalstaat. Der Hauptgrund dafür ist, dass er die wesentliche Einkommensquelle für eine aufgeblähte zivile und militärische Bürokratie darstellt. Wenn der staatliche Sessel unter ihr weggezogen würde, läge die Bürokratie wie ein Fisch auf dem Trockenen. Für die Bürokratie ist der Staat eine Frage von Leben und Tod. Mit dieser Eigenschaft der Bürokratie hängt die extreme Zuschreibung von göttlichem Prestige für den Staat zusammen. Wenn die kapitalistische Moderne mehr als jede andere Moderne den Staat so betont und solch einen Zirkus um ihn veranstaltet, so liegt die Ursache dafür auch in seiner veränderten Klassenstruktur. Auch zwischen Moderne, Nationalstaat, besonders dem Streben nach dem ›Einheitsstaat‹, dem ›Unitarismus‹, und dem Begriff der Einheit Gottes besteht ein enger Zusammenhang. Wie in der Geschichte manche Stämme und Volksstämme zusammen mit ihren Gött*innen liquidiert oder vom überlegenen Stamm oder Volksstamm absorbiert wurden, so wurden auch ihre Gött*innen von den überlegenen Gött*innen des Stammes oder Volksstammes absorbiert und mit ihnen vereinigt. Wenn wir den Begriff der Einheit Gottes im Lichte dieser soziologischen Analyse betrachten, können wir seine Bedeutung leichter erfassen. Er enthält Kolonialismus und Assimilation.

Die Geschichte des Unitarismus des Nationalstaates ist sehr weitgehend göttlich. Während die vollständige Entwaffnung der ihm untertänigen Gesellschaften und die Übertragung des vollständigen Waffenmonopols an den modernen Staat zum Unitarismus führten, fand im Kern eine verheerende Monopolisierung von Ausbeutung und Kolonialismus statt. Indem Theoretiker*innen der Souveränität, allen voran Hobbes und Machiavelli, im Namen der Wissenschaftlichkeit den modernen Staat definierten, erwiesen sie dem kapitalistischen Monopolismus den größten Dienst. Die Konzentration sämtlicher Waffen in einer monistischen Struktur im Namen des gesellschaftlichen Friedens führte zu einer nie dagewesenen politischen Schwächung der Gesellschaft und damit zum Raub ihrer gesamten wirtschaftlichen Existenz. Da Staat und Macht sich letztlich wie ein Monopol verhalten werden, kann keinerlei gesellschaftlicher Wert Bestand haben, den sie mit dieser in ihren Händen konzentrierten Waffengewalt nicht beschlagnahmen. Sie werden nach Belieben die Gesellschaft formen und alles Unerwünschte entfernen. Und genau auf diese Art und Weise verlief die Geschichte, und unvorstellbare Völkermorde fanden statt.

Der Nationalstaat als gemeinsamer Nenner aller Monopole begnügt sich nicht damit, auf den Raub, die Eroberung und die Kolonialisierung der gesellschaftlichen materiellen Kultur gebaut zu sein; er spielt auch die entscheidende Rolle bei der Assimilation der immateriellen Kultur. Er verleiht unter dem Namen ›nationale Kultur‹ meist den kulturellen Normen einer dominanten Ethnie oder Religionsgemeinschaft offiziellen Rang und erklärt allen übrigen kulturellen Existenzen den Krieg. Er sagt: »Sie schaden der nationalen Einheit«, und bereitet allem, was an Religionen, Ethnien, Stämmen, Nationen, Sprachen und Kulturen seit Tausenden von Jahren seine Existenz bewahrt hat, entweder durch Gewalt oder durch materielle Anreize ein Ende. Wie nie zuvor wurden Sprachen, Religionen, Konfessionen, ethnische Gruppen und Stämme Opfer dieser Politik oder besser: dieses Völkermordes. Die materiellen Völkermorde (physische Vernichtung) sind dabei gegenüber den immateriellen Völkermorden nur verschwindend gering. Durch die Jahrtausende gefilterte sprachliche und kulturelle Werte werden mit den sie tragenden Gruppen in einem Wahnsinn dem heiligen Akt der Schaffung einer ›nationalen Einheit‹ geopfert.

Noch weit problematischer ist das Verständnis des Nationalstaates von ›Vaterland‹ bzw. ›Heimat‹ (*vatan*). Die Souveränität des Staates, mit welchen Mitteln auch immer, sowie die geografischen Grenzen, in denen er sein Monopol ausübt, werden als ›heiliges Vaterland‹ imaginiert. Das Vaterland wurde eigentlich zum gemeinsamen Besitz der Allianz der Monopole gemacht. Das System, das sie darin errichtet haben, ist ein Kolonialismus, der sehr viel tiefer reicht als der alte Kolonialismus mit seinen Kolonien. Während früher nur eine Kolonialmacht in einem Land herrschte, ist heute der Kolonialismus so vielfältig wie die Monopole, die der moderne Nationalstaat über seinem ›heiligen Vaterland‹ errichtet. So, wie die kolonialisierten Völker entwaffnet wurden, so entwaffnete das ›heilige Vaterland‹

das Volk und beraubte es seiner Fähigkeit zum Widerstand gegen jegliche Art von Ausbeutung. Angefangen mit der Arbeitskraft, werden sämtliche materiellen und immateriellen kulturellen Existenzen einer mehrfachen Ausbeutung ausgesetzt. Anders wäre es nicht möglich, die tumorartig gewachsenen Bürokratiemonopole satt zu bekommen.

Die Diplomatie des Nationalstaates wird mit dem Ziel aufgebaut, sich mit den ausländischen Monopolen – den anderen Nationalstaaten – zu koordinieren und die Angelegenheiten des globalen Systems der Nationalstaaten zu verfolgen. Kein Nationalstaat könnte sich auch nur vierundzwanzig Stunden auf den Beinen halten, wenn er nicht von den anderen Nationalstaaten anerkannt würde. Der Grund dafür liegt in der Logik des globalen kapitalistischen Systems. Ohne Einwilligung der Hegemonialmacht kann die Existenz eines Nationalstaates nicht von Dauer sein. Die Geschichte jedes einzelnen steht im Buch des Hegemons verzeichnet. Wer die Regeln bricht, erleidet entweder das Schicksal Saddam Husseins oder wird durch Embargos in den Bankrott getrieben und gestürzt. Man geht davon aus, dass jeder Nationalstaat genau weiß, dass seine Existenz ohne die Erlaubnis einer Hegemonialmachtwährend der Gründung oder später nicht von Dauer sein kann. Selbst die Sowjetunion und der chinesische Staat konnten dieser Regel nicht entkommen.

Eine der Grundeigenschaften des Nationalstaates ist seine weitestgehende Verschlossenheit gegenüber pluralen und diversen politischen Gebilden. Der Grund dafür ist verständlich. Denn plurale und diverse politische Strukturen innerhalb der gegebenen Grenzen werden ein Hindernis für die Ausbeutung durch das Monopol darstellen. Es liegt in der Natur der Sache, dass die moralische und politische Gesellschaft, wenn sie sich durch verschiedene politische Strukturen, insbesondere demokratische Strukturen, konstituiert, den Raum für die Monopole stark einengt. Begriffe wie die ›Unteilbarkeit der Souveränität‹, die ›Einheit des Landes‹, die ›unitäre Struktur‹ und ähnliche wurden aus diesem Grund ersonnen. Die Absicht dahinter ist, die Werte des Landes nicht mit dem eigenen Volk und Gruppen der eigenen Gesellschaft zu teilen. Dieser Vorwand spielt selbst bei der Vernichtung der immateriellen Kultur die Hauptrolle. Obwohl politischer, demokratischer Pluralismus das beste Regime für Gleichheit auf der Grundlage von sowohl Freiheit als auch Differenzen darstellt, wird jede Handlung in dieser Richtung als gefährlich und illegal dargestellt, weil sie die ›Einheit des Landes und des Regimes‹ gefährde.

Durch die nationalistische Identität, die der Nationalstaat so oft benutzt, wurde er vielleicht zum größten kollaborierenden Vertreter der Hegemonialmacht aller Zeiten. Unter dem nationalistischen Gewand steckt der treueste Kollaborateur des globalen kapitalistischen Systems. Keine andere Institution ist so sehr wie der Nationalstaat von der Zentralmacht des globalen Kapitalismus abhängig und ein Lakai dieser Macht. Dieser Charakter ist der Grund für den Kolonialismus im Inneren. Je nationalistischer sich ein Nationalstaat gibt, desto mehr dient er der Hegemonialmacht des Weltsystems. Wer meint, der Nationalstaat, den die Hegemonialmacht seit vierhundert Jahren sorgfältig vorbereitet, geformt und selbst systematisiert hat, handele im Interesse der Nation, hat von den furchtbaren hegemonialen Machtkämpfen des Weltsystems nichts verstanden.

Bei der Analyse des Begriffs Nationalstaat sollten wir die Vermischung mit bestimmten anderen Themen und daraus resultierende Fehler vermeiden. Zunächst müssen wir den Begriff Nationalstaat gut definieren. Historische Staaten haben sich als Organisation im Allgemeinen auf ihre Mitglieder beschränkt und so definiert. Als Kader-Staaten mussten sie akzeptiert werden, sich gegenseitig überzeugen, preisen, adeln, sogar vergöttlichen. Dieser Ansatz änderte sich mit dem Nationalstaat. Von nun an sollte er sich nicht nur den Kadern des Staates, sondern jedem der als Staatsbürger*innen bezeichneten einzelnen Individuen der Gesellschaft, die ihm untertan sind, in der Größe, Erhabenheit und Heiligkeit des Nationalstaats-Gottes präsentieren und von ihnen Akzeptanz einfordern. Die gesamte Gesellschaft wurde geradezu vom Nationalstaat absorbiert. Das ist mit ›Einschluss in den eisernen Käfig‹ gemeint. Solange wir dies nicht begreifen, können wir weder den Nationalstaat noch die Moderne begreifen. Der erste Punkt, der das richtige Verständnis des Nationalstaates erschwert, ist, dass er in einem Atemzug mit Republik und Demokratie diskutiert wird. Der Nationalstaat ist keine Republik, und er entstand in Gegnerschaft zur Philosophie der Republik, ihren grundlegenden Institutionen und ihrer Funktionsweise. Der Nationalstaat ist die Negation der Republik. Die in der Linken immer noch einflussreiche Ansicht und offizielle Haltung der hunderfünfzigjährigen realsozialistischen Linken, ohne zentralistische Nationalstaaten könne es Demokratie und Sozialismus nicht geben, ist ein fürchterlicher Selbstbetrug. Seine furchtbaren Folgen zeigten sich in der Ermordung Rosa Luxemburgs und vieler anderer Sozialist*innen und Demokrat*innen; später bei der Auflösung des realsozialistischen Systems. Keine Selbsttäuschung hat dem Sozialismus und der Demokratie mehr geschadet. Republik und Demokratie erhalten ihre wahre Bedeutung nur durch pluralistische, demokratische politische Strukturen, die sich gegen den Monopolismus des Nationalstaates richten. Erst dann lassen sich durch das Regime pluralistisch-demokratischer Politik der demokratischen Republik ein sinnvoller Patriotismus und ein Leben in der Einheit in Vielfalt verwirklichen.

Unter den heutigen Bedingungen, da die Monopole des globalen Finanzkapitals um die Hegemonie wetteifern, beobachten wir ihre Versuche, die alten Nationalstaaten neu zu strukturieren. Diese Tendenz des Neoliberalismus ist offensichtlich, auch wenn sie unter der Maske anderer Ziele (insbesondere der täuschenden Maske der Demokratie) erfolgt. Der nationale Monopolismus kann in vielerlei Hinsicht mit dem globalen Monopolismus nicht mithalten, die Erfordernisse globaler Politiken nicht erfüllen und nicht schnell genug umsetzen. Daher führt er zu Stockungen im Gesamtsystem. Die Bemühungen um einen Neuaufbau gelten nicht einer Liquidierung des Nationalstaates, sondern seiner Unterordnung unter die Wünsche des global-hegemonialen Finanzkapitals.

Der Nationalstaat scheut sich nicht, für die ideologische Hegemonie, mit der er die Gesellschaft durchtränkt hat, vier ideologische Hauptformen ineinander verschränkt und eklektisch zusammengesetzt zu verwenden. Dem Nationalismus als der grundlegenden ideologischen Form des Nationalstaates wurde ein gänzlich religiöses Wesen verliehen. So sehr der Nationalstaat zur kapitalistischen Moderne gehört, so sehr ist der Nationalismus die moderne Religion. Er wurde als gesellschaftliche Religion der positivistischen Philosophie herangezüchtet. Den Patriotismus müssen wir uns als gesellschaftliche Natur, als das Gegenteil der nationalen Gesellschaft vorstellen. Nationalismus ist in diesem Sinne die am stärksten gegen die Nation gerichtete Ideologie. Indem der Nationalismus die Nation – ein demokratisches Phänomen – unter die ideologische Hegemonie des Kapitalismus stellt, erweist er den ausbeuterischen Monopolen den größten Dienst. Er macht die gesamte Nation zum gemeinsamen Besitz und zur gemeinsamen Kolonie der engstens verbündeten Monopole (Handels-, Industrie-, Finanz- und Machtmonopole). Besonders diese Funktion erfüllt er im Gewand der positivistischen nationalistischen Religion.

Der Nationalismus als Religion des Nationalstaats zeigt sich in Form zweier Phänomene, die im Wesentlichen identisch sind, auch wenn das widersprüchlich erscheinen mag: Das erste ist die Göttlichkeit des ›unitären Staates‹. Innerhalb der Nation ist dieser als einziger Gott quasi unhinterfragbar. Im internationalen Bereich äußert sich diese monotheistische

Form als Super-Hegemon (ein Hinweis darauf ist, dass der Präsident des Super-Hegemons USA, George W. Bush, erklärte, er handle im göttlichen Auftrag[68]). Der Super-Hegemon ist, mit Hegels Worten (er sagte es seinerzeit über Frankreich und Napoleon), der ›Gott, der auf der Erde wandelt.‹[69] Gleichzeitig ist aber jeder Nationalstaat als Gott nur ein Nations-Götze des Super-Hegemons. So bedeutet die Vermehrung der Nationalstaaten keinen Zerfall der Einheit und keinen Übergang zu einem System der Vielgötterei; es handelt sich vielmehr um die Vermehrung von Götzenbildern. Die philosophische Quelle dessen ist der Positivismus.

Die zweite eklektische Ideologie des Nationalstaates ist der positivistische Szientismus. Er ist die ideologische Quelle, die dem Nationalismus am nächsten steht. Beide speisen einander. Sein Begründer war Auguste Comte, er wollte ausdrücklich den Positivismus als eine säkulare, universale Religion konstruieren. Doch setzte sich dieses Denken nicht so stark durch wie der Marxismus. Dennoch ist der Positivismus die grundlegende Religion des Laizismus. Nietzsche traf den Nagel auf den Kopf, als er feststellte, dass der Positivismus, der das Gegenteil der Metaphysik zu sein behauptet, selbst oberflächlichste Metaphysik ist. Das ist eine wichtige Feststellung.[70] Als eine der ideologischen Lieblingsvarianten der Moderne wurde der Positivismus hegemoniale Ideologie und hat die Sozialwissenschaften stark verzerrt, geblendet, zum Götzen gemacht.

Auch als oberflächliche Wissenschaft ist der Positivismus (der Szientismus) eine höchst oberfächliche Philosophie der Phänomene. Ein Phänomen ist die Erscheinung der Wirklichkeit; im Positivismus hingegen ist das Phänomen die Wirklichkeit selbst. Demnach ist nichts real, was kein Phänomen ist. Aus der Quantenphysik, der Astronomie und der Biologie, sogar aus der

---

68 Die BBC zitierte den palästinensischen Außenminister Nabil Shaath, der berichtete, Bush habe ihm und anderen 2003 erklärt, Gott habe ihm den Auftrag zu den Interventionen in Afghanistan und Irak gegeben.

69 Siehe Fußnote 52 in Band II, S. 141.

70 »Gegen den Positivismus, welcher bei den Phänomenen stehen bleibt, ›es gibt nur Tatsachen‹, würde ich sagen: nein, gerade Tatsachen gibt es nicht, nur Interpretationen. Wir können kein Faktum ›an sich‹ feststellen: vielleicht ist es ein Unsinn, so etwas zu wollen.
›Es ist alles subjektiv‹, sagt ihr: aber schon das ist Auslegung. Das ›Subjekt‹ ist nichts Gegebenes, sondern etwas Hinzuerdichtetes, Dahintergestecktes. – Ist es zuletzt nötig, den Interpreten noch hinter die Interpretation zu setzen? Schon das ist Dichtung, Hypothese.
Soweit überhaupt das Wort ›Erkenntnis‹ Sinn hat, ist die Welt erkennbar: aber sie ist anders deutbar, sie hat keinen Sinn hinter sich, sondern unzählige Sinne. – ›Perspektivismus‹.
Unsere Bedürfnisse sind es, die die Welt auslegen; unsere Triebe und deren Für und Wider. Jeder Trieb ist eine Art Herrschsucht, jeder hat seine Perspektive, welche er als Norm allen übrigen Trieben aufzwingen möchte.« Friedrich Nietzsche, *Wille zur Macht* (Leipzig: 1917), 276. Zitiert nach gutenberg.org.

Substanz des Denkens selbst wissen wir, dass die Wirklichkeit größtenteils jenseits beobachtbarer Ereignisse in anderen Sphären abläuft. Im Verhältnis von Beobachtetem und Beobachter*in hat die Wirklichkeit (die Wahrheit) einen höchst geheimnisvollen Charakter angenommen, der sich der physikalischen Messbarkeit und der Beschreibung entzieht. Der Positivismus, in Negation dieser Tiefe, ähnelt am ehesten der Götzenanbetung (dem Paganismus) des Altertums. Das Götzenbild, das als Phänomen erscheint, spiegelt die Verbindung zwischen Paganismus und Positivismus wider. Daher nehmen alle Hirne, die im Nationalstaat von der Religion des Nationalismus gewaschen wurden, die Auffassung, die Welt bestehe aus einfachen Erscheinungen, als eine Art Anbetung wahr. Die Besessenheit der Konsumgesellschaft vom ›Objekt‹ ist diese Anbetung selbst. In diesem Sinne ist die Formierung der Konsumgesellschaft als ein Produkt der nationalstaatlichen Umgebung höchst wichtig und verständlich. So bieten einerseits alle Individuen der Gesellschaft als Gefangene der Ware (im Nationalstaat und in der Konsumgesellschaft ist die Ware vollständig zum Götzen geworden), als extreme Konsument*innen, den kapitalistischen Monopolen extreme Profitmöglichkeiten; andererseits wird die durch den gewissermaßen als Religion erscheinenden Konsumismus gefangen genommene Gesellschaft zur handzahmen, assimilierten und sehr leicht steuerbaren Gesellschaft gemacht. Eine Gesellschaft, deren Mentalität von furchtbaren nationalistischen Parolen gekapert wurde, drückt diese Tatsache sehr deutlich aus.

Die dritte wichtige ideologische Form ist der gesellschaftliche Sexismus. Sexismus war durch die Geschichte hindurch eine der häufigsten Waffen der Zivilisationssysteme gegen die moralische und politische Gesellschaft. Die Vielzweck-Kolonialisierung der Frau ist dafür eine außerordentlich beispielhafte Erzählung. Die Frau produziert Nachkommenschaft, sie ist kostenlose Arbeiterin, sie macht die anstrengendsten Arbeiten, sie ist die zahmste Sklavin. Sie ist das verstetigte Objekt der sexuellen Begierde. Sie ist Mittel der Reklame. Sie ist die wertvollste Ware, die Königin der Waren. Als ständiges Objekt der Vergewaltigung erscheint sie als die Machtfabrik des Mannes. Als Schmuckstück mit Schönheit und Stimme hält sie die patriarchale Gesellschaft auch ideell aufrecht. Nirgends ist die Frau in jeder Hinsicht in der Männergesellschaft so tief gefallen wie in den Strukturen des Nationalstaats. Die Frau mit dem Image der Göttin in der nationalstaatlichen Gesellschaft (gemeinsam imaginierte Frauenidentität) erscheint auf den ersten Blick als Gegenstand der Anbetung. Doch das Attribut ›Göttin‹ besitzt hier die Bedeutung der tiefsten Erniedrigung, der Bordelltauglichkeit. Die

Frau als Göttin ist die Frau, die am schwersten beleidigt und erniedrigt wird. Während der Sexismus in der nationalstaatlichen Gesellschaft einerseits den Mann mit maximaler Macht ausstattet (jeder dominante Mann spielt den Sexualakt im Kopf als ›ich habe die Hure flachgelegt‹ durch), verwandelt er andererseits in der Frau die Gesellschaft in den tiefsten Kolonialismus. In diesem Sinne ist die Frau im Nationalstaat die am weitestgehend kolonialisierte Nation der historischen Gesellschaft!

Der Nationalstaat scheut nicht davor zurück, auch die Religion als vormoderne Tradition verschränkt mit der nationalistischen Ideologie zu benutzen. Der Grund dafür ist, dass die Religion in den Gesellschaften immer noch starken Einfluss besitzt, was man insbesondere im Islam beobachten kann. Doch durch ihren Gebrauch in der Moderne ist die religiöse Tradition mittlerweile nicht mehr die alte. Ob radikal oder gemäßigt, in der Moderne wird sie durch ihren Gebrauch durch den Nationalstaat von ihrer wirklichen gesellschaftlichen Funktion (ihrer wichtigen Rolle in der moralischen und politischen Gesellschaft) losgelöst und in kastrierter Form präsentiert. Die Religion kann in dem Maße ihre Rolle ausüben, wie der Nationalstaat es erlaubt. Gegen die Fortsetzung ihres positiven Einflusses auf die moralische und politische Gesellschaft werden massive Hindernisse errichtet. Daher dürfen wir uns nicht wundern, wenn hin und wieder zwischen beiden Kämpfe aufflammen. Ein Grund, warum der Nationalstaat nicht vollständig auf die Religion als alte Tradition verzichtet, ist neben ihrem großen Einfluss auf die Gesellschaft die Tatsache, dass sich die Religion gut dazu eignet, benutzt und nationalistisch aufgeladen zu werden. Manchmal übernimmt die Religion selbst die Rolle des Nationalismus. Das im Iran präsentierte Schiitentum ist heutzutage die stärkste hegemoniale ideologische Waffe des iranischen Nationalstaates. Das Schiitentum ist das Extrembeispiel für religiösen Nationalismus, doch es gibt viele ähnliche. In der Türkei ist das Sunnitentum eine religiöse Ideologie, die dem Nationalismus äußerst nahe steht und häufig in ihn übergeht.

Der Nationalstaat kann sich nicht allein mit dem Gebrauch des Faschismus als der fürchterlichsten Art der Gewalt begnügen, um die vierfache monopolistische Ausbeutung, die er übernommen hat (Handels-, Industrie-, Finanz- und Machtmonopol), zu realisieren. Dies erfordert mindestens ebenso sehr wie den Einsatz der systemischen Gewalt des faschistischen Regimes den hegemonialen Gebrauch der vier eklektischen Ideologien. Ohne ideologische Hegemonie lässt sich das faschistische Regime nicht aufrechterhalten.

Die demokratische Moderne antwortet auf die Homogenisierung (Uniformierung), die Herden- und die Massengesellschaft, die der moderne Nationalstaat auf dem Wege erreichen will, den er mit der universalistischen, linear-progressistischen und deterministischen Methode (Methodenverständnis, das sich Wahrscheinlichkeiten und Alternativen verschließt) vorgezeichnet hat, mit pluralistischen, probabilistischen, für Alternativen offenen und die demokratische Gesellschaft sichtbar machenden Methoden. Sie entwickelt ihre Alternative durch ihre für verschiedene politische Strukturen offenen, multikulturellen, Monopolisierung ausschließenden, ökologistischen und feministischen Wesenszüge und eine wirtschaftliche Struktur, die grundlegende gesellschaftliche Bedürfnisse erfüllt und auf gemeinschaftlicher Kontrolle beruht. Die politische Alternative der demokratischen Moderne zum Nationalstaat der kapitalistischen Moderne ist der demokratische Konföderalismus.

Die Eigenschaften des demokratischen Konföderalismus können wir kurz folgendermaßen darstellen:

a) Der demokratische Konföderalismus ist verschiedenen und mehrstufigen politischen Strukturen gegenüber offen. Die komplizierte Struktur der gegenwärtigen Gesellschaft erfordert verschiedene horizontale und vertikale politische Strukturen. Er hält zentrale, lokale und regionale politische Strukturen innerhalb eines Gleichgewichts beieinander. Pluralistische politische Strukturen sind besser geeignet, die richtigen Lösungswege für gesellschaftliche Probleme zu finden, weil sie jeweils auf konkrete Bedingungen antworten. Kulturelle, ethnische und nationale Identitäten besitzen das natürliche Recht, sich in politischen Strukturen auszudrücken. Besser gesagt: es ist ein Erfordernis der moralischen und politischen Gesellschaft. Er ist offen für prinzipientreue Übereinkommen mit der staatlichen Tradition, ob in der Form des Nationalstaats, der Republik oder der ›bürgerlichen Demokratie‹. Auf Grundlage eines Friedens mit Prinzipien können sie koexistieren.

b) Er beruht auf der moralischen und politischen Gesellschaft. Gesellschaftsformen, die kapitalistische, sozialistische, feudale, industrialistische, konsumistische und andere schablonenhaften Projekte wie Social Engineering beinhalten, betrachtet er im Zusammenhang mit den kapitalistischen Monopolen. Derartige Gesellschaften existieren im Grunde nicht, es gibt nur ihre Propaganda. Gesellschaften sind grundsätzlich politisch und moralisch. Wirtschaftliche, politische, ideologische und militärische Monopole sind Apparate, die an dieser fundamentalen Natur der Gesellschaft nagen und dabei hinter Mehrwert und sogar gesellschaftlichen Tributen her sind. Sie besitzen an sich keinen eigenen Wert. Selbst eine Revolution kann keine neue Gesellschaft erschaffen. Revolutionen können nur dann eine positive Rolle spielen, wenn sie als Operation daherkommen, um das erodierte und ungenutzt gelassene moralische und politische Gewebe wieder seiner eigentlichen Funktion zuzuführen. Alles Weitere bestimmt der freie Wille der moralischen und politischen Gesellschaft.

c) Der demokratische Konföderalismus beruht auf demokratischer Politik. Im Gegensatz zum starr zentralistischen, geradlinigen, bürokratischen Regierungs- und Verwaltungsverständnis des Nationalstaates realisieren alle gesellschaftlichen Gruppen und kulturellen Identitäten die Selbstverwaltung der Gesellschaft in politischen Strukturen, die sie ausdrücken. Die Angelegenheiten auf verschiedenen Ebenen werden durch Leitungen erledigt, die nicht durch Ernennung, sondern durch Wahl ins Amt kommen. Eigentlich geht es um die Fähigkeit, in Räten Diskussionen zu führen und Entscheidungen zu fällen. Herumkommandierende Führung ist abgeschafft. Von einem allgemeinen Koordinatioonsgremium (Rat, Kommission, Kongress) bis zu lokalen Gremien entsteht die demokratische Leitung und Kontrolle der gesellschaftlichen Angelegenheiten durch einen Strauß von Gremien aller Gruppen und Kulturen, die ihrer Konstitution gemäß und verschieden strukturiert die Einheit in der Verschiedenheit suchen.

d) Der demokratische Konföderalismus beruht auf Selbstverteidigung. Die Selbstverteidigungseinheiten sind die grundlegende Kraft, jedoch nicht als militärisches Monopol, sondern unter der strengen Kontrolle der demokratischen Organe gemäß der Bedürfnisse der Gesellschaft nach innerer und äußerer Sicherheit. Ihre Aufgabe als freie und auf der Grundlage von Vielfalt egalitäre Entscheidungsstruktur der moralischen und politischen Gesellschaft ist es, den Willen der demokratischen Politik durchzusetzen. Und es ist ihre Aufgabe, die Interventionen von Kräften unschädlich zu machen, die von innen und außen diesen Willen ignorieren, behindern und zu vernichten trachten. Die Kommandostruktur der Einheiten befindet sich unter der doppelten Kontrolle sowohl der Organe der demokratischen Politik als auch der Mitglieder der jeweiligen Einheit und kann bei Bedarf durch Anträge und Abstimmungen leicht geändert werden.

e) Im demokratischen Konföderalismus ist kein Platz für Hegemoniestreben im Allgemeinen und ideologisches Hegemoniestreben im Besonderen. Das Prinzip der Hegemonie gilt in den klassischen Zivilisationen. In demokratischen Zivilisationen und in der demokratischen Moderne werden hegemoniale Kräfte und Ideologien nicht toleriert. Wenn sie die Grenzen der Rede und der demokratischen Verwaltung überschreiten, werden sie durch die Selbstverwaltung und die Redefreiheit neutralisiert. Bei der kollektiven

Leitung der gesellschaftlichen Angelegenheiten gelten die Bedingungen des gegenseitigen Verständnisses, Respekts vor abweichenden Vorschlägen und der Loyalität auf der Grundlage demokratischer Entscheidungen. Während sich bei diesem Thema das Leitungsverständnis der klassischen Zivilisation und der kapitalistischen Moderne mit demjenigen des Nationalstaates decken, gibt es große Unterschiede und Gegensätze zum Leitungsverständnis der demokratischen Zivilisation und Moderne. Ein grundlegender Unterschied ist die bürokratische, willkürliche Verwaltung auf der einen Seite und der demokratisch-moralische Führungsstil auf der anderen.

Im demokratischen Konföderalismus kann es keine ideologische Hegemonie geben. Es gilt der Pluralismus zwischen verschiedenen Ansichten und Ideologien. Die Leitung hat kein Bedürfnis, sich durch eine ideologische Tarnung zu stärken. Daher besteht kein Bedarf an nationalistischen, religionistischen, positivistisch-szientistischen, sexistischen Ideologien, und auch die Errichtung jeder Hegemonie wird abgelehnt. Solange die moralische und politische Struktur der Gesellschaft nicht verletzt wird, Hegemonie nicht angestrebt wird, solange besitzt jede Ansicht, jeder Gedanke und jede Glaubensüberzeugung das Recht, frei ausgedrückt zu werden.

f) Gegenüber dem Verständnis vom Zusammenschluss der Nationalstaaten zu Vereinten Nationen, die sich unter der Kontrolle der Super-Hegemonialmacht befinden, befürwortet der demokratische Konföderalismus eine ›Globale Demokratisch-Konföderale Union nationaler Gesellschaften‹. Für eine sicherere, friedlichere, ökologischere, gerechtere und produktivere Welt brauchen wir einen quantitativ und qualitativ verstärkten Zusammenschluss viel breiterer Gemeinschaften nach den Kriterien der demokratischen Politik in einer ›Globalen Demokratischen Konföderation‹.

Zum Schluss: Die Unterschiede und Gegensätze zwischen kapitalistischer Moderne und demokratischer Moderne, die wir noch sehr viel länger vergleichen könnten, bestehen nicht nur als Idee, sondern äußern sich konkret in zwei riesigen bestehenden Welten. Diese beiden Welten, die einander durch die Geschichte hindurch als dialektische Gegensätze manchmal gnadenlos bekämpften, oft aber auch friedlich miteinander koexistierten, stehen auch heute in ähnlicher Weise mit ihren Beziehungen und Widersprüchen manchmal in Konflikt und schließen manchmal Frieden. Den Ausgang werden zweifellos diejenigen bestimmen, die in der gegenwärtigen systemischen, strukturellen Krise im intellektuellen, politischen und ethischen Bereich den Aufbruch hin zum Guten, Wahren und Schönen unternehmen.

D Jüdische Ideologie, Kapitalismus und Moderne

Ohne Geschichte und Gegenwart der Hebräer*innen zu begreifen, ist es schwierig, die historisch-gesellschaftliche Entwicklung richtig zu erzählen. Die Hebräer*innen in der Geschichte und das Judentum in der Gegenwart lediglich als eine von vielen ethnischen Gemeinschaften oder Nationen zu betrachten, wäre völlig unzureichend. Besonders wichtig ist es, sie als im Nahen Osten verwurzelte, aber die gesamte Welt in höchstem Maße betreffende und beeinflussende, grundlegende kulturelle Quelle zu bewerten. Ich rede hier nicht von Kultur im engeren Sinne, ich meine die Gesamtheit der materiellen und geistigen Kultur. Vor zwei schweren Irrtümern müssen wir uns bei dieser Thematik hüten: Erstens vor der übertrieben glorifizierenden Auffassung, die Jüd*innen seien eine Macht, die die Welt regiere. Dazu gehört auch die Redensart des ›von Gott auserwählten Volkes‹. Je mehr wir uns vor derartigen Übertreibungen, die sehr anfällig für Missbrauch sind, hüten, umso leichter können wir das Thema realistisch erfassen. Die andere Auffassung ist die, die das Judentum verteufelt, es zum Sündenbock für alles Übel macht, wie es oft zu hören ist. Diese Auffassung führt mindestens so sehr wie die erste zu falschen Schlussfolgerungen, und sich davon fernzuhalten, wird das Thema verständlicher machen.

In den vorherigen Bänden dieses Manifests habe ich mich bemüht, die Hebräer*innen aus verschiedenen Blickwinkeln im Rahmen der abrahamitischen Religionen darzustellen. Nun werde ich jedoch versuchen, meine Betrachtungsweise aus anderen Richtungen zu untermauern, und die Frage des Judentums im Wesentlichen im Zusammenhang mit Kapitalismus und Moderne behandeln.

Die jüdische Diaspora, ihre Verstreuung über die ganze Welt, begann nach der zweiten Zerstörung des Tempels in Jerusalem durch das Römische Reich im Jahre 70 n. Chr. und hatte für den Mittleren Osten, Europa und mittlerweile die ganze Welt bedeutende Folgen. Tatsächlich hatte es Ähnliches bereits vorher gegeben. Die Probleme infolge des Auszugs des Propheten Abraham aus Urfa in die Nähe Jerusalems haben sich im Weltmaßstab vergrößert und wirken immer noch nach. Das Ägypten-Abenteuer seiner Nachfahren, die Ereignisse um Josef und der Auszug Moses' aus Ägypten haben weltweit Spuren hinterlassen. Die Zusammenstellung der Heiligen

Schrift, bereits vorher die Gründung des ersten Königreiches der Hebräer, das babylonische Exil, die Beziehungen zu Persern und Griechen, die in dieser Zeit begannen – all dies hatte bedeutende Folgen. Sie alle haben ihren Platz in der Geschichte der Zivilisation. Die Zusammenstellung der Heiligen Schrift ist für sich eine große Sache; dadurch wurden die abrahamitischen Religionen quasi offiziell. Ein Buch zu besitzen, ist ein Ereignis von großer historischer Auswirkung.

Doch die Diaspora ab 70 n. Chr. hatte noch viel radikalere Auswirkungen. Ich werde hier keine umfassende Geschichtsschreibung betreiben können, sondern muss mich mit sehr kurzen Einschätzungen begnügen. Infolge von Diaspora und Migration erfolgte eine Aufspaltung in Sephardim und Aschkenasim im Westen und Osten. Entsprechend verschieden waren die Einflüsse. Die östlichen Jüd*innen breiteten sich zunächst im heutigen Syrien, Irak, Iran, an den Ufern des Kaspischen Meeres, in Russland und vermutlich später in Zentralasien aus und lebten dort jeweils in bedeutenden Kolonien. Auch nach Westen, in den Einflussbereich des Römischen Reiches, fanden ständige Migration und Koloniebildung statt, so von Nordafrika bis Osteuropa, von der Iberischen Halbinsel bis zum Balkan. Anatolien hingegen erscheint als das Zentrum, wo die Aufspaltung in östliche und westliche Diaspora stattfand. Bis zum Fall Roms war die religiöse Dimension der jüdischen Einflüsse maßgeblich. Sowohl als mosaischer Glaube als auch in Form des daraus entstandenen Christentums besaßen sie zweifellos einen führenden Einfluss. Sie errichteten eine Art geistiges Reich ihrer Zeit.

Die Frage, wie sich die Beziehung der Jüd*innen zum Geld entwickelte, wie sie es zu einer ihrem geistigen Einfluss gleichkommenden materiellen Kraft machten, wäre zweifellos das Thema einer längeren Untersuchung. Das eine Thema, das sie strategisch angingen, war die geistige Kultur mit den Bereichen Religion, Literatur und Wissenschaft; die zweite strategische Anstrengung fand auf der Ebene der materiellen Kultur statt. Beides ist historisch äußerst bedeutsam. Ich vermute, dass Jüd*innen in diesen Jahrhunderten die Wichtigkeit einer strategischen Führungsrolle auf beiden Ebenen sehr bewusst war und sie sich deshalb aktiv darum bemühten. Der wesentliche Grund waren ihre konkreten Lebensbedingungen. Ihre geringe Zahl, ihre Position in der Umklammerung durch zwei Zivilisationen, davon eine mit westlichen und eine mit östlichen Wurzeln, und ihr Bewusstsein von sich selbst als dem ›von Gott erwählten Volk‹ (wir haben es mit einer scharfen ideologischen Hegemonie zu tun) erforderten eine stetige strategische Suche. Ihre geringe Bevölkerungszahl, die Migration, ihr heiliger Glaube und die ihnen ständig drohende Gefahr von Massakern schärften das Bewusstsein, was sie dazu zwang, ständig ›Befreiungsstrategien‹ zu entwickeln – wie sehr dies doch revolutionären Befreiungsstrategien ähnelt! Ihre Lebenssituation erforderte, dass sie strategisch dachten und Instrumente der Befreiung entwickelten. Andernfalls wäre zu keinem Zeitpunkt ausgeschlossen gewesen, dass es ihnen wie Tausenden anderer Stämme ergangen und sie verschwunden wären.

In dieser Situation lag ihre einzige Rettung in ständigem Widerstand. Dieser erfordert aber notwendigerweise zwei Dinge: einen starken Glauben und ausreichende materielle Mittel. Glauben stellt das geistige strategische Element dar, Geld das materielle. Daher wurden für das Judentum Religion und Geld zu zwei unverzichtbaren Ressourcen, um dem Ziel der Befreiung näherzukommen. Wenn wir also nach dem Grund für die Souveränität des Judentums in Fragen von Geld und Religion bzw. Sinn suchen, so ist die Antwort klar: Sie hatten nie eine andere Wahl. Ihre Situation erfordert ständigen Widerstand. Dieser ist notwendig, um nicht zu verschwinden und eine angemessene Lebensqualität zu gewährleisten (denn sie glauben, Gottes erwählte Untertan*innen zu sein). Ohne Strategien zur Befreiung (ideologische Führung) und ohne Geld als strategisches materielles Potenzial (materielle Führung) ist fortgesetzter Widerstand eine schwierige Kunst. Dazu muss man wie die Araber*innen in der Wüste oder wie die Kurd*innen in den Bergen leben. Beides steht den Jüd*innen nicht zur Verfügung. Also bleiben nur ideologische und materielle Ressourcen.

Auch wenn die Einzelheiten immer noch strittig sind, so steht doch fest, dass die Christ*innen im Inneren beim Niedergang Roms eine große Rolle spielten. Wenn wir die jüdische Herkunft des allerersten Christen, des Jesus von Nazareth, berücksichtigen, so steht die Rolle eines Flügels der Jüd*innen beim Niedergang Roms außer Frage. So nahmen sie gewissermaßen Rache für die zweifache Zerstörung des Tempels in der jüdischen Hauptstadt Jerusalem. Auch die Enthauptung des Heiligen Paulus (geboren in Tarsus, einer der ersten Christ*innen und der wichtigste Verfasser der christlichen Lehre) in Rom konnte nicht ohne Reaktion bleiben. Dass Tausende Christ*innen gekreuzigt oder den Löwen zum Fraß vorgeworfen wurden, war sozusagen Teil ihres Widerstandes. Die erste erfolgreiche Offensive der Diaspora war die Benutzung des Christentums als strategische geistige Kraft. Wir können getrost behaupten, dass die Zerstörung Roms von Innen heraus objektiv die Folge der ersten großen strategischen geistigen Offensive der jüdischen Diaspora war. Zweifellos trugen die Angriffe der germanischen, hunnischen und fränkischen Stämme in Europa auch zum Fall Roms bei. Entscheidend waren jedoch die inneren Faktoren.

Der nächste Entwicklungsschritt des westlichen Judentums nach dem Ende Roms erfolgte auf der materiellen Ebene im Rahmen der Gründung von Städten (die erste europäische Revolution ab dem zehnten Jahrhundert) und der Entstehung von Märkten um sie herum. Die Zunahme von Waren-, Geld- und Handelsbeziehungen schuf neue Möglichkeiten, einen zweiten strategischen Zug zu machen und eine Rolle in der Stadt, also in der Regierung der aufstrebenden neuen Staaten, einzunehmen. Mit dem zehnten Jahrhundert war die geistige Eroberung Europas, seine Christianisierung, ohnehin abgeschlossen. Diese Eroberung sollte die Jüd*innen indirekt stark beeinflussen, sowohl positiv als auch negativ. Die positive Seite war die Eroberung Europas durch eine abrahamitische Religion, die negative dagegen, dass der mosaische Glaube als begrenzte Stammesreligion zunehmend in die Enge getrieben wurde. Vom heidnischen Stammeseuropa bis zum Hitlerfaschismus und sogar bis heute sehen Menschen hinter vielen Problemen und Krisen die geistige Kraft des mosaischen Glaubens und die materielle Kraft des Judentums. Die Beschlüsse des Dritten Laterankonzils von 1179[71], infolge derer Jüd*innen erstmals in Ghettos gedrängt wurden, waren eine Folge davon.

Ab dem zehnten Jahrhundert entwickelte sich das Judentum als eine sowohl ideologische als auch materielle strategische Kraft in Europa (einschließlich Russland) ständig weiter. In den neuen Städten war häufig einer der Reichen und einer der Intellektuellen ein Jude. Dies führte unausweichlich zu Neid, Widersprüchen und Konflikten. Die Errichtung der ersten Ghettos war eine Vorbotin künftiger Entwicklungen. Das Judentum entwickelte angesichts dieser Situation neue Strategien und Taktiken: Konversion (*dönme*[72]) und Säkularismus. Beides sollte noch große Auswirkungen haben. Mit diesen neuen strategischen Zügen kamen die Jüd*innen aber zunächst erfolgreich aus dem Mittelalter heraus. Wir dürfen nicht vergessen, dass bereits Abraham und Moses die Strategie des förmlichen Abwendens von einer

71 Die Beschlüsse des Vierten Laterankonzils von 1215 waren noch einschneidender. Beispielsweise wurde es Vorschrift für Jüd*innen und Muslim*innen, sich anders zu kleiden als Christ*innen und Abzeichen zu tragen.

72 Als *dönme* (Konvertit*in) werden im Türkischen generell konvertierte Jüd*innen bezeichnet, insbesondere aber solche, die im Geheimen weiter das Judentum praktizieren, sogenannte Kryptojüd*innen. Dazu gehörten die Anhänger*innen des selbsterklärten Messias Schabbtai Zvi im siebzehnten Jahrhundert, die Sabbatianist*innen, von denen viele später wie er zum Islam konvertierten.

früheren Religion anwandten. Den Auszug Abrahams aus Urfa und den Auszug Moses' aus Ägypten können wir als geistige strategische Offensiven bewerten.

Die Freimaurerlogen, die auch von jüdischen Steinmetzen im Mittelalter gegründet wurden, können wir uns als erste säkular-laizistische Bewegung vorstellen[73]. Der große jüdische Philosoph Spinoza wurde in Amsterdam, einem der Ursprungstempel der kapitalistischen Moderne, zum Vordenker des ersten großen säkular-laizistischen philosophischen Aufbruchs. Laizismus ist in der Türkei und in anderen als muslimisch bezeichneten Ländern ein heftig diskutiertes Thema. Ich halte Bezeichnungen wie ›kapitalistische Gesellschaft‹ oder ›sozialistisches Land‹ für Propagandabegriffe und denke, dass auch Bezeichnungen wie laizistisches, muslimisches, christliches oder buddhistisches Land mit ähnlichen Absichten verwendet werden. Für Gesellschaften finde ich Beschreibungen wie die, ob es sich um eine ›moralische und politische Gesellschaft‹ handelt oder nicht, realistischer. Laizismus im Sinne einer Säkularisierung hat eine positive Funktion für das Abrücken und die Befreiung von religiösem Dogmatismus. Wird Laizismus jedoch im Sinne von *laïcité* (Frankreich) oder *laiklik* (Türkei) verwendet, so kann er als Gegenpol schnell selbst dogmatisch werden. Laizismus in diesem Sinne unterscheidet sich nicht mehr sehr von anderen Religionismen. Je stärker der Anti-Judaismus wird, desto mehr nehmen Konversionen (Glaubensübertritte) zu. Bevor ich mit der Beschreibung des Judentums in der Zeit des Nationalstaates fortfahre, muss ich auf die äußerst einflussreichen und interessanten Vorgänge im Nahen und Fernen Osten eingehen.

Bis zur Entstehung des Islam hatte das Judentum gute Beziehungen zum persisch-sassanidischen Staat. Es heißt, Jüd*innen hätten großen Einfluss in den Palästen besessen. Esther, die erste Prophetin, die in der Heiligen Schrift erwähnt ist, spielte bekanntermaßen im sassanidischen Palast eine wichtige Rolle. Wahrscheinlich waren Jüd*innen sowohl für die kommerziellen und finanziellen Angelegenheiten als auch für die ideologischen Entwicklungen im Reich bedeutsam. Die Befreiung der Jüd*innen aus dem Exil (597–539 v. Chr.), in das sie der babylonische Herrscher Nebukadnezar geführt hatte, durch Kyros[74], den Gründer des Perserreichs, bewirkte eine starke Tradition. In der Geschichte des Iran war das Judentum stets eine

---

73 Für die Mitgliedschaft in Freimaurerlogen ist zwar ein Glaube an einen einzigen Gott notwendig, aber gegenüber den einzelnen Religionen sind die Logen neutral. Deswegen wurden relativ früh Juden und Muslime aufgenommen. Die Diskussion religiöser Angelegenheiten in den Logen gilt als verboten.

74 Gemeint ist Kyros II, auch Kyros der Große, ca. 585–530 v. Chr.

nicht zu unterschätzende Kraft. In ähnlicher Weise gilt dies für Arabien, Nord- und sogar Ostafrika, besonders Äthiopien. Auch der jüdische Einfluss auf sämtliche Entwicklungen der materiellen und geistigen Kultur ist nicht zu unterschätzen.

In der Entstehungszeit des Islam traten die Jüd*innen in Arabien als Handel treibende religiöse Gruppe hervor. Sie hatten Besitz in ergiebigen Gegenden. Offenbar waren sie unter den nicht-arabischen semitischen Gruppen die bedeutendste. In einer ähnlichen Position befanden sich die Assyrer*innen.

Mit dem islamischen Aufbruch verfolgten die Araber*innen unter anderem das Ziel, gegen das jüdische Monopol ihr eigenes Handels- und Machtmonopol zu errichten. Dass der Islam vom Judentum stark beeinflusst ist, bestätigt dies nur. Wir können dies mit der Errichtung des Nationalstaats in der kapitalistischen Moderne vergleichen. Die Araber*innen antworteten auf die mittelalterliche Moderne mit dem Islam. Diese Tatsache liegt den ideologischen und materiellen Konflikten mit den Jüd*innen und dem Judentum zugrunde. Wir müssen darauf hinweisen, dass beim islamischen Aufbruch die Dimension der Klasse ebenso wie die ethnische Dimension eine große Rolle spielte. Als sich der Islam schnell ausbreitete und ihre ersten Widerstände gebrochen wurden, schien den Jüd*innen eine weitere Katastrophe wie die unter römischer Herrschaft zu drohen. Sie hatten zwei Möglichkeiten: Entweder mussten sie erneut das Exil wählen oder konvertieren. Ein Teil der Jüd*innen floh vermutlich in den Iran, nach Nordafrika und Anatolien. Ein weiterer Teil nahm nur vordergründig den Islam an, verstellte sich aber und praktizierte so taqiyya[75], ging also in Richtung dönme. Es ist sehr wahrscheinlich, dass jüdische Konvertit*innen an einer Vielzahl von Aufständen und Sektenbildungen gegen chauvinistische sunnitisch-arabische Machthaber*innen beteiligt waren. Der Anteil von Jüd*innen an der Entstehung einer Reihe von oppositionellen Strömungen besonders im Iran und in Mesopotamien stellt ein sicher lohnendes Forschungsgebiet dar.

Die bemerkenswerteste Entwicklung aber war die Gründung des jüdischen Staates der turkstämmigen Chasar*innen am Nordufer des Kaspischen Meeres in einem Teil des heutigen Turkmenistan und Aserbaidschan. Seldschuk Beg, der Namensgeber der Seldschuken, soll Überlieferungen zufolge in diesem Staat die Position eines Kommandanten bekleidet haben. Ein wichtiger Hinweis auf eine Verbindung zum Judentum ist die Tatsache,

75 Dieser Begriff bezeichnet eigentlich im Islam die Praxis von Muslim*innen, ihren Glauben bei Gefahr nach außen hin zu verleugnen, ihn aber in Wirklichkeit weiter zu praktizieren.

dass drei seiner Söhne[76] jüdische Namen trugen. Wenn dies zutrifft, so können wir davon ausgehen, dass wie in vielen aus dem Iran kommenden und gegen die arabische Herrschaft gerichteten Bewegungen auch in der seldschukischen Bewegung das Judentum eine nicht zu unterschätzende Rolle spielte. Auch dies ist ein wichtiges Thema, das weiter erforscht werden muss.

Anatolien war bereits im Altertum ein wichtiges Zentrum des Judentums. Wie die Griech*innen waren auch Jüd*innen an vielen Stadtgründungen beteiligt. Zwischen ihnen bestand ein Konkurrenzverhältnis. Traditionell sammelten sich die Jüd*innen in Anatolien, wenn sie im Westen und in Arabien in Bedrängnis gerieten. Dass sie daher Anatolien als zweite Heimat nach Israel betrachten, wird aus dieser historischen Perspektive verständlicher. Außerdem war Anatolien sowohl für Geld und Handel als auch für ideologische Bewegungen stets ein großer Markt, auf dem Jüd*innen eine Rolle spielten.

Jüd*innen, die 1391[77], 1492[78] und um 1550 aus Spanien vertrieben wurden, kamen in mehreren Wellen nach Anatolien und siedelten sich dort an. Wenn wir den Einfluss bedenken, den sie in den Sultanaten der Seldschuken und der Osmanen erlangten, verstehen wir, wie fest sie verankert waren. Daneben gab es noch eine große Zahl von zum Islam übergetretenen dönme. Innerhalb dieser dönme-Bewegung spielte etwa ab 1650 der Sabbatianismus eine Rolle (eine große dönme-Bewegung, deren Zentrum in der Region um Izmir und Manisa lag). Sabbatianer*innen erlangten nennenswerten Einfluss in der Geld- und Finanzpolitik der Osmanen. Vielleicht waren sie auch Lehrer*innen, die den Osmanen die Wichtigkeit von Geld und Handel begreiflich machten. Zwar kam es gelegentlich zu ernsthaften Konflikten und der Beschlagnahme ihres Besitzes (müsadere[79]), doch lässt sich ihre Rolle bei Ernennung und Absetzung zahlreicher Sultane nicht leugnen.

Es zeigt sich, dass das Konvertieren der dritte strategische Aufbruch des Judentums war, um zu bestehen. Ohne zu konvertieren, hätten die Jüd*innen weder innerhalb der muslimischen Mehrheit im Osten noch der christlichen Mehrheit im Westen ihre Existenz bewahren können. Konversion sollten wir als Überlebensstrategie betrachten. Solange religiöser Dogmatismus keine

---

76 Seine Söhne hießen Mikâʿîl (Michael), Arslan Isrâʿîl (Israel), Mûsâ (Moses) und Yûnus (Jona).

77 1391 fanden in Spanien ausgedehnte Pogrome gegen Jüd*innen statt. Mehrere Zehntausend von ihnen wurden ermordet.

78 1492 wurde nach dem Ende der Reconquista das Alhambra-Edikt erlassen. Infolgedessen wurden Zehntausende sephardische Jüd*innen, die sich nicht zwangstaufen lassen wollten, aus Spanien vertrieben.

79 Im Osmanischen Reich bezeichnete *müsadere* die Praxis, das Vermögen von Kaufleuten, die zu reich und mächtig geworden waren, durch den Sultan zu beschlagnahmen.

Meinungsfreiheit zulässt, entstehen – wie bei anderen, ähnlichen Ideologien – unausweichlich Tendenzen zu Renegatentum und Konversion. Mithilfe der drei genannten Strategien gelang es den Jüd*innen, trotz Dezimierungen das Mittelalter zu überleben.

Den Besitz von Geld dürfen wir nicht nur aus dem Blickwinkel materieller Interessen betrachten. Die Jüd*innen konnten damals nur mithilfe des Geldes überleben. Auch über ihre ideologische Kraft gelang es ihnen, sowohl im geistigen Bereich einflussreich als auch am Leben zu bleiben. Die große Anzahl jüdischer Intellektueller, Schrifsteller*innen, Denker*innen, Ideolog*innen und Wissenschaftler*innen hängt mit der geistigen Führungsrolle zusammen, die ihnen stets ein Bedürfnis war. Dass sich im Judentum eine Reihe von religiösen, philosophischen und wissenschaftlichen Bewegungen entwickelte, gehört zu den unverzichtbaren Notwendigkeiten ihrer Überlebensstrategie.

Die dönme-Strategie sollte ihre eigentliche Bedeutung erst im Zeitalter der Nationalstaaten entfalten. England, der erste Nationalstaat, ist der Schlüssel, um diese Tatsache zu begreifen. Die Könige der beiden Großmächte Spanien und Frankreich, die sowohl Jüd*innen als auch vom Katholizismus zum Protestantismus Übergetretene massakrierten und ins Exil trieben, versuchten im sechzehnten Jahrhundert alles, einschließlich Krieg, um England in Europa zu neutralisieren und seinen Aufstieg zu verhindern. Die Jüd*innen waren am sichersten in Izmir, Amsterdam und London. Sie unterhielten untereinander enge Beziehungen, es gab auch Bemühungen um eine Allianz zwischen England, Holland und dem Osmanischen Reich. In diesem sechzehnten Jahrhundert machten sie zunehmend London zu ihrem europäischen Zentrum, das diese Rolle weiter innehat.

In diesem Jahrhundert begann in England der Aufbau des Nationalstaates. Wie an anderer Stelle ausgeführt, bedeutet Nationalstaat, dass nicht nur die Kader des Staates, sondern sämtliche Staatsbürger*innen wie in einer Religion einen gemeinsamen ideologischen Rahmen besitzen und die gesamte Gesellschaft per Staatsbürgerschaft als Mitglied des Staates betrachtet wird. Diese Entwicklung bedeutet, eine Besonderheit weiterzuentwickeln, die der Stamm (kabile) der Hebräer*innen seit jeher besaß, zunächst als Volksstamm (kavim), dann als Nationalstaat. Die Hebräer*innen bildeten zunächst als Stamm, dann als Volksstamm und zuletzt als Nation sowohl ethnisch als auch religiös ein Ganzes. Genauer gesagt: Die Ethnizität ist gleichzeitig die Religiosität, die Religiosität ist die Ethnizität. Außerdem teilen sie ohne Ansehen der Spaltung in Regierende und Regierte ein gemeinsames

Ziel. Um es klar zu sagen: Der National-Etatismus ist eine Ableitung aus der hebräischen Stammesideologie, die sich in veränderter und angepasster Form in allen anderen Stämmen und Nationen durchgesetzt hat. Dies ist meine persönliche Interpretation, die ich allerdings für wichtig halte.

Der moderne kapitalistische Staat, der auf Grundlage der hebräischen Stammesideologie organisiert wurde, (gegenwärtig Israel) präsentiert sich als Nationalstaat. Wichtiger ist, dass in ideologischer – nicht rassischer – Hinsicht der Kern eines jeden Nationalstaats zionistischen Charakter besitzt (Zionismus als jüdischer Nationaletatismus). Der Nationalstaat ist eine Staatsform, die sich in der kapitalistischen Moderne das Judentum zum Modell genommen hat. Werner Sombart übertreibt wohl, wenn er den Kapitalismus für ein Werk des Judentums hält[80]. Der große britische Geschichtsphilosoph Collingwood hingegen wollte, als er zur Definition des nationalstaatlichen Nationalismus – wenn ich mich richtig erinnere – anmerkte: »Der jüdische Universalismus hat gesiegt, aber in der Person des Völkermörders an ihnen selbst[81]«, meiner Meinung nach diese Tatsache ausdrücken. Der Nationalstaat hat gesiegt; diesem Sieg liegt die jüdische Ideologie (Stammes-ismus, Nationalismus, Zionismus) zugrunde. Aber mit dem Nationalstaat hat sie letztlich auch den Völkermörder am eigenen Volk geschaffen. Diese Feststellung ist eigentlich bedeutsam und erklärt eine allgemeine Eigenschaft des Nationalismus. Jeder Nationalismus ist zionistisch. Also ist auch der arabische Nationalismus zionistisch. Es ist nicht falsch, palästinensischen, türkischen, kurdischen und iranisch-schiitischen Nationalismus in seinem Kern primär als von nationalistischen Monopolen benutzte Form der jüdischen Ideologie zu definieren. Wer den englischen und den holländischen nationalstaatlichen Nationalismus untersucht, wird feststellen, dass bei seiner Entwicklung jüdische Monopole nicht nur theoretisch, sondern auch konkret durch die Kraft von Geld und Kapital eine große Rolle spielten.

---

80 Werner Sombart, *Die Juden und das Wirtschaftsleben* (Leipzig: 1911). Sombart postuliert in Anlehnung an Max Weber, der den Kapitalismus durch bestimmte Formen des Protestantismus begünstigt sah, dass dies noch viel mehr für das Judentum zutreffe.

81 Der Autor paraphrasiert hier Collingwood, der 1938/39 schrieb: »Modern Germany thus stands officially committed to the same error which infected ancient Jewish thought, and which Paul exploded—the error of regarding a given community's historical function as bound up with its biological character, i.e. with the common pedigree of its members—and thus persecutes the Jews *because it agrees with them*. Intellectually, the Jew is the victor in the present-day conflict (if you can call it that) in Germany. He has succeeded in imposing his idea of a chosen people (in the biological sense of the word people) on modern Germany: and this may explain why the victims of this persecution take it so calmly.« Robin G. Collingwood, *The Principles of History and Other Writings in Philosophy of History* (Oxford University Press, 1999), S. 237.

Dies dürfen wir nicht als Verschwörung oder hintergründige Absicht betrachten. Jüd*innen, die als Händler*innen und Bankiers viel Kapital in ihren Händen konzentrierten, tätigten enorme Investitionen in den Aufbau aller Nationalstaaten und konnten so in ihnen Fuß fassen. Der Nationalstaat führte zu einem raschen Anwachsen des jüdischen Kapitals. Hätte Werner Sombart die Rolle der Jüd*innen bei der Entwicklung des Kapitalismus auf diese Weise beschrieben, wäre er vielleicht näher an den Tatsachen gewesen. Als das jüdische Kapital weltweit wuchs, sollte es natürlich auch sein eigenes Gegenteil hervorbringen. Auch der heutige Konflikt zwischen nationalen Monopolen und supranationalen Monopolen findet seinen Ursprung dort. Es zeigt sich, dass die jüdischen Ansammler*innen von Kapital, die sich stets ihrer vergangenen Schwierigkeiten bewusst waren, als sie ausgehend von ihrer traditionellen ideologischen Linie der Entstehung des Nationalstaates einen historischen Dienst erwiesen, objektiv die Grundlagen für den Völkermord legten, der sich gegen die jüdischen Gemeinschaften richten würde, die davon nichts wussten und dafür nicht verantwortlich gemacht werden dürfen. Dies erinnert ein wenig an Jesus und Judas Iskariot, der ihn verriet. Die Jüd*innen, die dreihundert Jahre lang für die Errichtung des deutschen Nationalstaates ihre materielle und geistige Kultur mobilisierten (es wurde nicht ohne Grund von Ähnlichkeiten der deutschen Ideologie und der jüdischen Ideologie gesprochen)[82], waren bis zum Hitlerfaschismus überzeugte deutsche Nationalist*innen. Die größten zionistischen Nationalist*innen waren in verschiedener Hinsicht auch die größten Vertreter*innen des deutschen Nationalismus. An den Beispielen Russlands und des Osmanischen Reiches bzw. der Türkei zeigt sich, dass sich viele ähnliche Fälle anführen lassen. Der jüdische Universalismus, von dem Collingwood spricht (Nationalismus, Positivismus, Religionismus) hatte gesiegt; doch nur, indem er gleichzeitig diejenigen erschuf, die nicht nur den Völkermord an den Jüd*innen verübten, sondern auf der ganzen Welt physischen und kulturellen Genozid verüben.

Weil dieses Thema so wichtig ist, müssen wir es noch genauer betrachten.

Das Judentum ist vielleicht eines der ersten Beispiele für eine historisch-gesellschaftliche Identität, bei der ethnische und religiöse Besonderheiten ideologisch miteinander verschränkt sind. Von Abraham bis heute bewahrt es diese Besonderheit. Wenn wir noch den Glauben an das ›auserwählte Volk‹ hinzufügen, erscheint als drittes wichtiges Charakteristikum seiner

82 Gemeint ist vermutlich der oben erwähnte Robin G. Colllingwood.

Ideologie, dass sich die Jüd*innen als über allen anderen Gesellschaften stehend betrachten. Diese Auffassung von Überlegenheit trug historisch immer ein Auseinandersetzungspotenzial mit anderen Gesellschaften in sich und führte oft zu Konflikten, die bis zum Völkermord reichten.

Hinsichtlich dieses Widerspruchs hat sich das Judentum die Besonderheit, eine ideologische Gesellschaft zu sein, stets erhalten. Als natürliche Folge der Auffassung vom ›auserwählten Volk‹ waren sie gezwungen, Strategien und Taktiken der Selbstverteidigung zu entwickeln. Die Strategie zum Selbstschutz musste, wegen dieser Struktur, theoretisch-ideologisch entwickelt werden. Die taktischen Instrumente dagegen betreffen eher die materielle Stärke. Dies sind vor allem Geld und Waffen. Während Geld mit Handel und im Bankwesen verdient wird, werden Waffen eher durch technische Neuerungen weiterentwickelt. Auf beiden Gebieten stellten Jüd*innen ihre Fähigkeiten unter Beweis. Lassen wir ihre Beiträge in Antike und Mittelalter einmal beiseite, die Entwicklungen der Neuzeit hatten engen Zusammenhang mit den Jüd*innen, die ein erfahrenes und organisiertes Volk darstellen. Als ab dem sechzehnten Jahrhundert in Westeuropa, besonders in den Zentren Amsterdam (Holland) und London (England), das kapitalistische Weltsystem seinen hegemonialen Aufstieg begann, sollte die strategisch gut aufgestellte jüdische finanzielle und ideologische Stärke dabei eine wichtige Rolle spielen. Wer sich näher mit diesem Zeitraum befasst, wird das leicht feststellen können.

Zu behaupten, der Kapitalismus sei eine Erfindung der Jüd*innen, wie es Werner Sombart tut, ist mit Sicherheit übertrieben, doch lässt sich nicht leugnen, dass sie eine bedeutende Rolle dabei spielten, dass der Kapitalismus zum System und zur hegemonialen Macht aufstieg. Die Forschungsarbeiten zum Thema zeigen, dass jüdische Händler*innen und Bankiers auf allen nennenswerten Markt-, Börsen und Messeplätzen, angefangen mit London und Amsterdam, zahlreich vertreten waren. Dass die Vertreter*innen der politischen Ökonomie bei diesem Thema schweigen und dies ignorieren, hängt mit der blind machenden Rolle der Ideologie zusammen. Dass in den Werken zur politischen Ökonomie, einschließlich Marx' Kapital, die ethnische und nationale Herkunft der Kapitalakkumulation kaum behandelt wird, ist ein bedeutender Mangel und gibt gleichzeitig zu denken. Es ist auch falsch, stets herunterzuleiern, das Kapital habe keine Religion, keinen Glauben und keine Nationalität. Das Kapital hat einen sehr engen Zusammenhang zu Religion, Glauben und Nationalität. Während wenige, die gewisse Religionen, Glaubensüberzeugungen und Nationalitäten besitzen, eine Reihe von Kapital- und Machtmonopolen bilden, werden die meisten anderen kolonialisiert und ausgebeutet. Das ungeschminkteste Beispiel heute stellen die USA dar. Es ist nicht zu leugnen, dass die meisten Kapitalist*innen US-Amerikaner*innen sind, daher stammen oder mit ihnen Religion und Glauben teilen.

Auch beim Aufbau der beiden anderen Säulen der kapitalistischen Moderne – des Industrialismus und des Nationalstaates – lässt sich die Rolle der Jüd*innen nicht wegdiskutieren. Die jüdischen Händler*innen und Bankiers, die ab der ersten urbanen Revolution in Europa (1050–1350) hervortraten, gewannen in der Ära des Handelskapitalismus zwischen dem fünfzehnten und dem achtzehnten Jahrhundert an Bedeutung. In den Städten des Ostens (Kairo, Aleppo, Damaskus, Izmir, Täbris, Antiochia, Bagdad, Konstantinopel) fanden ähnliche Entwicklungen statt. Als sich mit der Industriellen Revolution die Industrie als profitabelster Sektor herausstellte, zögerten sie nicht, ihr Kapital dorthin fließen zu lassen. Den Grund dafür müssen wir nicht groß erklären. Wo immer der Profit hoch ist, geht das Kapital in die Offensive. Ist das nicht das sogenannte Profitgesetz?

Wie kann man also die führende Rolle des jüdischen Kapitalmonopolismus sowohl in der vom Handelskapitalismus als auch der vom Industriekapitalismus geprägten Moderne auf die leichte Schulter nehmen und auf ihre Betonung verzichten? Selbst wenn wir nicht von einer bewussten Verzerrung ausgehen, können wir doch getrost von der Folge einer ideologischen Blindheit sprechen. Außerdem ist diese Rolle aus jüdischer Sicht auch kein Vergehen. In jeder nationalen, religiösen oder ethnischen Gemeinschaft können sich Handels- und Industriemonopole herausbilden. Wichtig ist hier die strategische Rolle der jüdischen Handels- und Industriemonopole. Ein jüdisches Monopol im Finanzbereich existierte seit jeher. Dass die politische Ökonomie die Analyse der Zusammenhänge von Handels-, Industrie- und Finanzmonopolismus mit Ideologie, insbesondere mit nationalistischen, religionistischen, szientistischen und sexistischen Ideologien, vermeidet (von Liberalismus kann allenfalls in der Propaganda die Rede sein), liegt nicht, wie behauptet, an der Sorge um ›Objektivität‹. Im Gegenteil: Die politische Ökonomie versteckt die religionistischen, sexistischen, nationalistischen und szientistischen Identitäten sämtlicher Monopole, einschließlich der Machtmonopole und zeigt damit, dass sie keine objektive Wissenschaft ist, dass sie konkrete Tatsachen an vitalen Punkten vertuscht und für unbedeutend erklärt, dass sie also keine Wissenschaft ist, sondern als ideologisches Propagandainstrument fungiert.

Im seit vierhundert Jahren hegemonialen Weltsystem ist die strategische Position von Jüd*innen in Handels-, Industrie-, Finanz- und Medienmonopolen weiterhin bedeutend. Ohne diese Tatsache festzustellen, können wir kein globales oder lokales Problem in der Theorie analysieren oder in der Praxis lösen.

Die Rolle des Judentums sowohl als strategische ideologische als auch als strategische materielle Kraft ist deutlicher beim Aufbau der Moderne, des Nationalstaates. Das Judentum bringt mit dem Instrument des Nationalstaates den kapitalistischen Charakter der Moderne zum Vorschein. Es konkretisiert und fixiert die Moderne in der Form des Nationalstaates, dem Zusammenschluss der Handels-, Finanz-, Industrie- und Machtmonopole. Natürlich sind die Jüd*innen nicht der Gott des Nationalstaates. Doch vom Zeitalter der Stämme bis heute, von seinem embryonalen Zustand bis zum heutigen Alter und Verfall, haben sie ihn auf ihrem Gebiet meisterlich weiterentwickelt.

Für Verschwörungstheorien habe ich gar nichts übrig. Bestimmte Behauptungen tauchen immer wieder auf; geheime Freimaurerlogen, die die Welt regieren, Treffen der Bilderberger oder Treffen in Davos, ein ›ständiges Komitee der 12‹, das die Welt regiert, die UN als ›jüdisches Werkzeug‹ und andere Gebilde sollen solche Verschwörungstheorien untermauern. Allen diesen Theorien ist gemeinsam, dass sie übertreiben, in Dogmatismus verfallen und unwissenschaftlich sind, selbst wenn sie Behauptungen enthalten, die teilweise wahr sind. Aber die Tatsachen liegen auf der Hand. Die bedeutende Rolle der Jüd*innen in allen drei tragenden Säulen der kapitalistischen Moderne steht außer Frage. Auf allen drei Gebieten besitzen sie strategischen, oft sogar entscheidenden Einfluss im Sinne ideologischer und materieller Stärke. Man beachte den Geltungsbereich, auf den sich diese Ausführungen beziehen: Ich rede vom Einfluss der Jüd*innen im Bereich der kapitalistischen Moderne, nicht von ihrem Platz in der demokratischen Moderne, die eine umfassendere historisch-gesellschaftliche Tatsache darstellt. Die Jüd*innen existieren auch in dieser Moderne, aber mit weitaus geringerer strategischer Stärke.

Bevor wir zu diesem Thema übergehen, sollten wir den Nationalstaat ein wenig analysieren. Am Ende des Mittelalters war in der jüdischen Ideologie, im Sinne einer Überlebensstrategie, das Bemühen um eine Ausschaltung ihrer sowohl christlichen als auch muslimischen Widersacher*innen stets präsent. Der Nationalstaat, die konzentrierte Form aller Handels-, Finanz-, Industrie- und Ideologiemonopole sowie der Machtmonopole, mit der in ihm stets enthaltenen Verehrung des National-Gottes (im Judentum erfüllt *rabb*[83] diese Funktion) tritt uns hier als geeignetstes Modell für eine Überlebensstrategie entgegen. Im Nationalstaat erfüllt der Laizismus die Funktion des jüdischen Nationalgottes *rabb*. Die Konstruktion von Begriffen durch die jüdische Freimaurerei ist in dieser Hinsicht von Bedeutung. In diesem Sinne ist der Nationalstaat das wichtigste universale Regierungsinstrument des Judentums.

Um das französische und das spanische Reich durch angelsächsische Monopole aufzulösen, benutzten jüdische Monopole das Modell des Nationalstaats als effektives Instrument. Denn diese beiden Imperien hatten tödliche Pläne, um die anderen beiden Mächte (Holland und England) zu unterwerfen. Holland und England drohten Massaker und die Gefahr, aus der Geschichte getilgt zu werden. Der Nationalstaat als am höchsten konzentrierte, vereinte Monopolmacht wurde zum Erfolgsmodell im Kampf gegen den spanischen und französischen Monopolismus, die nicht in gleicher Weise organisiert waren, sondern versuchten, ihre Ziele mit den Traditionen mittelalterlicher Imperien zu erreichen. Immanuel Wallerstein, der in seinem berühmten Werk *Das moderne Weltsystem* erklärt, dass die nationalstaatliche Systematik den Hauptfaktor für die Überlegenheit Englands gegen Frankreich darstellte, unterstreicht damit die Wichtigkeit dieser Tatsache.

Als die österreichisch-habsburgische Dynastie zusammenbrach, schlugen die alliierten Mächte eine nationalstaatliche Formation Preußens vor. Die Führungsrolle bei der Einigung Deutschlands ging von Österreich an Preußen über. Zur Zeit der Französischen Revolution war London das Zentrum jeglicher Opposition gegen den französischen König, den traditionellen Feind Englands, gewesen. Die Organisationen der Freimaurer hatten eine wichtige Rolle in der Revolution gespielt, der König hatte seinen Kopf verloren. In den vorangehenden Revolutionen in England und Holland war es zu ähnlichen Liquidierungen gekommen. Das gleiche Spiel wurde nun gegen den preußischen Nationalstaat gespielt, der als neue Hegemonialmacht den Platz Frankreichs einnehmen wollte. Selbst Marx als Oppositioneller wohnte in London. Im Ersten und Zweiten Weltkrieg machten die Alliierten den hegemonialen Anspruch Deutschlands zunichte. Ein Grund, warum Hitler den Völkermord an den Jüd*innen verübte, war möglicherweise, dass er glaubte, das jüdische Kapital habe seine strategische

83 Ungefähr: der Herr, der Große. Der Begriff ist in der islamischen Welt ein gebräuchlicher Gottesname, die hebräische Form lautet *rav*. Er entspricht von der Bedeutung her dem hebräischen *adonai*, möglicherweise ist dies hier gemeint.

Stärke aufseiten Englands eingesetzt und eine wesentliche Rolle bei der Niederlage Deutschlands im Ersten Weltkrieg gespielt. Die gleiche Allianz sollte in neuen Formationen im Kalten Krieg die hegemonialen Ansprüche Russlands zunichtemachen. Kein Zweifel, wenn es so weitergeht, ist es sehr wahrscheinlich, dass auch China, wenn es, wie jetzt oft vermutet, auf die Idee verfällt, sich als Hegemonialmacht zu gebärden, das gleiche Schicksal erleiden wird.

Heute sind mehr als zweihundert Nationalstaaten in den Vereinten Nationen mit Hauptquartier in New York repräsentiert. Es darf als bekannt gelten, dass die UN unter der Führung derselben Allianz agiert, oder dass sie zumindest keine Entscheidung ohne Zustimmung der Allianz trifft.

Ich möchte noch einmal klarstellen: Diese zweihundert Nationalstaaten werden nicht vom Zionismus oder einer anderen jüdischen Macht gelenkt. Aber diese Zweihundert (einschließlich der Todfeinde Israels, des iranischen und der arabischen Nationalstaaten) wurden auch mit dem jüdischen nationalistischen Paradigma gegründet, und ihre Fäden laufen seit vierhundert Jahren in den Händen des Kerns derselben Allianz zusammen. Selbst wenn sich innerhalb der Eliten des Nationalstaates kein*e einzige*r Jüd*in befindet, ist ihr Spielraum für unabhängiges Handeln höchst begrenzt – sei es aus paradigmatischen Gründen, sei es wegen konkreter Vorkehrungen der Allianz. Solange sie gemäß der traditionellen ideologischen und strukturellen Schablonen der vierhundert Jahre alten kapitalistischen Moderne handeln, ist alles in Ordnung. Dann können sie weitermachen. Wenn ein Nationalstaat aber, wie George W. Bush es ausdrückte, zu einem ›Schurkenstaat‹ wird, so wird er das Schicksal Afghanistans unter der Herrschaft der Taliban, Saddam Husseins Irak und Dutzender anderer Staaten und Mächte vor ihnen erleiden. Dies ist es, was internationales System oder UN-Status quo genannt wird.

Sogar Sowjetrussland wurde nach 70-jährigem Bestehen ins System integriert, nachdem es sich den Erfordernissen der kapitalistischen Moderne vollständig angepasst hatte. China war bereits zuvor integriert worden. Offenbar zieht das System seine Kraft aus den beiden strategischen Kräften, die ich oben zu erklären versucht habe. In beiden ist das Judentum historisch und aktuell nahezu maßgeblich. Strategisch-ideologische Machtelemente sind die Kulturindustrie, das intellektuelle Kapital und die Medien. Diese Elemente ideologischer Stärke sind vom Inhalt her nationalistisch, religionistisch, szientistisch und sexistisch. Die Elemente materieller Stärke sind handels-, industrie-, finanz- und machtmonopolistische Strukturen. Internationale

Allianzen von Nationalstaaten repräsentieren als Staatensysteme die offizielle Struktur. Wir dürfen die beiden riesigen Bereiche strategischer Stärke selbst nicht mit den Staaten und ihren Systemen als ihrem offiziellen Ausdruck verwechseln.

Zusätzlich möchte ich noch eine kurze Einschätzung zum anatolischen Judentum anfügen, die ich für wichtig halte. Auf die hiesige Situation der Jüd*innen in Altertum und Mittelalter bin ich bereits kurz eingegangen. Von Bedeutung sind die seldschukisch-jüdischen und die griechisch-jüdischen Beziehungen. Die Ostjüd*innen hatten sich im Mittelalter von Andalusien bis nach Zentralasien ausgebreitet. Der türkisch-jüdische Staat der Chasar*innen war ein Produkt dieser Zeit. In den muslimischen Staaten waren Konvertitentum und offenes Judentum nicht verboten; Jüd*innen waren besonders in für Macht und Staat strategisch wichtigen Bereichen mit ihrer traditionellen ideologischen und materiellen Stärke einflussreich. Ihre Stellung in Handel und Bankwesen stand dem im Westen in nichts nach.

Die Jüd*innen, die traditionell Widersprüche mit den Christ*innen (der Vorwurf, Jesus gekreuzigt zu haben und die Entwicklung des Christentums zur offiziellen Religion des Westens) hatten und nach den Beschlüssen des dritten Laterankonzils 1179 in Ghettos eingeschlossen wurden, verspürten nach den Pogromen von 1391 und der Vertreibung von 1492 aus Spanien noch stärker das Bedürfnis nach einer Heimat. Der Begriff des ›gelobten Landes‹ war noch lebendig. Die Beziehungen, die sie bereits in der Phase des Aufstiegs der Osmanen mit Kreisen der Herrscher geknüpft hatten, waren vielversprechend. Mit wachsender Bedeutung von Bankwesen und Handel sollte auch das Judentum seine Stellung verbessern können. Die ständige Ausweitung der Macht der Osmanen über christliche Gemeinschaften und die zunehmend schwierigere Lage der Jüd*innen in der christlichen Welt im Westen mit Katholik*innen und Orthodoxen brachten sie dazu, mit dem jeweiligen osmanischen Padischah eine ähnliche Allianz einzugehen wie mit England. Nach allgemeiner Ansicht wurde diese Allianz in der zweiten Hälfte des sechzehnten Jahrhunderts enger. Gleichzeitig entwickelten sich ähnliche Allianzen in den protestantischen Ländern Holland und England. Den Zusammenhang zwischen Protestantismus, Kapitalismus, Nationalstaat und Moderne mit dem Judentum zu erforschen, wäre ein lohnendes Thema.

Die Vertreibung der Muslim*innen und Jüd*innen von der iberischen Halbinsel (die im siebzehnten Jahrhundert abgeschlossen war) brachte im Gegenzug die Vertreibung der Christ*innen aus Anatolien auf die Tagesordnung. Damit wandte sich das Schicksal für einige der ältesten

Völker Anatoliens, die früh christianisiert worden waren und eine starke materielle und geistige Kultur besaßen, nämlich die Rum-Griech*innen, Pontusgriech*innen, Armenier*innen und Suryoye, zum Schlechten. Zwei Halbinseln im Mittelmeer, Griechenland und die Türkei, liquidierten Schritt für Schritt, quasi in einer Abfolge von gegenseitigen Vergeltungsschlägen, Völker und Kulturen. Der zweite Zug der Jüd*innen nach 1550–1600 ergab sich mit der *İttiḥâd ve Teraḳḳî Cemʿiyeti*, dem Komitee für Einheit und Fortschritt (KEF)[84]. (Diese Partei wurde in den 1890ern gegründet, ungefähr gleichzeitig mit dem ersten Zionistenkongress von 1897[85].) Zumindest ein Flügel des KEF, dessen Zentrum Saloniki war, entwickelte sich in Zusammenarbeit mit der Konvertierungs-Bewegung, die Schabbtai Zvi ab den 1650ern angeführt hatte, und war jüdisch. Im Nationalismus, den diese (Moiz Kohen[86], Ármin/Hermann Vámbéry[87]) konstruierten, existiert das ›Türkische‹ nur als Wort; in dieser türkisch-nationalistischen Strömung fanden sich zahlreiche Freimaurer und konvertierte Kurd*innen, Albaner*innen und Jüd*innen. Mit dem Türkentum als soziologischem Phänomen hatte dies recht wenig zu tun. Es ging ausschließlich um ein politisches Türkentum. Ein wichtiger Faktor war auch, dass deutsche und englische Jüd*innen um das Türkentum wetteiferten. Es ist eine lange Geschichte, und dies ist nicht der Ort dafür.

Schließlich spielten die Jüd*innen, deren Existenz in Anatolien bis ins Altertum zurückreicht und die ihre im Exil gelernten Lektionen und ihre Erfahrungen beim Aufbau von Nationalstaaten mit ihrer strategischen, ideologischen und materiellen Stärke verbanden, sowohl bei der Gründung der Republik Türkei als auch bei ihrer schnellen Umwandlung in einen Nationalstaat (wahrscheinlich um 1926) eine tragende Rolle. Sie wiederholten quasi die Rolle, die sie im siebzehnten Jahrhundert in Holland und England gespielt hatten, in der Türkei. Die schnelle Verwandlung der Republik in einen Nationalstaat und die nach der (auch physischen) Liquidierung der anatolischen Christenheit in Angriff genommene kulturelle Liquidierung des traditionellen Islam und der Kurd*innen lediglich als Nationswerdungsprojekt der Türk*innen zu erklären, wäre ein schwerer

84 Dies war die politische Partei der sogenannten Jungtürken, die in den letzten Jahren des Osmanischen Reiches Regierungspartei war.

85 Das KEF wurde zunächst als Geheimbund gegründet. Sein Sitz war ab 1897 Genf, während die ersten Zionistenkongresse in Basel tagten.

86 Moiz Kohen (1883–1961) war ein türkischer Publizist jüdischer Herkunft und einer der führenden Köpfe der panturkistischen Strömung am Anfang des 20. Jahrhunderts.

87 Vámbéry (1832–1913) stammte aus Ungarn und war eine schillernde Persönlichkeit: Turkologe, Publizist, britischer Geheimagent, später Professor für orientalische Sprachen.

Fehler. Das Thema ist umfassender und hängt damit zusammen, dass die Jüd*innen Anatolien bereits vor Israel als jüdische Heimat angenommen hatten. Das Projekt einer jüdischen Heimstatt mit Zentrum in Saloniki[88] oder Edirne, zu dem Jüd*innen Mustafa Kemal Atatürk drängten, ist ein Thema, über das Schweigen gebreitet wurde. Wir können aber festhalten, dass es erst mit der Gründung Israels seine Bedeutung verlor. Trotzdem besteht weiterhin ein strategisches Interesse Israels und der Jüd*innen an Anatolien und der Türkei.

Die Stellung Mustafa Kemal Atatürks bei der Errichtung der Republik Türkei steht außer Frage. Dass er jedoch gegen seinen Willen vergöttlicht wurde, rührt von einer Fiktion der jüdischen Ideologie her, die historisch an vielen Orten zum Tragen kam. Im jüdischen Universalismus (*Levh-i mahfûz*, Schicksal, Gesetzesglaube, Determinismus, Fortschrittsglaube; die in monotheistische Religionen transformierte Form der sumerischen Götterkonstruktionen) wurde die Vergöttlichung zu einem hochentwickelten und oft verwendeten Phänomen. Alle literarischen Utopien und geistigen Begrifflichkeiten wie Goldenes Zeitalter, Theorie, Hypothese und Gesetz, ob von Prophet*innen oder Intellektuellen der Moderne formuliert, hängen eng mit dieser Tradition zusammen. Solange wir nicht richtig analysieren, dass sich mit ihrer Hilfe göttliche und säkular-laizistische Dogmen etablierten, die über die Türk*innen wie über alle Völker des Nahen Ostens hegemonial sind, wird ein Verständnis der Region schwierig sein und mangelhaft bleiben.

Natürlich besaß auch die materielle Kraft der Jüd*innen strategische Bedeutung. Ich glaube nicht, dass Mustafa Kemal Atatürk vor dieser Strömung kapitulierte. Aber ich bin auch überzeugt, dass er sie trotz all seines Lesens und Forschens (nicht ohne Grund ging er bis zu den Sumerern und Hethitern zurück) nicht vollständig analysiert hat. Ich hege keinen Zweifel, dass er ein guter Republikaner sein und daher die Republik nicht als Nationalstaat, sondern als Demokratie entwickeln wollte. Er war auch weder anti-kurdisch noch anti-islamisch, wie oft behauptet wird. Doch liegt auf der Hand, dass er seine anfänglichen liberalen Ansätze in der Frage Islam/Laizismus und der kurdischen Frage nicht weiterführen konnte. Dazu muss ich anfügen, dass der Grund dafür seine starke Umzingelung durch Konvertiten-Kader des Komitees für Einheit und Forschritt (KEF) war.

---

88 Saloniki gehörte lange zum Osmanischen Reich und war bis Anfang des zwanzigsten Jahrhunderts ein wichtiges Zentrum des sephardischen Judentums und eine Großstadt mit überwiegend jüdischer Bevölkerung.

Meiner Meinung nach wäre es falsch, den Hegemoniekonflikt zwischen Laizist*innen und Islamist*innen um die Republik Türkei, der bereits um 1926 begann und heute immer noch massiv ausgetragen wird, mit Mustafa Kemal zu verknüpfen und als etwas darzustellen, das gemäß seines Willens erfolgt sei. Es gibt mehr Hinweise und Belege, dass er selbst zu einer demokratischen Republik[89] tendierte. Ich glaube nicht, dass der Hegemonialkonflikt in Kürze mit einem vollständigen Erfolg einer der beiden Seiten enden wird. Bekräftigen möchte ich jedoch meine wachsende Zuversicht, dass in Anatolien mit seiner großen demokratischen Tradition diesmal ein starker Aufbruch mit dem Ziel der demokratischen Republik erfolgreich sein wird. Ich hoffe, Einsichten über den Kampf um die Hegemonie über Anatolien und die Türkei im Abschnitt über den Nahen Osten vorlegen zu können, den ich als separaten Band dieses Manifests plane[90].

Es wäre unzureichend und falsch, das Judentum nur im Zusammenhang mit Kapitalismus, Moderne und Nationalstaat zu denken. Es übte auch einen starken Einfluss auf die demokratische Moderne aus. Selbst wenn es – historisch nicht durchgängig – einen machtorientiert-etatistischen Flügel (wie das Königreich Juda und den Staat Israel) besaß, existierte doch stets ein starker jüdischer Flügel der demokratischen Zivilisation und Moderne. Auch dasjenige Judentum, das in Armut und ohne starke Stammesbindung lebte, hat in der Geschichte stets von sich reden gemacht. Von Ismael, dem Sohn Abrahams und seiner Nebenfrau Hagar, bis zu Josef, der als Sklave nach Ägypten verschleppt wurde, von Mirjam, der Schwester Moses', bis zu Maria, der Mutter Jesu, von damals bis heute haben zahlreiche Prophet*innen, Schriftgelehrte, Intellektuelle, Sozialanarchist*innen, Feminist*innen, Philosoph*innen, Wissenschaftler*innen und die gesamte werktätige Bevölkerung im Kampf für die demokratische Zivilisation und Moderne – der anderen Seite des Judentums – große Entdeckungen, Erfindungen, Theorien, Revolutionen und Kunstwerke hervorgebracht. Jüd*innen haben ihre ideologische und materielle Stärke nicht immer für die Monopole verausgabt. Sie unternahmen auch bedeutende Anstrengungen und erzielten wichtige Erfolge für eine aufgeklärtere, gerechtere, freiere und demokratischere Welt. Welche prophetische Bewegung, welche Geschwisterlichkeit

89 Öcalans These der Demokratischen Republik findet sich ausführlich in Abdullah Öcalan, *Zur Lösung der kurdischen Frage. Visionen einer demokratischen Republik* (Berlin: Kurdistan Informations-Zentrum, 2000).

90 Dies erfolgt im vierten Band des *Manifests der demokratischen Zivilisation* mit dem deutschen Arbeitstitel *Zivilisationskrise im Nahen Osten und die Lösung der demokratischen Zivilisation* (erscheint voraussichtlich 2021).

und Solidarität der Armen, welche utopische, sozialistische, anarchistische, feministische oder ökologische Bewegung ist ohne Jüd*innen denkbar? Philosophische Bewegungen, wissenschaftliche und künstlerische Bewegungen, religiöse Strömungen sind ohne Jüd*innen kaum vorstellbar. Wie weit hätten sich wohl der Sozialismus gegen den Kapitalismus, der Internationalismus gegen den Nationaletatismus, der Kommunalismus gegen den Liberalismus, der Feminismus gegen den gesellschaftlichen Sexismus, die ökologische Wirtschaft gegen den Industrialismus, der Laizismus gegen den Religionismus oder der Relativismus gegen den Universalismus ohne das Judentum und Jüd*innen entwickeln können?

Offenbar ist das Judentum für beide Welten der Moderne von Bedeutung. In wichtigen Abschnitten der Geschichte und auch heute haben sich die Jüd*innen diese Bedeutung bewahrt. Trotzdem existiert die jüdische Frage weiter. Wie weiter oben erwähnt, führen die Betrachtung der Jüd*innen als ›Gottes auserwählte Gemeinschaft‹ genauso wie die Zuschreibung einer Sündenbockrolle zu schwerwiegenden Fehleinschätzungen und gefährlichen Konsequenzen. Dies ist der Grund, warum ich eine zumindest skizzenhafte Befassung mit diesem wichtigen Thema für notwendig erachtete. Sowohl lokale als auch globale Analysen können nicht zutreffend und zielführend sein, wenn wir uns die jüdische Realität nicht vor Augen führen.

Zum Abschluss dieses Themas möchte ich den Satz von Karl Marx wiederholen, der sinngemäß sagte: »Wenn sich das Proletariat befreien will, muss es im Wissen vorgehen, dass dies nicht möglich ist, ohne die Welt zu befreien.« Ich sage: »Wenn das Judentum sich befreien will, muss es wissen, dass es dazu notwendigerweise die Welt befreien muss, und seine strategischen ideologischen und materiellen Ressourcen in diesem Sinne verwenden.« Dazu gehört vor allem die demokratische Moderne.

E Dimensionen der demokratischen Moderne

Wir haben nach der Kritik von Zivilisation und Moderne die mit der Geschichte der Zivilisation verschränkte demokratische Moderne bereits behandelt und sie in ihren Hauptelementen definiert. Ich denke, dass unsere Analysen sie recht gut beleuchtet haben. Hier werde ich nun versuchen, das Thema in seinen wesentlichen Dimensionen und insgesamt noch deutlicher sichtbar zu machen. Ich werde die Frage beantworten, wie sich die demokratische Moderne in einer Übersicht in ihren Hauptdimensionen darstellen lässt. Grundlage unserer wissenschaftlichen Arbeit sollte es sein, das monistische Moderneverständnis zu durchbrechen und die davon verdeckten gewaltigen historisch-gesellschaftlichen Existenzen sichtbar zu machen. Die Zivilisationsgeschichte gleicht einem versiegten, tiefen Brunnen, dessen Grund nicht erkennbar ist. Je mehr wir uns bemühen, sie zu beleuchten, desto mehr dunkle Stellen tauchen auf. Wir dürfen annehmen, dass das gesellschaftliche Gedächtnis – das Gewissen – unter dem jahrtausendelangen ideologischen Bombardement der herrschenden Monopole so zusammengefaltet wurde, dass es an Hirnwindungen erinnert, und im gesellschaftlichen Gedächtnis ein dem Unterbewusstsein ähnliches Phänomen in Form von Tausenden gewundenen Tunneln entstanden ist. Und doch dürfen wir uns nicht entmutigen lassen. Ein menschliches Organ lässt sich nicht behandeln, solange die Krankheit nicht richtig diagnostiziert ist, und vergleichbar lässt sich für keines der gesellschaftlichen Probleme die richtige Analyse (Diagnose) durchführen oder eine Lösung (Behandlung) finden, solange es nicht ausreichend beleuchtet wird.

Es sollte nicht verwundern, dass ich glaube, eines immer wieder betonen zu müssen: Wenn die Sozialwissenschaften oder eine andere wissenschaftliche Disziplin ihren Ansprüchen gerecht geworden wären, hätte die Menschheit in den letzten vier Jahrhunderten nicht so viele furchtbare Kriege, Völkermorde und Soziozide, Abgründe zwischen Reich und Arm, Arbeitslosigkeit und Migration, kulturelle Degeneration und Unmoral, monströse Monopolkräfte und auf ein Nichts reduzierte Individuen sowie an die Apokalypse erinnernde Umweltzerstörung erlebt und wäre nicht in den jetzigen Zustand geraten. Das globale Zivilisationssystem scheint alle Instrumente der materiellen und immateriellen Kultur, die es seit fünftausend Jahren als Lösungen präsentiert, aufgebraucht zu haben. Es gibt keinen Ort mehr, der mit kriegerischen Mitteln erobert und erneut beschlagnahmt werden kann. Selbst wenn jemand es dennoch wagt, wird der Schaden einer Eroberung den Profit um ein Vielfaches übersteigen. Vom Instrument der Stadt bleibt letztlich nur eine krebsartig wuchernde Urbanisierung ohne Städte[91] und eine dem Untergang geweihte dörflich-agrarische Gesellschaft. Von der sogenannten Ökonomie bleiben nicht mehr zu zügelnde, aufgeblähte globale Monopole, die mit höchst unmoralischen Methoden wie der, aus Geld mehr Geld zu machen, und Millionen von arbeits- und mittellosen Menschen, deren Zahl jedes Jahr weiter wächst. Vom angebeteten Instrument des Staates bleiben komplett dysfunktionale Macht- und Nationalstaatsmonopole, aufgebläht durch das Auffressen der eigenen Gesellschaften, und eine komplett verdummte Herde von Staatsbürger*innen, die jeglichen Bezug zur moralischen und politischen Gesellschaft verloren haben. Von den ideologischen Instrumenten, von denen Hilfe erhofft wurde, bleibt ein Religionismus, der seine moralische Funktion eingebüßt hat, ein Sexismus, der die Macht bis in jede Pore der Gesellschaft verbreitet, ein Nationalismus, der uns in einem tausendfach schlimmeren Chauvinismus ertränkt als jedes Stammesdenken, und ein Szientismus, der keinen anderen Zweck hat, als den Kapital- und Machtmonopolen den Weg zu Maximalprofiten zu weisen. Und von der Kunst bleibt eine Kulturindustrie, die die Erhabenheit der Gefühle und das Gefühl der Schönheit zu Waren macht. Die aktuelle Situation, die als das ›Ende der Geschichte‹ bezeichnet wird, muss wohl eine Art Bilanz der Zivilisation sein. Eine Gesellschaft, die von Medienmonopolen in einer virtuellen Welt geblendet und erstickt wird, mag ihrer Reflexe beraubt sein, sie mag durch Machtapparate bis ins Kleinste überwacht und kontrolliert sein – das allgemein fünftausend oder speziell vierhundert Jahre alte globale System von Zivilisation und Moderne befindet sich am tiefsten Punkt der geistigen und strukturellen Krise. Der zur globalen Hegemonialmacht gewordene Finanzkapitalismus ist der beste Beweis dafür. Die Welt, deren Räder der Finanzkapitalismus antreibt, ist eine Welt der Krisen, die sich in Depressionen windet.

91 Diese Formulierung verweist auf Murray Bookchins Buch *Agonie der Stadt. Aufstieg und Niedergang des freien Bürgers* (Trotzdem, 1996), dessen Originaltitel *Urbanization without Cities: The Rise and Decline of Citizenship* lautet und das Öcalan bereits Mitte der 2000er allen Bürgermeister*innen kurdischer Kommunen ans Herz legte.

Mir geht es hier nicht darum, Krisentheorien zu entwickeln. Ich hatte den Kapitalismus nicht nur als ein System mit periodischen Krisen definiert, sondern im Zivilisationssystem mit seinen langen, periodischen Krisen als die Phase der systemischen, strukturellen Krise. Jede Krisenphase hat noch heftiger verlaufende innere Phasen, und wir durchleben gerade solch eine Phase. In diesem Zusammenhang muss ich darauf hinweisen, dass ich nicht zu den Sozialist*innen gehöre, die einst und vielleicht immer noch von Krisen die Revolution erhoffen. Krisen produzieren nicht nur Revolutionen, sondern auch Konterrevolutionen. Außerdem halte ich derartige Theorien von Krise-Revolution-Konterrevolution weniger für einen Ausdruck der Wirklichkeit als eher für eine rhetorische oder propagandistische Anstrengung. Daher vertrete ich keinen Diskurs in der Art von ›die Bedingungen werden bald günstig für die demokratische Moderne‹. Ich akzeptiere Depressionen und Krisenphasen jeweils als tatsächliche Phänomene. Aber ich sehe Depressionen und Krisen nicht als Faktoren, die historische Entwicklungen hervorbringen werden. Die universalistisch-progressistische Denkrichtung bemühte sich ihrerzeit, aus den Krisentheorien aufeinander folgende Gesellschaftsformen abzuleiten, die sich vom Schlechteren zum Besseren entwickeln. Die konkrete Wirklichkeit hat diese Theorien nicht wirklich bestätigt.

Also müssen wir die gestern und heute entscheidenden Faktoren in anderen Bereichen suchen. Die demokratische Moderne war immer eine Option, an die man nach intensiven Anstrengungen der Suche gelangte. Ich finde es immer wieder nötig, auf diese Option einzugehen, und bin überzeugt, dass die Kenntnis ihrer distinkten Besonderheiten praktische Anstrengungen produktiver machen wird. Ich fühle mich dem positiven demokratischen Erbe der Geschichte verbunden, das ich sehr respektiere. Das sehe ich persönlich auch als eine Selbstkritik. Ich meine nicht, dass ich nur eine Lektion gelernt habe, vielmehr glaube ich, dass die Gestaltung der Gegenwart mit Hilfe der Geschichte eine unverzichtbar wertvolle Methode ist. Ich empfinde nicht die gleiche Verbundenheit mit und den gleichen Respekt für Gedanken und Handlungen – was immer ihr Wert und ihre Folgen sein mögen –, wenn sie nicht auf dem Verständnis fußen, dass die Geschichte das Jetzt sein muss und das Jetzt die Geschichte. Denn solches Denken und Handeln überzeugt mich nicht. Ich weiß, dass die Zukunft durch das Jetzt verläuft, und bin überzeugt, dass keine Zukunft hat, wer nicht das eigene Jetzt analysiert und dessen Fragen löst.

Mit diesen Wiederholungen zur Methode möchte ich betonen, dass die demokratische Zivilisation weder als die Vorstellung eines in der Vergangenheit liegenden ›Goldenen Zeitalters‹ gedacht noch als eine ›Utopie‹ für die Zukunft konzipiert ist. Sie ist der Ausdruck der sich täglich, ja augenblicklich in Denken und Handeln verwirklichenden Lebensweise. Sie ist weder ein Schwelgen in alten Erinnerungen noch ein Trösten mit Träumen von der Zukunft. Ihre Existenzweise besteht weder aus plötzlichen Schöpfungen noch aus ewigen Tatsachen. Vielleicht können wir die Existenzweise als flexible Intelligenz der gesellschaftlichen Natur mit ihrem hohen Potenzial an Freiheit und als Einheit der Differenzen ›demokratische‹ Moderne nennen. Doch sollten wir nie vergessen, dass sie – weil Moderne ein Zeitalter bezeichnet – als dialektischer Gegenpol zu den klassischen Zivilisationen des Zeitalters ins Dasein tritt und wir sie unbedingt mit dieser Definition zusammenführen müssen.

Wenn wir daran denken, ›Moderne‹, also das Zeitalter der Hegemonie des Kapitalismus, als spezifische Bezeichnung für die letzten vierhundert Jahre der klassischen Zivilisation zu verwenden, dann sollten wir überlegen, auch ›demokratische Moderne‹ als spezifische Bezeichnung für die letzten vierhundert Jahre der demokratischen Zivilisation zu verwenden.

Ein weiterer wichtiger Punkt ist, dass die demokratische Moderne überall und zu jeder Zeit, in der die Netze der kapitalistischen Zivilisation existieren, als Gegenpol gelebt wird. Erfolgreich oder erfolglos, Freiheit oder Sklaverei, Ähnlichkeit oder Differenz, nahe an Gleichheit oder fern davon, ökologisch und feministisch, bedeutend geworden oder nicht, kurz: nah an den Eigenschaften der moralischen und politischen Gesellschaft oder fern davon – die demokratische Moderne existiert zu jeder Zeit und an jedem Ort im Schoße der kapitalistischen Moderne.

Die Versuche linker oder rechter Oppositionen, durch Revolutionen oder Konterrevolutionen die Macht (also den Staat) zu erobern, anschließend mit Social Engineering die eigenen Pläne und Programme zu verwirklichen und mit Methoden der zentralen Planung ihre ersehnten Gesellschaften zu erschaffen, betrachte ich nicht als lediglich unsinnige und propagandistische Diskurse. Ich unterstreiche, dass ich Entwicklungen, die auf einem derartigen Stil beruhen, für Gedanken und Taten halte, die dazu führen, zum Spielball des Liberalismus zu werden, der keinerlei Schwierigkeiten haben wird, sie zu absorbieren, selbst wenn darüber siebzig Jahre vergehen.

Die gesellschaftliche Natur besitzt in ähnlicher Weise wie die biologische Natur genetische Kodierungen. Ich bin mir hier der Gefahr des Biologismus bewusst. Ich weiß, dass es darwinistisch ist, dies auf die gesellschaftliche Natur zu übertragen, und als Vulgärmaterialismus dem Social Engineering gedankliches Material liefert. Mir geht es darum, dass die Veränderung des Gedächtnisses und der strukturellen Grundeigenschaften von historischen Gesellschaften besonders heikel ist, auch wenn diese als Natur mit dem höchsten Intelligenzniveau für die Wahl der Freiheit besonders offen sind. Wir können Gesellschaften nicht verändern wie Pflanzen und Tiere, deren genetische Codes wir verändern, um neue zu züchten. Nicht umsonst ist die moralische und politische Gesellschaft im Gedächtnis der gesellschaftlichen Natur fest verankert. Besonders wichtig ist, festzuhalten, dass eine Veränderung der Gesellschaft nur dann als legitim gelten kann, wenn sie das Niveau der moralischen und politischen Gesellschaft anhebt, während jegliche totalitäre und autoritäre Methode das Niveau der moralischen und politischen Gesellschaft absenkt und unabhängig von den Folgen nicht als legitim akzeptiert werden kann.

Die demokratische Moderne ist ein System mit der Besonderheit, den legitimen Weg für Veränderung freizuhalten. Dass ihr moralischer und politischer Wert hoch ist, hängt mit der Substanz dieses Systems zusammen. Der legitime Weg für Veränderung ist sehr wichtig und gleichzeitig ganz einfach. Jedes Mitglied der Gesellschaft kann überall und jederzeit zu dieser Veränderung beitragen. Ein Mitglied, das in Überresten der neolithischen Gesellschaft oder sogar der Klangesellschaft lebt, besitzt ein genauso großes Potenzial, jederzeit etwas zur Veränderung beizutragen, wie eines, das in Moskau oder New York lebt. Dazu sind auch keine Held*innentaten wie in den großen, heiligen Erzählungen notwendig. Die einzige Bedingung ist, fähig zu sein, moralisch und politisch zu denken und zu handeln, wie es die grundlegende Existenzweise der gesellschaftlichen Natur ist. Wir sind sicher, dass jedes Individuum diese Fähigkeit (oder Tugend) zumindest minimal besitzt. Zweifellos will ich damit nicht sagen, dass die großen und heiligen Erzählungen, die im Laufe der historischen Gesellschaft entstanden und ins Gedächtnis der Menschheit eingegangen sind, um den legitimen Weg der Veränderung zu erleuchten, unwichtig seien. Ganz im Gegenteil, da die ideologischen und materiellen Monopole den Weg der legitimen Veränderung verbaut haben, kommt diesen Erzählungen eine große Bedeutung zu. In ähnlicher Weise sind heldenhafte Taten auf dem Weg zur Freiheit unverzichtbar und heilig. Es ist wichtig, zu wissen, dass in der demokratischen Moderne Veränderung ohne eine historisch-gesellschaftliche Gesamtanstrengung nicht zu erreichen ist. Wir leugnen nicht die Rolle bedeutender Persönlichkeiten und Organisierungen. Aber solange sie nicht über einen legitimen Pfad in das moralische und politische Gewebe der Gesellschaft eingebettet wird, bedeutet ihre Rolle nicht viel.

Das gilt auch für Revolutionen: Veränderung als eine gesellschaftliche Entwicklung, die nicht auf legitimen Wegen geschieht und nicht in das moralisch-politische Gewebe eingebettet ist, dürfen wir ebenfalls nicht als integralen Bestandteil der gesellschaftlichen Natur werten. Gesellschaften werden nicht geschaffen, sondern gelebt. Zweifellos gibt es Unterschiede zwischen Leben und Leben. Es gibt ein freieres, gleicheres und demokratischeres Leben genauso wie ein Leben in unerträglicher Sklaverei, Ungleichheit und Diktatur, letzteres vielleicht öfter. Demokratische Moderne drückt die Mentalität und Struktur aus, unter diesen Bedingungen mit geeigneten Methoden das Leben freier, gleicher und demokratischer zu gestalten. Einen Stein aus dem Weg zu räumen, ist im Rahmen der demokratischen Moderne genauso wertvoll, wie als letztes Mittel einer legitimen Veränderung eine Revolution zu machen. Auf der anderen Seite können wir eine göttliche Errettung genauso wie einen nach Sklaverei riechenden, schicksalsergebenen Sufismus[92] im gleichen Rahmen denken und als unethisch ablehnen. Im Lichte der Lektionen aus den demokratischen Kämpfen für Freiheit und Gleichheit der letzten vierhundert Jahre können wir in dieser Zeit der systemischen und strukturellen Krise der Hegemonie des globalen Finanzkapitalismus die demokratische Moderne stärken und ihn sogar durch einen starken Wiederaufbau an manchen Orten besiegen. Daher wird es unseren Bemühungen in dieser Richtung eher zum Erfolg verhelfen, über die Hauptdimensionen der demokratischen Moderne nachzudenken und sie zu erhellen.

1. Die Dimension der moralischen und politischen Gesellschaft (der demokratischen Gesellschaft)

Wie wir die kapitalistische Moderne in drei Grunddimensionen behandelt haben, so können wir es auch für die demokratische Moderne tun. Im Gegensatz zu den grundlegenden Diskontinuitäten und spezifischen Besonderheiten der kapitalistischen Moderne, der kapitalistischen Produktionsgesellschaft, der Industriegesellschaft und der Nationalstaatsgesellschaft, treten als Dimensionen der demokratischen Moderne die moralische und politische Gesellschaft, die öko-industrielle

92 Islamischer Mystizismus, hier als Beispiel für esoterische und weltabgewandte Denkrichtungen.

Gesellschaft und die demokratisch-konföderalistische Gesellschaft in den Vordergrund. Diese Dimensionen lassen sich für beide Systeme detaillierter ausformulieren, doch für eine sinnvolle Definition in Grundzügen sollten diese drei Dimensionen zunächst ausreichen. Die Dimensionen der kapitalistischen Moderne haben wir in den vorigen Teilen ausführlich analysiert. Auch haben wir versucht, die demokratische Moderne in ihrer historischen Entwicklung einzuschätzen, sie mit der klassischen Zivilisation und Moderne zu vergleichen und in ihren Hauptelementen sichtbar zu machen. Sie getrennt nach ihren grundlegenden Dimensionen genauer zu definieren, wird die Erzählung und praktische Ansätze stärken.

Wir hätten die moralische und politische Gesellschaft auch als demokratische Gesellschaft (oder demokratische Kommunalität) bezeichnen können. Vielleicht wäre das der passendste Ansatz einer Kategorie gewesen, um der kapitalistischen Gesellschaft etwas entgegenzusetzen. Doch haben wir uns vor dem Begriff moralische und politische Gesellschaft, der eine grundlegendere Kategorie bezeichnet, nicht gescheut, weil er die demokratische Gesellschaft auch umfasst. Diese Gesellschaft haben wir in verschiedenen Teilen dieses Manifests behandelt. Hier werde ich eine Zusammenfassung liefern. Bevor ich die moralische und politische Gesellschaft beschreibe, werde ich einen Punkt zu ihrer Substanz wiederholen, der nicht oft genug wiederholt werden kann: Es ist der essenzielle Zusammenhang der moralischen und politischen Gesellschaft mit Glück und dem Wahren, Guten und Schönen auf der einen und Freiheit, Gleichheit und Demokratie auf der anderen Seite. Glück und das Gute sind ohnehin die Essenz der Moral. Das Wahre betrifft die Wahrheit. Die Wahrheit außerhalb der moralischen und politischen Gesellschaft zu suchen, ist vergeblich. Wer nicht moralisch und politisch ist, kann die Wahrheit nicht finden. Schönheit dagegen ist das Ziel der Ästhetik. Schönheit außerhalb der moralischen und politischen Gesellschaft betrachte ich nicht als Schönheit. Schönheit ist moralisch und politisch! Den Zusammenhang des anderen Dreiklangs Freiheit, Gleichheit und Demokratie mit der moralischen und politischen Gesellschaft haben wir bereits ausführlich analysiert. Keine Gesellschaft besitzt im gleichen Maße wie die moralische und politische Gesellschaft die Fähigkeit, Freiheit, Gleichheit und Demokratie zu schaffen und zu gewährleisten.

Der erste Punkt betrifft die Kapazität der moralischen und politischen Gesellschaft für Veränderung und Transformation. Solange die moralische und politische Dimension als Grundlage gesellschaftlichen Seins nicht beseitigt wird, können wir uns die moralische und politische Gesellschaft als diejenige vorstellen, welche die größte Kapazität für Veränderung und Transformation besitzt. Zweifellos lassen sich Moral und Politik in keiner Gesellschaft vollständig beseitigen, doch kann ihre Funktion weitestgehend beschränkt werden. Zum Beispiel sind in der Gesellschaft der kapitalistischen Moderne unter der Herrschaft des Nationalstaates Moral und Politik auf ein Minimum reduziert, sogar bis an die Grenze der Auslöschung zurückgedrängt. Die Gründe und Folgen haben wir breit diskutiert. Wenn nun Moral und Politik eingeschränkt werden, verändert sich dann die Gesellschaft? Im Gegenteil, sie ist dann eingeengt, Veränderung und Transformation sind eingefroren, sie wird zur Homogenität gezwungen und unter einem starren rechtlichen Status erdrosselt. An Kapazität für Veränderung ist nicht zu denken; in der kapitalistischen Moderne ist die Veränderung auf eine Homogenisierung zur Schaffung einer Einheitskultur und zum Heranziehen von Staatsbürger*innen verengt und auf eine Spaltung in ›Wir‹ und ›die Anderen‹ reduziert. An der Oberfläche wird ein farbiges Bild gezeichnet, als durchlebe die moderne Gesellschaft einen grenzenlosen Wandel. Das ist jedoch nur der mediale und propagandistische Anblick. Die darunterliegende Wirklichkeit ist einfarbig; entweder ziemlich grau oder gar schwarz.

Im Gegensatz dazu ist die demokratische Gesellschaft als zeitgenössische Moderne der moralischen und politischen Gesellschaft die Gesellschaft, die tatsächlich Unterschiede in breitester Form auslebt. In der demokratischen Gesellschaft kann ohne Zwang zur Einheitskultur und zur Staatsbürgerschaft jede gesellschaftliche Gruppe auf der Grundlage der Unterschiedlichkeiten, die sich um ihre eigene Kultur und Identität herum ergeben, koexistieren. Die Gemeinschaften können in Bezug auf Differenzen in Identitäten und Politik die eigenen Potenziale entfalten und aktiv ausleben. Keine Gemeinschaft muss sich sorgen, assimiliert zu werden. Einfarbigkeit gilt als hässlich, langweilig, ärmlich. Vielfarbigkeit trägt Reichtum, Toleranz und Schönheit in sich. Unter diesen Bedingungen sind Gleichheit und Freiheit besser garantiert. Nur auf Unterschiedlichkeit beruhende Gleichheit und Freiheit sind etwas wert. Ohnehin dienen Freiheit und Gleichheit, die durch den Nationalstaat hergestellt werden, nur den Monopolen, wie weltweit alle Erfahrungen belegen. Die Macht- und Kapitalmonopole gewähren weder wirkliche Freiheit noch Gleichheit. Freiheit und Gleichheit werden allein durch demokratische Politik der demokratischen Gesellschaft errungen und durch Selbstverteidigung geschützt.

Nun mag man die Frage stellen: Wie kann ein System derart viel Unterschiedlichkeit aushalten? Die Antwort darauf liegt in der Einheit, die der moralischen und politischen Gesellschaft zugrunde liegt. Der einzige Wert, bei dem weder Individuen noch Gruppen Zugeständnisse machen, ist das Beharren darauf, moralische und politische Gesellschaft zu bleiben. Die einzige und hinreichende Bedingung für Diversität, Gleichheit und Freiheit ist die moralische und politische Gesellschaft. Die demokratische Gesellschaft als der moderne Zustand dieser historischen Gesellschaft beweist sich mit der Zeit immer mehr.

Der Liberalismus als zentrale Ideologie des offiziellen Systems führt zahlreiche Argumente ins Feld, um diese Tatsache in ihr Gegenteil zu verdrehen. Er setzt sich nahezu gleich mit der Demokratie und schafft so eine Begriffsverwirrung. Die Identifizierung der Ideologie des Liberalismus mit einem politischen System wie der Demokratie ist ein typisches Beispiel für solch eine Verwirrung. Liberalismus bedeutet im Kern die ungezügelte Zerstörung, die das Individuum über die Gesellschaft bringt, und die Herrschaft der Monopole über die Gesellschaft beweist dies. Wegen ihrer undemokratischen Struktur besitzen alle möglichen Arten von Egoismus überall, von der Familie bis zum Staat, eine Tendenz zur Diktatur. Demokratische Individualität dagegen ist etwas anderes. Die Entschlossenheit der Gesellschaft als gemeinsame Stimme antizipiert das Individuum. Das Individuum nimmt nur dann einen wertvollen und respektierten Platz in der Gesellschaft ein, wenn es sich auf die Grundlage dieser Stimme und dieser Entschlossenheit stellt. Also ist der liberale Individualismus als eine Art unzähliger grenzenloser Monopole antidemokratisch. Kein liberales oder neoliberales Geschwätz und keine Begriffsverwirrung kann diese Eigenschaft ändern. Der Liberalismus oder die Liberalisierung, die auch in der Wortbedeutung Befreiung verwendet werden, haben bewiesen, dass sie diese in der Praxis nur bis zur unbegrenzten Ausweitung der Monopole herbeiführen. Die anscheinend präsentierte Freiheit wurde in der Praxis in vielerlei Hinsicht in ideologische und materielle Ketten gelegt, wie es nicht einmal unter den Regimen der Pharaonen der Fall war. Wirkliche Freiheit kann in einer Gesellschaft nur sinnvoll existieren, wenn sie durch die gesellschaftliche Dimension unterstützt wird. Individuelle Freiheiten, die nicht von der Gesellschaft unterstützt werden, können nur abhängig von der Gnade der Monopole existieren, und das widerspricht dem Geist der Freiheit. Gleichheit ist dem Liberalismus ohnehin kein Anliegen.

Die moralische Gesellschaft ist unter den Bedingungen der kapitalistischen Moderne so eingeengt, funktionslos und gegenstandslos wie nie zuvor. Mehr als je in der Geschichte werden moralische Regeln durch juristische

Kodizes ersetzt. Die Bourgeoisie, die als Klasse die Moral gegenstandslos gemacht hat, zwingt der Gesellschaft durch das bis ins kleinste Detail kodifizierte Recht die eigene Klassenherrschaft auf. Die moralische Gesellschaft wird durch die juristische Gesellschaft ersetzt. Hier stehen wir vor einer wichtigen Veränderung. Auch in der Geschichte finden wir Bestrebungen, Recht zu schaffen. Aber das Recht wurde zu keiner Zeit wie in der bürgerlichen Moderne mit Details überschwemmt. Eigentlich wird unter der Bezeichnung Recht ein Klassenmonopolismus, ein Rechtsmonopolismus geschaffen. Eine höchst komplizierte Natur wie die Gesellschaft lässt sich nicht durch Recht regieren. Zweifellos hat das Recht seinen Platz in der Gesellschaft, wenn es denn gerecht ist; in diesem Sinne ist das Recht unverzichtbar. das der Gesellschaft unter der Bezeichnung ›positives Recht‹ vom Staat aufgezwungen wird, ist keine Gerechtigkeit, sondern der in Recht gefasste Monopolismus der herrschenden Klasse und Nation, das Regelwerk des Nationalstaates. Die Zerstörung der Moral ist synonym mit der Zerstörung der Gesellschaft. Die gegenwärtigen Ereignisse bestätigen diese Tatsache. Selbst Gesellschaften wie die der USA oder Russlands könnten sich nicht eine Stunde lang ohne den Status quo, ohne die offiziellen rechtlichen Regeln, halten. Wie wir es manchmal in Krisenzeiten beobachten, verwandelt sich die Gesellschaft in Abwesenheit des offiziellen Rechts in ein Schlachtfeld.

Dies drückt eigentlich eine bestimmte Tatsache aus. Wir hatten den Nationalstaat als einen bis in die Poren der Gesellschaft gepressten Kriegszustand definiert. Dies zeigt sich ganz offen in Krisenzeiten. Das größte Krisenpotenzial besitzen die offiziellen Rechtsgesellschaften. Der Grund dafür ist das Fehlen des moralischen Prinzips. Wenn die Umweltkrise katastrophale Züge angenommen hat, so ist der Grund dafür, dass einerseits die moralische Dimension fehlt, andererseits das Umweltrecht noch nicht genügend entwickelt ist. Überhaupt ist die Umwelt nichts, was durch das Recht geschützt werden kann, denn sie ist unendlich. Rechtliches Wirken dagegen ist höchst begrenzt. Daher liegt auch dem ökologischen Problem die Abkehr vom Prinzip der moralischen Gesellschaft zugrunde. Eine Gesellschaft, die dem Prinzip der moralischen Gesellschaft nicht den verdienten Platz einräumt, hat ihre Nachhaltigkeit in Bezug auf ihre innere Konstitution und ihre Umwelt eingebüßt. Die aktuelle Wirklichkeit zeigt dies sehr deutlich.

Gleiches gilt auch für das Prinzip der politischen Gesellschaft. Wenn an die Stelle der Politik die gigantische bürokratische Verwaltung des Nationalstaates gesetzt wird, verlieren die Gesellschaften ihre demokratische

Funktionalität. Die Gesellschaft, in deren kleinste Poren die Verwaltung des Nationalstaates eingedrungen ist, ist eine gelähmte Gesellschaft. Eine Gesellschaft, die alle ihre Verrichtungen, ihre gemeinsamen Angelegenheiten der Bürokratie überlässt, ist in Denken und Willen tatsächlich hochgradig gelähmt. Europa hat dies bemerkt und hält nicht ohne Grund am Prinzip der demokratischen Politik fest. Dass Europa etwas weiter entwickelt ist, liegt daran, dass es neben der Bürokratie in begrenztem Maße auch der gesellschaftlichen Politik Raum lässt.

Der Nationalstaat der Moderne sieht die politische Gesellschaft als eine Bedrohung seiner Existenz, Einheit und Unteilbarkeit an. Dabei drängen Verwaltung und Bürokratismus das politische Element, die Existenzweise der Gesellschaft, nicht nur in die Enge, sondern sie machen es praktisch unbrauchbar. Sie hängen nicht nur wie ein Damoklesschwert über der Gesellschaft, sondern zerschneiden sie stündlich. Diese Tatsache ist das Grundproblem der politischen Philosophie unserer Zeit, und als Faschismus ist dies auch praktisch das größte Hindernis für das Leben. Ich habe an anderer Stelle einmal gesagt, dass Hitler als Person besiegt worden sei, sein System aber den Sieg davongetragen habe. Der National-Etatismus ist in dem Sinne, dass er die politische Gesellschaft ausradiert hat, identisch mit dem Hitlerfaschismus (Hitler war zwar nicht der Erste, dem das in Reinform gelang, aber er war derjenige, der das offiziell verkündete und vertrat).

Eine Gesellschaft, die das Prinzip der Politik nicht besitzt, es nicht gebraucht oder in der es ausgelöscht ist, ist ein Kadaver; im besten Falle kann sie als kolonialisierte Gesellschaft gelten. Daher ist die Funktionalität, welche die demokratische Gesellschaft dem politischen Prinzip verleiht, lebenswichtig und der Hauptbeweis ihrer Überlegenheit als System.

Die Zivilisationsgeschichte ist in gewissem Sinne die Geschichte davon, wie die politische Gesellschaft eingeengt, funktions- und gegenstandslos gemacht wurde. Die Spaltung der Gesellschaft in Klassen wurde erst durch die Niederschlagung der heftigen politischen Kämpfe dagegen zugunsten des Staates möglich. An diesem Punkt müssen wir genau aufpassen. Selbst den Marxist*innen, die sich am allermeisten mit dem Problem des Klassenkampfes befasst haben, gelang es nicht, die Natur der Klassenspaltung zutreffend festzustellen; sie bewerteten die Klassenspaltung, als sei sie eine Tugend und die Triebkraft der Zivilisation. Sie hielten die Klassenspaltung für eine Notwendigkeit des historischen Materialismus, als sei sie eine auf jeden Fall zu durchlaufende Stufe der Geschichte und erfülle eine Brückenfunktion. Ich habe in meiner Zivilisationsanalyse die

Klassenspaltung als Einschränkung und Dysfunktionaliserung der politischen und moralischen Gesellschaft bewertet und festgehalten, dass mit der weiteren Entwicklung der Aufspaltung in Klassen die Gesellschaft stärker in die Hegemonie von Macht und Staat geriet. In diesem Sinne verlief die Geschichte in einem heftigen Klassenkampf. Aber die Klassenspaltung selbst ist keineswegs ein Fortschritt, keine Weiterentwicklung, sondern ganz im Gegenteil ein gesellschaftlicher Rückschritt und Niedergang. Moralisch betrachtet ist das keine positive, sondern eine negative Entwicklung. Die Spaltung in Klassen als eine unvermeidliche Station für den Fortschritt zu behaupten und dies auch noch als marxistische Aussage darzustellen, ist einer der größten Fehler, der im Kampf für die Freiheit begangen wurde.

Wenn wir sie mit der Klassengesellschaft vergleichen, sehen wir, dass es die wichtigste Eigenschaft der politischen Gesellschaft ist, ständig ihrer Aufspaltung in Klassen zu widerstehen. Die beste Gesellschaft ist die Gesellschaft, die sich am wenigsten entlang von Klassen spaltet. Der Erfolg des politischen Kampfes lässt sich daran festmachen, ob die Spaltung der eigenen Gesellschaft in Klassen zugelassen wird. Der politische Kampf kann seinen Erfolg nur unter Beweis stellen, wenn er die Klassenspaltung der eigenen Gesellschaft nicht zulässt und so verhindert, sich der einseitigen Gewalt der Macht- und Staatsapparate zu unterstellen. In Gesellschaften, die bis zum Hals in der Gewalt von Macht und Staat stecken, von einem erfolgreichen politischen Kampf zu sprechen, ist ein schwerer Fehler. Ideal für die politische Gesellschaft ist, sich entweder gar nicht der Gewalt von Macht und Staat zu unterstellen oder nach einem harten Kampf zu einem Konsens auf der Grundlage des gegenseitigen Einverständnisses mit Staat und Macht zu gelangen und sie auf dieser Grundlage anzuerkennen.

Die kapitalistische Moderne ist die letzte Stufe der Zivilisation, die Stufe, auf der die politische Gesellschaft am weitesten eingeschränkt und funktionslos gemacht worden ist. Dies müssen wir sehr genau begreifen. Glaubt man dem Liberalismus, der heute die ideologische Hegemonie innehat, so sind der politische Kampf und sogar die demokratische Politik äußerst weit entwickelt. Diese Behauptung erscheint bei oberflächlicher Betrachtung zutreffend, drückt im Kern jedoch das Gegenteil aus. Die Zeit der kapitalistischen Moderne ist diejenige, in der infolge der maximalen Ausweitung von Individualismus und Monopolismus die moralische und politische Gesellschaft am dysfunktionalsten ist. Die Gesellschaft des Nationalstaates, der maximale Macht bedeutet, ist eine Gesellschaft, die einen maximalen Verlust ihres politischen Charakters erleidet. Solch eine Gesellschaft bringt der Nationalstaat hervor. Er lässt sogar die Gesellschaft insgesamt verschwinden. Die Gesellschaft wurde geradezu vom Nationalstaat und von globalen Konzernen absorbiert. Michel Foucault betrachtet in diesem Zusammenhang die Verteidigung der Gesellschaft[93] als Grundlage der Freiheit. Den Verlust der Gesellschaft (verschuldet durch extremen Individualismus und die Monopole; durch die Moderne selbst) wertet er nicht nur als den Verlust der Freiheit, sondern auch als Verlust des Menschen.

Die demokratische Moderne ist daher der einzige Weg, durch Verteidigung der Gesellschaft Freiheit zu erringen. Die Gesellschaft, die sich durch demokratische Politik gegen Individualismus, den Nationalstaat und die Monopole verteidigt, verwandelt sich in eine moderne demokratische Gesellschaft, indem sie ihr politisches Gewebe funktional macht. Die moderne demokratische Gesellschaft dagegen beweist ihre Überlegenheit, indem sie als Gesellschaft, die über alle gesellschaftlichen Angelegenheiten nachdenkt, spricht, Entscheidungen trifft und sie in die Tat umsetzt, Unterschiedlichkeit, Multikulturalität und darauf aufbauend Gleichheit entstehen lässt. Somit führt die demokratische Moderne nicht nur den Klassenkampf auf der richtigen Grundlage; gleichzeitig schnürt sie nicht der eigenen Gesellschaft die Luft ab, indem sie eine neue Macht oder einen neuen Staat erschafft; sie fällt nicht in diese historische Falle (der historische Fehler des Realsozialismus). Ihr ist bewusst, dass sich in dem Maß, in dem Macht und Staat entstehen, Klassen bilden und so der Klassenkampf verloren wird. Dieses Bewusstsein sollten wir als eine wesentliche Eigenschaft der demokratischen Moderne festhalten.

Es sollte klar geworden sein, dass durch die demokratische Moderne kein neuer Gesellschaftstyp, weder ein kapitalistischer noch einen sozialistischer, geschaffen wird. Die demokratische Moderne stellt fest, dass diese Begriffe, weit davon entfernt, die Gesellschaft zu beschreiben, Propagandabegriffe sind. Zweifellos entsteht eine Gesellschaft. Doch diese Gesellschaft ist eine moderne demokratische Gesellschaft, in der das moralische und politische Prinzip die größte Rolle spielt, Klassen kaum Entstehungsmöglichkeiten finden, daher Macht- und Staatsapparate ihre Gewalt nicht aufzwingen können oder eine gegenseitige Anerkennung durch Konsens erfolgt und in der Einheit in Differenz, Gleichheit und Freiheit als Eigenschaften sowohl der Individualität (nicht des Individualismus) als auch der Gesellschaftlichkeit existieren. Mehr Gleichheit, Freiheit und Demokratie liegen in der Natur

93 Michel Foucault, *In Verteidigung der Gesellschaft* (Suhrkamp: Frankfurt am Main, 1999).

dieser Gesellschaft und sind Folge der Veränderung und Entwicklung, die die Institution der demokratischen Politik auslöst.

2. Die Dimension der öko-industriellen Gesellschaft

Die Grundlage der wirtschaftlichen und industriellen Dimension der demokratischen Moderne ist ökologisch. Zunächst müssen wir die Wirtschaft richtig definieren. Vordringlich sollten wir begreifen, dass die politische Ökonomie hierbei ein mächtiges Ablenkungs- und Blendungsinstrument ist. Besonders der Begriff ›kapitalistische Wirtschaft‹ ist ein Propagandabegriff und Sophismus. Wie ich auch in den vorigen Bänden dargestellt habe, ist der Kapitalismus keine Form der Wirtschaft, sondern ihr Todfeind. Der Kapitalismus ist ein organisiertes Netzwerk, das für den Profit des Monopols die Erde für die Menschheit (außer einer Handvoll Pharaonen und Nimrods) unbewohnbar macht und im Kern auf der Plünderung nicht nur von Mehrwert, sondern sämtlicher gesellschaftlichen Werte sowie einer systematischen Hegemonie in Ideologie und materieller Kultur beruht. Der Unterschied zu den Vierzig Räubern oder den Piraten ist, dass dieses Netz für sich eine vielgestaltige ideologische Legitimität, gesetzliche Bemäntelung und Stützen durch die Macht aufbaut. Durch diese Instrumente versucht es, sein wahres Gesicht und Wesen zu verstecken. Eine Reihe sogenannter wissenschaftlicher Disziplinen, angefangen mit der politischen Ökonomie, präsentieren den Kapitalismus, als sei er eine Realität. Gäbe es diesen gewaltigen, aus Ideologie und Gewalt geschmiedeten Panzer nicht, könnte er keinen einzigen Tag weiterbestehen. Indem er das wirtschaftliche Handeln (die Hauptaktivität der moralischen und politischen Gesellschaft), dessen Bedeutung in der Grundexistenz der Gesellschaft liegt und das auch die Umwelt mit einschließt, durch diese Struktur unterdrückt und ausbeutet, verhindert er einerseits Weiterentwicklung und verwandelt es andererseits in die Quelle des Glücks für eine kleine Minderheit.

Fernand Braudel definiert die Wirtschaft folgendermaßen: Die menschlichen Grundbedürfnisse bilden das Erdgeschoss, die Aktivitäten mit Waren rund um Märkte, die keine Monopole und Ausnutzung von Preisen beinhalten, das erste Stockwerk, das den eigentlichen wirtschaftlichen Bereich ausmacht, und über diesen beiden Stockwerken das oberste Stockwerk, das aus Monopolnetzen und Preismanipulationen besteht, als eigentlichen Bereich des Kapitalismus, den er als Gegner des Marktes betrachtet (Immanuel

Wallerstein findet diese Feststellung höchst bedeutsam[94]). Dies ist äußerst lehrreich. Wenn wir die Dinge im Lichte dieser Definition betrachten, so sehen wir deutlich, dass es ein Sophismus ist, den liberalen Kapitalismus als Marktwirtschaft zu bezeichnen. Die Beziehung des Kapitalismus zum Markt besteht darin, durch Preismanipulationen Monopolprofite einzufahren und dafür, wenn nötig, Kriege und Krisen auszulösen. Darüber hinaus ist der Kapitalismus ein grausames Manipulationssystem, das nicht vor dem Wahnsinn zurückschreckt, die gesamte Wirtschaft davon abzubringen, eine Aktivität zur Befriedigung der gesellschaftlichen Grundbedürfnisse zu sein, und sie fast vollständig in die profitträchtigsten Bereiche zu verlagern (Gesetz der Profitmaximierung). Wir nennen das Manipulation; es ist manipulativ im Sinne einer Handlung, einer Art Angriff, die derart lebensfeindlich ist, dass sie die menschliche Gesellschaft von den Grundlagen ihrer Existenz abschneidet.

Die Monopole der Zivilisation im Allgemeinen und die kapitalistischen Monopole im Besonderen (Landwirtschaft, Handel, Finanz-, Macht- und Nationalstaatsapparate) waren durch die Geschichte hindurch die Hauptfaktoren für alle wirtschaftlichen Verzerrungen, Krisen, Probleme, Hunger, Armut und Umweltkatastrophen. Auf diesen grundlegenden Faktoren bauen alle weiteren Übel auf: soziale und politische Klassenspaltungen, Macht, extreme Urbanisierung und sämtliche dadurch entstehenden Krankheiten, ideologische Verirrungen, die allerlei religiöse, metaphysische und szientistische Dogmen enthalten, Hässlichkeiten, vor allem die Verzerrung der Kunst, moralische Verarmung und Verfall. Die letzten vierhundert Jahre der kapitalistischen Moderne liefern zahllose Beispiele für diese Feststellungen.

Die demokratische Moderne findet in der Wirtschaft zu ihrer wahren Bedeutung. Sie stellt eine sinnvolle, systematische Struktur dar, die als Grundbedürfnisse des Erdgeschosses (wichtigste Eigenschaft: Befriedigung der Grundbedürfnisse) sowohl die Gebrauchswerte als auch als wirkliche

---

94 »Braudels Einfluss war in zweierlei Hinsicht entscheidend. Erstens, in seinem späteren Werk über Kapitalismus und Zivilisation hatte Braudel auf einer scharfen Trennung zwischen der Sphäre des freien Marktes und der Sphäre der Monopole bestanden. Er bezeichnete nur letztere als Kapitalismus und nannte ihn den ›Anti-Markt‹, was keineswegs dasselbe wie ein freier Markt ist. Dieses Konzept stellte einen direkten inhaltlichen und terminologischen Angriff auf die Verbindung von Markt und Kapitalismus durch klassische Ökonomen (einschließlich Marx) dar. Und zweitens wurde Braudels Beharrlichkeit hinsichtlich der Vielfalt der sozialen Zeiten und seine Betonung der strukturellen Zeit – die er *longue durée* nannte – zentral für die Welt-System-Analyse.« Immanuel Wallerstein, *Welt-System-Analyse – Eine Einführung* (Berlin: Springer, 2019), S. 24.

Marktwirtschaft den Tauschwert (Tauschverhältnis der Waren) hervorbringt. In der demokratischen Moderne hört die Wirtschaft auf, ein Bereich zu sein, in dem auf Profite spekuliert wird. Es wird geklärt, wie und mit welchen Methoden die Grundbedürfnisse am effektivsten befriedigt werden können, ohne zur Aufspaltung in Klassen zu führen und die Umwelt zu schädigen. Die Wirtschaft erhält als Bereich gesellschaftlichen Handelns ihre wirkliche Bedeutung. Sie bekommt einen Sinn als grundlegende Aktivität, die sowohl Ausgangspunkt als auch Folge der moralischen und politischen Gesellschaft ist.

Das Wirtschaftsverständnis der Moderne, einschließlich der marxistischen politischen Ökonomie, konnte sich nicht von der Klassenperspektive (der hegemonialen Perspektive der Bourgeoisie) befreien; indem sie den Wert an das Verhältnis von Arbeiter*in und Chef*in band, musste sie die gesamte historisch-gesellschaftliche Basis vernachlässigen und verschleiern. Der Wert ist ein Produkt der historischen Gesellschaft. Chef und kompromisslerische Arbeiter sind keineswegs die Schöpfer dieses Werts, sondern im Grunde seine Räuber. Der Beweis liegt auf der Hand: Ohne kostenlose Frauenarbeit kann nicht ein einziger Chef oder Kompromisse eingehender Arbeiter seinen Magen füllen und seinen Alltag bewältigen. Dieses Beispiel alleine zeigt bereits klar das anti-wirtschaftliche Antlitz des Kapitalismus. Außerdem haben wir ausführlich gezeigt, wie ohne die historische Gesellschaft die Zivilisation allgemein und die offizielle Moderne im Speziellen nicht hätten entstehen können.

Grundlegend in der wirtschaftlichen Dimension der demokratischen Moderne ist das industrielle und ökologische Zusammenspiel der Gebrauchs- und Tauschwerte. Die Industrie stößt an zwei Grenzen: die ökologische Grenze und die Grenze der Befriedigung der Grundbedürfnisse. Diese Grenzen darf sie nicht überschreiten. In dieser Situation wird eine Öko-Industrie entstehen. Eine Industrie, die nicht ökologisch ist, ist auch nicht wirtschaftlich. Eine Industrie, die ihre Verbindung zur Ökologie verliert, unterscheidet sich nicht von einem Maschine gewordenen Monster, das ständig seine Umwelt frisst und vernichtet. Und eine Industrie, die ihre Verbindung zur Erwirtschaftung der Grundbedürfnisse verliert, folgt keinem anderen Wert als dem Profit. Daher muss die Öko-Industrie ein Grundprinzip sein. Es ist das Hauptprinzip, an das sich alle wirtschaftlichen Aktivitäten halten müssen. Dann findet wirtschaftliches Handeln seinen wirklichen Sinn; so verschwindet auch die gesellschaftliche Basis von Arbeitslosigkeit, Über- oder Unterproduktion, hoch oder gering entwickelten Ländern und

Regionen, des Gegensatzes Dorf–Stadt, der Kluft zwischen den Klassen, wirtschaftlichen Krisen und Kriegen.

Arbeitslosigkeit ist zur Gänze eine Folge der verzerrten, profitorientierten Struktur der Wirtschaft. In der wirtschaftlichen Dimension der demokratischen Moderne ist kein Platz für diese Verzerrung. Arbeitslosigkeit ist eine unmenschliche gesellschaftliche Situation.

Auch Über- oder Unterproduktion sind Folgen der Verzerrung durch die profitorientierte Wirtschaftsstruktur. Während Grundbedürfnisse unbefriedigt sind und die Industrie derart hoch entwickelt ist, ergeben weder Unter- noch Überproduktion einen Sinn. Ich muss betonen, dass eine nicht durch natürliche Bedingungen, sondern von Menschen gemachte Unter- oder Überproduktion mindestens so sehr wie die Arbeitslosigkeit eine unmenschliche Situation ausdrückt.

Auch das Problem der gering oder hoch entwickelten Länder und Regionen ist ein weiterer Ausdruck derselben unmenschlichen Situation, die durch die profitorientierte Wirtschaft hervorgerufen wird. Das sät allerlei Konflikte zwischen Ländern und Regionen und führt so zu endlosen lokalen, nationalen und internationalen Krisen und Kriegen. Dass eine Wirtschaft im Dienste der menschlichen Gesellschaft nie zu solchen Situationen führen wird und führen darf, liegt auf der Hand.

Dass das Verhältnis von Dorf zu Stadt, das die historische Gesellschaft durch die Zeiten auf Harmonie und Arbeitsteilung gegründet hatte, sich in zunehmend tiefere Widersprüche verwandelte und das Gleichgewicht zuungunsten der dörflich-agrarischen Gesellschaft kippte, hängt ebenfalls mit der Zurichtung der Wirtschaft zur Profiterzielung zusammen. Anstelle einer Beziehungsform, in der Stadt und Dorf, Landwirtschaft, Handwerk und Industrie einander ernähren, treten Verhältnisse, unter denen sie einander liquidieren. Dies ist eine weitere katastrophale Folge des Gesetzes der Profitmaximierung. Während die dörfliche und agrarische Gesellschaft nahezu ausgelöscht wurde, begannen Stadt und Industrie eine Phase krebsartigen Wachstums. Nicht nur die Wirtschaft, die historische Gesellschaft selbst steht vor ihrer Vernichtung.

Diese Verzerrungen der Wirtschaft, die auf dem Gesetz der Profitmaximierung beruht, brachten die Bildung von Klassen und politische Konflikte mit sich; sie führten auch zu lokalen, nationalen und allen möglichen internationalen Kriegen. In den Erzählungen der Zivilisation werden all diese Übel dargestellt, als seien sie das Schicksal der Menschheit. Dabei ist klar, dass ihnen die Kolonialisierung und Plünderung der Wirtschaft durch den wirtschaftsfeindlichen kapitalistischen Individualismus und Monopolismus zugrunde liegen.

Die demokratische Moderne rettet nicht nur die Wirtschaft vor diesen feindlichen Tendenzen. Sie besitzt mit ihrer weiter entwickelten Lebensweise eine Systematik, die keine Arbeitslosigkeit und Armut kennt, Über- oder Unterproduktion nicht zulässt, Unterschiede zwischen gering und weiter entwickelten Ländern und Regionen auf ein Minimum reduziert, und den Widerspruch zwischen Dorf und Stadt in ein Verhältnis gegenseitigen Nährens verwandelt. Innerhalb der eigenen Systematik weiten sich die gesellschaftlichen und wirtschaftlichen Unterschiede nicht in Dimensionen der Klassenausbeutung aus, die Bildung von Klassen vertieft sich nicht, Ausbeutung und soziale Widersprüche, die Grund für Krise und Krieg werden könnten, vergrößern sich nicht. Das System der demokratischen Moderne verhindert nicht nur, dass Industrialismus und Urbanisierung Dorf und Landwirtschaft schlucken, sondern auch Stadt und Industrie, wo sie in lebensfähigen Dimensionen existieren. Der Mechanismus dafür ist in den Grunddimensionen der demokratischen Moderne als einer Ganzheitlichkeit gegeben. Alle Gemeinschaften behandeln in ihren wirtschaftlichen Aktivitäten das ökologische und das industrielle Element ganzheitlich im Zusammenhang mit der moralischen und politischen Dimension. Sie sind untrennbar miteinander verbunden. Nichts überlassen sie den reißenden Klauen von Individualismus und Monopolismus. In allen gesellschaftlichen Aktivitäten bleiben die Öko-Wirtschaft und die Öko-Industrie im Bewusstsein. Schon allein Projekte, die auf dieser Grundlage entworfen werden, um die Umwelt zu reparieren, die Landwirtschaft zu beleben und das Dorf in einen Lebensraum mit äußerst gesunder Umwelt zu verwandeln, besitzen ohne Weiteres das Potenzial, die gesamte Arbeitslosigkeit und Armut zu beseitigen. Arbeitslosigkeit widerspricht der menschlichen Natur. Wenn Menschen, die ja eine so hohe Intelligenz besitzen, ohne Arbeit bleiben, so kann das nur an menschlicher Gewalt liegen, und so ist es ja auch. Wie sollte die Natur, in der nicht einmal eine Ameise ohne Arbeit zu finden ist, ihre am weitesten entwickelte Existenz arbeitslos und hilflos zurücklassen? Warum sollte im Zeitalter der Technologie, dieses großartigen Produktes menschlichen Handelns, und der darauf aufbauenden Industrie Armut ein Schicksal sein?

Notwendig ist offenbar eine systemisch strukturelle Transformation. Sowohl die historische als auch die gegenwärtige Realität der demokratischen Moderne besitzt die Eigenschaft, den Menschen der eigenen Praxis und Arbeit nicht zu entfremden. Die Industrielle Revolution ist als eine der bedeutendsten Stufen dieser Praxis ein Sieg der Gesellschaft und ihrer Wirtschaft. Das Problem liegt darin, dass die kapitalistische Moderne diesen einmaligen Sieg von Anfang an in den Dienst des eigenen Gesetzes des Maximalprofits stellte und so durch außerordentlichen Individualismus und Monopolismus (Handel, Industrie, Finanz, Macht und Nationalstaat) die historische Gesellschaft an den Rand der Auslöschung brachte. Demokratische Moderne ist gewissermaßen der Name der systematischen und strukturellen Revolution in diesem verzerrten Verständnis von Moderne und ihren Anwendungen. Die Öko-Industrie ist eine der Hauptdimensionen dieser Revolution. Allein dieses Argument beweist die Unerlässlichkeit der demokratischen Moderne.

Zwar werden Familien- und professionelle Unternehmen als die klassischen wirtschaftlichen Einheiten der offiziellen Moderne präsentiert, doch sind dies profitorientierte Einheiten. Keiner von ihnen geht es um etwas anderes als Profit. Obwohl sie weltweit jeden Bereich der Wirtschaft umschlungen haben, interessieren sie sich doch nur dafür, wie sie maximalen Profit erzielen können. Die gigantischen Dimensionen der Arbeitslosigkeit, die Vertiefung der Armut, massives Lohngefälle, der Hunger von Hunderten Millionen Menschen, während gleichzeitig ein riesiges produktives Potenzial ungenutzt bleibt, Krisen durch Über- oder Unterproduktion, der Kollaps der Landwirtschaft, die Zerstörung der dörflichen Gesellschaft: all dies sind Folgen von Unternehmensgründungen und wirtschaftlichen – besser gesagt außerwirtschaftlichen – Aktivitäten auf Grundlage des Gesetzes des Maximalprofits. Die wirtschaftliche Grundeinheit der demokratischen Moderne wird in Mentalität und Struktur natürlich das Gegenteil dieser profitorientierten Unternehmenseinheiten sein.

Die Wirtschaft war historisch stets eine heikle Angelegenheit und die größte Sorge der moralischen und politischen Gesellschaft. Dinge wie Mangel, Hunger und Tod bedrohen die Gesellschaft insgesamt. Genau wie Akkumulation wurde auch der Profit von den Gesellschaften niemals als legitim akzeptiert, sondern stets als Quelle des Übels und des Diebstahls betrachtet. Wenn sich eine Gelegenheit ergab, wurden diese Akkumulationen vom Staat eingezogen. Offensichtlich lässt sich eine Wirtschaft nicht aufbauen, wenn man sich dies zum Ziel setzt. Wie bereits erklärt, ist es ein Widerspruch in sich, eine anti-wirtschaftliche Aktivität als Wirtschaft zu bezeichnen.

Der einzige Weg, sich aus diesem Widerspruch zu befreien, ist der einer funktionierenden Wirtschaft aus Öko-Gemeinschaften. Tausende Öko-Gemeinschaften können sich, je nach den Umständen, als eine wirtschaftliche Einheit organisieren. Landwirtschaftlich genutzte Böden, die durch wiederholte familiäre Aufteilung ihren Charakter als Einheit verloren haben, unter Berücksichtigung des Prinzips der Öko-Industrie neu zu ordnen, ist ein Problem, das schon lange auf eine Lösung drängt. Die Bildung von Öko-Gemeinschaften in der Landwirtschaft ist eines der fundamentalen wirtschaftlichen Prinzipien der demokratischen Moderne. In diesem Zusammenhang hat auch die landwirtschaftliche Produktion auf einzelnen Bauernhöfen, die ein Überbleibsel aus Leibeigenschaft und Sklaverei ist, ausgedient. Öko-Gemeinschaften, die sich durch die Schaffung landwirtschaftlicher Einheiten im ökologischen Maßstab bilden, sind auch die Grundlage der dörflichen Moderne. Das Dorf oder das moderne Dorf kann als Öko-Gemeinschaft im Stile wirtschaftlicher Einheiten im ökologischen Maßstab seine Existenz zurückgewinnen.

Auch in den Städten können ähnliche Öko-Gemeinschaften gebildet werden. Bei der Stadtplanung wird eine ökologisch ausgerichtete Wirtschaft als Teil des großen Ganzen gestaltet. So, wie es keine die Stadt verschlingende Bürokratie geben darf, kann es auch keine die Stadt verschlingende Wirtschaft geben. Die Wirtschaft wird der Natur jeder Stadt gemäß in Form von Einheiten optimaler Größe organisiert, die nicht profitorientiert sind und die Beseitigung von Arbeitslosigkeit und Armut in der Stadt zum Zweck haben. Die Bevölkerung der Stadt kann entsprechend ihrer Struktur und ihrer Fähigkeiten auf die Einheiten verteilt werden.

Es mag vielleicht scheinen, als sprächen wir hier von einer sozialistischen Planwirtschaft. Doch das Modell, von dem wir reden, ist anders. Dieses Modell hat nichts mit zentraler Planung oder Kommandowirtschaft zu tun und auch nichts mit barbarischen, profitorientierten, außerwirtschaftlichen, angeblich wirtschaftlichen Unternehmen. Dieses Modell ist eine Struktur, die durch Beschluss und Handeln der moralischen und politischen Gesellschaft entsteht. Natürlich ist eine Koordination, die nationale, regionale und sogar internationale Bedingungen berücksichtigt, immer notwendig. Doch ändert dies nichts daran, dass Beschlüsse und Handeln in der Initiative der lokalen Gemeinschaft liegen. Ich muss nochmals unterstreichen, dass die Wirtschaft kein technisches Problem der Infrastruktur ist; als grundlegende Struktur der Existenz von Gesellschaften handelt es sich bei ihr um eine Aktivität, die durch die Ansichten, Diskussionen, Beschlüsse und organisiertes Handeln sowie die Arbeit der gesamten Gesellschaft realisiert wird. Den Menschen von der Wirtschaft loszureißen, ist die Grundlage jeglicher Entfremdung. Dies zu verhindern ist absolut essenziell, und der einzige Weg ist, die Wirtschaft zur Sache aller Gemeinschaften zu machen. Genauso, wie die Hölle losbricht, wenn die einen essen und die anderen nur zusehen, muss die Hölle losbrechen, wenn die einen arbeiten und die anderen untätig herumlaufen[95]. Die Wirtschaft, die unbedingt an der Gemeinschaft ausgerichtet und gemäß Prinzipien der Ökologie und der Effizienz organisiert werden muss, ist die Grundbedingung der Existenz der Gesellschaft. Niemand außer der Gesellschaft und der Gemeinschaften darf das Recht auf diese Existenz besitzen oder es abschaffen. Alle Einheiten, ob mit Handel, Industrie, Landwirtschaft oder mit Finanzen – unter der Bedingung, nur die Rolle eines Mittlers zu spielen – befasst, müssen sich an diese Prinzipien halten. Sowohl einer gigantischen Fabrik als auch einer dörflich-agrarischen Einheit müssen diese Prinzipien zugrunde liegen.

Das Eigentum verliert in den wirtschaftlichen Einheiten in der demokratischen Moderne seine Bedeutung und wird zweitrangig. Das Eigentum wird natürlich den Gemeinschaften gehören, die es den Prinzipien gemäß nutzen. Weder Familienbesitz noch Staatsbesitz können für die Fragen einer modernen Wirtschaft die Antwort sein. Eigentum, das ausschließlich dem Staat und der Familie gehört, ist ein Überbleibsel aus der hierarchischen Ära und kann selbst in der kapitalistischen Moderne seine Existenz nicht bewahren. Selbst Unternehmen gehen zunehmend wegen wirtschaftlicher Zwänge in gemeinsames Eigentum der Mitarbeiter*innen über. Und doch dürfen wir die Eigentumsnormen nicht scharf voneinander trennen. Genauso, wie die Zivilisationssysteme ineinander verschränkt existieren, werden auch die Eigentumssysteme für lange Zeit ineinander verschränkt bleiben. Wie im Gemeineigentum das Familieneigentum weiterexistiert, so wird auch der Staat weiterexistieren und einen Anteil haben. Wichtig ist eine Offenheit für flexible Eigentumsnormen, die Antworten für Umwelt, Produktivität und Arbeitslosigkeit bieten können. Jede Art von Besitz, die der Existenz, der Freiheit, dem Guten und Schönen des Individuums dient, ist wertvoll, auch wenn es sich um [privates] Eigentum handelt. Da diese Werte jedoch ohne Gemeinschaft nicht entstehen könnten, ist es das Beste, diese Probleme innerhalb optimaler Grenzen zu lösen. Die demokratische Moderne muss auch bei diesem Thema ihre Rolle erfolgreich spielen, indem

95 Nach dem türkischen Sprichwort »*Biri yer biri bakar kıyamet ondan kopar*«, ungefähr: »Einer isst, einer schaut, deswegen bricht die Hölle los.«

sie das gemeinschaftsbasierte Eigentum, das die gesamte Geschichte hindurch niemals aufhörte zu existieren, unter modernen Bedingungen wieder zur Grundlage der moralischen und politischen Gesellschaft macht.

3. Die Dimension der demokratisch-konföderalistischen Gesellschaft

Die dritte Dimension der gesellschaftlichen Natur betrifft die Ebene der Leitung, und wir können sie als demokratisch-konföderalistisches System benennen. Trotz aller Nachteile einer Aufteilung ist eine Darstellung in drei Dimensionen hilfreich. Zu bedenken ist, dass alle Dimensionen miteinander verschränkt sind. Es ist vielleicht möglich, eine davon durch etwas anderes zu ersetzen, doch entsteht dann nicht das System der demokratischen Moderne, sondern irgendetwas anderes. Auch die drei Dimensionen der kapitalistischen Moderne sind miteinander verschränkt. Diese Dimensionen bedingen einander.

Das Gegenstück zum Nationalstaat, der grundlegenden Staatsform der offiziellen Moderne, bildet in der demokratischen Moderne das demokratisch-konföderalistische System. Dieses können wir als eine nichtstaatliche politische Regierungsform definieren. Diese Besonderheit zeichnet dieses Systems aus. Demokratische Leitungen dürfen wir nicht mit staatlichen Verwaltungen verwechseln. Staaten verwalten nur, Demokratien regieren. Staaten gründen sich auf Macht; Demokratien basieren auf kollektivem Konsens. In Staaten sind Ernennungen wesentlich, in Demokratien Wahlen. Staaten beruhen auf Pflicht und Zwang, Demokratien auf Freiwilligkeit. Wir könnten noch weitere, ähnliche Unterschiede aufzählen.

Der demokratische Konföderalismus ist, anders als man meinen könnte, nicht irgendeine für die Gegenwart spezifische Leitungsform; es ist ein System, das in der Geschichte ganz überwiegend präsent war. In diesem Sinne ist die Geschichte nicht zentralstaatlich, sondern konföderal. Die Form des Staates wurde anerkannt, weil sie stark offiziellen Rang erhielt. Doch das gesellschaftliche Leben steht dem Konföderalismus näher. Der Staat strebt stets den Zentralismus an, weil er die Interessen der Machtmonopole vertritt, auf denen er beruht. Andernfalls könnte er diese Interessen nicht wahren; dies kann er nur durch einen strengen Zentralismus garantieren. Im Konföderalismus dagegen gilt das Gegenteil. Weil er nicht das Monopol, sondern die Gesellschaft zugrunde legt, muss sich der demokratische Konföderalismus nach Möglichkeit vor dem Zentralismus hüten. Da Gesellschaften nicht homogen sind, sondern aus zahlreichen

Gemeinschaften, Institutionen und Unterschiedlichkeiten bestehen, sehen sie sich in der Pflicht, ein harmonisches Zusammenleben all dieser zu garantieren und zu bewahren. Daher löst eine extrem zentralistische Regierung bei diesen Multituden häufig Explosionen aus. Dafür gibt es zahllose Beispiele in der Geschichte. Demokratischer Konföderalismus kommt öfter vor, weil er sich dafür eignet, dass jede Gemeinschaft, Institution und Unterschiedlichkeit sich ausdrückt. Dass er kein besonders anerkanntes System ist, liegt an der hegemonialen Struktur und Ideologie der offiziellen Zivilisation. Die Gesellschaften waren historisch im Wesentlichen konföderal, auch wenn es offiziell nicht so definiert wird. Alle Klan- oder Stammesführungen erlauben stets einen Konföderalismus mit seinen lockeren Beziehungen. Andernfalls würde ihre jeweilige innere Autonomie Schaden nehmen und so zum Zerfall ihrer Existenz führen. Selbst Imperien lehnen sich in der inneren Struktur an unzählige unterschiedliche Führungen an. In einem Imperium können sich alle möglichen Führungen von Stämmen und Volksstämmen, religiöse Autoritäten, Königreiche und sogar Republiken und Demokratien vereinen. Insofern ist es wichtig, zu begreifen, dass sogar die als besonders zentralistisch geltenden Imperien eine Art Konföderalismus darstellen. Nicht die Gesellschaft hält das Verwaltungsmodell der Zentralregierung für notwendig, sondern das Monopol.

Die kapitalistische Moderne ist derjenige Zeitraum, in dem der Staat sich maximal zentralisierte. Die modernen Monarchien und anschließend die Nationalstaaten entstanden, indem sie die politischen und militärischen Kraftzentren in der Gesellschaft zugunsten des Autorität genannten stärksten Monopols zurückdrängten, wodurch sie die Gesellschaft im politischen und militärischen Bereich maximal schwächten und ihrer Führung beraubten. So wurden sie zu denjenigen Führungen, welche die Gesellschaft militärisch und politisch am weitesten schwächten und entwaffneten. Was als gesellschaftlicher Frieden und Rechtsordnung bezeichnet wird, ist nichts anderes als die Konsolidierung der Herrschaft der bürgerlichen Klasse. Die Intensivierung der Ausbeutung und ihre neuen Formen machten die Existenz des Nationalstaates notwendig. Der Nationalstaat, den wir auch als Organisierung der Macht als maximal zentralisierter Staat bezeichnen können, ist die eigentliche Regierungsform der Moderne. Praktiken wie die sogenannten ›bürgerlichen Demokratien‹, in die er gehüllt wird, sollen im Wesentlichen für Legitimität des Machtmonopols in der Gesellschaft sorgen. Der Nationalstaat entsteht auf der Grundlage der Negation der

Demokratie und sogar der Republik. Demokratien und Republiken sind Regierungsformen, die sich in ihrem Wesen von Nationalstaaten unterscheiden.

Die demokratische Moderne trifft keine willkürliche Entscheidung, wenn sie wegen ihrer historischen Grundlage oder auch der gegenwärtigen komplexen gesellschaftlichen Natur den demokratischen Konföderalismus zum grundlegenden politischen Modell bestimmt; sie benennt damit das politische Dach für die moralische und politische Gesellschaft. Solange nicht vollständig begriffen ist, dass die gesellschaftliche Natur weder homogen noch monolithisch ist, fällt es schwer, den demokratischen Konföderalismus zu verstehen. Die vierhundertjährige Geschichte der offiziellen Moderne ist die Geschichte einer Art Genozid im Namen der homogenen Nation an der multiethnischen, multikulturellen Gesellschaft mit ihren diversen politischen Gebilden und ihrer Selbstverteidigung (meist kulturelle, teils auch physische Genozide). Gegen diese Geschichte ist der demokratische Konföderalismus hingegen die Geschichte des Beharrens auf Selbstverteidigung, Multiethnizität, Multikulturalität und verschiedenen politischen Strukturen. Die Postmoderne ist die Fortsetzung der konfliktgeladenen Geschichte der Moderne in neuem Gewand.

Der Nationalstaat, der in den letzten zweihundert Jahren als göttliches Wesen sakralisiert wurde, hat im globalen Finanzzeitalter Risse bekommen. Die gesellschaftlichen Realitäten, die er unter Zwang absorbierte und unterdrückte, sind zurück auf der Tagesordnung, als ob sie Rache an ihm nehmen wollten. Dies ist das Produkt miteinander zusammenhängender Prozesse. Das Profitdenken des Finanzzeitalters macht eine Veränderung des Nationalstaates notwendig. Diese Veränderung ist ein wesentlicher Faktor dafür, dass die Krise systemisch ist. Der Wiederaufbau des Nationalstaates durch den Neoliberalismus ist jedoch nicht besonders erfolgreich. Die Erfahrungen des Nahen Ostens sind in dieser Hinsicht lehrreich.

Das demokratische System, das sich als Gegen-Moderne zunehmend besser sichtbar machen muss, gewinnt zwar unter diesen Bedingungen an Stärke, steht aber vor der Herausforderung, Probleme der Form erfolgreich lösen zu müssen. Deshalb haben wir klarzustellen versucht, dass der Konföderalismus der Geschichte nicht fremd ist und besser mit der zunehmend komplexeren Natur der heutigen Gesellschaft korrespondiert. Wir haben mehrfach erläutert, dass die demokratische Politik den besten Weg für die moralische und politische Gesellschaft darstellt, um sich auszudrücken. Die demokratische Politik ist die Art und Weise des Aufbaus des demokratischen Konföderalismus. Seinen demokratischen Gehalt bezieht er aus dieser Art und Weise. Die andere Moderne versucht, sich durch Macht- und Staatsapparate aufrechtzuerhalten, deren Zentralisierung zunimmt und die sich bis in die feinsten Poren der Gesellschaft ausbreiten. Damit vernichten sie jedoch eigentlich auch den politischen Bereich. Im Gegensatz dazu bietet die demokratische Politik jedem Teil und jeder Identität der Gesellschaft die Möglichkeit, sich auszudrücken und zu einer politischen Kraft zu werden. Damit bildet sie auch die politische Gesellschaft. Politik tritt wieder in das gesellschaftliche Leben. Ohne ein Eingreifen der Politik lässt sich die Krise des Staats nicht lösen. Die Krise selbst rührt ja von der Negierung der politischen Gesellschaft her. Demokratische Politik ist der einzige Weg zur Überwindung der heutigen, sich verschärfenden Staatskrisen. Andernfalls werden Bestrebungen hin zu noch strenger zentralisierten Staaten unausweichlich ein hartes Scheitern erleben.

Diese Faktoren zeigen uns ein weiteres Mal, dass der demokratische Konföderalismus als eine starke Option auf der Tagesordnung steht. In Sowjetrussland stand der Konföderalismus zu Beginn hoch im Kurs und wurde dann im Namen des Zentralstaates schnell aufgehoben. Dies war der Hauptgrund für den späteren Zerfall des Realsozialismus. Der ausbleibende Erfolg der nationalen Befreiungsbewegungen und ihre baldige Korruption hängen eng damit zusammen, dass sie weder demokratische Politik noch Konföderalismus entwickelten. Auch der Erfolglosigkeit revolutionärer Bewegungen in ihren Erfahrungen der letzten zweihundert Jahre liegt zugrunde, dass sie den Nationalstaat für revolutionärer hielten und den demokratischen Konföderalismus als eine rückständige politische Form betrachteten und sich dagegen positionierten.

Personen und Bewegungen, die zum Nationalstaat, der ureigenen Waffe der kapitalistischen Moderne, griffen, und dachten, sie könnten große gesellschaftliche Transformationen über eine Abkürzung verwirklichen, begriffen zu spät, dass sie mit dieser Waffe sich selbst trafen.

Der demokratische Konföderalismus besitzt das Potenzial, die von der nationalstaatlichen Systematik herrührenden Nachteile zu überwinden. Gleichzeitig ist er das geeignetste Mittel zur Politisierung der Gesellschaft. Er ist einfach und anwendbar. Jede Gemeinschaft, Ethnie, Kultur, Religionsgemeinschaft, intellektuelle Bewegung, wirtschaftliche Einheit etc. kann sich jeweils als politische Einheit selbst autonom strukturieren und ausdrücken. Den Begriff der föderalen Struktur oder der Autonomie, der Selbstheit bzw. des Selbstseins[96], müssen wir in diesem Rahmen bewerten und in diesen Zusammenhang stellen. Jede Selbstheit, von der lokalen bis zur globalen, besitzt die Möglichkeit, eine Konföderation einzugehen. Grundelement des Lokalen ist das Recht auf freie Diskussion und das Beschlussrecht. Jede Selbstheit oder jede föderale Einheit ist einzigartig, weil sie der direkten Demokratie, die auch als partizipative Demokratie bezeichnet wird, eine Chance auf Umsetzung gibt. Diese Einheiten beziehen ihre gesamte Kraft aus der Umsetzbarkeit der direkten Demokratie. Dies ist auch das Argument dafür, dass sie eine grundlegende Rolle spielen werden. So sehr der Nationalstaat die Negation der Demokratie ist, so sehr ist der demokratische Konföderalismus im Gegensatz dazu die Form, welche diese Demokratie aufbaut und zum Funktionieren bringt.

Föderale Einheiten als Mutterzellen der direkten, partizipativen Demokratie sind auch im Hinblick auf die Flexibilität beim Zusammenschluss zu konföderalen Einheiten entsprechend der jeweiligen Bedürfnisse und Bedingungen einzigartig und ideal. Jeglicher politische Zusammenschluss ist demokratisch, solange er sich auf Einheiten gründet, die sich auf direkte, partizipative Demokratie stützen. Eine politische Funktionalität, die von der lokalen Einheit, in der Demokratie praktiziert und gelebt wird, bis zur globalen Struktur entwickelt wird, können wir demokratische Politik nennen. Wenn all diese Prozesse stattfinden, können wir von einem wirklich demokratischen System sprechen.

Wenn wir die gesellschaftliche Natur sorgfältig beobachten, können wir den Charakter des Nationalstaates als ›eisernen Käfig‹ und den befreienden, ihr angemessenen Charakter des demokratischen Konföderalismus leicht verstehen. So sehr der Nationalstaat die Gesellschaft unterdrückt, uniformiert und von der Demokratie entfernt, so sehr wirkt das demokratisch-konföderalistische Modell befreiend, pluralisierend und demokratisierend.

Wir müssen auch darauf achten, die föderalen Einheiten oder Selbstsein-Einheiten in einem sehr reichen Umfang zu denken. Wichtig ist, zu verstehen, dass sogar ein Dorf oder ein Viertel konföderale Einheiten brauchen wird. Jedes Dorf oder jedes Viertel kann durchaus einen konföderalen Zusammenschluss darstellen. Beispielsweise müssen sich zahlreiche direktdemokratische Einheiten von der ökologischen Einheit (bzw. dem föderalen Element) bis zu den Einheiten der freien Frau, der Selbstverteidigung,

96 Zum Begriff Selbstsein/Selbstheit (*kendilik*) siehe Fußnote 63 auf Seite 267

Jugend, Bildung, Folklore, Gesundheit, gegenseitigen Hilfe bis zur Wirtschaft auf der Ebene des Dorfes zusammentun. Diese neue Einheit der Einheiten können wir einfach konföderale Einheit (Einheit der verbundenen föderalen Einheiten) oder konföderalen Zusammenschluss nennen. Wenn wir dasselbe System auf die lokale, regionale, nationale und bis auf die globale Ebene tragen, sehen wir leicht, welch umfassendes System der demokratische Konföderalismus ist. Durch die Systematik des Konföderalismus können wir besser verstehen, dass auch die drei Grunddimensionen der demokratischen Moderne einander ergänzen. Da jede Dimension innerhalb dieses Systems das Potenzial besitzt, sich selbst zu diskutieren, zu evaluieren, Beschlüsse zu fassen, sich umzustrukturieren und zum Handeln zu mobilisieren, wird auch die historisch-gesellschaftliche Realität und Totalität der gesellschaftlichen Natur in bester Weise gewährleistet.

Auch die gesellschaftliche Selbstverteidigung lässt sich am besten im demokratisch-konföderalen System verwirklichen. Die Selbstverteidigung als eine Institution der demokratischen Politik liegt im Geltungsbereich des konföderalen Systems. Die Definition für die Selbstverteidigung ist der konzentrierte Ausdruck der demokratischen Politik.

Der Nationalstaat ist im Grunde ein militärisches System. Alle Nationalstaaten sind Produkte von verschiedenen nach innen und außen geführten, gnadenlosen, lang andauernden Kriegen. Kein einziger Nationalstaat ist denkbar, der nicht das Produkt von Kriegen ist. Nicht nur in der Gründungsphase, noch mehr in Phasen der Institutionalisierung und des Zerfalls überzieht der Nationalstaat die gesamte Gesellschaft von innen und außen mit einem militaristischen Panzer. Er militarisiert die Gesellschaft vollständig. Die als Zivilverwaltung bezeichneten Institutionen der Macht und des Staates erfüllen im Wesentlichen die Aufgabe, diesen militärischen Panzer zu verschleiern. Die als bürgerliche Demokratien bezeichneten Apparate gehen noch weiter in ihrem Bestreben, diese militaristische Struktur und Mentalität mit demokratischem Lack zu überpinseln, und verantworten die Propaganda, es herrsche ein liberales, demokratisches Gesellschaftssystem. Ohne diesen riesigen Widerspruch des modernen Regierens aufzulösen, können wir nicht von einer wirklichen Politisierung und einem Praktizieren demokratischer Politik sprechen. Dies ist, was auch als »Soldaten-Nation[97]« bezeichnet wird. Es handelt sich jedoch um eine Tatsache, die für alle Nationalstaaten gilt, die in den letzten vier

97 Eine von mehreren in der Türkei gängigen militaristischen Bezeichnungen für die türkische Nation. Bekannt ist auch die Redewendung »Jeder Türke wird als Soldat geboren.«

Jahrhunderten errichtet wurden. Diese Realität liegt allen gesellschaftlichen Problemen, Krisen und Verfallserscheinungen zugrunde. Die faschistischen Machtpraktiken aller Art (mit oder ohne Putsch, militärisch oder zivilfaschistisch), die als Lösung aufgedrängt werden und immer wieder auftauchen, liegen in der Natur des Nationalstaates; sie sind sein Ausdruck in Reinform.

Der demokratische Konföderalismus kann diese Militarisierung, die vom Nationalstaat herrührt, nur durch Selbstverteidigung stoppen. Gesellschaften ohne Selbstverteidigung stehen vor der Gefahr des Verlustes ihrer Identitäten, ihrer politischen Besonderheiten und ihrer Demokratisierung. Daher ist die Dimension der Selbstverteidigung für Gesellschaften nicht einfach die militärische Verteidigung. Diese ist verknüpft mit dem Schutz der Identitäten, der Gewährleistung der Politisierung und der Verwirklichung der Demokratisierung. Nur wenn die Gesellschaft sich verteidigen kann, können wir davon sprechen, dass sie ihre Identität schützt, Politisierung gewährleistet und demokratische Politik praktizieren kann. Im Lichte dieser Tatsachen muss der demokratische Konföderalismus gleichzeitig als ein Selbstverteidigungssystem gestaltet werden. Wir befinden uns im Zeitalter der globalen Hegemonie der Monopole und der Militarisierung der gesamten Gesellschaft in der Form des Nationalstaates. Unter diesen Bedingungen kann die demokratische Moderne diese Hegemonie nur mit einer eigenen Systematik aus konföderalen Netzen kontern, die die gesamte Gesellschaft umfasst und zu jeder Zeit und an jedem Ort auf Selbstverteidigung und demokratischer Politik beruht. Je mehr hegemoniale Netzwerke (Handels-, Industrie-, Finanz- und ideologische Monopole, Macht- und Nationalstaatsmonopole) existieren, desto mehr muss die demokratische Moderne konföderale Netzwerke der Selbstverteidigung und der demokratischen Politik knüpfen.

Eine letzte Frage, auf die wir bei einem Thema dieser Dimension eingehen müssen, ist, wie die Beziehungen und Widersprüche zwischen Nationalstaat und der gesellschaftlichen Natur weitergeführt werden können. Insbesondere realsozialistische und befreiungsnationalistische Strömungen begingen wegen der in ihnen vorherrschenden machtorientierten Ansätze (statt der Macht der Bourgeoisie die Macht, sogar die Diktatur des Proletariats; statt kolonialer und kollaborierender Regierungen die Macht der Nation) einige der tragischsten Fehler der Geschichte und gaben dem Kapitalismus die unverdiente Chance, weiter existieren zu können. Bei diesen und ähnlichen Strömungen können wir von einem Denken und Handeln sprechen, das gewissermaßen darauf abzielt, Macht und Staat zu zerschlagen und an ihrer Stelle neue aufzubauen. Sie sind die Hauptverantwortlichen für eine massive Militarisierung der Gesellschaft, den Verlust ihres politischen Charakters und die Niederlage im demokratischen Kampf. Diejenigen, die diese Ansätze verfolgen, haben seit rund zwei Jahrhunderten dem Nationaletatismus des kapitalistischen Hegemoniestrebens eigenhändig den Sieg auf einem goldenen Tablett serviert. Neben den Anarchist*innen stehen einige später entstandene postmoderne, feministische und ökologische Bewegungen sowie andere ziviligesellschaftliche und linke Ansätze in dieser Frage besser da.

Beide Systeme der Moderne werden unter den beschriebenen Bedingungen und Prinzipien eine lange Zeit voller Frieden und Konflikte gemeinsam existieren. Das ist eine unausweichliche Tatsache des Lebens. Es wäre weder richtig, diese lange andauernde Phase der Koexistenz mit prinzipienlosen, kapitulierenden Friedensansätzen, noch mit einem unter allen Umständen konfliktsuchenden und kriegerischen Denken und Handeln weiterzuführen. Zwischen der Systematik des Nationalstaates und der Systematik des demokratischen Konföderalismus wird es sowohl Frieden mit Prinzipien und Bedingungen geben, genauso aber im Falle der Verletzung dieser Bedingungen und Prinzipien Selbstverteidigungskriege. Eine politische Philosophie und strategische und taktische Ansätze, die dies einkalkulieren, sind dem Marsch der historischen Gesellschaft für Freiheit, Gleichheit und Demokratie zuträglicher.

Ich bin überzeugt, dass es mir ausreichend gelungen ist, in diesem langen Teil des Manifests den Doppelcharakter der Moderne als letzter Phase der Zivilisationsgeschichte, den ich zu analysieren versucht habe, zu definieren. So, wie die Geschichte der Zivilisation sich dialektisch entwickelt, so ist auch die jüngere Geschichte der Moderne voll von dialektischen Entwicklungen. Wenn wir von Dialektik sprechen, ist damit gemeint, dass die Geschichte zwei Pole, zwei unterschiedliche Mentalitäten und Strukturen in sich trägt, die sich in Beziehung und im Widerspruch zueinander entwickeln. Die Ereignisse der letzten vier Jahrhunderte bestätigen, dass der Kapitalismus der Moderne seinen Stempel aufgedrückt hat. Doch dass der Kapitalismus sie geprägt hat, bedeutet nicht, dass die Moderne aussschließlich kapitalistisch wäre. Zudem ist ja der Kapitalismus selbst keine Gesellschaftsform, sondern ein System zur Akkumulation von Profit und Kapital. Er ist kein geeignetes System, um ein so umfassendes Phänomen wie die Moderne zu charakterisieren. Sooft ich auch den Begriff der kapitalistischen Moderne benutzt habe, so habe ich doch immer betont, dass dies im Sinne einer Prägung der Moderne verstanden werden muss. Gleichzeitig habe ich zu analysieren versucht, dass es zutreffender ist, die andere Seite der Moderne als demokratische Moderne (der Name kann sich ändern, wenn ein besser passender gefunden wird) zu beschreiben (sie demokratisch geprägte Moderne zu nennen, finde ich unpassend). Um nicht in die historischen Fehler zu verfallen, die bei der Unterscheidung in kapitalistische und sozialistische Gesellschaften gemacht wurden, habe ich mich bemüht, eine oberflächliche Unterscheidung von kapitalistischer Moderne und sozialistischer Moderne zu vermeiden.

Ich habe mich stets an die Methode gehalten, die beiden unterschiedlichen Modernen einander gegenüberzustellen und im historischen Vergleich zu behandeln. Denn die Wirklichkeit selbst war gespalten. Wie in der Geschichte der Zivilisation, so wurden wir auch im kürzeren Zeitraum der modernen Zeiten in allen Verhältnissen und Konflikten Zeug*innen dieser Dichotomie. Ich habe mich bemüht – auch wenn es nur ein Versuch bleibt, – ausgehend von diesen Beobachtungen Definitionen und kurze Analysen zu entwickeln. Ich zweifle nicht daran, dass diese zumindest als eine Gedankenskizze verstanden werden. Zweifellos werden zukünftige Kritiken und Vorschläge diese Analysen weiter stärken.

Es lässt sich nicht leugnen, dass der Kapitalismus als System der Akkumulation von Profit und Kapital die Moderne geprägt hat und dies in Form der Herrschaft des Finanzkapitals als globaler Hegemonialmacht weiterhin tut. Gleichzeitig lässt sich nicht leugnen, dass es als System (das globale kapitalistische System, das Weltsystem) an allen Orten und zu allen Zeiten, wo und in denen es errichtet wurde, in sich Kräfte birgt, die mit ihm in heftigem Konflikt liegen. Aus Gründen der begrifflichen Einfachheit habe ich versucht, sie als Kräfte der demokratischen Moderne zu bezeichnen. Bekanntlich handelt es sich dabei nicht nur um realsozialistische und befreiungsnationalistische Bewegungen, sondern wir sehen in letzter Zeit auch Aufbrüche vor allem des Anarchismus und ökologischer, feministischer und radikal religiöser Systeme. Das System wurde schon längst durchlöchert und von innen und außen (mehr von außen, muss ich sagen, denn die gesellschaftliche Natur erkennt im Wesentlichen Kräfte von außen an) kommende Kräfte haben immer und überall ihr Verlangen nach Existenz, Freiheit und Gleichheit zur Sprache gebracht und in Handeln überführt. Auch haben sie nie aufgehört, nach einem eigenen System zu suchen.

Wie immer in der Zivilisationsgeschichte sind auch während der Moderne die Bestrebungen der Systeme, einander zu vernichten und ein Monopol zu errichten, gescheitert, und der Preis dafür war hoch. Zweifellos hat Blindheit auf beiden Seiten die Bilanz dieser Systemkriege stark verschlimmert. Systeme versuchen stets, einander auszustechen und so weiterzuexistieren. Von der globalen Ebene bis hinab auf lokale Ebenen wird man stets versuchen, Hegemonien durchzusetzen. Doch auch die Widerstände dagegen werden sich, gestärkt durch die Lehren aus ihren Erfahrungen, fortsetzen. Solange es ungelöste Probleme gibt, werden wir stets Krieg und Frieden gleichzeitig erleben. Je mehr Analysen und Lösungen erfolgreich sind und das Wahre, Gute und Schöne besser wiedergeben, desto eher können wir uns eine leidenschaftlichere, schönere Welt, einen Zustand ohne Frieden und ohne Krieg, vorstellen und verwirklichen. Natürlich ist auch ein Zustand von mehr Frieden und weniger Krieg wertvoll und die Bemühungen darum sind edel, sie müssen nur prinzipientreu und würdevoll sein.

Die Hegemonie des globalen Finanzkapitals selbst haben wir als die Phase der tiefsten Krise analysiert. Die Entwicklungen bestätigen diese Definition. Außerdem haben wir ausführlich erklärt, dass die Krise systemisch und strukturell ist. Selbst die aktuellen Krisennachrichten bestätigen den systemischen und strukturellen Charakter der Krise[98]. Moderne Systeme werden in Krisenzeiten gebärfreudig. Manche erschaffen tragfähige Lösungen, doch auch an nicht tragfähigen Lösungen mangelt es nie. In der liberalen Utopie des Kapitalismus fehlt es niemals an umfangreichen und eklektischen Lösungspaketen. Man schmiedet Tages-, Wochen-, Monats-, Jahres-, Zehnjahres- und Fünfzigjahrespläne. Das ist ihre Aufgabe, sie sei ihnen unbenommen, sie werden das auch weiterhin tun.

Möglicherweise steigen die Chancen für die Kräfte der demokratischen Moderne in diesen Krisenzeiten noch weiter. Hinter ihnen strahlt eine große Widerstandsgeschichte, vor ihnen leuchten die Utopien von Freiheit und Gleichheit den Weg aus. Außerdem gibt es wichtige Lektionen, die sie aus Niederlagen und Mängeln gezogen haben. Wenn sie all diese ineinander verschränkt als einen Strauß intellektueller, moralischer und politischer Aufgaben begreifen und in die Tat umsetzen, so haben sie zweifellos eine große Erfolgschance. Dennoch besitzen Zeiten systemischer und struktureller Krisen ganz spezifische Aspekte, die wir berücksichtigen müssen. Wie sehr die Kräfte der demokratischen Moderne sich auch in der Spur der

98 Das Buch wurde im Jahr 2008 verfasst, also während der globalen Finanzkrise.

Vergangenheit bewegen mögen, können sie nicht ignorieren, dass die anzuwendende Wissenschaft und moralisch-politische Philosophie Neuerungen beinhalten müssen. Andernfalls käme es wie oft in der Vergangenheit zu Oberflächlichkeiten und neuen blinden Flecken. Und dass der Liberalismus sich oft neo-isiert, vergrößert die Gefahr noch. Alle erwarteten als Folge der Weltwirtschaftskrise 1929 Revolutionen, doch ganz im Gegenteil erhob sich eine faschistische Welle, deren Auswirkungen weiterhin anhalten. Das sollten wir nicht vergessen. Die Gesellschaft ist stärker als je zuvor ihres moralischen und politischen Charakters beraubt. Die Informationstechnologie gibt den globalen ideologischen Hegemonialmächten große Möglichkeiten in die Hand, um gewaltige virtuelle Welten zu präsentieren und die wirkliche Welt zu verzerren. Diese Mächte haben kein Problem damit, die zerfallenen Strukturen in ein neues System zu verpacken und wie neugeboren zu präsentieren. Die gegenwärtigen Massen wurden schon längst in die Herdenmasse des Faschismus verwandelt. Ich sage dies, um zu betonen, dass wir die Hoffnung nicht sinken lassen dürfen und nicht nur die analytischen und emotionalen Aspekte der Wirklichkeit vereinen, sondern in jedem Moment und an jedem Ort moralisch und politisch leben müssen. Wenn uns dies nicht gelingt, können wir leicht scheitern. Diese Themen werden sich im folgenden, abschließenden Teil finden.

Siebter Teil

Probleme des Wiederaufbaus der demokratischen Moderne

Der tragischste Aspekt aller modernen Revolutionen ist, dass sie Opfer des Modernismus wurden, zu dessen Verwirklichung sie beitrugen. Der gemeinsame Mangel dieser Revolutionen bestand darin, dass ihnen die Analyse des Modernismus nicht gelang. Sie glaubten, sie würden die von ihnen verfolgten Ziele erfolgreich erreichen, auch ohne ihr Verhältnis und ihre Widersprüche zum Modernismus zu klären. So wurden diese Revolutionen und die in ihnen enthaltenen Utopien aber schnell durch die eiskalten Kalkulationen der Moderne aufgehalten und absorbiert. Wir können aus der fünftausendjährigen Geschichte der Zivilisation im Allgemeinen und der vierhundertjährigen der Moderne im Besonderen den Schluss ziehen, dass der wesentliche Faktor für den Misserfolg aller Widerstände und Revolutionen ihre Unfähigkeit war, den Unterschied zwischen sich und dem System, gegen das sie sich wandten, darzustellen und ihre eigenen Systeme zu bilden. Sie betrachteten die Zivilisationen und die Moderne monistisch und setzten sie mit einem universalen Leben gleich, an das sich angepasst werden musste. Unzählige Widerstandsbewegungen zerstörten unzählige Zivilisationen, doch am Ende dieser Widerstände stand lediglich der Aufbau einer neuen Version der alten Zivilisation.

Wir haben es hier mit der Kraftquelle der Zivilisationen zu tun. Mit ganz wenigen Ausnahmen sind Menschen, einschließlich der größten Revolutionär*innen, gewöhnlich Kinder der Zivilisationen ihrer Zeit. Ihre wahren Eltern sind die Zeiten, in denen sie leben. Mein Ansatz hier ist nicht fatalistisch; ich möchte betonen, dass selbst die in Wort und Tat radikalsten Revolutionär*innen unausweichlich scheitern müssen, wenn ein tief verwurzelter Fehler nicht überwunden wird – ob er fünftausend oder vierhundert Jahre alt ist. Dabei können wir keinesfalls sagen, dass die gesellschaftlichen Widerstände und Revolutionen überhaupt kein Erbe hinterlassen hätten. Ohne dieses Erbe hätte unser Leben keinen Sinn. Doch schon die gegenwärtige Krise der doch so selbstsicheren kapitalistischen Moderne zeigt zur Genüge, dass man weit davon entfernt ist, zum Ursprung der Probleme hinabzusteigen und sie zu lösen. Fehler und Probleme lassen sich nicht dadurch zum Verschwinden bringen, dass sie auf einen langen Zeitraum verteilt werden. Doch solange sie weiterexistieren, werden auch die Träume von Gleichheit, Freiheit und demokratischem Leben als Utopien weiterexistieren.

Wenn ich hier in diesem Werk grundsätzlich mit der Geschichte der Zivilisation und der Moderne abrechne, so leiste ich damit sowohl eine radikale Selbstkritik und versuche gleichzeitig, meine eigene Alternative zu präsentieren – so unzureichend dieser Versuch auch ausfallen mag. Ich muss dies tun, um konsequent zu bleiben. Die eurozentrischen Sozialwissenschaften weisen diese Konsequenz nicht auf. Wir sollen von einem einzigartigen Zeitalter der Wissenschaft reden, aber wir sollen nicht einmal in der Lage sein, etwas gegen eine Barbarei wie den Krieg zu tun! In dieser Situation ist es nicht legitim, frühere Zeitalter mit der Waffe des Szientismus zu kritisieren. Nötig wäre es, eine Wissenschaft zu entwickeln, die Legitimität besitzt. In diesem Rahmen sehe ich meine Bemühungen.

Meine Ausführungen zu Zivilisation und Moderne sollten nicht als Übertreibung abgetan werden. Wir können nicht bezweifeln, dass die Prophet*innen es ernst meinten, als sie die Ordnungen der Nimrods und Pharaonen mit dem Wort Gottes kritisierten. Doch diejenigen, die behaupteten, diesen Prophet*innen zu folgen, errichteten letztlich neue Nimrod- und Pharaonenordnungen, die sogar die vorherigen in den Schatten stellten. Wo Sultan, Schah und Padischah zu Gefangenen derselben Ordnung werden, müssen wir die Stärke dieser Zivilisationen sehen. Gute Absichten und der Glaube, den Prophet*innen zu folgen, schützt nicht davor, dem System der Nimrods und Pharaonen untertan zu sein.

Marx, Lenin und Mao rangen aufrichtig mit dem Kapitalismus. Sie waren auch vollständig überzeugt, dass sie gegen den Kapitalismus den Sozialismus aufbauten. Doch es dauerte nicht lange, bis klar wurde, dass die von ihnen aufgebauten Strukturen sich nicht allzu sehr von denen des Kapitalismus unterschieden. Hier zeigte sich wieder die Kraft der neuen Zivilisation, also der Moderne. Ihre oberflächlichen Einschätzungen über das Kapital reichten nicht aus, um den Sozialismus zu entwickeln. Ihnen fehlten Analysen der Moderne. Die positivistische Weltanschauung, unter deren massivem Einfluss sie standen, präsentierte die Moderne als die heiligste Form der Realität. Sie dachten keineswegs an eine Kritik der Moderne, sondern wollten sie weiter vervollkommnen. Die Folgen davon sehen wir vor uns. Solange die Kette der historischen Fehler weiterläuft, werden selbst die edelsten und heiligsten Ziele unausweichlich zu Mitteln der eiskalten Kalkulationen der Zivilisation und der Moderne.

Obwohl die Postmoderne eine der ersten Bewegungen war, die ernsthaft kritisierte, dass die kapitalistische Moderne nicht aufrechtzuerhalten ist, ist sie selbst weit davon entfernt, eine Alternative darzustellen. Ihre eklektische und vage Struktur erlaubte nicht einmal, dass sich die Postmoderne erfolgreich von der klassischen Moderne abgrenzt. Sie kam nicht über den Rang einer Art literarischer Strömung hinaus, ähnlich der Romantik des neunzehnten Jahrhunderts. Trotz der wertvollen Kritik von Intellektuellen an der Moderne, die am Ende des neunzehnten Jahrhunderts von Friedrich Nietzsche und in der zweiten Hälfte des zwanzigsten von Michel Foucault angeführt wurde, kam sie nicht über individuelle Anstrengungen hinaus und entwickelte sich nicht zu einer kollektiven, moralisch-politischen Strömung weiter. Obwohl in jüngerer Zeit Fernand Braudel, Immanuel Wallerstein, André Gunder Frank und ihre engen Mitarbeiter*innen in ihren Analysen der Zivilisation und des modernen Weltsystems innerhalb der historisch-gesellschaftlichen Totalität einen realistischeren und kritischeren Ansatz verfolgten, können wir doch nicht behaupten, dass sie bei der Schaffung einer Alternative gleichermaßen erfolgreich gewesen seien. Zivilisation und Moderne werden behandelt, als seien sie geschlossene, zyklische Systeme, die immer weiterbestehen müssen; sie werden ausgiebig kritisiert, aber die als Alternativen dargestellten Ideen umfassen nicht mehr als ein paar Sätze. Wir können verstehen, dass Nietzsche dem Wahnsinn verfiel und Michel Foucault früh verstarb. Aber dass Fernand Braudel den Realsozialismus für eine Alternative hielt, Immanuel Wallerstein sich mit den Begriffen Gleichheit, Freiheit und Demokratisierung begnügte und André Gunder Frank noch allgemeiner von »Einheit in Vielfalt« spricht, können wir unmöglich als ausreichend erachten. Durch diese Mängel gestehen sie geradezu, dass sie sich von den Ketten der eurozentrischen Wissenschaft, die sie so sehr kritisieren, nicht befreien konnten.

Es mag vielleicht als meine persönliche Abrechnung mit den Zentren der alten Zivilisation und der kapitalistischen Moderne als ihrer heutigen Vertreterin erscheinen, dass ich im Rahmen dieses Werkes das Thema kritisch analysiere und eine Alternative präsentiere. Diese Ansicht ist in einer Hinsicht zutreffend. Meine persönliche Überzeugung ist, dass eine Person nicht solide Wissenschaft betreiben kann, wenn sie ihr eigenes Verurteiltsein nicht analysiert. Damit meine ich nicht im engen Sinne die Verurteilung zu einer Gefängnisstrafe; ich rede vom allgemeinen gesellschaftlichen Urteil, das Zivilisation und Moderne über das freie Leben verhängt haben. Um sinnvoll Wissenschaft betreiben zu können, ist die erste Vorbedingung für das Subjekt, sich selbst zu analysieren und praktisch zu positionieren. Andernfalls wird es nicht vermeiden können, das erworbene Wissen und die Wissenschaft als intellektuelles Kapital auf dem Markt zu verwenden und so die Wissenschaft der Macht zu betreiben.

Der Grundgedanke meiner Kritiken ist, dass die fünftausendjährige Zivilisation (und auch das noch ältere hierarchische System) ihren Ursprung in einem Kapital- und Machtakkumulationsregime hat, das über der dörflich-agrarischen Gesellschaft und nomadischen Gemeinschaften auf dem Land sowie über Handwerker*innen und Arbeitssklav*innen in der Stadt errichtet wurde. Dies gilt im Wesentlichen bis heute und hat verschiedene Formen wie Handel, Geld und Industrie angenommen, wobei Macht- und Staatsmonopole als unveränderte Hauptformen erhalten geblieben sind. Die Zivilisationsgeschichte beruht einerseits auf den Aufteilungskriegen der Monopole untereinander und andererseits den Kriegen, die sie alle gemeinsam gegen die Kräfte führen, die ihnen entgegenstehen. Der Rest sind Kämpfe um die ideologische Hegemonie und Mechanismen und Manipulationen auf der Basis von Krieg und Macht zum Raub gesellschaftlicher Werte. Die Zeit der kapitalistischen Zivilisation, also die Moderne, ist der am weitesten entwickelte Zustand dieses Systems. Das System war von Anfang an durch die Existenz von Zentrum und Peripherie, Hegemonie und Konkurrenz sowie an- und abschwellenden Krisen charakterisiert. Die Zeit der Moderne jedoch, insbesondere der Abschnitt, in dem das Finanzkapital eine hegemoniale Rolle spielt, markiert die Situation der tiefsten strukturellen Krise.

Mein Vorschlag lautet, dass die alternative Lösung – wegen des dialektischen Charakters des Systems – im Bewusstsein und in den Bewegungen der gesellschaftlichen Natur all der Kräfte gesucht werden muss, die sich die gesamte Geschichte hindurch – vom Aufkommen der Hierarchie über alle Phasen der Zivilisation bis hin zur kapitalistisch geprägten Moderne – am Gegenpol befunden haben. Keine einzige Version der Geschichte der offiziellen Zivilisation kann für die ihr entgegenstehenden Kräfte die Lösung sein. Wenn in der Geschichte soziale Kämpfe bei der praktischen Umsetzung der Utopien von Gleichheit und Freiheit nicht erfolgreich waren, so ist der Hauptgrund dafür, dass sie Waffen der zerfallenden Zivilisation benutzten (nämlich die Kräfte von Macht und Staat) und die Zukunft, die sie bauen wollten, als eine veränderte Version von ihr konzipierten. Weil sie nicht in der Lage waren, unabhängig Mentalitäten und Strukturen hervorzubringen, die ihrer eigenen gesellschaftlichen Natur entsprachen, wurden sie von den Versionen des Gegenpols absorbiert.

Der historische Fluss ist weder ein zyklisches System, das aus Wiederholungen besteht, noch stellt er einen linearen Fortschritt dar. Er ist die Gesamtbewegung von Bewusstsein und Taten, die zu einer Totalität geworden sind und in dem Maße Einfluss besitzen, wie sie in sich selbst Mentalitäten und strukturelle Bewegungen gebildet haben. Zur Geschichte zu werden, eines der Elemente des Flusses zu werden, ist jederzeit möglich. Bedingung dafür ist, eine geistige Kraft und strukturelle Formen zu erlangen, die den nötigen Einfluss besitzen. Die Geschichte besitzt in diesem Sinne eine unfehlbare Natur. Alle Ansichten und Aktivitäten, die weder ausreichende geistige Stärke noch eine strukturelle Form erlangten, um in die Geschichte einzugehen, müssen die Verantwortung dafür bei sich selbst suchen.

A Zivilisation, Moderne und die Frage der Krise

Staatliche Zivilisationssysteme besitzen aufgrund ihrer Struktur die Eigenschaft, Depressionen zu produzieren. Depressionen sind keine Situationen, in die man im Laufe der Zeit hin und wieder infolge innerer und äußerer Faktoren gerät. Das System selbst produziert ständig Depressionen, also extreme Krisen. Die Logik der Depression ist recht einfach: Die Macht und die offiziellen Staatsklassen werden über den beschlagnahmten gesellschaftlichen Werten und Mehrwerten errichtet. Diese Klassen, die über der Gesellschaft konstruiert werden, besitzen aufgrund ihres organisierten, bewaffneten Wesens eine Tendenz zum ständigen Wachstum. Während die Menschen sich gerade so eben ernähren können und aufgrund verschiedener Krankheiten und Kriege früh sterben, sinkt der Anteil der Werktätigen an der Bevölkerung im Verhältnis zu dem der Staatsklassen. Da diese sich besser ernähren und schützen können und sich stärker vermehren, steigt die Population der Klassen des Staaten und jeder Art von Machtapparat. Die ersten Machtstrukturen und Staaten begünstigten wegen ihres dynastischen Charakters große Familien mit vielen Angehörigen. Dies ist ein Erfordernis der Politik der Stärke. Dieser systemische Zustand des Ungleichgewichts bedeutet Depression. Wenn die Staatsklassen, die sich immer weiter vergrößert und verstärkt haben, weiterhin über der Gesellschaft installiert bleiben und Werte rauben, wird das Fortbestehen des Systems unmöglich. Dies sind die Situationen, in denen wir von Phasen der Depression reden.

Für den Ausweg aus der Depression sind zwei Wege notwendig: Der erste besteht darin, dass in hitzigen Kämpfen um die Hegemonie diejenige Kraft, die ihre Konkurrent*innen vernichtet, zum neuen Hegemon wird. Da diese Hegemonialmacht ihre Konkurrent*innen zermalmt und ihre Anteile beschlagnahmt, kann die Krise für eine Weile als relativ überwunden gelten, bis neue Konkurrenz auftaucht. Der zweite Weg, der meist in Verbindung mit dem ersten beschritten wird, besteht in einer Produktionssteigerung durch den Einsatz ertragreicherer Methoden in Produktion, Handel und Industrie. Ein hegemoniales System, das eine Produktionssteigerung verwirklicht, gelangt zum Gegenteil der Depression, nämlich einer Phase des Wohlstands. In den Zivilisationen des Altertums fanden die Depressionen in größeren Abständen statt und hielten länger an. Häufig kam es in Abständen von zweihundert bis eintausend Jahren zu Depressionen. Eine große Depressionsphase endete meist mit einem Wechsel der Dynastie und des Zentrums. Derartige Prozesse lassen sich seit der sumerischen und der ägyptischen Zivilisation vielerorts verfolgen. Die Depressionen des Mittelalters verliefen ähnlich, doch die Abstände wurden immer kürzer. An vielen Orten fanden sie im Schnitt alle fünfzig bis einhundertfünfzig Jahre statt.

Die Depressionen des kapitalistischen Systems ereignen sich innerhalb dieses allgemeinen Ablaufs, doch weisen sie gleichzeitig spezifische Aspekte auf. Geld- und Handelsmonopole spielten zunächst eine Führungsrolle im System. Sie hatten relativ wenig mit der Produktion zu tun. Andererseits fand Geld in der Wirtschaft breite Verwendung. Dass das Zur-Ware-Werden und der Warenhandel sich ausbreiteten und die Regel wurden, erhöhte die Bedeutung des Geldes weiter. Mit der Zeit konzentrierten sich das Geld- und das Handelsmonopol in den Händen weniger. In einer solchen Situation fehlt der Gesellschaft das Geld, und ihre Kaufkraft sinkt. Da ein Zuviel an Produkten entsteht, die nicht konsumiert werden können, kommt es zu einer Überproduktionskrise, der ersten Art von Depression. Einerseits kann die Überproduktion nicht verkauft werden und wird zerstört, andererseits besitzen die Werktätigen zu wenig Geld und Kaufkraft und leiden Armut und Hunger. Innerhalb kurzer Zeit kann es zum Gegenteil kommen. Die Produktion stürzt ab, da sie sich nicht mehr lohnt. Der Zusammenhang zwischen dem Geldbesitz und der Produktion ist aufgehoben. Es gibt zu viel Geld und zu wenig Produktion. Die Lebenshaltungskosten steigen (Inflation), wir haben eine neue Krisensituation. Der traditionelle Ausweg aus beiden Arten von Depression ist neben hegemonialen Kriegen eine Steigerung der Staatsausgaben mit dem Versuch, einen bezahlten Sektor zu schaffen, um die Über- oder Unterproduktion zu kompensieren.

In den letzten vierhundert Jahren, dem Zeitalter der Hegemonie des Kapitalismus, traten solche Depressionen häufig und oft kombiniert auf. Die Abstände zwischen ihnen wurden noch kürzer und sanken auf fünfzig bis einhundert Jahre. Die Kriege um die Hegemonie wurden so umfangreich, intensiv und lang, dass sie mit keiner anderen Zivilisationsphase vergleichbar sind. An den Kriegen beteiligten sich Monopole im nationalen und internationalen Bereich. Daher erlebte die Welt zum ersten Mal Weltkriege. An lokalen und regionalen Kriegen mangelte es ohnehin niemals. Schlimmer noch ist, dass nach und nach die gesamte Gesellschaft durch den Nationalstaat militarisiert und in eine Art Kriegszustand versetzt wurde. Die heutigen Gesellschaften können getrost als Gesellschaften im

Kriegszustand bezeichnet werden. Der Kriegszustand wird ihnen über zwei Kanäle aufgezwungen: Erstens durchdringen Macht- und Staatsapparate alle Poren der Gesellschaft und halten sie in einem Netz gefangen. Sie beobachten, kontrollieren und unterdrücken. Zweitens wird mithilfe der Informationstechnologie, die in den letzten fünfzig Jahren eine qualitative Revolution erlebt hat, die wirkliche Gesellschaft durch eine virtuelle Gesellschaft ersetzt. Beide Kriegszustände können wir als Soziozid bezeichnen. Zusammen mit den Genoziden, die bislang zeitlich und örtlich begrenzt waren, bereiten diese neuen Soziozide als intensiv erlebte Dauerzustände das Ende der gesellschaftlichen Natur vor. Vielleicht werden menschenähnliche Geschöpfe weiterexistieren – aber als Herdenmasse, als Masse des Faschismus. Die Bilanz der Soziozide fällt schlimmer aus als die der Genozide, denn sie zeigt sich im Verlust der moralisch-politischen Qualität der gesamten Gesellschaft. Menschenmassen, die nicht einmal für die schwersten gesellschaftlichen und ökologischen Katastrophen eine Verantwortung empfinden, belegen dies. Es lässt sich nicht bestreiten, dass wir uns in einer Lage befinden, die über Krise und Depression hinausgeht. Eine kurze Skizze, wie es zu dieser Situation kam, mag im Sinne der Vollständigkeit sinnvoll sein, auch wenn ich mich wiederhole.

a) Klassen und Macht

Von der ersten Errichtung von Machthierarchien und staatlicher Herrschaft bis heute ist Geschichte in gewisser Weise die kumulative Vergrößerung der Macht – wie ein Schneeball, der im Rollen immer größer wird. Orte und Zeiten sind voll von der Essenz der Zivilisationsgeschichte: Kriege um die Macht. Von lokalen Kriegen bis zu Weltkriegen, von Stammeskriegen zu nationalen Kriegen, von Klassenkriegen bis Religionskriegen – sie alle führten zur Vermehrung und zum kumulativen Wachstum der Macht. Vermehrung der Macht bedeutet Entwicklung einer Klasse, die wie ein Parasit von den gesellschaftlichen Werten lebt. Führungen, die zunächst eine begrenzte Hierarchie bildeten und manchmal durch Erfahrung und Spezialistentum wichtige Beiträge zur Gesellschaft leisteten, wurden zu einer Kaste, sobald sie sich eine staatliche Form gaben. Mit ihren dynastischen Eigenschaften organisierten sich die Kastengruppen als privilegierte Klassen, was so weit führte, dass sie beanspruchten, göttlich zu sein. Das Altertum ist voll von Gott-Königen und Kaisern, die sich selbst erhöhten und ihre Macht durch derartige Behauptungen ständig vergrößerten. Die Macht- und Staatsklassen, die sich als Trio ›Priester, Regent und Kommandant‹ organisierten, blieben trotzdem eine begrenzte Zunft. Sie stellten immer nur einen sehr kleinen Teil der Bevölkerung dar. Dass sie als Parasitentum zu einer schweren Last für die Gesellschaft wurden, die sie tragen musste, wissen wir aus zahllosen Beispielen. Pyramiden, Tempel und Arenen zeugen gut sichtbar von der Art dieser Last.

Im Mittelalter ging das Anwachsen der Macht ungebremst weiter. Die Geschichte ist voll von Kriegen um die Macht, die sich auf immer größere Gebiete ausweitete. Zweifellos war ein Grund dafür auch die steigende Produktivität der Gesellschaft. Zu den königlichen Dynastien kam eine breite Aristokratenschicht oder -klasse. Trotzdem können wir noch nicht von einer krebsartigen Wucherung der herrschenden Klasse sprechen. Die Katastrophe begann erst, als Mittelklasse, Bourgeoisie und Bürokratie gemeinsam Monarchie und Aristokratie niederrissen, transformierten und sich selbst zu den herrschenden Klassen emporhoben. Zweifellos können wir auch die früheren Regime als katastrophal bezeichnen. Doch waren sie noch nicht in der Lage, die Gesellschaft insgesamt zu schlucken. Dazu reichte weder ihre Quantität noch ihre Qualität aus. Dass zusammen mit den oberen, monopolistischen Teilen der Bourgeoisie ein großer Teil der mittleren Bourgeoisie und die Bürokratie an die Macht kamen und zu Staatsklassen wurden, bedeutete den Austausch der Kraft von ein paar Dynastien und Königtümern gegen die Kraft Tausender, ja Zehntausender neuer Dynastien. Das heißt, dass an die Stelle eines Königs Tausende Könige traten. Wo die patriarchale Persönlichkeit, die sich in der sexistischen Gesellschaft entwickelt hat, sich mit den Kräften dieses neuen Königtums verband, wurde die gesellschaftliche Natur vollständig von den neuen Kräften der Macht erobert und kolonialisiert. Die Frau und alle anderen Gruppen der moralisch-politischen Gesellschaft sind die Opfer dieser inneren Kolonialisierung.

Die Staatswerdung der Mittelklasse wurde noch nicht analysiert, was auch ein wenig damit zusammenhängt, dass die Sozialwissenschaften ihre Wurzeln in dieser Klasse haben. Damit der Staat für die Gesellschaft einen Sinn ergibt, muss er unbedingt als eine Akkumulation von Expertise und Erfahrung fungieren. Es ist leicht einzusehen, dass Spezialistentum und Erfahrung im Sinne einer Führung nur von einer sehr kleinen Zahl von Personen repräsentiert werden. Wo sich jedoch Bourgeoisie und Bürokratie mit ihrem gewaltigen Umfang als Klasse der Staatsführung präsentieren, führt das unweigerlich dazu, dass die Macht in der Gesellschaft krebsartig wuchert und wächst.

Als der Nationalstaat, der das Zusammengehen der Monopole der wirtschaftlichen Ausbeutung und der ideologischen Hegemonie mit den Machtapparaten bedeutet, und die Macht alles wurden, wurde die Gesellschaft zum Nichts. Dies ist der Kern dessen, was wir als Krise der Macht bezeichnen. Das kapitalistische System ist die Kraft, die diese Krise hervorbringt. Die monströs vergrößerte Mittelklasse und die kapitalistischen Netzwerke mit ihren ungebremst wachsenden Kapitalmonopolen über der Wirtschaft können nur weiterexistieren, wenn die Macht in die Form des Nationalstaates gebracht wird. Das ist, was als Stagnation des Systems bezeichnet wird. Es bezeichnet eine Situation, die über die Krise der Machtwerdung hinausgeht.

b) Staat

Die moralisch-politische Gesellschaft, der Normalzustand der gesellschaftlichen Natur, steht in unserer Zeit vor einem nie dagewesenen Verlust ihrer wesentlichen Charakteristika. Die moralische und politische Gesellschaft, gegen die sich im Altertum und im Mittelalter der Staat entwickelte, musste in der kapitalistischen Moderne ihren Platz zugunsten des positiven Rechts mit seinen ins Unendliche vermehrten Paragrafen und der staatlichen Verwaltung räumen. Die moralischen und politischen Qualitäten der Gesellschaft überließen in der Moderne ihren Platz der Herde gewordenen Masse und ihrem ameisenhaften, völlig bedeutungslosen Mitglied, dem Staatsbürger-Individuum.

Der sogenannte moderne Staatsbürger, den keinerlei moralische oder politische Sorge umtreibt, repräsentiert anders, als behauptet wird, das schwächste Individuum aller Zeiten. Die Verbindung dieses Individuums mit der Gesellschaft beschränkt sich auf seine Frau, gegenüber der er imperiale Vollmachten vollstreckt. Dieses Individuum ist nicht einmal mit dem Individuum zur Zeit der Pharaonen vergleichbar; es ist ein Wesen ohne Persönlichkeit, das vollständig in der Autorität von Macht und Staat aufgegangen ist. Besser gesagt: Durch die physische und ideologische Hegemonie und deren informationelle und technische Umsetzung hat der Staatsbürger nicht nur vor der monopolistischen Ordnung kapituliert, sondern er ist zu ihrem bedingungslosen, freiwilligen, faschistischen Mitglied geworden. Das meine ich mit Krise der Persönlichkeit. Die gesellschaftliche Natur kann sich nicht aus derartigen Persönlichkeiten zusammensetzen, denn ihr eigentliches Gewebe ist moralisch und politisch. Diese Qualitäten muss man bei dieser Persönlichkeit jedoch mit der Lupe suchen und wird sie dennoch nicht finden. Staaten können mit diesen Persönlichkeiten funktionieren. Aber keine Gesellschaft kann mit ihnen fortbestehen. Genauer gesagt: Diese Persönlichkeit stellt die Negation der Gesellschaft dar.

Da der Staat nicht ohne Gesellschaft existieren kann, haben wir ein weiteres Mal eine Situation vor uns, in der Staat und Gesellschaft ineinander verschränkt eine Krise erleben. Diese Situation, in der der kapitalistische Individualismus zu einer Persönlichkeit ohne Persönlichkeit geführt hat, ist nichts anderes als die Widerspiegelung der Krise, die sowohl Gesellschaft als auch Staat durchleben. Offenbar ist eine Führung weder durch das Kapital- noch durch das Machtmonopol oder ihre kombinierte Staatsform, den Nationalstaat, möglich, ohne Gesellschaft und Individuum in diesen Zustand zu stürzen. Die gesellschaftliche Krise ist mehr als nur eine strukturelle Krise. Anstelle einer Struktur kann eine neue errichtet werden. Der Verlust der wesentlichen Qualitäten des gesellschaftlichen Seins jedoch lässt sich nicht einfach durch eine Neustrukturierung überwinden. Es erfordert den Wiederaufbau der moralischen und politischen Gesellschaft. Hierin liegt die Schwierigkeit.

c) Stadt

Die Urbanisierung ist ein weiteres, besonders krisenhaftes Element der Moderne. Die städtische Gesellschaft, die sich in einer dialektischen Einheit mit der dörflich-agrarischen Gesellschaft entwickelte, erfüllte wichtige gesellschaftliche Funktionen. Sie besaß eine gesellschaftliche Rolle bei der Entstehung von Vernunft und Industrie. Ein Widerspruch zur Umwelt bestand zunächst noch nicht. Im Staatsgründungsprozess wurde die Rolle der Stadt verzerrt. Sie wurde in die Basis der Klasse der Regierenden verwandelt und legte sich im Laufe des historischen Prozesses eine gegen die dörflich-agrarische Gesellschaft und die Ökologie gerichtete Struktur und Mentalität zu. Als neben der produktiven Klasse auch die der Händler*innen eine zentrale Rolle einnahm, erhielt die Stadt eine Funktion zum Nachteil der Gesellschaft. Diese negativen Funktionen der Stadt, die in Altertum und Mittelalter noch begrenzt waren, wuchsen mit der Moderne lawinenartig an. Die Städte, die mit der Industriellen Revolution krebsartig wuchsen, wurden zu Zentren der Zerstörung der traditionellen Gesellschaft. Die industrielle Stadt ist keine Stadt, sondern die Enturbanisierung der Stadt, die Beendigung ihres Stadt-Seins. Schon Städte mit einhunderttausend Einwohner*innen widersprechen bereits der Logik der Stadt, ganz zu schweigen von Millionenstädten. Bei einer Millionenstadt handelt es sich nicht um eine Stadt, sondern um Städte, deren Einwohnerschaft in der Summe eine Million überschreitet. Wenn es irgendwo eine Fünf-Millionen-Stadt gibt, so existieren dort in Wirklichkeit mindestens fünfzig Städte. Die für die Gesellschaft zerstörerische Eigenschaft der Stadt liegt in dieser Tatsache verborgen. Normale Gesellschaften können solche Städte nicht tragen, die Umwelt kann sie schon gar nicht tragen.

Die Logik hinter der zunehmenden Zahl solcher Städte ist die Ausbeutung nichtkapitalistischer Gesellschaften, die Multiplikation von Macht und der Aufstieg der Mittelklasse in die Position von Regierenden. Alle drei Entwicklungen realisieren sich über die Liquidierung der moralischen und politischen Gesellschaft. Sie liquidieren nicht nur die dörflich-agrarische Gesellschaft und nomadische Gesellschaften; auch Gruppen, die für die positiven Funktionen der Stadt verantwortlich sind, wie Künstler*innen, Handwerker*innen, Intellektuelle und andere Werktätige stoßen sie sowohl materiell als auch ideell in einen Prozess der Liquidierung. Es erfolgt der Übergang von der Stadtgesellschaft zur städtischen Masse. Der ländliche Bereich hingegen verlagert sich in die Vorstädte und wird so zu einer stärker kontrollierten Kolonie. Das Staats- und Kapitalmonopol hat die Stadt, die Stadt hat das Land geschluckt. Die Gesellschaft, die keine Gesellschaft ist, hat die Umwelt geschluckt. Da es nun weder eine ländliche Gesellschaft noch eine Umwelt noch traditionelle städtische Werktätige und Intellektuelle gibt, die die Stadt tragen könnten, geht die entstandene Situation ein weiteres Mal über eine Krise hinaus.

Nicht nur Umweltkatastrophen, sondern auch ein wirklicher Soziozid hängen unmittelbar mit diesem krebsartigen Wachstum der Stadt zusammen. Die Wissenschaften sind sich weitgehend einig, dass die Vielzahl von Städten, die eine Region oder selbst ein Land nicht tragen könnte, dem ökologischen Gleichgewicht der Welt tödliche Schläge versetzt. Symptome für die Liquidierung, mit der die Gesellschaft bedrängt wird, sind dagegen die von einer tumorartig wachsenden, regierenden Mittelklasse zerstörten Gewebe der moralischen und politischen Gesellschaft, eine wachsende Masse von Arbeitslosen und ein Haufen von verantwortungslosen Staatsbürger*innen.

d) Monopole und Krisen

Die zunehmend wachsende hegemoniale Kraft der anti-wirtschaftlichen Monopole hat die wirtschaftlichen Ressourcen der Profit- und Kapitalakkumulation unterworfen und sie so davon entfernt, die

Grundbedürfnisse der Gesellschaft zu befriedigen. Die systemischen Krisen belegen, dass der Kapitalismus entgegen der landläufigen Meinung nicht das produktivste Wirtschaftssystem, sondern ein anti-wirtschaftliches Monopol darstellt. Entgegen allen anders lautenden Thesen der politischen Ökonomie haben die kapitalistischen Monopolnetzwerke in nie dagewesenem Maße die Wirtschaft von einem Produktionssystem, das menschliche Grundbedürfnisse befriedigt, in eines verwandelt, das die ständige Profit- und Kapitalakkumulation sicherstellt. Wissenschaft und Technik sind derart fortgeschritten, dass sie ohne Weiteres die Befriedigung der menschlichen Grundbedürfnisse ermöglichen. Eine gute Leitung der Wirtschaft könnte mithilfe von Wissenschaft und Technik diese Bedürfnisse befriedigen. Da dies aber die Profit- und Kapitalakkumulation gefährden würde, lassen die Monopole eine derartige wirtschaftliche Entwicklung nicht zu. In dieser Situation werden sie notwendigerweise wirtschaftsfeindlich.

Die systemische und strukturelle Depression sollten wir in dieser Tatsache suchen. Um (leichte oder schwere) Depressionen und Krisen abzumildern, die sich in Über- und Unterproduktion, vor allem aber in der historisch beispiellosen Arbeitslosigkeit (in der Geschichte ist selten von arbeitslosen Sklav*innen und Leibeigenen die Rede), Armut und Hunger ausdrücken, wird dann eine Art Krisenmanagement geschaffen, das die traditionellen Lösungsinstrumente – Kriege und Konflikte – weiter intensiviert und zeitlich ausdehnt. Die Wirtschaftsfeindlichkeit zwingt zum Krisenregime. Eine andere Führung ist nicht möglich. Wir sollten uns gut klarmachen, dass die nationalstaatliche Regierung ein anormales Krisenmanagement darstellt. Die Gesellschaft ihrer Gesellschaftlichkeit zu berauben und in eine Herde, eine faschistische Masse zu verwandeln, ist keine nur für den Hitlerfaschismus spezifische Methode; sie hängt mit dem militaristischen Charakter des Nationalstaates zusammen. Da sich anders die monopolistische Ordnung nicht aufrechterhalten ließe, muss die Regierung des Nationalstaates – der Form der Macht, die die gesamte Gesellschaft maximal umschlingt und in all ihre Poren eindringt, – eine Krisenregierung sein. Das Ziel, eine Nation zu schaffen, ist nebensächlich. Der Nationalismus aber ist im Verbund mit den anderen ideologischen Elementen unverzichtbare Bedingung dieser Regierungsform.

Oft wird bei der Analyse der kapitalistischen Monopole zwischen Handels-, Industrie- und Finanzkrisen unterschieden. Dies und die übertriebene Darstellung von Zeitabschnitten von Depression und Wohlstand verfehlen den Kern des Systems weit. Weder Verhältnisse von Zentrum und

Peripherie noch Hegemonie und Konkurrenz noch Zyklen von Depression und Wohlstand geben die Essenz des Systems wieder. Zweifellos spielen all diese Tatsachen eine Rolle bei Depressionen. Insbesondere die Feststellung, dass der Abschnitt der Hegemonie der Finanzmonopole der Zeitraum ist, der die Krise am meisten widerspiegelt, trifft zu. Doch müssen wir alle Analysen unbedingt in dem Wissen vornehmen, dass all diese Tatsachen nicht viel bedeuten, wenn wir die Wirtschaftsfeindlichkeit des Systems nicht begreifen.

e) Ökologie

Es ist kein Zufall, dass die ökologische Krise in der Zeit der Moderne voll ausbricht. Diese Krise hängt mit der Wirtschaftsfeindlichkeit des Systems zusammen und besitzt strukturellen Charakter. Das biologische Gleichgewicht wird im Wesentlichen über symbiotische Beziehungen der Arten gewährleistet. Der biologische Anteil der universalen Intelligenz hat das so eingerichtet. Leben hatte ich als Realisierung und Entwicklung von Vielfalt definiert. Das biologische Gleichgewicht hängt vom Funktionieren dieser Regel ab. Auch auf den Zusammenhang zwischen der Herausbildung von Diversität und Freiheit sowie der Fähigkeit zu wählen war ich eingegangen. In der Mikrowelt (kleinste Energiepakete und Materieteilchen) und der Makrowelt (Inseln von Materie und Energie in astronomischen Dimensionen) arbeiten ähnliche Gleichgewichtssysteme. Dabei vernachlässigen wir die Kausalität der Beziehungsarten, welche die Unterschiedlichkeiten hervorbringen. Im Moment begnügen wir uns damit, sie als gegeben hinzunehmen. Vielleicht sind wir auch wegen mangelndem Wissen oder einem falschen Wissenschaftsverständnis unfähig, die Wirklichkeit zu begreifen.

Die gesellschaftliche Natur der Menschen unterliegt in ihrem Verhältnis zur Umwelt dieser universalen Regel. Der Mensch ist die Art Lebewesen, deren Freiheit und Fähigkeit zu wählen am weitesten entwickelt ist, da es sich bei ihm um die Natur handelt, die mit der flexibelsten Intelligenz ausgestattet ist. Die antiwirtschaftlichen Monopole des Kapitalismus stehen zu dieser Regel im Widerspruch. Genauso, wie er das symbiotische Verhältnis innerhalb der Gesellschaftsstruktur in ein Maximum an Souveränität, Macht und Herrschaft verwandelt, so verwandelt er auch ökologische Verbindungen in Herrschafts- und Ausbeutungsverhältnisse gegenüber der Natur. Wie wir es bei Killeralgen oder vergleichbaren Arten sehen, überwuchert er die gesamte Umwelt und Gesellschaft und wird monströs. Er wird zu einem gigantischen Wesen, einem Leviathan. Ein System, das ausschließlich auf Profit- und

Kapitalakkumulation beruht, kann sich nur so verhalten. Verhielte es sich anders und legte es eine symbiotische Beziehungsweise zugrunde, würde das Profitgesetz nicht funktionieren. Dann müsste sich das System transformieren.

Entgegen der landläufigen Meinung ist die Umwelt mit den Systemen ihrer eigenen Logik im Gleichgewicht. Die Vorstellung, blindwütigen Kräften ausgeliefert zu sein, ist falsch. Es ist das Zivilisationssystem und noch mehr die heutige, monopolistisch-herrische Moderne, die dieses empfindliche System zerstört. Die wahren gesellschaftlichen Ursachen für die Zerstörung sind das krebsartige Wachstum der zur Macht gewordenen Mittelklasse, das ähnlich krebsartige Wachstum ihres grundlegenden Lebensraums, der Städte, und die Tatsache, dass die Welt in die Ketten des Nationalstaats geschlagen wurde. Zu diesen Zerstörungen kommt es sowohl durch den Krieg gegen die mit hochflexibler Intelligenz ausgestatteten Strukturen der gesellschaftlichen Natur als auch durch die Verwandlung der symbiotischen Beziehung zur Umwelt in Herrschafts- und Ausbeutungsverhältnisse. Daher besteht ein enger Zusammenhang zwischen der gesellschaftlichen Krise (besser: dem Soziozid) und der ökologischen Krise. Die Krisen in beiden Bereichen nähren einander ständig. Da der Monopolprofit unweigerlich zu Bevölkerungswachstum, Arbeitslosigkeit, Hunger und Armut führt, muss diese wachsende Bevölkerung die Natur zerstören, um Arbeitslosigkeit, Armut und Hunger zu beseitigen. Wälder, die Pflanzen- und Tierwelt geraten so in große Gefahr.

Zweifellos ergibt dies wiederum größeren Profit für die Monopole. Solange der Kreislauf weitergeht (zum Beispiel die Bevölkerung auf zehn Milliarden und mehr anwächst), wird das Gleichgewicht dessen, was die Erde noch aushalten kann, vollständig kippen. Das wäre die erwartete Apokalypse. Ähnlich, wie krebsartiges Wachstum auf zellulärer Ebene das gesunde Wachstum entgleisen lässt und zum Tod führt, behindert das Wachstum des Monopolprofits das gesunde Wachstum der gesellschaftlichen Natur auf allen Ebenen und löst krebsartige Entwicklungen auf den Ebenen von Gesellschaft und Natur aus. Es gibt sogar medizinische Erklärungen, die Krebserkrankungen beim Menschen von diesen gesellschaftlichen Krebswucherungen herleiten. Die Fähigkeit zu wählen ist bei einem Wesen wie dem Menschen, dessen Niveau der flexiblen Intelligenz besonders hoch ist, wohl nicht geringer ausgeprägt als bei einer Ameise. Hat man jemals gesehen, dass Ameisen arbeitslos sind? Und Menschen mit ihrer Intelligenz sollen arbeitslos sein? Wenn das Profitgesetz nicht beachtet würde, könnten allein Korrekturen im ökologischen Bereich Beschäftigungsmöglichkeiten bieten, welche die Arbeitslosigkeit vollständig beseitigen. Beschäftigung mit ökologischer Zielsetzung kann einerseits die Umwelt retten und andererseits die Arbeitslosigkeit grundsätzlich beenden. Hunderte solcher Bereiche ließen sich ausmachen. Da sie jedoch nach dem Gesetz des Maximalprofits nicht profitabel sind, wird Beschäftigung dort verhindert. Das Verhältnis zwischen einem ökologischen Umbau und dem bestehenden System ist ein krisenhaftes und lässt sich nicht aufrechterhalten.

f) Ideologie

Der Liberalismus als hegemoniale Ideologie des Systems kann weder in seiner klassischen Form noch als Neoliberalismus Lösungen produzieren. Der Begriff Liberalismus, der in der Wortbedeutung ein Eintreten für Freiheit beinhaltet, ist ein sehr relativer. Was für die eine Person oder Gruppe Freiheit bedeutet, äußert sich für ihren Gegenpart als Sklaverei. Die Gottkönige des Altertums besaßen maximale Freiheit, und als sklavenhaltende Klasse schufen sie ihr Gegenstück. Für die mittelalterliche Aristokratie war Freiheit möglich durch die Knechtschaft breiter Massen von leibeigenen Bäuer*innen. Der Liberalismus der neuzeitlichen Bourgeoisie hingegen ging einher mit der Mindestlohnsklaverei des Proletariats, des Halbproletariats und der anderen werktätigen Gruppen – der neuen Art von Knechten. Während Liberalismus offiziell Freiheit für alle Klassen des Nationalstaates bedeutet, befördert er für die Staatsbürger*innen, die modernen Knechte, Arbeitslosigkeit, unentgeltliche Arbeit, Armut, Hunger, Ungleichheit, das Fehlen von Freiheit und Demokratie. Wir müssen uns absolut klarmachen, dass Liberalismus in Wirklichkeit kein Eintreten für die Freiheit bedeutet. Hegel hielt den Staat für das beste Mittel der Freiheit. Es hat sich jedoch gezeigt, dass diese Freiheit nur für die Staatsklassen und die Bürokratie gilt. Anders ausgedrückt: was für die Wirtschafts- und Machtmonopole (die Eliten) maximale Freiheit bedeutet, ist für alle zu Anderen gemachten Knechtschaft jeglicher Art.

Es ist wichtig, den Liberalismus als Ideologie zu erkennen. Individualismus und Freiheitsstreben reichen als Definition nicht aus. Als Begriff tauchte der Liberalismus in den Parolen der Französischen Revolution gemeinsam mit Gleichheit und Brüderlichkeit auf; das berühmte »Liberté, Égalité, Fraternité.« Als ein zentristischer Begriff fand er auf der Rechten den Konservativismus, auf der Linken dagegen zunächst die Demokrat*innen, später die Sozialist*innen. Er legte sich das gemäßigte Image zu, ohne die Notwendigkeit von Revolutionen, das System (den kapitalistischen Monopolismus) evolutionär weiterentwickeln zu wollen. Konservative waren gegen jegliche Weiterentwicklung, egal ob als Evolution oder Revolution. Sie verteidigten fanatisch die Monarchie, die Familie und die Kirche. Sozialist*innen und Demokrat*innen dagegen betrachteten Revolutionen als unausweichlich, um die Veränderung zu beschleunigen. Ihr aller gemeinsamer Nenner war jedoch die Moderne. Es gab einige Einsprüche, doch alle hatten eigene Ideen für die Modernisierung. Es genügte, ganz allgemein einen Wandel zu erleben, um modernistisch zu sein. Das moderne Leben – europazentriert, mit Fundamenten aus der Urbanisierung und beschleunigt durch Renaissance, Reformation und Aufklärung – stellte den gemeinsamen Horizont dieser drei Hauptideologien dar. Im Mittelpunkt stand die Frage, wer, welche Ideologie und Partei, welche Methoden und Praktiken, Aktionen und Kriege diesen Horizont am ehesten erreichen würden.

Der Liberalismus analysierte die Situation sehr genau. Er stellte fest, dass die Moderne sich geprägt vom Kapitalismus entwickelte und noch weiter entwickeln könnte, und begann schnell, Ideologien und Strukturen auf der Rechten und der Linken geschickt zu manipulieren. Der Liberalismus teilte sich in Rechts- und Linksliberalismus. Durch den rechten Liberalismus machte er die Konservativen wirkungslos und verwandelte sie in einen Flügel des Liberalismus. Durch den linken Liberalismus nahm er einen Teil der Demokrat*innen und Sozialist*innen ins Schlepptau. So positionierte er sich selbst in der Mitte. In jeder sich verschlimmernden Krise gelang es ihm, jemanden ins Schlepptau zu nehmen und so stärker zu werden. Die Verbürgerlichung von Aristokrat*innen und die Sozialdemokratisierung eines Teils der kompromisslerischen Arbeiter*innen schritt während der Krisenregime voran. Dazu genügte es, einen geringen Teil des Monopolprofits abzugeben. Auf diese Weise machte er die systemgegnerischen Oppositionellen des neunzehnten und zwanzigsten Jahrhunderts nicht nur unschädlich, sondern reduzierte sie auf Hilfskräfte, um in jeder Situation den krisenhaften Apparat steuern zu können. So wurde die ideologische Hegemonie des Liberalismus errichtet.

Um seine ideologische Hegemonie fortsetzen zu können, profitierte der Liberalismus von vier wichtigen ideologischen Varianten:

1. Den Nationalismus macht er sich effektiv zunutze. Ob bei der Legitimierung von Kriegen nach innen oder außen oder ob bei der Schaffung von Nationen durch die Hand des Staates – der Nationalismus war der Lieblingsverbündete des Liberalismus. So schuf er das erste Glied einer

eklektischen Kette. Er sammelte reichlich Erfahrung bei der Überwindung auch schwerster Krisen durch das Anfeuern nationaler Gefühle. Der Nationalismus wurde zu einer heiligen Ideologie erhoben und auf die Ebene einer Religion gestellt. Unter diesem Schleier lassen sich nicht nur Krisen leicht überwinden, sondern gleichzeitig auch die schlimmsten und kaputtesten Ausbeutungssysteme der Monopole verstecken.

2. Der traditionellen religiösen Ideologie wurde die Rolle des Nationalismus zugewiesen. Unter seiner Hegemonie nationalisierte der Liberalismus die traditionellen Religionen, die ihres moralischen und politischen Charakters entledigt wurden. Genauer gesagt: Er machte sie zu Nationalreligionen. Religiöse Gefühle, die in der Gesellschaft tief verwurzelt waren und leicht nationalistisch eingefärbt werden konnten, spielten dieselbe Rolle wie der Nationalismus, ja, sie schweißten noch stärker zusammen. Manchmal wurden beide Ideologien miteinander verschmolzen und so der Aufbau einer Nation auf ethno-religiöser Grundlage versucht. Die Identifikation mit dem Nationalismus gelang besonders leicht im Judentum und im Islam. Doch auch die anderen Religionen (Christentum, fernöstliche Religionen, alte religiöse Traditionen in Afrika) standen nicht zurück und nahmen ähnliche Rollen ein. So führte der Liberalismus der kapitalistischen Zivilisation, die das Erbe der materiellen Kultur der Zivilisation angetreten hatte, das ideell-kulturelle Erbe über den religiösen Kanal zu und integrierte es. Die Rolle der an den Liberalismus angefügten religiös-nationalistischen Ideologien bei der Überwindung von Systemkrisen in ausweglosen Dimensionen dürfen wir nicht ignorieren.

3. Die Ideologie des positivistischen Szientismus, insbesondere in dessen philosophischer Variante, leistete einen starken Beitrag zum Liberalismus. Die positivistische Ideologie machte sich das große Ansehen der Naturwissenschaften zunutze und übte starken Einfluss sowohl auf rechte als auch auf linke Ideologien aus. Nun wurden Ideologien leicht mit dem Etikett der Wissenschaftlichkeit ausgezeichnet, was zu massiven Verirrungen führte. Insbesondere alle linken ideologischen Aufbrüche waren davon geprägt. Der Realsozialismus war in dieser Hinsicht führend. Durch positivistischen Szientismus geriet man in die Falle des kapitalistischen Modernismus. Auf der Rechten war der Faschismus die herausragende Strömung, die ihre Kraft aus dem positivistischen Szientismus zog. Somit bot der Positivismus dem Liberalismus ideologische Optionen von der extremsten Linken bis zur extremsten Rechten. Wo und wann immer es nötig war, konnte der

Liberalismus bei der Überwindung struktureller Systemkrisen maximal davon profitieren, diese Optionen zu adaptieren und sich ihrer zu bedienen.

4. Der Sexismus wurde im Zeitalter des Liberalismus mehr als je zuvor als ideologisches Element verfeinert und benutzt. Der Liberalismus übernahm die sexistische Gesellschaft, begnügte sich aber nicht damit, die Frau nur in eine unbezahlte Hausarbeiterin zu verwandeln. Es lohnte sich mehr, die Frau als Sexobjekt zur Ware zu machen und auf dem Markt feilzubieten. Beim Mann war es nur Arbeitskraft, die Frau dagegen wurde mit ihrem ganzen Körper und ihrer ganzen Seele zur Ware gemacht. Eigentlich wurde so die gefährlichste Art der Sklaverei geschaffen. ›Ehefrau des Mannes‹ ist zwar kein positives Attribut, bezeichnet jedoch nur eine begrenzte Ausbeutung. Doch mit der gesamten Persönlichkeit zur Ware zu werden, ist eine schlimmere Sklaverei als die Sklaverei der Pharaonen. In die Sklaverei aller zu geraten, ist um ein Vielfaches gefährlicher, als Sklavin eines Staates oder einer Person zu sein. Dies ist die Falle, welche die Moderne der Frau gestellt hat. Die Frau, die sich anscheinend auf die Freiheit zubewegt, wird zum Objekt der widerlichsten Ausbeutung herabgewürdigt. Von der Reklame bis zum Sex- und Pornografieobjekt ist die Frau zum wesentlichen Objekt der Ausbeutung gemacht worden. Ich kann ohne Weiteres sagen, dass der Frau die schwerste Last aufgebürdet wird, um den Kapitalismus aufrechtzuerhalten.

Bei der Vermehrung von Ausbeutung und Macht spielt die Frau eine strategische Rolle für das System. Der Mann als Repräsentant des Staates in der Familie hält sich für verantwortlich und zuständig, sowohl die Ausbeutung der Frau als auch die Macht über sie zu vergrößern. Indem er den traditionellen Druck auf die Frau ausweitet, lässt er jeden Mann an der Macht teilhaben. Auf diese Weise verfällt die Gesellschaft in das Syndrom eines maximalen zur-Macht-Werdens. Der Status der Frau gibt der patriarchalen Gesellschaft das Gefühl und die Idee grenzenloser Macht. Auf der anderen Seite lässt man für alles Negative – von der Entstehung kompromisslerischer Arbeiter*innen bis zur Arbeitslosigkeit, von der unbezahlten bis zur minimal entlohnten Arbeit – die werktätigen Frauen bezahlen; die Frau an sich! Die eklektizistisch-sexistische Ideologie des Liberalismus stellt dies nicht nur erst fest und dann anders dar; er entwickelt aus dieser Situation auch noch ideologische Varianten speziell für Frauen. Das ist so etwas wie sich die eigene Sklaverei eigenhändig anzueignen. Wir können feststellen, dass das System durch die ideologische und materielle Ausnutzung der Frau nicht nur schwerste Krisen überwindet, sondern auch die eigene Existenz sichert und garantiert. Die Frauen sind sowohl die älteste als auch die jüngste kolonialisierte Nation der Zivilisationsgeschichte im Allgemeinen und der kapitalistischen Moderne im Besonderen. Wenn wir also eine Krisensituation erleben, die sich nicht aufrechterhalten lässt, so hat die Kolonialisierung der Frau daran wesentlichen Anteil.

Das globale kapitalistische System erlebt heute unter der Hegemonie der globalen Finanzmonopole neben der allgemeinen systemischen Krise gleichzeitig Krisen, die speziell die Finanzen betreffen. Die allgemeine Depression des Systems (aufgrund der Wirtschaftsfeindlichkeit) vermengt sich mit Krisen speziell des Finanzsektors (Ablösung des Geldes vom Gold und sogar oft vom Dollar und seine Repräsentation durch verschiedene virtuelle Argumente wie Aktien und Anleihen) und verläuft damit tiefer als je zuvor in der Geschichte. Bisher hatte das System Krisen im Wesentlichen auf zwei Wegen überwunden: Erstens durch die materiellen Zwangsapparate der ständig wachsenden Macht und des Nationalstaates. Dazu gehören Kriege aller Art, Gefängnisse, Irrenanstalten, Krankenhäuser, Folter, Ghettos und höchstgefährliche Genozide und Soziozide. Zweitens durch die ständig aneinander angefügten und erweiterten Hegemonieapparate der liberalen Ideologie. Das ideologische Zentrum bildet der Liberalismus; die Erweiterungen sind Nationalismen, Religionismen, Szientismen und Sexismen. Ihre Instrumente sind Schulen, Kasernen, Gotteshäuser, Medienorgane, Universitäten und zuletzt Internet-Netzwerke. Hinzufügen müssen wir noch, dass die Kunst zur Kulturindustrie gemacht wurde.

Doch selbst gewöhnliche Wissenschaftler*innen stimmen zu, dass beide Wege nicht Lösungen produzieren, sondern ein Krisenmanagement entwickeln. Depressionen und Krisen lassen sich nicht einmal überwinden, wie es früher der Fall war. Im Gegenteil, Depressionen und Krisen, die früher die Ausnahme waren, sind zu einem Dauerzustand geworden; normale Zeiten dagegen sind die Ausnahme. Zwar liegen Depressionselemente am Fundament der Zivilisationssysteme, doch war die menschliche Gesellschaft noch nie Zeugin einer derart schweren Depression. Wenn Gesellschaften fortbestehen wollen, können sie Krisenmanagement nicht lange ertragen. Entweder zerfallen sie und verstreuen sich, oder sie widerstehen, entwickeln neue Systeme und überwinden die Krise. In solch einer Zeit leben wir.

B Die Situation der anti-systemischen Kräfte

Der Begriff der Systemgegnerschaft ist hochproblematisch. Zunächst: bezieht sich diese Gegnerschaft auch auf die Zivilisation? In welchen Aspekten bezieht sie sich darauf, in welchen nicht? Wie betrachtet sie den Zusammenhang des Systems und der Moderne? Lässt sich ein System außerhalb des Systems errichten, ohne sich gegen die Moderne des Systems zu stellen? Wie wird die Moderne begriffen; ist es gelungen, ihren Doppelcharakter festzustellen? Gibt es ein alternatives Konzept einer Moderne? Ohne Antworten auf derartige Fragen hängt der Begriff der systemgegnerischen Kräfte in der Luft. Eine sinnvolle Gegnerschaft zum System zu entwickeln, ist nicht nur dann schwer, wenn Projekte für die Zukunft fehlen, sondern auch, wenn Vergangenheit und Geschichte nicht richtig analysiert werden. Ich habe meiner Analyse die Begriffe demokratische Zivilisation und demokratische Moderne zugrundegelegt, um diese Schwierigkeiten zu überwinden und potenzielle Antworten auf die Fragen zu finden. Ich bin überzeugt, dass dies eine richtige Methode und eine richtige Suche nach einer Alternative darstellt, die die Teufelskreise der Vergangenheit durchbrechen kann.

Trotz ihres problematischen Wesens sind anti-systemische Kräfte eine Tatsache. Sie haben unsere Ära mindestens so stark beeinflusst wie das System. Vielleicht konnten sie in Theorie und Praxis keine eigenen Systeme verwirklichen, doch besitzen sie zweifellos einen großen Erfahrungsschatz. Zwar existieren große Unterschiede im breiten Spektrum der systemgegnerischen Kräfte, doch teilen sie durchaus auch viele Werte.

Mit System meinen sie den Kapitalismus, jedoch nicht die Moderne als Ganzes. Bei den anderen beiden Dimensionen der Moderne, dem Industrialismus und dem Nationalstaat, gehen ihre Meinungen stärker auseinander. Beim Thema Zivilisation herrscht Unklarheit. Wegen ihrer komplexen Ansichten stehen sich verschiedene von ihnen oftmals diametral gegenüber. Selten finden wir, dass ihre Utopien über die Moderne hinausgehen. Ihnen geht es nicht darum, sie zu überwinden, sie wollen sie korrigieren. Eine Moderne ohne Kapitalismus würde das Programm der meisten vielleicht erfüllen. Doch ihnen ist nicht klar, dass das nur eine Utopie ist.

Sie teilen normalerweise Überzeugungen in Bezug auf das System und die Tatsache, dass es sich in der Krise befindet. Was jedoch die Auswege angeht, gehen die Meinungen weiter auseinander. Sehr verschiedene Wege werden vorgeschlagen, von evolutionärer bis zu revolutionärer Veränderung, von friedlichen bis zu kriegerischen Methoden. Es gibt solche, die glauben, den Staat und die Machthaber*innen auszuwechseln, sei eine Revolution, andere schlagen eine Gesellschaft ohne Staat und Macht vor. Sie alle haben ihre Wurzeln im Grunde in der Französischen Revolution. Ihre Denkstrukturen bieten ein breites Spektrum an Perspektiven von Nationalismus bis Kommunismus, von Religionismus bis Positivismus, von Feminismus bis Ökologie. Sie sind stark mit diesen verflochten, ohne diese Tatsache zu bemerken. Verallgemeinert können wir sagen, dass sie sich sozial auf die Mittelklasse und die große Zahl derer stützten, die außerhalb der Macht- und Kapitalmonopole stehen. Diese Bewegungen, die von Intellektuellen angeführt werden, die eine bestimmte moderne Bildung genossen haben, aber deren Stellung im Kapitalismus sich zunehmend verschlechtert, sind weit davon entfernt, die überwältigende Mehrheit der Gesellschaft zu umfassen. Während der Anteil derer, die vom Kapitalismus profitieren, vielleicht rund zehn Prozent beträgt, so liegt der Anteil derer, die gegen den Kapitalismus opponieren, auf dem gleichen Niveau. Achtzig Prozent der Gesellschaft sind aus Sicht beider Gruppen nicht kapitalistisch, in Analysen und Lösungsvorschlägen kommen sie jedoch nicht als Subjekte, sondern als Objekte vor. Während der Kapitalismus kalkuliert, wie viel Profit er aus der Gesellschaft schlagen kann, sehen die Oppositionellen die Gesellschaft nur als einen Haufen, der von außen mitgeschleift werden kann. Diese Tatsache steht hinter der Unfähigkeit, die kapitalistische Moderne zu überwinden.

Wenn wir feststellen, dass in der kapitalistischen Moderne ein nicht aufrechtzuerhaltendes Krisenmanagement stattfindet, reden wir nicht von einer neuen ›revolutionären Situation‹. Solche, oft auch als objektive Bedingungen der Revolution bezeichnete, Situationen, wurden in früheren Diskussionen oft missbraucht. Besonders erfolgreich war das nicht. Aus Krisen können viele Arten von Krisenmanagement hervorgehen, aber genauso auch brutale Konterrevolutionen. Revolutionen hatten wohl eine Menge Glück. Außerdem wurde die Rolle von Revolutionen bei Transformationen im Allgemeinen übertrieben und meist auch falsch analysiert. Nicht Revolutionen, sondern Systemunterschiede verwirklichen die grundlegenden Transformationen. Revolutionen können lediglich innerhalb des Systems, in dem sie stattfinden, bedeutsame Veränderungen auslösen.

Zweifellos stimmt es, dass Depressionen und Krisen massive Auswirkungen auf die anti-systemischen Kräfte haben. Doch wäre es falsch, alle Hoffnung auf die Folgen von Krisen zu setzen. In der Vergangenheit wurden derartige Fehler oft gemacht, und es kam zu tiefen Enttäuschungen.

Dass der Realsozialismus, die Sozialdemokratie und befreiungsnationalistische Strömungen nach weniger als einhundert Jahren in die kapitalistische Moderne integriert wurden, hatte tiefgreifende negative Auswirkungen für die Systemgegner*innen. Ihre Bewegungen wurden geschwächt. Eigentlich rührt diese Schwächung aber von ihren eigenen Mängeln, falschen Ideologien und programmatischen Ansichten her. Wenn wir ihre Mentalitäten und Strukturen untersuchen, werden wir feststellen, dass sie den Liberalismus und die Moderne nicht wirklich überwunden haben. Rechter oder linker Flügel des Liberalismus zu sein, hindert nicht daran, früher oder später in ihm aufzugehen. Ihr Anschluss an die kapitalistischen Monopole hängt jedoch mit ihrer Auffassung von Moderne zusammen. Neue postmoderne, radikal religiöse, feministische und ökologische Bewegungen entstanden dann auch als Reaktion auf diese Entwicklungen. Doch ihre gegenwärtige ideologische und praktische Situation nährt Zweifel, ob es ihnen gelingen kann, zumindest so einflussreich zu werden, wie die ihnen vorausgehenden Systemgegner*innen es waren. Aus diesem Grunde konnten der Neoliberalismus und der religiöse Fundamentalismus zumindest einen gewissen Einfluss erlangen. Daher braucht die Systemgegnerschaft eine radikale intellektuelle, moralische und politische Erneuerung. Innerhalb dieses allgemein gesteckten Rahmens die einzelnen anti-systemischen Kräfte aus der Nähe kennenzulernen, wird wichtige, notwendige und nützliche Erkenntnisse bringen.

1. Das Erbe des Realsozialismus

Der Kommunismus war eine der ersten Bewegungen, die bewusst auf das kapitalistische System reagierten. Laut seinen Begründern Karl Marx und Friedrich Engels, die ein Gegen-System zu schaffen versuchten, speiste er sich aus drei Hauptquellen: Deutsche Philosophie, englische politische Ökonomie und französischer utopischer Sozialismus. Sie entwickelten aus der deutschen Philosophie den dialektischen Materialismus, aus der englischen politischen Ökonomie die Werttheorie und aus dem französischen utopischen Sozialismus die Theorie des Klassenkampfes. Aus allen dreien bildeten sie eine Synthese und ihre eigenen Interpretationen. Sie entwickelten sich erstmals in den 1840er Jahren zu Oppositionellen, als ernsthafte Krisen des Kapitalismus Eindruck auf sie machten. Es kamen Hoffnungen auf, das System könne sofort zerschlagen werden. Die nationale Einheit Deutschlands und Probleme der Französischen Republik standen auf der Tagesordnung. England als Hegemonialmacht befand sich auf dem Höhepunkt. Die Revolutionen der Völker Europas 1848 wurden als Zeichen gesehen, dass Hoffnungen wahr werden könnten. Das Kommunistische Manifest war als allgemeines Programm für diese Revolutionen gedacht. Der Bund der Kommunisten wurde als erste allgemeine internationale Partei oder Organisation gegründet. Daraus sprach die Erwartung von Marx und Engels, dass aus der Krise des Kapitalismus die revolutionären Volksbewegungen erfolgreich und siegreich hervorgehen würden.

Als die Revolutionen niedergeschlagen wurden, erachteten sie eine tiefergehende Untersuchung des Kapitalismus für notwendig. Karl Marx ließ sich im Exil in London, im Mekka des Kapitalismus nieder. Er stand im häufigen Kontakt mit Engels. Die Gründung der Ersten Internationale 1864 war ein Produkt dieser Zeit. Ein anderes wichtiges Ergebnis dieser Phase war die Erkenntnis, dass sich Revolutionen verzögern und daher evolutionäre Arbeiten eine lange Zeit erfordern könnten. Gewerkschaftliche und parlamentarische Arbeiten wurden für sinnvoll erachtet. Die Aufständischen der Pariser Kommune 1871 frischten zwar die Hoffnungen auf, doch ihre schnelle Niederschlagung führte zu einem verstärkten Nachdenken über die Themen Diktatur, Macht und Staat. Ihr Eintreten für einen zentralistischen Nationalstaat führte zur Opposition der Anarchist*innen und den ersten Diskussionen über Revisionismus.

Die Ausrufung der Zweiten Internationale in den 1880er Jahren erfolgte im Schatten des nationalen Chauvinismus. Wladimir Iljitsch Lenin bezeichnete das, was damals stattfand, in seinem Werk *Die proletarische Revolution und der Renegat Kautsky* als Revisionismus, gleichzeitig beschuldigte er die deutsche SPD, den Revisionismus anzuführen (Bernstein-Revisionismus). Die Russische Oktoberrevolution stärkte die Hoffnung weiter, dass die kommunistische Utopie wahr werden könnte, dass das gelingen könnte, was der Pariser Kommune nicht gelungen war. Diese Revolution hatte weltweite Auswirkungen. Eine der ersten war, die türkisch-kurdische nationale Befreiungsbewegung in Anatolien zu unterstützen und so zur Entstehung, Entwicklung und zum Erfolg des Zeitalters der nationalen Befreiungsbewegungen beizutragen. Die als »Kampf gegen die Liquidatoren« bezeichnete Zeit[99], Lenins früher Tod, der sozialistische Aufbau, der antifaschistische Kampf in den Jahren des Zweiten Weltkrieges, der im Kalten Krieg gegen die NATO gegründete Warschauer Pakt, das Raumfahrtprogramm, der wirtschaftliche Wettlauf mit dem Kapitalismus und die breite Unterstützung für die nationalen Befreiungsbewegungen waren alles wichtige Posten in der Bilanz.

Die Dritte Internationale in den 1920er Jahren erneuerte sich, wurde aber genau wie die Zweite Internationale wegen der aussichtslosen Situation des Nationalstaates von innen heraus aufgelöst. Sowjetrussland als neuem Kandidaten für eine Hegemonie gelang es, Einfluss über ein Drittel der Welt zu erlangen. Indem es die sozialistischen Bewegungen innerhalb der Nationalstaaten ihrem Schicksal überließ, geriet Russland auf den gleichen revisionistischen Weg (wie die Sozialdemokratische Partei Deutschlands). Die Kommunistische Partei der Sowjetunion befand sich damit schließlich auf dem Weg in den Kapitalismus. Der kurzlebige Widerstand dagegen in China (die Mao-Zeit 1960–76) und Albanien blieb ohne Ergebnis. Nationale Befreiungsbewegungen und gewerkschaftsorientierte Arbeiterbewegungen waren schon früher ins System integriert worden, und als in den 1980er Jahren China und in den 1990ern Russland und seine Verbündeten offiziell die Abkehr vom Realsozialismus verkündeten, ging eine Ära zu Ende.

Die rund zweihundertjährige Praxis dieser Bewegungen (seit der Französischen Revolution), die zur Bezeichnung »Realsozialismus« führte, gibt uns die Möglichkeit, sie zu evaluieren.

1. Es zeigt sich, dass sie sich eher gegen private Monopolisten wandten und den Staatskapitalismus als Macht- und Kapitalmonopol von ihrer Kritik ausnahmen. Die Oberflächlichkeit ihrer Analysen von Macht und Staat war der Grund für diese Haupttendenz. Sie besaßen die tiefe Überzeugung, den Sozialismus aufbauen zu können, wenn sie den Staat und die Macht in die Hand bekämen. An einen anderen Weg dachten sie nicht. Selbst die Demokratie interpretierten sie aus der Perspektive beider Klassen (Bourgeoisie und Proletariat) als eine Art Diktatur. Und weil sie sich auf die englische politische Ökonomie stützten, entwickelten sie nur eine sehr eng gefasste Kapitalismusanalyse.

2. Von der Klassengrundlage der Moderne scheinen sie nie gehört zu haben, oder sie betrachteten es als eher unnötig, sie zum Gegenstand der Analyse zu machen. Wo sie es doch taten, lieferten sie gute Beispiele für

99 Mit diesem Begriff wurde der Kampf der Bolschewiki gegen die Menschewiki innerhalb der Sozialdemokratischen Arbeiterpartei Russlands bezeichnet.

Rechtsabweichung. Selbst den Blick auf den Kapitalismus als erste Säule der Moderne konnten sie nicht über die Grundlage von Boss und Arbeiter*in, Profit und Lohn, Wert und Mehrwert hinaus erweitern; sie konnten nicht sehen, dass der Kapitalismus eine Art der Akkumulation ist, der wir bereits seit Sumer begegnen. Sie betrachteten nicht den dreihundert Jahre währenden Kapitalismus der italienischen Städte als den Beginn des Systems, sondern hielten den kapitalistischen Aufbruch in Holland und England im sechzehnten Jahrhundert für eine Art Anfang der Geschichte. Der Industrialismus, der das zweite wichtige Standbein der Moderne darstellt, wurde gelobt. Seine qualitative Verbindung mit dem Kapitalismus und die späteren Probleme wurden nicht zum Gegenstand der Kritik gemacht, im Gegenteil: ihm wurde die Rolle des Erlösers zugedacht. Indem sie auch die Säule des Nationalstaates als einen Schritt nach vorne ansahen, bereiteten sie dem späteren nationalen und sozialen Chauvinismus den Weg. Sie zogen den Nationalstaat dem Konföderalismus vor. Sie konnten es nicht lassen, wie die traditionellen Historiker*innen der Zivilisation die andere Seite der Moderne mit Bewertungen wie ›Rückständigkeit, Verschlafenheit, Barbarei, reaktionäre Bewegungen, das Rad der Geschichte zurückdrehen‹ zu belegen.

3. Indem sie ideologisch die vulgärmaterialistischste Form des Positivismus als Wissenschaftlichkeit akzeptierten, begingen sie auch in diesem Bereich einen historischen Fehler. Den Sozialismus, den sie aufbauten, sahen sie in gleichem Maße als wissenschaftlich wie die Revolutionen, die Darwin und Newton auf den Gebieten der Biologie und Physik vollbracht hatten. Ihr soziologischer Ansatz reichte nicht über einen groben Darwinismus hinaus. Sie hielten die Feststellung eines qualitativen Unterschieds der gesellschaftlichen Natur für unnötig und öffneten durch ihren Glauben, sie sei Gesetzen derselben Qualität unterworfen wie die erste Natur, ein Einfallstor für einen starren Determinismus. Die Kräfte, die ihnen später folgten, profitierten von diesem Einfallstor und setzten selbst die vulgärsten Interpretationen mit feststehenden wissenschaftlichen Tatsachen gleich.

4. Eine Analyse der Macht, besonders des Nationalstaates, nahmen sie nicht in Angriff. Sie stellten sich den Nationalstaat vor, als bestehe er aus Ausschüssen, die sich um die Angelegenheiten der Bourgeoisie kümmern. Ihre Unfähigkeit, die Macht und besonders den Nationalstaat als konzentrierten Monopolkapitalismus zu analysieren, ist der größte Mangel ihrer Theorien. Ihre Analysen waren nichts anderes als eine Bestätigung des Nationalstaats. Sie waren sicher, den Sozialismus am besten im Nationalstaat errichten zu können. Sie waren nicht in der Lage, die

Hegel'sche Staatsanalyse zu überwinden, und zweifelten nicht daran, den Staat, wenn sie ihn erst einmal in Händen hatten, als Werkzeug für jede beliebige Korrektur und die Herstellung von Freiheit und Gleichheit benutzen zu können. Der Zusammenhang zwischen Sozialismus und Demokratie ist eines der Themen, die sie viel zu oberflächlich und falsch behandelten. Die Chinesische und die Russische Revolution entwickelten sich gemäß dieser Ansätze. Auch sozialdemokratische und befreiungsnationalistische Machtpraktiken waren kaum anders. Bei ihnen lag der Unterschied zum Privatkapitalismus darin, dass sie den Staatskapitalismus bevorzugten. Die Machtpraktiken haben diese Tatsache klar zutage gefördert.

5. Ihre Kritik der Moderne fiel sehr eng und begrenzt aus. Sie sprachen kaum davon, dass der kapitalistische Abschnitt der Zivilisation ein Teil der historischen Zivilisation, das letzte Glied der Hauptkette ist. Sie fanden die Feststellung, dass Macht historisch akkumuliert wird, unnötig. Dass ihre eigenen Systeme ganz leicht zu einer ähnlichen Macht mit ähnlichen Praktiken werden könnten, sahen sie nicht als Problem. Anstatt zu verstehen, dass Macht die Akkumulation von Kapital, Schmutz, Krieg, Lüge, Hässlichkeit und Folter darstellt, versuchten sie eine Theorie zu produzieren, wie sie ein Mittel des Fortschritts in der Geschichte darstellen könnte. Die Geschichte hat gezeigt, wie sehr sie mit diesen Ansichten Unrecht hatten.

6. Sie betrachteten es als unnötig, die anti-zivilisatorischen Kräfte zu analysieren, die die andere Seite der Zivilisation bilden, den zweiten Pol der historischen Dialektik, der sie doch verbunden schienen. Ihre Kommentare über diese Kräfte waren überwiegend negativ. Im Gegensatz dazu scheuten sie sich nicht einmal, von einer Fortschrittlichkeit des kapitalistischen Kolonialismus in Amerika, Asien und Afrika zu sprechen. Ihre Gegner*innen kritisierten sie mit dem Argument, sie verteidigten die alte Gesellschaft.

Ihre Unfähigkeit, das immense Gewicht des Gegenpols, seine riesige demokratische Tradition, den Widerstand und die Freiheit, das Streben nach Gleichheit und Gerechtigkeit sowie seine Erfahrung mit Kommunalität zu sehen, hängt eng mit ihrer bürgerlichen Klassenrealität zusammen. Sie konnten das nicht sehen, denn wer aus diesen Klassen kommt, hat nicht den Blick, um diese Tatsachen sehen zu können.

7. Ihr positivistisch-universalistischer, linear-progressistischer methodischer Ansatz führte sie zur Vorstellung von einem Sozialismus, der früher oder später auf jeden Fall Wirklichkeit werden würde. Die Eschatologie der heiligen Schriften hatte gewissermaßen ihren Widerhall im Sozialismus gefunden. Gesellschaften wurden in Form sich linear entwickelnder Modelle

als primitive, sklavenhalterische, feudale, kapitalistische und sozialistische konzipiert. Hier handelt es sich um eine Art Fatalismus. Sie bemerkten erst spät, dass diese dogmatischen Auffassungen, die uns tief geprägt haben, in religiösem Fatalismus und Endzeitglauben wurzeln. Es wurde nicht entschlüsselt, dass die gesellschaftliche Natur im Grunde moralische und politische Qualität besitzt, dass die Zivilisationssysteme diese Qualitäten erodieren und an ihre Stelle grobe rechtliche Regeln und eine staatliche Verwaltung setzen, dass die kapitalistische Moderne diesen Prozess unendlich vertieft und verbreitert und dass dies eine Wirtschafts-, Gesellschafts-, Macht- und Staatskrise bedeutet. Die Tatsache, dass das Wahre, Gute und Schöne ein demokratisch-konföderales System ist, das die moralische und politische Qualität der Gesellschaft vollständig garantiert und dafür mit demokratischer Politik agiert, war nicht vorgesehen. Analysen und Lösungen in dieser Richtung entwickelten sie nicht. Sie sahen nicht, dass eine freie, gleiche und demokratische Gesellschaft nicht durch Macht- und Staatsinstrumente gebildet werden kann, sondern vielmehr zu ihnen im Widerspruch steht; sie entwickelten keine Theorie und Praxis für die prinzipiengeleitete, friedliche Koexistenz beider, die nur auf der Grundlage der gegenseitigen Anerkennung beruhen kann. Wenn als Grundparadigma ›Revolution, Macht, Sozialismus‹ vorgesehen ist, dürfen wir uns nicht wundern, wenn am Ende nichts anderes als Staatskapitalismus dabei herauskommen kann.

Ein weiterer Grund dafür, dass die realsozialistischen Bewegungen in einem Staatskapitalismus endeten, betrifft ihre Klassenbasis. Um es nochmals festzuhalten: Für die Bürokratie, deren Mitglieder überwiegend aus der Bourgeoisie und dem Kleinbürgertum stammen, die ihre Hoffnungen durch private Monopole nicht erfüllen und kein Kapital akkumulieren können oder sogar das vorhandene ausgeben, besteht die einzige Option darin, durch die Hand des Staates zu kollektiven Kapitalist*innen zu werden. Nichts anderes ist das, was als nationale Bourgeoisie, als nationaler Kapitalismus bezeichnet wird. Diese Klassen gewinnen durch den Staatskapitalismus als kollektives Monopol, mit anderen Worten als Nationalstaat, eine sehr starke Position. Aus diesem Grunde tendiert der Realsozialismus stärker zum Nationalstaat. Diese materielle Grundlage erklärt auch, warum sie leicht Kompromisse mit der kapitalistischen Moderne ein- und letztlich in ihr aufgingen.

8. Feministische, ökologische und kulturelle Bewegungen wurden als Hindernisse für den Klassenkampf betrachtet. Dass die Frau nicht nur mit ihrer Arbeit, sondern mit ihrem ganzen Körper und ihrer ganzen Seele schwerer kolonialer Ausbeutung unterliegt, wurde keinen ausführlichen

Analysen unterzogen. Bei der Lösung der Frauenfrage gingen die Ansätze nicht weiter als die Gleichheitsmaßstäbe im bürgerlichen Recht. Diese Werktätige, die älteste und die jüngste der Geschichte, die meist unentgeltlich oder für sehr wenig Lohn arbeitet, besaß keine andere Bedeutung, als gemäß der patriarchalen Geschichte ein Objekt zu sein. Offensichtlich war die analysierte Klasse der Mann. Ähnlich war die Herangehensweise an die Ökologie. Diesbezügliche Probleme waren nicht vorgesehen, und es wurde behauptet, eine Beschäftigung damit könne negative Auswirkungen auf die Geschlossenheit des Klassenkampfes haben. Auch kulturelle Bewegungen, die als Wiederbelebung des Alten betrachtet wurden, konnten der Einschätzung als destruktive Elemente, die den Klassenkampf stören, nicht entkommen. In der Folge zeigte sich ein Klassendenken, das von allen potenziellen Bündnispartner*innen losgelöst war und von Ökonomismus erstickt wurde.

9. Die Bildung von Klassen wurde in moralischer und politischer Hinsicht nicht als eine negative Entwicklung betrachtet, sondern als eine positive, progressive, für die Freiheit notwendige, unvermeidliche Entwicklungsstufe. Es wurde nicht begriffen, dass es objektiv den Klassen der Macht und des Staates dient, die Bildung von Klassen als legitim zu betrachten. Sklaverei, Leibeigenschaft und Proletarierdasein wurden als der Preis interpretiert, der für historischen Fortschritt und Freiheit gegenüber der Natur zu entrichten ist. Wir können jedoch als Gegeninterpretation festhalten, dass alle drei Klassenformationen, die in ihrem Wesen gleich sind, nichts mit Fortschritt oder Freiheit zu tun haben können, dass die moralische und politische Gesellschaft mit diesen Strukturen nicht koexistieren kann und gegen derartige Bildungen von Klassen ein moralischer, politischer und intellektueller Kampf geführt werden muss.

Zwar haben sie eine begrenzte Selbstkritik geleistet, doch können wir nicht behaupten, die heutigen Erb*innen der zweihundertjährigen realsozialistischen Bewegung hätten eine radikale Transformation durchlaufen. Heute befinden sie sich in einer Vertrauenskrise und einer Schwächephase. Dennoch handelt es sich um eine Bewegung, die ihren Platz in der Geschichte hat. Zwar haben sie das kapitalistische System nicht überwunden, aber es musste sich doch mit ihnen auseinandersetzen. Sie haben in positiver und negativer Weise Anteil an der Entstehung unserer Gegenwart. Ihre Depression ist Teil der strukturellen Depression des Systems. Und doch ist es das Beste, den Realsozialismus, der als Bewegung alle Systemgegner*innen mit am meisten beeinflusst hat, als einen Abschnitt zu akzeptieren, ihn zusammen mit den Lektionen, die aus seinem Erbe zu lernen sind, als Teil des Aufbaus der demokratischen Moderne zu bewerten und aus dieser Haltung heraus Allianzen zu bilden.

2. Neubewertung des Anarchismus

Die anarchistischen Bewegungen, die gleichaltrig mit dem Realsozialismus sind und ihre Wurzeln ebenfalls in der Französischen Revolution haben, verdienen nach der Auflösung des Realsozialismus oder besser seiner Integration ins System eine Neubewertung. Heute ist besser verständlich, dass ihre berühmten Vertreter Proudhon, Bakunin und Kropotkin in ihren Kritiken am System und am Realsozialismus[100] nicht ganz Unrecht hatten. Als eine Bewegung, die den Kapitalismus nicht nur als Privat- und Staatsmonopol kritisiert, sondern auch als Moderne, fallen sie durch ihre Position am entferntesten Gegenpol des Systems auf. Ihre Kritik am System sowohl von einem moralischen als auch politischen Standpunkt aus entspricht zu großen Teilen den Tatsachen. Die sozialen Strukturen ihrer Herkunft hatten entscheidenden Einfluss auf die Bewegung. Die Klassenreaktionen von aristokratischen Kreisen, deren Macht der Kapitalismus gestürzt hatte, und von städtischen Handwerker*innen, deren Situation sich noch drastischer verschlechtert hatte, spiegeln diese Tatsache wider. Dass sie individuell blieben, keine breite Basis fanden und nicht in der Lage waren, ein Gegensystem zu entwickeln, hängt eng mit ihrer sozialen Herkunft zusammen. Sie wussten genau, was der Kapitalismus tat, aber sie wissen nicht so genau, was sie tun mussten. Fassen wir ihre Ansichten kurz zusammen:

1. Sie kritisieren das kapitalistische System von ganz links. Sie verstehen besser, dass dieses System die moralische und politische Gesellschaft zerschlägt. Anders als Marxist*innen gestehen sie dem Kapitalismus keine fortschrittliche Rolle zu. Ihre Haltung gegenüber den vom Kapitalismus zerschlagenen Gesellschaften ist positiver. Sie sehen sie nicht als rückständig und zum Verfall verurteilt an. Sie finden es moralischer und politischer, dass sie erhalten bleiben.

2. Ihre Haltung zu Macht und Staat ist im Vergleich zur marxistischen umfassender und realistischer. Es ist Bakunin, der die Macht als das absolut Böse bezeichnet. Und doch ist der Ansatz, um jeden Preis die sofortige Abschaffung von Macht und Staat zu fordern, utopisch und hat kaum

100 Aus der zeitlichen Einordnung wird deutlich, dass der Autor mit ›Realsozialismus‹ nicht nur die ›sozialistischen‹ Staaten bezeichnet, sondern die gesamte marxistische Strömung des Sozialismus und der kommunistischen Bewegung.

Chancen auf praktische Umsetzung. Sie sahen voraus, dass es nicht möglich sein werde, den Sozialismus auf der Basis von Staat und Macht zu erbauen, sondern daraus vielleicht ein noch gefährlicherer bürokratischer Kapitalismus entstehen werde.

3. Sie sahen realistischerweise voraus, dass der Aufbau eines zentralistischen Nationalstaates für die Arbeiterklasse und alle Volksbewegungen eine Katastrophe und einen schweren Schlag für ihre Hoffnungen darstellen werde. Auch mit ihren Kritiken an den Marxist*innen in der Frage der Einheit Deutschlands und Italiens behielten sie Recht. Erwähnen müssen wir auch unbedingt ihre Feststellungen, dass eine historische Entwicklung zugunsten des Nationalstaates einen großen Verlust für die Utopien von Gleichheit und Freiheit bedeutet, und ihre heftige Kritik an der Parteinahme der Marxist*innen für den Nationalstaat, denen sie deswegen auch Verrat vorwarfen. Sie verfochten den Konföderalismus.

4. Auch ihre Ansichten und Kritiken bezüglich Bürokratismus, Industrialismus und Urbanisierung wurden großenteils bestätigt. Diese Ansichten und Kritiken hatten bedeutenden Anteil daran, dass sie schon früh antifaschistische und ökologistische Haltungen entwickelten.

5. Auch ihre Kritik am Realsozialismus wurde durch den Zerfall dieses Systems bestätigt. Sie waren diejenigen, die am besten diagnostizierten, dass das, was dort aufgebaut worden war, nicht Sozialismus, sondern bürokratischer Staatskapitalismus war.

Es gibt zu denken, dass trotz dieser wichtigen und bestätigten Kritiken die anarchistische Bewegung im Verhältnis zum Realsozialismus nicht zu einer Massenbewegung wurde und keine Chance auf eine praktische Umsetzung hatte. Ich vermute, dass dies von ernsthaften Mängeln und Handicaps in ihrer Theorie herrührt. Eine bedeutende Rolle dabei spielte, dass ihre Analysen zum Thema Zivilisation mangelhaft waren und sie kein umsetzbares System entwickelten. Sie legten auch kaum historisch-gesellschaftliche Analysen und Lösungsvorschläge vor. Daneben waren auch sie von der positivistischen Philosophie beeinflusst. Sie sind nicht wirklich aus der eurozentrischen Sozialwissenschaft herausgetreten. Ihr wichtigster Mangel ist jedoch meiner Meinung nach das Fehlen eines systematischen Denkens und systematischer Strukturen beim Thema demokratische Politik und demokratische Moderne. Sie bemühten sich sorgfältig um den Beweis der Richtigkeit ihrer Ansichten und Kritiken, doch verwandten sie nicht die gleiche Sorgfalt auf ihre Systematisierung und praktische Umsetzung. Vielleicht war auch ihre Klassensituation ein Hindernis dafür. Ein weiteres

Hemmnis war ihre reflexhafte Ablehnung jeglicher Art von Autorität in ihren theoretischen Betrachtungen und ihrer Lebenspraxis. Die gerechtfertigten Abwehrreaktionen gegen die Autorität von Macht und Staat übertrugen sie auf alle Autoritäten und Formen der Ordnung, was dazu beitrug, dass sie die demokratische Moderne in Theorie und Praxis nicht auf die Agenda setzten. Ich bin überzeugt, dass die wichtigste Selbstkritik, die sie leisten müssten, sich darauf bezieht, dass sie die Legitimität der demokratischen Autorität und die Notwendigkeit der demokratischen Moderne nicht erkannten. Auch dass sie nicht die Option der demokratischen Nation anstelle der des Nationalstaats entwickelten, ist ein schwerer Mangel und erfordert eine Selbstkritik.

Der Zerfall des Realsozialismus, das Aufkommen ökologistischer und feministischer Bewegungen sowie der allgemeine Aufschwung zivilgesellschaftlicher Aktivitäten hatte zweifellos positive Auswirkungen auf die Anarchist*innen. Immer wieder zu betonen, dass sie recht hatten, bedeutet aber nicht viel. Sie müssen vielmehr die Frage beantworten, warum sie sich nicht aktiv um den Aufbau eines anspruchsvollen Systems bemühten. Dies lässt an die tiefe Kluft zwischen ihrer Theorie und ihrem Leben denken. Ist es ihnen denn gelungen, das viel kritisierte moderne Leben zu überwinden? Besser gesagt, wie konsequent waren sie dabei? Wird es ihnen gelingen, die eurozentrische Lebensweise zu verlassen und Schritte hin zu einer wirklichen, globalen demokratischen Moderne zu machen?

Wir könnten noch weitere Fragen und Kritiken anführen. Das Wichtige ist jedoch, dass es dieser Bewegung, die in der Vergangenheit große Opfer brachte, wichtige Denker*innen in ihren Reihen hatte und hat und deren Ansichten und Kritiken in der intellektuellen Welt einen bedeutenden Platz besitzen, gelingt, sich und ihr Erbe in einem stimmigen und ausbaufähigen, systemgegnerischen System zu sammeln. Anarchist*innen können im Vergleich zu Realsozialist*innen eher eine Selbstkritik leisten und sich an die tägliche Praxis machen. Es bleibt wichtig, dass sie in den wirtschaftlichen, sozialen, politischen, intellektuellen und ethischen Kämpfen ihren verdienten Platz einnehmen. In den zunehmenden Kämpfen im Nahen Osten, in denen die Dimensionen Zivilisation und Kultur in den Vordergrund treten, können sich die Anarchist*innen sowohl erneuern als auch große Beiträge leisten. Sie sind eine der bedeutenden Kräfte, mit denen wir bei den Bemühungen um den Wiederaufbau des Systems der demokratischen Moderne Bündnisse schließen müssen.

3. Feminismus: Aufstand der ältesten Kolonie

Der Begriff des ›Feminismus‹, wenn wir ihn als ›Bewegung für die Frauen‹ übersetzen, beschreibt keineswegs die Frauenfrage vollständig und kann sogar in eine Sackgasse führen, weil er es ermöglicht, als seinen Gegensatz einen ›Maskulinismus‹ zu konzipieren. Er suggeriert die Bedeutung, es sei einzig der Mann der Herrschende und die Frau die Unterdrückte. Dabei ist die Realität der Frau umfassender und beinhaltet außer dem Geschlecht weitere Bedeutungen mit wirtschaftlichen, sozialen und politischen Dimensionen. Wenn wir den Begriff der Kolonie von Ländern und Nationen ablösen und auf Gruppen von Menschen beziehen, so können wir die Lage der Frau getrost als die älteste Kolonie definieren. Tatsächlich hat kein gesellschaftliches Phänomen an Seele und Körper so starke Kolonialisierung kennengelernt wie die Frau. Wir müssen verstehen, dass die Frau in einem kolonialen Zustand gehalten wird, dessen Grenzen nicht leicht zu definieren sind.

Wie alle Wissenschaften, so sind auch die Sozialwissenschaften von einem Männlichkeitsdiskurs geprägt. Die Zeilen, die in diesem Diskurs von der Frau handeln, sind voller propagandistischer Ansätze, die mit der Wirklichkeit nichts zu tun haben. Der wirkliche Status der Frau wird durch diesen Diskurs vielleicht vierzigfach verschleiert, genauso wie die Geschichtsschreibungen der Zivilisation Klasse, Ausbeutung, Repression und Folter verdecken. Statt ›Feminismus‹ ist vielleicht der Begriff *jineolojî*[101] (Wissenschaft der Frau) zweckdienlicher. Tatsachen, die die Jineolojî zutage fördern wird, werden wohl kaum weniger wirklich sein als die Theologie, Eschatologie, Politologie, Pädagogik, also die ›Logien‹, sie sich mit vielen Bereichen der Sozialwissenschaften befassen. Es ist unbestreitbar, dass die Frau sowohl physisch als auch von der Bedeutung her den größten Teil der gesellschaftlichen Natur darstellt. Wenn dem so ist, warum sollten wir diesen höchst wichtigen Teil der gesellschaftlichen Natur nicht zum Thema der Wissenschaft machen? Dass die Sozialwissenschaften, die in viele Teilbereiche bis hin zur Pädagogik, die Bildung und Erziehung von Kindern, aufgespalten sind, keine Jineolojî herausgebildet haben, lässt sich einzig dadurch erklären, dass sie einen patriarchalen Diskurs führen.

Solange die Natur der Frau im Dunkeln bleibt, lässt sich die gesamte gesellschaftliche Natur nicht erhellen. Die wirkliche und umfassende Aufklärung der gesellschaftlichen Natur ist nur durch die umfassende und realistische Aufklärung der Natur der Frau möglich. Die Situation der Frau

---

101 Kurdisch aus *jin* = Frau und *-lojî* = -logie.

einschließlich ihrer Kolonialisierungsgeschichte und der wirtschaftlichen, sozialen, politischen und geistigen Aspekte dieser Kolonialisierung offenzulegen, wird einen großen Beitrag zur vollständigen Aufklärung aller anderen historischen Fragen und sämtlicher Dimensionen der heutigen Gesellschaft leisten.

Zweifellos ist die Aufdeckung des Status der Frau nur eine Dimension des Problems. Die wichtigere Dimension betrifft die Frage der Befreiung. In anderen Worten: Wichtiger ist die Lösung des Problems. Es heißt oft, das allgemeine Niveau der Freiheit einer Gesellschaft sei proportional zum Niveau der Freiheit der Frau[102]. Entscheidend ist nur, zu welchen inhaltlichen Konsequenzen diese richtige Feststellung führt. Die Freiheit und Gleichheit der Frau sind nicht lediglich Maße für die gesellschaftliche Freiheit und Gleichheit. Sie erfordern auch Theorie, Programm, Organisation und Handlungsmechanismen. Noch wichtiger: Dies zeigt auch, dass es ohne Frauen keine demokratische Politik geben kann, dass sogar eine Klassenpolitik mangelhaft bleibt, kein Frieden geschaffen und keine Umwelt geschützt werden kann.

Wir müssen die Frau aus ihrem Status als ›heilige Mutter‹, ›Ehre‹, ›unverzichtbare Partnerin‹ herausholen und die Realität der Frau als einer Subjekt-Objekt-Gesamtheit erforschen. Natürlich müssen diese Forschungen zunächst von den Clownereien der romantischen Liebe gereinigt werden. Es sollte sogar eine besonders wichtige Dimension der Forschung sein, all die mit der Bezeichnung ›romantische Liebe‹ verschleierten großen Untaten (Vergewaltigung, Mord, Schläge, tausenderlei Beleidigungen) darzustellen. Herodots Aussage, alle Kriege zwischen Ost und West seien wegen Frauen geführt worden[103], kann nur eine Tatsache erklären, nämlich dass die Frau als wertvolle Kolonie angesehen und daher zum Gegenstand bedeutender Kriege gemacht wurde. Während dies die Zivilisationsgeschichte ist, so stellt

102 »Allgemein lässt sich die These aufstellen: Der soziale Fortschritt vollzieht sich entsprechend den Fortschritten in der Befreiung der Frau, und der Verfall der Gesellschaftsordnung vollzieht sich entsprechend der Abnahme der Freiheit der Frau. Die Erweiterung des Vorrechts der Frau ist das allgemeine Prinzip allen sozialen Fortschritts.« Charles Fourier: *Die Freiheit in der Liebe* (Hamburg, 2017), S. 66. Marx, dem diese Formulierung oft zugeschrieben wird, zitiert lediglich Fourier. Darauf weist Murray Bookchin in seinem Hauptwerk *Die Ökologie der Freiheit: Wir brauchen keine Hierarchien* (Weinheim, Basel: Beltz, 1985) hin, auf das der Titel dieses Bandes verweist.

103 Herodot leitet seine *Historien* mit einer Erklärung für die Ursachen der Kriege zwischen Hellenen und »Barbaren« ein. Darin geht es um den »Raub« mehrerer Frauen, unter anderem Io, Europa, Medeia und Helena, durch Phönizier und Griechen als Vorgeschichte der Kriege zwischen Griechen und Persern. Dort wird auch die Ansicht zitiert, die Frauen hätten den Raub gewollt, sonst seien sie nicht geraubt worden.

die kapitalistische Moderne eine tausendfach schlimmere und vielschichtigere Kolonialisierung der Frau dar; der Kolonialismus ist in die Identität der Frau eingeschrieben. Sie wird auf vielfältige Weise kolonialisiert: als Mutter aller Werktätigkeit, als kostenlose Arbeiterin, als Niedrigstlohnarbeiterin, als am häufigsten Arbeitslose, als Ziel von grenzenlosem Appetit und Druck des Mannes, als Gebärmaschine und Kinderfrau des Systems, als Reklamemittel, als Sex- und Pornografieobjekt – die Liste lässt sich fortführen. Der Kapitalismus hat für die Frau einen Ausbeutungsmechanismus entwickelt, der alle anderen übertrifft. Wir würden gerne vermeiden, immer wieder auf den Status der Frau zurückzukommen, weil es wehtut. Aber die Tatsachen sprechen ihre eigene Sprache, und sie bleiben für die Unterdrückten gleich.

Im Licht dieser Tatsachen muss die feministische Bewegung zweifellos die radikalste systemgegnerische Bewegung sein. Die Frauenbewegung, deren zeitgenössische Form wiederum auf die Französische Revolution zurückgeführt werden kann, hat sich durch verschiedene Phasen bis heute entwickelt. In ihrer ersten Phase strebte sie nach rechtlicher Gleichheit. Diese Gleichheit, die nicht viel bedeutet, scheint heute vielerorts gewährleistet. Doch müssen wir wissen, dass sie im Innern ausgehöhlt ist. Es gibt formale Fortschritte bei Menschenrechten, wirtschaftlichen, sozialen und politischen sowie anderen Rechten. Die Frau ist anscheinend frei und dem Mann gleichgestellt. Dabei verbirgt sich der wichtigste Betrug in dieser Art der Gleichheit. Nicht nur die offizielle Moderne, die hierarchischen und etatistischen Zivilisationssysteme aller Zeiten haben das gesellschaftliche Gewebe beeinflusst und die Frau körperlich und geistig gefangen genommen, zur tiefsten Sklaverei verurteilt und sie zum Arbeiten gezwungen. Die Freiheit, Gleichheit und Demokratie dieser Frau erfordert daher besonders umfassende theoretische Anstrengungen, ideologische Kämpfe, programmatische und organisatorische Aktivitäten und vor allem starke Aktionen. Ohne das besitzen Feminismus und Frauenstudien keine Bedeutung jenseits der liberalen Frauenaktivitäten, die nur das System entlasten sollen.

Ich möchte an einem hoffentlich anschaulichen Beispiel erläutern, wie Probleme besser gelöst werden können, wenn sich die Frauenwissenschaft entwickelt: Wir müssen verstehen, dass der Sexualtrieb eine der ersten Lernformen des Lebens darstellt. Dieser Trieb ist eine Antwort auf das Bedürfnis des Lebens, sich fortzuführen. Da ein Individuum nicht endlos leben kann, war es notwendig, das Potenzial zur Reproduktion des Einen als Lösung zu entwickeln. Der sogenannte Sexualtrieb ist die Fortsetzung des Lebens, indem dieses Potenzial unter günstigen Bedingungen zur

Fortpflanzung verwendet wird. Dies hilft gewissermaßen, die Gefahr des Aussterbens der Spezies und den Tod abzuwenden. In der ersten Zellteilung macht sich die Zelle – das Eine – durch Vermehrung unsterblich. Noch allgemeiner ausgedrückt, setzt sich hier die Tendenz des Universums, dem Nichts oder der Leere, die es verschlingen wollen, durch ständige Variation und Vermehrung entgegenzutreten und ewig zu werden, im Lebendigen fort.

Innerhalb der menschlichen Spezies ist das Eine oder das Individuum, das diesen universalen Vorgang fortsetzt, eher die Frau. Die Vermehrung findet im Körper der Frau statt. Die Rolle des Mannes ist bei diesem Vorgang höchst nebensächlich. Daher ist es auch wissenschaftlich verständlich, dass die gesamte Verantwortung für die Fortführung der Familie auf der Frau lastet. Zudem bleibt es ja nicht dabei, dass die Frau nur den Fötus trägt, für sein Wachstum sorgt und das Kind zur Welt bringt. Natürlich trägt sie auch beinahe bis zum Tod die Verantwortung für sein Wohlergehen. Die erste Schlussfolgerung, die wir daraus ziehen müssen, ist, dass die Entscheidung über jeglichen Geschlechtsakt ausschließlich bei der Frau liegen muss. Denn jeder Geschlechtsverkehr birgt für die Frau potenzielle Probleme, die nur sehr schwer zu meistern sind. Wir müssen verstehen, dass eine Frau, die zehn Kinder gebärt, physisch und auch seelisch in eine Lage versetzt wird, die schlimmer ist als der Tod.

Der Blick des Mannes auf die Sexualität ist verzerrter und verantwortungsloser. Dabei spielen Ignoranz und die blind machende Wirkung der Macht die wesentliche Rolle. Außerdem bedeutet, viele Kinder zu haben, in der hierarchischen Ära und im dynastischen Staat für den Mann eine unverzichtbare Stärke. Viele Kinder zu haben, heißt nicht nur die Familie fortzuführen, sondern bildet die Garantie dafür, als Macht und Staat weiterzuexistieren. Den Staat als eine Art Besitzmonopol nicht zu verlieren, hängt von der Größe der Dynastie ab. So wird die Frau sowohl für die biologische Existenz als auch für die Existenz von Macht und Staat in ein Instrument verwandelt, das viele Kinder gebären soll. So wurde für die Frau die furchtbare Kolonialisierung im Zusammenhang mit der Ersten und Zweiten Natur bereitet. Entsprechend wichtig ist es, den Verfall der Frau im Zusammenhang mit diesen beiden Naturen zu analysieren. Wir müssen nicht weiter erklären, dass es für die Frau unter diesem Status beider Naturen nicht möglich ist, lange seelisch und körperlich ihre Kraft zu bewahren und unbeschadet standzuhalten. Körperlicher und seelischer Verfall treten früh und gemeinsam auf. Der Preis dafür, dass die Frau das Leben anderer bewahrt und fortsetzt, ist für sie ein verkürztes Leben voller Schmerz und Trauer. Es wird eminent wichtig sein, die Geschichte der Zivilisation und Moderne auf der Grundlage dieser Tatsache zu analysieren und zu lesen.

Lassen wir einmal beiseite, wie furchtbar sich dieses Problem aus Sicht der Frau darstellt. Eine weitere Dimension des Problems ist der extreme Bevölkerungsanstieg. Die Politik, viele Kinder zu haben, spiegelt sich in diesem Bevölkerungsanstieg mit schweren Auswirkungen auf die gesamte gesellschaftliche Natur und die ökologische Umwelt wider. Eine der fundamentalen Lektionen, die sowohl die Frauenwissenschaft als auch sämtliche Sozialwissenschaften daraus lernen müssen, ist die Tatsache, dass die menschliche Bevölkerung durch die Methode des ›instinktiven Lernens‹ weder konstant gehalten noch vermehrt, in seltenen Situationen auch nicht verringert werden kann. Der Hauptgrund für das extreme Bevölkerungswachstum ist, dass eine ganz primitive Methode zur Erhaltung der Abstammungslinie wie die Triebhaftigkeit durch wissenschaftliche Methoden unterstützt wird, wie sie in der Geschichte der Zivilisation und Moderne entwickelt wurden. Die menschliche Spezies als gesellschaftliche Natur nur auf dem Wege des Triebes, besonders des Sexualtriebes, zu erhalten, ist äußerst rückständig. Intelligenz und kulturelles Niveau bieten Lernpotenziale, um gesellschaftliche Strukturen in höherer Qualität fortführen zu können. Individuen und Gemeinschaften können ihre Möglichkeiten nutzen, um sich mit ihrer Intelligenz und ihren Kulturen, ihren philosophischen und politischen Institutionen äußert lang am Leben zu halten. Daher hat es keinen Sinn mehr, die Abstammungslinie durch Vermehrung über den Sexualtrieb fortzusetzen. Die menschliche Kultur und Intelligenz haben diese Methode längst überwunden. Daher ist für diese Primitivität im Grunde das Profitprinzip der Zivilisation und Moderne verantwortlich. Zweifellos bedeutet extremes Bevölkerungswachstum extremes Monopol und extreme Macht; das wiederum bedeutet maximalen Profit. Dass sich die menschliche Spezies im Laufe der Geschichte extrem vermehrt hat und so nicht nur die Gesellschaft, sondern auch Umwelt und Natur an den Rand der Vernichtung gebracht hat, ist definitiv eine Folge der immer größeren Kapital- und Machtakkumulation und daher des Gesetzes des Maximalprofits. Alle weiteren Faktoren sind zweitrangig und nebensächlich.

Also sollte grundsätzlich die Verantwortung für die Lösung des demografischen Problems, das einen wesentlichen Pfad für die Lösung der immens angewachsenen Frauenfrage und die Verhinderung der ökologischen Zerstörung darstellt, bei der Frau liegen. Die erste Bedingung dafür ist die vollständige Freiheit und Gleichheit der Frau, das vollständige Recht, demokratische Politik zu machen; das Recht auf vollständige Selbstbestimmung und freie Willensentfaltung in allen Belangen, die das Geschlecht betreffen. Andernfalls sind die vollständige Befreiung, Freiheit und Gleichheit der Frau, der Gesellschaft und der Umwelt nicht möglich. Ebenso wären demokratische Politik und konföderative Politikformen nicht möglich.

Die Frau als fundamentaler Bestandteil der moralischen und politischen Gesellschaft spielt eine entscheidende Rolle bei der Bildung einer Ethik und Ästhetik des Lebens, die Freiheit, Gleichheit und Demokratisierung widerspiegeln. Die Wissenschaft von Ethik und Ästhetik ist ein integraler Bestandteil der Frauenwissenschaft. Aufgrund ihrer hohen Verantwortung im Leben wird die Frau zweifellos die treibende intellektuelle und umsetzende Kraft hinter Durchbrüchen und Fortschritten in allen ethischen und ästhetischen Angelegenheiten sein. Die Verbindung der Frau mit dem Leben ist viel umfassender als die des Mannes. Damit hängt das hohe Niveau ihrer emotionalen Intelligenz zusammen. Deshalb ist Ästhetik im Sinne einer Verschönerung des Lebens eine existentielle Angelegenheit für die Frau. Auch in ethischer Hinsicht (Ethik = Theorie der Moral, Ästhetik = Theorie der Schönheit) trägt die Frau eine umfassendere Verantwortung. Es liegt in ihrer Natur, dass die Frau sich im Sinne der moralisch-politischen Gesellschaft realistischer und verantwortungsvoller verhält, wenn es darum geht, Bewertungen, Feststellungen und Entscheidungen in Bezug auf die guten und schlechten Aspekte von Bildung, die Bedeutung des Lebens und des Friedens, die Übel und Schrecken des Krieges sowie Fairness und Gerechtigkeit zu treffen. Damit meine ich natürlich nicht die Frau, die Marionette und Schatten des Mannes ist. Es geht um die freie und gleiche Frau, die sich die Demokratisierung zu eigen gemacht hat.

Es wäre auch sinnvoll, die Wissenschaft der Ökonomie ebenfalls als Teil der Wissenschaft der Frau weiterzuentwickeln. Die Wirtschaft ist eine Form der gesellschaftlichen Aktivität, in der von Anfang an die Frau die wesentliche Rolle gespielt hat. Da die Frage der Ernährung der Kinder auf den Schultern der Frau lastet, besitzt die Wirtschaft für die Frau lebenswichtige Bedeutung. Ohnehin bedeutet Ökonomie im Griechischen soviel wie ›Hausgesetz, Regeln der Versorgung des Hauses‹. Offenbar ist dies die wesentliche Beschäftigung der Frau. Die Wirtschaft der Frau aus der Hand zu nehmen und sie Wucherern, Händlern, Kapitalisten, der Macht, dem Staat und ihren Bevollmächtigten in die Hände zu legen, die sich wie Aghas aufführen, war der größte Schlag gegen das wirtschaftliche Leben. Die anti-wirtschaftlichen Kräften übertragene Wirtschaft wurde schnell zum Hauptziel der Macht und des Militarismus gemacht und während der gesamten Geschichte der Zivilisation und der Moderne in den Hauptfaktor unzähliger Kriege, Konflikte, Depressionen und Kämpfe verwandelt. Heute ist die Wirtschaft zum Spielfeld von Leuten gemacht worden, die mit Wirtschaft nichts zu tun haben und durch Spiele mit ihren Papierschnipseln durch Methoden, die schlimmer sind als Glücksspiel, unzählige gesellschaftliche Werte rauben. Die Wirtschaft, die heilige Beschäftigung der Frau, wurde in einen Bereich verwandelt, aus dem sie vollständig herausgedrängt wurde, der an Produktionsstätten übergeben wurde, die Kriegsmaschinen, umweltzerstörende Verkehrsmittel und überflüssige Produkte herstellen, die Profit bringen, aber mit menschlichen Grundbedürfnissen nicht viel zu tun haben, und wo an Börsen Preise und Zinsen manipuliert werden.

Die demokratische Freiheits- und Gleichheitsbewegung der Frau, beruhend auf der Wissenschaft der Frau, die auch den Feminismus umfasst, wird offenbar eine Hauptrolle bei der Lösung der gesellschaftlichen Probleme spielen. Sie darf sich nicht mit der Kritik der Frauenbewegungen der jüngsten Vergangenheit begnügen, sondern muss sich eher auf die Geschichte der Zivilisation und Moderne konzentrieren, die aus der Frau eine verlorene Identität gemacht hat. Wenn in den Sozialwissenschaften die Frau, die Frauenfrage und die Frauenbewegungen nahezu nicht vorkommen, so sind die eigentlichen Verantwortlichen dafür die hegemoniale Mentalität der Zivilisation und Moderne und die Strukturen ihrer materiellen Kultur. Mit begrenzten rechtlichen und politischen Ansätzen zum Thema Gleichheit lässt sich vielleicht ein Beitrag zum Liberalismus leisten; doch mit derartigen Ansätzen lässt sich das Problem nicht lösen, ja noch nicht einmal als Phänomen analysieren. Es wäre Selbstbetrug, zu behaupten, die bestehenden feministischen Bewegungen hätten sich vom Liberalismus gelöst und seien zu systemgegnerischen Kräften geworden. Wenn der Feminismus so radikal wäre, wie ihm von manchen vorgeworfen wird, behauptet wird, so müsste er zunächst den Bruch mit tief verwurzelten liberalen Gewohnheiten und Arten zu denken und fühlen sowie dem entsprechenden Leben vollziehen, die dahinterstehende frauenfeindliche Zivilisation und Moderne analysieren und sich auf dieser Grundlage auf sinnvolle Lösungswege konzentrieren.

Die demokratische Moderne muss die Natur der Frau und ihre Freiheitsbewegung als eine ihrer fundamentalen Kräfte erkennen und es zu einer vordringlichen Aufgabe machen, sie sowohl weiterzuentwickeln als auch Bündnisse mit ihnen zu schließen und sie in die Wiederaufbauarbeiten einzubeziehen.

4. Ökologie: Aufstand der Natur

Eines der fundamentalen Probleme, zu dem das Zivilisationssystem geführt hat, ist die Zerstörung des kritischen Gleichgewichts von Gesellschaft und Umwelt. In der langen Zeit des Bestehens und der Entwicklung der gesellschaftlichen Natur lebte die Gesellschaft stets in Harmonie mit der Umwelt und hielt sich an dieses kritische Gleichgewicht. Zur natürlichen Entwicklung gehören keine Abweichungen, die spontan auftreten und das Gleichgewicht radikal verändern. Im Wesentlichen gilt, dass Systeme in ihrer Entwicklung einander nicht zerstören, sondern ernähren. Wenn sich Abweichungen herausbilden, so müssen sie nach der Logik des Systems überwunden werden. In diesem Sinne haben wir es bei der Zivilisation mit einer Abweichung im System der gesellschaftlichen Natur zu tun. Bereits der Ausdruck Zivilisationssystem ist lediglich Propaganda. Dieser Begriff wurde erdacht, um mit ihm das wirkliche System der gesellschaftlichen Natur zu ersetzen. Während die, die das System sind, als Barbaren, Nomaden und marginale Gruppen bezeichnet wurden, zeichnete man Banden, die sich parasitisch von gesellschaftlichen Werten ernähren, mit dem Namen ›Zivilisationssystem‹ aus. Wie man es auch betrachtet: Kriege, Plünderung, Zerstörung, Massaker, Monopole, Tribute und Steuern sind die Hauptmerkmale der zivilisatorischen Entwicklung und verdienen, als die wirkliche Barbarei bezeichnet zu werden. Die ständige Zerstörung und das Niederbrennen von Dörfern und Städten, die Ermordung von Millionen von Menschen, die Unterwerfung der großen Mehrheit der Bevölkerung unter ein System der Ausbeutung – all das können wir nicht als natürliche Notwendigkeit des Systems der gesellschaftlichen Natur, sondern nur als eine Abweichung von ihm bezeichnen.

Die fünftausendjährige Zivilisationsgeschichte ist gleichzeitig die Geschichte der Entwicklung und der Ausdehnung dieser Verirrung. Der unbestreitbare Beweis dieser Verirrung ist die Tatsache, dass die ökologischen Katastrophen im Zeitalter des Kapitalismus ausbrechen, in dem doch angeblich die Zivilisation am weitesten entwickelt ist. Die gesellschaftliche Natur hat in den rund drei Millionen Jahren ihrer Existenz keine derartigen Katastrophen ausgelöst. Die Systeme Gesellschaft und Umwelt nährten einander. Die in der kurzen Geschichte der Zivilisation auftretenden ökologischen Krisen hängen mit dem Profitstreben zusammen, das seine zerstörerische Essenz darstellt. Sämtliche extremen Wertakkumulationen, nicht nur der kapitalistische Profit, gingen in allen Zivilisationsphasen mit der Zerstörung beider Naturen einher. Auch die Pyramiden sind eine Akkumulation. Wir können uns ungefähr vorstellen, um den Preis welcher gesellschaftlichen Zerstörungen sie errichtet wurden. Unzählige andere, ähnliche Akkumulationen erlegten der Umwelt ständig zusätzliche Lasten auf. Der gesellschaftliche Zusammenbruch brachte den Zusammenbruch der Umwelt mit sich. Als die Strukturen der auf grenzenlosem Monopolprofit aufbauenden kapitalistischen Moderne die Balance von Gesellschaft und Natur in untragbarer Weise belasteten, waren wir schließlich ins Zeitalter der ökologischen Krise eingetreten. Entscheidend war hierbei die strategische Rolle des Industrialismus, mit der auf fossilen Brennstoffen beruhenden Industrialisierung und dem Modernismus als seinen Hauptfaktoren. Außerdem führte der Gebrauch fossiler Brennstoffe für das Automobil über Verkehrsunfälle zu Katastrophen, die weitere Zerstörung nach sich ziehen. So verwandeln sich Umweltkatastrophen in gesellschaftliche Katastrophen, gesellschaftliche Katastrophen wieder in Umweltkatastrophen, und es entsteht eine Kettenreaktion. Das kapitalistische Zeitalter als Zeitalter des Rationalismus zu benennen, ist aus diesem Grund falsch. Die Akkumulation erfolgt blind. Wir sehen vor uns die Folgen einer blindwütigen Akkumulation, die nie der Rationalität von Umwelt und Gesellschaft entsprach. Analytisch gesehen mag dies rational sein. Doch aus Sicht der primären Intelligenz der Umwelt, der emotionalen Intelligenz, ist klar, dass die analytische Intelligenz eine Intelligenz der Blindheit und der Zerstörung darstellt.

Aufbauend auf unseren vorherigen Ausführungen können wir festhalten, dass extremes Wachstum der Bevölkerung und der Städte, die Schwung aufgenommen haben, seit Stadt und Mittelklasse das Machtzentrum bilden, nichts sind, was die Umwelt aushalten kann. Auch die gesellschaftliche Natur kann sie nicht aushalten. Macht und Staat, die im Zuge des Kapitalakkumulationsprozesses anwuchsen, haben einen Umfang und ein Gewicht erreicht, die keine Balance von Gesellschaft und Umwelt ertragen kann. Dass Umweltkrise und gesellschaftliche Krisen zusammenlaufen und permanent werden, hängt mit dem monopolistischen Wachstum in beiden Bereichen zusammen. Beide Krisensysteme speisen einander. In der Wissenschaft ist man sich mittlerweile einig, dass der Zusammenbruch unaufhaltsame Dimensionen annehmen wird, sollte diese Spirale sich noch weitere fünfzig Jahre fortsetzen. Doch wegen ihres blinden und zerstörerischen

Charakters sehen und hören die Kapital- und Machtmonopole dies nicht; das liegt in ihrem Wesen.

Die noch vergleichsweise junge Geschichte der Umweltwissenschaft und -bewegung entwickelt sich schnell weiter. Wie bei der Frau, so gilt auch für die Umwelt: Mit der Wissenschaft entwickelt sich Bewusstsein, mit dem Bewusstsein entwickelt sich Bewegung. Die Umweltpolitik ist der Bereich mit der breitesten zivilgesellschaftlichen Bewegung. Mittlerweile zieht er auch Realsozialist*innen und Anarchist*innen an. Es ist diejenige Bewegung, deren Systemgegnerschaft am meisten zu spüren ist. Da sie die gesamte Gesellschaft angeht, hat die Beteiligung eine klassenübergreifende und transnationale Qualität erreicht. Auch in der ökologischen Bewegung finden sich deutliche Spuren der liberalen ideologischen Hegemonie. Wie bei allen gesellschaftlichen Themen ignoriert der Liberalismus auch im ökologischen Bereich den strukturellen Kern des Problems und bemüht sich, Technologien, fossile Brennstoffe und die Konsumgesellschaft als verantwortlich darzustellen. Dabei sind all diese Nebenphänomene Produkte des eigenen Systems (bzw. der Systemlosigkeit) der Moderne. Daher braucht die ökologistische Bewegung genau wie die feministische Bewegung dringend ideologische Klarheit. Diese Bewegung muss ihre Organisation und ihre Aktionen aus den engen Straßen der Städte heraus in die gesamte Gesellschaft, insbesondere in die dörflich-agrarische Gesellschaft auf dem Land verlegen. Die Ökologie ist im Grunde der Aktionsleitfaden des Landes, der dörflich-agrarischen Gesellschaft, aller Nomad*innen, der Arbeitslosen, der Frauen.

Diese Tatsachen, die auch die Grundlage der demokratischen Moderne bilden, zeigen ganz klar, welch bedeutende Rolle die Ökologie in den Wiederaufbauarbeiten spielen wird.

5. Kulturelle Bewegungen: Die Rache der Tradition am Nationalstaat

In der gesamten Zivilisationsgeschichte mangelte es niemals an kulturellen Bewegungen. Der Grund, warum in der Postmoderne viel von diesen Bewegungen die Rede ist, liegt in der Auflösung der nationalstaatlichen Grenzen. Passend wäre auch, die kulturellen Bewegungen als Aufstand der Tradition zu beschreiben. Im Prozess, in dem der Nationalstaat die Gesellschaft, die Nation basierend auf einer dominanten Ethnie, Religion, Konfession oder einem anderen Gruppenphänomen homogenisierte, versuchte man viele Traditionen und Kulturen entweder durch Genozid oder

Assimilation zu vernichten. Tausende Stämme und Völker wurden zusammen mit ihren Sprachen, Dialekten und Kulturen nahezu ausgelöscht. Viele Religionen, Glaubensrichtungen und Sekten wurden verboten, Folklore und Traditionen assimiliert, und wer nicht assimiliert werden konnte, wurde vertrieben, marginalisiert, ihr Zusammenhalt zersplittert. Dies bedeutete, alle historischen Existenzen, Kulturen und Traditionen einem historisch-gesellschaftlich sinnlosen Nationalismus nach dem Motto ›eine Sprache, eine Fahne, eine Nation, ein Vaterland, ein Staat, eine Hymne, eine Kultur‹ zu opfern, der letztlich der Verschleierung der Konzentration der modernen Handels-, Industrie-, Finanz- und Machtmonopole als Nationalstaat diente. Dieser Prozess lief rund zweihundert Jahre lang unter Volldampf ab und bildet vielleicht die längste und gewalttätigste kriegerische Phase der Geschichte. Die größte Zerstörung richtete er unter den jahrtausendealten Kulturen und Traditionen an. Der von der Profitgier getriebene, hochgradig organisierte Monopolismus weinte keiner heiligen Tradition oder Kultur eine Träne nach.

Als einige als postmodern bezeichnete, unsystematische Bewegungen den ›Panzer des Nationalstaates‹ oder den ›eisernen Käfig‹ der Moderne durchstießen, begannen diese der Auslöschung nahen und meist zu einem marginalen Leben verurteilten Kulturen und Traditionen wieder zu erblühen und sich zu vermehren wie Blumen nach einem Regen in der Wüste. Auch der Zerfall des Realsozialismus war dabei ein wichtiger Faktor. Die 1968er Jugendbewegung war der Funke, der diese Entwicklung zündete. Auch die noch nicht zum Nationalstaat gewordenen Strömungen und Stufen sämtlicher nationalen Befreiungsbewegungen, die gegen den kapitalistischen Kolonialismus Widerstand leisteten, waren ein Faktor. Ohnehin bedeuten Tradition und Kultur an sich Widerstand. Kulturen und Traditionen werden entweder vernichtet oder überleben, denn zu ihren Charakteristika gehört, dass sie nicht kapitulieren können. Ihr Wesen erfordert, dass sie bei der nächsten Gelegenheit noch heftiger Widerstand leisten. Diese Tatsache hatte der Nationalstaats-Faschismus nicht einkalkuliert. Sie zu unterdrücken, sogar sie zu assimilieren, bedeutet nicht ihr Ende. Der Widerstand von Kulturen erinnert an die Blumen, die ihre Existenz beweisen, indem sie Felsen durchbohren oder den über sie ausgegossenen Beton der Moderne durchbrechen und wieder ans Tageslicht treten.

Wir können diese Bewegungen in verschiedene Gruppen einteilen:

a) Ethnien und Bewegungen der demokratischen Nation

Kulturelle Bewegungen, die der Nationalstaat unterdrückte, aber nicht vollständig absorbieren konnte, sind zuallererst die Mikronationalismen ethnischer Gruppen. Diese unterscheiden sich vom Nationalismus des Nationalstaates. In ihnen überwiegt der demokratische Gehalt. Zu ihren wichtigsten Zielen gehört nicht das Streben nach einem neuen Staat, sondern die Möglichkeit, um ihre Kultur herum zu einer demokratisch-politischen Formation zu werden. Die Formationen, die sie anstreben, unterscheiden sich von einer regionalen oder lokalen Autonomie. Sie sind nicht örtlich begrenzt und drücken auch jenseits von Grenzen die Einheit und Solidarität derer aus, die das gleiche kulturelle Dasein teilen. Zu ihren wichtigen Zielen gehört auch die Behauptung ihrer Existenz gegenüber einer dominanten Ethnie.

Die Bewegung, die einen Schritt weiter ist als verschiedene unterdrückte Ethnien oder Völker, als ›Bewegung der Demokratischen Nation‹ zu bezeichnen, ist aus soziologischer Sicht durchaus richtig und sinnvoll. Es ist ziemlich schwierig, sich lediglich als unterdrückte Ethnie auf den Beinen zu halten und die eigene Existenz fortzusetzen. Die Bewegung von Kulturen mit ähnlichen Sprachen und Dialekten, die ein geografisches Gebiet und politische Grenzen teilen, müssen wir aus mehreren Gründen als ›Bewegung der Demokratischen Nation‹ charakterisieren. Erstens streben sie nicht nach einem separaten Staat, sondern nach einer demokratischen politischen Formation und Regierung. In Form demokratischer politischer Formationen unter dem Dach desselben Staates zu leben ist eine politische Existenzform, die uns in der Geschichte äußerst häufig begegnet. Die Geschichte ist geradezu voll von politischen Formationen verschiedener kultureller Gruppen. Die normale Regierungsform war die Existenz beliebiger politischer Formationen innerhalb der Grenzen jedes Staates oder Imperiums. Anormal war, diese politischen Formationen zu ignorieren oder zu unterdrücken. Assimilation hingegen war eine kaum angewandte Methode. Das Römische, das Byzantinische und das Osmanische Reich genauso wie das persische Sassanidenreich und das arabische Abbasidenreich hatten die Hunderten von unterschiedlichen politisch-administrativen Einheiten als ihre Existenzberechtigung betrachtet. Es genügte, die Legitimität des Kaisers oder Sultans anzuerkennen. Ein Leben unter Wahrung von Sprache, Religion, Folklore und Selbstverwaltung war die Normalität. Doch das Ungeheuer Nationalstaat (der Leviathan) zerstörte diese Ordnung, was auch zur Grundlage für den Faschismus wurde. Das Ergebnis war eine Vielzahl von kulturellen und physischen Genoziden.

Das Recht unterdrückter Ethnien oder Völker darauf, Nation zu sein, einzig als Recht auf Gründung eines Nationalstaats zu interpretieren, wie es sowohl der Liberalismus als auch der Realsozialismus taten, war eine grobe Verzerrung und ein Desaster. Diese Situation war Folge des faschistischen Nationalismus und des Totalitarismus. Der richtige, menschliche und der gesellschaftlichen Natur gemäße Weg war, eine normale Nationenbildung nicht auf Grenzen zu beschränken, sondern sie auf der Grundlage von Kultur und Prinzipien demokratischer Führung aufzubauen. Auch die historischen Tatsachen verwiesen eher auf diesen Weg. Der wichtigste Faktor, der diesen Weg versperrte, war das Streben des monopolistischen Kapitals nach schneller Kapitalakkumulation und Maximalprofit. Während der anormale Weg der Nationwerdung als Nationalstaat zum normalen Weg wurde, wurde der normale Weg der demokratischen Nationwerdung als anormaler Weg aufgefasst und sogar vollständig ignoriert. Darin lag die große Verzerrung.

Als vielgestaltige Sackgassen des Nationalstaates auftauchten (Welt- und Regionalkriege, blutige nationale Konflikte, Behinderung des Kapitals durch nationale Grenzen), begann eine starke Hinwendung zum normalen Weg, zur demokratischen Nationwerdung. Was wir in Europa seit dem Zweiten Weltkrieg beobachten, ist eigentlich die Transformation weg vom National-Etatismus und hin zum demokratischen Nationalismus. Den USA gelang es ohnehin stets, sich als Nation demokratischer Nationen zu erhalten. Trotz vieler national-etatistischer Verzerrungen existierten in der UdSSR National-Etatismus und demokratische Nation ineinander verschränkt. In Indien gibt es starke Tendenzen der demokratischen Nation. In Afrika und Südamerika überwogen immer demokratisch-nationale Tendenzen. Die ganz wenigen starren Nationalstaaten sind auf wenige Gebiete begrenzt, darunter vor allem der Nahe Osten. Und hier befinden sie sich in einem Prozess rapiden Zerfalls.

Zweitens: Wenn keine machtzentrierte und etatistische Nationenbildung zugrundegelegt werden sollte, gab es zwei Möglichkeiten. Entweder musste die Modernisierung auf der Grundlage von einigen aus dem Mittelalter übriggebliebenen Institutionen (Aghatum, Scheichtum, Bruderschaften, Stammesführer) und kollaborierenden Handlangerregierungen weitergeführt werden, die überwiegend auf Familieninteressen beruhen, oder demokratische Leitungen mussten entwickelt werden. Der erste Weg war die modernisierte Version des aus der Geschichte wohlbekannten Kollaborateurswesens.

Der zweite Weg jedoch war der Weg, der das eigentliche Ziel der demokratischen Moderne bildet. Die Führung des Widerstandes gegen den Nationalstaat und seine Kollaborateur*innen kann nur demokratisch sein. Dies war der solideste freiheitliche und egalitäre Weg zur demokratischen Nation.

Drittens: Auch die plurale Struktur von Kulturen, Sprachen und Dialekten drängte zu einer demokratischen Nationwerdung. Es widersprach ihrer Essenz, wie im Nationalstaat die Herrschaft der Sprache, des Dialekts und der Kultur der vorherrschenden Ethnie zugrundezulegen. Die einzige Option war, eine Nation mit vielen Sprachen, Kulturen und politischen Strukturen zu werden. Dies bedeutete natürlich eine demokratische Nation. Möglich war auch der Weg, aus mehreren demokratischen Nationen zu einer einzigen demokratischen Nation zu werden. In Spanien, Indien, der von manchen ungeliebten Republik Südafrika, selbst in Indonesien und vielen Ländern Afrikas fanden ähnliche Entwicklungen statt. Die USA und selbst die EU lassen sich in gewisser Hinsicht als Nation demokratischer Nationen definieren. Ein ähnliches, wichtiges Beispiel ist die Russische Föderation.

Viertens: Wenn wirtschaftliche, soziale, politische, geistige, linguistische, religiöse und kulturelle Unterschiede stärker bewahrt werden sollen, so ist unmittelbar einleuchtend, dass der Weg dahin über die demokratische Nation führt. Jede Unterschiedlichkeit in eine Trennung zu verwandeln, bedeutet für alle einen Verlust. Dabei sollte die geeignetste Form des Idealzustandes für alle, der ›Einheit in Vielfalt‹, die demokratische Nation sein. Schon allein dieses Lösungspotenzial reicht aus, um die enorme Lösungskraft der Bewegung der demokratischen Nation und ihre strukturelle Alternative zum Nationalstaat zu erklären.

Der Nationalstaat befindet sich in einer Sackgasse und ist eingezwängt zwischen globalen Kapitalbewegungen von oben und Bewegungen für städtische, lokale und regionale Autonomien, Bewegungen der demokratischen Nation und religiösen Bewegungen von unten. Das daraus entstehende Chaos bietet die Chance zur Entstehung neuer Systeme. Dafür gibt es bereits eine Reihe von Hinweisen.

Während der Liberalismus einerseits versucht, die klassische Nationalstaatsideologie zu überwinden und neu zu konstruieren, bemüht er sich andererseits sehr, dies unter der Maske der Förderung der Demokratie zu tun. Starre Verfechter*innen des Nationalstaats kämpfen auf so konservative und reaktionäre Weise, dass sie die früheren Konservativen hinter sich lassen. Diese Kräfte nehmen heute quasi die Position der wirklichen

Konservativen ein. Die Vertreter*innen religiöser Ideologien hingegen befinden sich auf ihrer traditionellen Suche nach der Umma. Es ist sehr wahrscheinlich, dass sie den Modernismus in religiösem Gewand verwirklichen und eine religionsbasierten Nationalstaatlichkeit errichten. Der Iran liefert hierbei ein lehrreiches Beispiel.

Die Option der demokratischen Nationwerdung verspricht eine Zukunft, da sie ein hohes Potenzial für die Lösung der komplizierten ideologischen und strukturellen Probleme von heute besitzt. In dieser Hinsicht beeindruckt besonders der Weg, den die EU eingeschlagen hat. Für die demokratische Moderne ist es äußerst wichtig, sowohl in ideologischer als auch struktureller Hinsicht die Option der demokratischen Nation als eine ihrer wesentlichen Dimensionen zu behandeln. Dieser Ansatz bietet für die Zivilisation sowohl einen Beitrag als auch die Chance auf Befreiung. Die Bemühungen zum Wiederaufbau der demokratischen Moderne, die über Projekte der demokratischen Nation führen, bieten für die Lösung der wesentlichen Gesellschafts- und Umweltprobleme die größte Hoffnung.

b) Religiös-kulturelle Bewegungen: Belebung der religiösen Tradition

Wie im Falle der Ethnizität beobachten wir ein Wiederaufleben auch der religiösen Traditionen, welche die Moderne und besonders der Nationalstaat mithilfe des Laizismuskonzeptes zu kolonialisieren versuchten. Zweifellos handelt es sich dabei nicht um ein Wiederaufleben auf dem Niveau der Funktion, welche die religiöse Tradition früher für die Gesellschaft besaß; die Rückkehr in Form sowohl radikaler Elemente als auch eines moderaten Flügels erfolgt vielmehr unter dem Eindruck der offiziellen Moderne und unter erfolgter Aneignung vieler ihrer Eigenschaften. Eigentlich ist das Thema noch etwas komplexer. Zwar wird der Laizismus so definiert, dass sich die Religion vollständig aus dem weltlichen Leben, insbesondere aus den staatlichen Angelegenheiten zurückzieht, doch bleibt er eigentlich ein vager Begriff. Wie gesagt ist weder der Laizismus vollständig weltlich, noch lässt sich der Staat vollständig von der Religion trennen. Noch wichtiger ist aber, dass Religionen niemals das jenseitige Leben ordnen. Eigentlich ordnen sie die weltlichen und gesellschaftlichen Funktionen, insbesondere die von Staat und Macht.

Der Laizismus ist eine Art (freimaurerische) Konfession, die entwickelt wurde, um die Hegemonie der katholischen Welt zu brechen. Freimaurerlogen wurden zuerst im Mittelalter von Steinmetzen gegründet, darunter auch jüdische. Der Laizismus hat sich einerseits in Zusammenhang mit den positiven Wissenschaften entwickelt, doch ist er zweifellos eine Ableitung aus dem rabbinischen Element der jüdischen Ideologie. Ohne dies zu verstehen, können wir weder den Laizismus noch die durch ihn ausgelösten Probleme verstehen. Er trägt mindestens ebenso sehr wie andere religiöse Traditionen rabbinische Elemente (göttlich; rabb bedeutet im Hebräischen ›Meister‹). Doch diese Tatsache musste im Geheimen und gut verpackt konstruiert werden. Die gnadenlose Repression des mittelalterlichen Katholizismus machten derartige Methoden nötig. Die Laizisten, die mit der Holländischen und der Englischen Revolution einen Vorstoß machten, zogen daraus einen größeren Gewinn als aus der Französischen Revolution. Mit dem Aufbau des Nationalstaates organisierten sie sich als den Teil des Staatskerns, der am schwierigsten zu erreichen, zu erkennen und von der Macht zu verdrängen ist. Diese Dominanz führen sie seit damals bis heute fort. Dies ist ein Aspekt des als ›tiefer Staat‹ bekannten Phänomens. Die mittlerweile mehr als zweihundert Nationalstaaten sind so freimaurerisch, wie sie laizistisch sind. Freimaurer sind die grundlegende Kraft der ideologischen Hegemonie der kapitalistischen Moderne. Ihr Einfluss ist global, und sie verfestigen ihn weiter. Weitere Bereiche, in denen sie Einfluss besitzen, sind eine Reihe von zivilgesellschaftlichen Einrichtungen, die an der strategischen Ausrichtung der Welt maßgeblich beteiligt sind, wie Medienmonopole und das Lehrpersonal von Universitäten. Sie sind die Vordenker und Kontrolleure der Moderne, die sie ›säkulare Welt‹ nennen. Ihre Funktion, die sie weltlich oder säkular nennen, spielt sich in diesem Rahmen ab.

Je mehr vor allem der Katholizismus, der sunnitische Islam und andere starre religiöse Traditionen durch Einwirkung der Moderne abgeschliffen werden, desto mehr verliert der Laizismus als Ideologie und politisches Programm an Bedeutung. Der erneute Aufschwung traditioneller Religionen, insbesondere in Gesellschaften unter starkem Einfluss der islamischen Tradition, haben die Diskussion über das Verhältnis von Laizismus und Religion neu entfacht. Diese Entwicklungen hängen mit dem ideologischen und politischen Machtkampf zwischen dem Nationalstaat und dem Konzept der Umma[104] zusammen. Daher ist es falsch, es so darzustellen, als ginge es nur um die moderne Lebensweise. Ein ähnlicher Kampf wie zwischen Christentum und Judentum findet nun zwischen der islamischen Welt

104 Als *umma* wird die weltweite Gemeinschaft der Muslim*innen bezeichnet.

und dem Judentum statt. Diese Tatsache liegt den großen Konflikten im Nahen Osten zugrunde. Man will eine Art Arrangement zwischen Judentum und Islam verwirklichen, nach Art Europas und der USA. Radikale Elemente stellen sich gegen Kompromisse und suchen den Konflikt, während gemäßigte Elemente einem Arrangement näher zu stehen scheinen.

Und doch sollten wir uns davor hüten, den Aufschwung der traditionellen religiösen Kultur ausschließlich als reaktionären Spuk zu betrachten. In dem Maße, wie er gegen Moderne und Nationalstaatsideologie revoltiert, trägt er demokratische Inhalte. Auch dürfen wir nicht übersehen, dass er einen starken moralischen Zug repräsentiert. Sich intensiv mit diesen Entwicklungen in der religiösen Tradition – einer der Kulturen, die die Moderne stark manipuliert und kolonialisiert hat – zu befassen, ist für die demokratische Moderne wichtig. Einen ähnlichen Aufschwung finden wir in jeder unterdrückten kulturellen und religiösen Tradition. Das Thema ist global, daher handelt es sich nicht nur um einen Disput zwischen Islam und Judentum, sondern es betrifft Vorgänge, die sich in globalen Dimensionen abspielen.

Im Rahmen einer demokratischen Nation ist es möglich, verschiedene ethnische Kulturen am gleichen Ort zusammenzuhalten, und genauso ist es möglich, innerhalb einer demokratischen Nation den demokratischen Gehalt der religiösen Kultur als gleiches, freies und demokratisches Element zu betrachten und ihn zum Teil einer Lösung zu machen. Das ist sogar ziemlich wichtig. Es gehört zu den lebenswichtigen Aufgaben für den Wiederaufbau der demokratischen Moderne, den konsensorientierten Bündnisansatz, den sie mit allen systemgegnerischen Bewegungen verfolgt, auch auf eine religiöse Kultur mit demokratischem Inhalt anzuwenden.

c) Städtische, lokale und regionale Autonomiebewegungen

Zu den weiteren bedeutenden kulturellen Traditionen, die dem National-Etatismus zum Opfer fielen, gehören autonome Verwaltungen auf der Ebene von Städten, Orten oder Regionen, die zu allen Zeiten in großer Zahl existierten. In sämtlichen gesellschaftlichen und staatlichen Administrationen gab es stets die Autonomie und die eigenen Regierungen von Städten, Kreisen und Regionen. Ohnehin wäre es anders nicht möglich, große Staaten und Imperien zu regieren. Der starre Zentralismus, im Grunde der monopolistische Charakter der Moderne, ist eine Krankheit des Nationalstaates. Er wurde als eine Notwendigkeit des Gesetzes des Maximalprofits verhängt, so organisiert, dass die Bürokraten der tumorartig wuchernden Mittelklassen-Bourgeoisie an die Macht kamen, und als ein Modell weiterentwickelt, das nicht eines, sondern Tausende Königreiche errichtet und nur durch Faschismus funktionieren kann.

Als sich kulturelle Bewegungen entwickelten, die zum Zerfall der klassischen Moderne beitrugen und von denen die meisten liberal und postmodern waren, einige aber auch einen radikalen Bruch vollzogen, da hatten Bewegungen für städtische, lokale und regionale Autonomie den größten Anteil daran. Eigentlich handelt es sich um eine Rückkehr zu den und eine Wiederbelebung der Kulturen, die zu allen Zeiten stark waren und auch politische, wirtschaftliche und soziale Dimensionen besaßen. Sie zählen zu den Bewegungen, die große historisch-gesellschaftliche Bedeutung besitzen und besitzen müssen. Ohne Befreiung der Stadt, des Lokalen und der Region ist eine Befreiung von der Krankheit des Nationalstaates unmöglich. Am besten haben dies die Mitglieder der EU verstanden und umgesetzt. Sowohl die vierhundertjährigen Barbareien im Namen der Moderne als auch die schweren Verwüstungen des Ersten und der Zweiten Weltkriegs haben der europäischen Kultur eine ausreichende Lektion erteilt. Nicht zufällig gehörten zu den ersten Maßnahmen, welche die EU umsetzte, städtische, lokale und regionale Autonomiegesetze; sie hat schließlich ein Verständnis dafür entwickelt, welch genozidale Auswirkungen der Nationaletatismus für sämtliche nationale und kulturelle Entitäten besitzt.

Die Anstrengungen, die heute in der Europäischen Union im Rahmen städtischer, lokaler und regionaler Kulturen unternommen werden, gehören zu den wichtigsten Elementen für eine Lösung aller globalen Probleme. Dies sind zwar keine radikalen, aber wichtige und notwendige kulturelle Bewegungen. Ohnehin haben sich viele städtische, lokale und regionale Autonomien ihre Lebendigkeit erhalten, weil Zentralregierungen auf keinem Kontinent vollständig Homogenität erzwingen und durchsetzen konnten. Von der Russischen Föderation bis nach China und Indien, vom gesamten amerikanischen Kontinent (die USA sind ein föderaler Staat, in Kanada wird weitgehende Autonomie praktiziert, Südamerika kennt ohnehin signifikante lokale Autonomien) bis zu vielen Ländern in Afrika (in Afrika lassen sich Staaten ohne traditionelle Stammes- und Regionalführungen weder bilden noch regieren) gehören Autonomien und Bemühungen um Autonomie zu den aktivsten und aktuellsten Themen. Der starre Zentralismus, eine Krankheit des nationalstaatlichen Denkens, kommt nur in einer begrenzten Zahl von nahöstlichen Staaten und anderen Diktaturen zur Anwendung.

Der starre Nationalstaat der klassischen Moderne wird von oben durch das globale Kapital, von unten durch kulturelle Bewegungen bedrängt und befindet sich so in einer Klemme und erlebt einen Zerfall. Man versucht vor allem, ihn durch städtische, lokale und regionale Autonomieregierungen zu ersetzen. Diese Tendenz, die gegenwärtig langsam stärker wird, muss sich verschränkt mit der Bewegung für die demokratische Nation entwickeln. Bezüglich der Form ihrer Führung ist die demokratische Nation sehr nah am Konföderalismus. Der Konföderalismus ist gewissermaßen die politische Regierungsform demokratischer Nationen. Eine starke Stadt kann nur durch lokale und regionale autonome Regierungen entstehen. Was die Form der Regierung angeht, sind beide Bewegungen identisch und greifen ineinander. Demokratische Nationwerdung und demokratische Nationen können ohne städtische, lokale und regionale Autonomien keine Führungskraft entwickeln. Entweder versinken sie im Chaos und fallen auseinander, oder sie werden durch ein neues Modell des Nationaletatismus überwunden. Damit beides nicht geschieht, muss die Bewegung für eine demokratische Nation auf jeden Fall städtische, lokale und regionale Autonomien entwickeln. Auf der anderen Seite müssen städtische, lokale und regionale Autonomieregierungen, um nicht geschluckt zu werden und ihre wirtschaftliche, soziale und politische Kraft vollständig nutzen zu können, sich mit der demokratisch-nationalen Bewegung zur demokratischen Nation ergänzen. Beide Bewegungen können die extrem zentralistischen Monopolkräfte, die der National-Etatismus für sie ständig bereithält und durchzusetzen versucht, nur durch Gründung einer soliden Allianz überwinden. Andernfalls werden beide Bewegungen, wie schon so oft, nicht verhindern können, unter der Drohung der erneuten Homogenisierung liquidiert und absorbiert zu werden. So, wie im neunzehnten Jahrhundert die historischen Bedingungen den National-Etatismus begünstigten, so begünstigen die heutigen Bedingungen und die Gegebenheiten des einundzwanzigsten Jahrhunderts demokratische Nationen und auf allen Ebenen gestärkte städtische, lokale und regionale autonome Regierungen.

Natürlich müssen wir sehr vorsichtig sein, damit der Liberalismus diese positiven Demokratisierungstendenzen nicht wie schon so oft unter seiner ideologischen und materiellen Hegemonie korrumpiert und absorbiert. Wichtigste strategische Aufgabe der demokratischen Moderne ist es deshalb, wie alle Systemgegner*innen auch die Strömung der historischen Gesellschaft, die sich in städtischen, lokalen und regionalen politischen Gebilden ausdrückt, in einer neuen ideologischen und politischen Struktur einander ergänzend zusammenzuführen. In diesem Sinne muss sie umfassende theoretische Anstrengungen und den Aufbau von Programm,

Organisations- und Aktionsstrukturen ineinander verschränkt leisten. Die Bedingungen dafür, dass sich das Schicksal der in der Mitte des neunzehnten Jahrhunderts durch den National-Etatismus zerstörten konföderalen Strukturen im einundzwanzigsten Jahrhundert nicht wiederholt, sondern um es im Gegenteil in einen Sieg des demokratischen Konföderalismus zu verwandeln, sind recht vielversprechend. Damit wir aus der langen und kontinuierlichen Depression in der finanzkapitalistischen Phase der Moderne, die nur noch durch ein Krisenregime am Leben gehalten und fortgesetzt werden kann, mit einem Sieg der demokratischen Moderne herauskommen, ist es von vitaler Bedeutung, bei ihrem Wiederaufbau die intellektuellen, politischen und moralischen Aufgaben erfolgreich zu meistern.

Achter Teil

Aufgaben beim Wiederaufbau der demokratischen Moderne

Mit meinen Interpretationen zum Thema demokratische Moderne will ich weder das Andenken an ein vergangenes ›goldenes Zeitalter‹ beleben, noch eine neue ›Utopie‹ für die Zukunft skizzieren. Beides finde ich nicht sinnvoll, demonstrativ zu entwerfen. Das Denken von Gesellschaften kreist viel um solche Erinnerungen und Utopien, doch handelt es sich dabei um Erklärungen und Erzählungen, die nicht viel zur Realität der moralischen und politischen Gesellschaft beitragen, die ich eigentlich interpretieren will. Wir müssen uns allerdings mit ihnen befassen und auf einige Erzählungen auch besonders eingehen. Dabei dürfen wir ihre Beiträge nicht leugnen, müssen uns aber auch ihrer Nachteile bewusst sein, wenn wir sie zum Gegenstand von Erzählungen machen.

Daher ist der Begriff der demokratischen Moderne weder eine Erzählung über ein ›goldenes Zeitalter‹ noch eine ›paradiesische Utopie‹ für die Zukunft. Er ist auch kein historisches Zeitalter und keine Gesellschaftsformation, in welche die positivistische Wissenschaft die Geschichte oft eingeteilt hat. Derartige Erzählungen über Geschichte und Gesellschaft, egal, ob sie über metaphysische oder positivistische Methoden funktionieren, verwende ich nicht als Methode. Stattdessen muss ich zumindest für mich feststellen, dass sie einander ähnliche Ergebnisse produzieren und ihre Interpretationen der Wirklichkeit und der Wahrheit entgegen ihren Ansprüchen inkohärent sind. Zum Denken finde ich die Erfahrungen des historischen Materials absolut notwendig. Und nicht nur das historische Material, sondern auch das natürliche Material und seine Erfahrungen halte ich für notwendig. Dabei verfolge ich keinen typisch empiristischen Ansatz. Ich verfolge auch keinen gegenläufigen Ansatz, ähnlich dem der Idealist*innen, die behaupten, unabhängig vom natürlichen und historischen Material und deren Erfahrungen Gedanken produzieren zu können. Ich weiß, dass in der Geschichte der Zivilisation mit diesen Methoden ein riesiger Korpus geschaffen wurde. Zwar glaube ich auch, dass man dessen gewahr sein muss, doch gleichzeitig bin ich überzeugt, dass all dies für eine Interpretation der Wahrheit nicht unverzichtbar ist. Ich will sagen, dass wir die Wahrheit auch ohne sie interpretieren können. Besonders die Lage der positivistischen Forschungsschule, die in der Fülle des historischen Materials erstickt, finde ich ärmlich und bemitleidenswert. Genauso wenig glaube ich, dass es viel mit der Wahrheit zu tun hat, ohne Bezug auf irgendwelches Material von unsichtbaren Dingen zu sprechen, wie Scheichs, die exklusiven Kontakt zu höheren Mächten behaupten. Auch diese Leute leben in einer bemitleidenswerten, elenden Lage.

Doch es reicht nicht aus, nur empiristische und idealistische Ansätze zu kritisieren. Auch an die Methoden des universalen, linearen Fortschrittsdenkens und des Relativismus, die beide derartige Methoden in anderer Form darstellen, sollten wir kritisch herangehen. Im Allgemeinen kann die Wahrheit weder mit der linear-progressistischen noch mit der relativistischen Methode konstruiert oder entdeckt werden. Das hohe Niveau der flexiblen Intelligenz der gesellschaftlichen Natur bietet zweifellos eine weite Freiheitsoption bei der Konstruktion der gesellschaftlichen Wirklichkeit. Doch bedeutet dies nicht, wie die Vertreter*innen der relativistischen Methode behaupten, dass ›alle ihre eigene Wirklichkeit konstruieren können‹, wie sie gerade wollen. Ebenfalls bedeutet es nicht, wie Idealist*innen meinen, dass ›alles auf der wohlverwahrten Tafel *(lauḥ maḥfūẓ)* aufgeschrieben ist und zu seiner Zeit geschieht‹. Gesellschaftliche Realitäten (gesellschaftliche Naturen vom Klan bis zur Nation, Klassen, Staat usw.) unter gegebenen zeitlichen und örtlichen Bedingungen mit dem gegebenen gesellschaftlichen Material mit neuen Ideen als neue Realitäten zu konstruieren, erscheint als der Weg und die realistischste Methode des Denkens oder kann als solche angenommen werden.

Auch wenn ich mich wiederhole: Ich versuche zu erklären, dass die Methode unbedingt auf der gesellschaftlichen Natur und besonders auf der moralischen und politischen Gesellschaft beruhen muss, von der ich mit Sicherheit glaube, dass sie die grundlegende Existenzform dieser Natur bildet. Ich versuche klarzumachen, dass sämtliche Denkschulen und wissenschaftliche, philosophische und künstlerische Strömungen, die keine Verbindung zur moralischen und politischen Gesellschaft aufweisen, Geburtsfehler aufweisen und früher oder später zu Problemen führen werden. Für mich ist die erste Bedingung, an die sich alle Methoden und alles Wissen halten müssen, dass ihre ethischen und ästhetischen Produkte absolut auf der moralischen und politischen Gesellschaft beruhen müssen. Ich möchte darauf aufmerksam machen, dass sämtliche Methoden, alles Wissen, alle Ethik und Ästhetik, die außerhalb dieser obersten Bedingung entstehen, nicht vertrauenswürdig, sondern verkrüppelt, voller Fehler, Hässlichkeiten und Schlechtigkeiten sein müssen. Ich unterstreiche dabei, dass dies nicht nur meine persönliche Überzeugung und Meinung ist, sondern den Rang einer Grundnorm auf dem Weg zur Wahrheit besitzt.

Ich habe meine Methode zur Herangehensweise an die demokratische Moderne noch einmal dargelegt. In meinen bisherigen Analysen habe ich einen Ansatz mit zwei Richtungen verfolgt. Erstens habe ich beharrlich versucht, darzulegen, dass sich das Zivilisationssystem entwickelt, indem es die moralische und politische Gesellschaft, die gegebene Form der gesellschaftlichen Natur, ständig erodiert, ausnutzt und darüber Ausbeutungs- und Machtmonopole errichtet. Dieser Punkt ist besonders wichtig und muss unbedingt verstanden werden; die dafür nötigen Analysen sind zu leisten. Das habe ich getan. Unter den mir gegebenen Bedingungen habe ich das begrenzt verfügbare Material benutzt, damit verwoben den unverzichtbaren Weg der Wahrheit – das (eigene) Leben – interpretiert und so versucht, das Zivilisationssystem zu analysieren. Es war dafür, so glaube ich, nicht unbedingt notwendig, sehr große Mengen von Material zu präsentieren. Es bestand die Gefahr, alles in einer Flut von Details zu ertränken. Doch habe ich mit einer Reihe von Daten belegt, dass dies nicht ganz ohne Material geht.

Das Ergebnis war folgendes: Die riesigen Zivilisationen historischer Zeiten – gegen wen wurden sie gemäß der Dialektik entwickelt? Mit wem, wo und wie hatten sie Beziehungen und Widersprüche imaginiert? Mit meinem Minimum an Material und Interpretationsfähigkeit habe ich mich nicht gescheut, für die Gesamtheit der Kräfte, die zur Zivilisation in Beziehung oder Gegnerschaft stehen, die Vokabel *demos* zu benutzen und sie mit dem bekannten *kratia* für Regierung zur oft verwendeten und in der intellektuellen Welt verbreiteten Form ›Demoskratia‹ zusammenzufügen. Zweifellos umfasst die ›Demoskratia‹, die Demokratie, nicht sämtliche Einheiten der moralischen und politischen Gesellschaft. Vielleicht entspricht sie genau der ›Stammeskonföderation‹, wie sie eine Zeit lang in Ionien existierte. Insofern mag sie untere, obere und weitere andere moralische und politische Einheiten nicht umfassen; tatsächlich umfasst sie sie nicht. Da ich dennoch glaube, dass dieses Wort von den verfügbaren momentan das passendste ist, habe ich mich nicht gescheut, es zu verwenden. Wenn in Zukunft eine passendere Terminologie entwickelt wird, werde ich zweifellos nicht zögern, sie zu verwenden. Wichtig ist der Inhalt und was wir meinen, wenn wir von Inhalt sprechen.

Das zweite Wort, die ›Moderne‹, müssen wir nicht weiter erklären. Wie schon oft erwähnt, bezeichnen die Modernen tatsächlich erlebte Zeitabschnitte, Zeitalter oder Zeiträume mit bestimmten Normen. So viele Zeitalter der Zivilisation es also gibt, so viele, sogar ein Vielfaches mehr, Demoskratien oder demokratische Modernen gibt es. Denn es gibt viele moralische und politische Gesellschaftseinheiten, die die Zivilisationssysteme nicht vollständig erreichen und unter ihr Ausbeutungs- und Machtmonopol bringen können, die ich als demokratische Moderne interpretieren kann.

Die Geschichte bietet zu diesem Thema reichlich Material. Ich habe versucht, einen winzigen Teil davon beispielhaft zu behandeln.

Ein zweiter wichtiger Punkt in diesem Zusammenhang ist, dass die als jeweilige demokratische Moderne bezeichneten ideologischen und materiellen Kulturen sich nicht so stark wie die Zivilisationssysteme organisierten oder organisieren konnten. Weil Zivilisationen täglich ihre monopolistischen Ausbeutungs- und Machtapparate arbeiten lassen müssen, sind sie notwendigerweise sowohl ideologisch bestens ausgestattet und hochgradig organisiert als auch in ihren materiellen Strukturen geeint und stets aktiv. Historisches Material dazu ist reichlich vorhanden. Wer möchte, kann beliebig viel finden. Die Einheiten der demokratischen Moderne hingegen sind nicht in derselben Situation. Genauer gesagt, können sie nicht dieselbe ideologische und materielle strukturelle Systematik besitzen, da sie sich ständig zwischen Widerstand und Kolonialisiertwerden bewegen sowie unabhängige Einheiten in entlegenen Gebieten, auf Bergen und in Wüsten kaum entwickelt sind. Ich will nicht sagen, dass sie überhaupt kein System, keine Ideologie und Struktur entwickeln können. Zweifellos bietet die Geschichte auch viele Beispiele für ideologisch und materiell reiche Strukturen und Kulturen. Zwar sind diese aufgrund der ideologischen Hegemonie der Zivilisation nicht so präsent, doch dürfen wir nicht zweifeln, dass die Geschichte in dieser Hinsicht sehr vielfältiges Datenmaterial liefert.

Beide Stränge der Zivilisation, die sich bis heute fortsetzen (etatistische Zivilisation und demokratische Zivilisation), habe ich in ihren Grundzügen nachzuzeichnen versucht. Ich bin überzeugt, dass ich trotz der Skizzenhaftigkeit und Unzulänglichkeiten in meinen Analysen die Hauptströmungen wiedergegeben haben. Man wird bemerken, dass ich insbesondere die als kapitalistisch bezeichnete Moderne umfassend zu analysieren versucht habe. Andererseits lässt sich sehen, dass ich die Gegenpole derselben Ära der Moderne noch ausführlicher und zusammen mit bestimmten Kritiken dargelegt habe. Aus diesen Kritiken muss folgen, dass die demokratische Moderne offenbar vor der Aufgabe steht, sich neu aufzurichten. Wir müssen wissen, dass die vom Liberalismus angeführten Kräfte der kapitalistischen Moderne, ob sie sich erneuern oder nicht, ziemlich geschickt und erfahren darin sind, sich in jeglichem Gewand zu präsentieren. Das Gleiche können wir jedoch von den Kräften der demokratischen Moderne nicht behaupten. Egal, ob wir ihre historischen Erfahrungen oder ihre Handlungsweisen in der jüngeren Vergangenheit gegenüber dem Liberalismus betrachten, können wir deutlich verfolgen, wie sie ideologisch zerrüttet wurden und dadurch ihre Klarheit verloren. Die Aufgaben beim Wiederaufbau der Einheiten der demokratischen Moderne zu klären, ist wichtig, um nach Möglichkeit nicht erneut in eine solche Lage zu verfallen, zumindest aber die vielen tragischen Situationen der jüngeren Vergangenheit nicht noch einmal zuzulassen.

Mit ›Einheit‹ meine ich sämtliche Gemeinschaften, Individuen und Bewegungen, die mehr oder weniger wissen, dass sie in Gegnerschaft zum System stehen und so leben. Diese Existenzen bilden die überwältigende Mehrheit der gesellschaftlichen Natur, stellen aber leider jeweils eine qualitative Kraft dar, die weit, weit hinter ihrer zahlenmäßigen Stärke zurückbleibt. Der Wiederaufbau sollte sich zuerst zum Ziel machen, die quantitative Überlegenheit in eine qualitative Kraft zu verwandeln. Wenn wir uns vor Augen führen, wie umfassend und ineinander verschränkt die Handels-, Industrie-, Finanz-, Ideologie-, Macht- und Nationalstaatsmonopole im globalen Maßstab sind, und keinen Augenblick lang vergessen, wie trickreich und vernichtend sie sich ihren Zielen gegenüber verhalten, so sehen wir, welch klare und unaufschiebbare Aufgabe es angesichts des riesigen Ungleichgewichts ist, die Einheiten der demokratischen Moderne wieder aufzubauen und sie zu einer Kraft zu machen, die ihrer Multitude entspricht. Diese Aufgaben können wir unter drei Überschriften auflisten. Diese drei Gruppen von Aufgaben hängen eng miteinander zusammen und besitzen eine intellektuelle, eine moralische und eine politische Dimension. Die engen Verbindungen zwischen ihnen beseitigen jedoch nicht die Notwendigkeit, institutionell absolut unabhängig voneinander zu sein. Im Gegenteil, jeder Bereich musste, muss und wird auch in Zukunft seine Unabhängigkeit bewahren müssen. Andernfalls können sie ihre Funktionen nicht angemessen erfüllen. Die Institutionen bezüglich dieser Bereiche und ihre Funktionen zu klären, die sich in der Vergangenheit stark vermischt haben, und zu ordnen, wie sie kooperieren können, gehört zu den Dingen, die noch zu lösen sind.

Insofern mag es erhellend sein, geschichtliche Prozesse anhand einiger Beispiele zu erläutern. In Stammeseinheiten werden intellektuelle, moralische und politische Aufgaben im Allgemeinen gemeinsam erfüllt. Differenzierung und Spezialisierung sind noch wenig ausgeprägt. Stammeskonföderationen betreffen überwiegend politische Aufgaben. Während die moralische Tradition von der Erfahrung der Alten repräsentiert wird, vertreten die Institutionen des Schamanismus, des Scheichtums oder des Priestertums eher das Intellektuelle, das Denken. Während der langen Zeit, in der sich die moralische und die politische Dimension der abrahamitischen Religionen ausweitete, institutionalisierten sich alle drei Aufgaben in gewissem Maße. Im Islam übernimmt die Medresse eher die Rolle der intellektuellen Institution; die Moschee ist die moralische Institution, das Sultanat füllt die Rolle der politischen Institution aus. Die enge Verschränkung der drei verhinderte jedoch kreative Entwicklungen. Damit hängt zusammen, dass es ihnen nicht gelang, sich wie ähnliche Institutionen im Christentum und im Judentum weiterzuentwickeln. Die vorherrschende Form ihrer Beziehungen untereinander ist die der Ökumene oder Umma, die gewissermaßen ihren Internationalismus repräsentiert.

In der graeco-römischen Zivilisation gewann das Intellektuelle etwas mehr Unabhängigkeit. Philosophische Schulen waren eher intellektuelle Institutionen mit recht hoher Unabhängigkeit. Die Moral wurde im Tempel institutionalisiert. Der Politik, die zuvor in Räten und Versammlungen (*ekklēsia*) sowie im Senat der Römischen Republik institutionalisiert war, wurde mit dem später entstandenen Imperium ein schwerer Schlag versetzt. Das Kaiserreich bedeutet gewissermaßen auf der zentralen Ebene die Negation der politischen Institutionalisierung. Das Attentat auf Julius Caesar hängt eng mit diesen Tatsachen zusammen.

Während in der neuzeitlichen Moderne das Intellektuelle in die Falle der Universität gesperrt wurde, bekam die Moral einen schweren Schlag ab und steht vor der Auslöschung. Sie wurde durch das positive Recht ersetzt, wodurch ihre Rolle in der Gesellschaft verschwinden soll. Der Bereich der Politik wiederum wird schrittweise in das Gewand des Parlamentarismus gezwungen und unter der Verwaltung der nationalstaatlichen Bürokratie geradezu zum Erliegen gebracht. Wie die Moral kann auch die Politik ihre Rolle nicht mehr im wirklichen Sinne einnehmen.

In den Einheiten der demokratischen Moderne kam es zu verschiedenen komplizierten institutionellen Entwicklungen. Organisationen der Geschwisterlichkeit vereinten in sich gewissermaßen alle drei Aufgaben, ähnlich wie die Utopisten. Intellektuelle, moralische und politische Aufgaben wurden im Grunde um eine Person herum funktionell organisiert und erfüllt. Insbesondere in der Phase des Realsozialismus waren der Bund der Kommunisten sowie die Erste, Zweite und Dritte Internationale Gebilde, in denen die Institutionen aller drei Bereiche eng miteinander verwoben waren. Das Kommunistische Manifest besaß den Charakter ihres gemeinsamen Programms. In allen drei Aufgabenbereichen teilten diese Institutionen die assimilationistische Tendenz der kapitalistischen Moderne. Die Politik als

Institution wurde den Verwaltungsmechanismen des Gottes ›Nationalstaat‹ geopfert und die Moral dem positiven Recht, das durch die gleichen Mechanismen die staatsbürgerliche Gefangenschaft regelte. Der Bereich der intellektuellen Aufgaben hingegen wurde den intellektuellen Kapitalisten und intellektuellen Packeseln (Esel, die Wissen schleppen) der Universitäten, der neuen Tempel des Nationalstaates, überlassen, geopfert oder diese wurden dazu gebracht, die Aufgaben gleich zu leugnen.

Schon diese kurze Erinnerung an die Geschichte zeigt die Dringlichkeit, mit der sich die Einheiten der demokratischen Moderne in Form von Gegen-Netzwerken organisieren und alle drei Aufgaben übernehmen müssen, wenn sie als Gesellschaft nicht vollständig zerfallen wollen.

Bevor wir nun die Aufgaben behandeln, müssen wir noch kurz die Themen ›Einheit‹ und ›Netzwerk‹ beleuchten. Mit Einheit ist jegliche anti-monopolistische Gemeinschaft gemeint. Jede Gemeinschaft – von der demokratischen Nation bis zum Dorfverein, von einer internationalen Konföderation bis zum Stadtteilladen – ist eine Einheit. Jedes Leitungsorgan, ob in Stamm oder Stadt, vom lokalen bis zum nationalen, ist eine Einheit. Es kann Einheiten aus zwei Personen, sogar aus nur einer Person geben bis hin zu Einheiten, die Milliarden von Menschen vertreten. Es wird helfen, diesen Begriff innerhalb dieses Bedeutungsreichtums zu betrachten. Wichtig ist hierbei, alle Einheiten jeweils auch als die moralische und politische Gesellschaft zu verstehen. Daher besitzt es den Rang eines Prinzips, dass sich jede Einheit an den intellektuellen, moralischen und politischen Aufgaben beteiligt. Einheit zu sein erfordert, moralische und politische Gesellschaft zu sein, und genauso erfordert es, den intellektuellen, moralischen und politischen Aufgaben verpflichtet zu sein. Dass dieser (Gegen-)pol netzartig organisiert ist, hängt mit seiner organisatorischen Struktur und Führung zusammen. Auch innere Verbundenheit lässt sich am besten in Netzwerken organisieren. Streng zentralistische, hierarchische Organisation und Führung durch Befehlsketten widerspricht völlig den Organisations- und Leitungsprinzipien der Einheiten der demokratischen Moderne.

A Intellektuelle Aufgaben

Vorab muss ich bemerken, dass ich die intellektuellen Aufgaben nicht als die Erstellung von vorgefertigtem Bewusstsein und dessen Vermittlung an die Einheiten definieren werde. Zunächst müssen wir den Intellektualismus selbst unter die Lupe nehmen. Es heißt oft, das ›Zeitalter der Aufklärung‹ (im Europa des achtzehnten Jahrhunderts) habe die Moderne bestimmt. Die zahllosen durch Nationalstaaten systematisch verübten physischen und kulturellen Genozide, allen voran der Völkermord an den Jüdinnen und Juden, haben dem aufklärerischen Anspruch der Moderne einen tödlichen Schlag versetzt. Dieser Moment, in dem der Intellektuelle Adorno sagte, dass alle Göttlichkeit schweigen müsse[105], ist gleichzeitig die letzte Stufe, die die Zivilisationen erreicht haben. Dies ist ein bedeutender Moment; ohne ihn zu analysieren, können wir nicht einen Schritt vorwärtsgehen. Wir reden von einem historischen Moment des Bankrotts, der Lüge und des Völkermords. Der Intellektualismus als Praxis der Aufklärung, Bewusstmachung und der Verwissenschaftlichung kann sich von diesem Moment nicht abstrahieren; über ihn muss als einem der Hauptschuldigen gerichtet werden. Die Schuld und die Verantwortung auf Einzelne wie Hitler oder ein paar ähnliche Diktatoren zu schieben, ist eine widerliche Propaganda des Liberalismus. Ohne das System zu erklären, von dem Hitler von der Wiege bis zur Bahre genährt wurde, lässt sich die Wahrheit nicht erklären; es lässt sich höchstens Verrat an der Wahrheit üben. Wenn die Hauptaufgabe des Intellektualismus – der Wahrheit auf der Spur zu sein – verraten wird, wenn zudem dieser Verrat auf breiter Front durch die Besitzer intellektuellen Kapitals und Wissen tragende Packesel geübt wird, so heißt das, dass einige Dinge radikal infrage gestellt werden müssen. Solange diese Angelegenheiten nicht radikal überprüft und gelöst werden, wird auch eine neue Positionierung nichts anderes hervorbringen als nur neue intellektuelle Kapitalisten und Packesel.

Wenn sich das in einer globalen Krise befindliche System nur durch ein Krisenregime im Ausnahmezustand aufrechterhalten lässt und in dieser Situation von der intellektuellen Krise geschwiegen wird, liegt das entweder an Blindheit oder daran, dass man ein unverbesserlicher intellektueller Kapitalist oder Packesel ist. Gewöhnlichen Intellektuellen, die sich ihre

105 Gemeint ist vermutlich folgendes Zitat: »Kein vom Hohen getöntes Wort, auch kein theologisches, hat unverwandelt nach Auschwitz ein Recht.« Theodor W. Adorno, *Negative Dialektik* (Frankfurt, 1966), S. 358.

Würde bewahrt haben, fällt es nicht schwer zu begreifen, dass die Krise grundsätzlich mit der Stagnation im Bereich des Denkens zusammenhängt. Dabei existiert zwischen der Strukturalität eines Systems und seiner Mentalität ein ähnliches Verhältnis wie zwischen Leib und Seele. Eine Krise des Körpers – der Strukturalität – erfordert nicht nur eine Krise der Seele – der Mentalität –; sie macht die Krise der Mentalität zum Vorboten der Krise. Die Priorität liegt nicht bei der körperlichen, sondern bei der seelischen Krise. Wie der Hirntod der sichere Beweis des körperlichen Todes ist, so kann die Krise der Mentalität nur der Beweis der strukturellen Krise sein. Im Klartext: Es ist sicher, dass wir in einer tiefen intellektuellen Krise stecken. Da sie sich nicht durch Neuerungen in wenigen Bereichen beseitigen lässt, verlangt eine Antwort auf die Krise Tiefgang; sie muss sich um die Transformation des Systems drehen. Die Lösung der intellektuellen Krise des Systems ist nur durch eine neue ›intellektuelle Revolution‹ möglich. Bevor wir diese intellektuelle Revolution diskutieren, wollen wir mit einigen historischen Beispielen das Thema erhellen.

Soweit sich das interpretieren lässt, fand die erste große intellektuelle Revolution der Geschichte zwischen dem siebten und fünften Jahrtausend v. Chr. in Mesopotamien statt. In diesem Zeitraum wurden erstmals in umfangreicher Weise die Stärke der Gesellschaft und die der Naturkräfte beobachtet und praktische Schlussfolgerungen gigantischen Ausmaßes gezogen. Gordon Childe erachtet diesen Zeitraum für so wichtig, dass er seiner Meinung nach mit Europa ab dem fünfzehnten Jahrhundert verglichen werden muss. Die gesellschaftlichen Errungenschaften sowohl auf geistigem Gebiet als auch im Bereich der Werkzeuge stammen zum größten Teil noch aus dieser Zeit.

Die zweite große intellektuelle Revolution ereignete sich in den Gründungszeiten der sumerischen und der ägyptischen Zivilisation. In ihrer Anfangszeit bewiesen sie die Fähigkeit, die Errungenschaften der neolithischen Revolution sowohl auf dem Gebiet der Mentalität als auch der Werkzeuge in das Zivilisationssystem zu transformieren. Die Schrift und viele Entdeckungen und Erfindungen in verschiedenen Bereichen wie Mathematik, Literatur, Medizin, Astronomie, Theologie und Biologie waren das Ergebnis revolutionärer intellektueller Entwicklungen jener Zeit. Bis zur späteren griechisch-ionischen Revolution sollte sich die Geschichte als ein Erlernen und Wiederholen dieser Entwicklungen abspielen.

Die griechisch-ionische intellektuelle Revolution stellte den dritten großen Schritt dar. Die Zeit von 600 bis 300 v. Chr. war besonders reich in Bezug auf philosophisches Denken und Wissenschaftlichkeit. Der Übergang von mit Mythologie vermischten Religionen zur Philosophie war zweifellos eine große intellektuelle Revolution. Auch in den Bereichen Schrift, Literatur, Physik, Biologie, Logik, Mathematik, Geschichtsschreibung, Kunst und Politik spielten sich revolutionäre Entwicklungen ab. Bis zum sechzehnten Jahrhundert bestand die Geschichte darin, die Produkte dieser Revolutionen weiterzugeben und zu wiederholen. Zweifellos gab es auch an anderen Orten und zu anderen Zeiten zahlreiche intellektuelle Fortschritte. Doch können wir diese nicht zu den großen Revolutionen zählen. Die Entstehung der monotheistischen Religionen jedoch können wir durchaus als wichtige geistige Revolution interpretieren. Auch die zoroastrische moralische Revolution[106] war eine große intellektuelle Revolution. Konfuzius in China und Buddha in Indien schufen bedeutende intellektuelle Werte. Auch die zwischen dem achten und zwölften Jahrhundert im Islam aufscheinenden intellektuellen Glanzleistungen sind wichtig. Es ist ein großer Verlust, dass sie nicht in eine Revolution mündeten.

Die europäische intellektuelle Revolution war zweifellos tief greifend und umfassend. Doch steht außer Frage, dass ihre Quellen in den erwähnten Revolutionen und Glanzleistungen liegen. Hier muss ich auch gleich anmerken, dass all diese intellektuellen Revolutionen nichts mit den Ausbeutungs- und Machtmonopolen zu tun hatten. Ganz im Gegenteil sorgten diese Monopole dafür, dass sie sich nicht angemessen entwickeln konnten und entgleisten, abstumpften, an die Monopole gefesselt und zu Kapital gemacht wurden. Diese Tatsache sticht bei der großen europäischen intellektuellen Revolution ins Auge. Absolutistische und nationalstaatliche Systeme als kapitalistische und staatliche Monopole betrachteten es als vordringliche Aufgabe, die Revolution zu behindern, vom Weg abzubringen und an die eigene Macht zu fesseln; und sie bemühten sich sehr darum. Große Kämpfe wurden darum geführt. Giordano Bruno, Erasmus von Rotterdam, Galileo Galilei, Thomas Morus und andere Persönlichkeiten und Wissenschaftler*innen haben, um ihre intellektuelle Unabhängigkeit zu schützen und ihre Würde zu bewahren, von der Inquisition bis zu den französischen Revolutionsgerichten gegen die gnadenlose Tyrannei der Mächtigen Widerstand geleistet und dabei sogar das Risiko in Kauf genommen, auf dem Scheiterhaufen verbrannt zu werden.

106 Unter anderem betonte Zarathustra die Verantwortung der Menschen und ihren freien Willen, sich für Gut oder Böse zu entscheiden.

Im neunzehnten und zwanzigsten Jahrhundert spiegelte sich wie in allen Bereichen und Einheiten der Gesellschaft auch im intellektuellen Bereich und seinen Einheiten die Hegemonie des monopolistischen Kapitals und des Nationalstaats deutlich wider. Wissenschaft, Philosophie, Kunst und sogar Religion wurden zu großen Teilen in die Macht, insbesondere in die Strukturen des Nationalstaates, integriert. In beiden Bereichen versetzte der Monopolismus der intellektuellen Unabhängigkeit einen schweren Schlag. In der Abhängigkeit wurden die Intellektuellen entweder zu intellektuellen Kapitalisten oder verwandelten sich, wie die meisten, in Packesel des Wissens an Universitäten und in anderen Schulsystemen. Die Universitäten und andere Schulstrukturen wurden zu den neuen Tempeln jedes Nationalstaats. Hier werden Gehirne und Seelen neuer Generationen gewaschen; sie werden zu Untertanen-Staatsbürger*innen gemacht, die dem Nationalstaatsgott huldigen wie keinem zuvor. Die Gemeinschaft der Lehrenden aller Ebenen nimmt so den Platz der neuen Priesterklasse ein. Zweifellos gibt es auch hier und dort Intellektuelle, die sich ihre intellektuelle Würde bewahrt haben. Doch sie sind die Ausnahmen, die die Regel bestätigen.

Noch wichtiger waren die Entwicklungen bezüglich des Inhalts der intellektuellen Revolution in Europa. Zunächst müssen wir feststellen, dass die Pioniere dieser Revolution sich die Religion, Wissenschaft, Philosophie und Kunst früherer Zeiten gut angeeignet hatten und dass ihre eigenen Beiträge zu diesen Gebieten auf dieser Aneignung basierten. Wir müssen zugestehen, dass die europäischen Intellektuellen große Fortschritte bei der Annäherung an die Wahrheit machten. In der Entwicklung von Methoden und ihrer Anwendung waren sie definitiv erfolgreich. Derartige Erfolge gab es besonders bezogen auf die Erste Natur (in Physik, Chemie, Biologie und Astronomie). Doch über wissenschaftliche, philosophische, künstlerische und moralische Ansätze bezogen auf die Gesellschaft als Zweite Natur können wir nicht dasselbe behaupten. Europäische Intellektuelle verfassten bedeutende Erklärungen (Manifeste), gründeten wissenschaftliche Disziplinen, philosophische Schulen, künstlerische Strömungen und ethische Lehren. Doch sie waren nicht erfolgreich genug, als dass sie den moralischen und politischen Charakter der Gesellschaft hätten bewahren können. Im Gegenteil machten sie sich, indem sie sich an die Kapital- und Machtmonopole banden, an der bis zur Vernichtung reichenden Demontage der moralischen und politischen Gesellschaft auf eine Weise mitschuldig, die nicht durch Nachlässigkeiten, Fehler und Mängel zu erklären ist. Genau so begann die intellektuelle Krise.

Zweifellos sind die Intellektuellen auch dafür verantwortlich, dass nicht nur die Gesellschaft, sondern auch die Umwelt zur Zielscheibe der Zerstörung wurde. Dass sie für die Krise mitverantwortlich gemacht werden, liegt daran, dass sie Teil der Krise sind. Die wichtigste Frage, die es hier zu klären gilt, ist, durch welche Strategien und Taktiken die intellektuelle Niederlage, Korruption und Verzerrung entstanden ist. Wen sollen wir für das große Chaos, die Niederlage und den Verrat, besonders im Bereich der Gesellschaftswissenschaften, verantwortlich machen? (Dabei muss ich zunächst anmerken, dass ich daran glaube, dass auch die Wissenschaften der Ersten Natur gesellschaftlichen Charakter besitzen bzw. besitzen sollten.) Handelt es sich um eine Krankheit, die nur das wissenschaftliche Paradigma betrifft? Müssen wir den Großteil der Schuld bei einigen Disziplinen suchen? Ist die Krankheit strukturell oder unfallbedingt? Ist eine Behandlung möglich? Welche Methoden und Wege sollte eine Therapie verfolgen? Was könnten die Hauptmerkmale einer neuen wissenschaftlichen Revolution oder eines neuen Paradigmas sein? Womit sollten wir strategisch beginnen? Nur, wenn wir gehaltvolle Antworten auf diese und andere Fragen haben, können wir sowohl den Ausweg aus der intellektuellen Krise schaffen als auch unsere neuen paradigmatischen und wissenschaftlichen Aufgaben festlegen.

Die Krise der auf die europäische Zivilisation zentrierten Wissenschaft ist eine strukturelle. Sie hängt mit den Entwicklungen in der Anfangszeit der Zivilisation zusammen. Die Zentralisierung der Wissenschaft im Tempel bedeutet ihre Integration in die Macht. Es gibt zahlreiche Beispiele dafür, dass in der ägyptischen und der sumerischen Zivilisation die Wissenschaft zu einem untrennbaren Bestandteil der Macht wurde. Die Institution des Priestertums, die die Wissenschaft zusammenfasste, war bereits die wichtigste Partnerin der Macht. Dabei war die Struktur der Wissenschaft in der vorausgehenden Zeit des Neolithikums eine andere gewesen. Die Frau hatte mit ihrem Wissen über Pflanzen vielleicht die Grundlage für Biologie und Medizin gelegt. Die Beobachtung des Wechsels der Jahreszeiten und des Mondes machte den Bedarf an Berechnungen deutlich. Wir können das durchaus so interpretieren, dass die agrarisch-dörflichen Gesellschaften durch ihre jahrtausendelange Lebenspraxis einen großen Wissensschatz geschaffen hatten. In der Ära der Zivilisation wurde dieses Wissen gesammelt und in einen Bereich der Macht verwandelt. Hier fand ein qualitativer Umschlag im negativen Sinne statt.

In der vorzivilisatorischen Gesellschaft und in den Gegen-Gesellschaften der Ära der Zivilisation waren Wissen und Wissenschaft Teil der moralischen und politischen Gesellschaft. Solange es die vitalen Interessen der Gesellschaft nicht erforderten, konnte Wissenschaft nicht auf andere Weise verwendet werden. Der einzig mögliche Zweck von Wissen und Wissenschaft war, die Existenz der Gesellschaft zu sichern, sie zu nähren und fortzuführen. Ein anderer Zweck war undenkbar. Die Zivilisation veränderte diese Situation radikal. Indem sie Wissen und Wissenschaft monopolisierte, trennte sie beide von der Gesellschaft. Während die Gesellschaft des Wissens und der Wissenschaft beraubt wurde, maximierten die Kräfte von Macht und Staat durch Wissen und Wissenschaft ihre Stärke. Indem sie die Produzent*innen und Träger*innen von Wissen an Dynastien und Paläste banden, verfestigten sie ihre Monopole. Die radikale Trennung des Wissens von der Gesellschaft, insbesondere von der Frau, bedeutete gleichzeitig die Durchtrennung der Verbindung zum Leben und zur Umwelt. Damit wurde auch das Band zwischen der analytischen und der emotionalen Intelligenz radikal durchschnitten und beide begannen, sich immer weiter auseinanderzuentwickeln.

Die Bedeutung der Wissenschaft in der gesellschaftlichen Natur war Göttlichkeit. Die Gesellschaft vergöttlichte das Wissen und das Bewusstsein über die eigene Natur als Ausdruck der eigenen Identität und setzte sie mit Göttlichkeit gleich. Die Zivilisation veränderte auch dies. Als das Wissen unter die Kontrolle der Dynastien und ihrer Teilhaber*innen geriet, veränderte sich auch die Göttlichkeit. Während der Gesellschaft nun der Part der Knechtschaft und der Nicht-Göttlichkeit zugewiesen wurde, gingen die Dynastien und ihre engere Umgebung als göttlicher Adel in die Mythologie und die Religion ein. Das Ergebnis dieses Prozesses waren Gottkönige und Gottesadel. Diese Trennung der Produzent*innen und Träger*innen des Wissens und der Wissenschaft von der Gesellschaft setzte sich durch alle Zeitalter der Zivilisation hindurch fort. Es gab zwar Widerstand dagegen, doch wurde dieser leicht niedergeschlagen. Diejenigen, die sich mit Wissen und Wissenschaft befassten, bildeten geradezu eine Kaste. Wenn wir nun die europäische Zivilisation betrachten, so existierte dort, insbesondere wegen des Konfliktes zwischen Kirche und Königtum und der teilweise autonomen Atmosphäre der Klöster, eine Zeit lang eine begrenzte Unabhängigkeit der Produzent*innen von Wissen und Wissenschaft. Die heftigen Machtkämpfe und Kriege boten die Gelegenheit, leichter Protektion zu finden, ohne dass die Forschungen Schaden nahmen. Renaissance, Reformation und

Aufklärung hatten viel mit der autonomen Atmosphäre zu tun, zu der diese Machtkämpfe geführt hatten. Das Fehlen eines Absolutismus in der Art Chinas oder des Osmanischen Reiches trug zur Autonomie bei. Das Ergebnis war die philosophische und wissenschaftliche Revolution. Der Aufstieg des Kapitalismus einerseits und die Entstehung des Nationalstaats andererseits brachten jedoch im neunzehnten und zwanzigsten Jahrhundert eine Monopolisierung der Wissenschaft durch Kapital und Macht mit sich. Wissenschaft war nun ein untrennbarer Bestandteil von Kapital und Macht. Diese Entwicklung, die ohnehin die gesamte Geschichte der Zivilisation hindurch zulasten der moralischen und politischen Gesellschaft erfolgt war, erreichte in der europäischen Moderne ihren Höhepunkt.

Das heißt also, dass die eurozentrischen wissenschaftlichen Paradigmen sich schon lange zuvor von der Gesellschaft gelöst hatten. Diejenigen, die sich mit Wissen und Wissenschaft befassten, nahmen überwiegend die Perspektive von Kapital und Macht ein. Die moralische und politische Gesellschaft hatte längst ihr Ansehen verloren. Dieser Prozess beschleunigte sich noch durch die Niederlage der Kirche. Die Wissenschaft, deren Hauptsorge nicht die moralische und politische Gesellschaft war, kannte nun kein anderes Betätigungsfeld mehr, als sich den Zielen von Kapital und Staat zu verschreiben. Während die Wissenschaft nun Macht und Kapital produzierte, eigneten sich Kapital und Macht die Wissenschaft an. Die Durchtrennung aller Verbindungen der Wissenschaft mit Moral und Politik stieß die Tür weit auf für Kriege, Konflikte, Kämpfe und jede Art von Ausbeutung. So wurde die Geschichte der europäischen Zivilisation auch zur Geschichte der intensivsten Kriegsführung. Der Wissenschaft wurde dabei die Rolle zugemessen, sich auf die Erfindung perfekter Kriegsgeräte zu konzentrieren, die den Sieg bringen sollten. So erfolgte letztlich eine Eskalation in der Produktion von Kriegsgerät, die bis zu den Nuklearwaffen reichte. In einer Gesellschaft, in der die Regeln der moralischen und politischen Gesellschaft herrschen, würde nicht einmal eine Spielzeugpistole erfunden – ganz zu schweigen von Nuklearwaffen –, und wenn sie erfunden würde, richtete man sie zumindest nicht gegen die Gesellschaft.

Die Zerstörung der Moral ist der wichtigste Faktor für den Beginn von Kriegen. Die Durchtrennung der Verbindung von Wissenschaft und Moral jedoch ist die Grundlage der Erfindung jeglichen Zerstörungswerkzeuges. Undenkbar, dass sich dieses Verhältnis von Wissenschaft und Macht zur Gesellschaft nicht im grundlegenden Paradigma und den Methoden widerspiegelte. Die Gesellschaft wegfallen zu lassen, bedeutet, sie gleichzeitig zum Objekt zu machen – wie bereits vorher die Frau und die Sklav*innen. Anschließend wurde die mit Francis Bacon und René Descartes beginnende Objekt-Subjekt-Trennung auf alle Wissenschaften ausgedehnt. Bei wissenschaftlichen Arbeiten wird Objektivität hoch gelobt. Dabei hat die scharfe Trennung von Objektivität und Subjektivität den Weg für die größte Katastrophe geebnet. Anschließend vertiefte sich die Spaltung zwischen dem Ich und dem Anderen. Dann verwandelten sich beide in einander auslöschende dialektische Gegensätze. All diese Dichotomien sind mit Sicherheit eine Widerspiegelung der Spaltung und des Widerspruchs zwischen der moralischen und politischen Gesellschaft einerseits und Macht und Kapital andererseits. Die Reduzierung der Natur, dann der Frau und der Sklav*innen, zuletzt der gesamten Gesellschaft auf die Position des Objekts, tritt uns als Folge des berühmten ›Objektivitätsgebots‹ gegenüber, das in der Wissenschaft noch immer gilt. Das frühere Verhältnis Gott–Knecht verwandelte sich in das Verhältnis Subjekt–Objekt. Die noch ältere Auffassung einer beseelten Natur wich der Auffassung eines ›toten Objekts Natur‹ und dem darüberstehenden ›göttlichen Subjekt Mensch‹.

Die Auswirkungen dieses paradigmatischen Ansatzes auf die Wissenschaft, besonders auf die Gesellschaftswissenschaften, waren verheerend. Beispielsweise glauben Physiker*innen, die auf der Grundlage einer vollständig objektiven physischen Natur arbeiten, die Freiheit zu besitzen, unbegrenzt Experimente mit der Natur durchführen und über sie verfügen zu können. Sie fühlen sich in jeder Hinsicht frei, nukleare Experimente durchzuführen oder alle möglichen Eigendynamiken auszulösen. Dabei empfinden sie keinerlei moralische Bedenken. Die Auffassung der Natur als Objekt schuf die Bedingungen für eine grenzenlose Verfügung über die Materie, was bis zur Herstellung der Atombombe führte. Wenn sich die göttliche Wissenschaft in eine instrumentelle Wissenschaft verwandelt, verschwindet ihre Verbindung zur Gesellschaft; sie sinkt in die Position eines Instruments in den Händen von Macht und Kapital, das dem Gesetz des Maximalprofits folgt. Oberflächlich betrachtet ist die Physik eine völlig neutrale, unparteiische Wissenschaft, die sich mit der objektiven Natur befasst. Im Kern handelt es sich jedoch offenbar um eine der wesentlichen Quellen der Stärke von Macht und Kapital. Wenn dies nicht so wäre, hätte die physikalische Wissenschaft ihre gegenwärtige Position nicht behaupten können. Ihre Verwandlung in eine anti-gesellschaftliche Kraft zeigt, dass sie keine neutrale Wissenschaft ist. Auch die Kräfteverhältnisse, die als physikalische Gesetze bezeichnet werden, bedeuten letztendlich nichts anderes als eine

Widerspiegelung der menschlichen Kraft. Der Mensch wiederum, das wissen wir, ist in einem absoluten Sinne ein gesellschaftliches Wesen.

Wenn wir die positivistische Philosophie interpretieren, die prägend für die gesamte wissenschaftliche Struktur der Moderne war, so können wir das Innere des Verhältnisses Zivilisation–Macht–Wissenschaft besser zutage fördern. Wir wissen, dass die positivistische Philosophie von streng objektiven Fakten ausgeht und keinen anderen wissenschaftlichen Ansatz erlaubt. Wer genauer hinsieht, wird begreifen, dass Wissenschaft als Untersuchung der Verhältnisse von Objekten götzenanbeterischer und metaphysischer ist, als alle früheren Götzenanbeter und metaphysischen Kräfte es je waren. Ein kurzer Ausflug in die historische Dialektik wird dieses Thema für uns erhellen. Genauso, wie die monotheistischen Religionen sich auf der Grundlage der Kritik am Paganismus (Götzenanbeterei, gewissermaßen Religion der Vergöttlichung von Phänomenen) bildeten, entstand der Positivismus. Der Wille zum Wissen, ausgehend von der Kritik von Religion und Metaphysik, nahm die Form der Neo-Metaphysik an (Wille zur Wahrheit gestützt auf Phänomene ist definitiv Neo-Paganismus). Friedrich Nietzsche erkannte dies als einer der ersten Philosophen und leistete mit seinen Einschätzungen einen sehr bedeutenden Beitrag zur Erforschung der Wahrheit[107]. Die Feststellung, dass der Begriff der ›objektiven Tatsache‹ ein von der Wahrheit weit entfernter Begriff ist, besitzt weitreichende Bedeutung. Die Phänomene für sich allein geben keinerlei sinnvolle Auskunft über die Wahrheit oder bringen, soweit sie es tun, ganz falsche Ergebnisse mit sich.

Wir hatten gesagt, dass die Phänomene keine Information liefern oder zu ganz falschen Resultaten führen können, wenn sie nicht innerhalb komplexer Verflechtungen gedeutet werden. Betrachten wir einmal genauer nicht physikalische, chemische oder biologische Phänomene, sondern ein gesellschaftliches Beispiel und die Folgen. Nach dem Positivismus ist der Nationalstaat eine Tatsache. Alle Elemente, aus denen er besteht, sind ebenfalls Tatsachen.

---

107 Eine ausführliche Diskussion des ›Willens zur Wahrheit‹ findet sich in Nietzsches *Genealogie der Moral*, unter anderem in dieser Passage: »Was aber zu ihm zwingt, jener unbedingte Wille zur Wahrheit, das ist der Glaube an das asketische Ideal selbst, wenn auch als sein unbewußter Imperativ, man täusche sich hierüber nicht – das ist der Glaube an einen metaphysischen Wert, einen Wert an sich der Wahrheit, wie er allein in jenem Ideal verbürgt und verbrieft ist (er steht und fällt mit jenem Ideal). Es gibt, streng geurteilt, gar keine ›voraussetzungslose‹ Wissenschaft, der Gedanke einer solchen ist unausdenkbar, paralogisch: eine Philosophie, ein ›Glaube‹ muß immer erst da sein, damit aus ihm die Wissenschaft eine Richtung, einen Sinn, eine Grenze, eine Methode, ein Recht auf Dasein gewinnt. (Wer es umgekehrt versteht, wer zum Beispiel sich anschickt, die Philosophie ›auf streng wissenschaftliche Grundlage‹ zu stellen, der hat dazu erst nötig, nicht nur die Philosophie, sondern auch die Wahrheit selber auf den Kopf zu stellen [...].« Friedrich Nietzsche, *Genealogie der Moral*, III – 24, zitiert nach zeno.org.

Tausende Institutionen, Millionen Menschen sind jeweils eine Tatsache. Wenn wir die Beziehungen zwischen diesen Tatsachen hinzufügen, haben wir das Bild vervollständigt. Laut Positivismus haben wir so einen wissenschaftlichen Begriff gebildet. Wir sehen uns nun einer absoluten Wahrheit gegenüber: der Wahrheit des Nationalstaates! Der Positivismus betrachtet diese Definition nicht als eine Interpretation, sondern als ein Faktum absoluter Wahrheit. Auch alle anderen soziologischen Phänomene betrachtet er mit diesem Verständnis. Wie Phänomene in Physik, Chemie und Biologie, so sind auch sie jeweils eine Tatsache. So sieht die Definition von Wahrheit aus. Dieser Ansatz erscheint zunächst harmlos und ungefährlich, doch stellen wir fest, dass das überhaupt nicht der Fall ist, besonders wenn es um ethnische Säuberungen und Völkermorde in ihrer ganzen Grausamkeit geht. Alle Führer eines Nationalstaates, von Hitler bis zum angeblich moderatesten Repräsentanten, werden sagen, dass das, was sie tun, vollständig richtig sei, dass sie ihre Nation rein halten, dass es nicht nur rechtmäßig sei, sondern dem Gesetz der natürlichen Evolution entspreche, eine homogenere Nation zu schaffen. Laut der Wissenschaft, die sie zugrunde legen, sagen sie die Wahrheit. Die positivistische Philosophie und die positivistischen Wissenschaften bestärken sie darin. So wurden in der Ära der kapitalistischen Moderne gemäß dieser positivistischen Auffassung unzählige Kriege für Heimat, Nation, Staat, Ethnie, Ideologie und System geführt. Denn all diese Begriffe waren heilig, und man musste für sie bis zum Letzten kämpfen. Bekanntlich verwandelte sich die Geschichte infolge dieser Auffassung in ein Meer aus Blut. So grinste die blutige Fratze des anscheinend harmlosen Positivismus.

Versuchen wir, das Thema ein wenig mehr zu erläutern. Heutzutage gibt es rund zweihundert Nationalstaaten auf der Welt. Wenn die erwähnten Institutionen, Massen von Staatsbürger*innen und die Gesamtheit der Verhältnisse alle zueinander in Konfrontation treten, dann wird die Entstehung einer Ordnung bzw. eines Chaos mit mindestens zweihundert Göttern, Tausenden Tempeln und unzähligen Sekten unausweichlich. Denn alle Phänomene, die sie repräsentieren, sind heilig und es wert, dafür zu sterben. Doch Achtung: die moralische und politische Gesellschaft, die wirklich die gesellschaftliche Natur widerspiegelt, wird nicht einmal namentlich erwähnt. Dabei ist es – wenn überhaupt – die moralische und politische Gesellschaft, für die es sich zu sterben lohnt, wenn sie angegriffen wird. Im Nationalstaat dagegen kämpfen alle für selbst oder von anderen geschaffene und ihnen vorgesetzte Tatsachen-Götzen. Wir haben es mit einem Zeitalter der Kriege für Götzen zu tun, die tausendfach hemmungsloser sind als frühere Kämpfe im Namen von Götzen. Die Folge ist, dass die Kapital- und Nationalstaatsmonopole das Gesetz des Maximalprofits anwenden; einer glücklichen Minderheit wird ein Leben geboten, wie es nicht einmal die Pharaonen hatten. Was modernes Leben genannt wird, ist nichts anderes als die Folge dieser Realität des Positivismus, besser gesagt: seines Massakers an der Realität. Wir sind mittlerweile im Zeitalter der virtuellen Gesellschaft angelangt. Nichts kann den Positivismus so gut erklären, wie die virtuelle Gesellschaft. Die positivistische Gesellschaft ist die virtuelle Gesellschaft. Die virtuelle Gesellschaft ist das wahre Gesicht der positivistischen Gesellschaft, mehr als das, sie ist die Wahrheit selbst. Die Sinnlosigkeit der Phänomene (Blutbäder, imaginäre Gesellschaft, Konsumgesellschaft) erreicht in der virtuellen Gesellschaft ihren Höhepunkt. Mediengesellschaft, Gesellschaft des Spektakels, Illustrierten-Gesellschaft – all dies ist die offengelegte Wahrheit des Positivismus. Und im Grunde die Negation der Wahrheit.

Ohne Weiteres können wir noch ähnliche Folgen auflisten. Die Begriffe islamische, christliche, jüdische, buddhistische, kapitalistische, sozialistische, feudale und sklavenhalterische Gesellschaft sind Produkte derselben Herangehensweise. Hier zeigt sich das metaphysische Gesicht des Positivismus. Ja, von islamischer Gesellschaft zu reden, ist Ergebnis des gleichen Ansatzes wie von kapitalistischer Gesellschaft zu reden, denn es handelt sich um Begriffe, die Phänomene beschreiben, also Zuschreibungen, Begriffe, die die Erscheinung betreffen. Gleiches lässt sich für die nationale Zugehörigkeit sagen. Die Begriffe deutsche, französische, arabische, türkische oder kurdische Nation sind jeweils Wahrheiten positivistischen Charakters. Im Kern jedoch sind dies blasse Schemen der Wahrheit. Nun lässt sich fragen: »Was ist denn nun Wirklichkeit, Wahrheit?« Ich denke, die Antwort ist einfach. In der Wirklichkeit der Gesellschaft gibt es die natürliche Wahrheit der moralischen und politischen Gesellschaft und die Wahrheit der Zivilisation, die sie ständig erodieren will. Ich will damit nicht sagen, dass alle anderen Adjektive und Bezeichnungen keinerlei Wirklichkeit repräsentieren; ich sage nur, dass sie nicht das Wesen, sondern die Erscheinung, die simple und schnell veränderliche Form beschreiben.

Betrachten wir beispielsweise die Realität der arabischen Nation. Es gibt im als Arabien bezeichneten Gebiet eine Gesellschaft, die moralische und politische Charakteristika aufweist, auch wenn sie stark geschwächt ist. Über sie wurde Jahrtausende lang Macht ausgeübt, was sie an den Rand des Zusammenbruchs gebracht hat. Darüber hinaus bedeutet Arabischsein recht wenig. Es gibt tausenderlei verschiedene Araber*innen, die teils miteinander im Konflikt stehen, manchmal sogar Todfeinde sind. Also Tausende widersprüchliche Wahrheiten! Nach dem Positivismus muss das so sein. Aber wir wissen sehr gut, dass das nicht der Kern der arabischen Wirklichkeit sein kann.

Ein vielleicht leichter verständliches Beispiel sind Bäume. Der Baum hat als Phänomen Tausende Äste und unzählige Blätter. Wenn es ein Baum ist, dessen Produkt bekannt und wertvoll ist, so erhält er seine Bedeutung dementsprechend, nicht nach seinen Zweigen und Blättern. Positivismus ist die Blindheit, ihnen allen das gleiche Gewicht zuzumessen. Ja, auch die Zweige und Blätter sind real. Aber sie sind nicht die Bedeutung tragende Realität. Eine Traube oder ein Kilo Weinbeeren hat einen Wert, eine Bedeutung. Aber ein Blatt besitzt lediglich die Wirklichkeit eines Phänomens, das nicht das Wesentliche widerspiegelt, sondern eine äußere Erscheinung verleiht.

Dass die Wissenschaften in Phänomenen ertrinken, dass täglich eine neue Disziplin entsteht, dass sie alle sich als gleich bedeutende Wahrheiten betrachten – all das ist der Hauptgrund für die Krise der Wissenschaft. Wir hatten bereits eingangs den Zusammenhang dieser Krise mit dem System festgestellt. Die ständig zunehmende Fragmentierung der Wahrheit in Form von konträren Dichotomien wie Subjekt–Objekt, wir–die Anderen, Körper–Seele, Religion–Wissenschaft, Mythologie–Philosophie, Gott–Knecht, Herrscher–Beherrschte usw. ist im Wesentlichen die Folge der Abnutzung und Ausbeutung der moralischen und politischen Gesellschaft durch die über sie gespannten zivilisatorischen Monopol-Netzwerke. Die kapitalistische Moderne hat diese Dichotomien der Zivilisation vervielfacht und intensiviert und so die Gesellschaft an den heutigen Punkt des Zerfalls und der Zerrüttung gebracht. Auch die kollaborierende Wissenschaft besitzt großen Anteil daran. Die Krise wird spürbar, wenn der Widerspruch zwischen ideologischem Kern und instrumentaler Struktur den Punkt der Agonie erreicht; Arbeitslosigkeit, Krieg, Hunger und Armut, Repression und Massaker, Ungleichheit und Unfreiheit verwandeln sich in Schreie der Körper und Seelen der Multituden.

Bei aller Kritik am Positivismus möchte ich einige Warnungen anbringen, um Missverständnisse zu vermeiden. Erstens behaupte ich nicht, dass die Phänomene keinerlei Wert und keine Verbindung zur Wirklichkeit haben. Ich sage nur, dass ihr Wert gering ist und ihre Verbindung zur Wirklichkeit begrenzt. Auf der philosophischen Ebene bedeutet das, dass die Konzentration auf die Phänomene große Nachteile mit sich bringt. Dies hat sich im europäischen Denksystem reichlich gezeigt. Das zweite mögliche Missverständnis wäre, mich wegen Abgleitens in eine Art Platonismus zu kritisieren. Solch eine Kritik mag sich gegen mein Beispiel des Baums, die Essenz sei entscheidend, richten. Doch meine ich damit nicht die Idee eines Baumes, sondern ich spreche von der Realität, die der Baum aus Sicht der Gesellschaft beinhaltet. Ich präsentiere auch keinen utilitaristischen Ansatz. Ich sage nur, dass die Wirklichkeit von der moralischen und politischen Gesellschaft festgelegt werden muss. Ein Baum kann für ein Individuum oder eine Gruppe sehr nützlich sein. Doch wenn die Situation von der moralischen und politischen Gesellschaft nicht in gleicher Weise interpretiert wird, so hat er keinen wirklichen Nutzwert, das will ich damit sagen.

Der Liberalismus möchte, dass wir uns eine Philosophie nach dem Motto »Individuen finden als Philosoph*innen, Wissenschaftler*innen, Politiker*innen, Kapitalist*innen etc. heraus, was wahr ist, und leben entsprechend« aneignen. Das halte ich definitiv für ein unmoralisches, unpolitisches Gesellschaftsverständnis und kritisiere es. Ich halte dies für die größte Ideologie der Entmoralisierung und Entpolitisierung, die durch die Geschichte der Zivilisation angebahnt wurde und die das kapitalistische System der gesamten Gesellschaft aufschwatzen will. Genauer gesagt: Es ist eine zeitgenössische mythologische Erzählung, die durch Propaganda etabliert und in das Gewand der Moderne gekleidet wird.

Also lautet die immer wichtiger werdende Frage: Wo und wie sollen wir die Wahrheit finden? Ich möchte antworten, indem ich an eine einfache Regel erinnere: Du kannst etwas nur finden, wenn du es dort suchst, wo du es verloren hast. Woanders kannst du es nicht finden, auch wenn du die ganze Welt absuchst. Denn das ist die falsche Methode. Die Methode, nicht am Verlustort, sondern anderswo zu suchen, führt nur zu Zeit- und Energieverlust. Ich vergleiche die Wahrheitsforschung unserer Zeit mit diesem Beispiel. Trotz immenser Forschungsstätten und Forschungsbudgets sind die Resultate, zu denen man kommt, wie gesagt voller Krisen und Leid. Offenbar kann das nicht die Wahrheit sein, nach der die Menschheit sucht. Ich wiederhole meine Antwort: Die Wahrheit kann nur gesellschaftlich sein. Wenn im Prozess der Zivilisation die moralische und politische Gesellschaft erodiert und unter die strenge Herrschaft des Ausbeutungs- und Machtmonopols genommen wurde, dann ist die gesellschaftliche Wahrheit verloren gegangen. Was verloren ging, ging mit den moralischen und politischen Werten verloren. Wenn du es wiederfinden willst, musst du suchen, wo du es verloren hast. Gegen Zivilisation und Moderne musst du die moralische und politische Gesellschaft, ihre Wirklichkeit suchen und finden. Damit darfst du dich aber nicht begnügen; du musst die unkenntlich gemachte Existenz dieser Gesellschaft wieder aufbauen. Dann wirst du sehen, dass du jede einzelne Gold werte Wahrheit, die du durch die Geschichte hindurch verloren hast, wiederfindest. Das wird dich glücklicher machen. Und du wirst verstehen, dass der Weg dahin über die moralische und politische Gesellschaft führt.

Da wir den intellektuellen Arbeitsbereich neu ordnen, muss ich auf Grundlage meiner Kritik und meiner Prinzipien einige Vorschläge zu Aufgaben präsentieren.

1. Intellektuelle Anstrengungen, Aktivitäten zu Wissen und Wissenschaft sollten im Geltungsbereich der moralischen und politischen Gesellschaft, der grundlegenden Existenzweise der gesellschaftlichen Natur, unternommen werden. Die Wirklichkeit der politischen und moralischen Gesellschaft wurde die Geschichte der Zivilisation hindurch abgetrennt und zunehmend erodiert. Im Zeitalter der vom Kapitalismus geprägten Moderne wurde sie vollständig fragmentiert, dem Verfall überlassen und an den Rand des Verschwindens gebracht.

2. Also müssen die intellektuellen Anstrengungen und die Arbeiten in Wissen und Wissenschaft vor allem anstreben, diesen Lauf der Dinge aufzuhalten. Denn es kann keine Wissenschaft von etwas Verschwundenem geben. Dies könnte nur ein Andenken sein, aber Andenken ist keine Wissenschaft. Wissenschaft befasst sich mit dem Lebenden, mit dem Existierenden. Wenn die Gesellschaft in dieser Situation nicht vollständig verschwinden will, muss sie mit allen ihren Elementen gemeinsam gegen die kapitalistische Moderne Widerstand leisten. Widerstand ist mittlerweile eine Frage von Sein oder Nichtsein. Wenn die Intellektuellen nicht als intellektuelles Kapital und Packesel, sondern als Erforscher*innen der Wirklichkeit in Würde leben wollen, wenn sie überleben wollen, müssen sie in all ihrer Arbeit sowohl selbst widerständig sein ebenso wie die Elemente ihrer Forschung notwendigerweise eine Dimension des Widerstands enthalten müssen. In diesem Sinne sind sowohl die Intellektuellen selbst als auch ihre Wissenschaft widerständig. Alles andere wäre Selbstbetrug oder das Verbergen der Identität als Kapital oder Packesel.

3. Die zu entwickelnde Wissenschaft muss vor allem als ›Sozialwissenschaft‹ organisiert werden. Die Sozialwissenschaft muss als die Muttergöttin aller Wissenschaften akzeptiert werden. Weder die anderen Wissenschaften, die sich mit der Ersten Natur befassen (Physik, Astronomie, Chemie, Biologie),

noch die anderen Humanwissenschaften und Wissen, das die Zweite Natur betrifft (Literatur, Philosophie, Kunst, Ökonomie etc.), können jemals eine Vorreiterrolle einnehmen; sie können keine sinnvolle Verbindung mit der Wahrheit knüpfen. Beide Bereiche können nur einen Teil der Wahrheit erlangen, wenn sie erfolgreich eine Verbindung zur Sozialwissenschaft herstellen.

4. Die Sozialwissenschaft sollte ihr vorrangiges Forschungsfeld, die moralische und politische Gesellschaft, nicht als ein Objekt untersuchen, sondern für ihre Erforschung eine Methode zugrundelegen, die Dichotomien wie Subjekt–Objekt, Leib–Seele, Gott–Knecht und unbelebt–belebt, die in der Wahrnehmung der Menschen tiefe Gräben aufgerissen haben, überwindet. Differenzierung als Lebensweise des Universums gilt auch für die gesellschaftliche Natur und eine viel flexiblere, freiere und intensiver zu findende Beschreibung. Doch diese Differenzierung auf die Ebene der Spaltung in Subjekt und Objekt zu heben, die zur Grundlage sämtlicher ideologischen Strukturen von Zivilisation und Moderne gemacht wurde, bedeutet definitiv die Fragmentierung und den Verlust sowohl der universalen als auch der gesellschaftlichen Wahrheit.

5. Der Positivismus ist die allgemeine Philosophie dieses Objektivismus, der über der Wissenschaft im Allgemeinen und über den Sozialwissenschaften im Besonderen schwebt, und der während der europäischen Moderne seinen Höhepunkt erreichte. In all seiner Gewalttätigkeit ist er immer noch in vollem Schwung aktiv. Wir werden kein sinnvolles sozialwissenschaftliches Paradigma (eine radikal anti-zivilisatorische Wissenschaftsphilosophie) entwickeln können, ohne den Positivismus nach umfassender Kritik in den Mülleimer der Geschichte zu werfen. Auch wenn sie sehr fragmentiert sind und die Gefahr des Verlustes der Wahrheit mit sich bringen, führt doch kein Weg daran vorbei, die positiven Errungenschaften und Teile der Wahrheit der eurozentrischen Wissenschaft, insbesondere der Sozialwissenschaften, zu verstehen und sich anzueignen. So sehr wir den Positivismus auch kritisieren und überwinden müssen, so müssen wir uns doch die Teile der Wahrheit, die er zutage gefördert hat, aneignen. Bei der Erforschung der Wahrheit kann pauschaler Anti-Europäismus mindestens ebenso sehr wie pauschaler Pro-Europäismus zu negativen Konsequenzen führen.

6. Die als Postmodernismus bezeichneten Studien der Wahrheit kritisieren zwar den Positivismus und lehnen die eurozentrischen Sozialwissenschaften ab, doch kann dieser Ansatz leicht liberal gewendet werden und die Form eines Anti-Europäismus annehmen, der noch wahrheitsfeindlicher ist. Zwar sollten wir diese postmodernen Studien, die vom Krisenzustand der

Sozialwissenschaften profitieren, nicht pauschal ablehnen, aber uns ihnen durchaus äußerst kritisch nähern. Sosehr die universalistische, progessistische, lineare Methode und Perspektive des modernistischen Positivismus in die Irre führt, so droht dieselbe Gefahr auch der extrem relativistischen und zirkulären Methode vieler Postmodernist*innen. Um in keines dieser Extreme zu verfallen, ist es notwendig, sich an die genannten Prinzipien zu halten und sie gut zu verinnerlichen. In einer Krisenatmosphäre ist jede*r geneigt, den eigenen Weg zur Wahrheit zu suchen, und diese Tatsache allein kann schon die Wahrheitsstudien in vielerlei Hinsicht in die Irre führen und wirkungslos machen.

7. Bei der Erforschung der Wahrheit kann unsere Hauptmethode weder der positivistische Objektivismus noch der relativistische Subjektivismus sein. Diese beiden Methoden – im Grunde zwei Gesichter des Liberalismus – zu vermischen und in vielen Varianten auf den Markt zu werfen, führt zu einer Methodeninflation, durch die intellektuelles Kapital und Packesel geschaffen werden. Diese Inflation der Methoden ist die effektivste Weise, Wahrheit geradezu unmöglich zu machen. Sie bedeutet, durch Vermischung von objektivistischen und subjektivistischen Methoden nahezu ebenso viele Methoden zu schaffen, wie es Menschen gibt. Wichtig ist, sich von dieser Methodenfülle, diesem Akt der inflationären Entwertung der Wahrheit nicht täuschen zu lassen. Zweifellos besitzt die Wirklichkeit objektive und subjektive Aspekte. Bewusstsein und Wahrheit drücken letztlich eine Übereinstimmung im Verhältnis zwischen Beobachtenden und Beobachtetem aus (nicht im Sinne von Identität, eher vielleicht als Identifizierung). Je mehr bei diesem Thema eine Vertiefung, eine Konzentration stattfindet, desto mehr Teile der Wirklichkeit treten zutage. In dieser Situation sind weder Beobachtende in der Position von Subjekten, noch das Beobachtete in der Position des Objekts; es bedeutet eher die Annäherung beider, eine Identifizierung, aber kein Identisch-Werden. Der Prozess der Maximierung der Wahrheit ist ein Prozess, der die Möglichkeit einer derartigen Identifizierung wahrnimmt. Momentan möchte ich die Methode so definieren, ohne ihr einen Namen geben zu müssen. Zweifellos vernachlässigen wir nie und nirgends, dass die Haupteinheit, die beobachtet und beobachtet wird, die moralische und politische Gesellschaft ist.

8. Die grundlegenden Orte der Forschung können nicht die Universitäten und die anderen offiziellen Institutionen von Zivilisation und Moderne sein. Gestern wie heute bedeutet die Integration der Wissenschaft in die Macht und ihre Produktion in offiziellen staatlichen Institutionen einen Verlust

der Verbindung zur Wahrheit. Das Band zwischen Wissenschaft und der moralischen und politischen Gesellschaft zu kappen und so ihren gesellschaftlichen Nutzen über Bord zu werfen, bedeutet Beihilfe zur Errichtung der Monopole von Repression und Ausbeutung über der Gesellschaft. So, wie die Frau ihre eigene freie Wirklichkeit und Wahrheit verliert, wenn sie in Privathäuser und Bordelle eingesperrt wird, verlieren auch Intellektuelle und Wissenschaft ihre Freiheit und tatsächliche Identität, wenn sie in offizielle Institutionen eingesperrt werden. Zweifellos bedeutet das nicht, dass in diesen Institutionen gar keine Intellektuellen ausgebildet werden und gar keine Wissenschaft produziert wird. Verstehen müssen wir, dass Intellektuelle und Wissenschaft, die in die Macht integriert werden, sich von ihrem Ziel verabschieden, bezogen auf die gesellschaftliche Realität zu forschen und zu erfinden. Dass Ausnahmen von Intellektuellen und Werken mit wissenschaftlichem Wert existieren, ändert nichts an der grundsätzlichen Tatsache.

9. Für die Sozialwissenschaft ist institutionelle Revolution, mit anderen Worten ein Umbau, unbedingt nötig. So, wie in der Zeit der griechisch-ionischen Aufklärung unabhängige philosophische und wissenschaftliche Akademien entstanden, wie im Mittelalter sowohl in der islamischen als auch in der christlichen Tradition Tekke, Dargāh und Kloster eine ähnliche Rolle spielten, und wie auch die europäischen Bewegungen Renaissance, Reformation und Aufklärung jeweils gleichzeitig intellektuelle und wissenschaftliche Revolutionen waren, so brauchen wir heute ähnliche Revolutionen für den Ausweg aus der gegenwärtigen Krise. Die vierhundertjährige ideologische Hegemonie der Moderne ist mindestens so tief wie ihre Hegemonie über die materielle Kultur und nicht in der Lage, die sich verstetigende Krise zu überwinden. Ohne eine Intervention der demokratischen Moderne in Form und Inhalt wird die Krise unweigerlich weiter zerrüttend und desintegrierend wirken. Es gibt ein reiches intellektuelles und wissenschaftliches Erbe revolutionärer Aufbrüche: von den utopischen Sozialisten zu den wissenschaftlichen Sozialist*innen, von den Anarchist*innen bis zur Frankfurter Schule, von der französischen Philosophie der zweiten Hälfte des zwanzigsten Jahrhunderts und zuletzt postmodernistischen, feministischen und ökologistischen Aufbrüchen seit den 1990er Jahren. Die demokratische Moderne muss sowohl die intellektuellen Glanzleistungen der Ära der Zivilisation und ihre Revolutionen als auch die positiven Merkmale der anti-modernen intellektuellen Aufbrüche verinnerlichen und davon ausgehend ihre eigene intellektuelle und wissenschaftliche Revolution machen.

Institutionalisierung ist eine der Bedingungen dieser Revolution. Um den Erfolg der intellektuellen Revolution auf globaler Ebene zu verwirklichen, brauchen wir ein neues, globales institutionelles Zentrum auf der Grundlage der Lektionen aus den genannten historischen Erfahrungen. Um diesen Bedarf zu befriedigen, könnte eine ›Weltkonföderation der Kulturen und Akademien‹ aufgebaut werden. Diese Konföderation müsste in einer freien Gegend errichtet werden, wäre an keinen Nationalstaat und keine Macht angebunden und müsste auf der Grundlage einer Gegnerschaft zu den Kapitalmonopolen entstehen. Ihre Unabhängigkeit und Autonomie ist wesentlich. Eine Beteiligung könnte aus allen lokalen Kultureinrichtungen sowie regionalen und nationalen Akademien auf Grundlage einer Akzeptanz von Prinzipien bezüglich Programmatik, Organisation und Aktion stattfinden. Die Konföderation kann auf lokaler, regionaler, nationaler und kontinentaler Ebene Institutionen mit bestimmten Aufgaben gründen.

10. Demokratische Akademien für Politik und Kultur könnten geeignete Institutionen sein, um diese Aufgabe zu übernehmen. Diese Akademien können die nötige intellektuelle und wissenschaftliche Unterstützung für den Wiederaufbau der moralischen und politischen Gesellschaftseinheiten leisten. Anstatt sich offizielle und private Monopolinstitutionen zum Vorbild zu nehmen, sollten sie sich lieber auf eigene, authentische Weise strukturieren. Eine Imitation der Institutionen der Moderne kann in einem Misserfolg resultieren. Grundsätze sollten Autonomie und Demokratie, die Gestaltung des eigenen Programms und des eigenen Kaders sowie die Freiwilligkeit für Lernende und Lehrende sein. Es sollte in Betracht gezogen werden, dass anfangs Lehrende und Lernende oft die Rollen tauschen können und dass alle, die einen Anspruch und ein Ziel haben, die Möglichkeit haben müssen, mitmachen zu können – von den Schäfer*innen in den Bergen bis zu den Professor*innen in den Städten. Es kann sinnvoll sein, Akademien mit überwiegend Frauen zu gründen, um außer den gleichen Inhalten auch die spezifischen Aspekte der Realität der Frau wissenschaftlich zu behandeln. Um nicht nur theoretisch zu bleiben, ist eine vielseitige Beteiligung an der Praxis ein erwünschtes Merkmal. Akademien werden in Hinblick auf Ort und Zeit entsprechend praktischer Bedürfnisse gegründet und betrieben. Wie in vielen historischen Beispielen (die zoroastrischen Feuertempel auf Berggipfeln, die Gärten des Platon und Aristoteles, die Säulenhallen am Straßenrand von Sokrates und den Stoikern, die mittelalterlichen Klöster und Tekke usw.) sind es einfache und auf Freiwilligkeit basierende Einrichtungen. Jeder Ort, vom Berggipfel zur Ecke im Stadtteil kommt dafür infrage. Zweifellos

sollten sie Gebäude meiden, die den Hochmut der Macht demonstrieren. Wie in Klöstern und zivilen Medressen kann die Dauer der Bildung je nach Situation der Teilnehmenden und der Stärke des Zustroms von Lernenden geregelt werden. Es ist nicht notwendig, wie bei offiziellen Institutionen starre Ausbildungszeiten festzulegen. Allerdings ist auch ein völliges Fehlen von Formen und Regeln nicht denkbar. Ethische und ästhetische Regeln sollte es auf jeden Fall geben.

Zum Wiederaufbau der Einheiten der demokratischen Moderne ist ein intellektueller und wissenschaftlicher Beitrag notwendige Bedingung. Das am Markt befindliche intellektuelle Kapital kann offenbar diese Bedingung nicht erfüllen. Den Bedarf können nur eine Wissenschaft und ein Kader decken, die den neuen Akademien entstammen.

Diese kurzen Einschätzungen zu den intellektuellen Aufgaben und Prinzipien für eine Lösung besitzen zweifellos den Charakter von Vorschlägen und erfordern eine Diskussion. Die Bedingungen der Krise lassen sich nur mit neuen intellektuellen und wissenschaftlichen Aufbrüchen in positiver Weise überwinden. Wenn wir uns vergegenwärtigen, dass die Krise globalen, systemischen und strukturellen Charakter besitzt, so ist klar, dass auch der Ausweg globale, systemische und strukturelle Interventionen erfordert. Zahllose revolutionäre Erfahrungen haben uns gelehrt, dass uns die Imitation alter Schablonen, Institutionen und Wissenschaften oder ein Eklektizismus nirgendwohin führen.

Eine der wichtigsten Lektionen aus der Vergangenheit ist, dass die demokratische Moderne sich gleichzeitig und in Verknüpfung mit einer radikalen aufklärerischen Revolution aufbauen muss. Dabei muss ich sofort betonen: Vergangenheit ist Gegenwart. Wir sollten nicht ignorieren, dass neolithische Gesellschaft, dörflich-agrarische Gesellschaft, Nomadentum, Sippe und Stamm sowie religiöse Gemeinden hartnäckig weiterexistieren. Wir haben nur wenig von der *gesamten* Vergangenheit der moralischen und politischen Gesellschaft als der eigentlichen Daseinsform der gesellschaftlichen Natur gesprochen. Doch um die Werte zurückzugewinnen, die durch die fünftausendjährige Akkumulation von Kapital und Macht verloren gingen, wird die revolutionäre intellektuelle und wissenschaftliche Produktion die am dringendsten benötigte Unterstützung beim Aufbau der demokratischen Moderne bilden. Um diesem absolut notwendigen Bedarf gerecht zu werden, ist es wichtiger denn je, dass wir uns auf unsere intellektuellen

Aufgaben konzentrieren, unsere analytischen Bemühungen intensivieren und Lösungen finden.

B Moralische Aufgaben

Die Moral gehört zu den gesellschaftlichen Institutionen, über die zwar viel geredet wird, deren Analyse aber trotzdem nicht gelingt. Trotz aller Theoretisierungsbemühungen unter dem Namen der Ethik sind die Fortschritte in der Praxis ziemlich enttäuschend. Dass das gesellschaftliche Dasein immer unmoralischer wird, ist eine auf wissenschaftlichen Beobachtungen basierende Feststellung. Aber die Ursachen und Folgen davon wurden noch nicht ausreichend beleuchtet. Die Moral wurde in eine diskreditierte Institution und Position verwandelt. Sie ist allerdings als Thema und Institution viel wichtiger als allgemein angenommen. Sowohl die Krisen im Laufe der Geschichte als auch die gegenwärtige globale Krise sind größtenteils Folgen fehlender Moral. Das gesellschaftliche Gewissen scheint in der Geschichte eine Wahrheit kundtun zu wollen, als es die Überflutung Sodoms (eine antike Stadt in der Nähe des Toten Meeres) und Pompeis vom aus dem Vulkan ausgebrochenen Lavastrom durch moralische Verkommenheit begründete! Moralische Verkommenheit führt zum Niedergang von Gesellschaften. Was Fluch der Götter genannt wird, ist im Grunde genommen eine Projizierung des Bestrafungsakts des gesellschaftlichen Gewissens (der Moral) auf das Himmlische. Wenn wir den Gottesbegriff als erhabenste und heiligste Identität der Gesellschaft deuten, ist der Fluch der typische, der Gesellschaft eigene Bestrafungsakt.

Die begriffliche Definition der Moral ist eine einfache Sache. Sie ließe sich als ein den gesellschaftlichen Sitten, Gewohnheiten und Regeln entsprechendes Leben definieren. Diese Erklärung bleibt aber recht formal. Die Analysen antiker und neuzeitlicher Philosophen (allen voran Platon, Aristoteles und Kant) unter dem Namen der Ethik leisteten keinen über die Einführung in die Staatstheorie hinausgehenden Beitrag dazu. Besser gesagt, ihre Analysen scheinen Vorbereitungen dafür zu sein, das Individuum von seiner Gesellschaftsangehörigkeit loszusagen und zum Staatsangehörigen zu machen. Offensichtlich legten sie eine Herangehensweise an den Tag, die die Aufgabe der Moral darin sieht, dass das Individuum in einen für den Staat möglichst nützlichen Zustand versetzt wird. Kurz, ihre Moralinterpretationen sind zivilisatorisch.

Wie bei jedem anderen gesellschaftlichen Thema auch, ist es in Bezug auf die Moral aufschlussreicher, bei der Analyse die Geschichte heranzuziehen. Wir wissen, dass während achtundneunzig Prozent des gesellschaftlichen

Zeitalters nicht das Recht, sondern moralische Regeln galten. Genau aus diesem Grund reden wir von der moralischen Gesellschaft. Deswegen wird jede Interpretation von Moral unzulänglich bleiben, solange man nicht bestens weiß, welche Funktion sie in jener langen Phase erfüllte. Die gesellschaftliche Natur als die Natur zu definieren, der die meiste flexible Intelligenz innewohnt, könnte das Thema erhellen. Unter flexibler Intelligenz verstehen wir eher, denkend zu arbeiten. Das Verhältnis zwischen Denken und Arbeit wird gezwungenermaßen Regeln voraussetzen. Denn zu bestimmen, wie die Arbeit zu tun ist, ist ohnehin eine Regelsetzung. Diesen ersten Bestimmungsakt, der sich auf die Arbeit bezieht, können wir auch zur ersten moralischen Regel erklären. Mit Arbeit meinen wir hier jegliche gesellschaftliche Aktivität. Jeder Akt von Essen und Schlafen über Laufen und Nahrungsfindung bis hin zu Freundschaft oder Auseinandersetzung mit Tieren, Beschäftigung mit Pflanzen und Fischen ist Arbeit. Und eben diese Arbeit könnte nicht ohne Regeln erledigt werden, wobei das Nicht-Erledigen davon den Tod der Gesellschaft bedeutete.

An diesem Punkt erscheinen Begriffe, die die Gesellschaft in eine wirtschaftliche Basis und einen moralischen Überbau aufteilen, unsinnig. Die Moral lässt sich als den besten wirtschaftlichen Weg oder – besser – als den besten Weg zur Befriedigung der vitalen Grundbedürfnisse definieren. Die Moral als Sitte und Gebrauch ist die Wirtschafts- beziehungsweise Beschaffungsweise von Mitteln zur Befriedigung der Grundbedürfnisse. Aus diesem Grund ist die Unterscheidung zwischen Basis und Überbau fern davon, ein sinnvolles Begriffspaar darzustellen. Moral bedeutet, dass alle gesellschaftlichen Aktivitäten, allen voran die wirtschaftlichen, in einer guten Weise umgesetzt werden. Folglich ist alles Gesellschaftliche auch moralisch und alles Moralische gesellschaftlich. Beispielsweise ist die Religion genauso moralisch wie die Wirtschaft. Die Politik als direkte Demokratie ist die Moral selbst.

Es ist also von Anfang an ein lebenswichtiges Thema für die Gesellschaft, die erste Regel, die Moral einer Arbeit festzulegen. Die beste Art und Weise, eine Arbeit zu erledigen, etabliert sich in den Köpfen als die beste moralische Regel. Und diese wird im Laufe der Zeit weiter vervollkommnet und vom gesellschaftlichen Gedächtnis als feste Tradition einverleibt. So entsteht die Moral. Dies ist, was man Brauch, Tradition nennt. Der wichtigste zu analysierende Aspekt hier ist, dass Moral sich genauso sehr auf die gesellschaftliche Arbeit bezieht, wie sie eine geistige Aktivität ist. Sie bedarf sowohl der geistigen Anstrengung als auch der gesellschaftlichen Aktivität. Ich für meine Person bevorzuge dafür den Ausdruck ›der ursprüngliche Zustand der Demokratie‹. In diesem Fall werden die ursprüngliche Demokratie und die Moral identisch. Da die Gesellschaft eher lebenswichtigen Arbeiten nachgeht, ist es für sie unabdingbar, über die Arbeit viel nachzudenken und zu diskutieren. Sie begnügt sich aber damit auch nicht, sondern es stellt eine unverzichtbare Notwendigkeit im Leben dar, sich darauf zu fokussieren, wie die Arbeit am besten zu leiten und zu erledigen ist.

Es ist eindeutig, dass sowohl das Denken, Diskutieren und Entscheiden als auch die Umsetzung und Verwandlung jener Entscheidung in Arbeitserfolg partizipative, direkte Demokratie sind, die die unmittelbarste Form von Demokratie darstellt. Dies ist zugleich die moralische Führung und das moralische Leben der Gesellschaft. Das heißt also, dass Moral und Demokratie denselben Ursprung teilen: den kollektiven Verstand und die Arbeitsfähigkeit der gesellschaftlichen Praxis. Also verbrachte nicht nur ein achtundneunzigprozentiger Teil der historischen Gesellschaft sein Leben mit Moral und ursprünglicher Demokratie, sondern auch bis heute wird in sehr zersplitterten und sich selbst überlassenen gesellschaftlichen Einheiten vorwiegend nicht Recht, sondern Moral praktiziert. Auch wenn diese sehr degeneriert wurde, sollte man sehr gut wissen, dass das Leben – von der Familie bis hin zur Ethnizität und sogar bis hin zum Erledigen von rechtlich bis ins kleinste Detail geregelten Arbeiten – ohne Moral nicht funktionierte. Das Recht ist nur ein Schleier. Die eigentliche Kraft, die die Arbeit funktionieren lässt, ist und bleibt die Moral.

Bei der Betrachtung des Zivilisationsprozesses stellt man in Bezug auf dieses Thema zunächst fest, dass stets versucht wurde, die staatlichen Normen gegenüber den moralischen durchzusetzen. Dass die erste Gesetzessamlung die als Codex Hammurabi[108] bekannt ist, in eine massive Stele eingraviert wurde, erklärt diesen Umstand ziemlich gut. Vielleicht wird man meinen, die Moral sei unzulänglich gewesen und das Recht sei deswegen notwendig geworden, doch dieser Ansatz ist falsch. Das Problem war nicht, dass die Moral unzulänglich geworden, sondern dass die moralische Gesellschaft ausgehöhlt worden war. Wir haben vielfach festgestellt, wie die Moral ausgehöhlt wurde. Man fing an, über der Gesellschaft vielfältige Kapital- und Machtmonopole zu errichten. Die produzierten gesellschaftlichen Werte wurden gewaltsam angeeignet. In einem solchen Fall können wir nicht

108 Der Codex Hammurabi ist nach dem gleichnamigen König von Babylon, Sumer und Akkad benannt und rund 3800 Jahre alt. Er umfasst 282 Paragraphen zu Staatsrecht, Liegenschaftsrecht, Schuldrecht, Eherecht, Erbrecht, Strafrecht, Mietrecht und Viehzucht- sowie Sklavenrecht.

von der Unzulänglichkeit der Moral, sondern von der Unterwerfung der Gesellschaft unter eine Herrschaft und von ihrer Unterdrückung und Ausbeutung durch die Umsetzung der rechtlichen Regeln sprechen, die Regeln der staatlichen Verwaltung genannt werden. Infolgedessen wurden der Bereich der Moral, aber auch der der mit ihr unmittelbar verbundenen direkten Demokratie immer mehr eingeschränkt. Dagegen dehnte sich der Bereich der Staatsverwaltung und des Rechts aus. Was die eine Seite verlor, gewann die andere. Richtiger: Man ließ die Moral durch Staatsgewalt verlieren. Dies gelang, indem ihr Bereich eingeschränkt und ihre Praktizierung erschwert wurde.

Später wurde in allen zivilisierten Gesellschaften der Bereich der Moral (und der direkten Demokratie) weiter eingeschränkt und der Anteil des Rechts stets vergrößert. Schließlich wird diese Tatsache dadurch bestätigt, dass das Recht der römischen Zivilisation, die sozusagen das Ende und einen Querschnitt der altertümlichen Zivilisationen darstellte, das am meisten eingesetzte Instrument der staatlichen Verwaltung ist. Das römische Recht ist nach wie vor einer der Grundpfeiler des Rechts überhaupt. In der europäischen Zivilisation, mit anderen Worten: in der Moderne, erlebt die Gesellschaft sozusagen eine Invasion des Rechts. Es handelt sich dabei um eine Art des Rechtskolonialismus. Während der Bereich der Moral in die entlegensten Ecken des Lebens verdrängt wird, wird dem Recht ein Ehrenplatz eingeräumt.

Was drückt diese Tatsache aus? Dass das Kapital- und Machtmonopol über der Gesellschaft ein größeres Gewicht erlangte. Wenn wir uns die Moderne der letzten vier Jahrhunderte anschauen, sehen wir die Verwirklichung der maximalen Kapitalakkumulation und einer Vergrößerung der Macht, genauer gesagt: die ineinander verwobene kumulative Akkumulation beider. Was wir in Bezug auf die Moral anmerken sollten, ist nicht, dass sie ihre Funktion verlor, sondern dass sie ihrer Funktion beraubt wurde. Der Moral wurde die Gesellschaft entrissen, in welcher sie Anwendung hätte finden können. Aus diesem Grund stellt die Behauptung, man bedürfe des Rechts, da die komplizierter gewordene Gesellschaft nicht mehr mithilfe der Moral regiert werden könne, eine große Lüge und ein unmoralisches Urteil dar. Es kann überhaupt nicht von der Unzulänglichkeit, dem Misserfolg der Moral und ihrer Dysfunktionalität aufgrund der gesellschaftlichen Komplexität die Rede sein. Auch an dieser Stelle ist eine einfache liberale Hegemonieregel am Werk: Das Ausmergeln der Konkurrenz, um sie einfacher eliminieren zu können. Es ist sehr eindeutig, dass die ideologische Hegemonie des

Liberalismus bei der negativen Beurteilung der Moral im Zeitalter der kapitalistischen Moderne eine Rolle spielt. Wer weiß denn nicht, dass das Recht, durch das die Moral ersetzt wurde, wirklich voller undurchführbarer, der Vernunft und dem Gewissen völlig widersprechender Regeln ist! Wie ein türkisches Sprichwort so zutreffend sagt, ergeht es einem schlechter als einem Suppenhuhn, wenn man vor Gericht steht. Je mehr rechtliche Regeln es an einem Ort, in einer Institution gibt, ein desto effektiveres Unterdrückungs- und Ausbeutungsmonopol existiert dort. Praktische Fakten bestätigen diesen Aspekt in jeder Institution, in die man seinen Fuß setzt.

Eine der wichtigen Fragen, die man zu diesem Thema stellen sollte, ist folgende: Was kann besser leiten, die Moral oder das Recht? Obwohl unsere Erzählung bereits eine Antwort auf diese Frage beinhaltet, erklärt allein die Tatsache die Wahrheit ziemlich gut, dass das Recht eine unerwünschte Leitung darstellt. Es ist allgemein bekannt, dass das Recht als ›Vollstreckung der Gesetze durch die Staatsgewalt‹ definiert wird. Aber bei der Moral gibt es keine zwangsmäßige Vollstreckung. Eine innerlich nicht angenommene Regel kann man ohnehin nicht als eine moralische bezeichnen. Es ist eindeutig, dass bei einem Vergleich der Regierung durch Recht und der Regierung durch Moral das Gute überwöge und die Waagschale, in die die Moral geworfen wird, definitiv die schwerer wiegende wäre.

Das Verhältnis zwischen der Moral und Religion ist eine Frage, die eine Analyse erfordert. So wie nicht-zivilisierte und anti-zivilisatorische Gesellschaften die Moral mit der direkten Demokratie identifizieren können, lässt sich eine ähnliche Identifikation auch zwischen der Religion und Moral herstellen. Unter Bedingungen, wo die Religion noch nicht den Stempel der Zivilisation trägt, werden Religion und direkte Demokratie als ineinander verwobene Phänomene erlebt. Die Entstehung der Moral ging der der Religion voraus. So wie es aussieht, hat die Religion mit bestimmten Dimensionen der Moral zu tun, nämlich mit den Tabus, der Heiligkeit und Verzauberung, der Schwierigkeit zu verstehen und dem Gefühl und Gedanken, die Naturkräfte nicht kontrollieren zu können. Dass die Gesellschaft auch die Natur außer ihrer eigenen kennenlernte und akzeptierte, erweckte sowohl Angst als auch Barmherzigkeit. Der Gedanke der Gesellschaft, die negativen Seiten jener Natur, zwischen der und sich selbst sie nun eine enge Verbindung entdeckt hatte, zu vermeiden und sich ihrer positiven Seiten zu bedienen, scheint der Ursprung der primitiven, ursprünglichen religiösen Institution und Tradition zu sein.

Es ist unumstritten, dass die Religion eine vorzivilisatorische Institution darstellt. Sie umfasst eher die verbietenden, zu fürchtenden Aspekte der Moral und ihre Elemente Barmherzigkeit und Gnade. Im Laufe der Zeit wurde sie zu einer viel strengeren Tradition. In diesem Sinne bildeten die strengsten heiligen Gebote und Regelungen der Moral die Religion. Obwohl die Religion aus der Moral heraus entstand und anfangs einen Teil von ihr bildete, verwandelte sie mit sich ändernden räumlichen und zeitlichen Bedingungen ihre Institutionen und Regeln in viel strengere Gesetze, deren Einhaltung eine Pflicht war, (Moses' Ordnung der Zehn-Gebote) und erklärte so ihre Unabhängigkeit und Dominanz. Man kann sie auch mit Recht vergleichen, welches einen ähnlichen historischen Aufbruch darstellte. Die rechtlichen Regeln, die zunächst Teil der moralischen Regeln waren, verwandelten sich mit der Staatsgründung in Gesetze, die gewaltsam durchgesetzt wurden, und bildeten somit das Recht, wie wir es kennen. Mit dem Fortschritt des Zivilisationsprozesses erlebte die Religion eine weitere Veränderung und wurde mit ihren zugunsten der Machtkräfte transformierten Dimensionen in eine Göttlichkeitskraft verwandelt, die die Gesellschaft hart bestrafen konnte. Die Monopolinteressen, die das Recht mit staatlicher Hand durchsetzte, versuchte die neue Religion, die den Stempel der Zivilisation trug, mit Gottes Hand durchzusetzen.

Beide Transformationen waren bedeutend. Sie machten die zwei wichtigsten Bruchmomente in der Geschichte aus. Es stellt eine Grundregel der Hegemonie dar, dass die aufsteigende Macht und königliche Autorität an Stärke gewannen, indem sie sich mit göttlichen Begriffen beschrieben. Immer wenn man an der Oberfläche des Gottesbegriffes kratzt, kommen Tyrannei, Plünderung und die Kraft der Staats- und Machtapparate, die Menschen sklavenhaft arbeiten zu lassen, zum Vorschein. Allerdings ist es ebenso wichtig, festzustellen, dass die mit der Moral identischen Elemente des sich in der gesellschaftlichen Dimension befindenden Teils der Religion sich in Natur- und Gesellschaftseinheiten verwandelten. So kann man die Entwicklung der Religion im Laufe der Zivilisationsgeschichte als eine Identität, Tradition und Kultur mit Doppelcharakter deuten. So sehr die Religion und der Gott als Identität der Zivilisationskräfte mit den Begriffen Angst, Bestrafung, Höllenfeuer, Hunger, Vernichtung, Erbarmungslosigkeit, Krieg, Unterdrückung, Herrschaft, Besitztum und Anbetung (man sollte nicht vergessen, dass diese Begriffe am meisten die Zivilisationskräfte und -persönlichkeiten beschreiben) aufgeladen sind, sind die Religion und Gottesidentität der Kräfte der moralischen und politischen Gesellschaft genauso sehr mit den Begriffen Mut, Verzeihung, Erbarmen, Hoffnung, Nicht-ohne-Nahrung-Lassen, Am-Leben-Erhalten, Barmherzigkeit, Liebe, Frieden, Sich-in-ihrem-Wesen-Auflösen, Zusammenfinden aufgeladen.

Es ist also äußerst aufschlussreich, die Religion im Laufe der Zivilisationsgeschichte durch diese beiden Identitäten zu definieren. Die abrahamitischen Religionen tragen typischerweise beide dieser Tendenzen in ihren Herzen. So sehr die hohen Vertreter der Religion (Priester, Rabbiner, Schaich al-Islam, Ajatollah) die Zivilisationstendenz widerspiegeln, spiegeln Gläubige auf unterster Ebene die Tendenz der demokratischen Zivilisation wider. Diese beiden Tendenzen können je nach Zeit und Ort Ebenbürtigkeit und Dominanz erlangen. Die abrahamitischen Religionen erinnern in dieser Hinsicht an die Sozialdemokratie der Moderne. Genauso wie Sozialdemokrat*innen in der modernen Ära den Kompromiss zwischen der Bourgeoisie und der Arbeiterklasse repräsentieren (selbstverständlich unter der Hegemonie der Kapital- und Machtmonopole), repräsentieren die abrahamitischen Religionen im Laufe der Zivilisationsgeschichte den Kompromiss zwischen den Kapital- und Machtkräften der Zivilisation und den Kräften der demokratischen Zivilisation (wiederum unter der Hegemonie der Machtkräfte).

In der Geschichte begegnen wir mit dem Zoroastrismus und Zarathustra einem außergewöhnlichen Verhältnis zwischen Religion und Moral. Die meisten Forschungen erklären Zarathustra und seine Lehre zu einer großen moralischen Revolution. Diese moralische Revolution, die sich als eine Tendenz entfaltete, die in einer soziokulturellen Atmosphäre am Fuße des Zagros-Gebirges (eine Kultur, die sich seit der neolithischen Revolution um 12 000 v. Chr., sogar seit dem Ende der letzten Kaltzeit – ca. 20 000 v. Chr. – entfaltet hatte), in der Menschen von Landwirtschaft und Tierzucht lebten, gegen die mythologische und religiöse Hegemonie der sumerischen Zivilisation (ab 3000 v. Chr.) vielmehr eine säkulare, weltliche Moral vertrat als eine Heiligkeit, wurde zwar mit Bezug auf den Namen Zarathustras Zoroastrismus genannt; ihre Wurzeln reichen aber eigentlich viel tiefer. Offensichtlich stellte sie mit Zarathustras berühmten Worten »Wer bist du?« die mythologische und religiöse Göttlichkeit der sumerischen Zivilisation infrage. Aus diesem Grund war diese erste moralische Kritik der Religionen und Götter der Zivilisation von sehr großer Wichtigkeit. Nicht ohne Grund gab Friedrich Nietzsche seinem berühmten Werk den Namen ›Also Sprach Zarathustra‹ und füllte es mit zoroastrischen moralischen Urteilen. Nietzsche selbst ist in dieser Hinsicht als der stärkste Interpret der Zivilisation bekannt. Dass er sich als Zarathustras und Dionysos' Jünger verstand, ist vielsagend.

Im Zoroastrismus überwogen Elemente der demokratischen Zivilisation. In der zoroastrischen Familie herrschte in den Beziehungen zwischen Mann und Frau nahezu Gleichheit. Tiere wurden nicht gequält, ihr Fleisch wurde meistens nicht gegessen. Hauptsächlich bediente man sich ihrer Produkte. Der Ackerbau genoss große Wertschätzung. Von Göttlichkeit bereinigte Begriffe von Gut und Böse traten in den Vordergrund. Eine dualistische Denkweise, die die ersten Schritte der Dialektik ausmachte, (die Kräfte des Lichts und der Finsternis) war sehr deutlich. Man versuchte das Universum dialektisch zu begreifen. Die Leitung der Gesellschaft anhand starker moralischer Grundsätze bildete die Grundlage des Ganzen. Der Zoroastrismus stellte mit all diesen Eigenschaften offensichtlich eine starke moralische Revolution gegen die Sumerer und die Zivilisationen, die ihnen entsprangen, dar. Es ist bekannt, dass die Medische Konföderation und das Perserreich, ihr Nachfolger, (leider entstellten die Perser diese Moral ziemlich) die größten Erzeugnisse dieser Revolution waren. Mani (um 250 n. Chr.) wollte zwar eine zweite Revolution in der Tradition dieser Morallehre machen, wurde aber von ziemlich degenerierten sassanidischen Kaisern daran gehindert. Mani selbst wurde hart bestraft. Es handelte sich dabei um die Auseinandersetzung zwischen zwei religiösen und moralischen Identitäten.

Noch heute sind vom Nahen Osten bis nach Indien und Europa Spuren der zoroastrisch-manichäischen Moraltradition (Madschūsen, Jesiden) zu finden. Das Wort *zend(ik)* ist zoroastrischen Ursprungs und bildet die etymologische Herkunft des Wortes *science*, das im Englischen soviel wie Wissenschaft bedeutet.[109] Es sollte hervorgehoben werden, dass sowohl jüdische Propheten im babylonischen Exil (600-546 v. Chr.) als auch griechisch-ionische Philosophen in der Ära des medisch-persischen Reiches und mit diesen beiden Kreisen auch europäische Orientalisten sich von der zoroastrischen Tradition unmittelbar nährten. Konfuzius, Sokrates und Buddha, von denen angenommen wird, dass sie Zarathustras Zeitgenossen waren (sechstes und fünftes Jahrhundert v. Chr.), stützten ihre Lehren im Grunde genommen auch auf die moralische Gesellschaft und vertraten eine sehr starke moralische Verteidigung gegen die Bedrohung der Moral durch die Zivilisation. Im Mittelalter nahm das moralische Element in der islamischen

109 Als Zend werden die Kommentare zur heiligen Schrift des Zoroastrismus, des Avesta, bezeichnet. Die Wörter *gnosis* (griech. für Wissen), *know* und *narrate* sind über die proto-indogermanische Wurzel *gno- (kennen) mit zend(ik) verwandt.

und der christlichen Lehre einen großen Platz ein. Im Zeitalter der europäischen Zivilisation dagegen ereignete sich eine große moralische Erosion, auf deren Ursachen wir bereits umfangreich eingegangen sind.

Selbst diese kurze Vergegenwärtigung historischer Fakten zeugt von der großen Widerstandsfähigkeit der moralischen Gesellschaft. Solange die Moral sie selbst blieb, hat sie sich nicht den Zivilisationskräften ergeben. Der Demos hat nie aufgehört, gegen die Religion und das Recht der Zivilisation, die ihm aufgezwungen wurden, auf der Moralität zu bestehen. Die gegenwärtigen Hauptprobleme und -aufgaben in Bezug auf die Moral haben mit ihrer Positionierung zu tun. Zur Ethik (Moraltheorie) als einer sozialwissenschaftlichen Disziplin zu arbeiten, ist eine Aufgabe, die ohne Zweifel mit dem intellektuellen Feld zu tun hat. Das Wichtigste ist, wie die Ethik in die Gesellschaft integriert, wie die erodierte moralische Gesellschaft wieder auf einer stärkeren Grundlage mit Moral ausgestattet werden kann. Die Aufgabe, die Moral wiederaufzubauen, ist nicht nur ein Problem des Jahrhunderts oder der Moderne, sondern der Aufrechterhaltung der Gesellschaft überhaupt. Es hat sich bereits herausgestellt, dass die globale Krise nicht nur durch die Kraft rechtlicher Gewalt überwunden werden kann. Die Rückkehr zur Religiosität ist ebenfalls ein hoffnungsloser Fall. Man sollte gut begreifen, dass kein Weg die Moderne aus der Krise herausführen wird, solange das starke moralische Gewebe der gesellschaftlichen Natur nicht wieder Funktionsfähigkeit erlangt hat. Gegenwärtig erleben wir die Krise, die von allen gesellschaftsfeindlichen Kräften des fünftausendjährigen Zivilisationssystems gegen die moralische Gesellschaft ausgelöst wurde. Dementsprechend ist es eine dialektische Notwendigkeit, den Ausweg in der moralischen Gesellschaft und aufgrund der Identität zwischen der Moral und der direkten Demokratie in der politischen Gesellschaft zu suchen. Solange man sich nicht grundsätzlich auf diese Feststellung geeinigt hat, kann keine moralische Aufgabe richtig bestimmt werden.

Wenn wir also die moralischen Aufgaben, die die demokratische Moderne bei ihrem Wiederaufbau, ihrer größten Waffe bei ihrem starken Aufbruch gegen die globale Krise der kapitalistischen Moderne, erwarten, als Prinzipien festlegen wollen, können wir folgendes sagen:

1 – Die globale Krise der Moderne (die gegenwärtige systemische und strukturelle Krise) ist eine Folge der Zerstörung der moralischen Gesellschaft durch die fünftausendjährigen Zivilisationskräfte, und gemäß der Dialektik muss der Ausweg aus der Krise im Wiederaufbau der moralischen Gesellschaft gesucht werden; dieser Aufbau ist die Hauptoption.

2 – Die moralische und politische Gesellschaft, die Grundeinheit der demokratischen Moderne, setzt ihre Existenz als gesellschaftliche Natur trotz aller Bemühungen der Kräfte der Zivilisation und Moderne, sie zu erodieren, zu zerrütten und zu zerstören, auf breiter Front fort. Während die Zivilisationskräfte ein kleines elitäres Netzwerk bilden (sie machten wohl nie mehr als zehn Prozent der gesellschaftlichen Natur, der moralischen und politischen Gesellschaft, aus), sind alle unterdrückten und ausgebeuteten Nationen, Völker, Ethnien, Frauen, dörflich-agrarische Gesellschaften, Arbeitslose, Nomaden, Jugend, marginale Gruppen usw. nach wie vor klar in der Mehrheit.

3 – Was die Gesellschaft aufrechterhält und weiter existieren lässt, ist eigentlich nicht die staatliche Rechtsordnung, sondern das moralische Element, auch wenn es durch die Bemühungen, es von der Gesellschaft gänzlich zu isolieren, geschwächt wurde. Solange die Gesellschaft nicht vernichtet wird, kann auch die Moral nicht vernichtet werden. Die Tiefe der Krise in einer Gesellschaft hängt mit dem Niedergang der Moral zusammen. Die Moral hat als grundsätzliches gesellschaftliches Gewebe und als Institution früher oder später nicht nur beim Ausweg aus der Krise, sondern auch für die Fähigkeit von Gesellschaften, glücklich weiterzubestehen, ihre Rolle zu spielen.

4 – Obwohl Ethikstudien zum intellektuellen Feld und demokratische politische Aktivitäten zum politischen Feld gehören, können sie ihre Rolle nicht spielen, solange sie nicht in die moralische Gesellschaft integriert werden. Die Moral drückt die gesellschaftliche Realität aus, auf deren Basis Aufgaben aus diesen beiden Feldern ausgeführt werden. Die Religion in ihrem demokratischen Umfang und die Moral sind identisch. Folglich haben Gebetsräume diejenigen Institutionen zu sein, wo die gesellschaftliche Moral am meisten thematisiert wird. Das Richtigste ist, Gebetsräume, vor allem Kirchen und Moscheen, als praktische moralische Institutionen zu betrachten und sich beim Aufbau der moralischen Gesellschaft ihrer zu bedienen. Es ist wichtig, insbesondere Moscheen die Funktion als Zentren der Moral zurückzugeben, die sie zu Zeiten Mohammeds zumeist innehatten. In der Ära Mohammeds waren Moscheen hauptsächlich Zentren, in denen die moralische und politische Gesellschaft wiederaufgebaut wurde. Das Gebet (*salāt*) war nur als Bestätigungsritual für diese Arbeit gedacht. Erst später wurde das Ritual zum Inhalt. Und das Eigentliche, der Wiederaufbau der moralischen und politischen Gesellschaft, wurde vergessen, vergessen gemacht.

Die demokratische Moderne in Form von moralischen Institutionen, in denen die moralische und politische Gesellschaft wiederaufgebaut wird, sollte, wenn nötig, in Bezug auf ihr Programm, ihre Organisierung und Arbeitsweise reformiert werden und neue Regelungen erhalten. Obwohl alevitische Cem-Häuser eher als Institutionen zum Wiederaufbau der moralischen und politischen Gesellschaft fungieren, sollten auch sie im Rahmen der Wiederaufbauarbeiten neue Regelungen erhalten. Einheiten der moralischen und politischen Gesellschaft haben das heilige und moralische Recht, den Zwängen des Staates und der Macht Widerstand zu leisten. Wenn nötig, sollten sie von diesem Recht Gebrauch machen. Auch Religions- und Gewissensfreiheit setzen dies voraus.

5 – Der angeblich moderne Laizismus und der radikale oder gemäßigte Religionismus, der im Namen der Tradition zu handeln behauptet, sind im Gegensatz zur allgemeinen Annahme keine einander entgegengesetzten Tendenzen und können als zwei eklektische ideologische Versionen des Liberalismus keine moralische und politische Rolle spielen. Um nicht in solche Fallen zu tappen, ist es wichtig, einen Ansatz zu entwickeln, der den demokratischen Gehalt der Religion mit den teilweise freien und säkularen Elementen im Laizismus kombiniert. Diese beiden Elemente können beim Wiederaufbau der demokratischen Moderne nur in diesem Rahmen eine Rolle spielen. Man sollte weder in den jahrhundertealten Spielen und Kämpfen zwischen ihnen Partei ergreifen noch auf ihre Bemühungen hereinfallen, die Religion und Moral zu degenerieren, zu vereiteln und auf der Grundlage von Interessen in die Moderne zu reintegrieren.

6 – Man sollte sich nicht vom Terror irreführen lassen, den das Recht mithilfe der Staatsgewalt über die Gesellschaft herfallen lässt. Die Moral ist das Eigentliche, das Recht das Nebensächliche. Das Recht wird solange respektiert, wie es gerecht ist. Sonst muss man bis zum Letzten auf der moralischen und politischen Gesellschaft bestehen. Man darf nicht einmal für einen Moment vergessen, dass der eigentliche Weg der Verteidigung und Aufrechterhaltung der Gesellschaft über die moralische Haltung führt.

7 – Wenn sich globale Vertretungen nach Art des katholisch-ökumenischen Vatikans und des früheren Kalifats, das die islamische Umma (Ökumene) repräsentierte, (unter Einbeziehung moralischer und religiöser Traditionen wie des Judentums, des Buddhismus‘ und anderer) unter einem gemeinsamen Dach als moralische Institution neu institutionalisieren und sich eher auf ethische Praktiken als auf Theologie fokussieren, könnten sie beim Wiederaufbau der moralischen und politischen Gesellschaft im Namen

der ganzen Menschheit eine große Rolle spielen. Ein Zusammenkommen und eine gemeinsame Institutionalisierung der großen Morallehren gegen Angriffe der Moderne, ähnlich wie die Zusammenkunft von Nationalstaaten unter dem Dach der UN, ist für ihren Erfolg unabdingbar. Gegen die Monster der Zivilisation und der Moderne, die alle Heiligkeiten und Morallehren zu verschlingen versuchen, muss dieser Unabdingbarkeit entsprechend die ›Globale Konföderation der Heiligkeiten und Morallehren‹ gegründet werden.

8 – Die Kräfte der demokratischen Zivilisation sollten sich dessen bewusst sein, dass sie die Einheiten der demokratischen Zivilisation vor den Angriffen, die die Kräfte der Zivilisation und Moderne mit allerlei ideologischen und materiellen kulturellen Waffen ausführen, nicht erfolgreich beschützen und aufrechterhalten können, solange sie ihre Aufgabe auf dem moralischen Gebiet nicht wahrnehmen und umsetzen.

Diese kurzen Erläuterungen zur Definition des Themas und der Institution der Moral sind Lösungsvorschläge und bedürfen einer umfangreichen Diskussion. So wie die moralische Gesellschaft nicht in Basis-Überbau-Schemata hineingepresst werden kann, entspricht auch die gesellschaftliche Natur nicht solchen Schemata. Jede gesellschaftliche Einheit, sogar jedes Individuum sollte gut wissen, dass es nicht ohne Moral leben könnte. Das Ausschlaggebende ist die Ausstattung der Gesellschaft und des Individuums mit einer guten Moral. So sehr die Monstrositäten der Zivilisation und der Moderne die moralische Gesellschaft angreifen und zu zerstören versuchen, haben wir keine andere Lösung, als sie genauso sehr zu verteidigen. Wer die Gesellschaft nicht verteidigen kann, hat kein Recht auf ein würdevolles Leben. Ohne Moral ist die Gesellschaft allerdings nicht zu verteidigen. Der Erfolg aller gesellschaftlichen Einheiten in ihrer moralischen Aufgabe bei den Wiederaufbauarbeiten der demokratischen Moderne wird der Hauptfaktor beim erfolgreichen Ausweg aus der globalen Systemkrise sein.

C Politische Aufgaben

Wie Moral so ist auch Politik ein Begriff, über den große Verwirrung herrscht und geschaffen wird. Die Bedeutung des Wortes ist einfach: Es stammt aus dem Altgriechischen und wir können es mit ›Kunst der Stadtregierung‹ übersetzen. Doch die semantische Wahrheitssuche ist eine Methode, die viel zu kurz greift und uns wenig weiterbringt. Begriffe, die die gesellschaftliche Natur betreffen, sind im Allgemeinen sehr unscharf. Sie können auf die Wirklichkeit hindeuten, aber sie nicht formen. Wir müssen die Wirklichkeit jenseits der Begriffe suchen. Leider ist dies wiederum nur mithilfe von Begriffen möglich. Also bleibt nur unsere Fähigkeit zur Interpretation. Wenn wir die essenzielle Bedeutung von Politik als ›Kunst der Freiheit‹ bestimmen, kommt das dem Ziel vielleicht näher. Freiheit selbst wiederum erinnert an Wahrheit. Zweifellos ist unsere Basiseinheit der Untersuchung, wenn wir die Begriffe Freiheit und Wahrheit verwenden, wieder die moralische und politische Gesellschaft. Ich hüte mich klar vor individualbasierten oder anderen Basiseinheiten der Forschung, die einen Graben zum Gesellschaftlichen hin aufreißen. Wenn ich an die Begriffe Krieg, Konflikt und Ausbeutung denke, die beinahe schon mit Politik identifiziert werden, wird mir ganz anders. Noch pessimistischer stimmt, dass die Politik auch mit der *polis* (dem Staat) identifiziert wird.

Wir sehen also, dass es schwierig ist, bei einem so anspruchsvollen Thema wie den politischen Aufgaben einen erfolgreichen Aufbruch zu wagen. Anstatt gar nichts zu tun, ist es besser, einen bescheidenen Versuch zu unternehmen, um zumindest Diskussionen und daher Forschung voranzubringen. Ich glaube, ich muss zunächst eine Reihe von Aktivitäten aufzählen, die ich nicht zur Politik zähle. Zunächst müssen wir begreifen, dass staatliche Aktivitäten keine politischen Aktivitäten, sondern Verwaltungsaktivitäten sind. Gestützt auf den Staat wird keine Politik gemacht, sondern verwaltet. Zweitens bilden Angelegenheiten, die keine vitalen gesellschaftlichen Interessen berühren, keine Politik im eigentlichen Sinne. Diese finden auf dem Niveau von Routineangelegenheiten statt, die andere gesellschaftliche Institutionen erledigen. Drittens gehen Angelegenheiten, die keinen Zusammenhang mit Freiheit, Gleichheit und Demokratie besitzen, die Politik im Grunde nichts an. Das Gegenteil jedoch betrifft die Politik fundamental: zum vitalen Interesse der Gesellschaft gehören Überleben, Sicherheit, Ernährung und die Freiheiten, Gleichheit und Demokratie, welche Macht und Staat verhindern. Wir sehen, dass politische Angelegenheiten und staatliche Angelegenheiten nicht dasselbe, sondern sogar ziemlich widersprüchlich zueinander sind. Das heißt, dass Politik verengt und geschwächt wird, je mehr sich der Staat ausbreitet und intensiviert. Staat bedeutet Regeln, Politik dagegen ist Kreativität. Der Staat regiert das Bestehende, Politik dagegen regiert, indem sie erschafft. Staat ist Handwerk, Politik ist Kunst.

Das Verhältnis der Macht zur Politik ist noch mehrdeutiger. Macht ist vielleicht noch eher als Staat die Negation der Politik. Die Macht ist stets viel stärker als der Staat in der Gesellschaft verankert. Das wiederum drückt aus, wie schwierig es ist, in der Gesellschaft Politik zu machen, und wie eingeschränkt die Möglichkeiten dazu sind. Letztlich ist das Verhältnis zwischen Politik und Macht stets angespannt und von Protest und Aktionen begleitet.

Wir müssen uns dem Thema konkreter nähern. Denn wenn sie nicht praktisch wird, ist Politik bedeutungslos. Wir haben versucht, eine Reihe von Themen im Zusammenhang mit der moralischen und politischen Gesellschaft zu analysieren. Trotz des Versuchs, das nicht zu tun, müssen wir uns wiederholen. Die Gesellschaft als Phänomen oder Natur ist sowohl moralisch als auch politisch. Politisch ist sie nicht im Sinne von offiziellen, staatlichen Angelegenheiten, sondern als gesellschaftliche Natur. Während die Funktion der Moral darin besteht, die vitalen Angelegenheiten auf die beste Weise zu erledigen, ist die Funktion der Politik, die besten Angelegenheiten zu finden. Man beachte: Politik besitzt eine moralische Dimension, enthält aber auch noch mehr. Es ist nicht leicht, die besten Angelegenheiten zu finden. Es erfordert sowohl, die Angelegenheiten gut zu kennen – Wissen und Wissenschaft –, als auch das Suchen und Forschen nach ihnen. Wir sehen, Politik ist eine sehr schwierige Kunst. Ein bedeutender Irrtum, der begangen wird, ist das Zusammendenken von Politik mit umfassenden Begriffen wie Staat, Imperium, Dynastie, Nation, Konzern, Klasse und so weiter. Die Politik mit diesen und ähnlichen Phänomenen und Begriffen zusammen zu denken kann ihre Bedeutung schmälern. Wirkliche Politik liegt in ihrer Beschreibung verborgen: Keine andere Gruppe von Begriffen als Freiheit, Gleichheit und Demokratie kann die vitalen Interessen der Gesellschaft bezeichnen. Politik sind also im Grunde die Akte von Freiheit, Gleichheit und Demokratie, die ausgeführt werden, um die Existenz und die Qualitäten der moralischen und politischen Gesellschaft unter allen Umständen zu erhalten und fortzuführen.

Wenn wir von moralischer und politischer Gesellschaft sprechen, so sind damit nicht prähistorische Zeiten gemeint. Wir sprechen vom natürlichen

Zustand der gesellschaftlichen Natur, der solange existieren wird wie die Gesellschaft selbst. So sehr sie auch erodiert, zerrüttet und fragmentiert sein mag, die moralische und politische Gesellschaft wird stets existieren. Die Rolle der Politik ist dabei, Erosion, Zerfall und Fragmentierung zu verhindern, sie frei, egalitär und demokratisch zu gestalten, um sie noch weiterzuentwickeln. Jede moralische und politische Gesellschaft, in der das der Fall ist, ist eine optimale Gesellschaft; sie bedeutet die Verwirklichung der Gesellschaft, die wir anstreben.

Um den Inhalt des Begriffes besser zu verstehen, müssen wir uns ein weiteres Mal der Geschichte zuwenden. Und wieder wird die Zivilisation unser Schlüsselbegriff dafür sein. Die Zivilisation drängt die Rolle der Politik nicht nur zurück, weil sie Macht und Staat beinhaltet, sondern auch, weil sie im Zusammenhang mit der Entstehung und Ausweitung von Klassen und Städten ständig größer und stärker werdende Netze ideologischer und materieller Kultur aufspannt, die sich um die moralische und politische Gesellschaft zusammenziehen. Die Zurückdrängung der Rolle der Politik bringt den Rückgang oder die Negation von Freiheit, Gleichheit und Demokratie mit sich. Dies geschah vielfach in der Geschichte. Die fortschreitende Durchsetzung von Sklaverei, Leibeigenschaft und Proletarisierung in der beherrschten Gesellschaft verwandelt sich und setzt sich nach außen in einem Prozess der Unterdrückung und Kolonialisierung freierer, egalitärerer und demokratischerer Gesellschaften fort. Das Gesetz des Maximalprofits der Kapital- und Machtmonopole erfordert dies. In dieser Situation bedeutet Politik den Widerstand der Einheiten der demokratischen Zivilisation. Denn ohne Widerstand lässt sich weder ein Schritt zu Freiheit, Gleichheit und Demokratie verwirklichen noch lässt sich verhindern, dass das bestehende moralische und politische Niveau weiter erodiert, fragmentiert, zerrüttet und kolonialisiert wird; die Ausbeutung durch Monopole kann dann nicht verhindert werden. Wegen dieser Rolle, die sie in der Geschichte gespielt hat, definieren wir Politik als die Kunst der Freiheit. Klassen, Städte, religiöse Gemeinden, Stämme, Volksstämme, Völker und Nationen, die keine Politik machen können oder daran gehindert werden, haben den schwersten aller möglichen Schläge gegen ihre Stimme und ihre Willenskraft versetzt bekommen. Wo eine Gesellschaft keine kollektive Stimme und keinen Willen besitzt, herrscht nichts als Totenstille.

Der Ruhm Athens und Roms in der Antike rührte von ihrer politischen Stärke her. Wenn der Demokratie der Römischen Republik und Athens noch heute staunend gedacht wird, obwohl sie nur begrenzt praktiziert wurde, so muss der Grund dafür wohl ihr Geschick bei der Stadtpolitik sein. Die Stadtpolitik Athens hielt das Perserreich auf und bereitete seine Niederlage vor. Rom gelang es mit seiner republikanischen Politik, zum Zentrum der Welt zu werden. Noch wichtiger: das Politiktreiben beider Städte hatte entscheidenden Anteil an der Entstehung der graeco-römischen Kultur.

Noch deutlicher wird das am Beispiel Babylons. Vielleicht können wir Babylon sogar als das erste große Beispiel für die Unabhängigkeit und Autonomie einer Stadt präsentieren. Um nicht unter das Joch größerer Mächte und Staaten in der Umgebung zu gelangen, verfolgte Babylon geschickt und meisterhaft seine Unabhängigkeits- und Autonomiepolitik. Durch diese meisterhafte Politik gelang es der Stadt, gegenüber vielen berühmten Imperien der Geschichte – von Aššur bis zu den Hethitern, von Kassiten bis zu den Mitanni, vom Perserreich bis zu Alexanders Makedonenreich – zu bestehen. Mit ihrer Wissenschaft, Kunst und Industrie war sie das am längsten existierende Attraktionszentrum jener Zeit: von 2000 v. Chr. bis um die Zeitenwende. Zweifellos hatte die Stadtpolitik, die Babylon verfolgte, daran entscheidenden Anteil. Offenbar ist es eines der ersten schlagenden Beispiele, die belegen, dass Politik Freiheit und Kreativität bedeutet. Auch Karthago und Palmyra können wir als ähnliche Beispiele anführen. Karthago leistete lange Zeit Widerstand gegen Roms Hegemonie und entwickelte sich währenddessen weiter. Erst als Karthago wie Rom imperiale Träume zu hegen begann, musste es unterliegen. Denn ein Imperium anzustreben, ist das Gegenteil von Widerstandspolitik, sogar die Negation von Politik insgesamt. Am Ende stand eine tragische Niederlage. Einen ähnlichen Prozess machte auch Palmyra durch. Das berühmte Palmyra schuf geradezu ein Paradies in der Wüste und war nach Babylon eine weitere Stadt in der Region, der es gelang, für lange Zeit (300 v. Chr.–273 n. Chr.) autonom und unabhängig zu bleiben. Als sie gegenüber dem Römischen und dem persisch-sassanidischen Reich ihre Gleichgewichts- und Autonomiepolitik aufgab und versuchte, auf eigene Faust zum Imperium zu werden (um 270 n. Chr., in der Zeit der berühmten Königin Zenobia[110]), fand die Stadt ihr tragisches Ende. Die Tragödie Palmyras ist ein weiteres Beispiel dafür, wie Widerstand für die Freiheit zum Sieg, Machthunger jedoch in die Katastrophe führt.

110 Zenobia regierte von Palmyra aus den Osten des Römischen Reiches. Als sie um 270 ihren Herrschaftbereich bis Ägypten und Kleinasien ausweitete, zog der Römische Kaiser mit einem Heer gegen Palmyra und entmachtete sie.

Im Mittelalter war es vielen Städten möglich, ähnliche Autonomiepolitiken umzusetzen. Wir stehen geradezu vor einem Sternenhimmel voller Städte, die gegen Großreiche Widerstand leisteten. Ob islamische Imperien (Omayyaden, Abbasiden, Seldschuken, Timur, Babur[111], Osmanen), das Reich Dschingis Khans, christliche Imperien (Byzanz, Spanien, Österreich, das zaristische Russland, Britannien) oder chinesische Reiche: Hunderte Städte (vom Pazifik bis zum Atlantik, sogar bis auf den amerikanischen Kontinent, von der Wüste Sahara bis nach Sibirien) leisteten für eine Politik der Autonomie Widerstand, wenn nötig, bis zu ihrer Tilgung aus der Geschichte. Ein ähnliches Beispiel wie Karthago, das vollständig zerstört wurde, ist die Stadt Otrar, die gegen Dschingis Khan Widerstand leistete. Auch sie wurde dem Erdboden gleichgemacht. Hunderte Beispiele können wir auch für den über mehrere Jahrhunderte währenden Widerstand europäischer Städte sowohl gegen verschiedene Imperien als auch gegen den Zentralismus des Nationalstaates anführen. Insbesondere italienische und deutsche Städte leisteten bekanntlich bis in die Mitte des neunzehnten Jahrhunderts erheblichen Widerstand, um ihre autonomen Strukturen zu bewahren. Bekannteste Beispiele sind Venedig und Amsterdam.

Der überall stattfindende Siegeszug des Nationalstaats im neunzehnten Jahrhundert versetzte den städtischen Autonomien, die über Jahrtausende eine historische Rolle gespielt hatten, einen schweren Schlag. Erst mit der Postmoderne verbreiten sich städtische Autonomien wieder. Stadtpolitik schiebt sich wieder in den Vordergrund.

In der Geschichte gab es nicht nur den Widerstand politisierter Städte gegen die Kräfte der Zivilisation, sondern vielleicht noch viel mehr die unzähligen Arten des Widerstands, den bestimmte gesellschaftliche Gruppen wie Sippen, Stämme, religiöse Gemeinden und philosophische Schulen leisteten, um als politische Kraft autonom bleiben zu können. Das berühmteste Beispiel ist vielleicht die dreitausendfünfhundertjährige Geschichte der Autonomie des hebräischen Stammes (1600 v. Chr. bis heute). Seine Autonomiepolitik spielte eine entscheidende Rolle dabei, dass Jüd*innen in Vergangenheit und noch mehr in der Gegenwart reich und kreativ sind. Gegen die Transformation der islamischen Religion in ein Werkzeug für Imperium und Macht entstanden große widerständige Konfessionen. So spiegeln Aleviten und Charidschiten die Politik des autonomen Lebens von Sippen und Stämmen wider. Gegen die

111 Babur (1483–1530) war der Begründer des Mogulreiches.

sunnitische Dominanz und die Tradition des Sultanats entstanden in jedem Volksstamm große oppositionelle Konfessionen. Diese waren im Kern Folge der Widerstands- und Freiheitspolitik von Völkern, die in Sippen- und Stammesverbänden lebten. Sie waren gewissermaßen die ersten Freiheits- und Unabhängigkeitsbewegungen der Völker gegen den sunnitisch-islamischen Kolonialismus. Auch in Christentum und Judentum existieren viele widerständige Konfessionen. Das gesamte Mittelalter war voll von Kämpfen derartiger lokaler, städtischer, tribaler und religiöser Gemeinden für eine Politik von Freiheit und Autonomie. Die ersten christlichen Gemeinden hatten mit ihrem dreihundertjährigen, halb im Untergrund stattfindenden widerständigen Leben eine Hauptrolle dabei gespielt, die zeitgenössische Zivilisation vorzubereiten. Die Autonomie-Politik der antiken griechischen philosophischen Schulen war die wesentliche Kraft, die die Fundamente für die Wissenschaft legte. Völker und Nationen, die bis heute überlebt haben, schulden dies vor allem ihren Vorfahren in Sippen und Stämmen, die über Jahrhunderte und Jahrtausende auf Bergen und in Wüsten Widerstand leisteten.

Die nationalen Befreiungsbewegungen der Moderne sind die Fortsetzung dieser Tradition. Sie alle strebten politische Unabhängigkeit an, auch wenn dies in das Ziel eines unabhängigen Staates verkehrt wurde. Obwohl die Transformation der politischen Unabhängigkeit in die trügerische nationalstaatliche Unabhängigkeit durch den Liberalismus die Politik von ihrer wirklichen Funktion abhält, handelt es sich doch um die Fortsetzung einer bedeutenden politischen Widerstandstradition.

Lokale und regionale Autonomie-Politik gab es stets in der Geschichte und sie spielte eine wichtige Rolle für die Erhaltung der Existenz der moralischen und politischen Gesellschaft. Im größten Teil der Erde, vor allem in Bergregionen, in Wüsten und Wäldern, haben Völker und Nationen, die in Klan-, Stammes-, Dorf- und Stadtgesellschaften lebten, ständig mit Politiken von Autonomie und Unabhängigkeit gegen die Kräfte der Zivilisation Widerstand geleistet. Aus diesem Grunde sagen wir, dass in der Geschichte die demokratisch-konföderale Tradition überwiegt. Wir sagen: Durch die Geschichte der Zivilisation hindurch ist die vorherrschende Tendenz nicht die Unterwerfung, sondern der Widerstand. Wenn dem nicht so wäre, sähe die Welt aus wie das Ägypten der Pharaonen. Wir können Geschichte nicht richtig interpretieren, wenn wir nicht wissen, dass es keinen Ort, kein Gebiet gibt, an dem kein Widerstand, keine Politik stattgefunden hat. Dass immer noch in Südamerika, Afrika und Asien die Völker mit all ihren Farben und Kulturen Widerstand leisten, bedeutet, dass dies auch ihre Geschichte ist. Denn Geschichte ist Gegenwart.

Die Menschheit hat nicht nur auf der Ebene von Gesellschaft und geografischer Region Widerstand entwickelt und so ihre Existenz und Würde bewahrt; auch auf individueller Ebene lernte sie widerständige politische Persönlichkeiten kennen, die manchmal so bedeutend wurden wie eine ganze Nation. Die Geschichte ist voll von Beispielen. Von den in der heiligen Schrift erwähnten Prophet*innen, deren Zahl mit 124 000 angegeben wird – von Adam bis zu Noah und Hiob, von Abraham bis Moses, von Jesus bis Mohammed als den wichtigsten Gliedern in dieser Kette – bis zu vielen Weisen, von der Göttin Inanna bis zu Aischa[112], von Zenobia bis Hypatia[113], von Kybele[114] bis Maria, von Buddha bis Sokrates, von Zarathustra bis Konfuzius, von den Hexen bis zu Zeynep[115] und Rosa[116], von Giordano Bruno bis Erasmus von Rotterdam leisteten unzählige Individuen Widerstand bis zum Tod, um sich Menschlichkeit, Freiheit und Würde zu bewahren. Wenn die Gesellschaft heute noch moralisch und politisch existiert und nicht zu einer Herde von Sklaven verkommen ist, so schuldet sie diesen Individuen viel.

Viel wichtiger ist zweifellos, die gegenwärtige Politik zu interpretieren. Doch wir können Politik nicht interpretieren, ohne darauf hinzuweisen, dass die Geschichte sich ganz überwiegend in der Gegenwart fortsetzt. Dabei betonen wir immer wieder, dass die kapitalistische Moderne tausendfach verstärkt fortsetzt, was die Zivilisation begonnen hat. In meinen Ausführungen zum Nationalstaat hatte ich betont, dass dort die moderne Gesellschaft nicht nur der staatlichen Herrschaft von oben unterworfen ist, sondern zusätzlich Machtapparate in alle ihre lebenswichtigen Poren eindringen und sie so für Invasion und Kolonialisierung geöffnet wird. Wichtig ist dabei, zu verstehen, dass sich die Gesellschaft dadurch in globalem Umfang in einem Belagerungszustand befindet, erobert und kolonialisiert wird. Ich begnüge mich mit dem Verweis darauf, wie sich die Netze der ideologischen und der

112 Aischa gilt als Lieblingsfrau von Mohammed. Nach seinem Tod spielte sie sowohl in politischen als auch religiösen Auseinandersetzungen eine wichtige Rolle, was zu ihrer Popularität bei Musliminnen beitrug.

113 Hypatia war Philosophin, Mathematikerin und Astronomin in Alexandria. Sie wurde 415 von radikalen Christen ermordet.

114 Kybele war eine anatolische Muttergöttin, deren Kult in der graeco-römischen Antike weit verbreitet war.

115 Gemeint ist wahrscheinlich Zeynep Kınacı (Zîlan), die durch treffende politische Analyse und mutiges Handeln zu einem Vorbild der kurdischen Frauenbewegung wurde.

116 Gemeint ist Rosa Luxemburg.

materiellen Kultur ausbreiten. Das ist eine neue Situation. Ob wir dies nun globale Super-Hegemonie, Empire oder UN-Ordnung nennen, weist nicht auf wesentliche Veränderungen hin. Außerdem hatten wir betont, dass das Finanzkapital die globale Hegemonie prägt und gleichzeitig eine globale, systemische Krise stattfindet, die sich verstetigt.

Während wir zu verstehen versuchen, was unter diesen Bedingungen von der moralischen und politischen Gesellschaft übrig ist, müssen wir gleichzeitig hinterfragen, ob die Politik stark genug ist, um irgendeine Rolle zu spielen. Wir sehen oft, dass Menschen auf das gegenwärtige Panorama blicken und in Pessimismus und Hoffnungslosigkeit verfallen. Genau hier können wir durch tiefgründiges politisches Hinterfragen der Situation ableiten, dass Pessimismus und Hoffnungslosigkeit nicht nur unangebracht, sondern gleichzeitig sinnlos sind. Bekanntlich hat jede Entwicklung Hoch- und Tiefpunkte (universale Wahrheit). Alles weist darauf hin, dass die Macht von Zivilisation und Moderne ihren Höhepunkt längst überschritten hat und sich auf dem absteigenden Ast befindet. Die in der Gesellschaft verteilte Macht verliert ihre Stärke wie eine Welle, die sich bricht. Wie ein großer, schwerer Stein seine Wucht verliert, wenn er vom Gipfel herunterfällt und am Boden zerspringt, so verliert auch die Macht ihre Stärke, wenn sie in die Poren der Gesellschaft eindringt und sich verteilt.

Diese Tatsache können wir in ihrer soziologischen Bedeutung analysieren. In dem Maße, wie die Macht sich in alle Einheiten und Individuen der Gesellschaft ausbreitet, trifft sie auf Widerstand dieser Einheiten und Individuen. Die Macht schafft in allen Einheiten und Individuen, in denen sie sich ausbreitet, Widerstand. Denn es verstieße gegen den universalen Fluss der Natur, wenn sie mit all ihrer Repression, Ausbeutung und Folter nicht bei jeder Einheit und jedem Individuum auf Widerstand stieße. Die moderne Macht hat sich gegenüber der Macht eines beliebigen anderen Zeitalters recht stark differenziert. Der Kapitalismus in der Form von Kapitalmonopolen, die die gesamte Weltwirtschaft wie ein Netz umspannen, hat seine Ausbreitung auf einem Niveau, das Maximalprofit einbringt, abgeschlossen; es gibt keinen Winkel mehr, in den er sich noch ausbreiten könnte. Wenn wir noch die Krise im ökologischen Bereich berücksichtigen, gibt es keine einzige Familie und keinen Klan, den er nicht tief beeinflusst. Die Folgen des mit kapitalistischen Gesetzen betriebenen Industrialismus haben die Zerstörung im Inneren und der äußeren Umwelt der Gesellschaft auf Katastrophenniveau gebracht. Der Nationalstaat als stärkste göttliche Kraft der Geschichte hat ausnahmslos alle Staatsbürger*innen durchdrungen und über ihnen seine Hegemonie errichtet. Diese Ära gleicht keiner anderen in der Geschichte. Die »Diskontinuitäten«, von denen Anthony Giddens spricht, gelten genau für diese Dinge.

Angesichts dieser Ausprägungen der Macht (Kapitalismus, Industrialismus und Nationalstaat) muss auch die Politik als ihr Gegenpol nie dagewesene Veränderungen durchmachen. Da wir nicht in einer vor- oder einer nachzivilisatorischen Ära leben, muss sich auch die Struktur der für die Moderne spezifischen Politik verändern. Auf eine kurze Formel gebracht: Da die Netze der Macht überall sind, muss auch die Politik überall sein. Da sich die Macht auf jede gesellschaftliche Einheit und jedes Individuum stützt, muss sich auch die Politik auf jede Einheit und jedes Individuum stützen.

Die Bildung und Verbreitung politischer Netzwerke, um den Netzen der Macht auf allen gesellschaftlichen Ebenen etwas entgegenzusetzen, ist verständlicherweise nötig. Klar ist auch, dass wir dies nicht mit Organisationsstrukturen alten Typs leisten können. Ohnehin waren alte Organisationsmodelle auf den Staat fokussiert. Politik muss zunächst als Widerstand gegen die Macht beginnen. Da die Macht jede gesellschaftliche Einheit und jedes Individuum zu erobern und kolonialisieren versucht, muss die Politik danach trachten, jede Einheit und jedes Individuum zu gewinnen und zu befreien. Da jede Beziehung, ob einheitsbezogen oder individuell, machtbezogen ist, ist sie im gegenläufigen Sinne auch politisch. Da aus der Macht die liberale Ideologie, der Industrialismus, der Kapitalismus und der Nationalstaat hervorgegangen sind, muss die Politik die Ideologie der Freiheit, die Öko-Industrie, die kommunale Gesellschaft und den demokratischen Konföderalismus hervorbringen und aufbauen. Da sich die Macht in jedem Individuum und jeder Einheit, jeder Stadt und jedem Dorf, auf lokaler, regionaler, nationaler, kontinentaler und globaler Ebene organisiert, muss sich auch die Politik auf individueller, einheitsbezogener, städtischer, lokaler, regionaler, nationaler, kontinentaler und globaler Ebene organisieren. Da die Macht uns auf jeder Ebene Propaganda und alle möglichen Handlungsweisen einschließlich Kriegen aufzwingt, muss auch die Politik dem auf all diesen Ebenen Propaganda und Aktionsformen entgegensetzen.

Solange wir diese Realität der Macht in der Moderne, die ich in Grundzügen zu skizzieren versucht habe, nicht richtig kennen, können wir an keiner politischen Aufgabe richtig arbeiten. Erinnern wir uns an die sowjetische Erfahrung oder sogar an noch frühere Abschnitte des Realsozialismus: gegen den Kapitalismus den Trade-Unionismus (das Betteln um Lohn), gegen den Industrialismus einen noch entwickelteren Industrialismus, gegen den zentralistischen Nationalstaat einen noch zentralisierteren Nationalstaat. Im Kern: Macht gegen Macht, Feuer gegen Feuer, Diktatur gegen Diktatur, Staatskapitalismus gegen Privatkapitalismus. So und ähnlich wurde ein gigantischer Machtapparat geschaffen, unter dessen Gewicht es am Ende zu einem Verfall von innen heraus kam. Die realsozialistische Konfession (Linkskapitalismus) machte auf diesem Weg nicht nur Politik gegen die Macht, sondern übte auch gegen die Politik Macht aus. Um dies zu sehen, genügt es, die Geschichte der realsozialistischen Parteien zu lesen. Die sozialdemokratische Konfession (zentristischer Kapitalismus) reformierte den Kapitalismus und machte ihn noch dauerhafter; um dies zu sehen genügt es, die Geschichte ähnlicher Parteien in Europa zu lesen. Die Konfession der nationalen Befreiungsbewegungen dagegen (Rechtskapitalismus) verwandelte sich sofort in Nationalstaaten und wurde zur Hauptakteurin bei der Ausbreitung des Kapitalismus auf der Welt. Die anderen Systemgegner*innen, die außerhalb dieser drei Konfessionen blieben, habe ich bereits kommentiert. Deren allergrößter Mangel bestand darin, im Kampf gegen die Macht sich entweder an ein Stück der Macht (den Nationalstaat) zu klammern oder aber wie vor allem die Anarchist*innen das Feld leer zu lassen oder sich mit zivilgesellschaftlichen Organisationen hinhalten zu lassen. Von keiner dieser Richtungen wird die Macht systematisch begriffen, nirgends gibt es die Fähigkeit, als Alternative Politik zu produzieren, oder niemand verspürt die Notwendigkeit. Während sie die Politik insgesamt den Subunternehmern der Macht überließen, merkten sie nicht einmal, dass sie auf das Unmögliche hofften. Es bleibt, als Herolde die Krise des Kapitalismus und der Globalisierung zu verkünden, und es ist offensichtlich, dass dies keine Krankheit kuriert.

Die Sprache der demokratischen Moderne ist politisch. Ihre gesamte systematische Struktur konzipiert und konstruiert sie durch die Kunst der Politik. Die moralisch-politische gesellschaftliche Qualität der fundamentalen Wissenschaften erinnert nicht an die Macht, sondern an die Politik. Das vordringliche Problem, unter dem die moralische und politische Gesellschaft heute leidet, ist jenseits der Fragen von Freiheit, Gleichheit und Demokratisierung ein existenzielles. Denn ihre Existenz ist in Gefahr. Die Angriffe der Moderne aus vielen Richtungen machen die Verteidigung ihrer Existenz zum vordringlichen Problem. Die Antwort der demokratischen Moderne gegen diesen Angriff ist Widerstand im Sinne der Selbstverteidigung. Ohne die Gesellschaft zu verteidigen, lässt sich keine Politik machen. Ich muss nochmals betonen: Es gibt nur eine

Gesellschaft, und das ist die moralische und politische Gesellschaft. Das Problem besteht vor allem darin, die von der Zivilisation stark erodierte, den Angriffen und dem Kolonialismus von Macht und Staat ausgesetzte Gesellschaft unter den Bedingungen einer weiterentwickelten Moderne neu aufzubauen. Zusammen mit der Selbstverteidigung ist die demokratische Politik der Kern der Politik in der heutigen Zeit. Während die demokratische Politik die moralische und politische Gesellschaft entwickelt, schützt die Selbstverteidigung sie gegen Angriffe der Macht auf ihre Existenz, ihre Freiheit und ihre egalitäre und demokratische Struktur. Wir reden weder von einer neuen Art des nationalen Befreiungskampfes noch von einem gesellschaftlichen Krieg. Wir sprechen davon, die Identität, die Freiheit, die Gleichheit auf der Grundlage von Vielfalt und die Demokratisierung zu verteidigen. Gäbe es keinen Angriff, wäre auch keine Verteidigung notwendig.

Die politische Lebensweise der anti-zivilisatorischen Kräfte in der Geschichte war meist konföderal. Sämtliche gesellschaftlichen Einheiten akzeptieren eine lose Verbindung miteinander nur unter der Bedingung, dass ihre Autonomie respektiert wird. Selbst mit den Kräften der Zivilisation, die Macht und Staat verkörpern, sind sie nur unter dieser Bedingung einverstanden. Bedingungen, wo kein Einverständnis herrscht, sind Bedingungen, unter denen es ständig zum Krieg kommt. Wo Einverständnis existiert, herrscht Frieden. Die Politik und der demokratische Konföderalismus sind die Prinzipien der gesellschaftlichen Regierung, die der Macht und der nationalstaatlichen Struktur, die in der Moderne die gesamte Gesellschaft umfassen, entgegenwirken wird. Während die Politik als demokratische Politik ausgeführt wird, beteiligen sich alle gesellschaftlichen Einheiten jeweils als eine föderale Kraft am konföderalen Prozess. Dieses System ist eine neue politische Welt. Während Zivilisation und Moderne stets durch Anweisungen verwalten, regieren demokratische Zivilisation und Moderne, indem sie mit Diskussion und Konsens wirklich Politik machen. Egal wie sehr die historischen und gegenwärtigen Fakten verzerrt und verschleiert wurden, die wesentlichen gesellschaftlichen Entwicklungen wurden unter Führung der Kunst der Politik erreicht. Während der Kapitalismus unter den Bedingungen der globalen Krise versucht, auf der Grundlage des Wiederaufbaus des Nationalstaates seine Macht zu bewahren, besteht die grundlegende Aufgabe aller Kräfte der demokratischen Moderne darin, auf die Krise zu reagieren, indem sie ein demokratisches konföderales System aufbauen, das darauf abzielt, die moralische und politische Gesellschaft zu verteidigen und zu entwickeln.

Im Lichte dieser Erklärungen können wir die Hauptprinzipien der politischen Aufgaben der Kräfte der demokratischen Moderne in Form von Stichpunkten folgendermaßen präsentieren:

1. Die gesellschaftliche Natur ist im Grunde ein moralisches und politisches Wesen und Dasein. Solange Gesellschaften existieren, werden sie weiter moralisch und politisch sein. Gesellschaften, die ihre moralische und politische Qualität verlieren, sind dem Verfall, der Auflösung und dem Untergang geweiht.

2. Gesellschaften als primitive, sklavenhalterische, feudale, kapitalistische und sozialistische Formen zu entwerfen, die gradlinig voranschreiten, dient mehr dazu, ihre Wahrheiten zu verzerren und zu verschleiern, als es zu ihrem Verständnis beiträgt. Derartige Erklärungen sind mit Propaganda aufgeladen. Das Hauptcharakteristikum von Gesellschaften ist ihre moralische und politische Eigenschaft, und sie entsprechend des Grades dessen Vorhandenseins zu beschreiben, ist am besten. Sowohl die Eigenschaften der Klasse und des Staates als auch das Niveau der industriellen und landwirtschaftlichen Entwicklung sind vorübergehende Phänomene, die nicht den wesentlichen Charakter der Gesellschaft ausmachen.

3. Die gesellschaftliche Frage entstand in Zusammenhang mit Dominanz und Ausbeutung durch die Macht. Wo Macht und Ausbeutung sich entwickeln, entwickeln sich auch gesellschaftliche Probleme. Klassenbasierte Staaten, die als Instrumente zur Lösung aufgedrängt werden, können zwar in begrenztem Maße Lösungen produzieren, verwandeln sich aber im Wesentlichen in eine Quelle neuer Probleme.

4. Die Politik ist nicht nur das grundlegende Instrument zur Lösung sozialer Probleme, sondern auch zur Bestimmung, zum Schutz und zur Aufrechterhaltung aller lebenswichtigen Interessen der Gesellschaft. Für den Schutz der Gesellschaft ist Selbstverteidigung notwendig, diese stellt die Fortsetzung der Politik mit militärischen Mitteln dar.

5. Im Laufe der Geschichte versuchten Zivilisationen, die Gesellschaft mittels staatlicher Verwaltung zu regieren, wodurch die Funktion der Politik in der Gesellschaft verengt wurde. Solange sie existierten, haben Gesellschaften auf diese Verengung der Funktion mit Widerstand reagiert. Insofern ist die Geschichte unter dem Einfluss dieser beiden Hauptfaktoren weder vollständig zivilisierte Verwaltung noch vollständig demokratisch-politische Regierung. Konflikte in der Geschichte haben ihre Ursache im widersprüchlichen Charakter dieser beiden Hauptfaktoren.

6. Zeiten des Friedens wurden in der Geschichte garantiert, indem die Kräfte der Zivilisation und die demokratischen Kräfte einander anerkannten und Identitäten und Interessen respektierten. Weder Konflikte um Macht noch Waffenstillstände darin haben etwas mit Frieden zu tun.

7. In der Zeit der kapitalistischen Moderne belagert die Macht die gesamte Gesellschaft von innen und außen und verwandelt sie in eine Art innere Kolonie. Die Macht und der Nationalstaat als die wesentliche Staatsform befinden sich im ständigen Kriegszustand mit der Gesellschaft. In dieser Tatsache hat die Politik des Widerstands ihre Ursache.

8. Dieser totale Kriegszustand der kapitalistischen Moderne gegen die Gesellschaft macht die Alternative der demokratischen Moderne noch dringlicher und zwingender. Die demokratische Moderne als heutige Daseinsform der Kräfte der demokratischen Zivilisation ist weder das Andenken an ein vergangenes Goldenes Zeitalter noch eine Utopie für die Zukunft. Sie ist die Existenz und Haltung aller gesellschaftlichen Gruppen und Individuen, deren Existenz und Interessen im Widerspruch zum kapitalistischen System stehen.

9. Die Anti-Systemkräfte blieben in ihren Kämpfen der letzten zweihundert Jahre ohne Lösung oder ohne Erfolg, weil sie entweder selbst eine Machtperspektive besaßen oder den politischen Bereich leer ließen. Obwohl sie ein wertvolles Erbe hinterließen, können sie mit ihren alten Denkweisen und Strukturen weder für die Moderne selbst noch für die systemische Krise eine Alternative bilden.

10. Eine Alternative darzustellen ist nur durch die Entwicklung eines eigenen Systems gegen die drei Säulen der Moderne – Kapitalismus, Industrialismus und Nationalstaat – möglich. Demokratische Gesellschaft, Öko-Industrie und demokratischen Konföderalismus können wir unter dem Namen ›demokratische Moderne‹ als Gegensystem vorschlagen. Wenn sich das Erbe der demokratischen Zivilisation und die Systemgegner*innen in dem neuen System treffen, erhöht das die Erfolgschancen.

11. Der demokratische Konföderalismus spielt als grundlegende politische Form der demokratischen Moderne eine wesentliche Rolle bei den Wiederaufbauarbeiten. Der demokratische Konföderalismus als grundlegende politische Option der demokratischen Moderne gegen den Nationalstaat als grundlegende Staatsform, die ständig Probleme produziert, ist das geeignetste politische Instrument, um Lösungen für die Probleme zu produzieren.

12. In moralischen und politischen Gesellschaften, wo demokratische Politik praktiziert wird, werden Freiheit, Gleichheit auf der Basis von

Vielfalt und demokratische Fortschritte auf die gesündeste Weise garantiert. Freiheit, Gleichheit und Demokratie sind nur durch die Kraft von Diskussion, Entscheidung und Handeln möglich, die die Gesellschaft kraft ihres eigenen Gewissens und ihrer eigenen Denkfähigkeit praktiziert. Kein Social Engineering ist dazu in der Lage.

13. Der Demokratische Konföderalismus bietet die Option der demokratischen Nation als Lösungsinstrument für die ethnischen, religiösen, urbanen, lokalen, regionalen und nationalen Probleme, die vom monolithischen, homogenen, und monotonen faschistischen Gesellschaftsmodell der Moderne herrühren, welches durch den Nationalstaat umgesetzt wird. In der demokratischen Nation hat jede Ethnie, jede religiöse Richtung und jede städtische, lokale, regionale und nationale Realität das Recht, mit ihrer eigenen Identität und ihrer demokratisch-föderalen Struktur vertreten zu sein.

14. Die globale Einheit der demokratischen Nationen, als Alternative zu den Vereinten Nationen, ist die ›Welt-Konföderation der Demokratischen Nationen‹. Kontinente und große Kulturräume können auf der Ebene darunter eigene ›Konföderationen Demokratischer Nationen‹ bilden. Wenn sie sich nicht hegemonial verhält, kann die EU als ein erster Schritt für Initiativen in dieser Richtung betrachtet werden. Initiativen gegen globale und regionale hegemoniale Macht lassen sich in diesem Rahmen behandeln.

15. Wie es meist in der Geschichte zwischen Kräften der Zivilisation und demokratischen Kräften der Fall war, können die Kräfte der kapitalistischen Moderne und die Kräfte der demokratischen Moderne auf der Grundlage der Akzeptanz von beiden Existenzen und Identitäten sowie der Anerkennung von autonomen Regierungen friedlich koexistieren. Innerhalb dieses Rahmens und unter diesen Bedingungen können demokratische konföderale politische Formationen und nationalstaatliche Formationen sowohl innerhalb als auch außerhalb der nationalstaatlichen Grenzen friedlich koexistieren.

Die hier festgestellten Prinzipien in Bezug auf die Aufgaben im politischen Bereich der demokratischen Moderne könnten reduziert oder ergänzt werden. Wichtig ist, den notwendigen Umfang und die Prinzipien der Umsetzung zu bestimmen. Ich denke, die oben dargelegten Prinzipien erfüllen diesen Zweck. Die Diskussionen und die Freiheitsrealität des Lebens werden das Ergebnis bestimmen.

Gleiches gilt für die Prinzipien, die ich für die drei Hauptbereiche der demokratischen Moderne festzulegen versucht habe. Unterstreichen muss ich, dass es in Prinzip und Praxis beim Wiederaufbau der demokratischen Moderne weder um das Projekt einer neuen Republik geht, wie in der Französischen Revolution, noch wie in der Russischen Revolution um einen Staatsplan sowjetischer Machart. Es ist auch nicht das Gesellschaftsprojekt, das Mohammed für Medina entwarf. Das Einzige, worum ich mich sorge und weswegen ich Klarheit zu schaffen versuche, ist, dass meine Analysen zur Wahrheit der gesellschaftlichen Natur und die methodischen und praktischen Prinzipien, die ich zur Lösung vorschlage, nicht zu schweren Fehlern und Irrtümern führen dürfen und zu Resultaten, die diese verschleiern, wie es in der Geschichte schon oft passiert ist.

Das Ziel unseres Wiederaufbaus ist es, ohne das historische Erbe der Kräfte zu leugnen, die sich dem System aufgrund ihrer Interessen widersetzen oder widersetzen sollten, und ohne in die Falle des Liberalismus zu tappen, alle Individuen und gesellschaftlichen Einheiten, an die wir mit einem systematischen Verständnis (einem Paradigma) und einer systematischen Praxis herantreten, zu organisieren und in Aktion zu versetzen. Bei diesen Aufbauaktivitäten mag es solche geben, die wie Revolutionär*innen arbeiten, und solche, die auf Reformen aus sind. Alle Bemühungen sind wertvoll. Die kapitalistische Moderne selbst stellt den am meisten krisengeschüttelten Zeitabschnitt des Zivilisationssystems dar. Außerdem ist es das Zeitalter mit der ausgedehntesten globalen Hegemonie des Finanzkapitals und gleichzeitig die Zeit, in der die strukturelle Systemkrise zur permanenten wurde. Das kapitalistische System bemüht sich tagtäglich um neue Projekte und Praktiken, um systemrelevante Verluste aufgrund der Krise zu vermeiden. Es geht dabei mit einer breit angelegten, eklektischen liberalen Ideologie vor. Hinter ihm steht ein großes historisches Erbe. Durch maximal ausgebaute elektronische Organisationsnetze kann es jede beliebige Taktik sofort anwenden. Es kann sogar den Nationalstaat als strategisches Regierungsinstrument kritisieren und auf vielen Gebieten von Grund auf restrukturieren. Die Stärke von Konzernen übersteigt die Stärke von Nationalstaaten. Zivilgesellschaftliche Organisationen, die gegenwärtig in Mode sind, lenkt das System nach Belieben.

Den Systemgegner*innen bleibt unter diesen Bedingungen nichts anderes übrig, als ein eigenes Verständnis des Systems und eine eigene Praxis zu entwickeln. Die Französische und die Russische Revolution (und zahlreiche andere Revolutionen und Bewegungen, die auf ihren Spuren wandelten) teilten nicht vollständig den Rahmen und die Ziele der kapitalistischen Moderne. Sie hatten sogar sehr ernste Widersprüche zur kapitalistischen Moderne und behaupteten, ein neues System errichtet zu haben. Viele ihrer Ideen, darunter außergewöhnliche, konnten sie zeitweise umsetzen. Doch letztlich gelang es dem Kapitalismus auf kurze oder lange Sicht, diese Revolutionen in seine eigenen modernen Auffassungen und Praktiken zu integrieren. Zweifellos ist es vordringliche Aufgabe zeitgenössischer Revolutionen, wie jedes historische Erbe das Vermächtnis dieser großen Revolutionen in Hinblick auf Freiheit, Gleichheit und Demokratie zu bewahren und auszubauen. Aber es ist auch klar, dass wir aus ihren Irrtümern Lehren ziehen müssen. In diesem Band habe ich darauf besonderes Gewicht gelegt. Natürlich ist es für Personen und Organisationen mit denselben Idealen eine unabdingbare Pflicht, aus diesen Erfahrungen zu lernen.

Die grundlegenden Aufgaben stellen sich immer, egal ob die Krise andauert oder nicht. Intellektuelle, moralische und politische Aufgaben müssen stets erfüllt werden. Natürlich spiegeln sich andere Zeiten in anderen strategischen und taktischen Ansätzen wider. Doch die Aufgaben ändern nie ihre eigentliche Beschaffenheit. Ich bin überzeugt, dass die Erläuterungen und Prinzipien, die ich für die Aufgaben in allen drei Bereichen festzustellen versucht habe, von Bedeutung sind. Sie sind gleichzeitig ein Ausdruck von Kritik und Selbstkritik bezüglich sämtlicher Ereignisse, Beziehungen, Persönlichkeiten und Institutionen, für die ich verantwortlich war und bin. Ich bin mir bewusst, dass ohne eine umfassende Analyse und Kritik unserer Zeit und schließlich der ganzen Zivilisation eine individuelle Kritik und Selbstkritik keinen großen Wert besitzt. Diesen Ansatz habe ich zu verfolgen versucht.

Auch wenn ich mich wiederholen muss: Die Verflechtung der Aktivitäten zu den intellektuellen, moralischen und politischen Aufgaben ist essenziell. So sehr die Bereiche in sich auch unabhängig voneinander sind, müssen sie doch Produkte hervorbringen, die sich in ihrem Dienst gegenseitig ergänzen. Ohne eine intellektuelle Aufklärung wird sich eine moralische Praxis kaum entwickeln, sogar unweigerlich zum Schlechten führen. Wo und wann immer es an guter Moral fehlt, gibt es schlechte Moral. Der politische Bereich entspricht der Umsetzung von Aufklärung und moralischer Praxis. Politik ist in diesem Sinne die tägliche Aufklärung und das tägliche moralische Verhalten, kurz: Aufklärung und Moralität selbst. Auch lässt sich dort, wo Politik und Moral nicht vorhanden sind, von einer Aufklärung und daher vom Vorhandensein einer intellektuellen Aktivität nicht ernsthaft sprechen. Intellektuelles Wissen, das seine Verbindung zu Politik und Moral verloren hat, mag intellektuelles Kapital oder etwas anderes sein, aber eine solche

Situation lässt sich nicht als intellektuelle Aufgabe bezeichnen, denn ihr fehlt die moralische und politische Grundlage.

Nur, wenn die intellektuellen, moralischen und politischen Aufgaben für die moralische und politische Gesellschaft auf ineinander verflochtene Weise erfüllt werden, wird ein Maximum an Freiheit, Gleichheit und Demokratie erreicht. Daher ist es ein Kriterium des Erfolgs für systemgegnerische Organisationen und Individuen, inwieweit sie die Aufgaben aller drei Bereiche miteinander verschränkt erfüllen.

Neunter Teil

Schlussfolgerung

Bewusstsein hängt mit der universalen Existenz zusammen. Eine Erklärung der vorhandenen universalen Ordnung ist nur mithilfe des Begriffs des Bewusstseins möglich. Interessant dabei ist, wie das Bewusstsein sich selbst ausdrückt. Es zeigt sich also, dass die gesamte Vielfalt des Universums eine Folge der Leidenschaft des Bewusstseins ist, sich auszudrücken. Über das Multi-Bewusstsein des Bewusstseins wissen wir überhaupt nichts. Das Streben des Bewusstseins nach beinahe endloser Vielfalt wirft die Frage nach der Ursache auf; die Frage nach dem Zweck bleibt noch unklarer. Berühmte Philosophen und sogar einige der heiligen Schriften beantworten dies mit dem Wunsch des Universums, sich an sich selbst zu erinnern, oder dem Wunsch Gottes, von seinen Knechten erkannt zu werden. Das Wort ›Gewahrwerden[117]‹ erscheint mir hierbei besonders bezaubernd und erhellend. Die Selbstwahrnehmung jedes Wesens, vom kleinsten Teilchen bis zur kosmischen Existenz, mag eine Antwort auf die Fragen nach Ursache und Zweck darstellen. Die Bedeutung, mit der wir das Gewahrsein aufladen müssen, kann durch keinen anderen Begriff definiert werden als durch den des Lebens. Die Definition des Lebens, die der Wahrheit am nächsten kommt, können wir als ›Gewahrwerden‹ festhalten. Noch wichtiger ist die Frage, *warum* das Gewahrwerden von derartiger Bedeutung ist. Wir wissen, dass Leben auch ohne Gewahrwerden möglich ist. Doch wenn wir einmal versuchen, tief zu spüren, verstehen wir, dass diese von uns behauptete Möglichkeit eigentlich unmöglich ist. Während einer langen Zeit, die ohne Gewahrwerden vergeht, verringert sich der Wert des Lebens oder löst sich sogar auf. Selbst der Tod, der dazu dient, des Lebens gewahr zu werden, erscheint als ein Spiel oder ein meisterhafter Trick der Natur, die das Leben ermöglichen will. Unterschiede sich beispielsweise ein Wesen, das mit unendlichem Leben gestraft ist, noch vom zur Tragödie verurteilten Sisyphos (dem mythologischen Helden, der die Strafe erhielt, einen Stein auf einen Gipfel zu rollen, und der gezwungen ist, diese Handlung ständig zu wiederholen, weil der Stein jedes Mal wieder vom Gipfel herabrollt)? Bedauern über den Tod erinnert lediglich an den Wert des Lebens und steigert ihn.

Wissen bedeutet nichts anderes als die Dinge, derer jemand sich in Bezug auf das Leben gewahr ist. Etwas, das gewusst wird, ist etwas, dessen man sich gewahr ist. Obwohl wir nicht viel über physikalische Gebilde sagen können, ist es bei biologischen Gebilden doch unmöglich, eine Art Liebe zum Erkanntwerden nicht zu spüren. Wenn wir uns weiter auf die menschliche

117 Türkisch: *farkına varma*

Spezies zubewegen, so scheint diese Liebe verwirklicht zu sein. Den weit entwickelten Zustand des Wissens können wir am besten durch das Wort ›Liebe‹ definieren. Doch der Mensch ist ein merkwürdiges Wesen: In Bezug auf Wissen treffen wir bei ihm auch auf Eigenschaften, die nicht davor zurückschrecken, größte Verzerrungen und Verrat zu verüben. Mir erscheint es richtig, diese Realität des Menschen durch Vorgänge innerhalb seiner gesellschaftlichen Natur zu erklären, die wir auch die Zweite Natur nennen.

Sozialwissenschaft als Begriff kam mit der eurozentrischen Zivilisation auf. Zweifellos hat eine Art Disziplin, die wir Sozialwissenschaft nennen können, stets existiert, seit es die gesellschaftliche Natur gab. Die prähistorische Sozialwissenschaft können wir getrost als Animismus bezeichnen. Ist Animismus als Begriff aus den eurozentrischen Sozialwissenschaften etwa nur das primitive Bewusstsein primitiver Menschen, wie behauptet wird? Wer erlässt die Fatwa, dass die heutige Sozialwissenschaft, die auf der Trennung von Subjekt und Objekt beruht, dem Animismus überlegen sei? Wieder dieselben Sozialwissenschaftler! Doch es wird immer klarer, dass die animistische Schule das wertvollere Paradigma gegenüber demjenigen ist, das zu einer scharfen Trennung von Subjekt und Objekt führt und daher das Objekt als seelenlos betrachtet. Offenbar führt eine animistische Definition des Universums zu zutreffenderen Resultaten als eine Definition, die das Universum entseelt. Die wissenschaftlichen Entwicklungen bestätigen dies. Wie lässt sich die Tatsache erklären, dass ohne die immer noch rätselhaften Bewegungen der subatomaren Partikel keinerlei Vielfalt entstehen kann – wenn nicht durch Animismus? Der Positivismus (Szientismus der Phänomene) als hochgefährliche Art der Metaphysik – auch wenn er das Gegenteil behauptet – hat auch der Sozialwissenschaft tiefe Wunden zugefügt.

Die Phase der Zivilisation, die wir auch ›historische Zeiten‹ nennen, brachte eine Veränderung der Art der Wissenschaft vom Animismus hin zur Mythologie mit sich. Die Mythologie wurde in vielfacher Hinsicht – wenn auch nicht vollständig – von der Zivilisation geprägt. Die erste Verzerrung des Bewusstseins in der Sozialwissenschaft und das erste Einschmuggeln von Verrat an ihr hängt mit der ideologischen Hegemonie zivilisatorischer Prozesse zusammen. Das über der gesellschaftlichen Natur errichtete Macht- und Kapitalmonopol kommt nicht ohne Lügen, Verzerrungen, Wortbruch und Verrat aus. Mythologie ist zu großen Teilen mit Animismus aufgeladen und wertvoll. Doch sobald als mythologische Widerspiegelung des hierarchischen Systems und der Ordnung, die das Trio aus Priester, Regent und Kommandant bildet, Märchen der Heroisierung (Verhalbgöttlichung) und

Vergöttlichung zum Einsatz kamen, wurden Verzerrung und Korrumpierung unausweichlich. Unter der Bedingung, diesen doppelten Charakter zu berücksichtigen, ist die Mythologie trotzdem eine ziemlich lehrreiche Sozialwissenschaft. Ich bin überzeugt, dass sie zunehmend an Bedeutung gewinnen wird. Beim Lernen der Geschichte wird sie ganz sicher eine viel größere Rolle spielen.

Die Erstarrung der Mythologie zur Religion führte zu einer zweiten Art der Sozialwissenschaft. Zweifellos tritt die Religion nicht lediglich das Erbe der Mythologie an. Die Religion besitzt auch eigene Dogmen. Zwar wurde sie ganz überwiegend von den Kräften der Zivilisation geprägt, doch sind die religiösen Interpretationen der anti-zivilisatorischen Kräfte beim Thema Wahrheit einfacher und wegen ihrer Natürlichkeit realistischer. Sie waren es, die der zeitgenössischen Wissenschaft den Weg bereiteten. In den monotheistischen Religionen finden wir beide gegensätzlichen Kräfte widergespiegelt. Während die gebieterische, strafende und knechtende Dimension der Theologie die Kräfte der Zivilisation widerspiegelt, gibt ihre partizipative, belohnende und befreiende Dimension den Glauben und das Denken der anti-zivilisatorischen Kräfte wider. Das Mittelalter war voller Konflikte zwischen Religionen und Konfessionen, die diese beiden Auffassungen vertraten. Ohne diese religiösen und konfessionellen Konflikte wäre die europäische Sozialwissenschaft sicherlich nicht entstanden. Allein der Gedanke an den Einfluss des Islam hilft bereits, diese Tatsache besser zu verstehen. Auch gab es durch die Zeiten Sternstunden der Weisheit und der Philosophie. Zweifellos stellen auch diese wertvolle Quellen für die Sozialwissenschaft dar.

Genauso, wie die Sozialwissenschaft des Zeitalters der europäischen Zivilisation aus den Quellen des gesamten historischen Erbes schöpfte, entstand sie auch als Erfordernis der stattfindenden großen sozialen Kämpfe. Im Grunde war sie als eine Disziplin, ein Instrument gedacht, um Probleme zu lösen. Das System grenzenloser Ausnutzung und Repression, zu dem der Kapitalismus geführt hatte, zwang die Moderne von vornherein dazu, voller Krisen zu entstehen. Während alle Wissenschaften, besonders die Sozialwissenschaften, einerseits in den Dienst des Ausnutzungs- und Repressionssystems gestellt wurden, erhielten andererseits die Sozialwissenschaften zusätzlich die Aufgabe, das System in positivem Licht zu erklären und zu legitimieren. Die Rhetorik der neuen Macht- und Kapitalmonopole prägte auch die Sozialwissenschaft.

Die positivistische Soziologie führte dazu, dass die Sozialwissenschaft von vornherein mit Geburtsfehlern behaftet war. Hauptanliegen der positivistischen Soziologie war, aus der Französischen Revolution eine Republik entstehen zu lassen, um die Interessen der Bourgeoisie zu schützen. Die englischen politischen Ökonomen verfolgten das Ziel, das Kapital zu rationalisieren und zu legitimieren. Die deutschen Ideologen befassten sich in jedem Bereich mit der Herausbildung des riesigen deutschen Nationalstaats. Die Anführer der Systemgegner*innen, die Begründer des Wissenschaftlichen Sozialismus, Karl Marx und Friedrich Engels, wollten aus diesen drei Rhetoriken des Kapitals eine proletarisch geprägte Wissenschaft erschaffen. Die Gegnerschaft zum Kapitalismus und die darauf aufbauende Analyse in *Das Kapital* hätten einen Beitrag zur Sozialwissenschaft leisten können. Indem sie jedoch die Quellen des Aufbruchs und die Gegnerschaft zum System auf den Antikapitalismus begrenzten, ließen sie sämtliche Strukturen des Systems ohne Verteidigung gegen die kapitalistische Moderne. Die Anarchist*innen, die die Macht sinnvolleren Analysen unterzogen, hatten den politischen Bereich geradezu leer gelassen. Die europäischen Sozialwissenschaftler*innen beider Richtungen rangen mit den vom System verursachten Problemen, anstatt die gesellschaftliche Natur zu erforschen. Sie boten sich quasi als Krisenbewältigungsexpert*innen an. Die Welt und die Geschichte traten in den Hintergrund. Wir dürfen uns nicht wundern, dass die Sozialwissenschaft eurozentrisch ist. Es war nicht zu erwarten, dass Jahrhunderte der Akkumulation von Wissen und Wissenschaft mit einem Fingerschnipsen überwunden würden. Die liberale Ideologie erwies sich dabei als die cleverste von ihnen. Sie fand den Weg, sie alle ins System zu integrieren. Es gelang ihr, nicht nur die Französische Revolution, sondern alle Revolutionen dieser Ära einschließlich der Russischen Revolution und alle Systemgegner*innen zu neutralisieren; sie verwandelte erfolgreich die Wissenschaft in die Wissenschaft der Macht und des Kapitals.

Es ist jedoch undenkbar, dass die europäische Moderne, der Gipfel von Ausbeutung und Macht in der gesamten Ära der Zivilisation, ihre Gegner*innen hätte vollständig vernichten oder zum Schweigen bringen können. Seit ihrer Entstehung sah sich diese Moderne nicht nur an der ideologischen Front, sondern auch an der politischen und moralischen Front starkem Widerstand gegenüber. Die Systemgegnerschaft erneuerte sich mindestens so sehr wie das System. Als sich das System globalisierte, globalisierte sich auch das Gegensystem. Die Hegemonie des Zivilisationssystems über die Wissenschaft wurde nach und nach gebrochen. Es dämmerte das Verständnis, dass Geschichte nur Weltgeschichte sein kann, dass die kurze

Phase der Hegemonie Europas nur einen kleinen Teil dieser Geschichte darstellen kann.

Nach dem Zweiten Weltkrieg bereiteten die französische Philosophie, die 1968er Kulturrevolution der Jugend, die Auflösung des Sowjetsystems von innen heraus, der Bankrott des Sozialstaats, die postmoderne Suche und die Liquidation des klassischen Kolonialismus den Boden für den Beginn eines neuen Abschnitts in der Sozialwissenschaft. Befreit von den Hindernissen des Positivismus und des Eurozentrismus, befindet sich die Erforschung der Wahrheit mittlerweile auf einem besseren Weg. Eine Sozialwissenschaft, welche die gesellschaftliche Natur insgesamt an allen Orten und zu allen Zeiten zum Forschungsgegenstand macht, darf sich nicht damit begnügen, nur Krisen und Probleme zu lösen. Sie muss einerseits Physik, Chemie, Biologie und Kosmologie, die im Grunde mit der Gesellschaft zusammenhängen, und andererseits Humanwissenschaften wie Philosophie, Philologie und Kunst vorausgehen; die Rolle einer Königin der Wissenschaften spielen. Der Stammbaum der Wissenschaften lässt sich nur mit der Sozialwissenschaft als Wurzel zeichnen. So wird die Wissenschaft sowohl von ihrer extremen Zersplitterung befreit als auch von der Gefahr, zu abstrakt zu bleiben. Wie die allgemeine Krise muss auch die Krise im Bereich der Sozialwissenschaften dringend überwunden werden. Eine Sozialwissenschaft, welche das Gewahrsein des Lebens als Freiheit, und die Wahrheit als Erforschung der Freiheit interpretiert, ist die unverzichtbare Anleitung der moralischen und politischen Gesellschaft für Aufklärung und Entwicklung.

Dass ich in diesem Band die Sozialwissenschaft besonders diskutiere, liegt an seiner Tragweite. Die Rhetorik des Wissenschaftlichen Sozialismus, die ich lange verwendet habe, erschien mir mittlerweile zu eng. Die liberale Rhetorik dagegen lehne ich ganz ab. Meine nähere Bekanntschaft mit dem Anarchismus hinterließ einen positiven Eindruck; doch war er weit davon entfernt, die Probleme zu lösen, die vor mir lagen. Die Ansichten einiger Soziolog*innen, die ich – wie eingangs erwähnt – sehr wertschätze, waren für meine Analysen sehr hilfreich. Aber dennoch musste ich meinen Weg selbst finden. Ohne mein Verständnis der Sozialwissenschaft zu etablieren, wäre es nicht richtig gewesen, zu anderen anspruchsvollen Themen zu springen. Es handelt sich hier wie gesagt um einen Versuch, der erst durch Kritik zur Geltung kommt. Ich gehöre sicherlich nicht zu den metaphysischen und positivistischen Dogmatikern, die von der Sozialwissenschaft alles erwarten. Meine vielseitige Definition der Sozialwissenschaft sollte sowohl dazu dienen, diese Gefahr zu vermeiden, als auch Interessierten gegenüber wachsam und ehrlich zu sein. Nachdem dies erreicht war, entstand der andere Hauptteil über die demokratische Zivilisation und Moderne. Ich habe dem gesellschaftlichen Problem Vorrang eingeräumt, um das Zivilisationssystem besser kennenzulernen und seinen Gegner*innen die richtige Basis zu liefern. Ich denke, ich habe dies genügend ausführlich getan. Meine Kritik an anderen Gegner*innen des Systems diente der Vollständigkeit der Einschätzung. Die Methode des Wissenschaftlichen Sozialismus, Systemgegnerschaft auf die Grundlage des Konflikts zweier Klassen zu stellen – was in der Geschichte nur sehr begrenzt zutrifft und weit davon entfernt ist, die Gesellschaft zu analysieren – lehne ich zwar nicht vollständig ab, habe aber versucht, sie durch mein Konzept eines Zivilisationssystems zu überwinden, dessen fünftausendjährige Entwicklung dem Lauf eines Hauptstroms ähnelt.

Wenn wir nach einem dialektischen Gegensatz suchen – und von dieser Notwendigkeit bin ich überzeugt – so musste dies unbedingt auf der Ebene des Zivilisationssystems entwickelt werden. Mir ist bewusst, dass die Zivilisationen der Forschungsgegenstand vieler geschätzter Philosoph*innen und Soziolog*innen ist. Ich wollte hier nicht diesen Forschungen eine weitere hinzufügen, sondern Leerstellen oder nur unzusammenhängend und bruchstückhaft behandelte Aspekte systematisch und umfassend zur Diskussion stellen. Besonders unterstreichen muss ich dabei, dass ich die von Karl Marx im *Kapital* angewandte dialektische Methode auf die Zivilisation anwende. Dabei habe ich oft geklagt: »Hätte doch Marx das geleistet, dann hätten wir davon profitieren können.« Doch die beste Unterstützung, die man von einem Meister erhalten kann, ist wahrscheinlich das Verständnis seiner Methode. Inwieweit mir das gelungen ist, werden die Kritiken interessierter Menschen und die soziale Praxis zeigen. Tatsächlich polarisiert die Zivilisation, wie im *Kapital* erklärt, und erschafft gegnerische und einander entgegengesetzte Gruppen. Selbst der Gegensatz von Bourgeoisie und Proletariat konnte nur einer der vielen Gegensätze sein, den die Zivilisation hervorbrachte. In diesem Sinne halte ich es für angemessener, meine Arbeit nicht als Gegnerschaft zu Marx zu interpretieren, sondern als den Versuch, seine Ansichten und Einschätzungen, ausgehend von ernster Kritik, zu ergänzen und weiterzuentwickeln. Es sollte nicht als Gegnerschaft interpretiert werden, wenn ich in vielerlei Hinsicht (Monopol, Kapital, Staat, Ideologie, Positivismus, Geschichte, Zivilisation, Markt, Ökonomie, Demokratie, Sozialwissenschaft, besonders Macht, Nationalstaat, Hegemonie, Systemanalysen und anderes) Fehler und Mängel benenne. Eher sollte man es so sehen, dass ich ihn und die anderen Strömungen, die gegen das System kämpfen, verdientermaßen schätze und deshalb meinen Beitrag leiste.

In den vorherigen Bänden meiner Verteidigung habe ich versucht, beide Flügel der Zivilisation, den beherrschenden und den ausnutzenden (ausbeutenden und kolonialisierenden), grob zu analysieren. In den hier vorliegenden Teilen nun habe ich versucht, darauf so wenig wie möglich nochmals einzugehen und den eigentlichen Schwerpunkt auf den Demos, die Kräfte der demokratischen Zivilisation, als den Gegenpol zu legen. Mit ganzer Kraft habe ich mich bemüht, diesen Pol der Geschichte darzulegen. Meines Erachtens steckt die Geschichtsschreibung vor allem bei diesem Thema voller Fehler und Mängel. Dies zumindest mit einer dicken roten Linie zu unterstreichen, war wichtig und notwendig. Der eigentliche Konflikt in der Geschichte fand nicht, wie so oft behauptet (Samuel P. Huntington ist das jüngste Beispiel[118]), zwischen den herrschenden Gruppen der Zivilisationen statt, sondern zwischen den beiden entgegengesetzten Polen der Zivilisation. Natürlich bestehen auch zwischen den herrschenden Gruppen reichlich Widersprüche und Konflikte. Die Monopole streiten sich immer auch untereinander über den Kuchen. Der springende Punkt ist jedoch, wem dieser Kuchen wie geraubt worden ist. Gemäß der Dialektik besteht der wirkliche Widerspruch und der wirkliche Konflikt zwischen denen, die den Kuchen herstellen, und denen, die ihn rauben wollen. Bei diesem Thema, das durch sehr umfangreiche Forschung historisch ausgelotet werden muss, gab es für mich nur die Möglichkeit, durch eine rote Linie darauf aufmerksam zu machen. Genau das habe ich getan. Ich glaube, die daraus entstehenden Resultate werden nicht enttäuschen.

Ich habe auch versucht, den Gegner*innen der Moderne breiten Raum zu geben. Damit wollte ich bewirken, dass sie sich an den Arbeiten an einem neuen System in der richtigen Weise beteiligen. Die seit der Auflösung der Sowjetunion zunehmende Verwirrung mussten wir sinnvoll einordnen. Hoffnungslosigkeit jedoch war unnötig. Realsozialist*innen und Anarchist*innen mussten die Notwendigkeit einer Erneuerung verstehen. Feministinnen und Ökologieaktivist*innen dagegen hätten wissen müssen, dass sie ohne den Aufbau eines Systems nicht weit kommen, sondern letztlich immer Wasser auf die Mühlen des Liberalismus gießen würden. Ohne sowohl Politik zu machen als auch eine Systematik zu garantieren, konnte es kein erreichbares Ziel geben. Es erwartete sie bestenfalls das Schicksal

118 Huntington vertrat in seinem viel beachteten gleichnamigen Buch von 1996 die These vom *Kampf der Kulturen*, im Original *The Clash of Civilizations*.

realsozialistischer oder anarchistischer Bewegungen. Ich bin überzeugt, dass meine Behandlung der kulturellen Bewegungen Probleme lösen kann. Der demokratische Gehalt dieser Bewegungen, die sich aus den Klauen des nationalstaatlichen Monsters zu befreien versuchen, war wichtig. Sie hätten eine historische Rolle im Rahmen der demokratischen Moderne spielen können.

Ich habe sorgfältig darauf geachtet, an die Probleme und Aufgaben des Neuaufbaus der demokratischen Moderne stets sowohl analysierend als auch lösungsorientiert heranzugehen, sowohl im theoretischen als auch im praktischen Sinne. Ich denke, es ist mir gelungen, meine Ergebnisse in Form von eingängigen Prinzipien zu präsentieren. Die demokratische Moderne hat weder etwas mit der Suche nach einem vergangenen Goldenen Zeitalter noch mit einem utopischen Zukunftsprojekt zu tun. Es gab reichlich Material gegen das System, aber das eigene System fehlte. Ich glaubte, dass bei diesem Thema ein dringender Bedarf an sinnvollen Narrativen bestand. Wichtig war nicht der Name ›demokratische Moderne‹, sondern der Gehalt. Und diesen zu systematisieren war unabdingbar. Sonst würde man zwischen der *Philosophie des Elends*[119] und dem *Elend der Philosophie* steckenbleiben und nicht weiterkommen. Meine Analysen sollten diese Situation aufklären und auflösen. Die intellektuellen, moralischen und politischen Aufgaben zu benennen, war dagegen der Versuch, zu praktischen Lösungen zu kommen. Auch in diesem Bereich herrschte ziemliches Durcheinander. Ich denke, es ist ausreichend klar geworden, wie die Praxis anzugehen ist. Besonders die aufgelisteten Prinzipien werden, so glaube ich, in der Praxis zu neuen, kreativen Aktivitäten führen.

Ein anderes wichtiges Thema dieser Arbeit betraf die Eigenschaften der grundlegenden Untersuchungseinheit. Die positivistische Sozialwissenschaft begnügte sich hierbei damit, die Gesellschaft wie die anderen Objekte in der Natur zu objektivieren und eine allgemeine Antwort zu geben. Der Wissenschaftliche Sozialismus entstand als linkes Abbild dieses Wissenschaftsverständnisses und war noch starrer sowie auf die Phänomene fixiert. Sein Beitrag bestand darin, die Gesellschaften nach Produktionsweisen zu klassifizieren. Ein universalistischer, linear-progressistischer Positivismus wurde als absolute Wahrheit betrachtet und angewandt. So entstand die Einteilung in primitiv, sklavenhalterisch, feudal, kapitalistisch und sozialistisch-kommunistisch. Hier handelte es sich auch um einen gewissen Fatalismus: Der Sozialismus werde früher oder später ohnehin kommen.

119 *Philosophie des Elends* ist eine Schrift von Proudhon von 1846, auf die Marx 1847 mit *Das Elend der Philosophie. Antwort auf Proudhons »Philosophie des Elends«* (MEW 4:62–182) reagierte.

Dieser Ansatz besaß offenbar einen dogmatischen Aspekt. Die Konsequenzen daraus, an sämtliche sozialen Aktivitäten mit diesem Ansatz heranzugehen, waren noch schlimmer als gemeinhin angenommen. Entstanden ist kein Sozialismus, stattdessen diente man erheblich, ohne es zu bemerken, dem oft kritisierten globalen Kapitalismus. Dass der russische Staatskapitalismus dem System mindestens hunderte weitere Lebensjahre verschaffte, bestätigt wohl diese Tatsache.

Während der gesamten Arbeit habe ich als grundlegende Analyseeinheit die moralische und politische Gesellschaft gewählt, die ich für den eigentlichen Daseinszustand der gesellschaftlichen Natur halte und zu identifizieren und definieren versucht habe. Mein Argument war, dass Phänomene wie Produktionsweise, Klasse, Staat, Ideologie und Technik, die sich ständig verändern und in jeder Gesellschaft ganz unterschiedlich ausbilden, zwar durchaus bedeutsam sind, jedoch nicht genug Gewicht besitzen, um das grundlegende Forschungsthema darzustellen.

Weltsystemanalysen und Zivilisationsanalysen dagegen habe ich als einseitige Interpretationen kritisiert, die sich auf geschlossene, zirkuläre Entwicklungen stützen. Ich versuchte zu analysieren und zu zeigen, dass die gesellschaftliche Natur, deren Qualitäten der Mensch, solange er existiert, erlebt und erleben muss, die moralische und politische Gesellschaft ist; dass er auf sie nicht verzichten kann, und dass sich die Gesellschaft, wenn er es dennoch tut, zersplittern und auflösen wird. Mit einer langen Liste von Beispielen versuchte ich zu zeigen, dass, selbst wenn die moralische und politische Gesellschaft im Laufe der Geschichte der Zivilisation in der Umklammerung durch Kapital und Macht stark abgenutzt und dem Verfall preisgegeben wurde, die Gesellschaften immer einen Weg finden und unter Wahrung ihrer moralischen und politischen Qualitäten versuchen, diesen Kräften Paroli zu bieten und im Widerstand zu leben. Ausführlich habe ich analysiert, wie einerseits die kapitalistische Moderne und ihre Netze von Kapital und Macht in die Gesellschaft einsickern und sie bis in die kleinsten Poren durchdringen (Nationalstaat, Industrialismus, besonders Medieninstrumente, eklektische Ideologien, Sicherheitsapparate, innere Kolonialisierung, extreme Belastungen für die Frau und weitere Faktoren), diese aber andererseits eine entsprechende, gleich starke Gegenreaktion begründen und jedem Individuum und jeder gesellschaftlichen Einheit Möglichkeiten des Widerstands und alternativer Lebensweisen eröffnen und sogar eröffnen müssen. Ich habe dargestellt, dass die moralische und politische Gesellschaft keinesfalls statisch ist, sondern sich seit der Vorgeschichte ständig weiterentwickelt.

Klans, Familien, Stämme, Stammeskonföderationen, der Einbruch der Hierarchie, Aufteilung in Staaten, die Übergänge von der dörflich-agrarischen zur städtischen und zur national-industriellen Gesellschaft waren kontinuierliche Entwicklungen, die mit mehr oder weniger großer Polarisierung einhergingen. Ich habe versucht, der Ansicht zuzustimmen, dass der Prozess der Zivilisation einen kontinuierlichen Charakter besitzt, der sich in einem Hin und Her von Zentrum und Peripherie, Hegemonie und Konkurrenz sowie Krisen von Aufs und Abs darstellt. Ich versuchte in Theorie und Praxis zu analysieren und zu demonstrieren, dass trotz alledem die moralische und politische Gesellschaft nicht vernichtet werden kann; dass sie ihre Tendenz zu Freiheit, Gleichheit und Demokratie stets bewahren wird; dass durch gemeinsames Verständnis und Erfüllung der intellektuellen, moralischen und politischen Aufgaben diese Eigenschaften maximale Vitalität entfalten werden.

Ich versuchte auch ausführlich zu zeigen, dass, während die kapitalistische Moderne ihre Existenz auf Kapitalismus, Industrialismus und National-Etatismus gründet, die demokratische Moderne als demokratische Kommunalität, öko-industrielle [Gesellschaft] und demokratische Nation existent werden kann. Ich definierte die demokratische Kommunalität nicht als den Egalitarismus einer homogenen Gesellschaft, sondern als jegliche Art von Gemeinschaft im Umfang von einer Person bis zu Millionen von Personen (von Frauen- bis Männergemeinschaften, von Sport und Kunst bis zur Industrie, von Intellektuellen bis zu Schafhirt*innen, von Stämmen bis zu Unternehmen, von Familien bis zu Nationen, von Dörfern bis zu Städten, vom Lokalen bis zum Globalen, jede Gesellschaft von der Klangesellschaft bis zur globalen Gesellschaft), welche die Eigenschaften der moralischen und politischen Gesellschaft trägt. Ich habe dargestellt, dass eine öko-industrielle Gesellschaft bedeutet, dass die dörflich-agrarische Gesellschaft und die städtisch-industrielle Gesellschaft einander ernähren, und sie sich in ökologisch ausgerichteten öko-industriellen Gemeinschaften ausdrückt. Die demokratische Nation dagegen habe ich als eine neue Art der Nation zu definieren und analysieren versucht, besser gesagt: als Nation mit vielen Identitäten, Kulturen und politischen Formationen, deren grundlegende politische Form demokratisch-konföderalistische Praktiken und autonome politische Formationen bilden werden – alle Arten kultureller Existenz von

Ethnien bis Religionen, urbanen, lokalen, regionalen bis hin zu nationalen Gemeinschaften.

Die demokratische Moderne habe ich ausführlich und immer wieder als eine Option zu präsentieren versucht, die auf der Basis dieser Strukturen das historische Erbe mit der Erfahrung der Systemgegner*innen der modernen Ära verbindet, zahlreiche Lösungen bietet, weiter wachsen und schließlich führend werden wird.

Ein weiterer wichtiger Teil meiner Analyse drehte sich darum, die Polarisierung zwischen staatlicher Zivilisation und demokratischer Moderne außer im Hinblick auf Konflikte und Ausnutzung (Ausbeutung und Kolonialismus) auch bezüglich der Wahrscheinlichkeit von Konfliktfreiheit und Frieden zu analysieren[120]. Die Möglichkeiten und Bedingungen eines nachhaltigen Friedens einzuschätzen ist ein sehr delikates, aber wichtiges Thema. Der Prozess der Zivilisation hat in dieser Hinsicht bekanntlich ein reiches Erbe aufzuweisen. In vielen Zeiten und Praktiken wurde dem Frieden mehr als dem Krieg Heiligkeit und Erhabenheit zugesprochen. Auch in der Ära der Moderne existierten Krieg und Frieden als alltägliche Praktiken geradezu ineinander verschränkt. Eine Auffassung, ein Element, das zum Prozess beitragen kann, stellt die Auffassung dar, dass eine Dialektik des gegenseitigen Nährens sehr wohl an die Stelle einer Auffassung von destruktiver Dialektik treten kann, dass zumindest dialektische Prozesse weder ausschließlich destruktiv noch ausschließlich gegenseitig nährend sind, sondern dass zwischen beiden Auffassungen oder Realitäten ein breites und komplexes Spektrum existieren kann. Dank der sich weiterentwickelnden Wissenschaft verstehen wir immer besser, dass die Natur weder gemäß einer aus den Zeiten des wilden Kapitalismus stammenden darwinistischen Philosophie des Überlebens des Stärkeren noch gemäß der alten metaphysischen Schablonen eines widerspruchsfreien Lebens funktioniert, sondern vielmehr ein höchst reiches, spannungsvolles und kreatives Wesen an den Tag legt.

Falsch ist es, Friedensprozesse vollständig als evolutionär zu interpretieren, und genauso falsch ist es, Phasen des Krieges als Geburtshelfer des

120 Öcalan verfasste alle fünf Bände des *Manifests der demokratischen Zivilisation* und die *Roadmap für Verhandlungen* in den Jahren 2008–2010, als bereits Geheimgespräche des türkischen Staates mit Öcalan und der PKK stattfanden. Insofern ist dieser beginnende »Friedensprozess« hier offenbar mitgemeint, wenn von einem »Prozess« die Rede ist, auch wenn er nicht offen angesprochen wird. Ende 2012 wurden die Gespräche bekannt, was die Hoffnung auf Frieden und eine Demokratisierung der Türkei befeuerte und auch den Hintergrund für die Gezi-Proteste 2013 bildete. Im Frühjahr 2015 beendete Präsident Erdoğan einseitig den Dialog und setzte auf eine Gewalteskalation.

alten Systems zu interpretieren, das mit einer neuen Gesellschaft schwanger geht[121]. Kriege zwischen Kapital- und Machtmonopolen drehen sich darum, dass sich der Kuchen in ihren Händen verkleinert oder vergrößert. Mit Frieden haben sie nicht viel am Hut. Wirklicher Frieden beruht darauf, dass die beiden entgegengesetzten Kräfte der Zivilisation gegenseitig ihre Existenzen, Identitäten und autonomen Verwaltungsrechte akzeptieren. Dies beginnt zwischen zwei Klassen und umfasst ein breites Spektrum mit vielen verschiedenen Sippen, Stämmen, Volksstämmen, Nationen, Schichten, religiösen Gemeinden, kulturellen Strömungen bis hin zu wirtschaftlichen Gruppen. Sobald akzeptiert ist, dass Konflikt den beteiligten Parteien mehr Schaden zufügt, zeichnet sich die Möglichkeit des Friedens ab. Dann versucht man, durch Dialog und Aussöhnung weiterzukommen. Ob auf lokaler oder globaler Ebene, ob innerhalb einer Nation oder zwischen Nationen; bekanntlich sind auf diese Weise viele Konflikte durch einen Frieden beendet worden. Entscheidend ist ein Abkommen unter Bedingungen, die es den Seiten ermöglichen, ihre Identität und ihre Würde zu bewahren. Wenn dies gewährleistet ist, so ist Frieden auf jeder Ebene und zwischen Gesellschaften jeder Größe, Gruppen und sogar Individuen möglich.

Der Versuch einer Analyse der fünftausendjährigen Geschichte der Zivilisation als einer Geschichte entgegengesetzter Pole zeigt uns, dass beide Pole noch lange koexistieren werden. Es erscheint unmöglich, dass die beiden Pole einander in kurzer Zeit auslöschen werden. Auch dialektisch betrachtet erscheint das nicht realistisch. Der voreilige Versuch des Realsozialismus, ein System aufzubauen, ohne die Zivilisation und die Moderne zu analysieren, endete mit seiner eigenen Auflösung. Es kommt darauf an, sich bei allen theoretischen und praktischen Bemühungen diese Bipolarität klarzumachen, sich nicht vom herrschenden, ausbeuterischen Pol absorbieren zu lassen und dabei die demokratische Zivilisation und Moderne als eigene, authentische Systematik im täglichen Leben durch neue, konstruktive Bemühungen ständig weiterzuentwickeln. Je mehr wir durch revolutionäre und evolutionäre Methoden unser System weiterentwickeln, desto mehr können wir die Fragen von Dauer und Raum in positiver Weise lösen und das System verstetigen.

Die demokratische Moderne ist ein System, das sich wegen seiner Grundelemente zu wirklichem Frieden eignet. Die Idee der demokratischen Nation

121 »Die Gewalt ist der Geburtshelfer jeder alten Gesellschaft, die mit einer neuen schwanger geht.« In: Karl Marx: *Das Kapital*, MEW 23, Vierundzwanzigstes Kapitel: Die sogenannte ursprüngliche Akkumulation, S. 779.

bietet Lösungen von der Ebene sehr kleiner nationaler Gemeinschaften bis zu einer Welt-Nation. Gleichzeitig bildet sie eine wertvolle Option für den Frieden. Durch ihr öko-industrielles Element stößt sie innerhalb der Gesellschaft mittels ertragreichen Gebrauchs der Industrie einerseits Lösungen für schwere gesellschaftliche Probleme wie Arbeitslosigkeit, Armut und Hunger an, die gewissermaßen Ergebnisse des Krieges der Moderne gegen die Gesellschaft sind, andererseits beendet sie den Krieg des Industrialismus gegen die Umwelt und stellt Frieden zwischen Gesellschaft und Umwelt her. Ihr Element der demokratischen Kommunalität bietet jeder Einheit der Gesellschaft und jedem Individuum die Option, moralische und politische Gesellschaft zu sein, und stellt so den radikalsten friedlichen Ansatz dar. Klar ist: je weiter sich die demokratische Moderne als System entwickelt, desto mehr wird sich die Möglichkeit zu einem würdevollen Frieden ergeben.

An dieser Stelle muss ich eine Warnung aussprechen und gleichzeitig nochmals um Verzeihung bitten: Ich verwende die Begriffe ›moralische und politische Gesellschaft‹, ›demokratische Kommunalität‹ und ›demokratische Gesellschaft‹ synonym. Um einen Bedeutungsreichtum auszudrücken, habe ich, wenn nötig, auch alle drei Begriffe benutzt. Natürlich erinnern moralische und politische Gesellschaft und demokratische Kommunalität eher an den demokratischen Sozialismus und gesellschaftliche Gleichheit (aber Gleichheit auf Grundlage der Verschiedenheiten). Gleichheit auf Grundlage von Verschiedenheiten unterscheidet sich in der Bedeutung von der im Realsozialismus, wo Gleichheit Homogenität bedeutete. Um dies zu betonen, fand ich es notwendig, den Realsozialismus als Pharaonensozialismus zu bezeichnen. Ich habe versucht, den Charakter der Begriffe ›demokratische Gesellschaft‹ und ›moralische und politische Gesellschaft‹ zu betonen, der sowohl Gleichheit als auch Freiheit enthält. Zweifellos dürfen wir diese gleichwertigen Begriffe nicht in eins setzen. Das meine ich mit Bedeutungsreichtum. Identischmachen bedeutet Verarmung. Ich warne davor, sich bei der Verwendung dieser oft vorkommenden Begriffe in Widersprüche zu verwickeln, und bitte um Nachsicht, weil es mir nicht gelungen ist, eine andere Terminologie zu entwickeln.

Ich habe mich nicht darauf beschränkt, die demokratische Moderne als Gegenstück zu den drei Grundelementen der kapitalistischen Moderne (Kapitalismus, Industrialismus und Nationalstaat) mit ihren drei Hauptelementen moralische und politische Gesellschaft (bzw. demokratische Kommunalität, demokratischer Sozialismus, demokratische Gesellschaft), öko-industrielle Gesellschaft und demokratisch-konföderale Gesellschaft zu beschreiben. Wie ich im betreffenden Abschnitt darzustellen versucht habe, wollte ich sie mit einem viel bunteren Strauß von Eigenschaften definieren. Die zwölf Grundprobleme, die ich bezüglich der gesellschaftlichen Frage aufgezählt habe, erklären gleichzeitig die zwölf lösungsorientierten Charakteristika der demokratischen Moderne.

Ich habe mehrfach betont, dass dieses Werk unter dem Titel *Soziologie der Freiheit* veröffentlicht werden kann. Beim Versuch, die Sozialwissenschaft zu definieren, habe ich unterstrichen, dass das eigentliche Ziel sein muss, die Option der Freiheit weiterzuentwickeln. Ohnehin, wenn wir hinzufügen, dass eine Bedeutung der Lösung von Problemen darin besteht, Freiheit zu gewährleisten, so denke ich, dass nichts dagegen spricht, die Sozialwissenschaft im Rahmen ihres Zweckes *Soziologie der Freiheit* zu nennen. Zumindest ein großer Teil, die soziologischen Arbeiten, die sich mit der Problemlösung und der Förderung des Gewahrwendens des Lebens befassen, sollte treffenderweise unter diesem Namen veröffentlicht werden. Zweifellos umfasst die Soziologie nicht ausschließlich die Freiheit. Bekanntlich muss sie sich mit einem breiten und komplizierten gesellschaftlichen Spektrum befassen (prähistorische Gesellschaft, Hierarchie, Klasse, Staat, Stadt, Zivilisation, Kapital, Ökonomie, Macht, Demokratie, Kunst, Religion, Philosophie, Wissenschaft, Politik, Krieg, Strategie, Organisierung, Institutionalisierung, Ideologie, Ökologie, Jineolojî, Eschatologie und so weiter). Doch habe ich besonders betont, dass die Aufspaltung der moralischen und politischen Gesellschaft in viele Teile und deren separate thematische Behandlung große Nachteile birgt und zu eher negativen als positiven Resultaten führen kann. Ich erklärte, dass ich entschieden zustimme, dass die Untersuchung der gesellschaftlichen Natur in ihrer Geschichtlichkeit und Ganzheit die beste Methode ist.

Hier, am Ende eines weiteren Bandes meines *Manifests der demokratischen Zivilisation*, möchte ich mit zwei Interpretationen von Sokrates und Zarathustra schließen. Sokrates verwies bekanntlich oft auf den Satz: »Erkenne dich selbst!«. Sokrates wollte wohl betonen, dass, wer sich nicht selbst erkennt, nicht viel lernen oder wissen kann. Ich glaube, dass der Mensch die Summe der Wirklichkeit darstellt, die sich zeitlich – soweit es die Wissenschaft erklärt – vom angenommenen Urknall vor mindestens fünfzehn Milliarden Jahren bis heute und räumlich über das gesamte Universum erstreckt. Das spüre und weiß ich. In diesem Sinne ist

Selbsterkenntnis gleichbedeutend mit Kenntnis über die gesamte Zeit und das gesamte Universum. Außerdem sprach Sokrates in seiner berühmten Verteidigung nicht von den Göttern Athens, die er angeblich leugnete, sondern von einem Geistwesen, seiner Inspiration, dem *Daimonion*, das ihn von Zeit zu Zeit aufsuchte. Dies ist also eine Selbsterkenntnis durch Intuition und innere Konzentration. Eine Art Lernen und Verkünden auf prophetische Art. Offenbar ist dies eine fortgeschrittene Art des Lernens gegenüber der Götzenanbeterei. Nachdem meine Intuition oder meine *Daimonen* mich gemahnt hatten: »Was immer du suchst, finde es in dir selbst«[122], blieb mir nichts übrig, als diese Zeilen so zu verfassen.

Zarathustras Interpretation war noch eindrücklicher. Es ist überliefert, Zarathustra habe, als die Sonne in vollem Glanz über seinem geliebten Zagros-Gebirge aufging, eine Stimme gehört. Dieser Stimme habe er zugerufen: »Sag, wer bist du?« Diese Interpretation beschreibt, dass er so Gott begegnet und mit ihm abrechnet. Ich dagegen bin überzeugt, dass es sich um seine Abrechnung mit der Präsenz von Gottkönigen nach Art der Sumerer handelt, die seit Jahrtausenden die Freiheit des Volkes im Zagros-Gebirge bedrohten. Er stellt die Sakralität dieser Gottkönige, gewissermaßen der Zivilisation selbst, infrage und verwirklicht die zoroastrische Moralrevolution. Diese Revolution handelt von der Dichotomie Licht–Finsternis und Gut–Böse.

Ich hasse definitiv die Übertreibungen, die in Bezug auf mich stattfinden. Mein leidenschaftlicher Wunsch ist, in meiner ganzen Einfachheit verstanden zu werden und ein Freund zu sein. Mit der Zeit verstand ich besser, dass meine Persönlichkeit, die das Leben in seiner Einfachheit voller Leidenschaft als ein Fest der Freundschaft empfängt, sich gegen alle stellte, die mich angriffen. Als sie mich angriffen, stellte ich sie ein wenig nach Art des Zarathustra infrage: »Wer seid denn ihr?« Also spiegeln diese Zeilen das wider, was ich einerseits durch Selbsterkenntnis gelernt habe und sich andererseits als Bewusstsein herausgebildet hat, indem ich meine Angreifer fragte: »Wer seid ihr?«

Sowohl mich selbst als auch die in tausenderlei Verkleidungen auftretenden Heiligkeiten der Zivilisation zu analysieren, bedeutet auch, die schwierigen Bedingungen zu verstehen und zu überwinden. Während die Sakralitäten

122 Vgl. Band II, S. 48.

der Zivilisation sämtliche Grenzen von Moral und Politik überschritten und mich anzugreifen versuchten, stellte ich sie mit diesen Zeilen infrage. Dies machte mich in einer Feierstimmung mit meiner Persönlichkeit, meinen Traditionen, meinem Volk, meiner Region, meiner Menschheit und meinem Universum bekannt. Kennenlernen bedeutet Gewahrwerden. Dies wiederum bedeutet, das Leben in all seinem Reichtum furchtlos zu leben und intensiv zu verteidigen!

Anhang

Stichwortverzeichnis

T

U

V

W

Z

Biografien

Abdullah Öcalan

Abdullah Öcalan ist Gründer der Arbeiterpartei Kurdistans (PKK). Seit seiner Verschleppung 1999 ist er unter Isolationsbedingungen auf der Insel İmralı inhaftiert. Im Gefängnis verfasste er mehr als zehn Bücher, welche die kurdische Politik revolutionierten. Er schreibt ausführlich über Geschichte, Philosophie und Politik und gilt als Schlüsselfigur für die politische Lösung der kurdischen Frage. Öcalan leistet Beiträge zur Diskussion über die Suche nach Freiheit und entwarf den demokratischen Konföderalismus als nicht-staatliches politisches System. Sein Hauptwerk ist das fünfbändige *Manifest der demokratischen Zivilisation*. Seine Schriften wurden in mehr als zwanzig Sprachen übersetzt.

John Holloway

John Holloway ist Professor für Soziologie am Instituto de Ciencias Sociales y Humanidades (Institut für Anthropologie und Sozialwissenschaften) der Benemérita Universidad Autonoma de Puebla (BUAP), Mexiko und Honorarprofessor an der University of Rhodes, Südafrika. Er hat umfangreich zu marxistischer Theorie, zur zapatistischen Bewegung und zu den neuen Formen des antikapitalistischen Kampfes publiziert. Seine Bücher *Die Welt verändern, ohne die Macht zu übernehmen* (2002) und *Kapitalismus aufbrechen* (2010) haben zu internationalen Debatten geführt und sind beide in elf Sprachen übersetzt worden.

Bibliografie

Eine Liste der vom Autor verwendeten Literatur ist unter http://ocalanbooks.com/#/bibliography abrufbar.
Information und weitere Materialien zu diesem Band finden sich auf
http://ocalanbooks.com/#/book/soziologie-der-freiheit

Abdullah Öcalans Gefängnisschriften

Aktuelle deutschsprachige Ausgaben

Zur Lösung der kurdischen Frage – Visionen einer demokratischen Republik (2000)
Jenseits von Staat, Macht und Gewalt (2019)
Die Roadmap für Verhandlungen (2019)
Plädoyer für den freien Menschen | Urfa – Segen und Fluch einer Stadt (Neuaufgelegt 2019)
Gilgameschs Erben – Vom sumerischen Priesterstaat zur demokratischen Zivilisation, Band 1 (2019)
Gilgameschs Erben – Vom sumerischen Priesterstaat zur demokratischen Zivilisation, Band 2 (2019)
Manifest der demokratischen Zivilisation

- Band I: Zivilisation und Wahrheit – Maskierte Götter und verhüllte Könige (2019)
- Band II: Die kapitalistische Zivilisation – Unmaskierte Götter und nackte Könige (2019)
- Band III: Soziologie der Freiheit (2020)

Noch nicht auf Deutsch erschienen

Manifest der demokratischen Zivilisation

- Band IV: *Ortadoğu'da Uygarlık Krizi ve Demokratik Uygarlık Çözümü* (türkisch 2010), (*Zivilisationskrise im Nahen Osten und die Lösung der demokratischen Zivilisation*), deutschsprachige Ausgabe geplant für 2021
- Band V: *Kürt Sorunu ve Demokratik Ulus Çözümü* (türkisch 2012) (*Die kurdische Frage und die Lösung der demokratischen Nation*), deutschsprachige Ausgabe geplant für 2022

Broschüren mit Auszügen aus den Gefängnisschriften
Krieg und Frieden in Kurdistan (2018)
Demokratischer Konföderalismus (2018)
Befreiung des Lebens: Die Revolution der Frau (2018)
Demokratische Nation (2018)

Mehr Informationen und PDF-Ausgaben auf ocalanbooks.com

Peter Schaber

Die Überwindung der kapitalistischen Moderne

Eine Einführung in die Philosophie Abdullah Öcalans

2. Auflage 2020
160 Seiten | 12.80€
ISBN 978-3-89771-082-5

Erste zusammenfassende Einführung in das Gesamtwerk des Vordenkers der kurdischen Freiheitsbewegung

Nach dem Scheitern des realexistierenden Staatssozialismus hat Abdullah Öcalan die theoretischen Grundlagen der kurdischen Freiheitsbewegung von Grund auf umgekrempelt. In einer Odyssee durch Tausende Jahre Menschheitsgeschichte erforscht er Patriarchat und Klassengesellschaft, aber auch die Perspektiven eines Kampfes für radikale Demokratie, soziale Gerechtigkeit und ökologische Nachhaltigkeit. Die vorliegende Einführung ermöglicht einem breiten Publikum einen verständlichen Zugang zu seinen umfangreichen Schriften, in denen er so hartnäckig wie optimistisch gegen die vermeintliche Alternativlosigkeit des Bestehenden anschreibt.

Internationale Initiative ›Freiheit für Öcalan – Frieden in Kurdistan‹ (Hg.)

Das freie Leben aufbauen

Dialoge mit Abdullah Öcalan

2019 | 336 Seiten | 18 €
ISBN 978-3-89771-076-4

Internationale Autor*innen debattieren über die Philosophie Abdullah Öcalans

In diesem besonderen Band sind 18 Autor*innen, Aktivist*innen, Philosoph*innen und Wissenschaftler*innen vertreten, deren Ideen im Verhältnis zu Öcalans Schriften untersucht und debattiert werden. Das breite Spektrum namhafter AutorInnen beleuchtet verschiedene Aspekte der Theorie und Praxis des einflussreichen kurdischen Denkers, der sich seit mehr als zwanzig Jahren in Isolationshaft auf der türkischen Gefängnisinsel Imralı befindet.
Die Beiträge von Autor*innen wie John Holloway, David Graeber, Immanuel Wallerstein, Antonio Negri, Peter Lamborn Wilson (Hakim Bey), Norman Paech, Muriel Gonzáles Athenas, Andrej Grubacic, Raúl Zibechi, Fabian Scheidler, Mechthild Exo u.a.

Anselm Schindler

Die Strategie der Rose

Kurdistan und der Krieg um Westasien

2018 | 112 Seiten | 9.80 €
ISBN 978-3-89771-072-6

Reportagen aus Rojava

Die Kämpfe der Groß- und Regionalmächte um Vorherrschaft und Ressourcen in Syrien haben ganze Städte in Schutt und Asche gelegt. Doch zwischen den Trümmern keimt auch neue Hoffnung. Bereits seit 2012 baut die kurdische Selbstverwaltung im Norden des Landes eine neue, radikal-demokratische Gesellschaft auf. Dieser Aufbruch ist ein Kind des Krieges, so wie die meisten Revolten und Revolutionen, in dessen Tradition er steht: von der Pariser Kommune über die Oktoberrevolution bis hin zum Aufstand der Zapatistas.
Anselm Schindler bereiste zwischen 2015 und 2018 mehrfach die kurdischen Gebiete. Er zeigt mit seinen Reportagen nicht nur die strategischen Herausforderungen auf, sondern beschreibt auch das Leben der Menschen ihre Hoffnung auf ein freieres Leben, die weit über Kurdistan hinausweist.

UNRAST Verlag | www.unrast-verlag.de | kontakt@unrast-verlag.de UNRAST

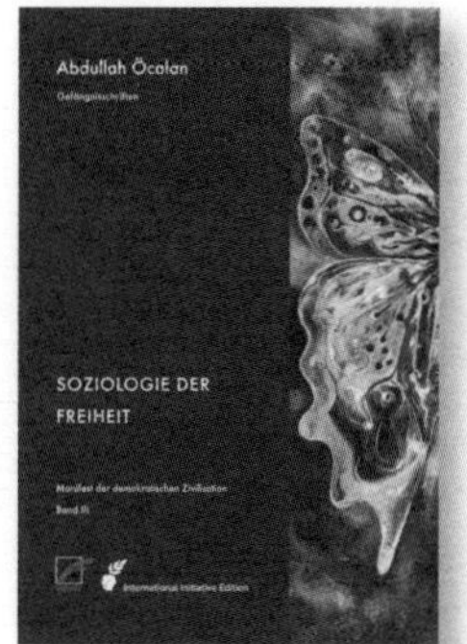

Abdullah Öcalan

Gilgameschs Erben

Vom sumerischen Priesterstaat zur demokratischen Zivilisation – Band 1

552 Seiten | 24 €
ISBN 978-3-89771-068-9
eBook | 16.99 €

Abdullah Öcalan

Gilgameschs Erben

Vom sumerischen Priesterstaat zur demokratischen Zivilisation – Band 2

424 Seiten | 24 €
ISBN 978-3-89771-069-6
eBook | 16.99 €

Zweibändiges Basiswerk des kurdischen Vordenkers und Politikers zum politischen Verständnis der Geschichte Mesopotamiens – in überarbeiteter Neuauflage

Abdullah Öcalan setzt sich mit den Kontinuitäten politisch-ideologischer Macht wie auch befreiender Erneuerungen im gesellschaftlichen Leben vom frühgeschichtlichen sumerischen Priesterstaat bis hin zu den Anfängen und Visionen einer demokratischen Zivilgesellschaft auseinander.

Abdullah Öcalan

Manifest der demokratischen Zivilisation

Bd. I: Zivilisation und Wahrheit – Maskierte Götter und verhüllte Könige

264 Seiten | 18 €
ISBN 978-3-89771-073-3

Band I des auf fünf Bände angelegten Opus Magnum des kurdischen Vordenkers – Kritik der Zivilisationsgeschichte ausgehend vom Fruchtbaren Halbmond Mesopotamiens Im ersten Band kritisiert Öcalan die Kapitalistische Moderne als vorläufigen Endpunkt der Geschichte und weitet dabei den Blick auf die zugrunde liegenden Strukturen aus.

Bd. II: Die Kapitalistische Zivilisation – Unmaskierte Götter und nackte Könige

2. Auflage 2021
384 Seiten | 18 €
ISBN 978-3-89771-074-0

Im zweiten Band seines fünfteiligen Werkes kritisiert Öcalan die kapitalistische Moderne als vorläufigen Endpunkt der Geschichte und weitet dabei den Blick auf die zugrunde liegenden Strukturen aus.

Abdullah Öcalan

Manifest der demokratischen Zivilisation

Bd. III: Soziologie der Freiheit

488 Seiten | 19,80 €
ISBN 978-3-89771-077-1

Im dritten Band des *Manifests der demokratischen Zivilisation* entwickelt Öcalan eine Methode für die Lösung der drängendsten Probleme des 21. Jahrhunderts: die Soziologie der Freiheit.
Öcalan erkennt die Notwendigkeit einer Kritik des sogenannten ›wissenschaftlichen Sozialismus‹, auf den er selbst, die kurdische Bewegung und die PKK sich in der Vergangenheit immer bezogen hatten. Deshalb wendet Öcalan sich den originellsten Denker*innen der Linken zu und debattiert in bemerkenswerter Bandbreite Themen wie Existenz, Freiheit, Philosophie, Anarchismus, Natur und Ökologie. Dabei geht er von seiner zentralen These aus, dass es immer und überall parallel zu jeder herrschenden Zivilisation eine ›demokratische Zivilisation‹ gibt, die sich im Widerstreit mit (kapitalistischer) Herrschaft, Patriarchat und Nationalstaat befindet.

Die wichtigsten der deutschsprachigen Titel des Mezopotamien Verlags werden nun als »Edition Mezopotamya« von den drei Verlagen Unrast (D), Mandelbaum (A) und Edition 8 (CH) neu aufgelegt und für den Buchhandel wieder verfügbar gemacht werden.

Eine Gemeinschaftsedition der Verlage
edition 8, Zürich
Mandelbaum Verlag, Wien
Unrast Verlag, Münster

Gegen politische Zensur und die Einschränkung der Meinungsvielfalt

Am 12. Februar 2019 ist die in Neuss ansässige Mesopotamien Verlagsgesellschaft mbH vom Innenministerium per Erlass wegen angeblichen Verstoßes gegen das Vereinsrecht verboten worden. Der kurdisch geführte Verlag hat Bücher in verschiedenen Sprachen zu kurdischer Geschichte, zur kurdischen Frauenbewegung, die Schriften von Abdullah Öcalan sowie Romane, ein Sprachlehr- und ein Wörterbuch, Kinderbücher und vieles mehr veröffentlicht. Außerdem hat der Verlag Bücher auf Türkisch und Kurdisch aus anderen Verlagen vertrieben, darunter viele Klassiker der Weltliteratur.

Keines dieser Bücher des Mezopotamien Verlags ist in der Vergangenheit in Deutschland verboten oder auch nur in irgendeiner Weise beanstandet worden. Dennoch wurden sie tonnenweise beschlagnahmt, sodass sie für den Buchhandel und die Leser*innen nicht mehr erreichbar sind. Das werten wir als politische Zensur durch die Hintertür.

Abdullah Öcalan

Jenseits von Staat, Macht und Gewalt

2019 | 552 Seiten | 20 €
ISBN 978-3-89771-854-8

Weltweit meistbeachtetes Werk aus der Feder des Vordenkers der kurdischen Freiheitsbewegung

Öcalans Vision von einer kommunal organisierten basisdemokratischen und ökologischen Gesellschaft bietet viele Anregungen für die globale Debatte um einen neuen Sozialismus. Sein Plädoyer gegen staatliche Gewaltverhältnisse sowie Krieg und Gewalt zur Durchsetzung von Machtinteressen bildet ihr theoretisches Fundament.

Sakine Cansiz

Mein ganzes Leben war ein Kampf

Band 1 | Jugendjahre

2019 | 444 Seiten | 20 €
ISBN 978-3-89771-861-6

Autobiografie der wohl weltweit bekanntesten Kurdin

Am 9. Januar 2013 stand die Welt für alle, die der kurdischen Freiheitsbewegung verbunden sind, einen Moment still. Eine ihrer wichtigsten Persönlichkeiten, Sakine Cansiz (Sara), war neben zwei weiteren Frauen in Paris ermordet worden. Der hier vorliegende erste Teil ihrer Autobiografie, verfasst in den 1990er-Jahren, ist ein bedeutendes Zeitdokument, denn hier werden die ersten Schritte der Bewegung aus der Sicht einer großartigen Frau geschildert.

Band 2 | Gefängnisjahre

2019 | 544 Seiten | 20 €
ISBN 978-3-89771-862-3

Kämpfe im Gefängnis bis zur Entlassung 1990

Band 3 | Guerilla

2019 | 274 Seiten | 16 €
ISBN 978-3-89771-863-0

Saras Jahre im bewaffneten Kampf

UNRAST Verlag | www.unrast-verlag.de | kontakt@unrast-verlag.de